# Amerika in der deutschen Literatur

# Amerika in der deutschen Literatur

Neue Welt - Nordamerika - USA

Herausgegeben von Sigrid Bauschinger,
Horst Denkler und Wilfried Malsch

Philipp Reclam jun. Stuttgart

Alle Rechte vorbehalten. © Philipp Reclam jun. Stuttgart 1975
Schrift: Borgis Garamond-Antiqua. Printed in Germany 1975
Herstellung: Reclam Stuttgart
Umschlaggestaltung: Klaus Dempel
ISBN 3-15-010253-7

*Wolfgang Paulsen zum 65. Geburtstag*

# Vorbemerkung

Dieser Sammelband enthält Beiträge von Freunden des ›Amherster Kolloquiums zur modernen deutschen Literatur‹, das Wolfgang Paulsen 1967 begründete. Die Beiträger wählten ihre Themen selbst und bearbeiteten sie ihrem eigenen Wissenschaftsbegriff und Methodenverständnis gemäß. Auf literaturgeschichtliche Vollständigkeit und methodologische Einheitlichkeit wurde ebenso verzichtet wie auf Übereinstimmung politischer Meinungen und ästhetischer Urteile. So kann man in der chronologischen Folge der Themen vielleicht Aufsätze zu den Amerikavorstellungen der Literatur des 16. Jahrhunderts oder zur Rolle des ›Amerikanismus‹ in der Weimarer Republik vermissen. Auch mag befremden, daß neben drei Arbeiten über die Amerikavision und -rezeption zeitgenössischer Schriftsteller aus dem Westen nur eine das Amerikabild der DDR-Literatur aus dazu recht eigenwillig gewähltem Blickwinkel beschreibt. Indessen ging es den Herausgebern vor allem um eine dialogische Sammlung verschiedener Sehweisen und Stimmen, die im Rahmen des Möglichen der Meinungsvielfalt des Amherster Kolloquiums entspricht.

*S. B.   H. D.   W. M.*

# Inhalt

WILFRIED MALSCH

# Einleitung. Neue Welt, Nordamerika und USA als Projektion und Problem

Die europäischen und deutschen Wunschbilder der Neuen Welt entstammen alter Tradition. Griechen und Römer erzählten, die elysäischen Auen und Inseln der Seligen lägen im Westen, weit hinter den Säulen des Herkules. Juden und Christen vermuteten das verlorene Paradies oft weit im Osten, wo nach der Schöpfung der erste Sonnenaufgang geschah. Auf Grund der Kugelgestalt der Erde glaubte Kolumbus, in den Westindischen Inseln und in Venezuela die teils im Westen, teils im Osten gesuchte geographische Utopie des Glücks endlich gefunden und das irdische Paradies mit eigenen Füßen betreten zu haben.[1] Das Verlangen nach Gold und die Sehnsucht nach der Idylle formten schon für Kolumbus das Bild des erträumten Landes, das in seiner Phantasie gleichsam Eden und Eldorado in einem darstellt. Als Spuren von beidem erscheinen auch die Eigentümlichkeiten der Neuen Welt im ersten Zeugnis von ihrer Entdeckung in der deutschen Literatur. Bisher unerhörte »Goldinseln« und »nacket Lüt« habe man überall gefunden, heißt es zwei Jahre nach der ersten Landung des Kolumbus schon im *Narrenschiff* des Sebastian Brant.[2] Die Paradies- und Eldoradoversprechungen der entdeckten Neuen Welt erreichten die deutsche Poesie zuerst als satirisch beleuchtete sensationelle Kuriositäten.[3] Noch die ersten zweihundert Jahre bleibt die publizistische Entdeckung Amerikas in Deutschland vorwiegend auf Kuriositäten beschränkt. Mit ihnen kommen Vitzliputzli in die deutsche Dichtung und der vielbesungene Tabak, die weiße Kartoffel, die Kokospalme und viele andere exotische Gewächse und Blumen und außerdem wohlklingende amerikanische Ortsbezeichnungen.[4] Im faszinierenden Element dieser merkwürdigen Namen und Geschichten bildet sich frühzeitig die später vor allem von Indianerbüchern weitergetragene und mehr auf Nordamerika blickende poetische Verzauberung, die trotz fortschreitender sachlicher Erkenntnis und der seit langem immer wieder aufs neue ernüchterten politischen USA-Vorstellungen – zuweilen sogar alptraumartig mit ihnen verbunden – auch heute noch von Amerika und Amerikanischem ausgehen kann. Unter anderem bezeugen das Kafka, Brecht und Frisch, die zugleich zeigen, welch geringe Rolle es dafür spielt, ob der deutschschreibende Autor Amerika aus eigener Anschauung kennenlernte oder ausschließlich auf seine literarische Vermittlung angewiesen blieb.

In Deutschland wurden die interessanten Neuigkeiten aus der Neuen Welt noch lange mit Hilfe zahlreicher ausländischer Reise- und Forschungsberichte, also »durch fremde Augen« betrachtet, wie gegen Ende des 17. Jahrhunderts ein erster der sammelnden Vermittler bemerkt.[5] Das konnte ihrer exotischen Poetisierung nur günstig sein. Neben dem Goldreichtum des märchenhaft fernen Landes und seiner Inseln fand vor allem die im Gegensatz zu der europäischen Zivilisation zur Unschuld verklärte Natur seiner Bewohner große Aufmerksamkeit. Die erwähnten antiken Mythen und Legenden von der im fernen Westen fortdauernden goldenen Zeit, aber auch die antiken Warnungen, den Eingeweiden der Natur das Gold und andere

edle Metalle zu entreißen, schienen in den neuesten Nachrichten aus Lateinamerika ihre Bestätigung zu finden. Dort erkannten humanistisch gebildete Missionare wie der spätere Bischof Las Casas im amerikanischen Indianer den ›edlen Wilden‹ aus der antiken Tradition und protestierten gegen seine Ausbeutung und oft grausame Vernichtung durch die spanischen Eroberer.[6] Obwohl auch von Kannibalismus, Kinderopfer und teuflischen Gottesdiensten der Indianer berichtet und gegen Ende des 17. Jahrhunderts am heilsgeschichtlichen Auftrag der missionierenden Eroberung Amerikas noch nicht im geringsten gezweifelt wird, führt die Perversion dieses Auftrags durch den »unauslöschlichen Gold- und Blutdurst« der Konquistadoren zu tiefer Entrüstung.[7] So konfrontiert Christian Wernicke in einem sarkastischen Doppelepigramm *Auf die Eroberung von Mexiko* die von der Entdeckung Amerikas wiederbelebte Paradiesesvision mit der Sittenverderbnis der Eroberer, die zudem mit der Beute des Goldes auch die Syphilis nach Europa bringen.[8]
Die Gegenüberstellung von schönen, gesunden und immer zufriedenen Indianern auf der einen und grausamen und lasterhaften Europäern auf der anderen Seite schließt für einen der deutschen Vermittler der berühmten Geschichte von der edelmütigen Indianerin *Pocahontas* die christliche Auffassung keineswegs aus, daß es auf Grund der Erbsünde einen prinzipiellen Unterschied zwischen Primitiven und Zivilisierten gar nicht gibt und daher ein Rückfall in die Barbarei, wie ihn die spanischen Konquistadoren vorführen, immer möglich bleibt.[9] Später beschreibt Albrecht von Haller in seinen Reiseberichtsrezensionen entsprechend auch die Indianer aus calvinistischer Sicht als ein Exempel für die eingeborene Verdorbenheit des Menschen.[10] Hallers pessimistisch gewordenem Menschenbild steht das Indianerbild seiner früheren, jedoch wiederaufgelegten Gedichte gegenüber. Soll im Gedicht *Über den Ursprung des Übels* (1833) der Hurone davon überzeugen, daß mit allen Menschen sogar Indianern und Hottentotten das Licht der sittlichen Vernunft ursprünglich eingeboren ist, so stellt der zum Idol verklärte stoische Hurone im Gedicht *Über die Falschheit der menschlichen Tugenden* (1830) den nach Hallers Meinung falschen Tugendanspruch der Märtyrerschicksale katholischer Missionare bloß.[11] Es ist demnach schwer zu sagen, ob die Autoren selber die von ihnen poetisierten Idealfiguren des edlen Wilden überhaupt anders als poetisch ernst genommen wissen wollen. Entscheidend ist jedenfalls nur der kritische Kontrast zu den von der Zivilisation verdorbenen – und im Verständnis der Aufklärung auch von der Kirche irregeleiteten – Europäern. So beleuchtet auch in der durch Gellerts Nacherzählung (1746) in Deutschland berühmtgewordenen *Inkle und Yariko*-Geschichte[12] gerade die beinahe märchenhafte Inkarnation von natürlicher Tugend, Großherzigkeit und Schönheit in der Indianerin Yariko nur um so schärfer die historisch durchaus mögliche ruchlose Schäbigkeit ihres von Profitgier überwältigten christlich zivilisierten Geliebten.[13] Doch können in der weiteren Tradition[14] die poetischen Indianerbilder ihre sozialkritische Funktion auch verlieren, wie schon Schillers humoristisch-distanzierte Gestaltung einer archaisch-pittoresken Indianerbestattung in des *Nadowessiers Totenlied* (1797) zeigt.[15] Aber auch dann spielen sie wie in den Indianer- und Trappergeschichten des 19. Jahrhunderts noch immer mit unserer Neugierde auf exotisch anderes und unserem geheimen Verlangen nach abenteuerlichem Ausbruch aus der Welt unserer Zivilisation.
Indessen blieb die Neue Welt auch in Deutschland nicht nur das exotische Wunder-

und Ausbruchsland der Phantasie. Seitdem die pfälzischen Pietisten William Penns Aufrufen folgten und 1683 Germantown in der Nähe Philadelphias gründeten, wurde Nordamerika auch für die Deutschen zum Asyl der religiös und politisch Verfolgten oder der ökonomisch und persönlich Bedrängten, abgesehen von den Unglücklichen, die wie Seume – der Dichter des *Wilden* (1797) als des »besseren Menschen«[16] – mit den an England verkauften Truppen nach Amerika kamen.[17] War Nordamerika früh zum Zufluchtsort für ein Leben in Gewissensfreiheit geworden, so wurden nach der Unabhängigkeitserklärung von 1776 die Vereinigten Staaten für viele Deutsche zum Land der politischen Hoffnung auf eine mündige Gesellschaft.

Freilich enttäuschen die USA von Anfang an die zu hoch gespannten Erwartungen, jedoch aus immer wieder anderen Gründen. Eine einheitliche Entwicklung von anfänglicher Begeisterung zu wachsender Enttäuschung gibt es in der geschichtlichen Abfolge der deutschen Amerikaliteratur daher nicht.[18] Doch macht sich nach 1830 die schon früh einsetzende Kritik am skrupellosen Vorwalten des merkantilen Interesses in Nordamerika immer mehr bemerkbar.[19] Nach 1848 tritt zudem die politische Hoffnung auf die USA bis zur Hitlerzeit fast ganz zurück. Das frühe Nebeneinander von Enttäuschung und Hoffnung können zwei Beispiele zeigen. So hoffte ein republikanischer Enthusiast während seines fünfjährigen Aufenthaltes von 1793 bis 1798 in den USA endlich »Kinder der Freiheit« zu finden, wie er 1800 berichtet: »Aber betrogen sah ich mich bald in meiner frohen Erwartung. Habsucht, Selbstliebe und Unwissenheit waren die Pflanzen, die in diesem Boden der Freiheit üppig gewuchert hatten.«[20] Dagegen wies 1809 ein anderer von Göttingen aus den Blick »über das Meer auf eine neue Welt, wo jetzt ein verjüngtes Europa aufblüht«.[21]

Zum Land der Verheißung und der Zukunft wird Nordamerika auch in Goethes *Wilhelm Meister*-Romanen (1829), in denen es zuerst noch als Land des heroischen Abenteuers erscheint (1796).[22] Welche sozialpolitische Ordnung der alte Goethe für den Neuanfang der Aussiedler in Amerika entwarf: ob eine nur »von den natürlichen europäischen Bedingtheiten ›gereinigte‹ ständische Ordnung«, die grundsätzlich »im Rahmen des zeitgenössischen kolonialen Denkens« verbleibt,[23] oder eine modernere, nicht mehr patriarchalische, in der jeder »für sich selbst als sein eigener Knecht und Diener« einsteht,[24] das hängt freilich von der Lesart ab.[25] Für die dauerhafte Neugründung einer von ständischen Traditionen emanzipierten Gesellschaft wäre allerdings »das [vermeintlich jungfräuliche] Kontinent« des berühmten Spruches besonders geeignet, das – wie Goethe allen Ernstes glaubt – »vulkanischer Wirkungen entbehrt« und daher schon geologisch »einen weit festeren Charakter zeigt« als die schwankend gewordene Alte Welt und das zudem, meint Goethe, noch keine Überlieferungen kennt, die in Gelehrtengezänk und falsche Romantik verstricken müssen; das statt dessen freien Raum öffnet für die Maxime: »Benutzt die Gegenwart mit Glück« –

> Amerika, du hast es besser
> Als unser Kontinent, das alte,
> Hast keine verfallene Schlösser
> Und keine Basalte.

Dich stört nicht im Innern
Zu lebendiger Zeit
Unnützes Erinnern
Und vergeblicher Streit.

Aber das Land einer für europäische Siedler bereitstehenden Tabula rasa existierte auch in Nordamerika nicht. Charles Sealsfield entdeckt in den ihm von Cooper vorgeprägten, aber von ihm historisch-realistischer aufgefaßten abenteuerlichen Kämpfen der Indianer und Grenzer das moralische Problem der Vertreibung der »wilden Legitimen« von ihren angestammten Wohnsitzen.[26] Jedoch verwirklichen für ihn die Vereinigten Staaten die politische Hoffnung der noch im Sinne Herders universalgeschichtlich aufgefaßten Menschheit. Sie »haben«, sagt Sealsfield in seinem Buch über *Die Vereinigten Staaten von Nordamerika* (1827), »bewiesen, daß der Mensch frei und doch [. . .] gesetzlich leben könne«.[27] Deshalb müssen in seinem Roman *Der Legitime und die Republikaner* (1833) die »wilden Legitimen« entweder »in unser bürgerliches Leben« eintreten, oder sie müssen zurückweichen. Das Legitimitätsproblem der Wilden spiegelt für Sealsfield auch das des europäischen Feudalabsolutismus, dem dadurch indirekt die gleiche Alternative nahegelegt wird. In seinem genannten Roman bedeutet jedoch Zurückweichen für den Indianerhäuptling Tokeah, der erkennt, daß die Weißen »nie zufrieden« sind: Die Indianer müssen untergehen.[28]

Auch in den seit dem Ende des 19. Jahrhunderts erscheinenden Abenteuerromanen Karl Mays sind die in der Nachfolge Coopers nun noch weiter enthistorisierten Indianer dem Untergang geweiht.[29] Aber nun ist ihr heroischer Untergang nicht mehr die Folge einer geschichtlichen Notwendigkeit wie für Sealsfield und ebenso auch Gerstäcker. Von der ästhetisch tragischen Größe der Indianer Karl Mays heben sich vielmehr höchst beschämend die ›Yankees‹ ab, und zwar auf Grund ihrer spätestens seit Kürnbergers *Amerika-Müdem* (1855) und Baudissins *Peter Tütt* (1862) zum Stereotyp gewordenen Profitgier. Den von der kapitalistischen Wettbewerbsgesellschaft Unterdrückten oder Übervorteilten bietet daher die exotisch-archaische Traumwelt Karl Mays, in der es oft grausam und barbarisch, aber immer gerecht zugeht, ein dem kapitalistischen Gewinnstreben überlegen scheinendes »Wertbewußtsein«. Der »Maßstab« ist in Old Shatterhands Worten »nicht der Geldbeutel, sondern das Können des Mannes«. Denn in der Prärie, »da wo der Mensch genau soviel wiegt wie seine Fähigkeit, die Gefahren der Wildnis zu überwinden, verliert der Reichtum seine Bedeutung«.[30]

Gegenüber den Wunschphantasien Karl Mays geben Amerikaromane, die wie die von Sealsfield und Gerstäcker auf eigene Erfahrungen gestützt sind,[31] dem Leser ein verhältnismäßig realistisches Bild des exotischen Landes und des Lebens der Ansiedler. Unter Verzicht auf ihre oft faszinierende Darstellung wilder, unberührt scheinender Natur und abenteuerlicher Indianerkämpfe sind besonders die Erzählungen von Otto Ruppius dem Einschmelzungsprozeß der deutschen Einwanderer in Nordamerika gewidmet.[32] Verbildlichen sich vom *Amerika-Müden* bis zur »Konsumhölle«[33] in Herbert Heckmanns Roman *Der große Knock-out in sieben Runden* (1972) immer wieder im Amerika des entfesselten Konkurrenzkapitalismus Visionen einer schlimmstmöglichen Zukunft Europas und Deutschlands, so schickt dagegen Reinhold Solger die deutschen Leser seines Romans *Anton in Amerika* (1862) nüchtern »in die Schule des Kapitalismus« und deckt die Verschleierung der kapitalistischen Geschäftspraxis durch das vorkapitalistische Kaufmannsethos in Gustav Freytags *Soll und Haben* (1855) auf. Solger »widerlegte den Schein der Wirklichkeit des nachrevolutionären Deutschland durch Konfrontation mit der illusionslos geschauten Realität der Vereinigten Staaten und stellte die Neue Welt so unverfälscht und unverbrämt dar, wie sie der Einwanderer sehen mußte, wenn er überleben wollte«.[34]

Diese Romane und Erzählungen korrigieren also sowohl die überspannten Erwartungen des Amerikaenthusiasmus, wie er in Ernst Willkomms Roman *Die Europamüden* (1838) kulminiert, als auch die einseitig negativen Amerikaerfahrungen vieler Reiseberichte, die im *Amerika-Müden* wiederkehren.[35] Mit ihnen stellt Kürnberger nach und nach die zu Eingang seines Romans zitierten Wunschprojektionen vom »uns einst alle« erlösenden Lande bloß, ehe er sie am Ende zu einer grotesken Angstvision verdichtet. Im grausigen Anblick eines gehängten Deutschen und der Rauchsäule des abgebrannten deutschen Viertels in New York verläßt der erfundene Erzähler fluchtartig das eingangs gelobte Land, während vom Verdeck eines gelandeten Einwandererschiffes der Jubelruf aus hundert deutschen Kehlen erschallt: »Vivat das freie Amerika!« In diesem Alptraum vom banausischen, rowdyhaften und brutalen Amerika, das in allen Lebensregungen als vom ›merkantilen‹ Gewinnstreben vergiftet und für die sich treu bleibenden biederen Deutschen als im Grunde lebensgefährlich erscheint, verkörpert sich vor allem Angst vor der kapitalistischen Industriegesellschaft überhaupt, die ja auch in der Alten Welt die Rechtschaffenheit der einfachen Leute und die Kultur der Elite samt ihrem deutschen Idealismus der Humanität bedroht.

Abgesehen von aufmerksamen Amerikareisenden wie Sealsfield und Gerstäcker ging es den meisten deutschen Liberalen, deren Amerikabegeisterung von Heine bis zu seiner Übersiedlung nach Paris geteilt wurde, gar nicht um die ›wirklichen‹ Vereinigten Staaten von Nordamerika, »sondern um ein effektives Gegenbild zu den deutschen Zuständen«.[36] Indessen wird dieses republikanische Gegenbild für Heine zum Problem, als er sich den Gleichheitsvorstellungen der französischen Republikaner und ihrer deutschen Freunde um Ludwig Börne konfrontiert sieht.[37] Offensichtlich projiziert Heine seine davon ausgelösten Ängste vor der »rohen Herrschaft« des »widerwärtigsten aller Tyrannen«[38] in sein negativ gewordenes Amerikabild. Erscheint in den *Französischen Zuständen* (1833) neben noch positiven Äußerungen schon Spott auf die »schlechte Gleichheitsküche« der USA,[39] so nimmt die heftige Amerikaschmähung in Heines *Börne*-Buch (1840) auch den Abscheu vor Profitgier, Heuchelei, offener Sklaverei oder unmenschlicher Behandlung der Schwarzen und Mangel an Kultur in Nordamerika auf, der zu dieser Zeit auch andere Schriftsteller des Jungen Deutschland erfüllt.[40] Börne sieht dagegen in seinen *Briefen aus Paris* (1833) die USA als vorbildliche »Republik ohne Quillotine«, die daher nicht so einfach wie die französische Jakobinerherrschaft diffamiert werden könne,[41] und als Zufluchtsort »der deutschen Patrioten«. Er fragt und antwortet: »Wer wandert aus? Der, dem die Knechtschaft am unerträglichsten ist, der die Freiheit am herzlichsten liebt und darum am tüchtigsten wäre für sie zu kämpfen.«[42] Auch Marx und Engels, obwohl sie sich wie Heine vom »Gleichheitskommunismus« distanzieren,[43] sehen noch positive Möglichkeiten in der nordamerikanischen Republik.[44] Während des Bürgerkriegs verkörpert sich sogar für Marx im Präsidenten Lincoln, den er für einen Mann »ohne intellektuellen Glanz« und »besondere Größe des Charakters« hält, gerade deswegen die Überlegenheit des US-Systems: »Niemals hat die neue Welt einen größeren Sieg errungen als in dem Beweis, daß mit ihrer politischen und sozialen Organisation Durchschnittsnaturen von gutem Willen hinreichen, um das zu tun, wozu es in der alten Welt der Heroen bedürfen würde«. Marx ist tief beeindruckt, »daß in der neuen Welt das Bedeutende im Alltagsrocke einherschreitet«.[45]

In der erzählenden und dramatischen Literatur verschwindet seit den späteren fünfziger Jahren des 19. Jahrhunderts zugunsten individueller Auswanderer- und nun auch Rückwanderergeschichten weitgehend die Auseinandersetzung um politische USA-Vorstellungen als Vorbilder oder Gegenbilder für Deutschland. In Romanen Kellers, Raabes und Fontanes erscheint Amerika vor allem als Schule der Erziehung und Bewährung: »Der Rückkehrer, der die Anforderungen der größeren Welt erfahren [. . .] hatte, versprach, ins Heimatliche erneuernde Lebenskräfte einzubringen«.[46] Der nach Europa zurückkommende Deutschamerikaner – wie der als Sohn eines Gefährten von William Penn in Philadelphia geborene Oheim in Goethes *Wanderjahren* – oder der zum ersten Male nach Europa kommende Amerikaner ist eine immer wiederkehrende Gestalt im Roman wie auch im Drama.[47] Im Hintergrund von Thomas Manns *Königlicher Hoheit* (1909) und von Dürrenmatts *Besuch der alten Dame* (1956) erscheint Amerika als Quelle unermeßlichen Reichtums, mit dem Samuel Spoelmann das Glück seiner Tochter und Claire Zachanassian ihre Rache finanzieren. Wie immer beide zu ihrem Geld gekommen sein mögen, ihr schwerreiches Auftreten entlarvt bald das sonst meist nach Nordamerika projizierte materielle Interesse als das in der heimischen Gesellschaft heimlich dominierende.

In der Poesie Kafkas und Brechts hat das fiktive Amerika vollends aufgehört, ein gegenüber Europa und Deutschland anderes Land zu sein. Vom *Dickicht der Städte* (1921) bis zum *Aufhaltsamen Aufstieg des Arturo Ui* (1941) spielen viele Stücke Brechts in einem nicht immer genauer lokalisierbaren ›Amerika‹, das als poetische »Verhüllung« der »Enthüllung« einer deutschen und menschlichen Wahrheit dient.[48] Als Gleichnis des Ausgesetztseins und Verbanntseins erscheint in Kafkas *Verschollenem* die Ankunft Karl Roßmanns in Amerika, mit der eine alternierende Folge von Errettungen und Verstoßungen einsetzt. Sie »spiegelt das Doppelantlitz des Amerikatopos« wider[49] und hebt ihn zugleich ins Doppelantlitz menschlicher Zukunft auf. Die Zukunft erscheint dem Ankömmling in Gestalt der Freiheitsgöttin so verheißungsvoll wie bedrohend. Karl erblickt »die schon längst beobachtete Statue [. . .] wie in einem plötzlich stärker gewordenen Sonnenlicht. Ihr Arm mit dem Schwert« – an Stelle der Fackel – »ragte wie neuerdings empor, und um ihre Gestalt wehten die freien Lüfte«.

Mit der Hitlerzeit und dem Zweiten Weltkrieg werden die Vereinigten Staaten abermals zum Asyl und zur politischen Hoffnung. Seit seinen Vorträgen von 1938: *Vom kommenden Sieg der Demokratie* und *Dieser Friede*, beschwört Thomas Mann die USA als das »klassische Land der Demokratie«. Seine Hoffnung richtet sich allerdings auf eine Weiterentwicklung der liberalen zur sozialen Demokratie, wie sie der von ihm uneingeschränkt bewunderte Franklin Delano Roosevelt eingeleitet

zu haben schien.[50] Die Nachkriegsentwicklung enttäuschte Thomas Mann sehr bald.[51] 1948 gesteht er seine Skepsis gegenüber den USA in einem jetzt teilweise veröffentlichten Brief. Er klagt, daß man bei einer Rückkehr nach Deutschland »auch als Amerikaner [. . .] zu viel zu vertreten« habe, »was man nicht vertreten kann«.[52] Mit den Erschütterungen der deutschen USA-Vorstellungen seit der Verwicklung der USA in den Vietnamkrieg werden die Vereinigten Staaten, die im Überlebenskampf gegen den Faschismus das demokratische Vorbild darstellten, schließlich für Reinhard Lettau zum Schreckbild eines *Täglichen Faschismus* (1970). Ohne freilich die politische Vielfalt der USA als Ganzes damit zu identifizieren, erklärt 1968 Hans Magnus Enzensberger »die Klasse, welche in den Vereinigten Staaten von Amerika an der Herrschaft ist, und die Regierung, welche die Geschäfte dieser Klasse führt, für gemeingefährlich«.[53]
Mit den USA des Vietnamkrieges haben sich fast alle nachkriegsdeutschen Schriftsteller in ihren Werken oder öffentlichen Stellungnahmen auseinandergesetzt.[54] Durch den Krieg in Vietnam wird »auch die Manhattaneuphorie gedämpft, ja, sie verschwindet bei manchen Autoren ganz oder schlägt um in blinden Haß«.[55] Ist Uwe Johnson in den *Jahrestagen* (1970 ff.) zögernd um Kritik und Gerechtigkeit bemüht, so enthalten Max Frischs Romane, Tagebücher und Stellungnahmen die bisher wohl komplexeste Amerikaerfahrung eines zeitgenössischen Schriftstellers deutscher Sprache: »Frisch präsentiert ein Bild, in dem die negativen Seiten schärfer hervortreten, weil auch die positiven nicht verschwiegen werden. Fühlt sich Lettau überall vom ›täglichen Faschismus‹ umgeben, so zeigt Frisch zunächst einmal die Erschütterung des amerikanischen Selbstvertrauens. Für ihn ist es durchaus ein positives Phänomen, daß sich die ›Arroganz der Macht‹, der naive Fortschrittsglaube, die moralische Selbstüberschätzung auf dem Rückzug befinden. ›Amerika hat Angst vor Amerika‹, und diese Angst macht das Land in den Augen von Max Frisch humaner als zuvor.«[56]

---

1 Vgl. Ernst Bloch: Gesamtausgabe. Bd. 5: Das Prinzip Hoffnung. Teil 2. Frankfurt a. M. 1959. S. 904–909. – Vgl. auch Helmut Kuhn: Amerika – Vision und Wirklichkeit. In: Anglia 73 (Tübingen 1955) S. 467–483.
2 Vgl. Meid, im vorliegenden Band S. 24, Anm. 2.
3 Harold Jantz: Amerika im deutschen Dichten und Denken. In: Deutsche Philologie im Aufriß. Hrsg. von Wolfgang Stammler. Bd. 3. Berlin 2. Aufl. 1967. Sp. 309–372, bes. Sp. 311.
4 Ebd., Sp. 313–317.
5 Francisci, vgl. Meid, im vorliegenden Band S. 18 und 24 f., Anm. 14.
6 Jantz (s. Anm. 3), Sp. 313.
7 Meid, im vorliegenden Band S. 18–20 und 25, Anm. 23.
8 Jantz (s. Anm. 3), Sp. 312.
9 Vgl. Meid, im vorliegenden Band S. 19 und 25, Anm. 29.
10 Vgl. Guthke, im vorliegenden Band S. 28–44, bes. S. 35 f.
11 Ebd., S. 33 f. und 30–32.
12 Vgl. Inkle and Yariko Album. Hrsg. von L. M. Price. Berkeley 1937.
13 Vgl. Menz, im vorliegenden Band S. 52–54.
14 Jantz (s. Anm. 3), Sp. 322–324, 329 f., 337.
15 Vgl. Goethe am 23. März 1829 zu Eckermann und Schiller am 30. Juni 1797 an Goethe.
16 Vgl. Menz, im vorliegenden Band S. 52.
17 Jantz (s. Anm. 3), Sp. 319–335.

18 Vgl. Hildegard Meyer: Nord-Amerika im Urteil des Deutschen Schrifttums bis zur Mitte des 19. Jahrhunderts. Eine Untersuchung über Kürnbergers »Amerika-Müden«. Hamburg 1929. S. 2 f.

19 Vgl. ebd., S. 48–68.

20 Ebd., S. 11.

21 Ebd., S. 9.

22 Vgl. Ernst Beutler: Von der Ilm zum Susquehanna. Goethe und Amerika in ihren Wechselbeziehungen. In: E. B., Essays um Goethe. Bremen 1957. S. 580–629, bes. S. 584.

23 Lange, im vorliegenden Band S. 69.

24 Arthur Henkel: Entsagung. Eine Studie zu Goethes Altersroman. Tübingen 2. Aufl. 1964. S. 72.

25 Ebd., S. 71. Vgl. Goethe: Weimarer Ausgabe, Abt. 1, Bd. 25, Teil 1, S. 211 und ebd., Teil 2, S. 174.

26 Vgl. Emmel, im vorliegenden Band S. 75–80.

27 Ebd., S. 77.

28 Ebd., S. 80.

29 Vgl. Hohendahl, im vorliegenden Band S. 229–245, bes. S. 231 f.

30 Ebd., S. 233 und 244, Anm. 12.

31 Vgl. Preston A. Barba: The North American Indians. In: German American Annals N. S. 11 (1913) S. 143–174. – Zu Gerstäcker vgl. Durzak, im vorliegenden Band S. 135–153.

32 Vgl. Hering, im vorliegenden Band S. 124–134.

33 Vgl. Manfred Durzak: Abrechnung mit einer Utopie? Zum Amerika-Bild im jüngsten deutschen Roman. In: Basis. Jahrbuch für Deutsche Gegenwartsliteratur. Hrsg. von Reinhold Grimm u. Jost Hermand. Bd. 4. Frankfurt a. M. 1974. S. 98–121, bes. S. 114–116.

34 Denkler, im vorliegenden Band S. 108.

35 Vgl. Meyer (s. Anm. 18). – Dazu Steinlein, im vorliegenden Band S. 154–177.

36 Hermand, im vorliegenden Band S. 81. – Vgl. Meyer (s. Anm. 18), S. 25–68.

37 Vgl. Leo Kreutzer: Heine und der Kommunismus. Göttingen 1970. – Vgl. Hermand, im vorliegenden Band S. 84–87.

38 Hermand, im vorliegenden Band S. 87 f.

39 Ebd., S. 84.

40 Vgl. Paul C. Weber: America in Imaginative German Literature in the First Half of the Nineteenth Century. New York 1926.

41 Ludwig Börne: Sämtliche Schriften. Hrsg. von Inge u. Peter Rippmann. Bd. 3. Düsseldorf 1964. S. 714.

42 Ebd., S. 862.

43 Vgl. Hermand, im vorliegenden Band S. 87.

44 Vgl. Manfred Hennigsen: Der Fall Amerika. Zur Sozial- und Bewußtseinsgeschichte einer Verdrängung. Das Amerika der Europäer. München 1974. S. 97–103. – Vgl. Trommler, im vorliegenden Band S. 97 f.

45 Hennigsen (s. Anm. 44), S. 106 f.

46 Martini, im vorliegenden Band S. 181.

47 Jantz (s. Anm. 3), Sp. 356.

48 Vgl. Hoover, im vorliegenden Band S. 312.

49 Sokel, im vorliegenden Band S. 247.

50 Vgl. Kurt Sontheimer: Thomas Mann und die Deutschen. München 1961. S. 116–134.

51 Vgl. Klaus H. Pringsheim: Thomas Mann in America. In: American German Review XXX (1964) Nr. 3, S. 24–34.

52 Vgl. Stern, im vorliegenden Band S. 328, Anm. 16.

53 Vgl. Peter, im vorliegenden Band S. 375.

54 Vgl. Manfred Durzak (s. Anm. 33), S. 106–109.

55 Bauschinger, im vorliegenden Band S. 384.

56 Hinderer, im vorliegenden Band S. 365.

VOLKER MEID

# Francisci, Happel und Pocahontas. Amerikanisches in der deutschen Literatur des 17. Jahrhunderts

I

Nachrichten von der Entdeckung »der eine lange Zeit vergessenen Neu-alten-Welt« im Jahr 1492 gelangen rasch nach Deutschland.[1] Schon 1494 schlägt Sebastian Brant in einigen Versen seines *Narrenschiffs* zwei Leitmotive künftiger Amerikavorstellungen an, wenn er auf den Goldreichtum und die paradiesische Nacktheit der Bewohner der neugefundenen Inseln anspielt.[2] Wenige Jahre später, 1497, wird der sogenannte Kolumbus-Brief ins Deutsche übertragen, der die ersten genaueren Nachrichten von der Neuen Welt und ihren »grossen wunderlichen dingen« bringt.[3] Von da an reißt der Strom an Informationen über Amerika nicht mehr ab. Alle wichtigen Schriften zu diesem Thema erscheinen im Verlauf des 16. Jahrhunderts in deutscher Übersetzung: Reisebeschreibungen, Berichte missionierender Jesuiten und spanischer Konquistadoren.[4] Selbst einem unwillkommenen Nebenprodukt der Entdeckung Amerikas schenkt man gebührende Aufmerksamkeit, wie die verschiedenen Rezepte »für die kranckheit der frantzosen« bezeugen.[5] Vom letzten Viertel des 16. Jahrhunderts an werden auch Einzelheiten über den nördlichen Teil der Neuen Welt bekannt, als englische, französische und niederländische Seefahrer die Initiative übernehmen und die Kolonisierung Nordamerikas einleiten. Zwei Serien, Theodor de Brys *America* (1590–1630) und Levinus Hulsius' *Schiffahrten* (1598–1650), sammeln dann in großem Stil ältere und neuere Berichte über Amerika und schließen damit den ersten Abschnitt der publizistischen Entdeckung der Neuen Welt ab.[6]

Eine neue Phase des Interesses an Amerika setzt gegen Ende des 17. Jahrhunderts ein, als die aktive Werbung für deutsche Kolonisten beginnt und zunächst zu Gründungen deutscher Siedlungen in Pennsylvania und North Carolina führt. Die Propagandaschriften bleiben freilich nicht ohne Widerspruch: Pamphlete enttäuschter Emigranten und verantwortungsvoller Geistlicher wenden sich gegen euphorische Aussagen über das gelobte Land, die in dieser frühen Zeit der Kolonisierung in krassem Gegensatz zu den tatsächlichen Bedingungen stehen, und raten von einer Wallfahrt nach Amerika zugunsten einer »innere[n] Pilgerschaft zu Gott« ab.[7]

Trotz des großen Raums, den die Neue Welt in der Reiseliteratur und verwandten Gattungen des 17. Jahrhunderts einnimmt, ist ihre Rolle in der Dichtung eher bescheiden.[8] Es bleibt in der Regel bei Anspielungen,[9] der Verwendung wohlklingender amerikanischer Ortsnamen und der dichterischen Behandlung des Tabaks als dem literarisch ergiebigsten Produkt der Neuen Welt.[10] Zwei Romane des späten 17. Jahrhunderts lassen sich das Thema Amerika zwar nicht entgehen, begnügen sich aber mit einer kurzen Beschreibung[11] oder einer wissenschaftlichen Diskussion über die Frage der Herkunft der Bewohner »der grossen Tritonischen oder Atlantischen Eylande«[12]. Als geographischer und historischer Hintergrund deutscher Barockromane wird Amerika nicht verwertet, auch als das Interesse am Exotischen zunimmt und die Wahl der Romanschauplätze dieser Tendenz zu folgen scheint.[13] Während Amerika wenig Beachtung in den traditionellen Dichtungsformen des 17. Jahrhunderts findet, bilden die *Schauplätze, Denckwürdigkeiten* und *Lustgärten* Erasmus Franciscis und Eberhard Guerner Happels, journalistische und popularwissenschaftlich-erbauliche Auswertungen von Geschichtsbüchern und Reisebeschreibungen, eine reiche Fundgrube für Americana im Grenzbereich von Geschichtsschreibung und Dichtung. Francisci und Happel diskutieren in ihren Kompilationen nicht nur alle wesentlichen amerikanischen Themen des 16. und 17. Jahrhunderts, sondern sie führen darüber hinaus mit der indianischen Prinzessin Pocahontas eine Gestalt in die deutsche Literatur ein, die die dichterische Phantasie bis ins 20. Jahrhundert hinein bewegt hat.


II


Deutschland muß sich bei der Entdeckung und Eroberung der Neuen Welt mit einer Zuschauerrolle begnügen. Für den Deutschen, der »nach der Kenntniß ausländischer Sachen« strebt, bleibt nur eine Möglichkeit: »Kan er / weder zu Wasser / noch zu Lande / fort; weil es sein Amt und Beruff / oder andre Ungelegenheiten nicht zugeben: so reiset er gleichsam zu Papier / in den Schrifften andrer Personen / tapffer herum / und schauet also der Welt zu / durch fremde Augen.«[14] Diesem Zweck dienen die Sammlungen Franciscis und Happels, die aus zahlreichen Reisebeschreibungen, geographischen und geschichtlichen Werken das Interessanteste und Aufregendste auswählen und dabei das vorgefundene Material einer neuen Ordnung unterwerfen, die gerade in der Ablehnung systematischer Ordnungsprinzipien besteht: »WIr suchen in unsern *Relationibus* die angenehmste Ordnung in einer stets veränderlichen Unordnung [. . .].«[15]
Ein eigener Standpunkt der Autoren zeigt sich nicht nur in der Auswahl aus dem überreichen Angebot der Reisebücher, die Entscheidungen für oder gegen bestimmte Wertungen oder Versionen erforderlich macht, sondern auch in selbständigen oder von den Vorlagen angeregten Reflexionen. Unterschiede zwischen Erasmus Francisci und Eberhard Guerner Happel ergeben sich dabei aus unterschiedlichen Zielsetzungen: Franciscis Betonung des exemplarischen Charakters seiner Schriften[16] steht Happels journalistische Haltung gegenüber, die keiner höheren Rechtfertigung für die Darstellung »*curieuse[r] Materie*« bedarf[17].
Bei beiden Autoren wird deutlich, daß eine Darstellung der Neuen Welt nur im Hinblick auf die Alte möglich ist: Vergleiche zwischen den beiden Weltteilen, zwischen Siegern und Besiegten, zwischen europäischen Christen und amerikanischen Heiden lassen ein komplexes Bild entstehen, das weder auf den Gegensatz zwischen edlen Wilden und von der Zivilisation verdorbenen Kulturmenschen noch auf den zwischen amerikanischer Barbarei und abendländischer Kultur zurückgeführt werden kann.
Das hervorragendste Merkmal der »barbarischen« Länder ist »die Güte der Natur daselbst«:[18]
»Daher denn nicht unbillig die erste Wiederfinder / der eine lange Zeit vergessenen

Neu-alten-Welt / als sie auf den Americanischen Bodem den ersten Tritt gethan / für Verwunderung fast erstarret / und gleichsam entzucket worden / über der Anmuth / womit selbiges Land von dem Himmel beseeliget war. Sie bildeten ihnen ein / ob kämen sie in das Paradeis [...].«[19]

Diese »Güte der Natur« hat jedoch verheerende Folgen, denn sie drückt sich nicht nur in Schönheit und Fruchtbarkeit aus, sondern auch in einem Reichtum an Gold, Silber und Edelsteinen, der so viel Unfrieden und Laster unter den christlichen Nationen bewirkt habe, daß »manche Scribenten nicht ohne Ursach gezweiffelt / ob die Alte / von der Neuen Welt / reicher oder ärmer worden sey«.[20]

Während Francisci einerseits mit Acosta hervorhebt, daß die Entdeckung Amerikas einem Akt der göttlichen Vorsehung zu verdanken sei, »damit nemlich America [...] sich wieder zu Christo fünde«,[21] sieht er andererseits durchaus die Wirklichkeit, die schon Las Casas angeprangert hatte. Zwar kann an den edlen Absichten der »Catholischen Majestät von Hispanien« kein Zweifel bestehen, handelt es sich doch für diese um ein gutes und christliches Tauschgeschäft, bei dem die »arme[n] blinde[n] Heyden« für ihr irdisches Gold »dasjenige Gold / davon die Kron deß Lebens gemacht wird«, erhalten sollten.[22] Seine Beauftragten pervertieren jedoch den heilsgeschichtlichen Auftrag und benutzen »den Namen deß Christlichen Glaubens zum Deckel ihrer Schalckheit und Boßheit / Frefels und unerleschlichen Gold- und Blutdurstes«.[23] Die Grausamkeit und Geldgier der Spanier reißt die »arbeitselige[n] elende[n] Unterthanen« schließlich zu berechtigten Racheaktionen hin.[24] Die Priester stehen der spanischen Soldateska – »allerstrickwürdigste Galgenvögel«, »barbarische Hencker-Rotte«, »verteuffelte Mordbrenner«[25] – keineswegs nach, trösten sie doch die Indianer in ihrer »unerträglichen Sclaverey« zynisch damit, »daß sie nemlich es ihnen vor ein Glück achten solten / vor Gottes Ehre solcher gestalt zu leyden«.[26]

Von da ist es nur ein kleiner Schritt zum ausdrücklichen Gegensatz von schönen, gesunden und immer zufriedenen Indianern, die in einem Land leben, das als das vollkommenste der Welt gelten muß,[27] und den grausamen und lasterhaften Europäern: »IN America wohnen zwar viel einfältige blinde Heyden / aber es finden sich hingegen viel Christen / die recht abgeschäumte Buben sind / und sich den Lastern hundert mahl mehr ergeben / alß die gebohrne Americaner.«[28]

Während aber Happel das unchristliche Verhalten der Christen nur anprangert, sucht Francisci nach einer Erklärung. Überlegungen anläßlich der Aktionen der Spanier in Peru und Mexiko führen ihn zu einer wesentlichen anthropologischen Einsicht. Die Barbarei der Eroberer erweist nämlich, »wie leicht der Mensch in einen grausamen Tiger / und seine Art und Sitten in bestialische Eigenschafften sich verwandlen mögen; wann ihm der Zwang seines höchsten Oberhaupts zu fern von der Hand / und die Tugend der Gnügsamkeit nicht seine stetige Beywohnerin ist«.[29] Der Rückfall in die Barbarei ist offenbar immer möglich. Den Menschen davor zu bewahren ist eine Aufgabe des Staates, der als Erziehungs- und Zwangsinstitution verstanden wird. Im Grunde besteht also für Francisci kein entscheidender Unterschied zwischen den ›Wilden‹ und den zivilisierten Europäern, steckt doch in jedem Europäer ein ›Wilder‹. Damit ist jedoch nicht erklärt, warum die Indianer in ihrem Naturzustand so glücklich und zufrieden leben.

Dem romantisierenden Bild Franciscis von den schönen und unschuldigen ›Americanern‹ und den sie korrumpierenden Europäern setzt Happel eine weniger geschlossene Vorstellung gegenüber. Er betont zwar auch den von Las Casas angeregten Gegensatz von unbilligen Spaniern und armen, unschuldigen Indianern,[30] unterdrückt aber die weniger positiven Nachrichten – Menschenfresser, Kinderopfer, teuflische Gottesdienste – nicht. Seine Werturteile fallen zuweilen zugunsten der Spanier aus,[31] häufig konstatiert er die Barbarei mancher Völkerschaften der Neuen Welt[32]. So macht er an einer Stelle die herablassende Bemerkung, daß von den eingeborenen Potentaten der ›Americaner‹ wenig zu berichten sei, weil sie »lauter Barbarische / wilde und un*civilisi*rte Leute auch grossen Theils Menschen-Fresser sind«.[33] Andererseits ist er in seiner Faszination durch das Außergewöhnliche fähig, in den Menschenopfern der Peruaner »eine ungemeine schöne Ordnung / Weise oder Manier« zu erkennen, freilich zu einem unmenschlichen Zweck angewendet.[34]

Daß Francisci in seinen verschiedenen Schriften ein relativ einheitliches Bild von Amerika und den amerikanisch-europäischen Wechselbeziehungen entwirft, hängt mit der Auswahl seines Materials zusammen, die sich »auf den Nutzen des Gemüts« richtet, »um solches / mit unterschiedlichen Exempeln / zur Geschicklichkeit und Tugend zu reitzen / heilsamlich zu ergetzen / und im Gegentheil vor Laster und Verbrechen / durch andrer Leute Unglück / zu warnen«.[35] Happel unterscheidet sich von Francisci durch die Bereitschaft, alle Aspekte der Neuen Welt in seine Schriften einzubeziehen. Diese Offenheit hängt mit der Publikationsform der *Relationes Curiosae* zusammen, mit Happels Desinteresse am Moralisieren und dem anvisierten Publikum. Er wendet sich nicht an den tugendbegierigen Leser, sondern an den »*curieusen* Liebhaber«, der etwas Neues lesen will, wenn die nächste Fortsetzung erscheint.[36]


III


Die Zuwendung zum nördlichen Amerika ändert die europäischen Vorstellungen von der Neuen Welt zunächst nur in Nuancen. Da man aber am Verhalten der Kolonisatoren Nordamerikas im Unterschied zu dem der spanischen Eroberer des 16. Jahrhunderts wenig auszusetzen hat, fällt die kulturkritische Gegenüberstellung von grausamen Europäern und hilflosen Indianern weg. Beklagt wird allenfalls, daß die Engländer keine Anstrengungen unternehmen, die Eingeborenen Virginias zu bekehren: »keine andere Erkäntnuß GOTtes haben diese arme Leut / weren aber leichtlich zum Christenthumb zu bringen / dann wann die Engelländer niederknieten / ihr Gebet zu thun / thetens sie auch [...].«[37] Wenn auch hier bei Gaspar Ens Kritik am englischen Handelsgeist zu erkennen ist, so steht man doch in der Regel dem Streben nach »Profit« und dem Interesse daran, was Virginia »lieffert«, durchaus positiv gegenüber.[38]

Virginia ist der Teil des nördlichen Amerika, über den im 17. Jahrhundert die meisten Informationen vorliegen. Obwohl hier keine großen Städte wie in Peru und Mexiko zu finden sind, gibt es doch eine funktionierende Obrigkeit, »wie wild und rohe gleich dieses Volck ist«.[39] Das Interesse kreist dabei um die Gestalt Powhatans, der zur Zeit der Gründung von Jamestown als »Ober-König / oder Käyser«, als »Groß-Königliches Ober-Haupt« der ›Virginier‹ regiert und sein Volk »in unterthänigem Gehorsam und gebührender Furcht zu erhalten« weiß.[40] Durch seine Tochter Pocahontas, die Captain John Smith das Leben rettete, wird er Teil einer der bekanntesten Geschichten aus der Frühzeit des kolonialen Amerika. Enthusiastische Gelehrte erkannten in den abenteuerlichen Entdeckungsreisen des Engländers John Smith, seiner Rettung durch die indianische Prinzessin Pocahontas und der Gründung von Jamestown epische Qualitäten, die Vergleiche mit *Ilias* und *Odyssee* und dem Gründungsmythos der *Aeneis* nahezulegen schienen.[41]

John Smith, an der Gründung der englischen Kolonie Virginia maßgeblich beteiligt, wird 1607 von den Indianern gefangengenommen und seinem eigenen, oft angezweifelten Bericht nach von Pocahontas gerettet. Kurz darauf kehrt er nach England zurück. Pocahontas heiratet einige Jahre später den Engländer John Rolfe, mit dem sie 1616 nach London reist. Sie nimmt den christlichen Glauben an, begegnet noch einmal John Smith und wird von Queen Anne empfangen. Sie stirbt 1617 kurz vor der Rückkehr nach Virginia.[42]

Neben der in der deutschen Literatur bekannteren Geschichte von Inkle und Yariko[43] ist dies der zweite Stoff aus dem kolonialen Amerika, der beträchtliche literarische Folgen hat. Die meisten Pocahontas-Dichtungen entstehen in Amerika,[44] doch nehmen sich auch einige deutsche Schriftsteller im 18., 19. und 20. Jahrhundert des Themas an. Das zurückhaltende Urteil eines Literaturkritikers über die Qualität der amerikanischen Pocahontas-Dichtungen[45] gilt freilich auch für die deutschen Bearbeitungen der Geschichte. Keine erreicht den Rang oder den Einfluß von Gellerts *Inkle und Yariko*.

Die deutschen Pocahontas-Dichtungen des 18. Jahrhunderts gehen von Carl Friedrich Scheibler aus, der 1781 *Leben und Schicksale der Pokahuntas, einer edelmüthigen Americanischen Prinzessin*[46] und ein Jahr darauf *Reisen, Entdeckungen und Unternehmungen des Schifs-Capitain Johann Schmidt oder John Smith*[47] beschreibt. Wenig später, 1784, erscheint ein »Schauspiel mit Gesang« über das gleiche Thema.[48] Andere Versionen entstehen im Verlauf des 19. und 20. Jahrhunderts, darunter Johann Christian Friedrich Schulzens Erzählung *Pocahuntas, Nonpareille genannt, oder: Die Virginische Wilde* (1800) und Detlev von Liliencrons unfreiwillig komisches Stück *Pokahontas. Drama aus den Kolonien* (1884).[49]

Obwohl das eigentliche Interesse an Geschichten edelmütiger ›Americanerinnen‹ erst mit der Aufklärung beginnt, ist Pocahontas der deutschen Literatur des 17. Jahrhunderts nicht unbekannt. Die Berichte über die Rettung John Smith' und über das weitere Schicksal der Prinzessin werden in der *Dreyzehenten* und der *Zwantzigsten Schiffahrt* (1617 bzw. 1629) und noch einmal im *Zehenden* und *Dreyzehenden Theil Americae* (1618 bzw. 1628) ins Deutsche übertragen.[50] Johann Ludwig Gottfriedt erzählt in seinem Amerikabuch *Newe Welt Vnd Americanische Historien* (1631) die Geschichte von Pocahontas zum erstenmal zusammenhängend.[51] Bei diesen Fassungen handelt es sich um ziemlich getreue Übersetzungen der englischen Originaltexte. Erst als Erasmus Francisci in seinem *Neu-polirten Geschicht- Kunst- und Sitten-Spiegel ausländischer Völcker* (1670)[52] und Eberhard Guerner Happel in den *Grösten Denckwürdigkeiten der Welt* (II 1685)[53] den Stoff bearbeiten, ergeben sich wesentliche Veränderungen.

Francisci erzählt innerhalb des Rahmenthemas »Die gestifftete / und zerrissene Bündniß« nur den zweiten Teil der Geschichte. Sie paßt insofern in den Rahmen,

als durch die Heirat zwischen Pocahontas und John Rolfe Frieden zwischen den Engländern und Indianern gestiftet wurde, wenn auch nicht für lange: »Aber es hat auch / bey diesen wilden Barbern [!] / geheissen: Wenn das Kind tod; so ist die Gevatterschafft aus.«[54] Gerade in dieser Erzählung einer guten Indianerin urteilt Francisci am schärfsten über die Indianer, deren »Bosheit und Meuchellist« er anprangert,[55] die er »boshaffte[s] Ottern-Gezücht«[56] und »wütige Hunde«[57] nennt. In um so besserem Licht steht »die gute Pocahuntas«, deren »unbetrogene Einfalt« durch die Ränke der Engländer »gekörnet und bestricket« wird.[58] Zur Unschuld und natürlichen Scheu der Pocahontas (»wie ein zartes Rehlein in Forchten«)[59] gesellt sich später ein intuitives Wissen um das angemessene Benehmen in einer Liebesbeziehung: »Unter solcher Begebenheit / hatte [...] Mons. Rolff / sich in die Pocahuntas verliebt: gestalt ihm diese nicht abgeneigt war / sondern mit lieb-freundlichen Gegen-Blicken eine züchtige Gegenliebe mercken ließ.«[60]
Happel setzt andere Akzente. Er verstärkt den Kontrast zwischen den Indianern insgesamt (»wilde / unbendige / treulose und falsche Leuthe«),[61] ihrem teuflischen Götzendienst, den greulich-lächerlichen Zeremonien und dem »mitleidige[n] Fräulein«[62]. Er führt Zwischenüberschriften ein (»Der unglückliche Engelländer«, »Der danckbahre Wilde«, »Die grosse Einfalt dieser Wilden«, »Die verliebte Prinzessin« usw.), die seine Erzählung gliedern und die Aufmerksamkeit des Lesers erhalten sollen, zugleich aber Happels Sinn für dramatische Effekte verraten.
Um Happels Erzählweise geht es in den folgenden Textbeispielen. Am Anfang steht John Smith' eigener Bericht seiner Rettung aus dem dritten Buch der *Generall Historie of Virginia, New-England, and the Summer Isles* (1624). Darauf folgt die deutsche Übersetzung in der *Zwantzigsten Schiffahrt* (1629) und schließlich Happels Fassung im zweiten Band der *Grösten Denckwürdigkeiten der Welt* (1685).

### John Smith, *The Generall Historie of Virginia* (1624):

»[...] having feasted him after their best barbarous manner they could, a long consultation was held, but the conclusion was, two great stones were brought before *Powhatan*: then as many as could layd hands on him, dragged him to them, and thereon laid his head, and being ready with their clubs, to beate out his braines, *Pocahontas* the Kings dearest daughter, when no intreaty could prevaile, got his head in her arms, and laid her owne vpon his to saue him from death [...].«[63]

### Zwantzigste Schiffahrt (1629):

»Nach gehaltenem Rathschlag haben sie zween mächtige grosse Stein für den *Povvhatan* getragen / vnd so viel als jhrer den Capitän anrühren können / haben jhn angerühret / vnd zu solchen Steinen geführet. Da haben sie jhm nun den Kopff auff der Stein einen geleget vnd sich mit jhren Henckersbrügeln fertig gemacht / auff jhn zuzuschlagen vnd jhn hinzurichten. Aber was ist weitters geschehen? Es hat solches deß Königs *Pocahuntas* Tochter gedawret / daß der dapffere Mann also solte vmbkommen / vnd hat derohalben für jhn gebetten / vnd da sie nicht so bald durch Fürbitt etwas hat erlangen können / hat sie mit jhres Lebens Gefahr jhn errettet / hat deß Capitäns Kopff in jhren Schoß geleget / vnd darnach jhren Kopff auff den seinigen geleget / damit sie also jhm sein Leib vnd Leben möge retten.«[64]

Eberhard Guerner Happel, *Gröste Denckwürdigkeiten der Welt* [...] *Anderer Theil* (1685):
»Als diese und andere Ceremonien vorbey waren / da begunten diese barbarische unhöfliche Höflinge zu berathschlagen / auff was Weise sie den Gefangenen vom Leben zum Tode hinrichten wolten. Nach reiffer Überlegung legten sie vor den Groß-König zweene sehr grosse Steine nieder / und so viel ihrer zu dem Gefangenen gelangen kunten / so viel fasseten ihn auch an / brachten ihn zu gemelten Steinen / legten sein Haupt auff deren einen nieder und machten sich mit ihren Mord-Keulen *parat*, ihm in demselben Augenblick dasselbe zu zerschmettern / welches auch geschehen / wofern sich nicht bald eingefunden hätte.

### Das mitleidige Fräulein.

ALs die greßliche Büttel noch immer *parat* stehen / zuzuschlagen / siehe! da erweckete Gott uhrplötzlich in des Kaysers Tochter / der *Pocahuntas*, ein grosses Mittleiden / dieselbe kunte es nicht ansehen / daß dieser schöne tapffere Jüngling so jämmerlich ums Leben kommen solte / sie lieff behende nach ihrem Vater / und bemühete sich durch eine ernstliche Vorbitte / diesen Mord abzuwenden. Aber die wilde Grausamkeit dieses grausamen Alten / wolte sich in demselben Augenblick so bald nicht brechen lassen durch die freundlich-demühtige Vorsprache seiner Tochter / als es die Noth erforderte / den Capitain beym Leben zu erhalten / derohalben verließ sie ihren Vater / und lieff hin zu dem Gefangenen / und tratt geschwind zum Werck selber. Sie sprang herbey / fassete des Gefangenen Haupt / legte es in ihren Schooß / ja ihr eigenes noch darzu auff jenes / umb ihn desto sicherer zu retten / wie dann auch die Büttel hiedurch gezwungen wurden / ihre Keulen zurücke zu ziehen.«[65]

Die deutsche Fassung in der *Zwantzigsten Schiffahrt* schließt sich trotz einiger Erweiterungen recht eng an das englische Original an. Die Zusätze des Übersetzers machen den sachlichen Bericht der *Generall Historie* etwas lebendiger (»Aber was ist weitters geschehen?«), gehen psychologischen Motivierungen nach (»Es hat solches [...] *Pocahuntas* [...] gedawret«) und tragen zur Charakterisierung von Personen bei (»der dapffere Mann«).
Verglichen mit Happels Version fallen die Erweiterungen in der *Zwantzigsten Schiffahrt* jedoch kaum ins Gewicht. Aus dem hilflosen Versuch, die Spannung durch eine rhetorische Frage zu erhöhen, entwickelt Happel mit Hilfe einer anderen Quelle[66] eine große dramatische Szene, die einem höfischen Barockroman gut anstehen würde. Es handelt sich jetzt nicht mehr einfach um die Rettung von John Smith, sondern um die Darstellung eines plötzlichen Umschwungs (»uhrplötzlich«), wie er in Drama und Roman des 17. Jahrhunderts häufig vorkommt. Das Dramatische wird noch akzentuiert durch die Zwischenüberschrift, die zugleich Teil eines Satzes ist, durch den plötzlichen göttlichen Eingriff und durch die Charakterisierung und Konstellation der Personen. »Das mitleidige Fräulein«, das eine »freundlich-demühtige Vorsprache« hält, und »dieser schöne tapffere Jüngling« stehen auf der einen Seite, »diese barbarische unhöfliche Höflinge« und »die wilde Grausamkeit dieses grausamen Alten« auf der anderen. Mittelwerte gibt es nicht, nur das entschieden Gute oder das Böse.

In Happels Fassung hat die Szene nichts typisch Amerikanisches oder Indianisches an sich. Es geht um die Rettung eines schönen und tapferen Jünglings durch eine Königstochter und den allgemeinen Gegensatz von Barbarei und Menschlichkeit (»Mittleiden«), verkörpert durch Vater (und Volk) und Tochter. Daß das »Mittleiden« erst göttlicher Erweckung bedarf, unterscheidet Pocahontas von den ›edlen Wilden‹ des 18. Jahrhunderts und verweist auf eine letztlich noch pessimistische Vorstellung von der menschlichen Natur.

1 Erasmus Francisci: Ost- und West-Indischer wie auch Sinesischer Lust- und Stats-Garten. Nürnberg 1668. Vorrede.

2 Sebastian Brant: Das Narrenschiff. Hrsg. von Manfred Lemmer. Tübingen 1968. S. 167 (Nr. 66, V. 53–56):
»Ouch hatt man sydt jnn Portigal
Vnd jnn hispanyen vberall
Golt / jnslen funden / vnd nacket lüt
Von den man vor wust sagen nüt.«
Vgl. Edwin H. Zeydel: Sebastian Brant and the Discovery of America. In: Journal of English and Germanic Philology 42 (1943) S. 410 f.

3 Zitat nach Paul Ben Baginsky: German Works Relating to America 1493–1800. A List Compiled from the Collections of The New York Public Library. New York 1942. Nr. 6.

4 Vgl. die Bibliographien von Baginsky (s. Anm. 3) und Philip Motley Palmer: German Works on America 1492–1800. Berkeley u. Los Angeles 1952. (University of California Publications in Modern Philology, Bd. 36, Nr. 10. S. 271–412.)

5 Baginsky, Nr. 42 (vgl. ebd., Nr. 43, 50, 61, 62).

6 Bibliographische Angaben zum vierzehnteiligen Amerikawerk von Theodor de Bry bei Palmer (s. Anm. 4), S. 297–300; zu Levinus Hulsius' insgesamt sechsundzwanzig »Schiffahrten« ebd., S. 339–343.

7 Karsten Witte: »Das verlangte / nicht erlangte Canaan / bey den Lust-Gräbern«. Zur Kolonialliteratur in North Carolina. In: Arcadia 8 (1973) S. 300–306; zitat auf S. 305.

8 Vgl. den Überblick bei Harold Jantz: Amerika im deutschen Dichten und Denken. In: Deutsche Philologie im Aufriß. Hrsg. von Wolfgang Stammler. Bd. 3. Berlin 2. Aufl. 1967. Bes. Sp. 309 bis 322. Wenig ergiebig ist die Arbeit von Gerhard Desczyk: Amerika in der Phantasie deutscher Dichter. In: Jahrbuch der Deutsch-Amerikanischen Historischen Gesellschaft von Illinois [Deutsch-Amerikanische Geschichtsblätter] 24/25 (1924/25) S. 7–142.

9 Vgl. z. B. die Anspielungen auf die Neue Welt in Lohensteins »Cleopatra« (V. 491 ff.) und »Sophonisbe« (V. 677 ff.).

10 Vgl. Jantz (s. Anm. 8), Sp. 315 f.

11 Eberhard Guerner Happel: Der Insulanische Mandorell, Ist eine Geographische Historische und Politische Beschreibung Aller und jeden INSULEN Auff dem gantzen Erd-Boden / Vorgestellet In einer anmütigen und wohlerfundenen Liebes- und Helden-Geschichte. Hamburg 1682. S. 681–694.

12 Daniel Casper von Lohenstein: Großmüthiger Feldherr Arminius oder Herrmann / [. . .] Nebst seiner Durchlauchtigen Thußnelda In einer sinnreichen Staats- Liebes- und Helden-Geschichte. Teil 1. Leipzig 1689. S. 120a–126a; Zitat auf S. 120a. Vgl. auch die Anmerkungen dazu im Anhang des 2. Teils (1690). – Zu den Einwanderungstheorien äußert sich auch Francisci (Ost- und West-Indischer . . . Stats-Garten [s. Anm. 1], Vorrede; vgl. ebd., S. 125 ff.). – Zu Lohensteins Amerikapassage s. Elida Maria Szarota: Lohenstein und die Habsburger. In: Colloquia Germanica (1967) S. 263–309; dies.: Lohensteins Arminius als Zeitroman. Sichtweisen des Spätbarock. Bern u. München 1970. S. 222–228.

13 Vgl. etwa Christoph W. Hagdorns Roman »Aeyquan, oder der Große Mogol« (1670), in dem die Handlung der »Cassandre« de La Calprenèdes nach Indien und China verpflanzt wird. Das bekannteste Beispiel für den Drang nach dem Fernen Osten ist die »Asiatische Banise« (1689) von Heinrich Anshelm von Zigler und Kliphausen.

14 Francisci: Ost- und West-Indischer . . . Stats-Garten (s. Anm. 1), Widmungsvorrede des Verle-

gers. – Es gibt nur wenige amerikanische Reisebeschreibungen, die von Deutschen unternommene Reisen schildern (vgl. z. B. Baginsky, Nr. 68, 69).

15 Happel: Gröste Denckwürdigkeiten der Welt Oder so-genannte RELATIONES CURIOSAE. 2. Teil. Hamburg 1685. S. 532.

16 Vgl. Francisci: Neu-erbauter Schau-Platz denckwürdiger Geschichte / und seltzamer / mehrentheils trauriger Fälle. Nürnberg 1663. Vorrede.

17 Happel: Gröste Denckwürdigkeiten der Welt. 1. Teil. Hamburg 1683. Vorrede.

18 Francisci: Guineischer und Americanischer Blumen-Pusch. Nürnberg 1669. Vorbericht.

19 Francisci: Ost- und West-Indischer . . . Stats-Garten (s. Anm. 1), Vorrede. Happel übernimmt die zitierte Passage später fast wörtlich, ohne seine Quelle anzugeben: THESAURUS EXOTICORUM Oder eine mit Außländischen Raritäten und Geschichten Wohlversehene Schatz-Kammer. Hamburg 1688. Vorrede.

20 Vgl. Friedrich von Logaus Epigramm III, 6, 62: »Gold auß der neuen Welt« (Deutscher Sinn-Getichte Drey Tausent. Breslau 1654 [Neudruck: Hildesheim u. New York 1972]).

21 Francisci: Ost- und West-Indischer . . . Stats-Garten (s. Anm. 1), Vorrede. In der Widmung an Kaiser Leopold I. schreibt der Verleger: »In Asia und Africa / herrschen zwar gewaltige Könige: aber gleichsam / über lauter wilde und grimmige Thiere: Dieses hochgescepterte Haus / über verständige Menschen: Massen es auch viele / vormals in heydnischer Blindheit / wie das thumme Vieh / dahin lebende West-Indische Nationen / vermittelst Beybringung Göttlicher Erkenntniß / in vernünfftige und sittsame Unterthanen verwandelt hat.«

22 Francisci: Der Hohe Traur-Saal / oder Steigen und Fallen grosser Herren. Bd. 1. Nürnberg 2. Aufl. 1669. S. 881.

23 Ebd., S. 882.

24 Ebd., S. 953.

25 Ebd., S. 1003, 1005.

26 Happel: Gröste Denckwürdigkeiten der Welt. 2. Teil (s. Anm. 15). S. 369. – Zur spanischen »Tyrannei und Bedrengniß«, zu Las Casas und Karl V. vgl. Francisci: Der Dritte Traur-Saal steigender und fallender HERREN. Nürnberg 1677. S. 389 ff.

27 Vgl. Happel: Gröste Denckwürdigkeiten der Welt. 1. Teil (s. Anm. 17). S. 203; Happel: Mundus Mirabilis Tripartitus, Oder Wunderbare Welt / in einer kurtzen COSMOGRAPHIA fürgestellet. 1. Teil. Ulm 1687. S. 785.

28 Happel: Gröste Denckwürdigkeiten der Welt. 3. Teil. Hamburg 1687. S. 716.

29 Francisci: Der Hohe Traur-Saal. Bd. 1 (s. Anm. 22). S. 883.

30 Happel: Gröste Denckwürdigkeiten der Welt. 2. Teil (s. Anm. 15). S. 369.

31 Während etwa Francisci indianische Gegenwehr gegen die Spanier verständlich findet, beruht sie für Happel auf Barbarei (vgl. Gröste Denckwürdigkeiten der Welt. 1. Teil. S. 431 ff.).

32 Vgl. etwa Happel: Gröste Denckwürdigkeiten der Welt. 3. Teil (s. Anm. 28). S. 102: »ICh weiß nicht / ob ich diesen wilden Hottentotten diejenige sehr barbarische Völcker nach- oder fürsetzen soll / welche sich in einem Lande *Americae* / an dem grossen Strohm *Orinoque*, daß man anitzo Neu *Andalusien* nennet / vor diesem aber *Paria* hiesse.«

33 Happel: Mundus Mirabilis Tripartitus. 1. Teil (s. Anm. 27). S. 786.

34 Happel: Gröste Denckwürdigkeiten der Welt. 3. Teil (s. Anm. 28). S. 748.

35 Francisci: Neu-erbauter Schau-Platz (s. Anm. 16), Vorrede.

36 Happel: Gröste Denckwürdigkeiten der Welt. 1. Teil (s. Anm. 17), Vorrede.

37 Gaspar Ens: West- vnnd Ost Indischer Lustgart: Das ist / Eygentliche Erzehlung / Wann vnd von wem die Newe Welt erfunden / besägelt / vnd eingenommen worden. Köln 1618. S. 283 f.

38 Vgl. Happel: Gröste Denckwürdigkeiten der Welt. 1. Teil (s. Anm. 17). S. 437; ders.: Mundus Mirabilis Tripartitus. 1. Teil (s. Anm. 27). S. 789.

39 Happel: Mundus Mirabilis Tripartitus [. . .] Anderer Theil. Ulm 1688. S. 813.

40 Ebd.

41 Vgl. Jay B. Hubbell: The Smith-Pocahontas Story in Literature. In: Virginia Magazine of History and Biography 65 (1957) S. 275–300.

42 Die Hauptquellen für die Geschichte sind: 1. John Smith, The Generall Historie of Virginia, New-England, and the Summer Isles. London 1624. Faksimiledruck: Cleveland, Ohio 1966. (Smith' Gesamtwerk ist zugänglich in der Ausgabe von E. Arber u. A. G. Bradley: Travels and Works of Captain John Smith. Edinburgh 1910.) – 2. Ralph Hamor, A True Discourse of the Present State of Virginia. London 1615. Faksimiledruck: Richmond, Virginia 1957. – Neuere

wissenschaftliche Literatur zu Smith und Pocahontas: Bradford Smith, Captain John Smith. His Life and Legend. Philadelphia u. New York 1953; Philip L. Barbour, The Three Worlds of Captain John Smith. Boston 1964; Grace Steele Woodward, Pocahontas. Norman, Oklahoma 1969; Philip L. Barbour, Pocahontas and Her World. Boston 1970; Everett H. Emerson, Captain John Smith. New York 1971.

43 Während Smith' und Hamors Berichte bald ins Deutsche übertragen werden (s. Anm. 50), scheint es keine deutsche Übersetzung der Quelle der »Inkle und Yariko«-Geschichte zu geben (Richard Ligon: A True & Exact History of the Island of Barbados. London 1657).

44 Darunter auch eine deutschsprachige: Johann Straubenmüller: Pocahontas, oder: Die Gründung von Virginien. Baltimore 1858.

45 Hubbel (s. Anm. 41), S. 277: »There is no classic treatment of the subject.«

46 Berlin 1781. Rezensiert in Friedrich Nicolais »Allgemeiner deutscher Bibliothek«, Bd. 50, 1. Stück, 1782, S. 216 (»Ein Anecdötgen aus Merians westindischer Historie und einigen Reisebeschreibungen zusammengeschmiert«).

47 Berlin 1782, Neuauflage 1783. Ob eine Ausgabe von 1781 existiert, wie Palmer (s. Anm. 4) angibt (S. 384), scheint zweifelhaft. Die Vorrede zur Ausgabe von 1782 ist auf den 15. Januar 1782 datiert und weist an keiner Stelle darauf hin, daß es sich um eine Zweitauflage handelt. Palmers Bibliotheksnachweis ist unrichtig. Vgl. auch Baginsky (s. Anm. 3), Nr. 765. In einer Anmerkung auf S. 21 nennt Scheibler die vorher erwähnte Pocahontas-Darstellung.

48 Johann Wilhelm Rose: Pocahontas. Schauspiel mit Gesang. Ansbach 1784.

49 An weiteren Werken wäre zu nennen: Adolf Mützelburg, Kapitain Smith, der Abenteurer. Historischer Roman. Berlin 1854; Ann Tizia Leitich, Unvergleichliche Amonate. Roman einer Indianerin. Graz 1947; auch Arno Schmidt mit seinen Anspielungen in »Seelandschaft mit Pocahontas« (in: Rosen & Porree. Karlsruhe 1959) sollte in diesem Zusammenhang erwähnt werden.

50 Die Gefangennahme und Befreiung von John Smith wird dargestellt in:
Zwantzigste Schiffart / oder Gründliche vnd sattsame Beschreibung deß Newen Engellands: Wie auch Außführliche Erzehlung von Beschaffenheit der Landtschafft *Virginia*. Frankfurt a. M. 1629. Bes. S. 79–87. – Dreyzehender Theil AMERICAE. Frankfurt a. M. 1628. S. 35–38.
Der weitere Verlauf der Geschichte findet sich in:
Dreyzehente Schiffahrt Darinnen Ein Warhafftiger vnd Gründtlicher Bericht / von dem jtzigen Zustandt der Landtschafft *Virginien*; [. . .] Sampt Einer *Relation*, wie König *Powhatans* in *Virginien* Tochter / Pocahuntas genant / Christlichen getaufft vnd mit einem Engelischen verheurahtet worden. Hanau 1617. Bes. S. 9–18. – Zehender Theil AMERICAE Darinnen zubefinden: Erstlich / zwo Schiffarten Herrn AMERICI VESPUTII [. . .]. Zum andern / Ein gründlicher Bericht von dem jetzigen Zustand der Landschafft *Virginien*. Oppenheim 1618. S. 17–47.

51 Johann Ludwig Gottfriedt: Newe Welt Vnd Americanische Historien. Warhafftige vnd volkommene Beschreibungen Aller West-Indianischer Landschafften / Insulen / Königreichen vnd Provintzien. Frankfurt a. M. 1631. S. 539–552. Unterscheidet sich von den in Anm. 50 genannten Fassungen nur dadurch, daß die beiden Teile der Geschichte – Gefangennahme und Befreiung (Vorlage: Smith) und Bekehrung und Heirat (Vorlage: Hamor) – zusammengestellt werden.

52 Nürnberg 1670. S. 553–557.

53 2. Teil. Hamburg 1685. S. 195–205. Happel erzählt im Gegensatz zu Francisci die ganze Pocahontas-Geschichte.

54 Francisci: Neu-polirter Geschicht- Kunst- und Sitten-Spiegel ausländischer Völcker. Nürnberg 1670. S. 555. Vorher allerdings (S. 550–552) kritisiert er ausführlich die Tatsache, daß im zeitgenössischen Europa niemand mehr eingegangene Bündnisse hält. Er erfindet eine neue Zeitrechnung, den »Alliantz-Kalender«: »Ich selber bin / für meine geringe Person / allbereit / in meinem 42. Jahr / auf solche Weise / ein Stein-alter Mensch: als der ich schon viel papierne Allianzen erlebt habe / so auf ewig geschlossen / und kaum etliche Jahre gehalten« (550).

55 Ebd., S. 555.

56 Ebd., S. 556.

57 Ebd., S. 555.

58 Ebd., S. 553. Bei den zitierten Charakteristiken der Pocahontas handelt es sich um Zusätze Franciscis.

59 Ebd., S. 553.

60 Ebd., S. 555.

61 Happel: Gröste Denckwürdigkeiten der Welt. 2. Teil (s. Anm. 15). S. 195.

62  Ebd., S. 200.
63  Zitiert nach E. Arber u. A. G. Bradley [Hrsg.]: Travels and Works of Captain John Smith. Edinburgh 1910. Bd. 2. S. 400.
64  Zwantzigste Schiffahrt (s. Anm. 50). S. 85 f.
65  Happel: Gröste Denckwürdigkeiten der Welt. 2. Teil (s. Anm. 15). S. 199 f.
66  Simon de Vries: Curieuse Aenmerckingen Der bysonderste Oost en West-Indische Verwonderenswaerdige Dingen. 2. Teil. Utrecht 1682. S. 838 f.
Obwohl Happel der Fassung von de Vries über manche Strecken hin fast wörtlich folgt, nimmt er doch einige wichtige Änderungen vor, die sich wieder aus seinem Sinn für Dramatik und starke Kontraste erklären lassen. So sind »greßliche Büttel«, »uhrplötzlich«, »wilde Grausamkeit dieses grausamen Alten« ebenso Zusätze wie die Zwischenüberschrift und der sie einleitende Satz. Während dem romanhaften »Jüngling« ein »Vreemdelingh« bei de Vries entspricht, bleiben die *»Barbarische* onhoflijcke Hovelingen« stehen. Einige Sätze aus de Vries:
»[. . .] leyden syn hoofd op eene der selver, en maeckten sich met haere Moord-knodsen vaerdieh, om hem 't hoofd daer meê te verpletteren.
Maer terwylse yeder oogenblick dreygden toe te smijten, verweckte *God* in den Keysers Dochter, *Pocahuntas,* een seer groot meedelijden, en 't bedroefde haer, dat deesen schoonen, dapperen Vreemdelingh so jammerlijck sou om 't leven komen« (838).

KARL S. GUTHKE

# Edle Wilde mit Zahnausfall.
# Albrecht von Hallers Indianerbild

## I

Die für das Bewußtsein Schweizer Autoren bezeichnende Spannung zwischen Hei-
matgebundenheit und Auswärtsstreben bestimmt nachdrücklich Albrecht von Hallers Leben und Werk. Schon auf der Titelseite seiner *Gedichte* stellt sie sich zur
Schau; denn was könnte demonstrativer sein als die Vorstellung des Verfassers als
Mitglied nicht nur zahlreicher ausländischer Akademien, sondern auch des Großen
Rats der Republik Bern.[1] Und es ist schwer zu sagen, welche der beiden mit einem
harmlosen »und« verbundenen Ehren Haller selbst mehr bedeutet hat oder ob Hei-
matstolz und Kosmopolitismus sich wirklich die Waage halten, wie es der Anschein
will. Nur wenige Berner dürften so leidenschaftlich Berner gewesen sein wie Haller,
den gerade die Leidenschaft der Haßliebe an die Vaterstadt fesselte. Und doch hat
er sich seit dem Beginn des Universitätsstudiums, das er bereits mit siebzehn Jahren
aufnimmt, immer wieder von seinem Drang nach draußen bestimmen lassen, nicht
eigentlich in die große Welt, die exotische schon gar nicht: ihm genügte der fremde
Anstrich einer Wirklichkeit, die im Grunde doch ›comme chez nous‹ ist. Ein gemäßigter Abenteurer also, ein Reisender mit Heimweh. Das gelehrte Europa schüt-
telte den Kopf, als der weltberühmte Göttinger Professor 1753 im glanzlosen Rang
eines Rathausammanns nach Bern zurückkehrte; er selbst wird eher Fanfarenklang
im Ohr gehabt haben. Nicht daß er von Stund an mit Freuden oder auch nur in ge-
lassener Seßhaftigkeit in Bern gelebt und gearbeitet hätte. Nur allzu gern ließ er
sich auch in späteren Jahren noch goldene Brücken ins Ausland bauen, aber man
hat den Eindruck: für ihn waren es eben jene Brücken, auf denen er eines Tages
um so glänzender in die Stadt seiner Jugend heimkehren würde.
So ist er denn dort geblieben, in der Stadt und im Kanton Bern, glücklich-unzufrie-
den, ziemlich abgeschlossen von der ›Welt‹. Aber die Welt kam zu ihm in Form von
Reisebeschreibungen und Expeditionsberichten aller Art. Er hat diese immer gern
gelesen; denn »wir lernen durch sie die Welt kennen, und ersezen einigermassen den
Mangel eigener Reisen und eigener Erfahrung«. So schreibt er 1750 in der Vorrede
zu der vielbändigen von ihm selbst herausgegebenen *Sammlung neuer und merkwürdiger Reisen zu Wasser und zu Lande, aus verschiedenen Sprachen übersezt,
und mit vielen Kupfertafeln und Landkarten versehen.*[2] Was ihn in erster Linie daran reizt, ist nicht so sehr die Natur- und Länderkunde als »die Kenntnis [...] des
Menschen« (133). »Aber die größte Bemühung des Menschen ist das Kenntnis seiner
selbst, und dieses sind wir grossentheils den Reisenden schuldig. Wir werden in
einem Lande unter Bürgern erzogen, die alle einen gleichen Glauben, gleiche Sitten,
und überhaupt gleiche Meinungen haben; diese flechten sich nach und nach in unsre
Sinnen ein, und werden zu einer falschen Überzeugung. Nichts ist fähiger, diese
Vorurtheile zu zerstreuen, als die Kenntnis vieler Völker, bey denen die Sitten, die

Geseze, die Meinungen verschieden sind, eine Verschiedenheit, die durch eine leichte Bemühung uns lehrt dasjenige wegzuwerfen, worinn die Menschen uneinig sind, und das für die Stimme der Natur zu halten, worinn alle Völker miteinander übereinstimmen. So wild, so grob die Einwohner der in der friedlichen See zerstreuten Inseln sind, so weit der Grönländer von Brasilien oder vom Vorgebürge der guten Hoffnung abliegt, so allgemein sind doch die ersten Grundsäze des Rechtes der Natur bey allen Völkern: Niemand beleidigen, einem jeden das Seine lassen, in seinem Berufe vollkommen seyn, sind der Weg zur Ehre bey den alten Römern, bey den Anwohnern der Strasse Davis und bey den Hottentotten« (135 f.).

Hallers Gedanken zur Anthropologie gipfeln also in einer der Aufklärungsphilosophie liebgewordenen Vorstellung: daß die Menschen aller Himmelsstriche und aller Zeiten »in ihren Haupteigenschaften übereinkommen«, eben darum Menschen seien im Sinne der Aufklärung, »von dem allerklügsten Orang Utang noch beträchtlich« unterschieden (138). Ebenfalls gehört aber zu den Denkkonventionen der Aufklärung die Anschauung, daß die Menschen in manchen Gegenden und zu manchen Zeiten in reinerer Weise Mensch seien als unter anderen Bedingungen. Literarisch konkretisiert sie sich u. a. im Idol des ›edlen Wilden‹. Er stellt für die philosophische Phantasie die Verkörperung der unverdorbenen Natur und, was dasselbe ist, der reinen Vernunft dar: das Ideal der Einfachheit und Wesentlichkeit, von dem die zivilisierte Welt abgefallen ist und dem sie sich wieder annähern soll. Seine Beispiele fand der Primitivismus des 18. Jahrhunderts vielerorts, hauptsächlich in schwer zugänglichen Weltgegenden: das Paradies der Rationalisten war auf Südseeinseln und im schottischen oder auch schweizerischen Hochgebirge, in Lappland und Korsika lokalisiert, vor allem aber auch in der Neuen Welt.[3] Denn die *literarische* Entdeckung Amerikas ist in erster Linie dem Interesse des europäischen Primitivismus an der Erkundung des ›Noble Savage‹ zu verdanken.[4]

Haller selbst ist schon früh an dieser poetischen Exploration des neuen Weltteils beteiligt gewesen. Die Neigung zur satirischen Konfrontation der Schäden und Fehlentwicklungen der Zivilisation mit den Segnungen des natürlich-einfachen Lebens war ja geradezu das Cachet des jungen Lyrikers. Bereits in den *Alpen* (1729) hatte er eine Welt dargestellt, die dem etwas kargen Eden der Rationalisten entsprach, und Menschen, die den Typus des ›Noble Primitive‹, ja des ›Noble Savage‹ exemplifizieren:[5]

> Glückseliger Verlust von schadenvollen Gütern!
> [...]
> Hier herrschet die Vernunft, von der Natur geleitet,
> Die, was ihr nöthig, sucht und mehrers hält für Last.
> [...]
> Hier herrscht kein Unterschied, den schlauer Stolz erfunden,
> Der Tugend unterthan und Laster edel macht.          (V. 61–72)[6]

Das Leben der Alpenbewohner, einfach, frei und wahre Erfüllung menschlichen Glücks, steht hier als ideales Gegenbild zur eleganten Verdorbenheit und reizvollen Überfeinerung, mit einem Wort: zur Unnatürlichkeit des zivilisierten Daseins in den Städten, und es fungiert genauso wie anderswo in der Literatur die Lebensweise der Südseeinsulaner oder der Indianer. So ist es auch nicht verwunderlich, daß Haller, indem er sich die primitivistische Denkform der Zeit zu eigen macht, gelegentlich auch zu einem der beliebteren Klischees greift: zum literarischen Mythos des Indianers, der den Europäer an allen wünschenswerten Charaktereigenschaften so weit übertrifft, als sei er in der Abgeschiedenheit eines hohen Alpentals aufgewachsen. Zwei Stellen sind es vor allem, an denen dieser Indianertopos in den *Gedichten* erscheint, berühmte Stellen, denen nicht nur im 18. Jahrhundert, sondern noch in der neuesten Darstellung (1962) des indianophilen Primitivismus deutscher Sprache eine hervorragende historische Schlüsselposition eingeräumt wird.[7] Sie zeigen aber, wie bisher nicht beachtet worden ist, eine erstaunliche Ambivalenz in der Auffassung des naturhaften Wilden als einer literarischen Sinnfigur. Wie sehr jedoch dieses Schwanken noch innerhalb des esoterischen Bereichs speziell *literarischer* Vorstellungen bleibt (was man nur allzuleicht vergißt), ist nicht einleuchtender deutlich zu machen als durch den Vergleich mit Hallers späteren, mehr wissenschaftlichen Äußerungen zur Anthropologie des Indianers. Daß es solche – an weithin sichtbarer Stelle veröffentlichte – Bemerkungen in großer Fülle gibt, ist bisher nicht bekannt gewesen. Aber erst wenn man sie auswertet, und zwar besonders im Hinblick auf die gern zitierten Gedichtstellen über die Huronen am Michigan- und Eriesee, kann es gelingen, die spannungsvolle Reichhaltigkeit des Indianerbildes in den Blick zu bekommen, das Haller einem großen Lesepublikum über Jahrzehnte hin vermittelt hat.


II


Der erste der beiden ›loci classici‹ in Hallers *Gedichten* steht in dem Lehrgedicht *Die Falschheit menschlicher Tugenden*, das etwa ein Jahr nach den *Alpen*, im Jahre 1730, entstanden ist. Der Angriff auf die Scheinhaftigkeit menschlicher Vollkommenheit, ganz gleich welcher Art, schreckt hier selbst vor dem Bild des christlichen Heiligen nicht zurück. Kein Zweifel: im Prinzip könnte das leidvolle Ausdauern der Märtyrer, selbst der katholischen, für Haller durchaus eine Tugend sein. Sie zu ehren, wäre er nur allzugern bereit, wenn sie in der Wirklichkeit des Lebens vorhanden und nicht bloß eine fromme Fiktion klerikaler Historiographie wäre.

> Wo sind die Heiligen von unbeflecktem Leben,
> Die Gott den Sterblichen zum Muster dargegeben?
> Viel Menschheit hänget noch den Kirchen-Engeln an,
> Die Aberglaube deckt, Vernunft nicht dulden kann!                    (V. 47–50)

Am schlimmsten ist das Auseinanderklaffen von Schein und Sein dort, wo die religiöse Tugend zu Blutrünstigkeit anhält, wo ein Märtyrer den andern voll Glaubensgewißheit bekämpft: »Grausamer Wüterich, verfluchter Ketzer-Eifer! / Dich zeugte nicht die Höll aus Cerbers gelbem Geifer, / Nein, Heilge zeugten dich [...]« (V. 63–65). Und in solchem an sich schon verächtlichen Glaubenskampf sind überdies die wahren Heiligen oder Märtyrer, nämlich die, die für ihren Glauben zu sterben bereit sind, dünner gesät, als die Kirche Wort haben will; so z. B. in der

Geschichte der Christianisierung Japans durch den spanischen Jesuiten Francisco de Jassu y Xavier (die Haller vermutlich aus Charlevoix' *Histoire du Japon* [1715] kannte):

> Durch den erstaunten Ost geht Xaviers Wunder-Lauf,
> Stürzt Nipons Götzen um, und seine stellt er auf;
> Bis daß, dem Amida noch Opfer zu erhalten,
> Die frechen Bonzier des Heilgen Haupt zerspalten:
> Er stirbt, sein Glaube lebt und unterbaut den Staat,
> Der ihn aus Gnade nährt, mit Aufruhr und Verrath.
> Zuletzt erwacht der Fürst und läßt zu nassen Flammen
> Die Feinde seines Reichs mit spätem Zorn verdammen;
> Die meisten tauschen Gott um Leben, Gold und Ruh,
> Ein Mann von tausenden schließt kühn die Augen zu;
> Stürzt sich in die Gefahr, geht muthig in den Ketten,
> Steift den gesetzten Sinn und stirbt zuletzt im beten.
> Sein Name wird noch blühn, wann, lange schon verweht,
> Des Märtrers Asche sich in Wirbel-Winden dreht;
> Europa stellt sein Bild auf schimmernde Altäre
> Und mehrt mit ihm getrost der Seraphinen Heere.          (V. 117–132)

Hier nun ist der Ort für die Einführung des edlen Wilden aus Nordamerika. Er stirbt ebenso »würdig«, mit dem »gleichen Helden-Muth« wie der jesuitische Missionar oder der christliche Neophyt, mit einem entscheidenden Unterschied allerdings, der den Indianer denn doch höher stellt:

> Wann aber ein Huron im tiefen Schnee verirrt,
> Bei Erries langem See zum Raub der Feinde wird,
> Wann dort sein Holz-Stoß glimmt und, statt mit ihm zu leben,
> Des Weibes tödtlich Wort sein Urtheil ihm gegeben,
> Wie stellt sich der Barbar? wie grüßt er seinen Tod?
> Er singt, wann man ihn quält, er lacht, wann man ihm droht;
> Der unbewegte Sinn erliegt in keinen Schmerzen,
> Die Flamme, die ihn sengt, dient ihm zum Ruhm und scherzen.
> Wer stirbt hier würdiger? ein gleicher Helden-Muth
> Bestrahlet beider Tod und wallt in beider Blut;
> Doch Tempel und Altar bezahlt des Märtrers Wunde,
> Canadas nackter Held stirbt von dem Tod der Hunde!
> So viel liegt dann daran, daß, wer zum Tode geht,
> Geweihte Worte spricht, wovon er nichts versteht.          (V. 133–146)

Passives Heldentum auf beiden Seiten, und doch ist das der Huronen insofern achtunggebietender, als am Eriesee alltäglich und selbstverständlich ist, was bei den Christen selbst unter Missionaren die Ausnahme bleibt. Wesentlicher noch, höchst erstaunlich sogar ist aber der Unterschied, den Haller anschließend hervorhebt: Der christliche Märtyrer stirbt für eine ungerechte Sache, der Indianer leidet unschuldig.

Hallers Antiklerikalismus, den er in einer späteren Fußnote zu dieser Stelle oppor-
tunistisch mit der Erklärung zu mildern suchte, daß er sich nur gegen die missionarischen Machenschaften der *Jesuiten* richte,[8] erreicht in diesen Zeilen seinen Höhepunkt. Nach der schweren Ironie der beiden letzten zitierten Zeilen heißt es in aller
Deutlichkeit:

> Doch nein, der Outchipoue thut mehr als der Bekehrte,
> Des Todes Ursach ist das Maaß von seinem Werthe.
> Den Märtrer trifft der Lohn von seiner Übelthat;
> Wer seines Staats Gesetz mit frechen Füßen trat,
> Des Landes Ruh gestört, den Gottesdienst entweihet,
> Dem Kaiser frech geflucht, der Aufruhr Saat gestreuet,
> Stirbt, weil er sterben soll; und ist dann der ein Held,
> Der am verdienten Strick noch prahlt im Galgen-Feld?
> Der aber, der am Pfahl der wilden Onontagen
> Den unerschrocknen Geist bläst aus in tausend Plagen,
> Stirbt, weil sein Feind ihn würgt, und nicht für seine Schuld,
> Und in der Unschuld nur verehr ich die Geduld!          (V. 147–158)

So befremdlich es uns scheinen mag, für Haller ist die theatralisch gesteigerte Ausdauer, die passive Heroik des Huronen und des Outchipoue ein unbedingtes Positivum.[9] In einer Fußnote zu Vers 147 nennt er die Outchipoues »das tapferste der
Nord-Amerikanischen Völker«. Dort gibt er auch die genaue Quelle für den Abschnitt über den heroischen Huronen an: Lahontans *New Voyages to North-
America. Giving a Full Account of the Customs, Commerce, Religion, and Strange
Opinions of the Savages of that Country* (1703).[10] Er fand in diesem Buch, das als
eins der einflußreichsten Werke des europäischen Primitivismus gilt,[11] nicht nur
allerlei brauchbare Auskünfte über die Sitten und Gebräuche der Indianer, einschließlich einer Schilderung der bei den Indianerstämmen des Nordens üblichen
Verbrennungstortur und ihrer passiven Heroik (im 23. Brief des ersten Teils). Vor-
geformt fand er hier vor allem auch die richtunggebende Antithese von zivilisatorischer Unzulänglichkeit und naturhafter Vollkommenheit, speziell sogar die Konfrontation der moralischen und dogmatischen Inkompetenz der christlichen Missionare mit der überragenden Vernünftigkeit der indianischen Religion und Religions-
übung, ganz zu schweigen von den vernunftgemäßen säkularen Gesetzen der Indianer. Wie bei Haller ist es auch bei Lahontan ein Hurone – eine historische Figur
übrigens, der Häuptling Adario, von den Franzosen »Le Rat« genannt –, der zum
Sprecher alles dessen gemacht wird, was die aufklärerische Zivilisationskritik den
staatlichen, sozialen, moralischen und religiösen Institutionen und Verhältnissen in
Europa vorzuwerfen hatte. Wenn auch Lahontan in dieser Hinsicht keine nennens-
werte Originalität beanspruchen kann, so hat er durch sein vielgelesenes Werk doch
immerhin »définitivement fixé le caractère du ›bon sauvage‹, de ›l'homme de la
nature‹ dont la figure devait dominer toute la littérature du siècle qui s'ouvrait«.[12]
Haller seinerseits war einer der meistgelesenen Autoren unter den vielen, die sich
von Lahontans Adario anregen ließen. Sein namenloser Hurone oder auch Outchipoue vom Ufer des Lake Erie ist, mit dem natürlichen Philosophen Adario vergli-

chen, unverkennbar etwas eindimensionaler nach der Schablone des stoischen Helden gestaltet, jenem (Hallers geistigem Habitus noch sehr nahen) eher ›barocken‹ Heldenidol,[13] das in Lahontans Adario-Mythos keineswegs die Hauptrolle spielte. In dieser Variation wurde der edle Hurone dann dem deutschen Lesepublikum bald ein Begriff.

Aber die literarische Sinnfigur des Indianers, speziell das Klischee des heldenmütigen Huronen, steht in Hallers *Gedichten* in einem merkwürdig changierenden Licht, das sichtbar macht, mit welch ambivalenten Gefühlen Haller sich dieser literarischen Konvention bedient. In dem etwas später, um 1732/33,[14] entstandenen, 1734 in der zweiten Auflage der *Gedichte* veröffentlichten großen Gedicht *Über den Ursprung des Übels* heißt es am Ende des zweiten Buches:

> Doch nur im Zierat herrscht der Unterscheid der Gaben,
> Was jedem nöthig ist, muß auch ein jeder haben;
> Kein Mensch verwildert so, dem eingebornes Licht
> Nicht, wann er sich vergeht, sein erstes Urtheil spricht.
> Die Kraft von Blut und Recht erkennen die Huronen,
> Die dort an Mitschigans beschneiten Ufern wohnen,
> Und unterm braunen Süd fühlt auch der Hottentott
> Die allgemeine Pflicht und der Natur Gebot.          (V. 205–212)

Hier ist der Hurone offenbar nicht mehr das Idealbild des edlen Wilden (sei es des mehr ›spartanischen‹ oder des mehr ›athenischen‹), nicht mehr das Vorbild natürlich-richtigen Verhaltens, dem die Europäer vergeblich nachzustreben sich bemühen. Wohl gilt auch hier noch die anthropologische Voraussetzung, daß allen Menschen das Licht der Vernunft, besonders offenbar das der praktischen Vernunft, gegeben ist. Aber der Hurone ist jetzt statt Idealbild der unverfälschten natürlichen Vernunftgemäßheit und Tugendhaftigkeit eher der Grenzfall des Barbaren, der selbst im Zustand der Wildheit noch einen Funken jenes Lichts, eine gewisse moralische Grundsubstanz besitzt. Interessant ist in diesem Zusammenhang das Wort ›verwildert‹. Eindeutig ist hier das ›wild‹-Werden nicht, wie es der Konvention des ›Noble Savage‹ entspricht, eine heilsame Rückentwicklung zum optimalen Originalzustand, aus dem uns die Zivilisation herausgeführt hat, keine Rückkehr ins Paradies, sondern eine Regression ins Barbarische, der Sündenfall der Kulturgesellschaft. Denn dem Sinn nach heißt es: *selbst* die Huronen erkennen ihre menschlichen Pflichten, vernehmen »die Stimme der Natur«, wie es in der Vorrede zu den *Neuen und merkwürdigen Reisen* heißt (136). Und auch dort fällt im gleichen Zusammenhang der Ausdruck ›wild‹ in negativer Bedeutung, quasi gleichwertig mit ›grob‹, wenn gesagt wird, »so wild, so grob« die Insulaner des pazifischen Ozeans auch seien, so sei ihnen doch ein Empfinden für das »Recht der Natur« eingeboren (136). Es ist daher nicht überraschend, daß der primitive Völkerstamm, der den Huronen in der zitierten Stelle aus *Über den Ursprung des Übels* gleichgestellt wird, ausgerechnet die Hottentotten sind, die im 18. Jahrhundert zusammen mit den Patagoniern generell das ethnologische Schlagwort für den Tiefstand der menschlichen Entwicklung bedeuten.[15] Nicht zufällig erscheinen die Hottentotten ja auch in dem angeführten Passus aus der Vorrede zu den *Neuen und merkwürdigen Reisen*,[16] und zwar kennzeichnenderweise als Gegenbild zu den »alten Römern«, die für Haller gelegentlich der Inbegriff eines wünschenswerten Kultur- und Bildungszustands sind,[17] also den Gegenpol der Wildheit darstellen. Die Gedankenentwicklung ist dort die gleiche wie am Ende des zweiten Buches des Theodizee-Gedichts: hochentwickelte und zurückgebliebene oder regredierte (›wilde‹) Völker haben jedenfalls dies gemeinsam, daß in ihnen ein Bewußtsein der unabdingbar menschlichen Grundwerte und -verpflichtungen lebendig ist.

Mit dem Huronen »an Mitschigans beschneiten Ufern« tritt Haller aus der naiv romantisierenden Konvention der Aufklärung heraus, der er mit seinem Huronen »bei Erries langem See« noch entsprochen hatte, und bindet sich zugleich an eine neue, die von der Aufklärung zur deutschen Klassik hinleitet. Denn es ist nur ein kleiner Schritt von Hallers Zeilen im *Ursprung des Übels* zu der Kernstelle von Goethes *Iphigenie.* Nicht nur will es der Zufall, daß das Kennwort ›wild‹ in dieser Szene in genau der gleichen pejorativen Bedeutung fällt wie bei Haller (V. 1910), nämlich als Inbegriff bedauerlicher Regression ins Barbarische. Vor allem wirken die gleich folgenden Zeilen, wenn sie durch zu häufiges Zitieren noch nicht ganz banalisiert sind, wie ein Echo von »Mitschigans beschneiten Ufern«:

> T h o a s.                    Du glaubst, es höre
> Der rohe Skythe, der Barbar, die Stimme
> Der Wahrheit und der Menschlichkeit, die Atreus
> Der Grieche, nicht vernahm?
> I p h i g e n i e.           Es hört sie jeder,
> Geboren unter jedem Himmel, dem
> Des Lebens Quelle durch den Busen rein
> Und ungehindert fließt.                                    (V. 1937–42)

## III

Mit Bedacht wurde Hallers Überwechseln vom literarischen Topos des ›Noble Savage‹ (als Symbol höchster menschlicher Vollkommenheit) zu der Vorstellung vom ›Wilden‹ (als Grenzfall des Humanen) als Übergang *von einer Konvention zur andern* bezeichnet. Haller selbst hingegen beruft sich auf die ethnische *Wirklichkeit*, wie sie dem 18. Jahrhundert durch Forschungsreisende vertraut gemacht wird. Aber ist das, was sie berichten, nicht ebenfalls, wie großenteils noch der Bericht Lahontans, auf den sich Hallers Fiktion des edlen Huronen stützte, »eine Fabelwelt, die nirgends als in dem Gehirne ihrer Verfasser eine Wirklichkeit hat«?[18] Die Übergänge dürften fließend sein: Jeder Beobachter des Fremden bringt natürlich seine eigene Optik mit, und im speziellen Fall heißt dies zunächst einmal eine durch das eigene zivilisatorische Milieu bedingte Einstellung zum Phänomen des außereuropäischen unzivilisierten Menschen. Statt über die größere oder geringere Realistik der einen oder der anderen der beiden von Haller aufgegriffenen Konventionen zu spekulieren, ist es sachdienlicher, sich den Unterschied in der Optik klarzumachen: einerseits die naiv-aufklärerische Zivilisationskritik und Verherrlichung des tugendhaften Primitiven, ein Vulgärrousseauismus ›avant la lettre‹; andererseits das stolze Bildungsbewußtsein der aufgeklärten Vernunft, das in der

Zivilisation noch die Kultur und im Naturzustand dessen Schattenseiten zu sehen bereit ist. Man darf diese Differenz bei Haller wohl im Sinne der Entwicklung deuten: in den frühen Gedichten die Gesellschaftskritik, in den späteren mehr Würdigung der Kultur. In der Vorrede zu den *Reisen* (1750) ist er längst auf den zweiten Standpunkt, d. h. den der moralischen, ästhetischen, wissenschaftlichen und sozialen Kultur, eingeschworen. »Künstliche und gesittete Völker«, sagt er hier beim Überblick über die Gesamtheit der Erdbewohner, fänden sich nur an den beiden äußersten Enden der Alten Welt, in Europa und in China und Japan, »da hingegen die schönen Künste und die innerliche ordentliche Eintheilung der Regierung von dem übrigen Erdboden verbannet zu seyn scheinet« (137), offenbar auch von der Neuen Welt, die nun eher die Stätte der »Herrschaft des Verderbens« wäre (136). Rousseau (so, wie man ihn im 18. Jahrhundert fast ausnahmslos verstand) ist damit schon im voraus eine Absage erteilt; und als Haller den ersten *Discours* dann drei Jahre später rezensiert, hat er ihn denn auch mit harten Worten abgelehnt, die nun sogar an der kriegerischen Heroik der ›Wilden‹ keinen guten Faden mehr lassen[19] – auch das eine Antwort auf die eigene Idolisierung des ›heldenmütigen‹ Huronen.

Die eigentliche Antwort aber hat Haller in Schriften gegeben, von denen bis heute unbekannt geblieben ist, daß sie von ihm stammen: in zahlreichen Rezensionen von Reiseberichten aus Amerika, die er von den späten vierziger bis in die späten siebziger Jahre in den *Göttingischen Gelehrten Anzeigen* veröffentlichte – anonym, aber in gewisser Weise doch nicht anonym, sofern es bei den Zeitgenossen kein Geheimnis war, daß die *GGA* nicht nur während seiner Redaktion, sondern bis zu seinem Tode ›seine‹ Zeitschrift waren,[20] wenn er auch längst nicht alle Artikel selbst verfaßte. Die im folgenden zu erörternden Besprechungen aus den Jahren 1755 bis 1776 hat er jedoch selbst geschrieben, wie sich an Hand von Hallers Randbemerkungen in seinem Exemplar feststellen ließ.[21] Aber auch die von 1748, 1750 und 1752 dürften, nach dem Inhalt zu urteilen, von Haller sein, obwohl in diesem Zeitraum die äußeren Anhaltspunkte für eine sichere Verfasserbestimmung fehlen. Hinzu kommt noch eine fast dreißig Seiten lange Rezension in der *Bibliothèque raisonnée*.[22] Erst wenn man diese Texte im Zusammenhang mit den Indianer-Stellen in den *Gedichten* liest, enthüllt sich die Reichhaltigkeit des Indianerbildes, das der vielgelesene, autoritätsbewußte ›große Haller‹ seinen Zeitgenossen über Jahrzehnte hin zu bieten hatte. Reichhaltigkeit keineswegs nur in dem Sinne, daß sich die späteren Äußerungen sämtlich der einen oder der anderen der beiden beschriebenen Konventionen zuordneten, im Gegenteil: Haller rezensiert gerade Berichte über die zeitgenössische *Wirklichkeit* Amerikas, speziell also die des amerikanischen Indianers, und diese Wirklichkeit sieht denn doch in sehr vielen Fällen ganz anders aus als *beide* Fiktionen.

Die Ironie ist nicht zu übersehen: Haller, der sich in einem seiner berühmtesten Gedichte zum Sprecher des aufklärerisch-empfindsamen Idols des edlen Wilden gemacht und in einem noch berühmteren von der jedenfalls rudimentären Menschlichkeit, der ›anima naturaliter moralis‹, des Indianers gesprochen hatte, muß nun als Beurteiler des wahren Zustands der Naturmenschen der Neuen Welt auftreten, welcher nur allzuoft alles andere ist als die Bestätigung dessen, was der Lyriker verkündet hatte und bis an sein Lebensende in zahlreichen Neuauflagen wieder drucken ließ. War der Hurone in den beiden literarischen Konventionen immerhin noch eine moralisch positive Figur, so ist das der Indianer, über den Haller in den *GGA* berichtet und anthropologische Überlegungen anstellt, in der Regel keineswegs, vielmehr eher ein anschauliches Exempel für die originäre Verdorbenheit des Menschen oder auch für seine Korruptibilität und seine sehr begrenzte Perfektibilität. Der Widerspruch zur spekulativen Anthropologie der Aufklärung springt ins Auge; denn die Ablehnung des Menschenbilds, das theologisch mit dem Begriff der Erbsünde bezeichnet wird, ist ja das vielleicht einzige Gedankenmotiv, das die vielerlei Richtungen innerhalb der Aufklärung auf einen Nenner zu bringen vermag.[23] Und zwar spiegelt Hallers Selbstwiderspruch in der Darstellung des menschlichen Urzustands am Paradigma des amerikanischen Eingeborenen[24] den grundsätzlichen Konflikt dieses ›letzten Universalgelehrten‹: das Gegeneinander des Willens zur aufgeklärten Mündigkeit und der Bindung an die calvinistische Doktrin von der ›corruption de l'Homme‹.[25] Nun bleibt dieses Gegeneinander bei Haller nicht statisch: seit den späten dreißiger Jahren nimmt die Überzeugungskraft der Offenbarungsreligion und besonders ihrer Auffassung des Menschen als »unwürdiges«, »verdorbenes Geschöpf«[26] immer mehr zu. Entsprechend ist in den Amerikarezensionen denn auch überhaupt nichts mehr von dem edlen Wilden, dem perfekten Märtyrer des Gedichts über *Die Falschheit menschlicher Tugenden*, zu hören. Auch von rudimentären guten Eigenschaften ist relativ wenig und nur mit wesentlichen Einschränkungen die Rede. In den Mittelpunkt tritt statt dessen der physisch und moralisch unterlegene Indianer, dem selbst jener Funke originärer Vernünftigkeit und Sittlichkeit fehlt, den die zweite der aufklärerischen Konventionen noch annahm. Und wenn Haller als derart negativer Beurteiler des Primitivzustands, wie bereits in der Vorrede zu den *Reisen*, an den sittlichen Werten zivilisatorischen Daseins als dem Standard der Bewertung festzuhalten versucht, so ist das nicht notwendigerweise Ausdruck einer *säkular*-aufklärerischen Gesinnung, wie sie etwa besonders drastisch Dr. Johnson vertreten hat, sondern steht durchaus im Einklang mit der calvinistischen Ethik: gerade weil der Mensch ›verdorben‹ ist, bedarf er der strengen sittlichen Zucht und Selbstzucht, die sich in den Organisationsformen des ›bürgerlichen‹ Zusammenlebens institutionalisiert. Dieser Zug, der in Hallers Pädagogik stark hervortritt,[27] äußert sich in seinen Bemerkungen über die amerikanischen Indianer darin, daß Haller die Christianisierung (und sei sie auch von den leidenschaftlich gehaßten Jesuiten betrieben) jetzt rückhaltlos befürwortet, nicht zuletzt auch als Mittel zur Zivilisierung und Kultivierung der ›Wilden‹. Wie sehr er jedoch auch da noch die Spannung von Aufklärung und Christlichkeit bezeugt, und sei es auch nur in der Bemühung, sie auszugleichen, wird in der Formulierung sichtbar, der amerikanische Heide solle durch die Mission zu einem »Chrétien éclairé« erzogen werden.[28]


IV

Das Auffallendste an Hallers Bemerkungen in den Rezensionen ist, daß im Vergleich zu den *Gedichten* seine Anschauung mit zunehmender Sachkenntnis viel differenzierter wird: es gibt nicht mehr ›den‹ Indianer, sondern, realistischer, ein gan-

zes Spektrum menschlicher Eigenschaften, die sich kaum mehr auf einen Allgemeinfaktor reduzieren lassen. Gerade in dieser Hinsicht nimmt Haller in späteren Jahren
gern die Haltung des Experten ein, etwa wenn er Cornelius de Pauws *Philosophischen Untersuchungen über die Americaner* (1769) vorhält: »Es wäre auch leicht
wider alle Bejahungen des Verf. zu zeigen, daß sie durch und durch allgemeine
Schlüsse aus besondern Fällen sind« (1770, S. 179)[29]. Montesquieusche oder Helvétiussche Gedanken vom Einfluß der geographischen Umwelt auf die physische und
seelische Beschaffenheit scheinen dabei eine Rolle zu spielen, wie sie sich schon in
dem Zitat aus der Vorrede zu den *Reisen* andeuteten und auch sonst gelegentlich erwähnt werden.[30]
Gerade diese Differenzierung (sowohl im Hinblick auf die Gesamtheit der Indianerstämme als auch auf *einen* Stamm und auf Individuen) erlaubt es dem Kritiker
Haller zwar noch, gewisse positive Züge zu sehen, diese drohen aber im Gesamtbild
immer mehr zu verschwinden, ganz davon abgesehen, daß sie meistens mit Vorbehalten und Einschränkungen benannt werden. Sie sind auch nicht die bürgerlichempfindsamen Tugenden, die in Hallers Menschenbild die führende Rolle spielen.
Eher spricht Haller von den Vorzügen der Indianer wie von denen eines interessanten Raubtiers. Es sind einfach Qualitäten, die im Stand der Natur zum Überleben
notwendig sind. So ist etwa einmal von der physischen Kraft und Ausdauer der
Huronen die Rede, die »der grösten Arbeit fähig« seien.[31] »Zwey Huronen haben
einen Englischen Officier in einem Nachen zu Wasser und zu Land in dreyzehn
Tagen 150 deutsche Meilen weit getragen« (1771, S. 1086). Öfters wird die Geschicklichkeit der Indianer beim Jagen, Fischen, Gerben, Töpfern usw. hervorgehoben (1755, S. 164; 1757, S. 703). Die Creeks habe man »noch ziemlich ordentlich
und arbeitsam« gefunden (1755, S. 168). Cadwallader Coldens *History of the Five
Indian Nations of Canada Dependent on the Province of New York* entnimmt er
ohne Widerspruch, daß diese Völker »in ihren Bündnissen getreu, in ihren Kriegen
tapfer, und in ihren Friedens[ver]handlungen klug und beständig« seien (1748,
S. 565). Ganz besonders hat es Haller, der der Erinnerungsfähigkeit als geistigem
Elementarvermögen bekanntlich große Bedeutung zuschrieb, die phänomenale Gedächtnisleistung der Primitiven Amerikas angetan, die er oft mit ihrer Redekunst
in einem Atem erwähnt: de Pauws allzu negativer Stilisierung des Indianers in den
*Philosophischen Untersuchungen über die Americaner* hält er z. B. entgegen, daß
sich seine Beobachtungen nicht »mit dem ausserordentlichen Gedächtnisse, und der
Beredsamkeit der Nordamerikanischen Redner reimen« (1770, S. 180). Ein anderes
Mal: »Es ist doch merkwürdig, daß ein Sachem eine angehörte Rede den andern
Tag, ohne in einem Worte zu fehlen, wiederholt hat« (1767, S. 1253). Aber selbst
diese Fähigkeit bagatellisiert Haller, indem er sie als bloße Begleiterscheinung jener
geistigen Armut erklärt, die der Naturzustand mit sich bringt; und er ist weit davon entfernt, sie wie Herder als ein Leitbild für die eigene intellektualisierte Gegenwart zu reklamieren: »Je ne suis pas surpris de cette fidelité de leur mémoire: ces
Peuples ont peu d'idées, elles sont plus au large dans leur cerveau, & n'en sont pas
délogées par un déluge de nouvelles images, qui surviennent chaque jour. On remarque le même avantage dans les Aveugles.«[32]
Derartige Vorzüge sind offenkundig nicht eigentlich solche der Gesittung. Die »Sitten« der Indianer sind mehr oder weniger verdorben (1748, S. 566). Geschickt mö-

gen sie sein, sie bleiben aber »habiles Filoux«.[33] Um so überraschender ist es, daß Haller die Indianer in seltenen Fällen »gesittet« nennt. Allerdings geht er dann über das bloße Referat nicht hinaus: »Die südlichen Nordamericaner sind gesittet« (1771, S. 1087). Bering und Tschirikow fanden an der Nordwestküste »zum Theil ziemlich gesittete und mit metallenen Werkzeugen versehene Einwohner, welches uns an Hontans Reisen [!] mahnt« (1763, S. 239 f.).[34] Was speziell mit solcher Gesittung gemeint sein mag, geht aus den Stellen jedoch nicht hervor, während in anderen Rezensionen nur einmal en passant von der »großmühtigen Art« der Wilden (aber gleich einschränkend: sie sei »ihren Sitten zwar gemäß« [1750, S. 303]) und von der Heilighaltung der Ehe (1755, S. 164) gesprochen wird. Wie gesagt: solche sehr bescheidenen positiven Qualitäten werden in der Regel nicht ohne ein Aber vorgebracht. Im allgemeinen ist der »Zustand dieser Leute« »elend« (1750, S. 304), und zwar in physischer wie in moralischer Hinsicht. Und wenn es darüber zu berichten gilt, wird Haller merklich beredter.

Schlecht ist es schon mit der Gesundheit bestellt. »Die ursprünglichen Einwohner in Nordamerica sind näher beym Pole in kleiner Anzahl [...] und sind an Leib und Gemühte schwach« (1756, S. 651). Sie sind anfällig für Seuchen und sterben gar aus (1756, S. 652). Schlechte Ernährungsverhältnisse bewirken »bösartige Geschwüre, die häufig herrschten und viele Menschen wegnahmen« (1760, S. 879). Die Ehen sind für die schlechten Lebensverhältnisse der Indianer nicht fruchtbar genug, so daß der Untergang ganzer Stämme vorauszusehen ist (1768, S. 588). Kennzeichnend ist für Haller, daß er dem Leser das klinische Detail nicht erspart: »Die Amerikaner seyen schwach [...], den kleinern Mastdarm-Würmern sehr unterworfen, und ihre Galle folglich unwürksam« (1770, S. 178). »Kalte Fieber sind auch sehr gemein«; vom Teetrinken fallen ihnen die Zähne aus, und ihr »Lebensziel wird auch immer kürzer« (1757, S. 582).

Schockierend sind auch die Gebräuche der Indianer. Daß sie »Menschen freßen« (1755, S. 165), wird mehrmals mit entsprechendem Abscheu hervorgehoben (1755, S. 1243). »Ils ne font aucun scrupule dans ces cas de nécessité de se manger les uns les autres, & les Vieillards se laissent étrangler sans répugnance, dès qu'ils ne sont plus en état de se procurer eux-mêmes leurs besoins.«[35] Die Eskimos halten Mord und Diebstahl »für unverboten« (1776, Zugabe, S. XV), solches Verhalten gehört im Zustand der Natur einfach zu den Lebensnotwendigkeiten. Barbarisch kann auch die Regierungsform sein, so bei den Natchez: »Ces Peuples ont [...] un Gouvernement héréditaire & despotique, bien éloigné de la liberté des Naturels du Canada. Leur Chef s'apelle du nom fastueux du *Soleil*; mais tout cet orgueil est bien tombé, depuis que le Soleil regnant a été envoyé à S. Domingue, chargé de chaines, pour y servir d'Esclave.«[36] Selbst ihre Tänze kreidet Haller den Indianern als, freilich harmlose, Rückständigkeit an: »Le Père *Charlevoix* vit danser le Calumet chez les *Sakis*; il en donne un détail. Ils dansent beaucoup, c'est un amusement du gout général des Peuples sauvages. Les Européens tiendroient-ils encore de la barbarie de leurs Ancêtres le plaisir qu'ils trouvent à cette espèce de démarche affectée? Les Romains méprisoient souverainement la danse, eux qui étoient le Peuple le plus vertueux & le plus sensé de l'Univers.«[37] Der befremdendste aller Gebräuche ist die Tortur. Behandelt wurde sie schon in den Gedanken über *Die Falschheit menschlicher Tugenden*. Im Rückblick auf dieses Gedicht stellt man mit einiger Ver-

wunderung fest, daß dort die Grausamkeit, die doch die nur allzu offensichtliche Kehrseite der so stark herausgestrichenen Tapferkeit des Opfers ist, überhaupt nicht erwähnt wurde. Umgekehrt fällt in den Rezensionen kein Wort mehr über das Heldentum der Indianer, geschweige denn über ihr Märtyrertum, dafür findet sich um so mehr Entrüstung über die ihnen »eigene« Grausamkeit (1767, S. 1253). Auch »die Gebräuche beim Absterben [...] sind grausam genug. Die nächsten Verwandten, auch die Brüder bringen sich manchmal selber um, und die Weiber, die zärtlichsten Freunde, und einige andere Freywillige werden dabey erwürgt« (1755, S. 165). »Grausam« ist schließlich auch der Ritus der Rache, z. B. bei den Natchez (ebd.). Die Gebräuche spiegeln einen verbreiteten Charakterzug der Indianer. Wenn Hallers Äußerungen über sie ein Leitmotiv haben, so ist es das Wort ›grausam‹. Andere Kennwörter seiner Kommentare erweitern diese moralische Unzulänglichkeit zu einem Charakterbild von außergewöhnlicher Unerfreulichkeit. Pointiert bringt Haller einmal den wahren Adario zur Sprache, um Lahontans Idealisierung zu entlarven: »Adario (la Hontan's Adario) begeht hier eine schändliche Verrätherey«, heißt es über William Smiths *Histoire de la Nouvelle York*, »die eine grausame Rache von Seiten der Iroker nach sich zieht« (1767, S. 1253). Ähnlich gehen Grausamkeit und Hinterhältigkeit bei den Eskimos Hand in Hand: »Sie sind verrätherisch, mörderisch [...]. Ihre ganze Gestalt scheint ihre Abkunft aus Grönland zu verrahten, nur sind sie viel grausamer« (1757, S. 703). Betrüger sind, jedenfalls in Kalifornien, selbst die »Zauberer«, die Medizinmänner (1760, S. 875, 878 f.). An weiteren negativen Charakteristika herrscht kein Mangel. »Näher an den mildern Gegenden sind sie Lügner, grausam und voller übeln Eigenschaften« (1756, S. 651). Das steht offenbar im Einklang mit Hallers Überzeugung, daß gutes Klima den Charakter verderbe. Über die Reise des Père Charlevoix vom nördlichen in den südlichen Mittleren Westen sagt er: »Les mœurs des Peuples mêmes se changent, on y trouve d'autres vices, & moins de vertus. De tout tems les meilleurs Païs ont produit les Peuples les plus corrompus. Il y a le long du Missipi des Nations, où le terroir & les vices ressemblent également à Sodome«,[38] obwohl Charlevoix doch auch von den nördlicheren Völkern Nachteiliges zu berichten wußte. An anderen Stellen hört man, die kalifornischen Eingeborenen seien »kindisch, auf die gegenwärtige Ruhe erpicht, die es [das Gemüt] bloß der Lust aufopfert, sonst aber träg und hinlässig« (1760, S. 875),[39] wobei die Trägheit der Indianer dem Calvinisten Haller der größte Dorn im Auge gewesen zu sein scheint (1771, S. 1086). »Die Einwohner sind unruhig und leicht aufzubringen, dabey aber sehr furchtsam und von einem herzhaften Manne sehr leicht zu erschrecken«, hört man des weiteren über die kalifornischen Wilden, bei Unbotmäßigkeit würden sie »allemahl sehr leicht zum Gehorsam gezwungen« (1760, S. 877). Von »feigen Kriegern« berichtet eine andere Besprechung (1771, S. 1087).
Die Bekanntschaft mit der europäischen Zivilisation hat die Indianer jedoch nicht notwendigerweise gebessert, im Gegenteil, sie hat Schwächen ans Tageslicht gebracht, die sonst vielleicht verborgen geblieben wären: vor allem die Widerstandslosigkeit gegenüber dem Feuerwasser. »Man wird auf einer Seite die Klugheit dieser Wilden bewundern, auf der andern aber die Verderbniß ihrer Sitten und ihrer Gesundheit, die vom Brandewein trinken entsteht, bedauern müssen« (1748, S. 566). »Die Langsamkeit in Schlüssen, und die Ernsthaftigkeit und Treu der In-

dianer an ihrem Landtage, wären sehr rühmlich, wann sie nicht von den Europäern den Mißbrauch des Brandteweins gelernt hätten« (1752, S. 132). Haller beklagt »das Brandtewein trinken und daher entstandenes wildes Wesen« (1750, S. 303; vgl. 1757, S. 582). Damit ist die Schuld an der moralischen Verkommenheit der Indianer aber nicht den Europäern allein in die Schuhe geschoben, so deutlich Haller auch deren Versäumnisse erkennt. Eine wichtige Stelle in der Charlevoix-Rezension, auf die gleich noch zurückzukommen sein wird, macht das ganz klar: »L'ivrognerie a *ajouté* aux défauts des Sauvages du Canada d'autres vices, qui leur étoient étrangers, l'avarice, & la brutalité.«[40] Das heißt also: *vor* ihrer Berührung mit den Europäern waren die Indianer keineswegs Naturmenschen im Sinne der philanthropischen Konvention, die dann später zu Recht oder Unrecht mit dem Namen Rousseauismus belegt wurde, sondern Naturmenschen in dem pejorativen Wortverstand, der Mangel an »Kunst« (1771, S. 1086), an Kultur und Zivilisation beinhaltet. Daß Haller diesen Begriff vom Naturzustand im Sinn hat, deutet er z. B. an, wenn er in die erwähnte Beschreibung des kindischen, der Lust und der Trägheit verfallenen »Gemüths« der kalifornischen Indianer das ›obiter dictum‹ »wie man es von dem sich selbst überlassenen Menschen erwarten kan« einfügt (1760, S. 875). Zu einer grundsätzlichen anthropologischen Überlegung über diese fundamentale Frage holt er 1746 in seiner Erörterung von Charlevoix' *Histoire et description générale de la Nouvelle France* aus: »Le reste de leur portrait est assez celui qui convient à toute Nation abandonnée à sa liberté & à la Loi de la Nature. Je croirois même assez que leur indifférence, leur fainéantise, leur malpropreté, leur manque de compassion, leur adresse dans leurs Arts particuliers, & le reste de leurs qualités bonnes & mauvaises sont les qualités radicales de l'Homme sans culture, & qu'elles lui sont aussi essentielles que l'amerture l'est à la Gentiane, & l'art de surprendre sa proie l'est au Renard. Toutes les Nations sauvages se rencontrent là, le Gouvernement & le Climat n'y mêlent que les différences passagères.«[41] Das Gesetz der Natur, das Nonplusultra des rationalistischen sowie des empfindsamen Primitivismus, das den Menschen auf die Höhe seiner Menschlichkeit zurückführen sollte, vermag nach der Überzeugung des späteren Haller allenfalls ein gerade noch mit dem Namen Mensch zu bezeichnendes Entwicklungsminimum zu garantieren, das am besten durch die Negation zu bestimmen ist: »sans culture«. Bemerkenswert ist ja auch, wie der Naturmensch hier nahe an die Erscheinungsformen der pflanzlichen und tierischen Natur herangerückt wird. Sosehr manche »qualités bonnes« auch den Anschein der wahren Humanisierung haben mögen: das Trennende ist wesentlicher als das Gemeinsame.

Entscheidend bleibt zwar, daß der Naturzustand in Hallers Anthropologie kein Endstadium ist; Entwicklung über ihn hinaus bleibt eine ständige Möglichkeit. Dementsprechend sieht er die Ureinwohner des amerikanischen Kontinents häufig unter einem doppelten Aspekt: dem der Degeneration und dem der Erziehbarkeit. In der Charlevoix-Rezension deutet er das knapp an in einem Absatz über die Eskimos und die Patagonier: Sie seien in vieler Hinsicht den Europäern äußerlich ähnlich, man könne glauben »qu'ils sont une Colonie d'Européens, qui ont *dégénéré* par la misère & par le manque d'*instruction*«.[42]

Degeneration: Tatsächlich müssen die Indianer einmal ein höheres Kultur- und Zivilisationsniveau besessen haben, als die Forschungsreisenden im 18. Jahrhundert zu Gesicht bekamen. Haller betont das häufig, ohne allerdings anzugeben, wie es zu einer solchen Blüte gekommen sei oder auch zu dem gegenwärtigen Rückfall in ein Stadium nur noch marginaler Menschlichkeit. »Hin und wieder«, schreibt er z. B. über Kalms Nordamerikareise, »trift man unter der Erde Mauren von gebaknen Steine[n] und gegrabene Brunnen an, die man für Überbleibsel einer alten und künstlichern Nation hält, als die jetzigen Nord-Americaner sind« (1757, S. 582). Polemisch hält er dem einseitig negativen Amerikabild de Pauws entgegen, er vergesse, »wie wenig Vorzug vor den Amerikanern so viele Völker der alten Welt haben«, und weist zum Beleg auf die »grossen Werke der Inca« hin; »die Mexicanischen Kalender, und die Peruvianischen Landstrassen und Brücken übertreffen alles, was die meisten Völker der alten Halbkugel gethan haben. Sie waren um desto rühmlicher, weil sie kein Eisen hatten« (1770, S. 180 f.). An anderer Stelle heißt es ebenfalls polemisch: »Aber gewiß waren die Inca weise Fürsten, und ihre Unterthanen ein ämsiges und policirtes Volk« (1771, S. 996). »Diese Völker« sind ganz ohne Zweifel »verschiedener Künste kündig gewesen«, sie müssen auch »mehr gesittet [gewesen] seyn, als man doch von den Spaniern vernimmt« (1773, Zugabe, S. L).

Erziehbarkeit: Wenn der »manque d'instruction«, der den jetzigen Zustand kennzeichnet, wieder rückgängig gemacht werden könnte, wäre, da die Indianer potentiell »aller Künste fähig« sind (1771, S. 1087), die kulturell glanzvolle Vergangenheit der Neuen Welt sozusagen wiederzubeleben, mit dem Unterschied allerdings, daß Haller sich eine neuerliche »Aufnahme« des Zustands der amerikanischen Naturmenschen nur als Kultivierung und Zivilisierung *im Sinne der Bekehrung zum Christentum* vorstellen kann. Daß in der gegebenen Situation ein anderer Weg gangbar sein könnte, kommt Haller bezeichnenderweise überhaupt nicht in den Sinn. Bekehrung ist vielmehr »sehr zu wünschen« (1756, S. 652). Sie könne nachweislich eine »Verbesserung der Gemühter« bewirken (1770, S. 178). Das Ziel bleibt der »Chrétien éclairé«. Und wenn das Ziel so oft unerreicht bleibt, so nicht, wie Lahontan meinte, weil die heimischen Religionen dem Christentum überlegen seien, sondern weil die Engländer sich mehr um Handelsbeziehungen kümmern und die Jesuiten, die einen Großteil der Missiontätigkeit in der Hand haben, ein schlechtes Beispiel geben und infolgedessen durch eigene Barbarei und Sittenlosigkeit den bestehenden Zustand eher verewigen.[43] Um so höher ist es zu veranschlagen, daß Haller einmal ein mindestens halbwegs anerkennendes Wort für den Einfluß der Jesuiten findet. Er spricht 1748 davon, daß die »five Indian nations« das Kriegsbeil gegen Frankreich aufgehoben, aber noch keinen Schaden angerichtet hätten »wegen der Künste der Jesuiten, und ihrem Einfluß auf einge Häupter der verbundenen Nationen«. Das wertet Haller als Beispiel dafür, daß die Missionen »den Catholischen Fürsten« einen »grossen Vortheil« böten – um so bedauerlicher sei es, daß England »in diesem rühmlichen Stüke denselben nicht nachfolgt«, denn der »Nuzen, auch in zeitlichen Vortheilen [!]« sei »reichlich« (1748, S. 566 f.).

Aber solche Largesse täuscht. Tatsächlich ist Hallers Vertrauen auf die Überlegenheit Europas, des religiösen und des säkularen, nicht so rückhaltlos, wie es hier oder auch in der Vorrede zu den *Reisen* den Anschein hat. Denn so sehr er von der Wünschbarkeit der Missionierung und Kolonisierung überzeugt ist, so klarsichtig erkennt er auch die Unzulänglichkeit derer, denen diese Aufgaben in Amerika übertragen sind: nur allzu mangelhaft repräsentieren sie den Kulturzustand, zu dem sie ihre Schutzbefohlenen erziehen sollen. Die Jesuiten lassen es an moralischer Vorbildlichkeit fehlen und mischen sich mit ihrer missionarischen Tätigkeit in die Nationalpolitik ein (z. B. 1756, S. 653). Die Pioniere verderben die Indianer durch den Alkohol (z. B. 1752, S. 132), sie hetzen sie zum Krieg auf und bestätigen sie in ihrer Barbarei (z. B. 1755, S. 1243), sie behandeln sie ungerecht und grausam (z. B. 1767, S. 1253). Kein Wunder, daß einige von den »Wilden« gefangengenommene Franzosen es vorzogen, »dans l'état de la simple Nature« zu bleiben.[44]

Damit enthüllt sich eine zweite Ironie: Nicht nur desillusioniert Haller die vulgär-rousseauistische Idealisierung des indianischen Wilden als Vorbild für die verdorbenen Europäer, indem er dem edlen Huronen im Selbstwiderspruch den physisch und moralisch minderwertigen »wahren« Indianer gegenüberstellt; er desillusioniert, ebenfalls im Selbstwiderspruch, auch das Ideal des »gesitteten« Europäers als Vorbild für die »wahren« (d. h. die zu bekehrenden und kolonisierenden, bestenfalls degenerierten) amerikanischen Ureinwohner.[45] Und beide Ironien stehen ihrerseits wieder im Verhältnis der Ironie zueinander, indem sie sich gegenseitig aus den Angeln heben. Zynisch formuliert: amerikanische Wilde und europäische Zivilisierte sind im Grunde nicht so verschieden; bei den Exoten ist es ›comme chez nous‹. Pointiert wird das etwa durch die Feststellung, die französischen Einwanderer hätten die Indianer mit ebender Grausamkeit behandelt, die »den Wilden eigen« sei (1767, S. 1253). Entsprechendes gilt für die physische Anfälligkeit, die man in literarischen Zusammenhängen als symbolisch für die moralische nehmen mag: Europäer und Indianer sterben an der gleichen Seuche (1756, S. 652), oder um an das sprechende Detail zu erinnern: beiden fallen die Zähne aus (1757, S. 582).

Eine pessimistische Anthropologie also, wie man sie von dem noch als Aufklärer calvinistisch denkenden Haller hätte erwarten können: unser Planet als »des Übels Vaterland«[46], als Stätte der universalen »Herrschaft des Verderbens«[47]. Aber es ist der Pessimismus eines Gläubigen, der sich bei aller Verzagtheit von seinen Anfechtungen nicht unterkriegen läßt. Besonders eindringlich tritt uns dieser Haller in dem *Tagebuch religiöser Empfindungen* entgegen. Er verleugnet sich aber ebensowenig in seinem Urteil über jene fremde Neue Welt, die für die Zeit vor der amerikanischen Revolution schlechtweg »das Land der Wilden« war.[48] Die vielfachen Zeugnisse für die Verdorbenheit des Menschen[49] im Stande der Natur *und* im Stande der Kultur, die ihm in den amerikanischen Reisebeschreibungen entgegentraten, sind für den »Chrétien éclairé« Haller nicht nur Belege für die universale *Wirklichkeit* der Erbsünde, sondern paradoxerweise auch Fingerzeige für die *Möglichkeit* der »Würkung der Gnade« (1748, S. 814) und der »Gesittung« durch Aufklärung.

---

1  Vgl. etwa die 9. Auflage (1762): D. Albrechts von Haller, Präsidentens der Königl. Gesellschaft der Wissenschaften in Göttingen, der Kayserl. und Königl. Französischen, Englischen, Preußischen, Bononischen, Schwedischen, Arcadischen, Bayrischen und Upsalischen Academien der Wissenschaften, und des grossen Raths der Republic Bern Mitglieds, Versuch Schweizerischer Gedichte.

2  Sammlung kleiner Hallerischer Schriften. 2. Aufl. Bern 1772. Bd. 2. S. 138. Haller war übrigens auch die treibende Kraft hinter der projektierten Forschungsreise von Christlob Mylius nach Amerika.

3 Vgl. Hoxie N. Fairchild: The Noble Savage. New York 1961 (zuerst 1928).

4 »Der vielleicht bedeutendste einzelne Fragenkomplex der deutschen (und europäischen) Literatur im 18. Jahrhundert, der Amerika tief betraf, war der Primitivismus« (Harold Jantz: Amerika im deutschen Dichten und Denken. In: Deutsche Philologie im Aufriß. Hrsg. von Wolfgang Stammler. Bd. 3. 2. Aufl. Berlin 1962. Sp. 322). Vgl. Anm. 48.

5 Fairchild (s. Anm. 3), S. 173.

6 Alle Haller-Zitate nach der Ausgabe der »Gedichte« von Ludwig Hirzel (Frauenfeld 1882).

7 Jantz (s. Anm. 4), Sp. 322.

8 Hirzel (s. Anm. 6), S. 68 f.: »Ich rede nur von den Märtyrern einer mächtigen Kirche, die allerdings öfters mit einem unerschrockenen Muth die angenommene Lehre mit ihrem Tode versiegelt haben. Die gleichen Märtyrer aber, und zwar hauptsächlich in einem bekannten Orden, haben gegen die Protestanten solche unverantwortliche Maßregeln gerathen, gebraucht und gelehrt, daß es unmöglich ist, zu glauben, der Gott der Liebe brauche Menschen von solchen Grundsätzen zu Zeugen der Wahrheit. Das erste, was er befiehlt, ist Liebe. Das erste, was diese Leute lehren, ist Haß, Strafe, Mord, Inquisition, Bartholomäustage, Dragoner, Clements, Castelle und Ravaillake.«

9 Für das 18. Jh. ist Hallers Ansicht auch keineswegs ungewöhnlich. Wohl lernte man damals durch Reiseberichte auch das Bild des gleichsam im besten Sinne zivilisierten Indianers kennen: zartfühlend und menschenfreundlich, höflich und anmutig, so, wie man sich die Kinder der Natur überhaupt gern vorstellte, besonders die südseeinsulanischen nach dem Muster des aufsehenerregenden Omai, des ›Gentle Savage‹ par excellence, der die Londoner Society in den siebziger Jahren mit seinen guten Manieren bezauberte. (Siehe Benjamin Bissell: The American Indian in English Literature of the Eighteenth Century. New Haven 1925. Z. B. S. 3 f., 65, 110; und Chauncey Brewster Tinker: Nature's Simple Plan. A Phase of Radical Thought in Mid-Eighteenth Century. Princeton 1922. S. 75 ff.). Geläufiger aber war das gleichsam spartanische oder stoische Ideal des Wilden, der die härtesten Torturen mit zusammengebissenen Zähnen über sich ergehen läßt oder vielmehr mit einem Lachen oder einem Hohngesang auf den Lippen, wie die Europäer immer wieder aus Amerika berichteten. (Bissell, S. 4, 13–15. Vgl. Arthur O. Lovejoys Vorwort zu Lois Whitney: Primitivism and the Idea of Progress in English Popular Literature of the Eighteenth Century. Baltimore 1934. S. XV.) Und daß man diesen Indianer dem asketischen Idealbildern der christlichen Kirche, besonders den katholischen, als den wahren Gläubigen, Märtyrer und Heiligen gegenüberstellte, wie Haller es tut, ist in der Geschichte der Rezeption des nordamerikanischen Wilden ebenfalls an der Tagesordnung; selbst dem Gewissen der jesuitischen Missionare machte die moralische Überlegenheit und Seelenstärke dieser Unbekehrten ja einigermaßen zu schaffen, woran Haller später einmal pointiert erinnert. (Bissell, S. 41, 72–77, 182 f., 185; Gilbert Chinard: L'Amérique et la rève exotique dans la littérature française au XVIIᵉ et au XVIIIᵉ siècle. Paris 1934. S. 122–150; Lovejoy, S. XV; Haller: Bibliothèque raisonnée 37 [1746] S. 278; vgl. Anm. 22.)

10 Nach der Darstellung der Textgeschichte in Gilbert Chinards Ausgabe der »Dialogues Curieux entre l'auteur et un sauvage de bon sens qui a voyagé et Mémoires de l'Amérique Septentrionale« (Baltimore 1931. S. 23) ist die englische Fassung die erste vollständige und autorisierte.

11 Dazu Chinard (s. Anm. 10), S. 1–3, 45–70.

12 Ebd., S. 72.

13 Vgl. Karl S. Guthke: Andacht im künstlichen Paradies. Albrecht Hallers ›Morgengedanken‹. In: Deutsche Barocklyrik. Hrsg. von Martin Bircher u. Alois Haas. Bern 1973. S. 327–347.

14 Vgl. Karl S. Guthke: Haller und Pope. Zur Entstehungsgeschichte von Hallers Gedicht ›Über den Ursprung des Übels‹. In: Euphorion (1975).

15 Man denke, um nur ein Beispiel zu nennen, an Lessings berühmtes Gedicht auf Gottsched: »Wer ist der grosse Duns? [. . .] Der, dümmer als ein Hottentot« (G. E. L.s sämtliche Schriften. Hrsg. von Karl Lachmann u. Franz Muncker. Bd. 7. Stuttgart 1891. S. 5). Vgl. Paul Hazard: European Thought in the Eighteenth Century from Montesquieu to Lessing. Gloucester 1973. S. 367, auch S. 30).

16 Siehe oben S. 29.

17 »Le Peuple le plus vertueux & le plus sensé de l'Univers« (Bibliothèque raisonnée 37 [1746] S. 292). Vgl. Anm. 22.

18 Das wirft Haller den älteren Reiseberichten vor (Vorrede zu den »Reisen« [s. Anm. 2], S. 139). Die ethnische *Wirklichkeit* vermitteln die neueren Reiseberichte, die Haller in seiner »Sammlung neuer und merkwürdiger Reisen« veröffentlicht (Vorrede, S. 139 f.).

19 Göttingische Gelehrte Anzeigen [= GGA], 1753, S. 235–237; abgedruckt in: Hallers Literaturkritik. Hrsg. von Karl S. Guthke. Tübingen 1970. S. 61 f.

20 Gustav Roethe: Göttingische Zeitungen von gelehrten Sachen. Festschrift zur Feier des hundertfünfzigjährigen Bestehens der Königlichen Gesellschaft der Wissenschaften zu Göttingen. Berlin 1901. S. 618.

21 Zur Verfasseridentifikation vgl. Karl S. Guthke: Haller und die Literatur. Göttingen 1962. Kap. 2. Bes. S. 44.

22 37 (1746) S. 269–297. Zur Ermittlung von Hallers Autorschaft vgl. Karl S. Guthke: Haller und die Bibliothèque raisonnée. In: Jb. des Freien Deutschen Hochstifts (1973) S. 1–13, und Guthke: Literarisches Leben im 18. Jahrhundert. Bern 1975. Kap. 15.

23 Ernst Cassirer: The Philosophy of the Enlightenment. Boston 1955. S. 141.

24 Natürlich sind beide Haltungen so alt wie die Begegnung Europas mit Amerika;»all through the centuries« haben sich Idolisierung und Verachtung des Indianers gegenübergestanden, wie Harold Jantz bemerkt (The Myths about America. Origins and Extensions. In: Jb. für Amerikastudien 7 [1962] S. 9).

25 Bibliothèque raisonnée 37 (1746) S. 279.

26 GGA, 1750, S. 797.

27 Mathias Münger: Albrecht von Haller. Erziehung und Bildung in seinem Denken und Wirken. Diss. Bern 1971.

28 Bibliothèque raisonnée 37 (1746) S. 279. (In der frühen Zeit, als Haller unter dem Einfluß Lahontans stand, für den Missionierung gut aufklärerisch ein Widersinn war, wäre diese versöhnliche Optik ganz unmöglich gewesen. Damals, 1729, schrieb er vielmehr in den »Gedanken über Vernunft, Aberglauben und Unglauben« den Satz: »Hat nicht die alte Welt, nur weil sie anders glaubte, / Die neue wüst gemacht?« [V. 211 f.]. Und daß er auch dieses Gedicht bis an sein Lebensende immer wieder aufgelegt hat, wirft wiederum ein Licht zurück auf die bleibende Spannung von Tendenzen, die man, grob genug, als Aufklärung und Calvinismus etikettieren kann.)

29 Quellenangaben dieser Art beziehen sich stets auf die GGA.

30 Vgl. S. 28 f.; ferner GGA, 1756, S. 651; Bibliothèque raisonnée 37 (1746) S. 293 und 294. Ähnliche Gedanken in den Romanen Hallers.

31 1771, S. 1086: Druckfehler »Europäer« für »Huronen«. In dem anschließend zitierten Satz steht im Original »Huronen«.

32 Bibliothèque raisonnée 37 (1746) S. 292, vgl. S. 291.

33 Ebd., S. 293.

34 Vgl. auch unten S. 41 das Zitat aus GGA, 1773, Zugabe S. L.

35 Bibliothèque raisonnée 37 (1746) S. 297.

36 Ebd., S. 294.

37 Ebd., S. 292.

38 Ebd., S. 294.

39 Wenn auch die »nördlichen Californier [. . .] milder und umgänglicher, als die südlichen« seien (1760, S. 879).

40 Bibliothèque raisonnée 37 (1746) S. 293. Hervorhebung nicht im Original.

41 Ebd., S. 292 f.

42 Ebd., S. 297. Hervorhebung nicht im Original.

43 Ebd., S. 279; GGA, 1756, S. 652.

44 Bibliothèque raisonnée 37 (1746) S. 280.

45 Das Ideal, das besonders in de Pauws vielgelesener Darstellung Amerikas als Land des Verfalls die Folie abgab.

46 Über den Ursprung des Übels. III, V. 196.

47 Vorrede zu den »Reisen« (s. Anm. 2), S. 136.

48 Horst Dippel: Deutschland und die amerikanische Revolution. Diss. Köln 1972. S. 1; Belege, S. 336.

49 Siehe oben S. 36: »corruption de l'Homme« als religiöses Dogma.

EGON MENZ

# Die Humanität des Handelsgeistes. Amerika in der deutschen Literatur des ausgehenden 18. Jahrhunderts

Wäre die Zeit nicht zu aufgeklärt gewesen, so hätte sie aus den Aspekten, die in Deutschland sichtbar wurden, die Konstellation abgelesen und bemerkt, daß Merkur die Herrschaft über die amerikanische Periode hatte. ›Amerika‹ wird jetzt der Norden des Kontinents, und der Name folgt nur dem Handel, der die spanischen Länder, das alte ›Amerika‹,[1] liegen gelassen und sich den englischen Kolonien zugewendet hat. Die verlieren das Pathos des Asyls; das Mutterland hat seine Verbindung auf die nüchterne Rechnung gebracht, was und wieviel die Kolonien zu liefern, was sie abzunehmen haben. Den Krieg, der die Kolonien vom Mutterland ablösen wird, eröffnet zeichenhaft der Streit um ein paar Ballen Tee, und nachdem er zwischendurch das übliche Gemetzel geworden war, endet er, zum Staunen der deutschen Zuschauer, ungewohnt vernünftig, die Interessen aushandelnd; der Handelsgeist scheint ihnen das Zeitalter der Humanität einzuleiten. Nach einem Jahrhundert der stillstehenden Zeit, des höfischen Kreislaufs von Fürstengeburt, Inthronisation und Fürstenbegräbnis, kommen aus Amerika die ersten Neuigkeiten und bringen in Deutschland die Journalisten hervor, die von den spärlichen Nachrichten leben, die ihnen der Zeitungsgott gönnt; und ein Publikum, neugierig in der Erwartung großer Veränderungen, verfällt dem Lesen der Journale wie einer Krankheit. Der Mann, der die Neue Welt in Europa darstellt, Franklin, ist von der merkurischen Art, Philosoph und Journalist zugleich, geschickt mit den Händen wie mit dem Erfindungsgeist und in den diplomatischen Geschäften. Die Kaufleute, die nur ihrem Handel nachgehen, treiben die Erforschung des Landes voran, und wenn die Forschungsreisenden nur auf Entdeckung aus sind, beschreiben sie zugleich dem nachfolgenden Handel den Weg.
Die Literatur dieser Neuen Welt nimmt merkurische Formen an. Zeitungsschreiben, Reisebeschreibung, politischer Essay, solche weltlichen Arten blühen auf. Die Naturwissenschaft ist noch die frühe, ambulante Naturerkundung, die auf dem Reiseweg zu machen ist. Die sonst plan erklärliche Welt ist an einer Stelle, durch den Zusammenstoß der Europäer mit den Eingeborenen, gestört, und hier nimmt die Poesie ihren Anstoß und findet die Fabeln vom Edlen Wilden, von den Wilden Europäern, vom Ersten Kolonisten.

## Reisebericht

Den Wilden sucht die Aufklärung als Zeugen auf in einem Prozeß, den sie mit sich selbst führt. Aufklärung ist der Glaube, daß die Vorsehung weltliche Gestalt angenommen habe und als Natur wirke.[2] Die Natur aber, die alle Völker zur Existenz gebracht hat, hat einige auf der Stufe der Wildheit erhalten, andere zu immer höheren Formen der Kultur sich entwickeln lassen; denn auch Kultur ist von der

Natur vorgesehen. Daraus kommt aber der Zweifel, daß entweder Natur, die solche Unterschiede zuläßt, willkürlich sei und als Vorsehung nicht gelten könne oder daß eine gerechte Natur die Fortschritte der entwickelten Völker durch daran geknüpfte Nachteile ausgleiche. Denn es wäre mit der Gerechtigkeit der Vorsehung nicht zu vereinen, daß sie die einen Völker in Wildheit hielte, wo sie nur Mittel für die anderen, kultivierten sind, ihre Kultur voranzutreiben. Wenn sie aber die wilden Völker mit eigenen Tugenden ausgestattet und in sie besondere Zwecke gesetzt hat, so geht die aufklärerische Ausrichtung der Geschichte, die stetige Vervollkommnung nach dem Bild der europäischen Völker, verloren und damit auch deren Vormundschaft über die wilden.

Die Reisenden der spirituellen Aufklärung treffen auf die bösen Reste früherer, handfester Aufklärung mit Gewehr und Kreuz, Branntwein und Glasperlen. Eine Art der Aufklärung war dies auch gewesen; noch ohne Zweifel an ihrem Recht hatte sie die ›Wilden‹[3] gezähmt. Nun mag die wahre Aufklärung jene gewalttätige leicht abtun. Aber eben der kultivierteste Reisende treibt den Zweifel an seiner Kultur voran, denn er sieht bei den noch nicht kolonisierten Wilden Tugenden einer frühen Gesellschaft, Tugenden der unmittelbaren Organisation, welche in den entwickelten bürgerlichen Verhältnissen notwendig fehlen. Die Höherentwicklung scheint mit der Abstraktheit aller Verhältnisse notwendig erkauft zu werden. Das eine aufklärerische Prinzip einer umfassenden Vervollkommnung zerfällt. Fraglos bleibt nur der technische Fortschritt. Die moralische Vervollkommnung wird unentscheidbar, denn die Tugenden und Laster der beiden Gesellschaften schließen sich aus. Vor allem aber geben die Wilden das Ärgernis ihres Glücks. Die Glückseligkeit nämlich, die jede Vervollkommnung doch begleiten müßte als ihre Erscheinung, mangelt den Europäern, die sie doch bei den Wilden bemerken müssen.

Die Aufklärung rettet sich aus dieser Verwirrung des eignen Prinzips, indem sie es zertrennt: indem sie, wie Kant, solch unmittelbares Glück als glückliche »Indolenz«[4] in Abrede stellt und sich zur fortgehenden, wenn auch nicht leicht glücklichen Mühe der Kultur ermuntert; indem sie, wie Campe, durch Schreckensbilder von Grausamkeit den »unreifen Gedanken« abweist, »daß der rohe und ungesittete Mensch besser, als der ausgebildete und gesittete sei«;[5] indem sie, wie Herder, den einen, europäischen Maßstab für die Kulturen ablehnt.

Dieser andauernde Rechtsstreit bringt die vorzüglichen Reiseberichte der Epoche hervor; ihre Toleranz ist, vor einer moralischen Haltung, das angehaltene Urteil während der Beweissammlung; die sorgfältige Empirie verbindet sich mit dem systematischen Vergleich.

Die Reisenden der vorangehenden Epoche waren Soldaten, Missionare, Ansiedler; ihre Berichte waren eng an ihre engen Zwecke gebunden. Diese Zwecke sind erfüllt oder unrentabel geworden. Der neue Zweck ist der Handel. Aber dieser Zweck, der sich schließlich durchsetzen wird, läßt zuvor freie Hand für spezielle Zwecke und erlaubt Forschung wie um ihrer selbst willen. Die wissenschaftliche Ausbeute, Kenntnis des Landes, seiner Produkte und der Zugangswege, wird den Handelskompanien dienen, während zugleich die Forscher – wie es die beiden Forster auf der Cookschen Reise tun – ihre Beobachtungen auch gegen die Kolonisationsinteressen der Auftraggeber richten mögen. Der Kaufmann selbst, der den neuen Handelsweg versucht, wandelt sich zum Forscher; er stattet sich mit Waren aus, die er nicht verkauft, sondern verschenkt, und handelt Unverkäufliches, ein Spezimen, ein. Er trägt die Waren vor sich her, wie der Soldat die Fahne, doch als Zeichen seiner friedlichen Absicht; wo das ausgelegte Geschenk angenommen wird, ist der Krieg – seine blutige Form – ausgeschlossen. Mit seinen Geschenken verschafft er sich Gastfreundschaft und kann unter den Wilden leben, wo er seiner Handelswelt entkommen zu sein scheint.

Die Reisen suchen eine ›Passage‹ durch unbekanntes Land; sie ist der erste durchgeschlagene Weg für den folgenden Handel. Die Reise ist das Experiment des Durchgangs; man kennt die beiden Enden und versucht die vermutete Verbindung. Diese Wissenschaft, mit Händen und Füßen wie mit dem Kopf betrieben, bringt die reichste Beute, und ihr Ansehen teilt sich dem Reisebericht mit, dem Bericht vom Sieg des praktischen Verstandes. Das Schreiben, indem es die noch nicht vorhandene Welt zur europäischen Existenz bringt, erhält eine ungewohnte Macht. Aus der Liquidation des Epos gingen einmal Roman und Reisebeschreibung hervor. Im Roman ernährt der Held seine Subjektivität mit allem, was ihm vorkommt, und wächst sich zu einer Welt aus. Im Reisebericht setzt der Autor alles von sich weg als Objektivität; er muß nur rein aufnehmendes Organ sein, der zurückgelegte Weg und die Reihe der wirklichen Dinge sind das Wesen, hinter dem seine Besonderheit zu verschwinden sucht.

Die Deutschen haben Romanhelden, aber nicht jene praktischen Philosophen; die beiden Forster kommen erst durch England zu der Reise und der Auffassungsart. Es fehlt in Deutschland die Anwendbarkeit der Erkenntnisse. Zwar werden die englischen und französischen Reiseberichte offenbar viel gelesen, werden übersetzt, gesammelt und bearbeitet,[6] und die allgemeine Kenntnis über Amerika stammt aus ihnen. Doch fehlt dabei das Interesse, das am Handel profitieren, in den Kolonien tätig werden will. Wie das deutsche Publikum die Reisen nur im Kopf nachmacht, so sind die Schriftsteller auf den spekulativen Gebrauch der Berichte verwiesen; auf die Beobachtungen der Entdecker werfen sie den zweiten und nachdenklichen Blick der Philosophie. Kant hat bedeutend die *Ideen* Herders mit einer Reise in unbekanntes Land verglichen.[7] Deutsche Reiseberichte sind diese philosophischen Reisen Herders, Zimmermanns, Sprengels[8] in die Völkergeschichte, die die lokale Reihung als zeitliche Entwicklung entdecken bis zum europäischen Status, der ebenso entstanden und also überholbar erscheint. An den einfachen Modellen der Naturvölker lernt die Völkerkunde, Kultur insgesamt aus Bedingungen der herausfordernden Natur zu erklären und noch die geistigen Gebilde der Staatsorganisation, Künste und Religion so auf die Natur zu beziehen. Doch ist solche ›materialistische‹ Erklärung nicht Ausweisung des Geistes, sondern seine einzig noch mögliche Darstellung. Denn die Natur ist der Plan der Vorsehung, wie er Fleisch annimmt.

Die nordamerikanischen Reiseberichte zeichnen sich vor anderen aus: durch lange Bekanntschaft ist die Kultur dieser Naturvölker den Weißen detailliert und umfassend beschreibbar; die klimatische Ähnlichkeit mit Europa läßt – anders als etwa die ästhetische Existenz Tahitis – ein übertragbares Beispiel der sich mit der Natur auseinandersetzenden Menschen sehen; vor allem aber drängt die fortschreitende Kolonisierung zu einer Entscheidung im Vergleich der wilden und der entwickelten Völker, da so über das Recht oder Unrecht der Kolonisierung zu entscheiden wäre – wobei es dem Handel freilich auf diese literarische Entscheidung nicht ankommt.

Hier stellen sich die Aporien der Kultivierung am dringlichsten, wo lange Zeit die Völker Berührung miteinander hatten. Und die Anwesenheit der Europäer im Land der Wilden erweckt die Hoffnung auf eine neue, natürliche Existenz in dieser Gegenwelt der europäischen. Das macht die Einfühlungskraft der Berichte aus. Den Bericht Jonathan Carvers von seiner Reise zu den Stämmen um die Großen Seen bearbeitet Campe für »jugendliche Leser«. Dieser nüchternste, geschäftsmäßig aufklärende Pädagoge stellt den Kindern die Indianer zur Nachahmung vor:[9] körperliche Übungen, Entwicklung der Sinne, ›spartanische‹ Tugenden sollen zwar nichts anderes als in Europa brauchbare Arbeitsmoral erziehen, aber die so herausgenommenen Tugenden lassen die naturvertraute Welt als ganze ahnen, und wie ein Schatten erscheint hinter der Absicht das Bild vom Indianer, der die bessere, ungebrauchte Kindheit der Europäer ist.

## Missionsbericht

Diese alte Gattung überdauert in Spielformen,[10] nachdem das Pathos der Bekehrung durch die Leidenschaft des Gewinns verdrängt ist. Ursprünglich der militärischen Eroberung folgend, deren blutige und äußerliche Unterwerfung sie unblutig innerlich fortsetzt, hatte die Missionierung die frühesten systematischen Berichte über den Neuen Kontinent, vor allem die spanischen Kolonien, eingebracht.[11] Die neue Menschlichkeit des Handels tut sich leicht, der Missionierung Gewalttätigkeit nachzuweisen, die selbst auf ihren Fortschritt gegenüber der blutigen Zähmung stolz sein konnte. Objekt jener Zivilisierung war der Wilde, Objekt der Missionierung ist der Heide. Der Missionar muß nicht mehr Roheit des Wilden voraussetzen; er kann ihn als guten Menschen achten. Aber ohne Anerkenntnis des überlegenen christlichen Gottes, ohne Verwerfung des eignen Großen Geistes kann der Heide, so gut er sonst sein mag, nicht ins Himmelreich eingehen. Die Verwerfung aber seiner Religion läßt das ganze Gebäude der kulturellen Identität zusammenstürzen, worin die Religion der Schlußstein ist. Anders der Kaufmann: wenn er das Vorurteil vom ›Wilden‹ noch mitbringt, gibt er es gern auf, denn es bringt ihm nichts ein. Er muß nicht bekehren, seine Waren tun es für ihn. Aber wie der Fortschritt vom blutigen zum spirituellen Eroberer, vom Soldaten zum Missionar, höchst zweideutiger Fortschritt ist, der zwar das Leben schont, aber die Abhängigkeit unentrinnbarer macht, so ist die fortgeschrittene Menschlichkeit des Kaufmanns zweideutig; sie will nicht bekehren, aber der Dienst der europäischen Waren unterwirft gründlicher als der Dienst des europäischen Gottes.
Eine Religion, die dem neuen Gott nicht widersteht, ihm vielmehr auf die stille Weise dient, fällt nicht unter das Verdikt der ›Proselytenmacherei‹. Die Frommen, die wie die Kinder geworden sind, erinnern das aufgeklärte Jahrhundert poetisch an den verlaßnen Kinderglauben. Goethe, der empfindlich Bekehrungseifer von sich weist, findet Gefallen an der »anmuthigen« Missionsepistel, die der Herrnhuter Gregor aus Bethlehem in Pennsylvanien 1771 an seine Tochter in Herrnhut schreibt; als Vorlage einer Kontrafaktur Goethes blieb der Text erhalten.[12] Es ist der Bericht über eine Indianertaufe, der wie maßstabgetreues Spielzeug auch ein Missionsbericht ist: ein elfjähriges Kind ist der Empfänger statt der Ordens-

oberen, kindlich ist die liebenswürdige Kunst der Verse und Reime, wie Kinder gehen die Missionare durch die ungeheure Natur an der Hand des Vaters im Himmel.

Gregor geht mit zwei Gefährten von Bethlehem nach Friedenshütten »in der Heiden Land« am Fluß Susquehanna, vier Indianer sind ihre Führer. Die Mühen der Reise müssen groß gewesen sein, der Weg war unerforscht; den Missionar bringen die Mühe und das Verlangen nach Beschreibung nicht zum Respekt, die Sachen sind ihm gleichgültig, nur Hindernisse auf dem Weg zur Taufe: »beschwerlich«, »holpricht«, »unwegsam« ist der Weg und führt »über manchen steilen Pfad« und »eine Welt voll Berge«. So rückt das Besondere zusammen zu der generellen Mühe des Boten des Evangeliums, der auch sich selbst gegenüber gleichgültig ›man‹ sagt. Nur wenn man Hütten aufschlägt für die Nacht, gewinnen die kleinen Dinge Beachtung, und eine nette Szene Herrnhuter Häuslichkeit entsteht in der Wildnis. Sie kommen zu der Station Friedenshütten und taufen, und durch die Taufe kommen zu Namen und Erwähnung die Indianer Anton, Jacob, Timotheus, Pauline und Marthe, dazu »ein braunes Kindel«, Johanne. Grotesk wie ein europäischer Rock sitzt der Name auf der nackten Haut. Als Heiden werden sie nicht genannt; kein Blick, auch kein verächtlicher, trifft ihre Kultur und Sitten. Als Heiden sind sie nichts, als Christen gleichgeachtete Brüder, »braune Nation«, durch den Körper vor den andern ausgezeichnete Geschöpfe. Die Taufe ist ihre Geburt, der Name bezeichnet Neugeborene. So aber ist es auch im Großen der Siedlungen: ohne Rücksicht auf Geschichte und Land heißen sie Bethlehem und Nazareth, Christiansbrunn und Gnadenthal; »just wie drüben« ist alles hier, denn hier wie dort sind es »des Heilands Örtchen«. Die Missionierung erscheint als reine, an der Andersartigkeit nicht interessierte Überlegenheit, das Extrem der Kolonisierung, die uneingeschränkt die eigene Art überträgt. Sie findet überall »des Heilands Örtchen«, die sie selbst nach ihrer Vorstellung erst gemacht hat. Aber die Vorstellung ist nicht die autonome der Religion, sondern ist dienstbar dem Erwerb. Wir haben Berichte,[13] die uns das Bethlehem der Herrnhuter vorstellen; deutsche Reisende suchten gern die Siedlung auf, wo sich Deutsche durch Fleiß und kluge Kultivierung bekannt gemacht hatten. Brüderliche Liebe, der Heiland mitten unter ihnen und strenge Tätigkeit, dies fließt ineinander; des Heilands »Blumengärtchen« ist auch ein vollkommen bebautes und künstlich-technisch bewässertes Stück Land. Da die Religion sich so nützlich zu schaffen macht, sieht ihr das praktische Jahrhundert den Glauben gern nach.

## Zeitungsbericht

Aufklärung ist nicht erst der Ausgang des Menschen aus seiner selbstverschuldeten Unmündigkeit. Wenn dies die Hohe Schule ist, so hat die Aufklärung auch ihre Volksschule. Darin sind die Zeitungsschreiber Lehrer, und sie erleuchten die nicht selbst-, sondern von den Kabinetten verschuldete Unmündigkeit des Volkes. Aufklärung ist jedes Licht einer Nachricht, die durch das Dunkel der Kabinettspolitik dringt. In der verkehrten Welt ist der Fürst der Lehrer, das fürstliche Dunkel Licht, die Zeitung ein »Graues Ungeheuer«,[14] das solche leuchtende Welt zu verschlingen droht. Der Zeitungsschreiber tut gut, im Schutz der freien Reichsstadt zu bleiben.

Traut er sich heraus wie Schubart, fangen ihn die Diener des Herzogs, und dieser mächtige Lehrer wird ihn zehn Jahre lang umerziehen, auf dem Asperg.

Der Zeitungsschreiber alter Art wartet »mit dem Hütlein unterm Arm krumm und sehr gebückt im Vorsaal«,[15] daß der Hofmarschall heraustrete und ihm von den Hofnachrichten abgebe, Nachrichten ganz besonderer Art, »ängstliche Beschreibungen von allerhöchsten, höchsten und hohen Taufhandlungen, Vermählungen, Leichenbegängnissen, Galatägen, wo die Roben der Damen bis auf die Fransen der Lakaien und Läufer auf das genaueste beschrieben und Jahr, Monat, Tag, Stunde, Minute, Sekunde auf das sorgfältigste bemerkt sein müßte«.[16]

Solche genaue Datierung ist nötig, denn die höfischen Nachrichten sind Nachrichten von den Gestirnen, welche die Fürsten sind, und von ihrer periodischen Wiederkehr, die sich in Geburt, Thronbesteigung und Tod wie Aufgang und Untergang der Gestirne vollzieht. Ihr Abglanz fällt noch auf die vom Hof entfernten Leser der Hofjournale. Die höfische Zeit dreht sich im Kreis. Der Zeitungsschreiber schreibt – der Hohn hat guten Sinn – einen ›Hundertjährigen Kalender‹. Denn alles ist schon einmal dagewesen und kommt wieder nach der Umdrehung der Zeit: »Was geschieht, ist schon geschehen und wird wieder geschehen.«[17]

Wenn nun der bürgerliche Stolz nicht mehr im Vorzimmer nach den Brocken schnappen will und wenn der Zeitungsschreiber an jenen natürlichen Lauf der Fürsten und Sonnen nicht mehr glaubt, so hat er, mit allem guten Willen zu lehren, nichts zur Hand. Er sitzt unter »verhangnem Himmel« »im Nebel der Unwissenheit«;[18] die Kabinette verfügen über die Politik wie über die politischen Nachrichten. Da es ihm einmal glückt, seinen Gott, den Merkur, im Vorüberfliegen aufzuhalten, und er ihn neugierig nach den Nachrichten fragt, antwortet der: »Was du wissen darfst, kannst in jeder Zeitung lesen; was aber ich weiß, das sag ich nur den Göttern und den Briten.«[19] Die Briten, den Göttern so nahe, geben in Stücken etwas von ihrer Wahrheit ab; der Korrespondent in London schreibt dem Ulmer Chronisten, und der setzt sich aus den Bruchstücken seine Nachricht zusammen – Nachricht wirklich und nicht Neuigkeit mehr, wenn sie nach Deutschland gekommen ist. Und die Wahrheit über den amerikanischen Krieg, wenn sie auf englischen Schiffen exportiert wurde, sieht dann so englisch aus, daß ihr nicht mehr zu trauen ist.[20]

Die Not des deutschen Zeitungsschreibers »in dem Dunkel, das ihn umgibt«, ist es, den Text zu bekommen aus dem neuen Evangelium; die Predigt kommt ihm von selbst aus übervollem Herzen. Da ist Freiheitsbegeisterung aufgestaut und enttäuscht und sucht nach einer Nachricht, der man glauben kann. Über eine Zeile Text schwillt ihm der Kommentar seitenlang an. Aus der Not an Nachrichten macht er die Tugend des kunstvollen Journalismus: was für eine Fülle der Formen und Einbildungen, Wechsel der Rollen und Sprachen, die doch alle Kinder des Mangels sind. »Politische Träume« ahnen »eine große Veränderung«,[21] »politische Reflexionen« denken »Grundsätze der Politik« aus; das Reich des politisch Möglichen wird im Kopf errichtet. Wirkliche Politik, an der der Bürger keinen Anteil hat, wird aus der Theorie und der antiken Geschichte deduziert; abwärts von den Prinzipien zur fragmentarischen Realität geht der Weg.

Dann kommen die amerikanischen Nachrichten. Sie beenden mit einemmal den höfischen Kreislauf, bezeichnen die erste Neuheit nach dem Jahrhundert der stillstehenden Zeit. Diese Neuigkeit bringt Zeitungen erst hervor; den politischen Wünschen wird ein Ereignis vorgestellt, das jetzt auf die wirkliche Welt kommt und das Publikation braucht. Denn Politik, die da von Bürgern gemacht ist, hat sich mit ihrer Publizität verknüpft, findet in Debatten statt, deklariert sich, bevor sie etwas tut – und die Deklaration mag die Haupttat sein –, sucht die Öffentlichkeit im eignen Land und in Europa, nicht weil die öffentliche Sympathie so viel reale Unterstützung bringen könnte, sondern weil die öffentliche Mitsprache schon die neue Politik ist. Der Journalist, am Ende auch der deutsche, wird zum Mitspieler dieser Politik, und über ihn werden es die Leser. Neugier ist noch ungetrennt Verlangen nach Neuem und nach seiner Sensation. Das ist in diesem Augenblick voll bestimmter Hoffnungen für Deutschland das Pathos, später die komische Aufgeblähtheit der Zeitungssucht.

Das Eröffnungsjahr des amerikanischen Krieges, 1774, ist auch das erste Jahr der *Deutschen Chronik*. Der Aufstand der Kolonisten ist die Begeisterung der ersten Jahrgänge, bevor Schubart gefangengesetzt wird; er nennt Amerika seinen »Postklepper«,[22] der also ihn und seine anderen Neuigkeiten erst in Bewegung setzt. Die Seltenheit und Unzuverlässigkeit der Fakten widerspricht dem gerade nicht: daß die »Göttin Freiheit«[23] auf die Erde herabgestiegen ist, ist die überwältigende Faktizität; die würde durch mehr Einzelheiten eher zweifelhaft. Die Phantasie läuft großzügig über die Geschichte: bei Karthagern, Griechen, Römern und alten Germanen wohnte die Göttin, in den folgenden Jahrhunderten war sie ausgewiesen, aber jetzt soll sie sich in Boston niedergelassen haben. Dort und jetzt soll die neue, bürgerliche Geschichte beginnen: »Nächstens wird in Boston eine vollständige Geschichte der Freiheit erscheinen.«[24] Es ist der noch inhaltsleere Anfang; die historische Abstraktheit erscheint in der rhetorischen Abstraktheit von »Freiheitsdrang« und »Freiheitskämpfer« »unterm Flammenschild der heiligen Freiheit«. Festgesetzt ist aber der Ort und Augenblick, wo die neue Zeitrechnung beginnt; durch sie erhalten europäische Nachrichten ihren Fluchtpunkt. Die wirkliche Geschichte spielt sich jetzt dort, nicht mehr in Europa ab;[25] Madam Amerika sagt zu Madam Europa: »Umgewälzt ist das Rad der Zeit, die Kanten stehn für uns oben auf dem goldnen Punkte der Freiheit; – und ihr werdet wie Leichname tief unten durch den blutigen Strom gerissen.«[26]

## Poetische Einbildungen

Die Schubartsche Zeitung paßt sich allen Stoffen an, kann eine Freiheitsode oder ein Liebeslied singen oder kann die Handelsinteressen abrechnen und bringt die Zahlen und Fakten so gut wie die herzlichen Gefühle zur Sprache, vielmehr zu den vielen Sprachen, über die sie verfügt. Sie ist ein Sammelsurium von Formen, die aus dem Reglement poetischer Tradition herausgefallen oder nicht mehr aufgenommen sind; sie versucht noch Poesie und hat ihre Wahrheit schon in der Prosa; sie spricht in Bildern, verwandelt aber nicht in ein Bild. Sie verwahrt rhetorisch die zerrissenen Stücke der Poesie.

Die Poesie mit ihren strikten Gattungen muß wählerisch nach Stoffen suchen, nach individuellen und zugleich repräsentativen Fabeln. Die sind in Amerika kaum zu finden. Die noch rohe Welt hat noch keine Individualität; alles scheint erforschbar im Zugriff der prosaischen Verfahren; aus der bisher so glücklichen Geschichte ist noch nichts wirklich vergangen, es gibt noch keine Unterwelt des Gedächtnisses, worin die Gespenster wohnen. Nur erst an den Bruchstellen der sicheren Ideologie beginnt die Poesie: wo sich europäische und eingeborene Sittlichkeit messen, entstehen die Geschichten vom ›Guten Wilden‹. Die unterdrückte Natur, in Amerika freigelassen, prägt die Einbildung grotesk verwilderter Europäer. Das poetische Extrem der Kolonisation erscheint in der neugeschriebenen Geschichte vom Robinson.

## Edle Wilde

Die Humanität, der Fortschritt über die erobernde und bekehrende Epoche, ist Humanität des Handels; der Kaufmannsnutzen läßt sie erst zu. Die Unmenschlichkeit ebenso ist die des Handels, nicht überschüssige Wut, sondern nach dem Maß des Nutzens. Gellert faßt eine Geschichte aus dem *Spectator* in Verse: »Die Liebe zum Gewinst«[27] treibt Inkle nach Amerika. Sein Schiff scheitert, seine Gefährten kommen um, er kann sich ins Innere des Waldes retten; da begegnet ihm Yariko, die Indianerin. Sie verständigen sich in der selbstgemachten Sprache der Liebe; der Wald, der alle Nahrung bietet, schützt sie. Inkle erzählt Yariko von London und seiner europäischen Kultur; dorthin will er sie mitnehmen. Aus Liebe gibt sie ihr Land auf. Sie besteigen ein Schiff und segeln zuerst nach Barbados: dort, auf dem Sklavenmarkt, verkauft Inkle seine Yariko, und da sie ihn anfleht, sie sei von ihm schwanger, steigert er nur den Preis. »O Inkle, du Barbar, dem keiner gleich gewesen«: Barbar gewiß, aber so einzigartig wohl nicht. Ist er doch seinem Prinzip treu geblieben und hat, wenn auch auf dem Umweg der Liebe, den Gewinn, für den er ausfuhr, gemacht. Und ist nicht sein Prinzip das gewöhnliche und die Liebe zum Gewinn die neue Liebe? Sie hat uns, so beginnt das Gedicht, das eigne Leben geringzuschätzen gelehrt und ist der Antrieb zur Tätigkeit. So ist das Ende – »nie wird es möglich sein, dein Laster nachzuahmen« – ein frommer Wunsch, vom Anfang schon widerlegt; so allgemein wie das Prinzip muß die Barbarei sein.
Der Regensturm – in Seumes Gedicht – überrascht einen Wilden im Freien, und Schutz suchend klopft er an die Tür eines Pflanzers. Der weist das wüste Tier weg. Wenig später verirrt sich der Pflanzer in der Einöde, kommt schließlich zu einer Indianerhöhle und bittet um Obdach; das wird ihm gewährt und reichlich Essen vorgesetzt. Er will am nächsten Morgen sich verabschieden, da tritt sein Gastgeber vor ihn: es ist der Wilde, den der Pflanzer von seiner Tür gejagt hat. Und er läßt den Weißen laufen: »Wir Wilde sind doch bessre Menschen.«[28]
Das sind sie zuweilen wirklich. So muß nicht »naiver Rousseauismus«[29] sprechen. Die Stammesgesellschaft hat Tugenden, die sich die bürgerliche nicht mehr leisten kann; die fortgeschrittene hat Laster, die in der primitiven nicht nötig sind. Denn die Tugenden und Laster scheinen sich, wenn auch abstrahiert, nach dem Maß der Naturbeherrschung zu entwickeln. Den indianischen Stämmen ist, so wird vielfach belegt, die Gastfreundschaft so unverletzlich wie zum Überleben notwendig.
»Wahre Geschichten«[30] sind dies also, in Reiseberichten vielfach erzählt; denn die wirkliche Differenz der moralischen Systeme führt zu solchen wirklichen Konflikten. Freilich verallgemeinern schon die Erzählungen die präzisen Fälle zu den Ty-

pen der Einbildungskraft, und die Poesie, die nicht individualisieren kann, illustriert wie die beigefügten Stiche. Durch dieses Ausmalen, etwa des ›locus amoenus‹ im Walde, kann sich der Dichter auszeichnen, aber immer erzählt er nur besonders anschauliche Beispiele, und angemessen erscheinen die Personen generell, »ein Kanadier« und »der Pflanzer«. Die Poesie hält sich mit Liebe bei den ›patriarchalischen‹ Verhältnissen auf, für die sie ja durch ihre Tradition besonders gerüstet ist, und sie setzt der untergehenden Welt ein Denkmal. Sie zeigt die Bösartigkeit des Fortschritts ohne die Illusion der Umkehrung der Geschichte. Denn sie holt die moralische Typologie gerade wieder in den historischen Moment. Sie bemerkt, daß die europäischen Laster nicht willkürliche Bosheit sind, sondern aus dem Prinzip des Fortschritts stammen, der Liebe zum Gewinn. In den entrückten Bedingungen des Urwalds läßt Inkle sich von der alten Art der Liebe verführen; für kurze Zeit kommt er vom rechten Wege ab im Anblick des Paradieses. Dann erinnert er sich an London und seine Kaufmannspflicht, er läßt sich vom schönen Schein der Frau nicht mehr irreleiten, er kennt ihren inneren Wert, welcher der Geldeswert ist. Solch radikale Kaufmannschaft ist der Sieger der Geschichte. Die Schönheit der Verlierer, die Barbarei der Sieger malt die Poesie.

*Freigelassene Europäer*

»Die Scene Amerika«,[31] die Wilden sind Engländer. Sie haben sich über die europäischen Länder gejagt; in Amerika treffen sie zusammen. Das Drama, Klingers *Sturm und Drang* (1776), ist ihr nicht zustandekommender Kampf.

Da sind drei Freunde, Engländer, aus der entwickeltsten Nation, doch verkörpern sie europäische Pathologie. Wild, der Anführer, ist die in sich rasende Wut, die sich selbst verzehrt auf der Suche nach dem Gegner und nur noch in Amerika auf so kräftige Tätigkeit wie Krieg und Kampf hoffen kann. Der andere ist La Feu, das französische Element, das substanzlose Feuer der Phantasie, die, mit verbundenen Augen gehend, immer nur sich selber imaginiert. Der dritte, Blasius, der vor sich hin fault, ist die deutsche Zugabe, das Verwesen von Tätigkeit zu platter Existenz. Verwilderungen der europäischen Kultur sind sie alle.

Wild findet in Amerika seinen Erzfeind, den Kapitain. Die beiden konnten sich in Europa nie packen. Sie hassen sich aus dem bloßen Gefühl heraus; sie hätten Lust, einander aufzufressen, damit sie nur einander habhaft würden. Nun ist die Szene in Amerika aufgebaut für eine Tragödie der verfeindeten Häuser. Die Väter sind aus England hergebracht, Wild hat sich in die Tochter des Feindes verliebt. Da nun alle zum Endkampf aufgestellt sind, die Erwartung gespannt ist – zerläuft die Handlung in kleine und groteske Geschichten, eine Schlacht mit einer lächerlichen Verwundung des Kapitains, die Luftschlösser der Freunde, die gleichgültige Versöhnung der Greise. Der Kampf findet nicht statt. Die angefangene Tragödie, die Klinger in den italienischen Szenerien gelingt, zerläuft hier. Der Haß, der so verläßlich zu sein schien, weiß nun selbst nicht mehr, wozu er gut ist. Es ist, als hätten die Personen ihr Gedächtnis verloren.

Aber vielmehr wird in Amerika ihr Haß unnötig. Die Wut, die sie hertrieb, ist die wütende Suche nach Tätigkeit und Welt außer ihnen. Klinger hat »die tollsten

Originalen«[32] zeichnen wollen, und original sind sie soweit, daß sie nur mehr sie selbst sind, Subjekte ohne eine Gegenwelt. Sie verkrallen sich ineinander, um überhaupt ein anderes als sich selbst zu spüren. Die um sich schlagende Wut ist die aktive Wendung der in sich versunkenen Melancholie des Greises und des Mädchens.[33] Sie ist die wütende, Klingersche Version einer Objektlosigkeit, die sich in der Literatur des Sturm und Drang vielfach und bedeutend zeigt. Über das ›historische‹ Amerika, über die Wildheit der Inkles und der Pflanzer gegen die Eingeborenen und gegeneinander wird man in dem Stück nichts finden; aber durch die Phantasie des Autors ist es historisch. Diese tobenden Geschöpfe seiner Einbildungskraft sind Projektionen derselben »Unbehaglichkeit und Unbestimmtheit«,[34] des Mangels also an wesentlicher Tätigkeit, der die Dramenpersonen aus Europa treibt.

Das Fehlen aller anderen Fluchtwege würde sie in Europa gegeneinanderhetzen zu einem tödlichen Ende. In Amerika – das Stück hat seine groteske Entspannung – überleben sie. Nicht als fänden sie hier zu wirklicher Tätigkeit – obgleich sie ja zum Krieg der Kolonien kommen. So in sich verschlossen ist die Subjektivität, daß geradsinnige Bekehrung zur politischen Tüchtigkeit nicht denkbar erscheint. Amerika ist vielmehr der Gipfel der Scheinwelt. Die aus Europa verdrängten Illusionen sind hier zu ihrer ungehemmten Entfaltung zugelassen, ja von dem Land unterstützt, das La Feu den Garten gibt für sein »Blumenreich«, darin er »das Leben wegphantasiren«[35] wird, und Blasius, dem Eremiten, den Berg und die Höhle und die Leere des Himmels. Der kartenhausbauende alte Mann ist ein General dieses Landes, sein Sohn darf Seeräuber spielen; zum Spaß kämpfen sie eine Schlacht mit, bei der man nie die Sache, kaum die Seite, für die sie kämpfen, erfährt. Amerika ist der Ort, wo die Europäer ihre – erzwungenen – innerlichen Illusionen frei in illusionäre Taten heraussetzen können. So tätig, lassen sie voneinander ab.

Nur seinen Haupthelden, Wild, beschäftigt Klinger mit keinem solchen Kartenhaus, nicht einmal, um ihn den Garten kultivieren zu lassen. Es wäre aber auch zu zweifeln, ob damit der Sprung aus der Subjektivität gelänge.

*Der jüngere Robinson*

In der Gegenwelt, beschäftigt nur mit den Dingen außer ihm, lebt der Kolonist auf der Karibikinsel, Robinson. Er scheint am weitesten von jener Traumwelt erschaffenden Subjektivität entfernt, ganz eingelassen in die Materie, das Land, das er bebaut, den Baum, den er aushöhlt, die Tiere, die er zähmt. Da ist kein Moment, der nicht der Kultivierung diente; Kultur fängt wieder an beim Roden und Feldbau. Und wenn der ältere, Defoesche Robinson, nachdem sein Schiff gescheitert ist, aus dem Wrack mit Überlegung alle die brauchbaren Dinge europäischer Kultur sich retten kann, mit Hacken und Werkzeugen und Stoffen und Schießzeug sich ausstattet, so rettet der jüngere, der deutsche Robinson Campes nur das Leben: ohne alles Werkzeug, mit bloßen Händen steht er der Natur gegenüber.[36] Alles, was er macht, macht er vom Anfang des reinen Stoffes an, und was dann dasteht, Behausung und Pflanzung und mit Menschen ausgestattete Siedlung, ist gänzlich sein Werk, er ihr Schöpfer. Aber ist die so selbstgewirkte Wirklichkeit nicht schon wieder jener Traumwelt ähnlich, nach außen nur statt, wie jene, nach innen gänzlich selbsterschaffen?

Vergleicht man genauer den Defoeschen Robinson mit dem Campeschen, so bestätigt sich der Verdacht. Man müßte ja erwarten, daß der ältere Robinson, ausgestattet mit allem notwendigen Werkzeug, mit Leichtigkeit sich einrichte, während es dem jüngeren besonders schwer gemacht werde. Aus den Texten ergibt sich das Gegenteil. Der ältere Robinson muß sich abmühen, die vielen Künste zu lernen, die ihm zum Überleben fehlen und die kein Werkzeug ihm schenkt, Töpferei und Flechten, Säen und Fleischgewinnung. Was für herrliche Beweise seines Mutes, wenn er solch eine Kunst versucht, und sie mißglückt ihm, und er versucht es wieder und anders und hat einen halben Erfolg, und nach neuen Umwegen kann er es noch besser, ohne jemals ganz Herr zu sein, denn die Sachen bieten noch Widerstand. Anders Robinson der Jüngere: nicht nur weiß er in kürzester Zeit die schwierigen Techniken ganz zu beherrschen, nicht nur fährt ihm der Erzähler – Robinson darf hier nicht selbst seine Erfahrungen berichten – bei jedem Umweg mit einem Tadel dazwischen; er trifft auf gar keine Sachlichkeit der Sachen, die Natur legt sich ihm zu Füßen, das Material hält sich zu seinem Dienst bereit. Er geht noch ohne das erste Werkzeug am Strand, und siehe, da liegt ein Stein vor ihm mit zulaufender Schneide und einem Loch für den Stiel: eine gefundene Steinaxt. Die Erde bebt und erweitert ihm die Höhle zur bequemen Wohnung und öffnet ihm Küche und Keller gleich nebenan. Getreide wächst ihm wunderbar zufällig vor der Haustür. Die Natur kommt wie gerufen.

Und sie ist gerufen. Denn nichts in der Natur und sie selbst nicht ist aus eigner Macht hier, sondern ihm in den Weg gelegt von der Vorsehung. Die Insel ist nicht der Platz, wo der Schiffbrüchige mit Klugheit der Natur sein Leben abgewinnt, sondern der Ort, wohin die Vorsehung den Sünder Robinson verbannt hat, damit er dort seine Schuld abarbeite. Aus einem Aspekt bei Defoe, der eingefaßt ist von der breiten Existenz des Helden, wird die Religion zum leitenden Gesichtspunkt des Campeschen Robinson. Er arbeitet, aber seine Arbeit ist tätige Reue. Er kommt nicht aus eigner Macht zu seinen Erfindungen, sie sind Lohn für Gottvertrauen. Kein Glück, das ihm nicht Gott direkt zugedacht, kein Unglück, das Gott ihm nicht zur Besserung zugeteilt hätte. Das Buch ist eine Abhandlung, die moralische Weltordnung zu beweisen.

Robinsons Schuld ist es, seinen Vater in Hamburg verlassen zu haben. Deshalb nimmt der liebe Gott, der die Rechte der Väter hütet, die Rache in die Hand und treibt die Strafe ein. Und darüber steht der »Vater«-Erzähler, der sie alle gemacht hat und regiert, ständig belehrend, beurteilend, alles wissender und alles besser wissender Pädagoge wie nur je ein Gott, und macht den Kindern die Vatermacht klar. Robinson ist ein Verlorener Sohn, die Insel ist seine selbstverschuldete Verstoßung. Wenn er lange genug sich bewährt hat, kommt das Schiff und bringt ihn zurück, nach Hamburg; dort kann er dem Vater zu Füßen fallen. Von der Insel bringt er nichts mit, und ihr Schicksal verliert sich, nachdem sie als Bewährungsort ausgedient hat.

Dies ist der Begriff der Kolonie. Sie ist das Exil. Aber über die Kinder, Zuhörer und Schüler in Robinsons Geschichte, wird die Trennung aufgehoben, und die Kolonie dehnt sich auf das Vaterland aus; es ist selbst wieder Kolonie für den metaphysischen Gesichtspunkt. Robinson macht im gesteigerten Gleichnis vor, was die Kinder nachmachen. Sie sind in seiner Kindrolle und lernen das »Bete und arbeite«,[37] das er schmerzlich lernt, methodisch-pädagogisch. Das Buch ist ein Handbüchlein für »Grundtätigkeiten«, die sich nur in der Kolonie so rein beweisen können. Diese strikten Kenntnisse geben den Kindern wie Robinson allen Grund zum Stolz: die Kinder anfängerhaft, Robinson vorbildlich machen ihre Welt selbst. Der Triumph der Selbermacher wäre unbegrenzt, stünde er nicht unter dem Verdikt des Exils. Der Arbeitsauftrag kommt von Gott und macht die bescheidene Überheblichkeit aus, daß Arbeit und Kolonisation in der unmittelbaren Absicht Gottes geschehen. Der Verlust an ernstgenommener Realität, der Campes Robinson gegenüber dem alten englischen so herabsetzt, wird ersetzt durch diese unwiderstehliche Moral, die das Buch anerzieht: praktische Kenntnis, Fleiß als Buße und die Überzeugung, daß kein wildes Ding und kein wilder Mensch Widerstand bieten kann, wo europäischer Verstand und göttliche Vorsehung sich zusammentun.

## Politische Einbildungen

Die Aufklärung hat ihre Mythen. Indem sie die alten Mythen kritisiert, in denen das Außervernünftige Herr war, erfindet sie ihren eigenen mythischen Helden, der alle Ungeheuer besiegt, den Verstand. An die Stelle der zukunftsbestimmenden Sterne setzt sie die neue himmlische Gewalt, die Vernunft. Der aufgeklärte »politische Wahrsager«[38] sagt voraus, daß die Machtlosigkeit der Vernunft im Verhältnis der Staaten ein Ende nehme und ihr Reich komme, in dem sie wirklich, politisch herrsche. Der aufgeklärte Prophet, wie seine früheren Zunftgenossen, kann nur weissagen aus Zeichen. Aus dem Zeichen der Französischen Revolution weissagt Kant den allmählichen Fortschritt der Menschheit.[39] Auch der amerikanische Krieg gibt solche Zeichen, und daran sind zwei Mythen geknüpft, der Mythos von der List des Handelsgeistes und der Mythos von der glücklichen Revolution.

## Die List des Handelsgeistes, der neue Krieg

»Der jetzige Krieg« zwischen den Kolonien und dem Mutterland läuft, so scheint es Klopstock 1781,[40] in einen neuen Krieg aus, der ohne Absicht zu töten wie ein Spiel auf dem Meer ausgetragen wird zwischen schwebenden Schiffen, die der Wind zusammenbringt und auseinanderweht. Der Krieg, den bisher das Schweigen verdammte, wird jetzt des Lieds wert; bisher »das zischendste, tiefste Brandmal der Menschheit«, das die Menschen alle wie Gesetzesbrecher kennzeichnete, kündigt der neue Krieg eine neue Menschheit an. Als Morgenröte, Zeichen am Himmel sieht sie Klopstock, eine von keiner Argumentation verdeckte Prophezeiung. Dann, da die Hymne schon zu Ende gekommen schien – denn ihre Begeisterung ist am Ende –, macht die letzte Strophe eine seltsame Wende und bezweifelt die Erwartung selbst, die eben die Hymne ausmachte: vielleicht sind es nicht Göttermenschen, die den Krieg so schonend führen, sondern »vernichtungsscheue Gottesleugner«, und sie zögern aus Scheu, nicht das fremde, aber das eigene Leben zu verletzen, und wissen den Krieg, bisher zugleich Beweis und Rache des Frevels, zu vermeiden.

Herder zitiert das Gedicht im zwanzigsten der *Briefe zu Beförderung der Humanität*,[41] dann überschüttet er seinen Leser mit Namen von Einrichtungen – Handel, Gewerbe, Heer, Bauten, Gefängnisse und andere mehr –, die alle auf mehr Humanität sich hinentwickelten: »durch Noth gezwungen, wider unsern Willen müssen wir einmal, Gott gebe bald, vernünftigere, billigere Menschen werden«. Im Zwang der Not – »Noth und Calcül« nennt er anderswo[42] – faßt Herder den verführerischen Gedanken, es gebe eine erzwungene und eigennützige Entwicklung zur Freiheit und Humanität. Klug knüpft er an den amerikanischen Krieg an, und nicht zufällig eröffnet der Handel die Reihe der Namen. Denn nicht die beleidigte Ehre, sondern das Handelsinteresse führt da Krieg und führt ihn mit gekauften Söldnern; und wenn der Preis des Krieges höher wird als der erhoffte Gewinn, wenn der Friede die Handelsverbindung, lockerer, bewahren kann, warum dann nicht Frieden? So ist wirklich der Handelsgeist Stifter des Friedens, des hier nützlichen Friedens. Aber Herder kennt gut den Kalkül, der den Krieg und die Unterwerfung nützlich finden muß; kein anderer deutscher Schriftsteller hat seine schrecklichste Unmenschlichkeit, den Sklavenhandel und Sklavengebrauch, ihm so oft vorgehalten; denn diese Unmenschlichkeit ist von »Noth« und »Handelscalcül« erzwungen. Der Brief läßt nur leise einen Zweifel hören; Klopstock, vernichtungsscheue Gottesleugner ahnend, war der Wahrheit näher.

Der Dichter rettet die Nüchternheit, die Philosophen erfinden den Mythos. Vor Hegels ›List der Vernunft‹ hat die Aufklärung diese List entdeckt. Ihre ›Innerweltlichkeit‹ ist herübergesetzte Theologie, und die Vorsehung, als Geschichte weltlich verkleidet, entwickelt sich objektiv und vernünftig auf ihr Endziel. Dagegen kann menschliche »Bösartigkeit« – die wird keineswegs geleugnet[43] – nichts ausrichten; den Gang kann sie nicht aufhalten, ja vielmehr ist sie selbst vorgesehen, und Unvernunft und Selbstsucht, durch »Entgegenwirkung der Neigungen«,[44] muß sich aufhebend als Mittel dem Fortgang der Vernunft dienen: nicht davon hängt es ab, »was wir tun [...], sondern von dem, was die menschliche Natur in und mit uns tun wird, um uns in ein Gleis zu nötigen. [...] Denn von ihr, oder vielmehr von der Vorsehung«[45] allein, haben wir diesen Fortschritt zu erwarten. Das Organ aber, wodurch die Vorsehung vorzüglich wirkt, ist der Handelsgeist, als der sicherste Mechanismus der sich aufhebenden Privatinteressen. Die Kriegsverwüstung und der Kostenkalkül der »mit stets zahlreicheren Kriegsinstrumenten versehenen Heere«[46] wird den Frieden erzwingen. Der »wechselseitige Eigennutz« wird – dies ist der »Mechanism der Natur«[47] – »selbst wider Willen« zu diesem Ziel führen. »Es ist der Handelsgeist, der mit dem Kriege nicht zusammen bestehen kann«,[48] und er wird erreichen, was die Moralität nicht erreichen kann. »Auf die Art garantiert die Natur, durch den Mechanism in den menschlichen Neigungen selbst, den ewigen Frieden.«[49]

Der Mechanismus, der hier über die Köpfe hinweg regiert, ersetzt zu Recht die als machtlos erkannten guten und bösen einzelnen Absichten. Aber zu Unrecht erfindet die Mythologie einen Überwillen, der vernünftig jenseits nicht nur der privaten, sondern auch der Gruppen-, Klassen- und Nationalinteressen mächtig ist. Zwar ist der Privategoismus darin aufgehoben, nicht aber als Teil eines vernünftigen Überwillens, sondern als Teil egoistischer, partikulärer Interessen, die unvergleichlich mächtiger wirken. Es scheint, daß der erste parlamentarische Handelsstaat, England, die Weissagung gestützt hat; da machte der Handelsgeist eine in Europa neue Humanität aus, vermied die teuren Kriege um den Gewinn toten Landes und nutzloser Ehre, da er seine Kraft in anderen Kontinenten mit besseren Zinsen anwenden konnte. Er beteiligt die Bürger und gibt dem Volk eine Stimme,[50] das er zur Ausführung seiner kaufmännischen Geschäfte braucht; er schont das Leben der Besiegten, die Sklaven werden können. Das Maß des Nutzens ist das Maß seiner Humanität. Den ewigen politischen Frieden, den er Europa verspricht, finanziert er mit dem ewigen ökonomischen Krieg gegen die Kolonien, der weniger blutig, nicht weniger inhuman ist.

## Glückliche Revolution

In den *Erinnerungen aus dem Jahr 1790* schreibt Forster: »Der Stifter des Nordamerikanischen Freistaats, der Erfinder des Blitzableiters, der Wohltäter seines Vaterlandes, der Freund und Bruder des Wilden und des Weisen, der humanste Mensch und der glücklichste von allen, die im achtzehnten Jahrhundert zu Mitarbeitern am großen Vollendungswerke menschlicher Glückseligkeit auserkoren waren, hieß *Benjamin Franklin*!«[51] Franklin war 1790 gestorben. Wie in jenen Geschichten des Solon ist Glück eine Sache des Todes im rechten Augenblick. So erging es Franklin. Seine politische Arbeit war mit dem Sieg der Kolonien und dem mit Frankreich ausgehandelten Pakt vollendet, sein Ansehen als Naturforscher in beiden Kontinenten verbreitet, die Ideen der amerikanischen Unabhängigkeit hatten die Französische Revolution angetrieben, die 1790 noch im Stande republikanischer Unschuld war. Franklin war der von der Aufklärung gesuchte Beweis, daß Tugend und Tätigkeit ihre Glückseligkeit auf Erden mit sich bringen.
Doch mag Forster – er schreibt 1793 – schon die vergangene Revolution verschönern bei der Erfahrung, daß die Französische Revolution, nach Deutschland gebracht, keine solch glückliche Lösung zulasse.[52] Von Franklin selbst, den er 1777 in Paris getroffen hatte, berichtet er den Ausspruch: daß, wenn die Kolonisten noch 30 Jahre gewartet hätten, ihnen die Unabhängigkeit von selbst zugefallen wäre.[53] Wie man darüber auch urteilen mag – es spricht bei dem Handelsgeist hüben und drüben vieles für die Richtigkeit dieser Rechnung –, so hatte Franklin offenbar das Nicht-von-selbst, das Blut und die Leiden der Unabhängigkeit nicht vergessen.
Das nachfolgende Zeitalter aber verändert die Erinnerung im Anblick der Französischen Revolution. Je mehr die anfängliche Unschuld sich ins Blutvergießen wandelt, desto mehr nimmt die amerikanische Revolution den Schein des leichten, unblutigen Gelingens an. Je mehr in Frankreich das Recht des Bürgers nur durch Bürgerkrieg zu erreichen ist, desto mehr besticht die simple Gerechtigkeit eines nationalen Befreiungskrieges.
Jene Szene, die Forster in den *Erinnerungen* zeichnen ließ und dann erläutert, zeigt Voltaire im letzten Jahr seines Lebens, wie er dem Enkel Franklins die Hände auflegt: der abscheidende Patriarch der europäischen Aufklärung überträgt – die biblische Geste ist zitiert – seinen Segen, seine ihn nun verlassende Kraft auf den

jungen Nachfolger. Die Herrschaft der Vernunft wird ausgebreitet, wenn nicht übertragen, auf den neuen Kontinent. Freilich kommt das Erbe nicht unversehrt auf die Nachfolger. Die Vernunft teilt sich. Sie ist für Amerika das Rechnen, Abwägen, der praktische Aspekt, die Seite des Handels im Glauben an die Harmonie von ökonomischem Vorteil und Humanität. Sie ist andererseits in Frankreich die Theorie als die Konsequenz des Gedankens, der sein Recht gegen das Vorhandene behauptet, der mit der Guillotine die Unbelehrbaren bestraft, am Kopf, weil sie dumm, nicht weil sie schlecht waren.

Am Ende des Jahrhunderts, 1800, zieht Friedrich von Gentz[54] das Fazit der beiden Revolutionen: die amerikanische Revolution war eine »Revolution der Notwehr«, die französische »offensiv in ihrem Ursprung, offensiv in ihrem Fortgang, offensiv im ganzen Umfang und in jedem charakteristischen Augenblick«. Die amerikanische Revolution »hatte in jedem Zeitpunkte ihrer Dauer ein festes und bestimmtes Ziel«, die französische durchlief »die unbegrenzten Räume einer phantastischen Willkür und bodenlosen Anarchie«. Die amerikanische war in sich abgeschlossen, die französische schwärte weiter. Die Bestimmtheit und Abgeschlossenheit der amerikanischen Revolution liegt in ihrer Theorielosigkeit. Zwar zeigen »gewisse Äußerungen in den frühen Beschlüssen des Kongresses, die Maximen einzelner Schriftsteller, besonders aber die häufigen Berufungen der ersten Anführer der französischen Revolution auf das Beispiel ihrer Vorgänger in Amerika« das theoretische Maß an, zwar steht die »unbestimmte und den größten Mißdeutungen ausgesetzte Formel« von den natürlichen und unveräußerlichen Rechten des Menschen in der Unabhängigkeitserklärung, und selbst einzelne Staaten tragen in ihren Verfassungen »jene müßigen und in ihrer Anwendung so gefährlichen ›Deklarationen der Rechte‹ an ihrer Spitze«; aber, so argumentiert Gentz, diese Theorien sind nie in »politische Experimente« umgesetzt worden, nie wurden sie anderen Völkern aufgedrängt, nie wurden unter Berufung auf sie »das Ansehen der Gesetze oder die Fundamente der gesellschaftlichen Sicherheit« untergraben.

Was hier aus der amerikanischen Revolution gemacht wird, ist nicht die private Deutung eines konservativen Rhetors. Es ist die Deutung, die jetzt gelten soll: so übersetzt John Quincy Adams die Schrift noch im Jahr ihres Erscheinens für seine Landsleute. Aber sie kann nur gelten, weil, was Gentz beschreibt, die Revolution am Ende des Jahrhunderts wirklich geworden ist. Er führt das Hauptargument aus der Realität und hat den Beweis der wirklichen Politik auf seiner Seite. Die Revolution *ist* abgeschlossen, wenigstens weil sie sich abgeschlossen hat, ihre Theorie hat praktisch sich verborgen, die Deklarationen *sind* müßig, denn sie sind wirklich nicht weiter im Gebrauch.

Die Französische Revolution wird der Scheidepunkt; durch ihr Schreckensbild wird die amerikanische zur atheoretischen Revolution. Sie verzichtet auf die blutig gewordene Theorie und nimmt nur die abgeschlossene Praxis für sich in Anspruch. Die Befreiung ist zu Ende gebracht, die Befreiung hatte alles Recht auf ihrer, alles Unrecht auf der Gegenseite; sie hatte das Glück der Unschuld und der Vollendung. Das Bild der glücklichen, nämlich theorielosen Revolution ist so entworfen; der Praktiker als der ›amerikanische Typus‹ hat hier seine politische Begründung. Die Unvollendetheit der deklarierten Menschenrechte wird, rhetorisch und real, geleugnet, als bestünde der theoretische Überschuß über das wirklich Erreichte nicht.

Es war aber in dem amerikanischen Aufstand mehr versprochen als wirtschaftliche Unabhängigkeit und Staatengründung, und dieses ›mehr‹ sind eben die noch nicht eingelösten Menschenrechte. In Wahrheit ist das Glück erkauft bei Gentz mit der Verleugnung der Theorie, mit dem Ausscheiden Amerikas aus dem Kampf um die natürlichen Rechte, worin es sich doch seine Ehre gewonnen hatte, in der wirklichen Politik mit dem Ausschluß der noch nicht zum Menschenrecht Gekommenen, der eingeborenen und eingeschleppten Völker. Ihnen gegenüber wären die Deklarationen nicht »müßig«.

Das Glück ist geglückte ökonomische Befreiung. Die Revolution wird als abgeschlossen erklärt, weil die ökonomische Revolution abgeschlossen ist. Die Revolution der Begriffe, in jener Deklaration angefangen, ist nur in dem Teil, der die ökonomische unterstützte, zur Geltung gekommen und wird jetzt geleugnet, da sie, in der Sklavenbefreiung, dem Nutzen entgegenlaufen würde.

Der vor der Unabhängigkeit alle aufgeklärten Köpfe bewegende Streit der Wilden mit den Europäern, wer das Volk dieses Landes sei, wird während des Krieges von den aktuellen Ereignissen verdrängt. Nach dem Sieg der Kolonisten gerät er aus der allgemeinen Aufmerksamkeit; nur die Dichter zuweilen, mit ihrem langen und gerechteren Gedächtnis, behalten ihn. Eine seltsame Änderung vollzieht sich: Der Sieg der Kolonisten gegen die Engländer hat sie zum Schein als rechtmäßige Besitzer des Landes ausgewiesen. In Rechtsbegriffen spielt sich dies ab: Das »weltbürgerliche Recht«,[55] das einmal Indianer und Kolonisten, je für sich, in Anspruch nehmen und als einzigen Rechtsschutz gegen die Europäer vorweisen konnten, wird überflüssig mit der Staatsgründung. Die zum Staat organisierten Kolonisten erhalten Staats- und Völkerrechte, die Indianer aber werden nicht als rechtsfähig im Völkerrecht, sondern als unreife Bürger der eignen neuen Nation angesehen; dies ist aber nichts anderes als die Ansicht der despotischen europäischen Regierungen von ihren Untertanen. Und in der Vorstellung deutscher Schriftsteller treten die siegreichen Kolonisten an die Stelle der Indianer; sie sind ihre ›Enkel‹, und sie haben jetzt die alten Verbrechen der Weißen gerächt[56] – als wären sie nicht die Fortsetzer eben dieser weißen Politik. Sie bebauen das Land, und durch den Sieg scheint ihr Recht darauf legitimiert.

Die Namensübertragung drückt das aus: bisher heißen ›Amerikaner‹ vor allem die Ureinwohner. Jetzt übernehmen die Kolonisten den Namen; der Name folgt den neuen Besitzern.

---

1 Vgl. etwa in Zedlers Universallexikon von 1732: »Dieses gantze grosse Americanische Land, theilen die Geographi ein in das Mexicanische, oder nordliche, und Peruanische, oder Südliche.« Über das »Mexicanische« Land heißt es dann: »Die Haupt-Theile desselben sind Mexico, oder Neu-Spanien, Neu-Mexico, oder Granada, Florida, und Canada« (Johann Heinrich Zedler: Großes vollständiges Universal-Lexikon. Neudruck Graz 1961. Bd. 1: Artikel ›America‹. Sp. 1722).

2 Vgl. in Kants Schrift »Zum ewigen Frieden« den »Ersten Zusatz – Von der Garantie des ewigen Friedens«. In: Immanuel Kant, Politische Schriften. Hrsg. von Otto Heinrich von der Gablentz. Köln u. Opladen 1965. (Klassiker der Politik 1.) S. 125.

3 Zur ursprünglichen Bedeutung des Wortes vgl. Zedlers Universallexikon (s. Anm. 1), Sp. 1723: »Die Eingebohrnen Americaner sind überhaupt alle sehr tückisch, wild, grausam, und von recht

böser Art. [...] Jedoch der bißherige Umgang mit den Europäern hat die Wildheit der Americaner um ein ziemliches gemindert, und sie viel leutseliger gemacht.«

4 Kant in seiner Rezension von Herders »Ideen« (s. Anm. 2), S. 45 f. Die »glücklichen Einwohner von Otaheite« sind das Modell.

5 Johann Heinrich Campe: Sämmtliche Kinder- und Jugendschriften. Ausgabe der letzten Hand. 20. Bändchen. Erste Sammlung merkwürdiger Reisebeschreibungen. 4. Teil. Braunschweig 1807. S. 200. Campe bearbeitet hier Jonathan Carvers amerikanische Reisebeschreibung. Als Titelkupfer wählte er das Bild eines »Indianischen Kriegers«, der einen abgeschlagenen Menschenkopf vorzeigt.

6 Vgl. die genannte Campesche »Sammlung merkwürdiger Reisebeschreibungen«, die Ebelingsche »Sammlung von Reisebeschreibungen«, die »Allgemeine Historie der Reisen zu Wasser und zu Lande«. Die wichtigsten Einzelwerke sind in Herders »Ideen« zitiert und verarbeitet (für Nordamerika: Adair, De Pages, Raynal, Robertson). Eine gute Übersicht findet man bei: Henry T. Tuckerman, America and her Commentators. New York 1961 (Erstdruck New York 1864). – Daß nur die veröffentlichten, literarisch wirksamen deutschen Reiseberichte fehlen, belegen die Bände der »Early Western Travels 1748–1846« (Hrsg. von Reuben Gold Thwaites. New York 1966) mit Erstveröffentlichungen von Manuskripten deutscher Kolonisten.

7 Kant (s. Anm. 2), S. 44.

8 Eberhard A. W. von Zimmermann: Geographische Geschichte der Menschen und der vierfüßigen Tiere. Leipzig 1778–80. – Beyträge zur Völker- und Länderkunde. Hrsg. von J. R. Forster u. M. C. Sprengel. Leipzig 1781–83.

9 Campe (s. Anm. 5), S. 115 ff.

10 Vgl. etwa Herders »Mißions-Erzählung aus Paraquai« (»Die Waldhütte«) im 116. der »Briefe zu Beförderung der Humanität«: die Missionare erzählen selbst und geben so, ohne bösen Kommentar, von selbst die implizite Gewalt preis. In: Johann Gottfried Herder, Sämmtliche Werke. Hrsg. von Bernhard Suphan. Bd. 18. Berlin 1883. S. 251 ff.

11 Vgl. aber für Nordamerika die 36 Bände »The Jesuit Relations and Allied Documents. Travels and Explorations of the Jesuit Missionaries in New France, 1600–1791« (Hrsg. von Reuben Gold Thwaites. New York 1959).

12 Abgedruckt in der Weimarer Ausgabe (Sophien-Ausgabe) von Goethes Werken: I. Abt., Bd. V, 2. S. 140–144.

13 Vgl. Johann David Schoepf: Reise durch einige der mittleren und südlichen vereinigten nordamerikanischen Staaten, unternommen in den Jahren 1783 und 1784. 1. und 2. Theil. Erlangen 1788 (hier zitiert nach der englischen Übersetzung: Travels in the Confederation. Hrsg. von A. J. Morrison. New York 1968 (Erstdruck Philadelphia 1911; darin der Bericht über Bethlehem: Bd. 1. S. 136 ff.). Vgl. ferner die Reisebeschreibung des Prinzen Bernhard von Weimar, nach Tuckerman (s. Anm. 6), S. 341.

14 Das war der Titel von Wilhelm Ludwig Wekhrlins Zeitschrift (1784–87). Vgl. zu den deutschen Zeitungsberichten: Alfred Kröger, Geburt der USA. German Newspaper Accounts of the American Revolution. 1763–1783. Madison 1962.

15 Christian Friedrich Daniel Schubart: Teutsche Chronik 1776. Zitiert nach: Werke in einem Band. Berlin u. Weimar 1965. S. 75.

16 Aus der »Nachricht an das Publikum« der ersten Lieferung der »Deutschen Chronik 1774« (s. Anm. 15), S. 3.

17 Ebd., S. 28.

18 Ebd., S. 27.

19 Ebd.

20 Teutsche Chronik 1776, S. 85.

21 Deutsche Chronik 1774, S. 6 f.

22 Zitiert in der Einleitung von Ursula Wertheim u. Hans Böhm (s. Anm. 15), S. (33).

23 Deutsche Chronik 1774, S. 9.

24 Ebd. Diese ›Geschichte‹ ist also als ein Buch angekündigt, ebenso zur Tarnung wie als Ausdruck der literarischen Politik.

25 Teutsche Chronik 1776, S. 75.

26 Ebd., S. 80.

27 Christian Fürchtegott Gellert: Inkle und Yariko. In: Sämtliche Schriften. 8. Theil. Bern 1769. S. 86–91.

28 Johann Gottfried Seume: Der Wilde. In: Werke in zwei Bänden. Berlin u. Weimar 1965. Bd. 1. S. 127–130.
29 Anneliese u. Karl-Heinz Klingenberg: Einleitung. Ebd., S. 10.
30 Gellert hatte, wie er anmerkt, die Geschichte dem »Spectator« entnommen. Seume erklärt (370), daß er selbst die Erzählung als »wahre Geschichte« in Amerika gehört habe.
31 Spielortangabe zu Klingers »Sturm und Drang«, zitiert nach: F. M. Klinger, Sturm und Drang. Stuttgart 1970.
32 Ebd., S. 75.
33 Vgl. die Szenenanweisungen zur 2. Szene des 1. Akts: »C a r o l i n e. (Auf einem Clavier in süßer melancholischer Schwermuth phantasirend.) B e r k l e y. (Ein Kartenhaus auf kindische phantastische Art bauend.)« (10 f.).
34 Ebd., S. 9.
35 Ebd., S. 61.
36 Vgl. Campes Vorbericht zur Ersten Ausgabe, worin er, Rousseaus »Emile« zitierend, auf diesen Unterschied zu Defoe besonders hinweist (in: Joachim Heinrich Campe, Robinson der Jüngere. Ein Lesebuch für Kinder. Theil 1. 49. Aufl. Braunschweig 1855. S. IX).
37 Campe stellt die Familie, die die Geschichte Robinsons hören und besprechen wird, so vor: »Das Wort dieser Familie war: ›bete und arbeite!‹ und Kleine und Große kannten kein anderes Glück des Lebens, als welches die Erfüllung dieser Vorschrift gewährt« (3).
38 Kant im »Streit der Fakultäten« (s. Anm. 2). S. 166.
39 Ebd., S. 151–166.
40 Friedrich Gottlieb Klopstock: Sämmtliche Werke. Bd. 2. Oden. Leipzig 1823. S. 37–39.
41 Herder: Sämmtliche Werke. Bd. 17. Berlin 1881. S. 93–95.
42 Im 122. Brief (ebd., Bd. 18. S. 289).
43 Kant: Zum ewigen Frieden (s. Anm. 2). S. 138 Anm.
44 Kant: Über den Gemeinspruch . . . Ebd., S. 102.
45 Ebd., S. 100.
46 Ebd., S. 101.
47 Ebd., S. 129.
48 Ebd., S. 130.
49 Ebd., S. 131; mit der Einschränkung, diese Aussicht gebe zwar genügend Sicherheit, um praktisch darauf hinzuarbeiten, reiche aber für die theoretische Voraussage nicht aus.
50 Vgl. dazu Kant (s. Anm. 2), S. 101 und S. 128.
51 Georg Forster: Werke. Bd. 8. Kleine Schriften zur Philosophie und Zeitgeschichte. Hrsg. von Siegfried Scheibe. Berlin 1974. S. 275. – Vgl. ferner die Einschätzung Franklins durch Herder ([s. Anm. 41], Bd. 17. S. 16 ff.) und Schubart ([s. Anm. 15], S. 198 und 329), die beide die unblutige Befreiung rühmen.
52 Es ist ein mißlicher Gedanke Scheibes, Forster eine »schwankende Haltung« und »reformatorische« Ideen vorzuwerfen ([s. Anm. 51], S. 461), weil er u. a. Franklin und die Hoffnung auf eine unblutige Staatsveränderung ehrt. Denn weder beweist Blutgier den Revolutionär, noch kann man Forster, der so genau die Eigenheiten der Völker beachtete, die Unklugheit unterstellen, er habe die in Amerika mögliche Politik unverändert auf Europa, Frankreich und Deutschland übertragen wissen wollen.
53 Forster (s. Anm. 51), S. 311.
54 Der Ursprung und die Grundsätze der amerikanischen Revolution, verglichen mit dem Ursprung und den Grundsätzen der Französischen. In: Historisches Journal. Bd. 2. Berlin 1800. Zitiert nach: Spektrum Amerika. Hrsg. von Wulf Stratowa. Wien u. München 1964. S. 23 ff.
55 Vgl. in Kants Schrift »Zum ewigen Frieden« den »Ersten Zusatz« und in der »Metaphysik der Sitten« im 2. Teil den Paragraphen 62 (»Das Weltbürgerrecht«). Siehe Anm. 2, S. 128 und 216 f.
56 Schubart: Teutsche Chronik 1776 (s. Anm. 15). S. 80.

VICTOR LANGE

# Goethes Amerikabild. Wirklichkeit und Vision

I

Die Rolle, die das Phänomen der Vereinigten Staaten in Goethes Denken gespielt hat, ist oft genug Gegenstand des historischen Interesses gewesen.[1] Wir können ihre Impulse und ihre Tendenzen aus zwar zahlreichen, zumeist aber unspezifischen und eher zurückhaltenden Äußerungen ableiten, finden summarische Hinweise auf eine faszinierende, aber grundsätzlich exotische Welt und können vor allem in Gesprächen und Tagebuchnotizen die Phasen der Anteilnahme Goethes an den naturwissenschaftlichen und statistisch-beschreibenden Werken verfolgen, die uns seine allmählich wachsenden Sympathien mit jener erregenden Konstellation von politischem Selbstbewußtsein und sozialem Experiment greifbar spüren lassen.

Diese im einzelnen zunächst eher einsilbigen Hinweise auf Amerika in Goethes eigenen Aufzeichnungen, seinen Gesprächen und Briefen, gelegentlich auch in den dichterischen Werken sind bekannt; darüber hinaus liegt uns, vor allem aus den späteren Jahren, eine Reihe von Zeugnissen amerikanischer Besucher vor, in denen mit überraschender Regelmäßigkeit Goethes Bereitschaft, sich mit gewissen Aspekten der amerikanischen Welt zu beschäftigen, bestätigt wird.[2] Inwieweit freilich das Corpus dieser Äußerungen uns zureichende Auskunft über Umfang und Tiefe von Goethes Verhältnis gegenüber einem historischen Komplex geben kann, der fast ein halbes Jahrhundert lang das politische und soziale Denken der europäischen Gesellschaft beunruhigte und anregte, bleibt eine kaum ganz schlüssig zu beantwortende Frage.

Diese nahezu lebenslang nachweisbaren, wenn auch oft nur sporadisch auftauchenden Interessen an der Neuen Welt verdichten sich jedenfalls in den letzten Jahrzehnten von Goethes Leben zu Vorstellungen von geradezu mythisierender Intensität; sie gewinnen Farben und Umrisse durch die Lektüre amerikanischer Dichtung, etwa der Cooperschen Romane, und ermöglichen, ähnlich wie vorher die literarische Formenwelt des Ostens, die Projektion des eigenen europäischen Geschichts- und Gesellschaftsbildes auf einen übergreifenden, ›westlichen‹ Horizont.

Daß in den Jahren der beginnenden Unruhen in den Kolonien die Anteilnahme Goethes an den mehr oder minder verständlichen Spannungen kaum nachweisbar ist, darf uns nicht überraschen: die Berichterstattung über die Ereignisse, die anfänglich allgemein als eine vorübergehende Beunruhigung der englischen Kolonialpolitik verstanden wurden, unterlag der Zensur und blieb oft monatelang hinter den Ereignissen zurück; gelegentliche Hinweise auf die revolutionären Vorgänge, die in Zeitschriften wie dem *Teutschen Merkur* oder später der *Berlinischen Monatsschrift* erschienen, lieferten eher den Hintergrund für die weithin diskutierte Problematik der für englische und französische Interessen angeworbenen Söldner als zureichende Analysen der Auseinandersetzungen selbst. Goethes erste Weimarer Jahre mögen Anlaß zu Erwägungen mit dem jungen Karl August über die bedenk-

liche, aber lukrative Praxis der Anwerbung von deutschen Truppen gegeben haben
– der Hof war dem englischen Königshaus immerhin verwandtschaftlich verbunden –, wir haben jedoch gerade aus den Jahren unmittelbar vor und nach der amerikanischen Unabhängigkeitserklärung kein auch nur einigermaßen zuverlässiges
Zeugnis von Goethes Anteilnahme an den transatlantischen Unruhen.
Einzig die Gestalt Franklins taucht in der Rückschau von *Dichtung und Wahrheit*
als symptomatische historische Figur in einem fast allzu bekannten Augenblicke
der emanzipatorischen Bewegungen auf; der unverbindliche Ton des Satzes entspricht dem distanzierten Erzählerblick auf ein malerisches Tableau: die Anwesenheit des »schönen, schlanken, blonden« korsischen Freiheitskämpfers Pasquale
Paoli – es muß 1769 gewesen sein –, der den Neugierigen in Frankfurt »mit heite-
rer Gefälligkeit begegnete«, erinnert Goethe an die zeitgenössischen Befreiungsver-
suche überhaupt: es »sollten sich in dem entfernteren Weltteil ähnliche Auftritte
wiederholen; man wünschte den Amerikanern alles Glück und die Namen Franklin
und Washington fingen an am politischen und kriegerischen Himmel zu glänzen
und zu funkeln« (X, 771 f.).[3] Franklin wird auch in späterer Zeit gelegentlich genannt, freilich nicht eigentlich als politische Figur, sondern, wie zu erwarten, als
einer der bedeutenden Entdecker des Jahrhunderts, als Entdecker des Gesetzes von
der Elektrizität und Erfinder des Blitzableiters. Mehr als einmal beruft sich Goethe
auf Franklins (ihm selbst so kongeniale) naturwissenschaftliche Vorstellungen, seine
»Aversion gegen die Mathematiker«, deren »Kleinigkeits- und Widerspruchsgeist«
ihm unerträglich waren (XIX, 627), ausdrücklich auch auf die Franklinsche Beschäftigung mit den sogenannten »Scheinfarben« (XVI, 643 f. und 763). Wenn Goethe im
April 1817 die eben in London erschienene erweiterte *Autobiographie* Franklins
durchsieht, so geschieht es mitten in Arbeiten, Betrachtungen und Gesprächen über
naturwissenschaftliche Themen, ja über epoptische und entoptische Farben. Im ganzen
bleibt Franklin in Goethes Sicht der praktische Naturkundige, nicht aber der Vertreter einer neuen politischen Ordnung. Kein Zufall, daß Goethe den Amerikaner
neben Justus Möser stellt: in der gesellig-urbanen Sprache von *Dichtung und Wahrheit* preist er bei beiden »den Geist, den Verstand, die Leichtigkeit, Gewandtheit«
sowie »tiefe Einsicht, freie Übersicht, glückliche Behandlung, so gründlichen als
frohen Humor« (X, 653). Hier wie anderswo spüren wir die im Grunde nie modi-
fizierte Goethesche Loyalität gegenüber den patriarchalischen Ordnungsbegriffen,
die für Franklin – zwar bewußt vorbürgerlich – den exemplarischen Rahmen seiner
Wirksamkeit abgaben. Auch den so erstaunlich weit verbreiteten Schriften Franklins, so läßt sich schließen, dürfte die Absicht zugrunde liegen, »dasjenige, was
eine einsichtige wohlwollende Regierung sich vornimmt oder ausführt, einem
jeden von der rechten Seite faßlich zu machen« (X, 653). Es bleibt dieses Bild
des aufgeklärten Pragmatikers charakteristisch für die Zeit überhaupt: selbst in
den Jahren nach der Französischen Revolution spricht ein von Goethes apoliti-
scher Haltung damals so entschieden entfernter Geist wie Herder am Beginn der
*Humanitätsbriefe* (1793) von Franklins »Sinn der Humanität«, von seinem grundsätzlichen Bemühen, »gesunde Vernunft, Überlegung, Rechnung, allgemeine Billig-
keit und wechselseitige Ordnung ins kleinste und größeste Geschäft der Menschen
einzuführen«.[4] Für Herder ist Franklin nicht so sehr »der Erfinder der Theorie
elektrischer Materie und der Harmonika«, sondern »der Menschheit Lehrer, einer

großen Menschengesellschaft Ordner«, der vorbildlich wirkt, kein rousseauistischer Aufrührer also, sondern ein Vermittler, der »zum Frieden und zur Versöhnung die einsichtsvollesten Vorschläge getan habe«.[5]
Franklins Erscheinung, dessen europäische Wirkung übrigens bisher nicht zureichend untersucht worden ist, bietet Goethe auf Jahrzehnte hin die liebenswürdige Formel für das nicht weniger unverbindlich vorgestellte Amerika. An keiner Stelle des Goetheschen Werkes läßt sich vor etwa 1808 auf ein intensiv teilnehmendes Interesse an den politischen Umständen jenseits des Ozeans schließen. Man ist versucht, eine Äußerung, die für die frühen Jahre gelten sollte, modifiziert auch auf die späteren zu beziehen: »An allen diesen [emanzipierenden] Ereignissen nahm ich jedoch nur insofern teil, als sie die größere Gesellschaft interessierten, ich selbst und mein engerer Kreis befaßten uns nicht mit Zeitungen und Neuigkeiten« (X, 772). Weder die amerikanische Unabhängigkeitserklärung noch der historisch so einschneidende Friede von Paris, weder Jefferson noch Washington bieten Goethe Anlaß zu irgendwelchen Reflexionen. Daß Jefferson durchaus unerwähnt bleibt, muß besonders überraschen; denn in mehr als einer Hinsicht dürfen wir, bei aller selbstverständlichen Verschiedenheit der sozialen Umstände, von gemeinsamen Zügen und Neigungen sprechen. Mit ihm und anderen Vertretern der amerikanischen Revolution teilte der Weimarer Goethe eine gewisse Affinität zu antiken Stilformen und Haltungen, ja zu einem ›römischen‹ Ethos, das hier wie dort nicht etwa dem frugalen Geschichtsschema der Jakobiner, sondern einem spätfeudalen patriarchalischen Klassizismus entspricht und das ebenso in der gemeinsamen Begeisterung für palladianische Architektur wie in den von beiden entwickelten Plänen hierarchisch konzipierter Erziehungsinstitute zu erkennen ist. Doch existieren weder Briefe noch andere Zeugnisse, die auf eine Beziehung zwischen den beiden bedeutenden Vertretern des aufklärerischen Idealismus schließen ließen.
Nur einen Moment lang wird Goethes Aufmerksamkeit ausdrücklich auf die Erscheinung Jeffersons gelenkt worden sein. Am 26. November 1825 bittet der junge Herzog Bernhard, Karl Augusts jüngster Sohn, der in diesem Jahr Amerika bereist, Jefferson darum, ihn besuchen zu dürfen.[6] In der 1828 von Goethe und Luden redigierten *Reise seiner Hoheit des Herzogs Bernhard von Sachsen-Weimar-Eisenach durch Nordamerika* findet sich im 14. Kapitel ein ausführlicher und gewinnender Bericht über diesen Besuch. Bernhard zitiert hier lokale Angaben aus Jeffersons *Notes on the State of Virginia* (1784) und schildert das Besitztum Monticello und Jefferson selbst mit einer achtungsvollen Teilnahme an der Erscheinung des 86jährigen Amerikaners, die Goethe schon beim ersten Durchlesen des Tagebuchmanuskriptes zweifellos beeindruckt hat. Wenige Monate danach starb Jefferson; erst zwei Jahre später, im Mai 1830, entlieh Goethe die zwei Bände von Jeffersons *Memoir, Correspondence and private papers* (London 1829), ohne sich freilich über eine eingehende Lektüre zu äußern.
Es gehört zu den reizvollen, kuriosen und paradoxen Begegnungen jener Zeit, wenn der wohl unerbittlichste Feind Jeffersons, der ehemalige Vizepräsident der Vereinigten Staaten Aaron Burr, im Januar 1810 in Weimar auftaucht, dort als Gast Karl Augusts mit dem Hof und dem Verleger Bertuch über mögliche mexikanische Investitionen verhandelt und bei dieser Gelegenheit auch Goethe besucht. »Obrist Burr aus Nordamerika« heißt es unter dem 4. Januar 1810 in Goethes Tagebuch. Es

ist wohl mit Recht vermutet worden,[7] daß dieser erste amerikanische Besucher Goethes, eine im eigenen Lande politisch ungemein belastete und von Jefferson rücksichtslos verfolgte, dabei aber unerhört verschlagene Persönlichkeit, einen wenig erfreulichen Eindruck machte. Immerhin wird es auch bei dieser denkwürdigen Begegnung zu einem politischen Gespräch kaum gekommen sein. Auch die einigermaßen zahlreichen späteren amerikanischen Besucher gehen in ihren Berichten kaum über eine allgemeine Anerkennung von Goethes respektablen Kenntnissen der amerikanischen Topographie und der dortigen Lebensverhältnisse hinaus. Wir dürfen aber mit Sicherheit annehmen, daß die außerordentlich begabten und kultivierten jungen Bewunderer Goethes dessen grundsätzlich positives Amerikabild nur bestätigten. Einige von ihnen studierten in Göttingen und waren allein schon durch die mit Goethe befreundeten dortigen Gelehrten, etwa den Mediziner J. F. Blumenbach, den Orientalisten J. G. Eichhorn oder den Mineralogen J. F. L. Hausmann, als Besucher in Weimar legitimiert: »I had come to be taught by the wise men of Goettingen«, heißt es in einem Bericht von G. H. Calvert vom 27. März 1825: »And here sat I, face to face with the teacher of these Goettingen teachers, with him from whom every one of them had learned, and from whom the best of them were still learning« (XXIII, 376). Durch ihren deutschen Studienaufenthalt wurden diesen wohlhabenden Jünglingen jene Bildungstendenzen klassizistischer Art konkretisiert, wie sie in den amerikanischen Privatschulen der Zeit vermittelt wurden. Unter den etwa 16 Amerikanern, die Goethe zwischen 1816 und 1830 besuchten, war nicht einer, der nicht zu den prominenten amerikanischen Familien gehörte, keiner, der nicht früher oder später im öffentlichen Leben der neuen Gesellschaft eine folgenreiche Rolle spielen sollte. Für sie war Goethe weniger der Vertreter einer grundsätzlich unamerikanischen oder gar voramerikanischen Welt (wie ein halbes Jahrhundert später die schwerdurchschaubaren europäischen Gestalten der Erzählungen Henry James') als vielmehr die Verkörperung einer längst vertrauten und universalgültigen humanistischen Haltung. Anders als die durchaus sinistre Erscheinung des politisch exkommunizierten Aaron Burr waren die jungen Amerikaner Teilnehmer an der gemeinsamen akademischen Aufgabe der Ausbreitung des weltweit gewordenen modernen Wissens, von zwar fernliegenden, aber zur Vervollständigung der ›Weltübersicht‹ notwendigen und willkommenen Informationen.

Kein Wunder also, daß Goethe gerade diejenigen jungen Amerikaner mit lebhafter Neugier begrüßte, die ihm naturwissenschaftliche Kenntnisse vermitteln konnten, Joseph Cogswell etwa, den späteren Mineralogen an der Harvarduniversität, dem er die wichtigen Handbücher Parker Cleavelands, *Elementary Treatise on Mineralogy and Geology* (1816) und *Geology and Mineralogy of the United States* (1819), verdankte. »Durch besondere Gelegenheit«, schreibt Goethe über Cogswells Sendungen, »kommt die Geognosie der Vereinigten Staaten uns näher. Was für Vortheil daher entspringt, wird auf freundliche und solide Weise erwidert.«[8] Cogswell wurde bald einer der gerngesehenen Gäste Goethes: »mein alter Freund Cogswell, ein freier Nordamerikaner, [hat] mich auf der Durchreise besucht, schöne Bücher und Aufsätze mitgebracht, auch viel Erfreuliches von dorther erzählt«.[9] Cogswell war es bekanntlich zu verdanken, daß Goethe im August 1819 der Harvarduniversität das Geschenk einer Auswahl seiner Werke machte.[10]

Die meisten der amerikanischen Besucher scheinen Goethe zu einigermaßen eingehenden Studien der für ein Verständnis der amerikanischen Lebensformen bestimmenden Geographie des Landes, der Ethnographie und der wirtschaftlichen und gesellschaftlichen Zustände veranlaßt zu haben. Wer heute etwa die zwei Bände von D. B. Wardens *Statistical, Political, and Historical Account of the United States of North America* (1819), die ihm Cogswell bei seinem zweiten Besuch im Mai 1819 überreichte, genau durchliest, muß erstaunt sein, mit welcher Fülle von konkreten und faszinierenden Tatsachen das Bild der Neuen Welt hier ausgebreitet wird. Dieses Werk ist das eindrucksvollste von einem halben Dutzend ähnlicher Handbücher, mit denen sich Goethe im Laufe der nächsten Jahre befassen sollte. Wir dürfen Cogswell durchaus ernst nehmen, wenn er am 10. Mai 1819 berichtet: »America in all its relations is now [Goethe's] paramount study.« Nur einer der Besucher, G. H. Calvert, erinnert sich an Goethes Interesse für politische Dinge und berichtet von einem Gespräch über die komplizierten amerikanischen Prozeduren, mit denen kurz vorher John Quincy Adams zum Präsidenten gewählt worden war (XXIII, 376). Das nahezu konstante Thema aller Begegnungen bleibt der amerikanische Beitrag zu den naturwissenschaftlichen Kenntnissen der Zeit. Wir können jedenfalls die Erweiterung von Goethes Amerikabild bis ins einzelne verfolgen, können Einzelheiten seines Wissens auf persönliche Gespräche und auf sein aufmerksames Lesen zurückführen und dürfen annehmen, daß, besonders nach der genauen Durchsicht der Aufzeichnungen des Prinzen Bernhard, seine Vorstellungen von Amerika umfassender und lebendiger waren als die irgendeines seiner deutschen Zeitgenossen.

Trotz der intensiven Beschäftigungen mit amerikanischen Zuständen äußert sich Goethe nur selten unmittelbar im Gespräch mit Freunden und gelegentlichen Besuchern über die Gegenstände seiner Lektüre, seltener jedenfalls als über zeitgenössische englische oder französische Verhältnisse und durchaus nicht über den Typ des Amerikaners, der ihm sicher dem des Engländers nahe verwandt scheinen mußte. Wenn Goethe den Damen Egloffstein »sehr launig Amerika und die dortigen Colonisirungen« schildert,[11] wenn die Anekdote von der »einsamen Spinnerin an den Grenzen von Indiana« (oder an anderer Stelle »von Louisiana«), die Goethe in einer Reisebeschreibung fand, »zu heitern Witzen Anlaß« gab,[12] wenn mit leisem Erstaunen von den »nordamerikanischen Einsamkeiten« gesprochen wird, »wo man Wälder aushaut, um in drei Jahren eine Stadt zu bauen«,[13] wenn dem »fratzenhaften Tanze«, den »kirchengeschichtlichen Verrücktheiten« der Shaker-Gemeinde Aufmerksamkeit geschenkt wird,[14] so läßt sich der ironische Ton des distanzierten Europäers nicht überhören, für den das aktuelle Leben der »Kolonisten« jenseits oder unterhalb der humanistischen amerikanischen Oberschicht nicht viel mehr als einen episodischen Kuriositätswert hatte. Man hat in der Tat oft das Gefühl, daß sich die sachbezogenen Studien Goethes im Spiel der nachvollziehenden Phantasie zu gesellig-liebenswürdigen Anekdoten kristallisieren, die so etwas wie pointierte Kleinformen der literarischen Verarbeitung der amerikanischen Materialien ergeben.

## II

Daß dieser Prozeß des Einschmelzens einer sympathisierend erfahrenen Welt in das eigentlich dichterische Werk durchaus nicht in einem einheitlichen und kontinuierlichen Sinn und Stil vor sich geht, läßt sich leicht erkennen, wenn man sich zunächst an die noch prinzipiell schematischen und formelhaften Anspielungen auf die amerikanische Utopie in *Wilhelm Meisters Lehrjahren* erinnert. Wenn hier (und schon in der Fassung der *Theatralischen Sendung*) eine »republikanische« Selbstverwaltung der Schauspielergruppe angeregt wird, wenn freie Wahlen, ein Senat und das Stimmrecht der Schauspielerinnen das »wandernde Reich« organisieren sollen, so wird damit gewiß dieser recht exzentrische Teil der Gesellschaft unter eine ›amerikanische‹ Verfassung gestellt, die sozusagen experimentell und an der Peripherie der fraglos gültigen umgreifenden Lebensformen des Adels oder des Bürgertums ausprobiert werden durfte. Das amerikanische Motiv wird bekanntlich in den *Lehrjahren* zu einem dramatischen Requisit erweitert: im vierten Buch berichtet Aurelie von ihrem Geliebten Lothario, der in einer französischen Einheit (wohl unter Lafayette) unter bedeutenden finanziellen Opfern am amerikanischen Unabhängigkeitskrieg teilgenommen hat (VII, 282) und der später, im siebten Buch, über ihn höchst befriedigende Wirksamkeit jenseits des Meeres berichtet. Die Tätigkeit in der Ferne, so gibt er zu verstehen, sei die eines freien und selbstbewußten Menschen gewesen; im Sinne dieser Erfahrung wünscht er nun in der Heimat zu wirken: »hier, oder nirgend ist Amerika!« (VII, 464). Diese Hoffnung soll sich nicht verwirklichen; die Pläne für eine Auswanderung nach Amerika werden in den *Lehrjahren* nur eingeleitet, in den *Wanderjahren* schließlich durchgeführt.

Was das amerikanische Motiv mit Goethes Grundüberzeugungen zur Zeit der Neufassung der *Lehrjahre* verbindet und charakterisiert, ist zunächst bedingt durch aktuelle historische Konstellationen: Jarnos Entschluß (Buch VIII, Kap. 7), sich dem Unternehmen der Auswanderer anzuschließen, wird entscheidend durch die Gefährdung des Besitzes in den unruhigen Zeiten der radikalen europäischen Veränderungen bestimmt: die Mitglieder der geplanten Expedition wollen durch den Zusammenschluß in fremden Weltteilen einander ihre Existenz »assekurieren« für den Fall, »daß eine Staatsrevolution den einen oder den andern von seinen Besitztümern völlig vertriebe« (VII, 604). Die Impulse aber, die hinter dem von Goethe angedeuteten Amerikabild spürbar werden, bleiben noch schematisch, es sind die der von Tradition unbelasteten Freizügigkeit, der täglichen Bereitschaft zum Planen und Bauen, der allgemeinen sozialen Wohlfahrt. Es sind dies humane, aus der spätaufklärerischen Gesellschaftslehre stammende Intentionen, wie sie als gegen-revolutionäre Vorsätze nicht weniger resolut auch in *Hermann und Dorothea*, diesem Zeugnis des patriarchalischen Widerstandes gegen die Auflösung der »natürlichen« Ordnungen, angeboten werden.

Erst in den *Wanderjahren*, aber wohl noch nicht spezifiziert durch Goethes Lektüre der Reiseberichte des Prinzen Bernhard,[15] werden die allgemeingehaltenen amerikanischen Perspektiven der *Lehrjahre* genauer bezeichnet. Freilich werden in diesem spröden Erzählwerk, das so rücksichtslos konsequent die Problematik des modernen Menschen, der zwischen Wissen und Handeln steht, entfalten soll, die ›amerikanischen‹ Alternativen so insistent zum Gegenstand theoretisch-pädagogischer Erörterungen, daß sie an keiner Stelle epische Gegenständlichkeit gewinnen; die langen Betrachtungen bleiben trotz hymnischer Töne zumeist abstrakt und bieten wenig mehr als allegorische, wenn auch apodiktische Hinweise auf jenseits der bedrängten europäischen Gegenwart vorstellbare Verhaltensstrukturen.

Die prinzipielle Voraussetzung, die in den *Wanderjahren* den Auswanderungsprojekten zugrunde liegt, ist einerseits die des Neuanfanges, andererseits aber die einer integren Gesinnung, die das Leben unter den Kolonisten produktiv zu machen verspricht. Man »muß von vorn anfangen«, heißt es im dritten Buch, denn in »der alten Welt ist alles Schlendrian, wo man das Neue immer auf die alte, das Wachsende nach starrer Weise behandeln will« (VIII, 357). Dieser Neuanfang, der an den fast allzu bekannten Xeniensspruch vom Juni 1827 erinnert, »Amerika, du hast es besser / Als unser Kontinent, das alte, / [...] Dich stört nicht im Innern, / Zu lebendiger Zeit, / Unnützes Erinnern [...]« (II, 504 f.), ist nicht etwa in einer radikalen Geschichtsfeindschaft begründet, nicht etwa in antihistorischen Tendenzen des spätgoetheschen Denkens, sondern im Gegenteil in der Überzeugung, daß die europäischen Auswanderer ihr in jedem Falle eindrucksvolles gesellschaftliches Kapital, ihre unabdingbare europäische Art, in der Neuen Welt effektiver ins Spiel bringen sollen und können, als das in den Grenzen des europäischen Lebens möglich ist. Es gilt den Auswanderern als selbstverständlich, daß auch »in jenen sich heranbildenden Provinzen« ein Leben »unter natürlich gesitteten wohldenkenden Menschen« geführt werden kann (VIII, 353); nicht rousseauistisch ist hier die Amerikavision Goethes, sondern spätaufklärerisch und humanistisch. »Drüben über dem Meere, wo gewisse menschenwürdige Gesinnungen sich immerfort steigern« (VIII, 355), soll die erfinderische Kapazität des Europäers das »gegenwärtig Nötige« begreifen, »in einer neuen Welt« Projekte anpacken, »wo der Geist Mut fassen muß zu einem unerläßlichen Bedürfnis neue Mittel auszuforschen, weil es an den herkömmlichen durchaus ermangelt« (VIII, 356).

Es ist bekannt genug, daß das in den *Wanderjahren* geschilderte soziale Verhalten durchaus nicht einem folgerichtigen gesellschaftlichen Theoretisieren entspringt, ja daß es in keiner wesentlichen Hinsicht echte revolutionäre Züge aufweist – anders als Jefferson blieb Goethe davon überzeugt, daß Revolutionen grundsätzlich nicht zum Glück des Menschen beitragen –, daß es vielmehr eine von den natürlichen europäischen Bedingtheiten »gereinigte« ständische Ordnung schaffen und die »unschätzbare Kultur« Europas in einer »unbedingten« Umwelt bestätigen und erneuern sollte (VIII, 91). »Die Hauptsache bleibt nur immer daß wir die Vorteile der Kultur mit hinüber nehmen und die Nachteile zurücklassen« (VIII, 437). Insofern Goethes Amerikabild überhaupt echte politische Prämissen hat, sind diese grundsätzlich konservativ und vorrevolutionär, ja sie verbleiben im Rahmen des zeitgenössischen kolonialen Denkens.

Innerhalb dieses vorausgesetzten Schemas bestimmen die nicht etwa widersprüchlichen, sondern polaren Tendenzen des Bewahrens und der aufschließenden Bewegung, des Bleibens und des Wanderns, Formen und Inhalte des neuen Lebens. Die geistig-seelische Verfassung der Emigranten darf sich nicht aus Leidenschaft »oder aus irgendeiner anderen Nötigung« ergeben, es seien vielmehr Überzeugung, Mäßigkeit und ein Bekenntnis zur Gesellschaft und Ordnung, die allen Plänen des Auswanderns zugrunde liegen sollen. »Die Zeit ist vorüber wo man abenteuerlich

in die weite Welt rannte« (VIII, 419). Das Vorbild des unablässig Informationen über ferne Länder sammelnden Alexander von Humboldt schafft für die europäischen Emigranten die Ausgangssituation: »durch die Bemühungen wissenschaftlicher, weislich beschreibender, künstlerisch nachbildender Weltumreiser sind wir überall bekannt genug, daß wir ungefähr wissen was zu erwarten sei« (VIII, 419). Auch in jenen »unermeßlichen Räumen der Tätigkeit« verpflichtet der Grundbesitz zur Anerkennung immanenter Ordnungsbeziehungen: »Da überzeugen wir uns denn von dem hohen Wert des Grundbesitzes, und sind genötigt ihn als das Erste, das Beste anzusehen was dem Menschen werden könne«; es sei »das allgemeine patriotische Gefühl unmittelbar auf den Boden gegründet«. – »Wer möchte denn wohl die Grundfeste alles Daseins widerwärtig berühren, Wert und Würde so schöner einziger Himmelsgabe verkennen?« (VIII, 412 f.).
In ständischen Funktionen soll sich diese vorgegebene Ordnung bewähren: Handwerker, Künstler, Lehrer, Missionare, Soldaten, Geschäftsleute – sie alle unterstehen »mit Kaisern, Königen und Fürsten verbrüdert« (VIII, 418) der doppelten Verpflichtung, der aufgeklärten Unterwerfung unter die gemeinsamen Grundsätze (»Insofern wir Grundsätze haben, sind sie uns allen gemein« [VIII, 419]) von »Religion und Sitte« (VIII, 433). In »lakonischen Worten« (VIII, 434) werden diese zwei Bereiche des Gehorsams umschrieben: sie gipfeln zwar in der aufklärerischen Anerkennung des Staates, geben aber für einen Augenblick Anlaß zu jener Hoffnung, die im Anschluß an die Gesellschaftslehre Beccarias in den Verfassungsdebatten der amerikanischen Revolution immer wieder vernehmbar wird: »Das größte Bedürfnis eines Staats ist das einer mutigen Obrigkeit« (VIII, 435 f.).
Wenn auf der einen Seite die Stabilität der Existenz gerade in den neuen Lebensverhältnissen das wünschenswerteste, ja das selbstverständliche Ziel sein muß, so gewinnt die soziale Vision ihre eigentliche Spannkraft durch die immer wieder zu erweisende räumliche wie geistige Beweglichkeit, jene Bereitschaft zu einem offenen Gesellschafts- und Tätigkeitskonzept, das in der Metapher des »Wanderns« seine denkwürdige Formel findet. Dieser zentrale Begriff des »bewegten Lebens« (VIII, 413) bezieht seine Resonanz offensichtlich unmittelbar aus den diversen Bereichen der Goetheschen Amerikaerfahrung; er gewinnt seinen räumlichen Bezug zunächst aus den geologisch-topographischen Vorstellungen von der Neuen Welt: »Eilen wir [...] schnell ans Meeresufer und überzeugen uns mit einem Blick welch unermeßliche Räume der Tätigkeit offen stehen« (VIII, 413); im nomadischen »Wandern« wird dann »dem zusammenhängenden, weiten, breiten Boden so mancher Länder und Reiche« Aufmerksamkeit geschenkt. Aber die motorische Formel des »Wanderns« erschließt nicht nur relativ unbegrenzte Siedlungsräume, sie rechtfertigt von vornherein das Aufgeben der nicht mehr zureichenden alten Umwelt und wird zur ideologischen Begründung jener historischen Auswanderungstendenzen, die seit den neunziger Jahren unter dem paralysierenden wirtschaftlichen, religiösen und feudal-politischen Druck immer entschlossener realisiert werden. »Wo ich nütze«, muß es jetzt heißen, »ist mein Vaterland!« (VIII, 414). »Solche Bewegung, solches Wandern wird ihnen zur Gewohnheit, zum Bedürfnis« (VIII, 413).
Herrschaftsformen und Grundbesitz werden im Prozeß des Wanderns und Auswanderns durchaus verändert; ja, diese Veränderung im Sinne einer überdauernden Verantwortlichkeit gegenüber den immanenten Ordnungen freiwillig zu betreiben

ist der Impuls, der zur kolonialen »Bewanderung« Amerikas geführt hatte: daß wir, »ohne erst abzuwarten daß wir vertrieben werden, uns selbst vertreiben« (VIII, 414), gehört zu den Überzeugungen der Wanderer. Beweglichkeit, ein offener Blick, ein frischer Sinn für die Gegenwart und die in ihr liegenden Möglichkeiten eines produktiven Lebens – diese Attribute der zum Auswandern bereiten Aristokraten und Bürger sind, wie alle hier von Goethe ausgebreiteten Verhaltensformen, nicht etwa beschränkt auf die Existenz in Amerika; es sind vielmehr optimale und archetypische Züge, deren Verwirklichung auch in der »gebildeten« Welt wünschenswert bleibt: »Irgend ein großes geregeltes Reich beschaue man, wo der Fähigste sich als den Beweglichsten denken muß; nach dem Winke des Fürsten, nach Anordnung des Staatsrats wird der Brauchbare von einem Ort zum andern versetzt. Auch ihnen gilt unser Zuruf: Suchet überall zu nützen, überall seid ihr zu Hause« (VIII, 417). Und so wird denn auch im Kreise der Wanderer die kategorische Anweisung »Bleibe nicht am Boden heften, / Frisch gewagt und frisch hinaus!« schon bald modifiziert durch die These des »mäßig munter« gesungenen »zutraulichen Liedes«: »Bleiben, Gehen, Gehen, Bleiben, / Sei fortan dem Tüchtgen gleich, / Wo wir Nützliches betreiben / ist der werteste Bereich« (VIII, 420 und 443).

Es gehört zu den oft wiederholten Gemeinplätzen der Deutung dieser großzügigen Auswandererideologie Goethes, daß sie von der mißmutigen Abneigung gegenüber der technologischen Revolution bestimmt sei. Kein Zweifel, daß an bedeutsamer Stelle der *Wanderjahre* gerade dieser Einbruch einer neuen technokratischen Energie in die agrarisch-patriarchalische Wirtschaftsordnung das Ausweichen in eine vormaschinelle Lebensweise nahelegt. In der gernzitierten melancholischen Litanei Susannes wird von der verheerenden Wirkung des unvermeidlichen technischen Fortschritts gesprochen, von dem »überhand nehmenden Maschinenwesen«, das sich unausweichlich »wie ein Gewitter« heranwälzt, das »hübsche frohe Leben« vernichtet und zu Ausbeutung und Verarmung führt (VIII, 460). Die hier erwogene Alternative, »entweder selbst das Neue zu ergreifen und das Verderben zu beschleunigen, oder aufzubrechen, die Besten und Würdigsten mit sich fort zu ziehen und ein günstigeres Schicksal jenseits der Meere zu suchen« (VIII, 461), ist nicht etwa nur die Äußerung einer einzelnen desillusionierten Persönlichkeit, sie ist vielmehr bezeichnend für Goethes eigene Neigung, in der amerikanischen Gegenwelt, insofern sie als von kultivierten Europäern kolonisierbar verstanden wird, eine Szenerie zu sehen, die entweder idyllisch oder aber mythisch neutralisiert wird. Diese idyllisierende Tendenz läßt sich allein schon darin erkennen, daß in diesen Büchern des Romans die Auswanderer und ihre zukünftige Tätigkeit fast durchgehend mit Adjektiven gekennzeichnet werden, die für die abschirmende Sprachgestik des nachklassischen Goethe bezeichnend sind: wacker, munter, heiter, schicklich, emsig, eifrig, froh, hübsch, kühn, beharrlich usw. Mythisch dagegen wird das ferne Land erhoben in Leonardos pathetischer Evokation jener zukünftigen, von Adligen wie ihm selbst getragenen Gesellschaft, einer Gesellschaft, deren wirtschaftliche Grundlagen, wie uns ausführlich mitgeteilt wird, ganz und gar dem aufklärerischen Optimismus seines Oheims zu verdanken sind. »Nun beschaue man den Erdball«, heißt es hier in einem barocken Bilde, »und lasse das Meer vorerst unbeachtet, man lasse sich von dem Schiffsgewimmel nicht mit fortreißen und hefte den Blick auf das feste Land und staune, wie es mit einem sich wimmelnd durchkreuzenden Ameisengeschlecht

übergossen ist. Hiezu hat Gott der Herr selbst Anlaß gegeben, indem er, den babylonischen Turmbau verhindernd, das Menschengeschlecht in alle Welt zerstreute.
Lasset uns ihn darum preisen, denn dieser Segen ist auf alle Geschlechter überge-
gangen« (VIII, 414).

Die rhetorische Dynamik dieser Stelle, ihr biblisches Bildwerk mit der Vorstellung
der Filiation der Schöpfung erinnern an die ganz ähnlichen Züge in der Sprache,
dem Metapherngeflecht und der religiösen Apotheose der *Novelle*, jenes Werks,
das ganz in der Nähe der *Wanderjahre* steht und das nicht zufällig mit Goethes
Lektüre der eigentümlich urlandschaftlichen Romane James Fenimore Coopers in
enge Beziehung gebracht worden ist. Die Beschäftigung mit Cooper, mit Washington Irving und einigen anderen amerikanischen Schriftstellern hat gewiß die sachlichen Ergebnisse der langehin gepflegten Studien der amerikanischen Geographie
und Geschichte belebend in ein imaginativ überhöhtes Panorama projiziert und sie
zusammen mit den außerordentlich genauen und farbigen Schilderungen im Tagebuch Herzog Bernhards intensiviert. Am 12. September 1826, noch während des
Nachdenkens über diese Aufzeichnungen, verfaßt Goethe ein Gedicht, das die
Heimkehr des Weltreisenden feiern sollte. Selbst der rituelle Zweck dieser fünf
nicht eben großartigen Strophen läßt die ziemlich schematisch-lyrisierenden und
jedenfalls zutiefst patriarchalischen Bedeutungswerte nicht verkennen, mit denen
die Konfrontation des jungen Prinzen mit Amerika paraphrasiert wird:

> [...]
> Da summt es wie ein Bienenschwarm,
> Man baut, man trägt herein,
> Des morgens war es leer und arm,
> Um abends reich zu sein.
> Geregelt wird der Flüsse Lauf
> Durch kaum bewohntes Land,
> Der Felsen steigt zur Wohnung auf,
> Als Garten blüht's im Sand.
>
> Der Reisefürst begrüßt sodann,
> Entschlossen und gelind,
> Als Bruder jeden Ehrenmann,
> Als Vater jedes Kind,
> Empfindet, wie so schön es sei
> Im frischen Gottesreich;
> Er fühlt sich mit dem Wackern frei
> Und sich dem Besten gleich.
>
> Scharfsichtig Land und Städte so
> Weiß er sich zu beschaun;
> Gesellig auch, im Tanze froh,
> Willkommen schönen Fraun;
> Den Kriegern ist er zugewöhnt,
> Mit Schlacht und Sieg vertraut;

Und ernst und ehrenvoll ertönt
Kanonendonner laut.

Er fühlt des edlen Landes Glück,
Ihm eignet er sich an,
Und hat bis heute manchen Blick
Hinüberwärts getan.
[...]                                                                  (II, 319)


III

Ein Jahrzehnt war vergangen, seit die ersten jungen amerikanischen Besucher die
weltmännische Anteilnahme Goethes an ihrem durchaus nicht mehr revolutionär
gestimmten Land bestätigen durften: »with the politeness of a real gentleman«,
schrieb im März 1817 der ehrerbietige J. G. Cogswell, »he turned the conversation
to America, and spoke of its hopes and promises, in a manner that showed it had
been the subject of his inquiries, and made juster and more rational observations
upon its literary pretensions and character, than I ever heard from any man in
Europe« (XXII, 869).
Wenn die Berührung mit der amerikanischen Welt das Goethesche Denken so bedeutsam befruchtet und belebt hatte, so mag ihm das Schauspiel jenseits des Meeres
wie eine letzte Aktualisierung jener sittlichen Kapazitäten geschienen haben, die er
seit je in der Tugendlehre des Altertums gespürt und bewundert hatte. Was unter-
schwellig in *Hermann und Dorothea*, was 1805 ausdrücklich im Bilde Winckel-
manns als antik umschrieben wurde, das mochte in den amerikanischen Existenz-
formen erneuert und bestätigt werden: die gesunde Natur des Menschen; der glückliche Mensch, der sein Dasein genießt; die Freude an dem, was geschieht, nicht an
dem, was nur gedacht oder empfunden wurde; das Festhalten am Nächsten, Wahren, Wirklichen; das Vertrauen auf sich selbst, auf die eminente Potenz der Gegenwart. Dort wie hier bestätigen sich die römischen Energien der ordnenden, auf-
bauenden Tätigkeit, die Weite des Blickes, die ovidsche Heiterkeit, das Gesunde,
eben das, was für ihn unverändert als das Klassische gelten sollte. Wie die Griechen,
so gaben sich auch die jungen Amerikaner: »Sie schauten die Gegenstände tüchtig
und lebendig und fühlten sich gedrungen, die Gegenwart lebendig auszusprechen«
(XVI, 324).
Der Horizont des eigenen Weltinteresses hatte sich im literarischen wie im wissenschaftlichen Verkehr in all den Jahren seiner Amerastudien resolut erweitert, das
Erlebnis, an einer unvergleichlich folgenschweren historischen Stunde teilzunehmen,
wird an vielen Stellen des späteren Werkes ergreifend evident. Aber die alten
grundsätzlichen Loyalitäten blieben auch im Wechsel der Jahre unverändert – das
große Zeitalter war das der englischen Weltpolitik gewesen, die Bewunderung für
den alten Pitt, die er mit den anglophilen Mitgliedern des Hofes teilte, mag manche
doppeldeutige, allzu diskrete Äußerung über die emanzipierten Kolonien verständlich machen. Trotz allem blieb das ferne Land erstaunlich und in seiner pragmatischen Energie mustergültig genug, um metaphorisch, didaktisch, sentenziös in das

Hauptgeschäft der *Wanderjahre* eingeschmolzen zu werden. »Am Neuen sehen sie nur das Seltsame, im Seltenen jedoch alsobald das Bedeutende zu erblicken dazu gehört schon mehr« (VIII, 356). Selbst in so später historischer Stunde war noch einmal daran zu erinnern, daß die Auswanderer »drüben über dem Meere um Jahrhunderte verspätet den Orpheus und Lykurg zu spielen« berufen gewesen waren (VIII, 91 f). Die Bilderwelt des heroisch-bunten und beispielhaften amerikanischen Unternehmens behauptete sich bis weit über die inzwischen längst allen pastoralen Verhältnissen entwachsene Wirklichkeit hinaus; denn jenseits des Meeres waren die zivilisatorischen Intentionen der progressiven europäischen Adelsgesellschaft im Sinne der Wanderer schon in den Jahren vor dem Bürgerkrieg nicht mehr glaubhaft; Brook Farm, die genossenschaftliche Gründung der Transzendentalisten, jener noblen Verehrergemeinde Goethes in Amerika, war das letzte Symbol des sozialutopischen Widerstandes gegen den rationalistischen Materialismus der Jahrhundertmitte. In der Goetheschen Summe seines späteren Werkes aber wurden die Bilder, die Episoden und Reflexionen, die sich ihm in den amerikanischen Zeugen und Zeugnissen oft wunderlich genug angeboten hatten, zu aphoristischen Zeichen seines Glaubens an eine selbstverantwortliche, vernünftige Gesellschaft; sie bleiben wirksam als Dokumente nicht so sehr des konsequenten analytischen Gesellschaftsverständnisses als eines beweglichen dichterischen Bewußtseins, das das alte und das jenseits der bisherigen europäischen Geschichtserfahrung als neu apostrophierte Menschenbild souverän überschaut, abschätzt und in bewußt gedrängter Allegorik als erwägenswerte Möglichkeit, als experimentelle Synthese vor uns hinzustellen wagt.

---

1 Vgl. Hans Galinsky: Amerikanisch-deutsche Sprach- und Literaturbeziehungen. Frankfurt a. M. 1972. S. 187. Anm. 30. Eduard von der Hellen hat im 4. Band der Jubiläums-Ausgabe der »Sämtlichen Werke« (S. 308 f.) die wesentlichen Äußerungen Goethes über Amerika zusammengestellt. Siehe auch Ernst Beutler: Von der Ilm zum Susquehanna. Goethe und Amerika in ihren Wechselbeziehungen. In: E. B., Essays um Goethe. Bremen 1957. S. 580–629.

2 Leonard L. Mackall: Briefwechsel zwischen Goethe und Amerikanern. In: Goethe. Jahrbuch 25 (1904) S. 3–37.

3 Zitiert wird nach: Johann Wolfgang Goethe, Gedenkausgabe der Werke, Briefe und Gespräche. Zürich u. Stuttgart 1948–71.

4 Johann Gottfried Herder: Briefe zu Beförderung der Humanität. Berlin 1971. Bd. 1. S. 9 f.

5 Ebd., S. 11, 19.

6 Das Original des Schreibens befindet sich heute in der Pierpont Morgan Library in New York.

7 Walter Wadepuhl: Goethe's Interest in the New World. Jena 1934. S. 22.

8 Johann Wolfgang Goethe: Werke. Weimarer Ausgabe. Abt. 1. Bd. 36. S. 139. Über Cogswell sandte Goethe an Cleaveland das Diplom der Mineralogischen Gesellschaft zu Jena.

9 Goethe an August von Goethe, 26. Mai 1819 (Johann Wolfgang Goethe: Werke. Weimarer Ausgabe. Abt. 4. Bd. 31. S. 154).

10 Siehe dazu Mackall (s. Anm. 2), S. 15–18, 33–35.

11 Kanzler von Müller: Unterhaltungen mit Goethe. Weimar 1956. S. 30.

12 Ebd.

13 Goethe an Zelter, 2. Mai 1820 (GA XXI, 391); ähnlich an August von Goethe, 28. April 1820 (GA XXI, 387).

14 Goethe an Karl August, 20. Juli 1826 (Johann Wolfgang Goethe: Werke. Weimarer Ausgabe. Abt. 4. Bd. 41. S. 93 f.).

15 »Das Mundum der Wanderjahre komplettiert«, heißt es im Tagebuch am selben Tage (31. August 1826), an dem weiter notiert wird: »Herzog Bernhard von seiner Reise im allgemeinen vorlegend.«

# Recht oder Unrecht in der Neuen Welt. Zu Charles Sealsfields Roman »Der Legitime und die Republikaner«

Mit dem Titel seines ersten deutschsprachigen Romans *Der Legitime und die Republikaner* faßte Charles Sealsfield (1793–1864) das heiße Eisen der amerikanischen Politik seiner Zeit an: die Vertreibung der Indianer aus ihren angestammten Wohnsitzen durch die sich auf dem Kontinent ausbreitenden weißen Siedler. Der Roman erschien 1833 in Zürich und trug den Untertitel: *Eine Geschichte aus dem letzten amerikanisch-englischen Kriege*. Die Anteilnahme an der Indianerfrage und die abgewogene Stellungnahme zu ihr, die seine gesamte Anlage und alle Einzelpartien prägten, bedeuten, wiewohl sie eingehende Studien zur Voraussetzung haben, ein politisches Bekenntnis. Sealsfield war seit Jahren Parteigänger Andrew Jacksons, der als General die Indianer in harten Kämpfen oft bezwungen und im »letzten amerikanisch-englischen Kriege« als Sieger von New Orleans (1815) großes Ansehen gewonnen hatte. Als der Roman erschien, war Jackson zum zweiten Mal Präsident der Vereinigten Staaten. In seinen offiziellen jährlichen Reden vor beiden Teilen des Kongresses, dem Repräsentantenhaus und dem Senat, erörterte er das Indianerproblem als eine Aufgabe ersten Ranges. Die politische Substanz des Romans *Der Legitime und die Republikaner* steht im Einklang mit den Vorstellungen Jacksons, der im Roman selbst auftritt und dort nach der Schlacht von New Orleans als siegreicher General eine Rede an die Indianer hält. Was er bei Sealsfield dem gescheiterten Indianerhäuptling erklärt, entspricht den Vorstellungen, die die Voraussetzung für die gesamte Indianerpolitik bildeten, die Jackson während seiner achtjährigen Präsidentschaft energisch betrieb. Ihm kam es darauf an, die Indianer so schnell wie möglich in von den Weißen nicht bewohnte Gebiete westlich des Mississippi überzusiedeln. Daß Sealsfield trotz solcher Übereinstimmung die Fragwürdigkeit dieser Politik begriff, brachte er mit dem Jefferson-Zitat zum Ausdruck, das er auf der Rückseite des Titelblattes von jedem der drei Bände des Romans abdrucken ließ: »Ich zittere für mein Volk, wenn ich der Ungerechtigkeiten gedenke, deren es sich gegen die Ureinwohner schuldig gemacht hat.«

Dem Indianerroman gingen mehrere Veröffentlichungen voraus, in denen der Autor die Ergebnisse seiner politischen Erfahrungen und Untersuchungen niederlegte. In einer künstlerisch noch recht schwachen englischsprachigen Fassung kam das Werk selbst schon 1829 in Philadelphia und London heraus unter dem Titel *The Indian Chief; or, Tokeah and the White Rose. A Tale of the Indians and the Whites*[1]. Motive trivialer Literatur machten das Gefüge der sehr einfachen Erzählung aus: der Indianerhäuptling rettet einem weißen Mädchen das Leben, bietet ihm über Jahre hin Fürsorge und Pflege und erlaubt ihm schließlich, einen Engländer zu heiraten. General Jackson hält zwar auch hier eine Rede. Doch die Romanstruktur ist noch nicht auf sie angelegt, sondern auf eine konventionelle Liebeshandlung, die durch das Indianermilieu einem Publikum entgegenkommt, das sich an Exotik gern ergötzt und für die dem Stil jener Jahre entsprechenden sentimentalen Züge ein Organ besitzt. Bemerkenswert an der frühen Fassung ist, daß der Autor sich schon in einem flüssigen und brauchbaren Englisch ausdrückt. Er war als österreichischer Emigrant 1823 über New Orleans in die Vereinigten Staaten eingereist und besaß damals nur mangelhafte Kenntnisse im Englischen. Er sprach lediglich Französisch. Deshalb wohl wählten seine Freunde und Helfer, möglicherweise Freimaurer, Louisiana für ihn als erste Station. Erstaunlich ist, wie schnell er sich der Sprache, die er eben erst lernte, für seine publizistische Tätigkeit bediente und wie gut er seine Verleger trotz der vielen in solchen Fällen üblichen Schwierigkeiten zu finden wußte. In London erschienen seine beiden parallele Titel führenden Bücher: *The United States of North America as they are* (1827) und *Austria as it is: or, Sketches of Continental Courts. By an Eye-Witness* (1828). Beide Bücher nannten keinen Verfasser. Die deutsche Fassung des ersten Werkes indessen, die vor der englischen 1827 in Stuttgart herauskam: *Die Vereinigten Staaten von Nordamerika, nach ihrem politischen, religiösen und gesellschaftlichen Verhältnisse betrachtet*, erschien unter dem Pseudonym C. Sidons, dem hinzugefügt war: »Bürger der Vereinigten Staaten von Nordamerika«. Das Buch verbreitete sich sehr schnell und wurde sogleich ins Französische und Holländische übersetzt.

Der Autor besaß damals schon seinen amerikanischen Paß auf den Namen Charles Sealsfield. Von Geburt hieß er Karl Postl. Er entstammte einer Weinbauernfamilie in Südböhmen, besaß die Priesterweihe und war jahrelang Sekretär des General-Großmeisters im Prager Kreuzherrenstift gewesen. In dieser Stellung hatte er Einblick in viele Bereiche des Lebens sowie praktische Erfahrungen im Umgang mit Menschen aller Schichten gewonnen, hatte in den Kreisen des Hofadels und der hohen Beamten verkehrt und die Problematik der politischen Verhältnisse seiner Heimat kennengelernt. Zur Flucht gezwungen sah er sich durch die Enge seiner eigenen Lebenssituation. Ohnehin unzufrieden mit seinem geistlichen Beruf, wußte er sich bespitzelt in seiner gehobenen Stellung, beargwöhnt und verleumdet wegen seiner Beziehungen zu kultivierten weltlichen Kreisen und durch die wachsende Verstimmung des Großmeisters bedroht, in eine kleine Landpfarre ohne Bildungsmöglichkeit und Geselligkeit versetzt zu werden. Sein Fluchtweg führte über Deutschland und die Schweiz nach Le Havre, wo er sich einschiffte. In den ersten Jahren seines amerikanischen Aufenthaltes bis zum Erscheinen des Romans *Der Legitime und die Republikaner* hielt er sich zweimal zu vorübergehenden Besuchen in Europa auf und blieb auch längere Zeit in England.

Der Vergleich der nordamerikanischen Verhältnisse mit denen Europas lag für Sealsfield nach seiner Flucht nahe, und die parallelen Titel seiner englischsprachigen Bücher von 1827 und 1828 beweisen, daß hier der Ansatz für die Thematik seiner schriftstellerischen Tätigkeit war. Sein Amerikabild baute sich ganz selbstverständlich und fast unwillkürlich als Gegenbild zu Europa auf. Doch war er ein viel zu temperamentvoller, einfallsreicher und weltoffener Autor, um schematisch vorzugehen. Er hat, mochte er sich irren oder nicht, immer nur geschrieben, was er dachte, beobachtete und für richtig erkannte. In seinem Buch über Österreich wird bei allem Zorn über das System geistiger Unterdrückung in der Metternich-Zeit sehr viel Positives sowohl über den österreichischen Hochadel gesagt wie über die weiten Kreise der Bevölkerung, die nicht Träger, sondern Opfer der Regierungsmaßnahmen waren. Die Verdammung des Terrors ist mit dem Bestreben verbunden, das

Verhalten der Terrorisierten gerecht zu beurteilen, auch dann, wenn ihnen nur der Weg der Unterwerfung blieb. In gleicher Weise spricht Sealsfield in seinem Buch *Die Vereinigten Staaten von Nordamerika* bei aller Begeisterung für das republikanische System in Nordamerika und bei aller Bewunderung für seine Vertreter rückhaltlos aus, was er ablehnt. Der Stolz, amerikanischer Bürger zu sein, machte ihn nicht zum Konformisten. Dies beweist seine Analyse der Präsidentenwahl von 1824 und sein Angriff auf den Wahlsieger John Quincy Adams, den er hart verurteilte. Seinen politischen Instinkt und sein sicheres Empfinden für die zukunftsträchtigen Elemente des amerikanischen Lebens bewies Sealsfield mit der Charakteristik des von ihm bevorzugten Kandidaten Andrew Jackson, der die nächste Wahl tatsächlich gewann, wofür Sealsfield sich mit seinem im Oktober 1826 fertiggestellten Buch, wie er ausdrücklich betonte, einsetzte.

Was von nun ab der ideologische Grundzug aller Publikationen Sealsfields war und im besonderen in der Struktur der zweiten Fassung seines Indianerromans *Der Legitime und die Republikaner* hervortritt, bildet auch den Tenor des gesamten Buches über *Die Vereinigten Staaten von Nordamerika* und wird dort sogleich in der Vorrede formuliert: »Die Vereinigten Staaten haben [...] bewiesen, daß der Mensch frei und doch gesellig und gesetzlich leben könne«. Sie befinden sich »ihrer Bevölkerung, ihren Sitten, ihrer Staatseinrichtung, ihrer Kraft, ihrem Reichtume nach im Stande der Mündigkeit«, sind nicht mehr »Sammelplatz von Abenteurern und Einwanderern«, sondern lassen den Emigranten »fühlen, daß er zur freiesten und unabhängigsten Nation kommt« und unter einer soliden und kräftigen Bevölkerung leben wird. Zu den Vorzügen dieser Republik gehört insonderheit, daß über alle Mißstände offen und frei gesprochen werden kann. Für den Publizisten Sealsfield, der die Unfreiheit in seinem eigenen Land nicht ertragen konnte, den es zu freiem Denken und zu freier Rede drängte, bedeutete das Recht zur freien Meinungsäußerung die Basis seiner Existenz. Mit aller Bestimmtheit erklärte er deshalb über sein Buch in der Vorrede: »Was fehlerhaft ist im öffentlichen sowie im häuslichen Leben, wurde der Wahrheit getreu und ohne die mindeste Schonung ausgesprochen, so wie es dem freien Bürger des freiesten Staates ziemt, ohne Lüge, ohne Verheimlichung, ohne Verdrehung und ohne Schmeichelei.«

Bei solcher Einstellung ließ sich die Frage, ob und wie das Vorgehen der Amerikaner gegen die Indianer zu rechtfertigen wäre, auf die Dauer weder übersehen noch umgehen. Sealsfield kommt schon in seinem Buch über *Die Vereinigten Staaten*, und zwar im sechsten Kapitel, »Andrew Jackson« betitelt, auf die Indianer zu sprechen, betrachtet sie jedoch noch allein von der Seite des Feldherrn her, der Krieg gegen sie zu führen hat. Sie sind für ihn »wilde Völkerschaften«, die unter unvorstellbaren Gefahren und Beschwerden in unzugänglicher Wildnis, in Sümpfen, Wäldern und Hecken aufgestöbert werden müssen, weil sie nur aus dem Hinterhalt kämpfen und man vor ihren unerwarteten, meist nächtlichen Überfällen nie sicher ist. Es gereicht Jackson zum Ruhm, so wird unterstrichen, daß er sie zu verfolgen und zum Frieden zu zwingen verstand. Das eigentliche Problem der Auseinandersetzung zwischen den weißen Siedlern und den Indianern entfaltet Sealsfield erst in seinem Roman. Woher er seine Kenntnisse über Sitten und Lebensverhältnisse der Indianer hatte, wurde bisher nicht festgestellt. In der Einleitung zur englischen Fassung von 1829 gibt er vor, das Manuskript seines Romans sei ihm bei einem reichen Farmer im südwestlichen Mississippigebiet in die Hände gefallen. Wie weit das Fiktion ist und wie weit Tatsache, bleibt unentschieden. In der Einleitung zur deutschen Ausgabe, einem fiktiven Brief, wird von jenem Manuskript nicht mehr gesprochen. Ihr zentrales Thema ist statt dessen die Parteinahme des Autors für die Indianer. Er zeigt sich bewegt von ihren »Leiden« und befürwortet als einzige Rettung für dieses »unterdrückte und gemißhandelte Geschlecht« die Umsiedlung in neue Wohnsitze, wo »die Überreste dieses interessanten Volkes« nicht der Selbstsucht der Weißen ausgeliefert wären. Überleben könnten die Indianer nur, wenn »sie wieder auf den ihnen zusagenden Boden ihrer Urwälder verpflanzt« würden, wenn »durch unmittelbare Berührung mit verwandten Stämmen ihre erschlaffte Nationalität aufgefrischt« wäre »und ihre ausgearteten Sitten veredelt« würden. Freilich bedeute auch die Verpflanzung ein hartes Los. Der Autor will Zeuge der Verzweiflung gewesen sein, in der Gruppen von Umsiedlern über den Mississippi gebracht wurden. Diese Erfahrung habe ihn zu seinen Studien über die Indianer angeregt. Der persönlichen Begegnung mit einem alten Häuptling verdanke er seine Geschichte.

Der Roman handelt zunächst wie in der ersten Fassung von dem Indianerhäuptling Tokeah, der mit einer kleinen Schar von Getreuen westlich des Mississippi, wie die Einleitung es forderte, eine neue Siedlung gründet. Die Idylle bedeutet jedoch keine Lösung. In der Hochzeitsnacht der Häuptlingstochter überwältigt ein Seeräuber, mit dem Tokeah Freundschaft geschlossen und später gebrochen hatte, das Dorf. Die Häuptlingstochter wird dabei getötet. Wie in diesen Begebenheiten, so ist auch im späteren Verlauf der Handlung erkennbar: Was immer Tokeah unternimmt, ein Überleben ist nicht möglich. Nachdem im Zuge der verschiedenen Verträge zwischen den neuen Siedlern und den Indianern – als Kaufverträge oder Abtretungen scheinbar legal – sein Wohngebiet in Georgia an die Weißen gefallen war, war er »mit seinem ganzen Stamme land- und heimathlos geworden« (I, 27)[2]. Der *Legitime* ist seitdem überall fremd, Täuschungen ausgeliefert, Irrtümern preisgegeben, zerfallen mit der Mehrzahl seines mit den Einwanderern paktierenden und dabei degenerierenden Volkes, getrieben von Empörung und Haß gegen die Weißen. In der zweiten Fassung will er seine Pflegetochter Rosa, nachdem sie ihm eingestand, daß sie zu ihrem wiedergefundenen Vater gehen wird – die Liebeshandlung mit dem Engländer bleibt hier weg –, mit dem Messer umbringen. Auf der Reise in das texanische Indianergebiet seines Schwiegersohns fällt er noch im Gebiet der Weißen durch eine Indianerkugel. Das ihm widerfahrene Unrecht und die Aussichtslosigkeit seines Widerstrebens sind repräsentativ für das Unglück aller indianischen Völkerschaften Nordamerikas.

Ehe jedoch von der moralischen Verwerflichkeit derer, die dieses Unglück verschuldeten, gesprochen werden kann, das besagt, ehe das Unglück Tokeahs voll sichtbar wird, setzen schon die Gegenhandlungen ein, mit denen der Roman die Handlung um den Indianerhäuptling verknüpft. Daß es dem Autor auf diese Verknüpfung ankam und durch sie das Indianerschicksal vor einen weiten Horizont gestellt werden sollte, besagt der das politische Thema signalisierende Titel *Der Legitime und die Republikaner*.

Beide Parteien, Legitime wie Republikaner, erscheinen im ersten Kapitel in keinem günstigen Licht. Der Republikaner und »Hinterwäldler«, Kapitän Copeland, bewirtschaftet eine schmutzige Schenke in Georgia, wobei er im Verlauf von zwei Jahren seinen Besitz um das Zwanzigfache vermehrte. »Niemanden über sich, Jeden, der nicht Bürger war, unter sich achtend« (I, 23). Der Legitime dringt in stürmischer Dezembernacht mit zwanzig andern, jeder eine blutbefleckte Wolldecke um sich geschlagen, bei ihm ein. Er verlangt von der Frau des Wirtes, daß sie einem kleinen weißen Kind, das er aus den Falten seiner Wolldecke nimmt, Milch gibt und seine Pflege übernimmt. Für den Fall, daß Copeland sich widersetzt oder seinen Landsleuten etwas von dem Vorgang verrät, droht der Legitime, die Kinder Copelands zu skalpieren. Nach fast sieben Jahren holt er sich das weiße Mädchen von den Pflegeeltern und nimmt es mit in das Gebiet westlich des Mississippi.

Copeland, den man zunächst aus den Augen verlor, taucht nach noch einmal sieben Jahren als Friedensrichter in Opelousas in Louisiana wieder auf. Er gehört zu den Siedlern, die das 1803 von Napoleon an die Vereinigten Staaten verkaufte Gebiet in Besitz nehmen, und ist Major im Abwehrkampf gegen die Engländer. Sealsfield arbeitet heraus, inwiefern die Verhältnisse den rauhen Hinterwäldler veränderten und formten. Sein beachtlicher Wohlstand und sein Ansehen in der Bevölkerung humanisierten und zivilisierten sein Wesen. Er stellt den neuen, selbständigen, tätigen Bürger dar, einig mit sich selbst und dem Republikanertum, dessen Vorzüge er herauszustellen liebt. Einem jungen Engländer, den die Kriegsumstände durch ein Mißgeschick in seine Gegend verschlugen und den er als Friedensrichter zu betreuen hat, setzt er auseinander: »Möchte nicht gerne von vorne wieder anfangen; aber doch wollte ich's eher, als in Eurem Lande hausen, wo Keiner was zu sagen hat, und Alle thun müssen, nicht was sie selbst, sondern was Andere wollen, und so eben geschehen und ungeschehen seyn lassen müssen, wie es ihren großen und kleinen Tyrannen gefällt« (II, 185). Wie gegen England, so stellt er sich gegen das Leben in allen von Fürsten beherrschten Ländern. Als die Spanier noch in Louisiana regierten, habe er die Lage ihrer Untertanen beobachtet: »Was für ein armseliges Leben die elenden Wichte hatten! Sie durften dem Ufer nicht nahen, ohne zuvor von einem Dutzend schäbichter Taugenichtse die Erlaubniß eingeholt zu haben, ein Ferkel oder einen Schinken zu kaufen, und wenn sie dann kamen, waren ihnen immer ein paar Spione zur Seite, und wichen nicht bis wir wieder gingen, damit wir sie mit unserem Republikanismus nicht ansteckten [...] Elende Kerle! [...] Keiner wagte ein Wort zu sagen, bis der Gouverneur es erlaubte. Sie tanzten wann dieser es haben wollte, und beteten wann er es befahl [...] Keiner wagte für sich selbst zu denken oder zu handeln« (II, 185 f.). Mit Stolz gibt er das Gegenbild: »Ja, hier sieht es anders aus! hier ist das Volk Souverain; ei, und ein so guter als irgend Einer im alten Lande, und besser, denn er kostet nichts« (II, 187). Von den Soldaten seines Landes kann er sagen: »Keiner hat sie kommen geheißen, es sind Alle Freiwillige, die der öffentliche Geist getrieben, [...] das sind Bürger, von denen Jeder seinen eigenen Rock am Leibe hat« (II, 188). Ihnen müssen nach seiner Meinung die englischen Söldner im Kampf unterliegen. Daß die Nordamerikaner unter Jacksons Führung die Schlacht von New Orleans am 8. Januar 1815 trotz der großen Übermacht der Engländer gewannen, war in den Augen der Republikaner ein moralischer Sieg. Sie sahen darin die Überlegenheit ihres Systems.

Für die Struktur des Romans bedeutet die nach der Schlacht stattfindende Szene zwischen dem Häuptling Tokeah und dem von den Republikanern umgebenen

General Gipfel und Abschluß der ideologischen Auseinandersetzung: auf der einen Seite die Sieger, die die Berechtigung ihrer Landnahme durch ihre bessere politische Ordnung zu beweisen glauben, auf der andern Seite der vertriebene Indianer, dessen einziger Wunsch ist, den Lebenskreis der Weißen zu verlassen. Der Standpunkt, den der General den Indianern gegenüber am Ende des Romans vertritt, ist der gleiche, den Jackson als Präsident in seiner zweiten jährlichen Rede am 6. Dezember 1830 umriß. Jackson sagte vor dem Kongreß: »Philanthropy could not wish to see this continent restored to the condition in which it was found by our forefathers. What good man would prefer a country covered with forests and ranged by a few thousand savages to our extensive Republic, studded with cities, towns, and prosperous farms, embellished with all the improvements which art can devise or industry execute, occupied by more than 12,000,000 happy people, and filled with all the blessings of liberty, civilization, and religion?«[3] Im gleichen Sinne heißt es im Roman: »Tokeah, [...] der große Geist hat die Erde für die weißen und rothen Männer gemacht, daß sie sie pflügen und bebauen, und von ihren Früchten leben mögen; er hat sie aber nicht zu einem Jagdgrunde gemacht, daß einige Hundert rothe Männer im faulen Daseyn einen Raum einnehmen, auf dem Millionen glücklich leben und gedeihen können« (III, 278 f.). In seiner *Message on Indian Affairs* am 22. Februar 1831 stellte Präsident Jackson fest: »My opinion remains the same, and I can see no alternative for them [the Indians] but that of their removal to the West or a quiet submission to the State laws.«[4] Die dieses Programm rechtfertigende Weltanschauung läßt Sealsfield den General vor den Indianern aussprechen: »Das Schicksal der rothen Männer [...] ist hart in vieler Hinsicht, aber es ist nicht unvermeidlich; die Barbarei muß im Kampfe mit der Aufklärung immer weichen, [...] aber Ihr habt die Mittel in der Hand, an diese Aufklärung Euch anzuschließen, und in unser bürgerliches Leben einzutreten. Wollt Ihr dieses jedoch nicht, und zieht Ihr vor, statt geachteter Bürger wilde Legitime zu seyn, so müßt Ihr mit dem Schicksale nicht hadern, das Euch wie Spielwerkzeuge wegwirft« (III, 281). Damit ist jedoch Tokeahs Klage nicht entkräftet: »Der große Geist [...] hat den rothen und weißen Männern Überfluß an Land gegeben, aber die weißen [...] sind nie zufrieden, sie greifen immer weiter, und strecken ihre Hand aus nach dem, was den rothen Männern gehört, und nehmen jeden Sommer mehr von dem Lande Dieser« (III, 278).

---

1 Dies ist schon eine erweiterte und verbesserte Fassung des im gleichen Jahr in Philadelphia erschienenen »Tokeah or The White Rose«.
2 Zitiert wird im folgenden nach der 3. Auflage: Stuttgart 1845. Nachdruck, hrsg. von Karl J. R. Arndt, Hildesheim u. New York 1973.
3 Francis Newton Thorpe: The Statesmanship of Andrew Jackson as told in his Writings and Speeches. New York 1909. S. 112.
4 Ebd., S. 132.

JOST HERMAND

# Auf andere Art so große Hoffnung. Heine und die USA

Daß Heine ausführliche Gesellschaftscharakteristiken der Polen (*Über Polen*, 1823), der Italiener (*Reise von München nach Genua*, 1830; *Die Stadt Lucca*, 1831), der Engländer (*Englische Fragmente*, 1831) und der Franzosen (*Französische Zustände*, 1833; *Lutetia*, 1854) geschrieben hat, ist allgemein bekannt. Auch über die Juden, die Spanier, die Holländer erfahren wir in seinen Werken mancherlei. Aber über die Nordamerikaner? Ist ein solches Thema nicht etwas an den Haaren herbeigezogen? Wo gibt es denn bei Heine wirklich substantielle Äußerungen über diese damals erst entstehende Nation und ihre Bewohner? Nun, es gibt sie schon – so spärlich sie auch auf den ersten Blick erscheinen.[1] Bei näherer Betrachtung sind sie sogar höchst signifikant, ja manchmal sogar höchst problemgeladen. Von Heines ersten Prosawerken, den *Briefen aus Berlin* und dem Essay *Über Polen*, über die *Reisebilder*, die *Französischen Zustände*, das *Börne*-Buch bis zum *Romanzero* und den späten *Geständnissen*: immer wieder stößt man auf kürzere oder längere Bemerkungen über die USA, die aus einem strahlenden Dur allmählich in ein düsteres Moll hinübermodulieren. Gehen wir daher ruhig etwas näher auf sie ein, selbst wenn wir uns damit in eine Gesamtinterpretation von Heines politischer, geistiger und religiöser Entwicklung verstricken sollten. Doch das ist bei diesem Thema wohl unvermeidlich. Denn wirklich interessant werden solche Äußerungen ja nur, wenn man sie in die richtigen historischen Zusammenhänge plaziert.

In Heines Frühphase, d. h. in den Jahren bis zu seiner Übersiedlung nach Paris (1831), überwiegt im Hinblick auf die USA eindeutig der positive Akzent. An die ›jakobinische‹ Tradition des Sturm und Drang anknüpfend,[2] erscheinen ihm in diesem Zeitraum die Vereinigten Staaten von Nordamerika in erster Linie als das gelobte ›Land der Freiheit‹, das Land der verwirklichten Menschenrechte, der Toleranz und Zensurlosigkeit. Diese Sicht findet sich bei fast allen bürgerlichen Liberalen dieser Ära, die trotz des Wiener Kongresses (1815), trotz der Karlsbader Beschlüsse (1819) an einer republikanischen Citoyengesinnung festzuhalten versuchten. Diesen Leuten ging es noch gar nicht um die ›wirklichen‹ *United States of Northamerica*, sondern um ein effektives Gegenbild zu den deutschen Zuständen. Ferdinand Kürnberger schrieb daher später in seinem Roman *Der Amerika-Müde* (1855) über diesen USA-Kult, der sich fast ausschließlich im Medium der reinen Idee bewegte: »Der Liberalismus der Restaurationsepoche fand in Wort und Schrift über Amerika eines seiner wenigen erlaubten Ausdrucksmittel. Er benutzte es eifrig. Er feierte die Sternenbannerrepublik als die praktische Verwirklichung seines geächteten Ideals«.[3] Alle politisch unzufriedenen Elemente dieser Ära, selbst nationalistisch eingestellte Burschenschafter wie Karl Follen und seine Gesinnungsgenossen,[4] schlossen sich daher dieser Amerikabegeisterung an, ja emigrierten sogar teilweise in die USA, als der politische Druck in Deutschland zu groß wurde. Und zwar wird dabei Nordamerika entweder in der Tradition der revolutionären Idyllendichtung à la Seume als das Land der urwüchsig-unverbrauchten Natur gefeiert, in dem sich jeder Mensch ungezügelt ausleben kann, oder als ein Land perfekter Aufklärung hingestellt, das auf Grund kluger politischer Organisationsformen den Zustand weitgehender Liberalität erreicht hat.

Der frühe Heine hält es in diesem Punkt eindeutig mit den Liberalen, da er das Idyllische – in Anlehnung an Hegel – mehr und mehr als eine überlebte Lebensform empfindet.[5] So ist schon seine erste Äußerung über die USA, die sich in den *Briefen aus Berlin* (1822) findet, rein politischer Natur. Hier heißt es anläßlich der Hochzeitsfeierlichkeiten einer Tochter des preußischen Königs, daß am Berliner Hofe ein fürstlicher Lakai »mehr Gold und Silber am Leibe [trage] als das ganze Hauspersonal des Bürgermeisters von Nordamerika« (V, 256).[6] Daß Heine dabei als guter Citoyen nicht Präsident, sondern »Bürgermeister von Nordamerika« sagt, ist an sich schon ein politisches Credo. In der Schrift *Über Polen* (1823) bekennt er sich noch offener zu der »göttlichen, der washingtonschen« Freiheit (V, 295), um sich damit von jener heuchlerischen Freiheitsphraseologie des polnischen Adels abzusetzen, der nur auf die Bewahrung der eigenen Privilegien bedacht war. Anläßlich eines Bauern, der vor einem Adligen niederkniet, heißt es hier: »Es ergreift mich ein unendlicher Schmerz, wenn ich einen Menschen vor einem andern so tief erniedrigt sehe. Nur vor dem Könige soll man sich beugen; bis auf dieses letztere Glaubensgesetz bekenne ich mich ganz zum nordamerikanischen Katechismus« (V, 284). Daß er sich mit solchen Äußerungen bei den Baronen und Grafen sehr »verhaßt« machte, wie er am 21. Januar 1823 an Christian Sethe schreibt, war zu erwarten.

Von entscheidender Wichtigkeit ist in diesem Zusammenhang, daß sich Heine gerade in diesen Monaten, d. h. vom August 1822 an, aktiv im Berliner ›Verein für Kultur und Wissenschaft der Juden‹ betätigte, in dem eine allgemeine Amerikaschwärmerei herrschte. Eins der einflußreichsten Mitglieder dieses Vereins, der Medizinstudent Elieser Sinai Kirschbaum, hatte dort bereits im Dezember 1821 die Auswanderung des gesamten ›Vereins‹ nach den USA vorgeschlagen, ja sogar schon Kontakte mit in USA lebenden Juden aufgenommen, wobei zuerst eine Ansiedlung nördlich der Niagarafälle und dann an den Ufern des Missouri ins Auge gefaßt wurde.[7] Man stützte sich dabei auf jene »Northwest Ordinance« von 1787, in der es heißt, daß jeweils 60 000 Neueinwanderer westlich der bereits besiedelten Gebiete einen neuen Staat gründen können. Wie verbreitet diese Vorstellung damals war, wird einige Jahre später durch den recht populären *Bericht über eine Reise nach den westlichen Staaten Nordamerikas und einen mehrjährigen Aufenthalt am Missouri* (1829) von Gottfried Duden belegt, in dem sich die gleiche These findet, nämlich daß im Westen der USA 60 000 Menschen ohne weiteres einen neuen Staat errichten dürfen.[8] Daß Heine solchen Gedanken nicht abgeneigt war, geht aus einer Äußerung Levin Braunhardts hervor, den er im Herbst 1822 in Berlin im Französischen unterrichtete. »So oft er über Dichtung und Glaubensfreiheit sprach«, schreibt Braunhardt, »gab uns den Rat, nach Amerika oder wenigstens nach England auszuwandern. ›In diesen Ländern falle es niemanden ein zu fragen: Was glaubst du, oder was glaubst du nicht? Jeder kann da nach seiner Façon selig werden‹.«[9] Diese Äußerung wirkt recht authentisch. Schließlich war am 18. August 1822 eine königliche Kabinettsorder erlassen worden, durch die Juden wieder von allen Staatsämtern ausgeschlossen wurden. Heine und Eduard Gans, der Vorsitzende des

›Vereins‹, die beide eine Universitätskarriere einschlagen wollten, waren davon natürlich besonders betroffen. Einige Vereinsmitglieder sprachen daher schon ironisch-hypothetisch von der zu gründenden »Ganstown« – doch diese Pläne wurden bald wieder aufgegeben. Es ist dieses Wolkenkuckucksheim, auf das sich Heine bezieht, wenn er am 23. Mai 1823 an Moses Moser, ein anderes Mitglied des Berliner ›Vereins‹, witzelnd-resignierend schreibt: »Wenn einst Ganstown erbaut sein wird, und ein glücklicheres Geschlecht am Mississippi Lulef benscht und Matzes kaut, und eine neu-jüdische Literatur emporblüht«. Einige Heine-Forscher bringen sogar das *Rabbi*-Projekt, das in dieser Zeit zum erstenmal auftaucht, mit Heines Amerikaplänen in Zusammenhang. So behauptet etwa Lion Feuchtwanger, daß Heine sicher wußte, daß die großen spanischen Judenverfolgungen und die Entdeckung Amerikas beide in das Jahr 1492 fallen.[10] Erich Löwenthal zieht daraus den hypothetischen Schluß: »The *Rabbi* was to have ended with a vista of America as the new land of religious freedom«.[11]

Trotz der aufgegebenen Auswanderungspläne und trotz des gescheiterten *Rabbi* bleibt Heines Amerikabild die ganze *Reisebilder*-Zeit (1827–31) über durchaus positiv. Namen wie Cooper (IV, 122), Thomas Paine (IV, 207) und Benjamin Franklin (IV, 352) werden lediglich lobend erwähnt. Ebenso positiv äußert sich Heine in einem Brief vom 4. März 1825 an Ludwig Robert über Washington Irving.[12] In *Nordsee III* witzelt er an einer Stelle über den deutschen Hochadel, dieses »große Fürstengestüte«, das dauernd neue Prinzchen und Prinzeßchen in die Welt setze, ohne daß dafür eine wirkliche Nachfrage bestände – und schlägt in diesem Zusammenhang den »Präsidenten der [nordamerikanischen] Freistaaten« sarkastisch vor, einige dieser beschäftigungslosen und frustrierten Prinzchen »bei ihren Töchtern zu employieren« (IV, 115). In der *Reise von München nach Genua* heißt es über die USA im Hinblick auf die politischen Flüchtlinge dieser Ära: »England [war einmal] der Zufluchtsort für freie Geister, wenn der Despotismus den ganzen Kontinent unterdrückte; – das sind tempi passati! England mit seinen Aristokraten gehe jetzt immerhin zu Grunde, freie Geister haben jetzt im Notfall einen noch bessern Zufluchtsort; würde auch das ganze Europa ein einziger Kerker, so gäbe es jetzt noch immer ein anderes Loch zum Entschlüpfen, das ist Amerika, und Gottlob! das Loch ist noch größer als der Kerker selbst« (IV, 303). Ja, in den *Englischen Fragmenten* taucht sogar schon der Begriff »Europa-müde« auf, der in den dreißiger Jahren ein wahres Modewort werden sollte (V, 155).

Etwas ambivalenter wird Heines Urteil über die USA erst nach seiner Übersiedlung nach Paris. In einem Land wie Frankreich, wo Heine endlich in eine politische Atmosphäre gerät, die ihm zusagt, müssen exotisch-utopische Leitbilder wie Indien und die USA natürlich verblassen. Statt wie in Deutschland ständig fernwehsüchtig nach einer besseren Welt zu verlangen, richtet er sich nach 1831 erst einmal für eine Weile im Hier und Jetzt ein. Doch auch in Paris wird Heine mehrfach auf die USA gestoßen, und zwar vor allem durch die Figur Lafayettes, der bereits im amerikanischen Unabhängigkeitskrieg auf der Seite der Aufständischen mitgekämpft hatte und jetzt, bei der Pariser Julirevolution, noch einmal als ein Führer der Aufständischen aufgetreten war. Schon in der Einleitung zu *Kahldorf über den Adel* (1831) wird daher Lafayette als jener General erwähnt, der nach dem amerikanischen Unabhängigkeitskrieg die »Idee einer freien Konstitution« nach Frankreich mitgebracht habe (V, 393). In den *Französischen Zuständen* (1833) charakterisiert Heine Lafayette als einen Staatsmann, der die »feinen Manieren eines französischen Marquis« mit der »offenen Gradheit eines amerikanischen Bürgers« zu verbinden wisse. »Das Beste des alten Regimes, das Chevalreske, die Höflichkeit, der Takt«, heißt es hier, »ist [in ihm] wunderbar verschmolzen mit dem Besten des neuen Bürgertums, der Gleichheitsliebe, der Prunklosigkeit und der Ehrlichkeit« (VI, 120). Mit einem Mann wie Lafayette verglichen, erscheint ihm Napoleon, den Heine bereits in seiner *Reise von München nach Genua* scharf kritisiert hatte, plötzlich nur noch als ein »abtrünniger Sohn der Revolution«. So spricht er einmal in der Schrift *Französische Maler* (1834) recht abschätzig von Napoleon als von jenem »Bonaparte, der ein Washington von Europa werden konnte, und nur dessen Napoleon ward« (VI, 49).

Doch neben solche Äußerungen, die weiterhin dem ›liberalen‹ Amerikabild verpflichtet sind, schieben sich in diesen Jahren auch schon recht negative, die schnell den Charakter anklagender Vorwürfe annehmen. So heißt es in einer Lesart zu den *Französischen Zuständen*, daß es »töricht wäre«, die nordamerikanische Republik in Europa auf dem »alten Scherbenberg einer tausendjährigen Zivilisation« nachbilden zu wollen (VI, 500). Ja, im 2. Artikel der *Französischen Zustände*, wo sich Heine in aller Offenheit zum französischen Julikönigtum bekennt und sich als einen »Royalisten aus angeborner Neigung« bezeichnet, nimmt er plötzlich den USA gegenüber eine äußerst feindselige Haltung ein. Zum erstenmal in seinem Œuvre zieht er an dieser Stelle gegen die »amerikanische Lebensmonotonie, Farblosigkeit und Spießbürgerei« vom Leder, die mit der heiteren Sinnlichkeit der Franzosen absolut unvereinbar seien (VI, 112). Die nordamerikanische Republik wird hier wie das alte Sparta als eine »schlechte Gleichheitsküche« und »langweilige Patriotismusfabrik« charakterisiert, die überhaupt keinen Sinn für die feineren Genüsse des Lebens besitze (VI, 112). Man spürt in diesem Abschnitt deutlich, wie Heines Abneigung gegen alles Puritanische und Konformistische, die bereits in den *Englischen Fragmenten* zum Durchbruch kommt, durch seine Kontakte mit den Pariser Saint-Simonisten ständig stärker wird und schließlich die Oberhand gewinnt. Bei aller Einsicht in die Notwendigkeit politischer, sozialer und ökonomischer Fortschritte ist Heine immer weniger willens, seine ›persönliche Note‹, seinen Sinn für Ästhetisches und Kultiviertes – und damit seinen liberalen Freiheitsbegriff irgendwelchen abstrakten Gleichheitsideen zu opfern. Endlich dem Metternichschen Gefängnis, der Diktatur von Kirche und Adel entronnen, sieht er sich in England und dann auch in Paris mit zwei neuen diktatorischen Ansprüchen konfrontiert: den konventionellen Normen der saturierten Bourgeoisie und den Gleichheitsvorstellungen der französischen Republikaner, die sich noch immer an den Idealen Babeufs und anderer Egalitätsutopisten orientierten. Dagegen betrachtet Heine – wie die Saint-Simonisten – die Idee der ›Selbstrealisierung des einzelnen‹ weiterhin als das höchste menschliche Gut. Er ist nicht bereit, den Schritt von Hegels *Phänomenologie* zu dessen *Rechtsphilosophie* mitzuvollziehen und den Staat als das Ideal der erfüllten Humanität anzuerkennen. Freiheit bleibt für ihn im konkreten Sinne stets an den Spielraum der liberalgesinnten Einzelpersönlichkeit gebunden. Wohl sein berühmtestes Credo hat diese Überzeugung in Heines *Geschichte der Religion und Philosophie in Deutschland* (1834) gefunden: »Wir wollen keine Sanskülotten sein, keine frugale Bürger, keine wohlfeile Präsidenten: wir stiften eine Demokratie gleichherrlicher, gleichheiliger, gleichbeseligter Götter. Ihr verlangt einfache Trachten, enthaltsame Sitten und ungewürzte Genüsse; wir hingegen verlangen Nektar und Ambrosia, Purpurmäntel, kostbare Wohlgerüche, Wollust und Pracht, lachenden Nymphentanz, Musik und Komödien – Seid deshalb nicht ungehalten, Ihr tugendhaften Republikaner!« (VII, 266).

Mit solchen Ideen kam Heine in Paris natürlich schnell in einen schroffen Gegensatz zu jenen ›radikaleren‹ deutschen Emigranten um Ludwig Börne, die weiterhin in altjakobinischer oder besser babouvistischer Tradition auf Gleichheit und Brüderlichkeit pochten. Daß in einer solchen Konfliktsituation die verschiedenartige Einschätzung der USA – ob nun als Land der perfekten Gleichheit oder des erzwungenen Konformismus – notwendig eine wichtige Rolle spielen mußte, ist nicht weiter verwunderlich. Die Amerikaenthusiasten dieser Jahre stammen fast alle aus dem Lager der radikalen Republikaner. Zu ihnen gehören Anastasius Grün, August von Platen, Nikolaus Lenau (jedenfalls bis zu seinem Katzenjammer) und ein Mann wie Ernst Willkomm, der mit seinem Roman *Die Europamüden* (1838) ein besonders überschwengliches Dokument dieses Proamerikanismus lieferte. In diesen Kreisen dominiert weitgehend die ekstatische Erwartung, die hochgespannte Träumerei, ja fast chiliastische Sehnsucht, die im Laufe der Jahre immer unrealistischer wird. Bei manchen nimmt dieser Amerikakult sogar nationalistische Züge an und kulminiert schließlich in der phantastischen Idee eines ›Neudeutschland‹ jenseits des Atlantiks, in dem einmal die vollendete Demokratie herrschen werde.[13] Und in den Rahmen dieser Kreise gehört auch Ludwig Börne, der bereits in der Nr. 141 seiner *Aphorismen* von 1829 geschrieben hatte: »Wir wollen den Blick abwenden von den engen Fußpfaden, den Bächlein, den dürren Gebüschen unserer Heimat, und uns mit jenen Riesenströmen, jenen unermeßlichen Wäldern voll Blüten und Düften, die uns aus Amerika zulocken, befreunden [...] Asien war die Wiege des menschlichen Geschlechts; Europa sah die Lust, die Kraft, den Übermut seiner Jugend. In Amerika entwickelt sich die Fülle und Weisheit des männlichen Alters«.[14] Noch stärker engagiert sich Börne für die USA in seinen *Briefen aus Paris* von 1833 (97. Brief), wo er die nordamerikanische Republik als den Alptraum aller europäischen Dynasten hinstellt, da man diese »Republik ohne Guillotine« nicht einfach wie die französische Republik unter Robespierre als ›blutige Schreckensherrschaft‹ diffamieren könne.[15] Ja, in seiner Kritik von Heines *De l'Allemagne*, die am 30. Mai 1835 im *Reformateur* erschien, wird die amerikanische ›Freiheit‹ – um ihr die letzte Weihe zu geben – bis ins Religiöse erhoben. In deutlicher Polemik gegen Heines ›Atheismus‹ heißt es hier: »Die Völker müssen, um frei zu sein, religiös sein; die freiesten Völker, die Schweizer, die Engländer, die Nordamerikaner sind die religiösesten Völker. Ihre Religiösität ist ihrer Freiheit nicht nachgefolgt, sondern vorangegangen; man muß Gott fürchten, um nicht die Menschen zu fürchten«.[16] Unter den bürgerlichen ›Liberalen‹ entwickelt sich dagegen in den gleichen Jahren ein Chor von Stimmen, der in einer ganz anderen Tonart singt.[17] Vor allem in der zweiten Hälfte der dreißiger Jahre erscheinen einige authentische Berichte von Amerikarückwanderern, worin ein recht düsteres Bild der dortigen Verhältnisse gezeichnet wird. So legt etwa Francis Joseph Grund in seinem Buch *Die Aristokratie in Amerika* (1839) den Nachdruck vor allem auf die soziale Ungleichheit. Er sieht in der nordamerikanischen Republik lediglich eine kapitalistische Oligarchie, in der die wahre Macht nicht in den Händen des Volkes, sondern in den Händen der wirtschaftlich Stärkeren liege.[18] Eine ähnlich negative Einstellung den USA gegenüber findet sich in einigen Romanen dieser Jahre, die inhaltlich bereits auf Kürnbergers *Amerika-Müden* von 1855 vorausweisen. Man denke an Leopold Schefers *Die Probefahrt nach Amerika* (1836) oder Johann Christoph Biernatzkis *Der braune Knabe oder die Gemeinden in der Zerstreuung* (1839), in denen neben dem berechnenden Materialismus, der religiösen Heuchelei, der politischen Korruption und dem Mangel an Kultur, wie sie in Nordamerika gang und gäbe seien, vor allem die schmähliche Behandlung der Neger und Indianer angeprangert wird.[19] Fast die gleichen Verdikte finden sich bei den Autoren des Jungen Deutschland.[20] So nennt etwa Karl Gutzkow in seinen *Säkularbildern* (1837) die USA schlechtweg das »Land der Comptoire und Sklaven«, in dem das Geld als der höchste Wert angesehen werde.[21] Ähnliches behauptet Heines Freund Heinrich Laube in seinem Roman *Das junge Europa* (1833–37). Dort erscheinen die USA als eine kleinliche »Kaufmannsschule«, welche sich für eine Welt ausgibt«, als ein Land, wo alles, was kein »Geld einbringt«, als »unnütz« gilt, wo die »Freiheit« lediglich im »freien Handel« besteht, wo man sich Sklaven hält, wo man absolut kunstfeindlich eingestellt ist, wo nur die Oberen eine politische Stimme besitzen – also als ein Land, das alles andere als ein ideologisches Leitbild für aufrechte, persönlichkeitsbewußte und kunstinteressierte Liberale ist.[22]

Es nimmt daher nicht wunder, daß sich auch Heine in den späten dreißiger Jahren in seinem Kampf gegen den gleichmacherischen Republikanismus eines Börne und seiner Anhänger mehrfach äußerst schmähend über Amerika ausgelassen hat. Während er in den zwanziger Jahren mit seinem Amerikalob das restaurative Establishment in Rage bringen wollte, will er jetzt mit seinen Ausfällen gegen Amerika vor allem die Pariser Blanquisten und Börneaner treffen, in denen er lediglich frustrierte Puritaner, unkünstlerische Banausen, religiöse Sektierer, d. h. ›ungeistige‹ Fanatiker sah. So vergleicht er etwa im Vorwort zu *Shakespeares Mädchen und Frauen* (1839) die »ehemaligen Republikaner« mit ihrem kunstfeindlichen »Fanatismus«, die selbst den Dramen Shakespeares keinen Reiz abgewinnen konnten und daher der Kunst kurzerhand den Garaus machten, ausdrücklich mit den »heutigen Republikanern«. In Anbetracht dieser Situation stößt er an gleicher Stelle den Seufzer aus: »Mögen Apollo und die ewigen Musen uns vor der Herrschaft dieser letztern bewahren!« (VIII, 161). Doch seinen eigentlichen Höhepunkt erlebt Heines Abscheu vor den totalen Gleichmachern erst in seinem *Börne*-Buch von 1840, wo er sich in aller Schärfe gegen jenen »krummbeinigten Schneidergesellen« wendet, der anläßlich einer von Börne einberufenen Volksversammlung in Paris die »Impertinenz« besessen habe, zu behaupten, »alle Menschen seien gleich« (VIII, 431). Statt wie Börne eine »Tribunalkarriere« einzuschlagen und die Kunst an den Nagel zu hängen, beteuert Heine in diesem Buch, daß es stets sein höchster Ehrgeiz gewesen sei, als »großer Dichter [...] auf dem Kapitol gekrönt zu werden« (VIII, 431). Das ist selbstverständlich auch nur die halbe Wahrheit – oder hat zumindest einen einseitig polemischen Charakter. Was Heine an dieser Stelle wirklich ausdrücken will, ist seine Abneigung gegen jede Form der Pöbelherrschaft, die auf einer primitiven ›nordamerikanischen Küchengleichheit‹ beruht. Gegen Börne, gegen Louis Blanc,

d. h. gegen alle Fanatiker eines rousseauistisch gefärbten Babouvismus, der auf dem Prinzip der absoluten Egalität beruht, verteidigt er immer wieder seine ungeteilte Individualität, sein Gefühl für Ästhetisches, seine subjektive Verfeinerung. Nicht die Gleichheit – im Sinne einer Reduzierung aller auf die Ebene der Niedersten – ist sein Ideal, sondern die Gleichberechtigung, die auch den Höherbegabten eine Möglichkeit der Selbstrealisierung erlaubt. In diesem Punkte hält sich Heine in den dreißiger Jahren weitgehend an die berühmte Formel der Saint-Simonisten: »A chacun selon sa capacité, à chaque capacité selon ses œuvres!« Jemanden unter das widersinnige Joch der Gleichheit (»sous l'absurde niveau de l'Egalité«) herabzudrücken, lehnt Heine ebenso scharf ab, wie das Saint-Amand Bazard bereits 1830 in seiner berühmten *Exposition* der saint-simonistischen Lehren getan hatte. All das erscheint ihm antihedonistisch, asketisch, puritanisch, kurz: börneanisch.[24]

Heines Denken deckt sich in diesem Punkt durchaus mit manchen Ansichten, wie sie auch Marx und Engels wenige Jahre später vertraten. Auch sie traten bekanntlich dem ›Bund der Kommunisten‹ erst bei, als das Bundesmotto »Alle Menschen sind Brüder« durch den Kampfruf »Proletarier aller Länder vereinigt euch« ersetzt wurde. Für bloßes Humanitätsgefasel, christliche Verbrüderungsideale oder rousseauistische Niedrigkeitsgelüste hatten sie ebensowenig übrig wie Heine. Marx und Engels sprechen daher in den frühen vierziger Jahren gern abschätzig von »Gleichheitskommunismus« oder »Löffelkommunismus«, wenn sie auf die babouvistische Vorstellung der absoluten Gütergemeinschaft als notwendiger Voraussetzung der politischen Gleichheit zu sprechen kommen.[25] Wohl die überlegtesten Bemerkungen zu diesen Fragen finden sich in Marx' *Ökonomisch-philosophischen Manuskripten* von 1844, wo er die Gleichheitsutopien der frühen Sozialisten als einen »rohen und gedankenlosen Kommunismus« verwirft. »Dieser Kommunismus«, heißt es hier, »indem er die *Persönlichkeit* des Menschen überall negiert, ist nur der konsequenteste Ausdruck des Privateigentums, welches diese Negation ist [...] Wie wenig diese Aufhebung des Privateigentums eine wirkliche Aneignung ist, beweist eben die abstrakte Negation der ganzen Welt der Bildung und der Zivilisation, die Rückkehr zur *unnatürlichen* Einfachheit des armen, rohen und bedürfnislosen Menschen, der nicht über das Eigentum hinaus, sondern noch nicht einmal bei demselben angelangt ist«.[26] Marx und Engels setzen sich daher konsequenterweise für eine Gesellschaft ein, in der »die freie Entwicklung eines jeden die Bedingung für die freie Entwicklung aller ist«.[27]

Und in diesem Zusammenhang muß auch die längste und bitterste Passage gesehen werden, die Heine je in seinem Leben gegen die nordamerikanische Republik geschrieben hat. Sie steht im zweiten Teil seines *Börne*-Buchs und ist nur vor dem eben aufgezeigten Hintergrund wirklich verständlich.[28] In bewußter Anlehnung an manche der zitierten USA-Kritiker und in schärfster Polemik gegen die von Börne vertretenen Gleichheitsideale heißt es hier: »Oder soll ich nach Amerika, nach diesem ungeheuren Freiheitsgefängnis, wo die unsichtbaren Ketten mich noch schmerzlicher drücken würden, als zu Hause die sichtbaren, und wo der widerwärtigste aller Tyrannen, der Pöbel, seine rohe Herrschaft ausübt! Du weißt, wie ich über dieses gottverfluchte Land denke, das ich einst liebte, als ich es nicht kannte [...] Und doch muß ich es öffentlich loben und preisen, aus Metierpflicht [...] Ihr lieben deutschen Bauern! geht nach Amerika! dort gibt es weder Fürsten noch Adel, alle

Menschen sind dort gleich, gleiche Flegel [...] mit Ausnahme freilich einiger Millionen, die eine schwarze oder braune Haut haben und wie die Hunde behandelt werden! Die eigentliche Sklaverei, die in den meisten nordamerikanischen Provinzen abgeschafft, empört mich nicht so sehr, wie die Brutalität, womit dort die freien Schwarzen und die Mulatten behandelt werden. Wer auch nur im entferntesten Grade von einem Neger stammt, und wenn auch nicht mehr in der Farbe, sondern nur in der Gesichtsbildung eine solche Abstammung verrät, muß die größten Kränkungen erdulden, Kränkungen, die uns in Europa fabelhaft dünken. Dabei machen diese Amerikaner großes Wesen von ihrem Christentum und sind die eifrigsten Kirchengänger. Solche Heuchelei haben sie von den Engländern gelernt, die ihnen übrigens ihre schlechtesten Eigenschaften zurückließen. Der weltliche Nutzen ist ihre eigentliche Religion, und das Geld ist ihr Gott. Freilich, manches edle Herz mag dort im Stillen die allgemeine Selbstsucht und Ungerechtigkeit bejammern. Will es aber gar dagegen ankämpfen, so harret seiner ein Märtyrium, das alle europäische Begriffe übersteigt« (VIII, 386 f.). Anschließend folgt noch ein kurzer Bericht über einen protestantischen Pfarrer in New York, der dem allgemeinen Vorurteil zu trotzen versucht, indem er seine eigene Tochter mit einem Neger verheiratet. Doch daraufhin habe ihm der »Pöbel« das ganze Haus demoliert und die Tochter splitternackt ausgezogen, mit Teer bestrichen und in aufgeschnittenen Federbetten herumgewälzt, ja sie anschließend durch die ganze Stadt geschleift.[29] Als nach der Publikation dieses Buches der radikale ›Pöbel‹ scharenweise über Heine herfiel, nahm sich Marx bekanntlich vor,[30] Heines *Börne*-Denkschrift energisch gegen ihre ›börnierten‹ Angreifer zu verteidigen – wozu er jedoch nie gekommen ist.

An diesem Amerikabild hat Heine auch später weitgehend festgehalten. Die USA blieben für ihn ein Land der Sklaverei, der Monotonie und der pöbelhaften Gleichheit. So heißt es in seiner *Lutetia* unter dem 3. Juni 1840: »Die Worte Napoleons auf Sankt Helena, daß in baldiger Zukunft die Welt eine amerikanische Republik oder eine russische Universalmonarchie sein werde, sind eine sehr entmutigende Prophezeihung. Welche Aussicht! Günstigstenfalls als Republikaner vor monotoner Langeweile sterben! Arme Enkel!« (IX, 73). In der Vormärz-Ära, d. h. den Jahren zwischen 1840 und 1848 kommt Heine nur einmal auf Nordamerika zu sprechen. Und zwar vergleicht er im Vorwort zum *Atta Troll* (1846) in bereits bekannter Manier die deutschen Republikaner, die ihre Radikalität mit einem »vagen, unfruchtbaren Pathos, einem nutzlosen Enthusiasmusdunst« unter Beweis zu stellen versuchten und sich »mit Todesverachtung in einen Ozean der Allgemeinheit stürzten«, mit jenem legendären amerikanischen Matrosen, »welcher für den General Jackson so überschwenglich begeistert war, daß er einst von der Spitze eines Mastbaums ins Meer hinabsprang, indem er ausrief: ›Ich sterbe für den General Jackson!‹« (II, 166 f.). Mit dem »Enthusiasmusdunst« hatte Heine sicher recht. Doch negative Äußerungen gegen die USA sind auch bei den von ihm angegriffenen Vormärzdichtern nicht selten. So bezeichnet etwa Hoffmann von Fallersleben in seinem Gedicht *Die neue Welt* die Nordamerikaner als ein »Krämervolk«, bei dem »alle Poesie« abgestorben sei und das sich völlig dem »Eigennutz« und »Schachergeist« verschrieben habe.[31]

Die letzte rein negative Äußerung über die USA, die sich in Heines Œuvre findet,

steht in den *Lamentionen* seines *Romanzero* (1851). Unter dem Titel *Jetzt wohin?*
stellt sich Heine hier die rhetorische Frage, wohin er wohl auswandern soll, wenn
einmal die Not am größten wird. Deutschland erscheint ihm zu gefährlich, da er zu
»viel Erschießliches geschrieben« habe. In England schrecken ihn die gräßlichen
»Kohlendämpfe«. In Rußland befürchtet er, daß er dort »im Winter die Knute
nicht ertragen« würde. Was bleibt, sind schließlich nur die USA, die er in der *Reise
von München nach Genua* einmal als den besten Zufluchtsort für »freie Geister«
bezeichnet hatte (IV, 303). Im Gegensatz zu solchen Äußerungen schreibt er jetzt
(III, 109):

> Manchmal kommt mir in den Sinn
> Nach Amerika zu segeln,
> Nach dem großen Freiheitsstall,
> Der bewohnt von Gleichheitsflegeln –[32]
>
> Doch es ängstet mich ein Land,
> Wo die Menschen Tabak käuen,
> Wo sie ohne König kegeln,
> Wo sie ohne Spucknapf speien.

Und so bescheidet sich Heine mit der Einsicht, daß es für ihn überhaupt keinen
wahren Aufenthaltsort auf Erden mehr gibt, ja daß sein ganzes Leben ein Weg in
die Irre war.

Damit könnten wir eigentlich schließen – jedenfalls im Hinblick auf Heine und
dessen Amerikabild. Doch es gibt da noch zwei Stellen in den *Geständnissen* (1854),
in denen er auf die Vereinigten Staaten zu sprechen kommt, die zwar nur indirekt
ein Urteil über dieses Land enthalten, aber für die sogenannte ›religiöse Wende‹
Heines von entscheidender Wichtigkeit sind. Einerseits witzelt er hier höchst zynisch
über die »meisten neuen Gemeinden der vereinigten Staaten, wo man das alttestamentarische Leben [so] pedantisch nachäfft«, daß man sich unwillkürlich »unter
Juden versetzt zu sehen glaubt« (X, 189). Anschließend kommt er noch einmal auf
den Topos der Monotonie des amerikanischen Lebens zurück. »Letzteres [d. h. das
alttestamentarische Leben] erscheint hier wie daguerreotypiert«, heißt es an einer
Stelle, »die Konturen sind ängstlich richtig, doch alles ist grau in grau, und es fehlt
der sonnige Farbenschmelz des gelobten Landes«. Doch dann wird er auf einmal
wirklich ›fromm‹ und fährt fort: »Aber die Karikatur wird einst schwinden, das
Echte, Unvergängliche und Wahre, nämlich die Sittlichkeit des alten Judentums,
wird in jenen Ländern eben so gotterfreulich blühen, wie einst am Jordan und auf
den Höhen des Libanons. Man hat keine Palme und Kamele nötig, um gut zu sein,
und Gutsein ist besser denn Schönheit« (X, 190). Das klingt fast wie ein Preislied
auf *God's own country!* Ja, an anderer Stelle, wo Heine auf den 1852 erschienenen
Roman *Onkel Toms Hütte* zu sprechen kommt, demütigt er sich sogar noch tiefer,
verwirft seinen Geisteshochmut, seinen Ästhetizismus und sucht die alleinige Zuflucht bei der Lektüre der *Bibel*.[33] Und zwar schreibt er hier: »Nachdem ich mein
ganzes Leben hindurch mich auf allen Tanzböden der Philosophie herumgetrieben,
allen Orgien des Geistes mich hingegeben, mit allen möglichen Systemen gebuhlt,

ohne befriedigt worden zu sein, wie Messaline nach einer lüderlichen Nacht – jetzt befinde ich mich plötzlich auf demselben Standpunkt, worauf Onkel Tom steht, auf dem der Bibel, und ich kniee neben dem schwarzen Betbruder mit derselben Andacht – Welche Demütigung! Mit all meiner Wissenschaft habe ich es nicht weitergebracht, als der arme unwissende Neger, der kaum buchstabieren gelernt!« (X, 182).

Die Sympathiebekundung für den Neger ist erklärlich, ja nach den Äußerungen im *Börne*-Buch fast selbstverständlich. Daß sich jedoch Heine offensichtlich nur noch für den religiösen Aspekt der nordamerikanischen Negerfrage interessiert, war nach dem Vorhergegangenen kaum zu erwarten. Die meisten anderen europäischen Schriftsteller reagierten auf dieses Buch eher politisch. Doch kriecht Heine an dieser Stelle wirklich zu Kreuze – oder ist es nur die Misere der Krankheit, die ihn ins Metaphysische lockt? Zitieren wir ruhig noch den nächsten Abschnitt, um uns etwas mehr Klarheit in dieser Frage zu verschaffen: »Der arme Tom scheint freilich in dem heiligen Buch noch tiefere Dinge zu sehen, als ich, dem besonders die letzte Partie noch nicht ganz klar geworden. Tom versteht sie vielleicht besser, weil mehr Prügel darin vorkommen, nämlich jene unaufhörlichen Peitschenhiebe, die mich manchmal bei der Lektüre der Evangelien und der Apostelgeschichte sehr unästhetisch anwiderten. So ein armer Negersklave liest zugleich mit dem Rücken, und begreift daher viel besser als wir. Dagegen glaube ich mich schmeicheln zu dürfen, daß mir der Charakter des Moses in der ersten Abteilung des heiligen Buches einleuchtender aufgegangen sei. Diese große Figur hat mir nicht wenig imponiert. Welche Riesengestalt [...] Manchmal wollte es mich bedünken, als sei der mosaische Gott nur der zurückgestrahlte Lichtglanz des Moses selbst, dem er so ähnlich sieht [...] Es wäre eine große Sünde, es wäre Anthropomorphismus, wenn man eine solche Identität des Gottes und seines Propheten annähme – aber die Ähnlichkeit ist frappant« (X, 182 f.).

Und damit schimmert selbst in der tiefsten Erniedrigung doch noch der alte, unverwüstliche, ständig zweifelnde Heine durch: das *Neue Testament* ist ihm immer noch unsympathisch, Unästhetisches widert ihn geradezu an, Moses wird rein als große, imponierende Persönlichkeit gesehen, und selbst Gott erscheint lediglich als eine schwärmerische Hypostasierung des menschlichen Geistes – nicht viel anders als bei Feuerbach. Ja, sogar das späte Gedicht *Bimini*, in dem noch einmal wie in jungen Jahren das Land Amerika »bräutlich blühend« am Horizont seiner utopischen Sehnsüchte auftaucht, schließt weder mit einem religiösen Ausblick auf das himmlische Paradies noch mit einem politischen Salto mortale in irgendein Zukunftsland, in dem man die USA wiedererkennen könnte. Das Land der endgültigen Erfüllung ist hier nicht mehr ein exotisches Nirgendwo, sondern das Land des Vergessens, des Todes, in dem alle irdischen Wünsche zu Grabe getragen werden (III, 296):

> Gutes Wasser! gutes Land!
> Wer dort angelangt, verläßt es
> Nimmermehr – denn dieses Land
> Ist das wahre Bimini.

1 Der einzige Aufsatz, der sich mit diesen Äußerungen auseinandersetzt, ist der von Gerhard Weiß: Heines Amerikabild. In: Heine-Jahrbuch 8 (1969) S. 21–44. Hier überwiegt jedoch das ›Positivistische‹, während die innere Entwicklung von Heines Amerikabild und der ideologische Stellenwert der einzelnen Äußerungen kaum berücksichtigt werden.

2 Vgl. u. a. Harold Jantz: Amerika im deutschen Dichten und Denken. In: Deutsche Philologie im Aufriß. Bd. 3. Hrsg. von Wolfgang Stammler. Berlin 1957. Sp. 162; Ursula Wertheim: Der amerikanische Unabhängigkeitskampf im Spiegel der zeitgenössischen deutschen Literatur. In: Weimarer Beiträge 3 (1957) S. 429–470; Jost Hermand: In Tyrannos. Über den politischen Radikalismus der sogenannten ›Spätaufklärung‹. In: J. H., Von Mainz nach Weimar. 1793–1919. Stuttgart 1969. S. 15 ff.

3 Ferdinand Kürnberger: Der Amerika-Müde. Leipzig 1855. S. 85.

4 Vgl. Hildegard Meyer: Nord-Amerika im Urteil des Deutschen Schrifttums bis zur Mitte des 19. Jahrhunderts. Eine Untersuchung über Kürnbergers ›Amerika-Müden‹. Hamburg 1929. S. 34 f.

5 Vgl. demnächst meinen Aufsatz »Mit Hegel auf Norderney. Zum Geschichtskonzept des jungen Heine in seinem Nordsee-Mémoire«. In: J. H., Der frühe Heine. Kommentare zu seinen ›Reisebildern‹. München 1975.

6 Zitiert wird nach Heinrich Heine: Sämtliche Werke. Hrsg. von Oskar Walzel. Leipzig 1910–20.

7 Vgl. Hanns Günther Reissner: Eduard Gans. Ein Leben im Vormärz. Tübingen 1965. S. 85 ff.

8 Gottfried Duden: Bericht über eine Reise [. . .]. Elberfeld 1829. S. 326.

9 Begegnungen mit Heine. In Fortführung von H. H. Houbens ›Gespräche mit Heine‹. Hrsg. von Michael Werner. Hamburg 1973. Bd. 1. S. 68.

10 Lion Feuchtwanger: Heinrich Heines ›Rabbi von Bacherach‹. München 1907. S. 87.

11 Erich Löwenthal in seiner »Rabbi«-Edition. New York 1947. S. 90.

12 Über den Einfluß von Washington Irving auf Heines »Harzreise« vgl. Düsseldorfer Heine-Ausgabe. Bd. VI. Hrsg. von Jost Hermand. Hamburg 1973. S. 524.

13 Vgl. Meyer (s. Anm. 4), S. 38 f.

14 Ludwig Börne: Sämtliche Schriften. Hrsg. von Inge u. Peter Rippmann. Düsseldorf 1964. Bd. 2. S. 262 f.

15 Ebd., Bd. 3. S. 714.

16 Zitiert nach: Börnes Französische Schriften. Hrsg. von Cormenin. Bern 1847. S. 56 f.

17 Vgl. Meyer (s. Anm. 4), S. 50 ff.

18 Vgl. dazu schon Ludwig Galls »Meine Auswanderung nach den Vereinigten Staaten von Nordamerika« (Trier 1822), ein »allen wahren Liberalen« gewidmetes Werk, das vor allem den krassen Materialismus in den USA angreift. Dort werde über jeden Menschen nur die Frage gestellt: »How much is he worth?« (Bd. 2. S. 107).

19 Vgl. Harold Jantz (s. Anm. 2), Sp. 172.

20 Vgl. Paul Carl Weber: America in Imaginative German Literature in the First Half of 19th Century. New York 1926. Der ›jungdeutsche‹ Standpunkt den USA gegenüber wird hier auf den Seiten 235 bis 266 behandelt.

21 Karl Gutzkow: Gesammelte Werke. Jena 1873–76. 1. Serie. Bd. 8. S. 84.

22 Heinrich Laube: Gesammelte Schriften. Wien 1876. Bd. 7. S. 298 f.

23 Sicher spielt hier auch der Einfluß von Alexis de Tocquevilles »De la démocratie en Amérique« (1835) eine Rolle.

24 Vgl. hierzu meinen Aufsatz ›Erotik im Juste milieu. Heines ›Verschiedene‹‹. In: Engagierte Artistik. Zur Traditionalität und Modernität Heinrich Heines. Hrsg. von Wolfgang Kuttenkeuler. Stuttgart 1975.

25 Vgl. dazu Gerhard Schmitz: Über die ökonomischen Anschauungen in Heines Werken. Weimar 1960. S. 96 f. und Leo Kreutzer: Heine und der Kommunismus. Göttingen 1970.

26 Karl Marx: Ökonomisch-philosophische Manuskripte. In: Karl Marx u. Friedrich Engels, Werke. Ergänzungsband 1. Berlin 1968. S. 534 f.

27 Karl Marx u. Friedrich Engels: Ausgewählte Schriften in 2 Bänden. Berlin 1951. Bd. 1. S. 43.

28 Vgl. hierzu auch den Kommentar in: Heinrich Heine, Sämtliche Schriften. Hrsg. von Klaus Briegleb. Bd. 4. München 1971. S. 803 f.

29 Die schmähliche Behandlung der nordamerikanischen Neger wurde damals von der europäischen Presse ständig angegriffen. Vor allem die von Heine gelesene »Augsburger Allgemeine« brachte häufig Beiträge zu diesem Thema. Vgl. schon den Jahrgang 1835, Nr. 239, 244, 249, 265 und passim.

30 Vgl. den Brief von Marx an Heine vom 5. April 1846. Vgl. dazu auch Hans Kaufmann: Die Denkschrift ›Ludwig Börne‹ und ihre Stellung in Heines Werk (in: Internationaler Heine-Kongreß 1972. Hrsg. von Manfred Windfuhr. Hamburg 1973. S. 178–189), und Inge Rippmann: Heines Denkschrift über Börne (in: Heine-Jahrbuch 12 [1973] S. 41–70).

31 Hoffmann von Fallersleben: Deutsche Lieder aus der Schweiz. Leipzig 4. Aufl. 1848. S. 175 f.

32 In der Handschrift zu diesem Gedicht findet sich an dieser Stelle die interessante Variante: »Zu der Selbstsucht Urwaldflegeln – Wo Gewinn allein Verdienst« (II, 481).

33 Vgl. Adrian Jaffe: Uncle Tom in the Penal Colony: Heine's View of Uncle Tom's Cabin. In: American-German Review 19 (1953) Nr. 3. S. 5 f.

FRANK TROMMLER

# Vom Vormärz zum Bürgerkrieg. Die Achtundvierziger und ihre Lyrik

I

Der schlechte Ruf der deutschamerikanischen Literatur ist seit dem 19. Jahrhundert notorisch. Er resultiert aus ihrer dürftigen ästhetischen Qualität, aus der »kolonialen Versteinerung« ihrer Sprache.[1] Ein durchaus freundlich gesinnter Beobachter brachte 1898 die Kritik auf folgenden Nenner: »Die deutsch-amerikanische Poesie ist bis auf wenige Ausnahmen ein Anachronismus. Sie steht in Inhalt und Form auf dem Boden in Deutschland überwundener Standpunkte.« Er erläuterte: »Die deutschen Dichter in Amerika stehen mit beiden Füßen auf amerikanischem Boden; ihr körperliches Ich kämpft und ringt hier für des Lebens materielle Güter, ihr seelisches Ich aber weilt in der Heimat, wie sie damals war, als sie dieselbe verließen.«[2] Ein anderer Beobachter faßte es noch kürzer: »Leben – das ist Geschäft und Geld, Dichten – das ist deutsche Heimat, Liebe, Sehnsucht und Traum.«[3]

Das Verdikt ist eindeutig. Dennoch sollte man nicht übersehen, daß sich diese poetischen Äußerungen auf ein breites Publikum bezogen: Lied und Gedicht bildeten einen unabdingbaren Bestandteil der Selbstvergewisserung der großen deutschen Einwanderergruppe. Diese Tatsache macht es notwendig, die rein ästhetische Wertung zu relativieren. So wenig man die Gebrauchslyrik in Deutschland in der zweiten Hälfte des 19. Jahrhunderts, die Epigonengedichte im Geibel-Stil und die nationalromantischen Einigungsgesänge, allein unter ästhetischen Gesichtspunkten als historische Erscheinung zu erfassen vermag, so wenig kann man die Gebrauchslyrik der Auswanderer einordnen, ohne sie zugleich als Dokumentation spezifischer kultureller Anpassungsprozesse zu verstehen. In ihrer ›poetischen‹ Substanz, in ihrer Harmonisierung und Weltflucht artikulierten sich gesellschaftliche Stellungnahmen, die von der »Beschwichtigungspoesie«[4] in Deutschland oft nur wenig unterschieden waren. Die poetische Verinnerlichung und Verdrängung gesellschaftlicher Vorgänge stellt kein Sonderprodukt der Berührung mit Amerika dar. Sie bildete bereits einen Teil des Gepäcks, das die deutschen Auswanderer in Bremen oder Hamburg auf dem Schiff verstauten. Sie gehörte zu der im 19. Jahrhundert besonders intensiv gepflegten deutschen Kulturgesinnung. Die deutschamerikanische Literatur gibt nicht nur Auskunft über Lang- und Kurzlebigkeit des deutschen Heimatgefühls, sondern liefert zahlreiches, bisher nur wenig genutztes Belegmaterial über Leistungen und Grenzen dieser Kulturgesinnung in fremder Umwelt.

Es hängt nicht zuletzt mit dieser kulturellen Verinnerlichung zusammen, daß diejenige deutschamerikanische Lyrik, die nicht nur der seelischen Aufmunterung diente, fast ganz aus dem Blickfeld geriet. Gemeint ist hier die Lyrik der Achtundvierziger, wie man die Revolutionäre nannte, die nach dem Scheitern der Revolution 1848/49 nach Amerika gingen und innerhalb des Einwandererstroms, der seit Mitte der vierziger Jahre gewaltig anschwoll, eine politisch, psychologisch und soziologisch abgrenzbare, wenn auch nicht homogene Gruppe darstellten. (Ihre Zahl wird auf 3000–4000 geschätzt.[5]) Zwar waren auch vor 1848 literarische Äußerungen von Jungdeutschen und Gedichte von Vormärz-Lyrikern wie Ferdinand Freiligrath und Georg Herwegh nach Amerika gedrungen, zwar hatten Emigranten der dreißiger Jahre wie Karl Follen, Franz Lieber und Karl Beck Freiheitspathos in Lyrik und Prosa verbreitet, doch geschah es erst nach 1848, daß die politische Lyrik, die in den vierziger Jahren bedeutsamen Anteil an der Weckung demokratisch-revolutionären Bewußtseins in Deutschland gewann, unter den Deutschen in den Vereinigten Staaten in größerem Maße Verbreitung und Fortsetzung erfuhr. Gedichte im pathetisch beschwingten Ton der Vormärzlyrik wurden zum Mittel politischer Aktivierung, wobei neben demokratisch-liberalen auch sozialistische Vorstellungen Eingang fanden. Ende der fünfziger Jahre nahmen diese Gedichte die Agitation für die neugegründete Republikanische Partei auf, die gegen Sklaverei und für politische Gleichberechtigung der Einwanderer eintrat, und begleiteten 1860 die Wahl des Republikaners Abraham Lincoln zum Präsidenten. Die Bedeutung der Deutschamerikaner für diese Wahl ist oftmals konstatiert worden, ebenso die besonders zahlreiche (und freiwillige) Teilnahme der deutschen Minorität am Bürgerkrieg auf seiten des Nordens, mit starkem Engagement namhafter Achtundvierziger.[6]

Es braucht kaum betont zu werden, daß auch für diese Lyrik die ästhetische (Ab-) Wertung nicht das alleinige Kriterium bilden kann. Sie muß im Zusammenhang einer gesellschaftlichen und politischen Situation gesehen werden, in der dem gedruckten, rezitierten und gesungenen Vers spezielles Gewicht zukam.[7] Immerhin ging es dabei nicht um gefühlige Abwendung vom Alltagsgeschehen, sondern um Teilnahme an einer politisch progressiven Bewegung, mit der das Freiheitspathos aus den Zeitungsspalten in die offene Schlacht getragen wurde. Das unterschied sich von dem gleichzeitigen Schicksal der Vormärz-Lyrik in Deutschland, die mit dem Sieg der Reaktion weitgehend verstummte, bis sie in der von Ferdinand Lassalle betriebenen Agitation für den 1863 gegründeten ›Allgemeinen Deutschen Arbeiterverein‹ (ADAV) eine späte Nachfolge fand. Lassalle, dem in Deutschland gebliebenen Achtundvierziger, gelang es, Herwegh zur Verfertigung des Bundesliedes für den ADAV zu gewinnen, das auf allen Versammlungen des Vereins gesungen wurde. Als Agitationsform berührte sich das Lied mit den Versammlungsliedern des 1851 gegründeten ›Sozialistischen Turnerbundes‹ in den USA.

II

Natürlich ist der sentimentale Sehnsuchtston, der einen Großteil der deutschamerikanischen Lyrik kennzeichnet, auch in Liedern der Achtundvierziger zu finden. Nach ihrem lebensgefährlichen Engagement 1848/49 kehrten Revolutionäre wie Friedrich Hecker, Gustav Struve, Franz Sigel, Friedrich Kapp, Karl Heinzen u. a. Deutschland nicht abrupt den Rücken. Die Hoffnungen der politischen Emigranten richteten sich in der ersten Zeit nach der Revolution auf eine baldige Heimkehr. Und auch wenn sie sich später in die amerikanische Gesellschaft integrierten, räumten sie der Bindung an Deutschland besonderes Interesse ein, wie das Gedicht *An mein Vaterland* von Konrad Krez bezeugt, der 1850 nach New York ging und ab 1854 in Wisconsin lebte. Die erste Strophe lautet:

> Kein Baum gehörte mir von deinen Wäldern,
> Mir war kein Halm auf deinen Roggenfeldern,
> Und schutzlos hast du mich hinausgetrieben,
> Weil ich in meiner Jugend nicht verstand
> Dich weniger und mehr mich selbst zu lieben,
> Und dennoch lieb ich dich, mein Vaterland.[8]

Bei vielen der Neuankömmlinge erhielt sich eine distanzierte Perspektive gegenüber den kulturellen Lebensformen des Gastlandes, die von seiten der europäischen Intellektuellen seit jeher Kritik erfahren hatten. Unter den Intellektuellen in Deutschland war die Wirkung romantischer Verherrlichung Amerikas als eines weiten Kontinents voller Wildnis, grandioser Szenerie und ursprünglichen Lebens – besonders in Gottfried Dudens *Bericht über eine Reise nach den westlichen Staaten Nordamerikas und einen mehrjährigen Aufenthalt am Missouri* (1824–27) – seit längerem verblaßt. Lenaus Gedichte stellten mit ihren weltschmerzlichen Erwartungen und Enttäuschungen vielzitierte Dokumente der Amerikakritik dar. In seiner 1840 erschienenen ›Denkschrift‹ *Ludwig Börne* hatte Heinrich Heine geschrieben: »Oder soll ich nach Amerika, nach diesem ungeheuren Freiheitsgefängnis, wo die unsichtbaren Ketten mich noch schmerzlicher drücken würden als zu Hause die sichtbaren und wo der widerwärtigste aller Tyrannen, der Pöbel, seine rohe Herrschaft ausübt! Du weißt, wie ich über dieses gottverfluchte Land denke, das ich einst liebte, als ich es nicht kannte [...] Und doch muß ich es öffentlich loben und preisen, aus Metierpflicht [...] Ihr lieben deutschen Bauern! geht nach Amerika! dort gibt es weder Fürsten noch Adel, alle Menschen sind dort gleich, gleiche Flegel [...] mit Ausnahme freilich einiger Millionen, die eine schwarze oder braune Haut haben und wie die Hunde behandelt werden!«[9] Hierbei steht die Kritik der Sklaverei neben jener plebejischer Gleichmacherei; letztere verweist auf die später geäußerte Skepsis Heines gegenüber den Kommunisten, die »alle Marmorbilder der Schönheit« zerschlagen würden und unter deren Herrschaft der Krautkrämer das *Buch der Lieder* zu Tüten verwenden werde, »um Kaffee oder Schnupftabak darein zu schütten für die alten Weiber der Zukunft«.[10]
Die Furcht vor plebejischer Gleichmacherei prägte nicht nur Heines Amerikabild nach 1830; sie läßt sich auch bei Schriftstellern wie Laube, Gutzkow und Ruge finden.[11] Wenn auch die Kommunismuskritik einer späteren Periode zugehört, so entspringt sie doch ähnlichen elitären Vorstellungen. Heine blieb nicht der einzige Intellektuelle, der bei der Einschätzung der Gegenwart in den USA und der Vorausschau auf den Kommunismus verwandte Bedenken äußerte.
Natürlich wäre es verfehlt, die Kritik von Schriftstellern und Intellektuellen an kulturellen Lebensformen bereits als *das* politische Amerikabild der Zeit verstehen zu wollen. Grundsätzlich sah der deutsche Liberalismus in der ersten Hälfte des 19. Jahrhunderts mit viel Sympathie auf die amerikanische Revolution.[12] Börnes positive Stellungnahme gegenüber den USA ist keine Ausnahme. Wie sehr sich die

Einstellung wandeln konnte, läßt sich an Hoffmann von Fallersleben erkennen, der noch 1843 im Gedicht *Die Neue Welt* schrieb:

> Die Freiheit ist dir nur ein Fetisch,
> Ein Sorgenstuhl und Schlendrian;
> Sag' an, du Krämervolk am Teetisch,
> Was hast du für die Welt getan?
>
> Ach hättest du nur Klapperschlangen,
> Dagegen gäb's noch Hülf' und Schutz;
> Weh dir! mich schreckt mit Angst und Bangen
> Dein Schachergeist, dein Eigennutz.
>
> Drum träuft nie Wein von deinen Reben,
> Und deine Blumen duften nie,
> Kein Vogel darf ein Lied erheben,
> Und tot ist alle Poesie.[13]

Im folgenden Jahr äußerte sich der Dichter des Deutschlandliedes hingegen wesentlich freundlicher über Amerika. Im *Lied vom Missisippi* stellte er die Neue Welt als Land der geistigen, politischen und ökonomischen Freiheit hin und riet den Deutschen:

> Michel, baue nicht
> Ferner deine Saaten
> Fürs Beamtenheer
> Und die Herrn Soldaten!
>
> Michel, fass' ein Herz
> Endlich auszuwandern:
> Hier gehörst du dir,
> Dort nur stets den Andern,
> Hier am Missisippi.[14]

Mit den repressiven politischen Verhältnissen in Deutschland gewann Alexis de Tocquevilles Einschätzung der amerikanischen Demokratie viel Ausstrahlungskraft. Zahlreiche Vormärzdemokraten, die für konstitutionelle oder republikanische Regierungsformen kämpften, betrachteten die Verfassung der Vereinigten Staaten als Vorbild. Bekannt ist die Zusammenarbeit der revolutionären Frankfurter ›Zentralregierung‹ 1848/49, in der die Liberalen dominierten, mit führenden amerikanischen Politikern.[15] Die USA waren die einzige bedeutende Macht, von der die Frankfurter Versammlung als Vertretung des ganzen deutschen Volkes anerkannt wurde und die mit ihr Gesandte austauschte. Die Deutschen erwarteten von den Amerikanern sowohl politisch-ideologische wie wirtschaftliche und militärische Unterstützung. Vor diesem Hintergrund müssen auch die Reisen betrachtet werden, die Amand Goegg und Gottfried Kinkel in den Vereinigten Staaten unternahmen, um – vor allem unter den Deutschamerikanern – Geld für eine Wiederaufnahme der Revolution zu sammeln.

Allerdings, die Distanz gegenüber den kulturellen Lebensformen der Neuen Welt gaben viele der Achtundvierziger nicht auf, so groß auch ihr Interesse für Verfassung, Freiheit und Finanzen der Amerikaner war. Das kulturelle Überlegenheitsgefühl, das sie in Deutschland gehegt hatten, reiste mit und führte, wenn es in der Öffentlichkeit allzu stark zum Ausdruck kam, zu scharfen Reaktionen auf seiten der Ansässigen.[16] Nicht wenige der Neuankömmlinge, zumeist Journalisten und Agitatoren, suchten die Niederlage der deutschen Revolution in Amerika wiedergutzumachen, indem sie die verschiedenartigsten Programme für eine Neuordnung Amerikas und der Welt aufstellten. Besonders die 1852 gegründeten Revolutionsvereine und der Kongreß in Wheeling (1852), auf dem das Neue Rom als die Vereinigten Staaten der Welt gefordert wurden, erregten Argwohn; mit dem Anspruch der ›Ferschtekiller‹ oder ›Grünen‹, die amerikanische Demokratie zu verbessern, sahen die ›Grauen‹, die vor 1848 Eingewanderten, nur ›trouble‹ verbunden. Die eingesessenen Amerikaner, die ›Know-Nothings‹[17], verstärkten zu dieser Zeit ihre Kampagnen gegen die Einwanderer. Obgleich sich dieser ›Nativismus‹ hauptsächlich gegen die Iren richtete, gossen die Achtundvierziger, die wiederum die ›Grauen‹ als Verräter an der revolutionären Sache betrachteten, häufig Öl ins Feuer. Amerika als Probierfeld für europäische Existenzentwürfe: diese in der Alten Welt gepflegte Auffassung trat auch hierbei wieder hervor, nun aber mit dem Schwergewicht im konstitutionell-politischen Bereich. In den vorausgehenden Jahrzehnten waren es zumeist christlich-kommunistische Utopisten gewesen, die ihre Kommune-Ideen in den USA zu verwirklichen suchten. An sie schloß Wilhelm Weitling an. Der vormalige Theoretiker des sozialistischen ›Bundes der Gerechten‹ wollte mit seinem Projekt der Kolonie ›Communia‹ in Iowa den Grundstein zu einer idealen Gesellschaft legen, scheiterte damit aber nach weniger als einem Jahr. Wichtiger wurde seine Zeitschrift *Die Republik der Arbeiter*, die 1850–55 in New York erschien. In ihr informierte er ausführlich über sozialistische Reformbewegungen und -kolonien in aller Welt. Neben anderen Themen brachte das Blatt am Rande auch Lyrik und kurze Erzählungen sowie Theaterartikel. Den 1852 in New York gegründeten ›Arbeiterbund‹ suchte Weitling als eine »nach den Interessen gleicher Verhältnisse geordnete gegenseitige Tausch-, Kolonisations-, Assoziations- und Unterstützungsgesellschaft«[18] zu etablieren.

Erwähnenswert ist die Tatsache, daß die erste Arbeiterpartei in der Geschichte, die ›Workingmen's Party of New York‹, 1829 in den USA gegründet wurde und in demselben Jahr in den Assemblywahlen in New York City 31 Prozent der abgegebenen Stimmen erhielt. Wenn die Partei auch bald wieder zur Wirkungslosigkeit herabsank, spielte Karl Marx dieses Datum später verschiedentlich gegen jene Europäer aus, die – wie Manfred Henningsen betont – »im Bewußtsein zivilisatorischer Überlegenheit, das von den Führern des europäischen Sozialismus – gelegentlich sogar von Marx und Engels – geteilt wurde, auf die theoretische Zurückgebliebenheit der Amerikaner herabblickten«.[19] Marx und Engels äußerten in den vierziger Jahren starkes Interesse an den Möglichkeiten einer sozialistischen Revolution in den Vereinigten Staaten.[20] Mit ihrem Mitkämpfer Joseph Weydemeyer, der 1851 nach New York ging und dort als erster marxistische Agitation betrieb, hielten sie engen Kontakt. Weydemeyer publizierte 1852 unter großen finanziellen Schwierigkeiten den Erstdruck von Marx' Analyse des Napoleonischen Staatsstreichs: *Der achtzehnte Brumaire des Louis Bonaparte.* Der Staatsstreich zerstörte alle Aussichten auf eine baldige Revolution in Europa und bedeutete für die Heimkehrhoffnungen der Achtundvierziger in Amerika einen schweren Schlag.

In der New Yorker *Turn-Zeitung*, einem auch in der Arbeiterschaft einflußreichen Organ, polemisierte Weydemeyer gegen unrealistische Revolutionspläne von Emigranten. Seine Kritik galt besonders den erwähnten Propagandareisen von Goegg und Kinkel. Auf Weydemeyers Bitten um Gedichte von Freiligrath für die Zeitschrift *Die Revolution* sandte dieser, nachdem ihn Marx noch einmal gemahnt hatte, Anfang 1852 die »zwei poetischen Episteln« *An Joseph Weydemeyer.* Freiligrath, kurz zuvor aus Deutschland geflohen, rechnete darin mit dem Scheitern der Revolution ab, schilderte seine Situation in London und ironisierte die Revolutionsspielereien der Achtundvierziger in Amerika, insbesondere den Versuch, die Revolution »zu kaufen«. Er empörte sich über solche Verkennung der Revolution:

> Das ist die Hohe nicht, die wir verehren!
> Die liegt zur Zeit gebunden und im Staube,
> Die ballt die Faust auf mod'rigen Galeeren,
> Zerweht das Haar, zerfetzt die Phrygerhaube;
> [...]
> Die schweift allein mit sich und ihrem Zorn;
> Achtlos, ob man sie lobt, ob man sie schmäht!
> Die setzt von ihrem Haupt nicht Dorn um Dorn
> In Taler um und Popularität!

Freiligrath hielt an der Hoffnung auf die Wiederkehr der Revolution fest. In seiner lyrischen Allegorie heißt es anschließend von ihr:

> Die wimmert nicht, zum Nutzen und zum Frommen
> Der Republik, mit Kandidaten-Stimme;
> Die wartet still, bis ihre Zeit gekommen –
> Und dann erhebt sie sich mit Löwengrimme,
> Und nimmt sich wieder, was man ihr genommen,
> Und, ob das Estrich auch im Blute schwimme,
> Sie wandelt fest auf den zerriss'nen Sohlen –
> Denn ihre Schnellkraft liegt nicht in Obolen.[21]

Freiligraths Beziehungen zu den Vereinigten Staaten waren vielfältig, seit er deren Exotik besungen hatte (und von verschiedenen Auswanderern über die wirklichen Verhältnisse lyrisch korrigiert worden war). 1844 lehnte er ein Angebot, nach Amerika zu fahren, ab. 1854 korrespondierte er mit Longfellow und Beck über die Möglichkeit, Nachfolger Longfellows auf dem Lehrstuhl für moderne Sprachen an der Harvarduniversität zu werden.[22] Ohne Zweifel betrachtete man ihn in den USA als den bekanntesten der Vormärz-Dichter. Weydemeyers Bitte um Gedichte für die *Revolution* kam nicht von ungefähr. In dessen Brief an Marx vom 10. Dezember 1851 heißt es: »Also schickt [Beiträge], so rasch wie möglich – vor allen

Dingen aber ein Freiligrath'sches Gedicht. Das zieht am meisten.«[23] Von Freiligraths Popularität zeugt die Herausgabe seiner gesammelten Werke in sechs Bänden 1858 bis 1859 in New York. Die politische Lyrik der Achtundvierziger in Amerika ist ohne seinen Einfluß nicht zu denken.

## III

Das Vertrauen der Achtundvierziger in die Macht des Wortes läßt sich in direkte Beziehung setzen zu der Fülle deutschsprachiger Zeitungen, Zeitschriften, Flugblätter und Schriften, die sie Mitte des 19. Jahrhunderts in den USA begründeten.[24] Ihre Literatur war zu einem nicht geringen Teil für die Presse bestimmt, d. h. für unmittelbare Wirkung. Während man in Deutschland nach der Niederlage der Revolution dem höchst zweideutigen Ruf nach ›Realismus‹ in der Literatur, besonders im Roman, Platz schaffte, bewegten sich die Achtundvierziger weiterhin in den ästhetischen Bahnen der Vormärzliteratur. Für ›Poetischen Realismus‹ war weder bei denen Raum, die die Literatur der Zukunftsprojektion widmeten, noch bei jenen, die ihre poetischen Erinnerungen gegen die aktuelle Realität richteten.
Für Lyrik und Lied stellten die Turnergemeinden das bedeutendste Publikum dar – sowohl als Leser wie als Rezitatoren und Sänger. Zahlreiche Turner hatten sich 1848 vom Turnvater Jahn abgewandt und den Revolutionären angeschlossen. Der in Hanau gegründete ›Demokratische Turnerbund‹ zielte darauf, »durch geistige und körperliche Ausbildung und Verbrüderung aller Deutschen hinzuwirken auf ein freies und einiges Vaterland, welches in dem volkstümlichen Freistaate – der demokratischen Republik – seine entsprechende Form hat«.[25] Als viele der Turner nach dem Scheitern der Revolution emigrieren mußten, gingen sie bald daran, Turnerorganisationen aufzubauen, in denen die demokratischen Ideen gepflegt werden konnten. Im *Turner-Schützenlied*, das der baldigen Rückkehr nach Deutschland gewidmet war, heißt es:

> Trennt auch ein Meer vom Vaterland,
> Wir können's nicht vergessen,
> Und möchten gern mit tapf'rer Hand
> Mit seinem Feind uns messen;
> Braucht es je unser sich'res Rohr,
> Bereit ist der Verbannung Corps.
>    Schütz voran!
>    Mann für Mann,
>    Hussah, Hurrah![26]

Maßgeblich an dieser Entwicklung war der Radikale Friedrich Hecker beteiligt, der am 22. Oktober 1848 in Cincinnati mit großem Jubel begrüßt wurde und die erste Turngemeinde auf amerikanischem Boden ins Leben rief. Neben ihm setzten sich andere bekannte Revolutionäre für eine Weiterführung bzw. Neubelebung der demokratischen Turnerbewegung ein, in Boston Karl Heinzen, in New York Gustav Struve, in Milwaukee August Willich. Nach dem Zusammenschluß der Turnvereine

1850 in Philadelphia gab sich der Bund 1851 den Namen ›Sozialistischer Turnerbund‹, der bis nach dem Bürgerkrieg gültig blieb. Im Begriff ›sozialistisch‹ faßte
man im wesentlichen die radikaldemokratischen Tendenzen der Revolution zusammen, wobei sich einige Verbindungen zu den Arbeitervereinen ergaben.[27] Man
lehnte den wissenschaftlichen Sozialismus ab, den ›Kommunismus‹ im damaligen
Sinne und die Diktatur des Proletariats, glaubte aber, daß die nächste Revolution
eine soziale sein werde, von den unterdrückten Massen getragen. Immerhin arbeitete der Marxist Weydemeyer, der mit dem ›Proletarierbund‹ 1853 einen vorübergehenden Organisationserfolg in New York verbuchen konnte, verschiedentlich mit
Turnvereinen zusammen; eine Zeitlang veröffentlichte er, wie erwähnt, in der New
Yorker *Turn-Zeitung*, die Wilhelm Rapp herausgab.
Die Lyrik variierte auf einem frisch-fromm-fröhlich-freien Grundton zumeist The-
men über Freiheit des Individuums, über Nation und Revolution. Typisch ist das
Festlied zur Fahnenweihe der ›Cincinnati Turngemeinde‹ 1850, dem die folgende
Strophe entnommen ist:

> Ja, gegen Knechtschaft und Verstummung
> Ertönt des Turners Losungswort,
> Gen Aberwitz und Volksverdummung
> Ist er des Vaterlandes Hort.[28]

Die Fülle ähnlicher, oft recht holperiger Verse entsprach dem Bedarf der geselligen
und politischen Veranstaltungen. Der ›Sozialistische Turnerbund‹ förderte die Vers-
produktion einige Jahre mit Hilfe von Preisausschreiben.[29] Zu den bekanntesten
Poeten gehörten Johann Straubenmüller, Ernst A. Zündt, Carl Heinrich Schnauf-
fer, Wilhelm Rothacker, Edmund Märklin, Jakob Heintz. Aus späteren Jahren sei
aus dem Gedicht *Rückblicke* zitiert, in dem Straubenmüller auf den ›Nativismus‹
bzw. ›Know-Nothingismus‹ eingeht, der den Einwanderern viele Schwierigkeiten
bereitete und als Zielscheibe ihrer Polemik die Sklavenfrage oft in den Hintergrund
rückte:

> Die Fürsten, die wir nicht verbannt,
> Verstanden uns zu bannen,
> Fort mußt ich aus dem Schwabenland,
> Westwärts zog ich von dannen.
> Als Grünhorn dann in Baltimore
> Sah ich ein schrecklich Treiben,
> Das blutige Knownothing-Corps
> Begann uns aufzureiben.[30]

Ein beliebtes Angriffsziel der Lyriker stellte das ›Muckertum‹ dar, die moralistisch-
religiöse Attacke auf freie geistige Entfaltung des einzelnen. Straubenmüller reimte:

> Auf und laßt uns geistig turnen,
> Frei und eben ist die Bahn;
> Lehrer, Schulen, Kunstlokale,

Redner, Bücher und Journale
Eifern uns're Geister an.

Auf und laßt uns geistig turnen,
Uns're Bahn ist weit und frei.
Auf, bekämpft die Temperenzler,
Scheinreformer, Pfaffenschwänzler,
Und die ganze Muckerei.[31]

Die Variierung vorhandener Lyrikmuster von Goethe, Schiller, Theodor Körner, Freiligrath und anderen war sehr gebräuchlich. Lange vor 1848 hatte *Mignons Lied* aus Goethes *Wilhelm Meister* Umdichtungen erfahren, in denen man statt nach dem Land, »wo die Zitronen blühn«, nach Amerika aufbrach. Nach 1848 lenkte Friedrich Karl Castelhun die Perspektive von Amerika auf Deutschland zurück. Von seinem *Kennt ihr das Land?* seien die erste und dritte Strophe wiedergegeben:

> Kennt ihr das Land, das Kirche stützt und Staat,
> Wo Pascha-Willkür hohe Staatskunst heißt,
> Der Knechtschaft Hauch von Fürstenthronen weht,
> Das Schranzentum in höchster Blüte steht,
>     Kennt ihr es wohl?
>     Dahin! Dahin!
> Wird brausend bald der Sturm der Freiheit ziehn!

> Kennt ihr das Haus? Auf Quadern ruht sein Dach,
> Verzweiflung grinst aus Zelle und Gemach,
> Gefang'ne Helden klagen himmelan:
> Was hat man uns, der Freiheitsschar, getan?
>     Kennt ihr es wohl?
>     Dahin! Dahin!
> Wird brausend bald der Sturm der Freiheit ziehn![32]

Als man später für Lincolns Republikanische Partei und gegen die Sklaverei agitierte, ließ man *Lützows wilde, verwegene Jagd* für Lincoln streiten:

> Was glänzt dort von Vermont im Sonnenschein,
> Hört's näher von Maine her brausen?
> Es zieht von New Haven in strahlenden Reih'n
> Und Jubel und Hurrah erschallen drein,
> Und erfüllen den Süden mit Grausen.
> Und wenn ihr die schwarzen Gesellen fragt, –
> Das ist Lincoln's wilde, verwegene Jagd.[33]

Auch das populärste Lied von Revolution und Freiheit, die *Marseillaise*, bekam im Kampf gegen die Sklaverei ein neues Gewand. Im Wahlkampf für die Republikanische Partei und ihren ersten Präsidentschaftskandidaten, John C. Frémont, sangen die deutschen Republikaner:

> Horcht auf! Der Grenzer wilde Horden,
> Sie jauchzen bei des Sturms Beginn;
> Ihr Jubelruf verkündet Morden
> Und unsrer jungen Städte Ruin.
> Ist's wohl noch länger zu ertragen,
> Wie die Gewalt mit Riesenschritt
> Recht und Gesetz mit Füßen tritt
> Und schuldlos Freie sind erschlagen?
> Erhebt das Feldgeschrei
> Im heil'gen Freiheitskrieg:
> Frei Wort! Frei Schrift!
> Und Erd' und Männer frei!
> Frémont! mit ihm der Sieg![34]

Solche Verse standen der 1864 in Deutschland vom Lassalleaner Jakob Audorf gedichteten *Arbeitermarseillaise* nicht allzufern, die in der Sozialdemokratie lange Zeit das populärste Lied blieb.

Mit dem Beginn des Bürgerkrieges wurden viele der Vormärzvokabeln und -verse besonders aktuell. Manche Achtundvierziger genossen es sichtlich, für die 1848/49 hochgehaltenen Werte erneut die Stimme erheben zu können. Häufig behielten sie die seit den Freiheitskriegen bekannten und im Vormärz aktualisierten nationalen Töne bei. Das *Kriegslied der deutschen Unionssoldaten*, das Ernst A. Zündt 1861 verfaßte, ist dafür repräsentativ. Es beginnt mit den Strophen:

> Frisch auf, ihr deutschen Brüder, kommt,
> Laßt uns zusammen gehen!
> Wie ein Mann laßt uns, wie ein Fels
> Im Kugelregen stehen!
> Frisch auf! Für's neue Vaterland
> Gilt's heut', sich kühn zu schlagen;
> Der Freiheit heiliges Panier
> Wird uns vorangetragen.
> Frisch auf, frisch auf!
> Für Ehr' und Freiheit kämpfen wir.
>
> Der deutsche Arm, das deutsche Herz,
> Sind treu von je gewesen,
> Und aus dem deutschen Auge soll
> Der Feind sein Schicksal lesen.
> Frisch auf! Wir kamen über's Meer,
> Um frei zu sein, zu bleiben;
> *Sieg oder Tod!* laßt, Brüder, uns
> Auf unsre Fahnen schreiben.

Frisch auf, frisch auf!
Für Ehr' und Freiheit kämpfen wir.

Ganz, unbedingt, gerecht und wahr
Mag Freund und Feind uns kennen;
Nur ehrlich, neidisch nicht und falsch,
Soll man den Deutschen nennen.
Frisch auf zum Sieg, wer edel, fühlt
Sein Herz für's Höchste schlagen!
Die Welt, die unterdrückte Welt
Müßt' unsern Fall beklagen.
Frisch auf, frisch auf!
Für Ehr' und Freiheit kämpfen wir.[35]

In diesen Zeilen ist manches von dem Geist aufbewahrt, der in den Kampagnen der progressiven Deutschamerikaner während der fünfziger und sechziger Jahre in Presse, Versammlung, Agitation und Demonstration hervortrat. Die Handschrift der Achtundvierziger ist unverkennbar. Sie stimulierten und dominierten diesen Geist, auch wenn sie den länger Ansässigen mit ihrer vorwiegend journalistischen und städtischen Orientierung viele Angriffsflächen boten. Ihr Engagement an den amerikanischen Problemen führte zu einer neuen Form politischer Integration, die von Männern wie Carl Schurz, Friedrich Hecker und Franz Sigel während der fünfziger Jahre reflektiert und gegenüber den Programmen der ersten Jahre abgegrenzt wurde. Diese politische Integration, vor allem innerhalb der Republikanischen Partei, blieb für die weitere, vielfach als exemplarisch hingestellte Karriere eines Carl Schurz bestimmend. Schurz sagte sich von den Resten des kulturellen Überlegenheitsgefühls los, ohne die deutsche Herkunft und Bindung zu verleugnen.

Der Einsatz der Deutschamerikaner im Bürgerkrieg förderte einerseits das politische Selbstbewußtsein der bis zu den fünfziger Jahren kaum einflußreichen deutschen Minorität, was sich bis über die Jahrhundertwende hinaus bemerkbar machte; andererseits erwuchs aus der Teilnahme an diesem Kampf ein spezifisches Zugehörigkeitsgefühl zu den Vereinigten Staaten, das eine Rückkehr nach Deutschland ausschloß.

Die Gedichte der Achtundvierziger lassen diesen Prozeß erkennen. Innerhalb der oftmals nur als rückwärtsgerichtet und sentimental gewerteten deutschamerikanischen Lyrik dokumentieren sie, daß die deutschen Einwanderer mehr mitbrachten als Fleiß und Heimweh. Im zitierten *Kriegslied der deutschen Unionssoldaten* spielte Zündt darauf an:

Wenn sich von diesem blut'gen Streit
Die Enkel einst erzählen,
Soll's auch an wackern Taten nicht
Von deutschen Männern fehlen.

## IV

Wenn darauf hingewiesen wurde, daß zwischen den Turnvereinen und den Arbeitervereinen Verbindungen bestanden, so bedarf das noch einiger Erläuterungen hinsichtlich des vielgebrauchten Begriffs ›Sozialismus‹, der im Namen des Turnerbundes auftaucht und für die Lyrik dieser Periode nicht ohne Bedeutung blieb. Zu einer Zeit, da in Deutschland sozialistische Organisationsarbeit verboten war, ergaben sich für die Arbeiterbewegung in den Vereinigten Staaten neue Wirkungsmöglichkeiten. Die von den Arbeiterverbrüderungen verfolgte Politik wurde fortgesetzt; gewerkschaftliche Assoziationen entstanden; Weitling erreichte mit seinen Vorstellungen eine Zeitlang einen Teil der Arbeiter. Allerdings stellten die meisten kritischen Beobachter – unter ihnen Marx und Engels – bald fest, daß die Arbeitervereine sich von der amerikanischen Umwelt isolierten und ihre Bildungsbemühungen ganz auf die deutschen ›Gemeinden‹ konzentrierten. Diese Isolierung blieb die Schwäche des Sozialismus in den USA weit über die fünfziger Jahre hinaus, in denen die gewerkschaftlichen und organisatorischen Aktivitäten wenig Plan und Ziel erkennen ließen. Auch als mit der Wiederbelebung des Sozialismus Ende der sechziger Jahre marxistische Tendenzen in größerem Maße aufgenommen wurden und die Organisationsarbeit in den siebziger und achtziger Jahren Fortschritte machte, dauerte die Isolierung an.

In dieser Isolierung erhielten sich andererseits die Muster deutscher Agitation und Bildung besonders lange. Die vom selbstbewußten Handwerk herkommenden Lieder, in denen der Wert der Arbeit gefeiert wird, lassen sich ebenso finden wie Anknüpfungen an die Elendsschilderungen der ›wahren Sozialisten‹. Von Zündt sei der *Mahnruf* zitiert, dessen ›Radikalität‹ die Revolution einschließt:

> Er muß kommen, der Tag des Gerichts,
> Der die goldenen Schalen wegfegt
> Von den Tischen der Schlemmer,
> Der die Waage senkt für das Volk,
> Der nach dem luftreinigenden,
> Dem vernichtenden Wetter
> Friede, Bruderliebe, Wahrheit
> Heraufführt für *Alle,*
> Den Lohn für die Darbenden,
> Die Vernichtung den Bösen.[36]

Häufig hielt man den Achtundvierzigern vor, daß sie bei ihrer Revolutionsspielerei die ökonomisch-sozialen Probleme übersähen, ein bereits in Deutschland angeschlagenes Motiv. Castelhun spitzte es zur Polemik gegen die »Pfaffen der Vernunft« zu,

> Die mit Pathos deklamieren, Alles wäre wohlbestellt,
> Wenn der alte Bibelglaube nicht mehr herrschte auf der Welt.
> Daß auch dann das Elend stöhnte, das bekümmert sie nicht sehr.
>
> *
>
> Priester, Prediger und Sprecher, Pfaffen seid ihr allesamt![37]

Ein Beispiel für die Vermischung von Pfaffenhaß und provozierenden sozialistischen Parolen lieferte – gereimt und ungereimt – Wilhelm Müller, Lehrer des Turnerbundes in Baltimore, in seinem Buch *Radikale Schriften* (1852). Der Sozialist Adolf Strodtmann, der 1848 wegen eines satirischen Gedichts über Gottfried Kinkel von der Bonner Universität relegiert worden war, suchte von 1852 bis 1856 in Philadelphia Zuflucht, wo er als Buchhändler arbeitete und 1853 die satirische Wochenschrift *Die Lokomotive* herausgab. Von ihm existieren sozialistische Zeitgedichte auch aus dieser Periode. Weite Verbreitung fand seine Sammlung *Die Arbeiterdichtung in Frankreich*, die er, wieder in Deutschland, 1864 herausgab. Als erstes Buch in Deutschland führt sie den Begriff ›Arbeiterdichtung‹ im Titel. Weydemeyer nahm schon früh die Isolierung der deutschen Arbeitervereine polemisch aufs Korn. Mit der unter seiner Regie 1853 gegründeten ›American Workers League‹ suchte er der sozialistischen Bewegung die spezifische deutsche Ausrichtung zu nehmen. Weydemeyer zog die ›League‹ in amerikanische ökonomische und politische Auseinandersetzungen hinein – allerdings ohne großen Erfolg.[38] Wie ernst es ihm mit der Integration war, zeigt sein Einsatz für die Republikanische Partei Ende der fünfziger Jahre, der er einen Teil der deutschen Arbeiterschaft zuführte, die traditionell den Demokraten zuneigte (und bei den Republikanern verschiedentlich mit dem konservativen Flügel aneinandergeriet). Weydemeyer, der Marx und Engels genau über den Bürgerkrieg unterrichtete, wurde Oberst in der Armee des Nordens. Er war nicht der einzige der Sozialisten, die Ende der fünfziger Jahre ihr volles Interesse der amerikanischen Innenpolitik zuwendeten.

Die Isolierung, die den Sozialismus – und teilweise den Anarchismus – in den Vereinigten Staaten längere Zeit zum ›Eigentum‹ der Deutschen machte, brachte es mit sich, daß die Auseinandersetzungen deutscher Sozialisten, etwa zwischen Eisenachern und Lassalleanern, oftmals recht getreulich kopiert wurden. Die Tatsache, daß die Erste Internationale zuletzt nach New York verlegt wurde, änderte daran wenig. Die Literatur der deutschen Sozialdemokratie, vor allem die Lyrik, wurde auch in der Neuen Welt gepflegt. Als mit den Kämpfen der siebziger Jahre und dem Sozialistengesetz (1878) sozialdemokratische Agitatoren und Schriftsteller wie August Otto-Walster, Leopold Jacoby, Wilhelm Hasenclever vorübergehend in den USA Aufenthalt suchten, waren sie keineswegs Fremde. Die Isolierung wurde erst um 1890 durchbrochen – in einem weiteren Prozeß politischer Integration des deutschen Elements in die amerikanische Gesellschaft.[39]

---

1 Ernst Feise: Colonial Petrification. In: The German Quarterly 13 (1940) S. 117–124.
2 A. von Ende: Deutsch-Amerikanische Dichter. In: Das litterarische Echo 1 (1899) Sp. 997 f.
3 Linus Spuler: Von deutschamerikanischer Dichtung. In: German-American Studies 1 (1969) H. 1, S. 9.
4 Vgl. Fritz Martini: Deutsche Literatur im bürgerlichen Realismus 1848–1898. Stuttgart 2. Aufl. 1964. S. 262 ff.; Walter Hinck; Epigonendichtung und Nationalidee. Zur Lyrik Emanuel Geibels. In: Zeitschrift für deutsche Philologie 85 (1966) S. 277.
5 Hildegard Binder Johnson: Adjustment to the United States. In: The Forty-Eighters. Political Refugees of the German Revolution of 1848. Hrsg. von A. E. Zucker. New York 2. Aufl. 1967. S. 45.
6 Vgl. Richard O'Connor: The German-Americans. An Informal History. Boston u. Toronto 1968. S. 129 ff.

7 Für die Prosa der Achtundvierziger, die – zumeist autobiographisch, essayistisch, agitierend, weniger ›rein‹ erzählend – ebenfalls eine große Rolle spielte, vgl. Eitel Wolf Dobert: Deutsche Demokraten in Amerika. Die Achtundvierziger und ihre Schriften. Göttingen 1958.

8 Zitiert nach: Gottlieb Betz, Die deutschamerikanische patriotische Lyrik der Achtundvierziger und ihre historische Grundlage. Philadelphia 1916. (Americana Germanica Nr. 22.) S. 21.

9 Heinrich Heine: Sämtliche Werke. Bd. XI. Hrsg. von Hans Kaufmann. München 1964. S. 35.

10 Heinrich Heine: Vorwort zu »Lutetia«. Ebd., S. 337.

11 Vgl. Paul C. Weber: America in Imaginative German Literature in the First Half of the Nineteenth Century. New York 1926. (Bes. S. 235–266).

12 Günter Moltmann: Atlantische Blockpolitik im 19. Jahrhundert. Die Vereinigten Staaten und der deutsche Liberalismus während der Revolution von 1848/49. Düsseldorf 1973. S. 39 f.; T. S. Baker: America as the Political Utopia of Young Germany. In: Americana Germanica (1897) Bd. 1, Nr. 2, S. 62–102.

13 Hoffmann von Fallersleben: Deutsche Lieder in der Schweiz. Leipzig 4. Aufl. 1848. S. 175. Zitiert nach: Weber (s. Anm. 11), S. 226 f.

14 Hoffmann von Fallersleben: Gesammelte Werke. Bd. 4. Hrsg. von Heinrich Gerstenberg. Berlin 1891. S. 346 f.

15 Vgl. Moltmann (s. Anm. 12).

16 Vgl. Georg von Skal: Die Achtundvierziger in Amerika. Frankfurt a. M. 1923; Hildegard Meyer: Nord-Amerika im Urteil des deutschen Schrifttums bis zur Mitte des 19. Jahrhunderts. Eine Untersuchung über Kürnbergers ›Amerika-Müden‹. Hamburg 1929. S. 48 ff., 60 ff.

17 Zur Erklärung des Begriffs s. O'Connor (s. Anm. 6), S. 122. – Vgl. auch Anm. 11 des folgenden Beitrags.

18 Hermann Schlüter: Die Anfänge der deutschen Arbeiterbewegung in Amerika. Stuttgart 1907. S. 86.

19 Manfred Henningsen: Das Amerikabild von Hegel, Marx und Engels. Zur Genealogie des europäischen Anti-Amerikanismus. In: Zeitschrift für Politik 20 (1973) S. 238 f.

20 Lewis S. Feuer: Marx and the Intellectuals. A Set of Post-Ideological Essays. New York 1969. S. 164–215.

21 Ferdinand Freiligrath: Gesammelte Dichtungen. Bd. 3. Stuttgart 1877. S. 233 f.

22 Marion Dexter Learned: Ferdinand Freiligrath in America. In: Americana Germanica (1897) Bd. 1, H. 1, S. 54–73 (bes. S. 71).

23 Zitiert nach: Karl Obermann, Joseph Weydemeyer. Ein Lebensbild 1818–1866. Berlin 1968. S. 242. – Zur Popularität vgl.: Freiligrath in Amerika. In: Deutsch-Amerikanische Geschichtsblätter 10 (1910) S. 207–209.

24 Vgl. Carl Wittke: The German-American Language Press in America. University of Kentucky Press 1957. S. 103 ff.

25 Zitiert nach: Marion Dexter Learned, The German-American Turner Lyric. Baltimore 1897. (Tenth Report of the Society for the History of the Germans in Maryland.) S. 22.

26 Zitiert ebd., S. 26.

27 Vgl. die zu Beginn der fünfziger Jahre verfaßte Darstellung »Sozialismus und Turnerei«. In: Jahrbücher der Deutsch-Amerikanischen Turnerei. Bd. 1 (1891) S. 145–153; William Frederic Kamman: Socialism in German American Literature. Philadelphia 1917. (Americana Germanica. Nr. 24.) S. 58–63. Über die Entwicklung der verschiedenen politischen Richtungen in der deutschamerikanischen Turnbewegung vgl. August J. Prahl: The Turner. In: The Forty-Eighters (s. Anm. 5). S. 79–110; Herbert Engst: Die Entwicklung der Arbeiterbewegung in den Vereinigten Staaten seit Beginn bis zum Bürgerkrieg. Diss. Leipzig. Dresden 1936. S. 92 ff.

28 Zitiert nach: Learned (s. Anm. 25), S. 32.

29 Deutsch-Amerikanische Turnerei und Poesie. In: Jahrbücher der Deutsch-Amerikanischen Turnerei. Bd. 3 (1894) S. 173 f.

30 Zitiert nach: Learned (s. Anm. 25), S. 29 f.

31 Zitiert ebd., S. 43.

32 Zitiert nach: Betz (s. Anm. 8), S. 97 f.

33 Lincoln's wilde, schwarz-republikanische Jagd (1860). Zitiert ebd., S. 87.

34 Republikanische Marseillaise. In: Mitteilungen des Deutschen Pionier-Vereins von Philadelphia (1906) H. 2, S. 28.

35 Zitiert nach: Betz (s. Anm. 8), S. 112 f. (Zündt, der vor allem als Dramatiker bekannt wurde, kam erst Ende der fünfziger Jahre in die Vereinigten Staaten.)
36 Zitiert nach: Kamman (s. Anm. 27), S. 86.
37 Zitiert ebd., S. 90.
38 David Herreshoff: American Disciples of Marx: from the Age of Jackson to the Progressive Era. Detroit 1967. S. 64.
39 Vgl. Albert Fried: Socialism in America. From the Shakers to the Third International. New York 1970; R. Laurence Moore: European Socialists and the American Promised Land. New York 1970.

# Die Schule des Kapitalismus.
## Reinhold Solgers deutsch-amerikanisches ›Seitenstück‹ zu Gustav Freytags »Soll und Haben«

I

Um deutschsprachige Unterhaltungsliteratur für das deutschstämmige Leserpublikum bemüht, veranstaltete die 1851 von Rudolph Lexow, einem Achtundvierziger aus Schleswig-Holstein, gegründete Wochenzeitschrift *New Yorker Criminal Zeitung und Belletristisches Journal* ein Preisausschreiben, das 300 Dollar für den besten Fortsetzungsroman aus dem »deutsch-amerikanischen Leben« versprach.[1] 23 Manuskripte wurden daraufhin bei der Redaktion eingereicht, und die Preisrichter Wilhelm Aufermann, Karl Dilthey und Friedrich Kapp wählten unter ihnen den zweiteiligen Erzähltext *Anton in Amerika* aus, mit dem »sich die deutsch-amerikanische Novellenliteratur der vaterländischen würdig an die Seite« stelle.[2] Die Erwartung der Gutachter, daß das preisgekrönte Buch »diesseits und jenseits des Ozeans Epoche machen« werde,[3] erfüllte sich allerdings nicht. *Anton in Amerika* erschien zwar vom 21. März bis 5. September 1862 in Lexows Zeitschrift, wurde im gleichen Jahre von C. M. Roskowski (Bromberg) in armseliger Ausstattung nachgedruckt und erlebte 1872 eine Neuauflage in der *Deutsch-amerikanischen Bibliothek* des New Yorker Verlegers Steiger;[4] danach geriet der Text jedoch in Vergessenheit, bis ihn Erich Ebermayer aufstöberte und 1928 neubearbeitete, wobei er »die Lektüre des Originals« trotz »der guten Diesseitigkeit« der Vorlage zu verdrängen suchte und seinen Fund so endgültig verschüttete.[5] Dieses Schicksal hatte der Roman sicherlich nicht verdient, es war aber von vornherein in ihm angelegt. Denn er zerriß den ideologischen Nebel, mit dem feudale Konterrevolutionäre und ihre bürgerlichen Bündnispartner die deutsche Misere der fünfziger Jahre eingehüllt hatten, widerlegte den Schein der Wirklichkeit des nachrevolutionären Deutschland durch Konfrontation mit der illusionslos geschauten Realität der Vereinigten Staaten und stellte die Neue Welt so unverfälscht und unverbrämt dar, wie sie der Einwanderer sehen mußte, wenn er überleben wollte. Damit wurden in den USA jedoch offene Türen eingerannt, weil die dorthin verschlagenen Deutschen der alten Heimat auf Grund böser politischer oder ökonomischer Erfahrungen von vornherein kritisch gegenüberstanden und wegen der Härte des amerikanischen Lebenskampfes notwendig zu kühler Wirklichkeitsanalyse und -bewältigung gezwungen waren, während sich die daheimgebliebenen Machthaber nicht das Regierungskonzept durch das Buch eines »Exilierten«[6] verderben und die Regierten nicht ihre Geschäfte stören lassen wollten, die nach vorrevolutionärer Krise und revolutionsbedingter Stagnation wiederaufzuleben begannen und die Zwänge reaktionärer Ordnungspolitik für sich nutzbar zu machen wußten. Kurz: der Roman wurde von den Deutschen in der Heimat links liegengelassen und von ihren ausgewanderten Landsleuten spannungslos hingenommen, weil er ohne Sensationslust mitteilte, was ihnen eigene Erfahrungen auf dem nordamerikanischen Kontinent längst nahegebracht hatten. Diese unenthusiastische Aufnahme von *Anton in Amerika* durch die Leser beiderseits des Atlantik ist letzthin jedoch der Fähigkeit des Autors zuzuschreiben, die politische und ökonomische Realität »von der Höhe des kulturhistorischen Standpunktes«[7] der progressiven bürgerlichen Avantgarde zu erfassen, und muß als Antwort auf seinen politökonomischen Aufklärungswillen verstanden werden, der ihn bewog, die Zustände in Deutschland und den USA ohne Rücksicht auf Leservorlieben und -abneigungen einzuschätzen und darzustellen.

Angesichts solchen Erfahrungsreichtums, Wirkungswillens und Schriftstellertalents verwundert es nicht, daß sich hinter dem anonymen Einsender des Romanmanuskripts kein Unbekannter verbarg: das Preisgericht hatte Reinhold Solger ausgezeichnet, der später als »probably the most gifted author among the Fortyeighters«[8] in die biographischen Lexika der USA eingehen sollte. Am 5. (oder 17.)[9] Juli 1817 in Stettin als Sohn des preußischen Landtagsabgeordneten Friedrich Ludwig Wilhelm Solger und Neffe des Philosophen Karl Wilhelm Ferdinand Solger geboren, durch preußische Internatsschule und Universität für die Beamtenlaufbahn gedrillt und von Kultusminister Eichhorn mit einem Referendariat in Potsdam bedacht, hatte Solger heftigen Widerwillen gegen Staat und Gesellschaft in Preußen eingesogen. Er schloß sich daher bereits als Student der junghegelianischen Opposition um Arnold Ruge an, verkehrte nach Ausscheiden aus dem Staatsdienst in den Pariser Emigrantenkreisen um Bakunin, Herzen, Herwegh, Bernays, befreundete sich gleichzeitig mit dem ungarischen Nationalrevolutionär Ludwig von Kossuth und stellte sich bei Ausbruch der Märzrevolution 1848 sofort auf die Seite der demokratischen bürgerlichen Linken. Während des Badischen Aufstands von 1849 avancierte er zum Adjutanten und Dolmetscher Ludwig von Mieroslawskis, des polnischen Oberbefehlshabers der Revolutionsarmee; nach der Überwältigung der revolutionären Streitkräfte durch preußische Truppen emigrierte er über die Schweiz und England in die USA, wo er 1853 eintraf und sich nach einer kurzen Orientierungsphase in Roxbury bei Boston niederließ. Mit unbeirrter Konsequenz knüpfte er hier »sein persönliches Schicksal, seine Gegenwart wie seine Zukunft an die Gegenwart dieses Landes«.[10] Kärglich von wissenschaftlichen Arbeiten, journalistischer Tagesschriftstellerei, Vorträgen und Vorlesungen lebend, schloß er sich wie die meisten seiner Schicksalsgenossen der neugegründeten Republikanischen Partei an und kämpfte als Parteiredner, Parteiarbeiter, Parteiorganisator gegen die Apologeten der Sklaverei wie die Vertreter des ›Nativismus‹, die sogenannten ›Know-Nothings‹,[11] die die Einwanderung drosseln, die Naturalisierung der Einwanderer erschweren und die Gewährung des Wahlrechts hinauszögern wollten. Auf Grund seines engagierten Einsatzes für die Partei gelang es ihm, die deutschstämmigen Wähler der nordöstlichen Staaten dem republikanischen Präsidentschaftskandidaten Lincoln zuzuführen und ihn nach seiner Amtsübernahme wirksam im »Volkskrieg« gegen den sezessionistischen Süden zu unterstützen,[12] so daß sich die Lincoln-Administration veranlaßt sah, ihn 1863 zum ›Assistant Register [Registrar]‹ im Schatzamt der Vereinigten Staaten zu ernennen. Daneben behielt Solger ohne verklärendes Heimweh und ohne irritierende Rückkehrambitionen, aber mit gesundem Sinn für die Sache der Demokratie und gerechtem Zorn gegen die Reaktion die deutschen Verhältnisse im Blick: er sammelte z. B. gemeinsam mit Friedrich Kapp 2500 Dollar für die von den deutschen Regierungen und Parlamenten im Stich gelassenen nationalrevolutionären Schleswig-Holsteiner und verfocht ihre politischen Belange in Zeitungsartikeln gegenüber dem amerikanischen Volk und in Gutachten für den amerikanischen Botschafter in Kopenhagen.[13] Gleichzeitig nahm er sich der Deutschen in Amerika an, ohne dabei Sonderrechte für sie zu fordern oder gar Suprematsansprüche zu erheben und ihre Eingliederung in die amerikanische Gesellschaft zu erschweren: so arbeitete er 1860 an dem Forderungskatalog deutschstämmiger Republikaner mit, der als ›the Dutch plank‹ in Lincolns Wahlprogramm aufgenommen wurde,[14] und widmete sich der Kulturarbeit unter den immigrierten Deutschen, die ihr kulturelles Erbe nicht verleugnen oder vertun, sondern in die amerikanische Gesellschaft hineintragen sollten.

Besonderen Anlaß, die Rolle der Deutschen in Amerika zu bedenken und sich über die »Möglichkeit gegenseitiger Verständigung zwischen dem deutschen und amerikanischen Geiste« auszusprechen,[15] boten 1859 die Feiern zum hundertsten Geburtstag Schillers, der als ›Freiheitsdichter‹ von den Achtundvierzigern in den USA ebenso überschwenglich geehrt wurde, wie er als ›Mahner zu nationalstaatlicher Einheit‹ bei den Nationalliberalen in Deutschland enthusiastischen Beifall fand. Solger trat dabei gleich zweimal an die Öffentlichkeit: als Dichter des vom ›New-Yorker Fest-Committee‹ gekrönten *Preis-Gedichts*[16] und als Hauptredner bei der Bostoner Schiller-Feier. Ob er in fünf- und sechsfüßigen Jamben sprach oder sich emphatischer Prosarhetorik bediente, die Tendenz seiner Ausführungen blieb sich gleich. Im Gedicht klagte er Schillers deutsche Landsleute an, sich dem »Dienst des Idealen« (10)[17] entzogen und nicht beharrlich genug gegen Machtanmaßung, Unterdrückung, Massenwahn, Ausbeutung, Krämergeist gestritten zu haben, beschwor sie jedoch, das Versäumte wettzumachen und zum »neuen Geisteskampf« in »einer neuen Zeit« (12) anzutreten. Diese Aufforderung wurde in der Schiller-Rede konkretisiert und unmittelbar mit der amerikanischen Gegenwart verknüpft. Der Sprecher gestand zwar zu, daß der »Idealismus des Herzens mit den Thatsachen eines verständiger gewordenen Lebens und einer fortgeschrittenen Wissenschaft« versöhnt werden müsse, verwahrte sich aber gegen die Kapitulation des ›Idealen‹ vor dem ›Realen‹ und verlangte im Hinblick auf die aktuellen Zustände in den USA, Verfassungsverheißung und Verfassungswirklichkeit zur Deckung zu bringen, damit z. B. »die Freiheit der Institutionen« als Verpflichtung für die demokratische Praxis verstanden werde und nicht »zum bloßen Mittel der Bereicherung« verkomme.[18] Bereits diese Schlußfolgerung läßt erkennen, daß Solger trotz seiner verdächtigen Terminologie keinem wirklichkeitsfremden Idealismus das Wort redete: er wollte vielmehr die revolutionären Traditionen der bürgerlichen Klasse in die Gegenwart hinüberretten, an denen das Bürgertum um des ökonomischen Vorteils willen Verrat zu üben begann bzw. die es verschmähen zu dürfen glaubte. Während die Deutschen jedoch schon vor der Märzrevolution dem bürgerlichen Freiheitsideologen Schiller nicht gerecht zu werden vermochten und seither ganz von ihm abzufallen drohten, hatten die Amerikaner nach Solger nur »Gedankenfreiheit« als Inbegriff revolutionärer Bürgertugend zu gewinnen, um Schillers würdig zu werden und zu bewirken, »daß jeder Athemzug des Volkslebens zur Apologie des Unendlichen wird«.[19] Von der realen Verwirklichungschance seiner idealen Vi-

sion im Rahmen der amerikanischen Demokratie überzeugt, konnte der Redner mit dem Gelöbnis schließen:»In diesen Boden hat sich mein Herz mit allen seinen Fasern eingesenkt; hier ist die Luft, welche meine Hoffnung athmet – von der sie leben oder an der sie ersticken muß.«[20]
Dieses Amerika, das durch seine Geschichte wie seine Verfassung zur Erfüllung der bürgerlichen Freiheits-, Gleichheits- und Brüderlichkeitsforderungen prädestiniert zu sein schien und sie unter dem Druck der alltäglichen Geschäfte stets zu verdrängen geneigt war, suchte Solger nicht nur als Politiker, sondern auch als Literat auf seine welthistorische gesellschaftliche Verpflichtung festzulegen. Deshalb ließ er die im Ruge-Kreis entstandenen frühen Gedichte[21] ebenso hinter sich zurück, wie er darauf verzichtete, auch nur ein einziges Exemplar des epischen Fragments *Die Geschichte von Hanns von Katzenfingen, dem Preußischen Gardelieutenant* (1845 bis 1847; Buchausgabe 1848)[22] in die Vereinigten Staaten mitzunehmen:[23] die Zeugnisse seines Jugenderlebens und die ironische Abrechnung mit Obrigkeitsstaat, Militarismus, Pietisterei in Preußen verdienten die gleiche Behandlung, weil sie keine Relevanz für Amerika besitzen konnten. Nicht einmal die Elegie *Der Untergang* (1847), die sich zu dem Vers »*Europa stirbt – Heil dir, Amerika!*« aufschwingt,[24] durfte zu Solgers Lebzeiten erscheinen; denn sie unterschätzt die Lebensfähigkeit des alten Europa und verspricht sich zu expansive Jugendkraft von der Neuen Welt. Anders stand es erst um die gegen alle Revolutionsverderber auf den deutschen Thronen, in der Paulskirche und im Volk gerichtete Posse *Der Reichstagsprofessor* (1850),[25] die Hermann Hettner »das Beste« genannt hat, was er »von politischer Komik kenne«.[26] Solger wollte nämlich ihre agitatorische Kraft für den Präsidentschaftswahlkampf 1860 nutzbar machen, übertrug sie unter dem neuen Titel *The Hon. Anodyne Humdrum or the Union must and shall be preserved* (1860)[27] ins Englische und suchte den aktualisierten Text gegen die mit den Sklavenhalterstaaten paktierenden oder zum Kompromiß mit ihnen bereiten Fraktionen in der Demokratischen Partei einzusetzen. Das Stück konnte jedoch nicht einmal in New York aufgeführt werden, weil der Autor einem Neger eine bedeutendere Rolle zugemessen hatte als den neben ihm auftretenden Weißen![28] Noch deutlicheres »Interesse an Amerika« sollte eine Novelle über den Sezessionskrieg bezeugen, in der die »Tagesgeschichte« den Anstoß für Darstellung, Deutung und Bestimmung amerikanischer Wirklichkeit zu geben versprach.[29] Zur Ausführung dieses Projekts wie zahlreicher anderer Pläne kam es jedoch nicht mehr, weil Solger 1864 einen schweren Schlaganfall erlitt und am 11. Januar 1866 in Washington verstarb. Das am gezieltesten auf die amerikanische Realität abgestimmte Werk blieb daher sein Roman *Anton in Amerika*, der einen deutschen Achtundvierziger in die USA führt und »deutsche Prinzipientreue und amerikanische Vermittlungssucht, deutschen Idealismus und amerikanischen Realismus« aufeinanderprallen läßt,[30] um die Spannungen zwischen deutschen und amerikanischen Verhaltensweisen auszuloten und abzuwägen.

## II

Dabei verließ sich Solger auf einen ebenso raffinierten wie fruchtbaren Einfall. Er entwarf den Roman als »Seitenstück zu Freytag's ›Soll und Haben‹« (I, 1) und konfrontierte den Handlungsverlauf seiner Schilderungen »Aus dem deutsch-amerikanischen Leben« (I, 1) von vornherein mit der Romanwirklichkeit, die Gustav Freytag dem deutschen Bürger der nachrevolutionären fünfziger Jahre auf den Leib geschrieben und »zur Freude und Erhebung« (I, 3)[31] gewidmet hatte. Fern davon, sich mit diesem Zugriff einen unverdienten Anteil an der Massenwirkung des deutschen Bestsellers zu erschleichen, suchte Solger den Erfolg Freytags zurechtzurücken, seine gefährlichen ideologischen Implikationen aufzudecken und seine verhängnisvollen politischen Konsequenzen bloßzulegen. Der radikale bürgerliche Demokrat, begabt mit dem im Kampf ums Überleben geschärften und von keiner Rücksicht auf autoritäre Herrschaftsverhältnisse korrumpierten Spürsinn des Emigranten für die Selbsttäuschungen, Fehlprojektionen, Verschleierungsmanöver der den Restaurationspolitikern nachgebenden einstigen Landsleute, forderte den nationalliberalen bürgerlichen Großschriftsteller in die Schranken, der bemüht war, die aus Gründen ökonomischer Interessen- und Profitsicherung vollzogene Abkehr der deutschen Bourgeoisie von ihrem eigenen revolutionären Selbstverständnis literarisch zu legitimieren und ihre Anpassung an die konterrevolutionären Gewalten als realpolitischen Vernunftakt zu verherrlichen. Denn Freytag, 1854 Hofrat, 1886 Ritter des Ordens ›pour le mérite‹, 1893 Exzellenz und schließlich Millionär, verwies das in der Märzrevolution gescheiterte Bürgertum – wie sein Gesinnungsfreund und Weggefährte Julian Schmidt beschrieb – auf die »bürgerliche Arbeit« als »Grundlage der modernen Gesellschaft«, erklärte »das Gesetz der Volkswirthschaft« zum »Gesetz des modernen Staats« und bestimmte die ökonomischen Einfluß akkumulierenden Großbürger zu tragenden Stützen der politischen Macht, die er in Preußens Hand wohlaufgehoben fand, weil er sich nur unter preußischer Führung die wirtschaftlich notwendige nationalstaatliche Einigung Deutschlands vorstellen konnte.[32] So taktisch geschickt Freytag die »materiellen Interessen« der deutschen Bourgeoisie zum Hebel nahm, um ihren »Klassenaufschwung« ideologisch zu begründen und realpolitisch zu fördern, so peinlich mußten ihn dabei sein unkritischer Identifikationswille mit dem »behaglichen [...], satten, etwas breitmäuligen« Mittelstand und seine beflissene Kooperationsbereitschaft mit den gegenrevolutionären Restaurationspolitikern behindern:[33] statt nachdrücklich für den politischen Machtgewinn des Bürgertums auf Grund seiner ökonomischen Stärke einzutreten, betätigte er sich als »Kuppler für den Bund zwischen der deutschen Bourgeoisie und dem preußischen Staate«, so daß er zwar das bürgerliche Profitstreben würdigen konnte, dessen politökonomische Konsequenzen aber mit »moralischer Sauce« überdecken mußte.[34] Gerade weil er sich so gewissenhaft dem ›Juste Milieu‹ der nachrevolutionären Restaurationsperiode verdingte, entzog sie sich seinem Griff, mit dem er sie bei geringerer Achtung vor der Geltungskraft temporärer politischer Herrschaft hätte packen können. Das belegt der Roman *Soll und Haben* (1855).[35] Denn obwohl Freytag mit einem als Motto vorangestellten Leitsatz von Julian Schmidt versprach, »das deutsche Volk [...] bei seiner Arbeit« aufzusuchen (I, 1), flüchtete er sich in eine »kleinlich verkröpfte und verzerrte Welt«, in der »große

und weitgreifende Ideen in das Enge und Häusliche« herabgezogen werden und
»die bürgerliche Tüchtigkeit [...] nicht mit ihren großen Weltperspectiven« aufge-
faßt ist:[36] während »die deutsche Bourgeoisie aus ihrer idealistischen in ihre mammonistische Periode hinüberwechselte«,[37] lieferte ihr der Autor das ideologische
Rüstzeug, indem er die kapitalistische Geschäftspraxis unter Berufung auf das vorkapitalistische Kaufmannsethos verschleierte, den imperialistischen Expansionstrieb
des kapitalistischen Wirtschaftssystems nationalpsychologisch und deutschpatrio-
tisch begründete, Kapitalisten und Lohnabhängige als gemeinsame Arbeiter für das
Volkswohl aller Gesellschaftsschichten klassenversöhnlerisch zusammenführte und
die arbeitende Bevölkerung mit so exorbitanten Arbeitslasten überhäufte, daß darunter jegliche politische Aktivität ersticken mußte. Dazu ließ er sich eine höchst
philiströse und triviale Lebensbeschreibung einfallen, die »die satte und zahlungs-
fähige Moral des deutschen Spießbürgertums in glänzenden Gegensatz zu bankerotten Polenjunkern und gewissenlosen Wucherjuden« stellt:[38] der mittellose Beamtensohn Anton Wohlfart lernt in der auf »Solidität« und »Respektabilität« (I, 299)
gegründeten Breslauer Kaufmannsfirma T. O. Schröter, daß »der ganze Handel
[...] auf die Redlichkeit anderer und auf die Güte der menschlichen Natur berechnet« sei (I, 284), widmet sich mit »Treue«, »Hingebung« und Schaffensfreude (I,
318) seiner Arbeit zum »Wohl« des »deutschen Geschäfts« (I, 324) und wird schließlich für seinen selbstlosen Dienst mit der Hand der Schwester des Prinzipals belohnt, der er »Besitz« und Liebe, »Wohlstand« und Eheglück (II, 416) in schöner
Verschränkung verdankt. Im Verlauf dieser kleinbürgerlichen Musterkarriere, die
ihn das »Handelshaus« (I, 9) zum »großen Staatskörper« emporstilisieren und sich
zu dessen »kleinem Vasallen« herabwürdigen heißt (I, 88), gelangt er zu der Überzeugung, daß sich ein nur auf seinen Privilegien ausruhender deutscher Adel ebensowenig im ökonomischen Wettbewerb behaupten werde wie ein von »Edelleuten
und leibeigenen Bauern« (I, 394) getragenes polnisches Staatswesen, weil allein der
»Bürgerstand« auf Grund seiner Befähigung zu arbeitsamer »Anstrengung« (I, 575)
»Zivilisation und Fortschritt« (I, 395) garantieren könne und daher »zum ersten
Stande des Staates« (I, 395) berufen sei. So apologetisch diese Eingebungen dem
bürgerlichen Klasseninteresse des politisch entmachteten »Kommis« (I, 88) schmei-
chelten und so illusionär sie sich über das Kräftepotential der Nationalitäten wie
der ins bürgerliche Geschäft einsteigenden Aristokraten täuschten, so falsch schätzt
Wohlfart das Machtpotential des Bürgertums ein. Denn obwohl er »den mächtigen
Strom der Kapitalien, dessen Bewegung [...] das Volk und den Staat groß macht
und den einzelnen stark oder elend« (II, 396), erkannt hat, glaubt er den gesellschaftlichen Anspruch des Bürgers entpolitisieren und auf sein Arbeitsethos zurückführen zu können, das in inneren Werten höheren Profit sehen soll als in der gleichwohl notwendigen klingenden Münze. Daher mußte sich Freytag zusammen mit
seinem positiven bürgerlichen Helden vor allem gegen jene »große Klasse von Er-
werbenden« wenden, »welche bei ihren Geschäften nicht sehr danach fragen, ob ihr
eigener Vorteil durch Verluste anderer erkauft wird« (I, 525): Spekulanten, die die
Spielregeln des anarchischen Konkurrenzkapitalismus zu ihrer eigenen Bereicherung
ausnutzten, traf dabei sein hemmungsloser Zorn, der nicht bedachte, daß die ehren-
werte Firma Schröter & Wohlfart längst bankrott gegangen wäre, wenn sie sich
nicht dem kapitalistischen Profitstreben angeschlossen hätte. Immerhin half die

Schmähung von Spekulationsgeist und Wuchersinn dem Autor jedoch, seine auf
»Arbeit in der deutschen Weise« (I, 318) eingeschworenen bürgerlichen Handels-
Herren blütenweiß von den rabenschwarzen Geschäftemachern abstechen zu lassen,
die er vor allem unter den Juden und in den Vereinigten Staaten zu finden glaubte.
Dabei ähneln sich die Argumente: während die jüdischen Profitjäger mittels legaler
und illegaler Finanz- und Börsenoperationen ihr schnelles »Glück« zu machen
suchen (I, 23) und die »wucherischen Geldmänner« (I, 153) der »neuen Welt« (II,
167) die »furchtbarsten Spekulationen« (I, 507) mit empörender »Schlechtigkeit«
(II, 167) aushecken, hält man im Handelshause Schröter an kleinbürgerlich-vor-
kapitalistischen Ehrenstandpunkten und Sittlichkeitskriterien fest, um auf den »ge-
bahnten Wegen des Lebens« verweilen zu können, die durch »das Gesetz« begrenzt
und durch »Ordnung, Sitte und Form« (II, 21) bestimmt sind.


## III


Daß bei solchem Geschäftsgebaren ›Soll‹ und ›Haben‹ kaum auszugleichen waren
und die ehrsamen Kaufleute entweder mit empfindlichen Verlusten rechnen mußten
oder ihre geschäftlichen Erfolge nur allzu geschickt unter einem vorsätzlich oder
unvorsätzlich gewebten Tarnmantel kleinbürgerlicher Ideologeme zu verbergen
wußten, dürfte Reinhard Solger bei der Lektüre des Romans aufgegangen sein, mit
dem zumindest »Herr Gustav Freytag [...] die besten Geschäfte« machen konnte
(I, 7).[39] Er suchte daher die Glaubwürdigkeit der Argumentation Freytags wie die
Tragfähigkeit seiner Romanhandlung zu überprüfen, indem er Anton Wohlfart mit
dem Sohn Antonio beglückte, diesen als jungen Mann nach Amerika auswandern
ließ und nun seine Überlebenschancen im Eldorado des entwickelten Kapitalismus
testete. Der hoffnungsvolle »Stammhalter« des »Materialwaarenhändlers aus Prin-
cip, Überzeugung und Zeiterfassung« (I, 13) ist jedoch – zu seinem Glück oder Unglück – »gänzlich aus der Art geschlagen« (I, 12): »Anton Americanus« (I, 12) läßt
sich nicht von der »Poesie des Kaffees und Syrups« rühren (I, 14), er verschmäht
die zu Reichtum und Familienglück führende »goldene Mittelstraße« (I, 8), er empfindet Ekel vor der »Dütchendreherei der preußischen Bourgeoisie« (I, 14), zumal
er einst in einem importierten Fasse ein totes Negerkind entdeckt hat und ihm so
– wie es ironisch heißt – »eine poetische Ahnung im Zusammenhange mit seines
Vaters Geschäftsleben« (I, 14) aufgegangen ist. Aber auch die elterliche Hoffnung,
den Sprößling »wenn nicht bei der Garde, so doch an der Regierung« (I, 13) ange-
stellt zu sehen, muß fehlschlagen, weil Antonio für die Offizierslaufbahn weder
die rechten Ahnen noch die passende Neigung mitbringt und bei seiner gründlichen
Verachtung der »Commentreiterei der preußischen Büreaukratie« (I, 14) für eine
Beamtenkarriere fehldisponiert erscheint. Nach Abschluß von Schul- und Universi-
tätsstudien ist er »dem Geiste des deutschen Bürgerthums und seiner anspruchslosen
Tiefe« schließlich so entfremdet, daß er eigentlich überhaupt nicht mehr weiß, was
aus ihm werden soll, und »für seinen Geistesdrang und seine hohe Bildung« nur
noch »die verzweifelte Wahl zwischen dem Privatdocenten und der Emigration«
(I, 14) offenbleibt. Die Entscheidung für die »Auswanderung nach Amerika« (I, 14)
erzwingt der Verlauf der Märzrevolution. Antonio, unpolitisch von Natur und

praxisfern durch Erziehung, nimmt spontan und impulsiv für die Demokraten Partei, »aus keinem bessern Grunde, als weil er sah, daß seine neuen Kameraden für ihre Sache ihr Blut einsetzten« (I, 15); er zerstreitet sich darüber mit seinem Vater, der zwar die Hebung des Bürgerstandes durch die Revolution begrüßt, jedoch mit politischem Wohlverhalten das Vertrauen der angestammten Herrscher erdienen will, um sie zu bewegen, gutgesinnte Bürgervertreter als »Compagnons« (I, 15) in die Regierung aufzunehmen; er beschwört den endgültigen Bruch mit dem Vater herauf, weil dieser das Scheitern der politischen Hoffnungen und geschäftlichen Erwartungen seiner Klasse radikalen »Verbrechern und Tollhäuslern« (I, 17) vom Schlage Antonios anlastet; und er zieht den Rachsinn der verfolgungswütigen Konterrevolutionäre auf sich, die ihn zur Flucht nach Nordamerika treiben, in jenes »neue Land [...], das nicht nur für ihn, sondern auch für die Welt überhaupt, noch ein bloßes Experiment war« (I, 19).

Am 18. März 1857 (I, 15) in New York gelandet, muß Antonio nur allzubald erfahren, daß in der »Stadt« (»Erste Abtheilung« des Romans) wie auf dem »Land« (»Zweite Abtheilung«) »die Welt [...] aus dem Philisterium heraus« ist (I, 28): dem städtischen Geschäftsleben wie der ländlichen Lokalpolitik ist der idealistisch denkende und gefühlsbetont handelnde deutsche Achtundvierziger nicht gewachsen, weil er als »dummer Dutchman« (I, 119) weder die selbsterworbenen Schätze deutscher »Philosophie, [...] Wissenschaft und [...] Gemüthlichkeit« (II, 283) in das »wilde Amerika« (II, 286) des entfesselten Konkurrenzkapitalismus einzubringen vermag noch die gepriesene »grade Geschäftsstraße« (I, 19) des Vaters wandeln kann, die ihn bereits in deutschen Gauen außer Geschäft gesetzt hätte und erst recht hier in die roten Zahlen führen mußte.

Denn in diesem »christlichen und republikanischen Land« (II, 240) hegte man Illusionen nur »mit *offenen Augen*« (I, 154) und gab sie »bei der leisesten Warnung ernsthaften Interesses«, die der »Instinct der Selbsterhaltung« auslöst, sofort auf (I, 155). Da nämlich die Natur selbst Land und Leute der »vereinigten Freistaaten« »emancipirt« hatte, die »freien Bürger« die dem »mächtigen Welttheil« innewohnende »Kraft des Werdens« freisetzen konnten und der »freiesten und unabhängigsten Nation« das Image der Bannerträgerin des modernen Fortschritts zugefallen war, vermochte die »bürgerliche Initiative« im Rahmen der »freien Staatseinrichtungen« zwar zu besonders profitträchtigen Leistungen auszuholen.[40] Gleichzeitig hatte sich jedoch gezeigt, daß die »Freiheit der Institutionen« nicht nur das Geschäftsleben begünstigte, sondern von der »allgemeinen Geld- und Profitgier« ausgenützt wurde:[41] da die »Spekulationssucht ins Große« ging, weil man »schnell reich zu werden« suchte, mußte jeder auf »möglichst praktische Benutzung der Umstände« bedacht sein.[42] Mit diesem »thatkräftigen Realismus« der Amerikaner,[43] der wirtschaftlichen Bestand im kapitalistischen Kampf ums Dasein garantierte und profitgesegnete Prosperität verhieß, hat Antonio fortan zu konkurrieren. Dabei wirken sich sowohl seine Herkunft und Geschichte als auch der Zeitpunkt seiner Ankunft gegen ihn aus. Als deutscher Einwanderer muß er mit dem seit Anschwellen der Immigrationsziffern in den vierziger Jahren auflebenden Ressentiment gegen die »lop-eared, big-mouthed, thick-headed Dutchmen« rechnen,[44] denen vorgeworfen wurde, daß sie infolge ihrer ständig wachsenden Anzahl die Löhne drücken halfen oder als Mittellose den Steuerzahlern auf die Tasche fielen[45] und auf

Grund ihrer Sprache, ihrer Arbeitsgesinnung, ihres Bildungsdünkels, ihrer Miß-
achtung der Sonntagsgesetze und ihres (zu positiven oder zu negativen) Verhältnisses zur Religion überhaupt ein Ärgernis für die Alteinwohner geworden seien. Als
Achtundvierziger hat er außerdem mit dem Mißtrauen der früher eingewanderten
Deutschen zu rechnen; denn weder sie noch die meisten Amerikaner wollten von
Kulturbringern, Freidenkern, Weltumstürzlern oder gar Sozialisten und Kommunisten belästigt werden und betrachteten diese »Burschen voll von Musik, Ethik,
Politik, Philosophie und Kritik«[46] mit Argwohn und Unbehagen. Während aber
zahlreiche Leidensgefährten Antonios allen Widerständen zum Trotz zu »Führern«
des geistigen und politischen Lebens in den Vereinigten Staaten« aufwuchsen, weil
sie sich den brennenden Fragen der Immigrationspolitik und der südstaatlichen
Sklaverei zuwandten und mit politischem Engagement ihre Gedanken und Handlungen »in die Wagschale des Allgemeinen warfen«,[47] mißlingt Antonio die Integration in die amerikanische Gesellschaft. Er trifft zu Beginn der zyklischen Überproduktionskrise von 1857/58 in den USA ein und wird ein Opfer der »panique«,[48]
da er für die große »Geschäftsschlacht« (I, 62) nicht gewappnet ist und das kapitalistische Spiel nur unlustig mitspielt; er fällt den amerikanischen ›Nativisten‹ an-
heim, die die Einwanderer als Störer des ›American Way of Life‹ im allgemeinen
und als Bedroher ihrer ökonomisch-politischen Vorrangstellung im besonderen zu-
rückdrängen wollten, fundiert seine Gegenwehr jedoch nicht politisch und erfährt
sein Schicksal als privates Leiden und individuelle Läuterung. Trotz seiner Distanz
zum Vater schlägt dessen Blut nun doch noch in ihm durch: als geschäftliche Anforderungen an ihn gestellt werden, reagiert er moralisch; als politische Konsequenzen zu ziehen sind, handelt er individualethisch. Der »honest German« unterliegt,
weil er sich »gemüthlich und philosophisch« gibt, wo amerikanische Verhaltens-
regeln »kaufmännische und politische« Aktivität verlangen.[49]
Im Kreise des New Yorker »Drygoodsjobbers« (I, 20) William Dawson fällt der
»höchst distinguirte Preuße« (I, 70) daher bestenfalls als »sehenswerthes Meerwun-
der« (I, 73) auf. Er konstatiert verständnislos, daß die amerikanischen Geschäftsleute mehr Energie darauf verwenden, den Dollar als »Stein der Weisen« und
»Wahrheit des Yankeelebens wie überhaupt der Zeit« (I, 136 f.) zu borgen und für
sich arbeiten zu lassen, als ihn zu besitzen und für sich zurückzulegen; er beobachtet
mit Befremden ihre Risikobereitschaft, alles auf eine Karte zu setzen, um noch
mehr zu gewinnen; er registriert verblüfft den Einfluß, den Geld verschafft, wobei
niemand fragt, woher es kommt und wie es zusammengescharrt wurde; er lernt
schließlich, daß die Geschäfte vor allem anderen Vorrang haben und das Kapital
Mensch und Welt regiert: Gefühle haben zu schweigen, Familienbande werden ge-
sprengt, gesellschaftliche Pflichten und Rechte verfallen, wenn das Geschäft es verlangt; die geschäftlich akkumulierten Gelder können Liebe, Ehre, Ansehen kaufen,
finanzieren Intrige, Betrug, Mord, besolden Gelehrte, Künstler, Priester, korrum-
pieren die Polizei, steuern politische Parteien und bestimmen lokale wie überlokale
Politik. Während aber die vom »Geist der Industrie« (I, 148) verlangte »Praxis der
Geschäftsschlauheit oder des Unternehmungsgeistes« alle Amerikaner »unwiderstehlich nach sich ummodelt« (I, 165) und für das »materielle Geschäftstreiben«
(I, 113) abrichtet, kann Antonio nur seine gediegene Bildung, sein gutes Herz und
seine unbestechliche Ehrlichkeit ins Feld führen. Er ist deshalb darauf angewiesen,

sich mit Vorträgen und Vorlesungen zu ernähren, die bei den ›Yankees‹ schnell aus der Mode kommen; er nimmt sich einer schönen Bettlerin an, zieht damit aber den gefährlichen Argwohn ihres Verderbers, Gatten und Ausbeuters auf sich und wird schließlich selbst für den Verführer gehalten; er mischt sich in die Familienangelegenheiten der millionenschweren Spekulantenfamilie Dawson ein, um die Tochter vor einem bigamistischen Mitgiftjäger zu bewahren, und muß sich als verleumderischer »Abenteuerer« (I, 96), »fremder Bettler« (I, 96), »deutscher Tölpel« (I, 109) abweisen lassen; er nimmt verwundert den ihm unerklärlichen Aufstieg, Fall und Wiederaufstieg eines irischen Zeitungsjungen wahr, dem er das Startkapital geschenkt hat und zu guter Letzt die eigene finanzielle Rettung verdanken wird; er versucht schließlich selbst sein Glück im Geschäftsleben, erliegt jedoch auf Grund seines Ungeschicks, seiner Vertrauensseligkeit und seiner Gewissensskrupel der Ungunst der Umstände und handelt sich für seine Verluste den Rat ein: »Freund, sei vernünftig und halte Deine Finger von Geschäften weg« (I, 212). Denn anders als der Spekulant Dawson niitzt er die Überproduktionskrise nicht aus, die durch »allzugroße Spekulation« und zügellose »Investierung übergroßer Kapitalien« auf Kreditbasis entstanden war,[50] sondern läßt sich von ihr erfassen: nicht in der Lage, Papiere, Obligationen, Aktien zur rechten Zeit abzustoßen bzw. anzukaufen, und unfähig, die eigene Firma im geeigneten Moment zu schließen oder wieder flottzumachen, wird er von der »Welt« überrollt, die sich »in diesen sechs Monaten« umdreht (I, 201) und nach dem Einsturz des ökonomischen »Kartenhauses«[51] zu neuen Geschäften animiert. Da Antonio aber »sein Alles verloren« hat (I, 216), braucht ihn die neue Hausse nicht mehr zu kümmern: er begibt sich auf Reisen und stolpert erneut über seinen Schatten.

Mit den letzten Dollars in der Tasche fährt Antonio nach New England, wo dem Neuankömmling »bereits fertige, feste Verhältnisse« und »eine ältere Zivilisation« entgegentreten[52] und die »Stellung« der Deutschen im Verlauf der Besiedelungsgeschichte auf Grund geringer Einwandererzahlen besonders schwach ausgefallen ist (II, 194). Daß ihn allerdings in New Hampshire sein Schicksal ereilen soll, kann Antonio nicht ahnen, da er nach den schlechten Erfahrungen mit Stadtleben und Geschäftswelt nur die Schönheiten der Natur und die Tugenden der Landbevölkerung studieren will. Ihm verbleibt jedoch kaum die erhoffte Muße, sich in »den feierlichen Ritus der Natur und des eigenen Herzens« (II, 79) zu versenken und dem Glückseligkeitszustand der »zahlreichsten, solidesten und achtungswerthesten Klasse«,[53] der Farmer, nachzuspüren. Denn er findet rasch heraus, daß auch hier das Land und die Leute längst in den kapitalistischen Wirtschaftsprozeß eingegliedert sind, obzwar die Geschäftsbeziehungen noch weniger verdinglicht erscheinen und manchmal auf persönlicher Ebene entschärft und humanisiert werden können. Diesem ökonomischen Sachverhalt begegnet Antonio nun aber nicht mit den einzig angebrachten ökonomischen Mitteln, sondern er sucht erneut nach moralisch motivierten Auswegen und verfällt dem gleichen Fehlverhalten wie in der Stadt. Nachdem er erfahren hat, daß ein hübsches Mädchengesicht bei der Rettung einer verschuldeten »Heimstätte« mehr auszurichten vermochte als sein philosophisch geschulter Verstand oder sein ethisch gestimmtes Gefühl, versteigt er sich dazu, diesen höchst zufälligen Sprung in der kapitalistischen Geschäftslogik als »wahren Yankee-Handel« zu deuten, weil der großherzige Gläubiger »sich für lumpige tausend Dollars [die Antonio nicht zu beschaffen wußte!] das Gebet des lieblichsten Engels im Himmel und auf Erden« erkauft habe (II, 70). Geradezu letal wirkt sich diese Sichtweise jedoch für ihn aus, wenn er die Rolle des Beobachters abstreift und selbst aktiv wird. Als ihm die schöne Bettlerin aus New Yorker Tagen plötzlich wiederbegegnet und berichtet, daß sie für Geld von ihrem schurkischen Ehemann verkuppelt wurde und nun von ihm und dem ihr aufgenötigten Liebhaber aus Gewinnsucht beseitigt werden solle, besinnt sich »›der dumme Deutsche‹« auf die schon einmal übernommene »uneigennützige Protectorrolle« (II, 129) und versteckt das »vom Gifthauche der gesellschaftlichen Achtung angefressene junge Leben« (II, 107) vor dem mit »puritanischer Härte« (II, 105) auf moralische Verfehlungen reagierenden Vater. Er versäumt jedoch, sie vor ihren Verfolgern zu beschützen, deren ökonomische Beweggründe schwerer wiegen als moralische Bedenken und die daher auch rückhaltloser ihren Zielen verhaftet bleiben, als »theologische Maximen« (II, 105) die menschliche Handlungsweise zu bestimmen vermögen. Die Bösewichte ermorden die Frau um des schnöden Profits willen und lenken den Mordverdacht auf Antonio, der von der Polizei aufgespürt wird und sich in einem öffentlichen Kriminalprozeß den Geschworenen und dem Volke von New Hampshire stellen muß. Da die »Nätivisten« (II, 174) in Massachusetts 1859 das sogenannte ›Two Year Amendment‹ durchgesetzt hatten, das den Einwanderern erst zwei Jahre nach der Einbürgerung die demokratischen Rechte zugestand,[54] und die meisten Neuengländer sich als »Knownothings von Natur« (II, 211) empfanden, die ihren sozioökonomischen Vorsprung vor den nachkommenden Einwanderern verteidigen wollten, befindet sich Antonio in einer gefährlichen Lage. Sein deutschstämmiger Rechtsbeistand ficht zwar gegen das Gerücht an, der Angeklagte sei ein »aristokratischer Wüstling, expreß ausgespieen von der verderbten Atmosphäre europäischer Hoflebens, um die reine Luft amerikanisch demokratischer Sittlichkeit zu verpesten« (II, 164 f.), und stellt ihn als »Ehrenmann« (II, 172) heraus, der sich »um des Gewissens willen« in die Vereinigten Staaten, das »Asyl der demokratischen Freiheit« (II, 174), begeben habe. Der Verteidiger unterliegt jedoch dem einheimischen Ankläger; denn dieser weiß das gesunde antifeudalistische Ressentiment der Neuenglländer an ihren nicht minder ausgeprägten Instinkt für politökonomische Selbsterhaltung anzuschließen und beschwört die Geschworenen mit pharisäischer Bigotterie, »ein warnendes Beispiel aufzustellen und eine emphatische Erklärung abzugeben, daß das amerikanische Volk den deutschen Atheismus mit allen seinen unausbleiblichen Consequenzen von Sittenlosigkeit, Verführung und Mord mit Abscheu« verwerfen und »das fremde Gift aus sich« ausstoßen wolle (II, 194). Antonio ist unfähig, sich dieser Anwürfe zu erwehren. Denn weil er die Anklagen der ›Nativisten‹ nicht ideologiekritisch analysiert und sie lediglich als phantastische »Schauergeschichten« (II, 165) abtut, vermag er nicht politisch gegen sie anzukämpfen wie etwa Carl Schurz in seiner Bostoner Rede vom 18. April 1859;[55] weil er den politischen Stellenwert seines Prozesses für die »Knownothing-Hallunken« (II, 206) unterschätzt, bleibt seine auf Sachbeweise gestützte Verteidigung wirkungslos; weil er persönliche Rücksicht auf die Tochter des Spekulanten Dawson nimmt, verschweigt er den gegen ihren Bruder gerichteten Verdacht der Mittäterschaft an dem Verbrechen und läßt sich lieber verurteilen, als daß er sich über seine emotionalen Stimmungen, moralischen Bedenken, psychologischen Hemmungen, altruistischen Prinzipien hinwegsetzte. Vom Galgen kann ihn daher nur noch eben diese junge Dame in der Rolle des ›reitenden Boten‹ retten, den politisch versierte und ökonomisch erfahrene irische und amerikanische Freunde unterstützen. Obwohl ihm die Freiheit zurückgegeben wird und sein Leben nicht »ohne ein einziges greifbares Resultat rastloser Arbeit, ohne eine einzige Anerkennung großer Kräfte und edelster Strebungen« (II, 204) zu erlöschen braucht, bleibt dem »schon so tief in's Amerikanische verwickelten Antonio« (II, 156) nur Resignation, die der Autor im selbstgewählten Kostüm eines »historisch allegorischen Malers« (II, 273) illusionär verklärt und zugleich ironisch verspottet: da seinem »Himmel und Erde durchwühlenden Geiste die materiellen Functionen der Gesellschaft unter allen Umständen nur Mittel für das Kulturleben« sind (II, 138), läßt der für »Vorlesungen«, »Geschäfte« und »Politik« gleichermaßen unbegabte Antonio (II, 158) sich als »philosophischen Bummler oder [...] bummelnden Philosophen« (II, 158 f.) auf eine Expedition nach Asien schicken, die ihm freundliche Geschäftsleute finanzieren wollen und die edle Retterin versüßen wird. Dabei dürfen seine Skrupel endlich schweigen, ist ihm doch eingeredet worden, daß er als Erwählter des »Geistes« jene »Weltgedanken« zu entwerfen hat, die die Aktivisten der Wirtschaft nachträglich »realisiren« (II, 159 f.).

Um seinem Helden das Fortleben zu sichern und ihm Gelegenheit zu geben, es auch vor sich selbst zu rechtfertigen, mußte der Autor die Welt von den Füßen auf den Kopf stellen. Folgerichtig beschloß Solger das glückliche Ende mit vier »Postscripten«, die alles enthalten, »was man sich nur aus den schönsten Karten wahrsagen lassen könnte« (II, 280): Antonio gewinnt einen wissenschaftlichen Preis, versöhnt sich mit seinem Vater, erhält einen Haufen Geld; seine guten Freunde heiraten, erben oder dürfen sich auf eine verheißungsvolle Zukunft einstellen; seine bösen Feinde werden aus dem Lande vertrieben, in den Tod gejagt oder mit Bankrott bestraft – die »Spekulation ist geglückt« (II, 285), und der Autor hat zum Schluß jenen Boden der Realität verlassen, auf dem sich sein Held so gar nicht einzurichten wußte. Denn für den geschäftsuntüchtigen, politikverdrossenen, gesellschaftsflüchtigen und unpraktischen Antonio ist im realistischen Amerika genausowenig Platz wie für den anstelligen und beflissenen, aber politisch borniert und ökonomisch reaktionären Kleinkrämer Anton, seinen Vater: damit »Anton Americanus« (I, 12) wenigstens im Roman überleben und seinen deutschen Eltern in die ›Unsterblichkeit‹ literarischer Fiktion folgen kann, mußte für ihn eine poetische Eigenwelt erfunden werden, in der die Gesetze des Kapitalismus außer Kraft gesetzt sind und die Erziehungsprodukte deutscher Ideologie nicht um ihre Existenzberechtigung zu fürchten brauchen.

## IV

Wollte der Autor mit diesem übersteigerten ›Happy-End‹ die »enge elende Krämerseelenwelt« (II, 160) ebenso hinter sich lassen wie Antonio Wohlfart? Reinhard Solger hatte sein »Schicksal«[56] viel zu konsequent an die Wirklichkeit der Vereinigten Staaten geknüpft, um solchen Illusionen ernsthaft nachzuhängen. Der Roman *Anton in Amerika* sollte infolgedessen die deutschen Einwanderer auf die amerikanischen Realitäten verweisen und den Deutschen in der alten Heimat suggerieren, daß die in den USA sichtbaren ökonomischen Prozesse alle kapitalistischen Länder erfassen dürften und weder durch die Brachialgewalt des deutschen Spätfeudalismus dauernd aufzuhalten noch vom falschen Bewußtsein des deutschen Bürgertums beharrlich abzuwiegeln seien. Solger schickte seine Leser in die Schule des Kapitalismus. Dabei ließ er sich auf kein Lamento gegen die kapitalistische Produktionsweise ein und sah bewußt davon ab, sie wie Lydia M. Child als Werk des »Teufels« zu diffamieren oder wie der *Prairie Farmer* zu urteilen: »Poeten und Propheten sind Brüder, aber Poeten und Profite sind sich fremd – für immer.«[57] Er beobachtete die immer deutlicher werdende Herrschaft der Wirtschaft über alle Bereiche des Lebens mit scharfem Interesse für die sachlichen Fakten: er hatte begriffen, daß die kapitalistische Expansion das amerikanische Bürgertum zum »Bannerträger des Fortschrittes« prädestiniert hatte, und interpretierte den Aufschwung der »Wirtschaft« und die Herausbildung der merkantilen »Fertigkeiten« in den Vereinigten Staaten als Ergebnisse eines »großen fortschrittlichen Kampfes«, der freilich wie alle »großen Taten« der Bourgeoisie mit Unterdrückung und Ausbeutung einherging.[58] Vermißt wurde von ihm lediglich jene »Gedankenfreiheit«,[59] die als Waffe des revolutionären Bürgertums von den Deutschen mehr und mehr verleugnet wurde und von den Amerikanern noch gar nicht recht erkannt worden war, obwohl sie versprach, den ideologischen Bewußtseinsstand der amerikanischen Gesellschaft auf die gleiche Höhe zu bringen, auf der sich ihre Geschäfte bereits bewegten. Für den Entwicklungsrückstand hätte Solger aber sicher Karl Marx' Erklärungsversuch zugelassen, daß »die fieberhaft jugendliche Bewegung der materiellen Produktion, die eine neue Welt sich anzueignen hat, weder Zeit noch Gelegenheit ließ, die alte Geisterwelt abzuschaffen«.[60] Denn die Amerikaner hatten zur zeitgerechten Wirtschaftspraxis gefunden, ohne deren ideologische Konsequenzen durchzureflektieren; die Deutschen waren dagegen trotz ihres ideologischen Vorsprungs und wegen des Verzichts auf seine Nutzung in eine gefährliche entwicklungsgeschichtliche Richtung abgedrängt worden, die ihnen die notwendigen ökonomischen wie politischen und kulturellen Schritte zu erschweren und sie auf geschichtliche Um- und Abwege zu schicken drohte. Solgers kühles Votum für den amerikanischen Kapitalismus ist ein heißes Bekenntnis zum gesellschaftlichen Fortschritt. Daß dieser nicht bei der Ablösung feudalistisch-vorkapitalistischer Wirtschaftsstrukturen durch die kapitalistische Produktionsweise stehenbleiben konnte, sondern schließlich auch den Kapitalismus überwinden wird, mochte auf einem anderen Blatte stehen. Solger wollte die deutschen Untertanen an die progressive Rolle des Bürgertums erinnern, die amerikanischen Staatsbürger zu ihr hinführen und Deutsche, Deutschamerikaner, Amerikaner auf sie verpflichten. Alles weitere durfte er als Junghegelianer der »Vernunft [...] in der Weltgeschichte«[61] überlassen.

1 Carl Wittke: Refugees of Revolution. The German Forty-Eighters in America. Westport 2. Aufl. 1970. S. 278; Milton Allan Dickie: Reinhold Solger. Diss. University of Pittsburgh. Pittsburgh 1930 [masch.]. S. 38 f.
2 Dickie, S. 42 f.; vgl. Friedrich Kapp: Reinhold Solger (in: Deutsch-Amerikanische Monatshefte 3

[1866] Bd. 1, S. 187), und ders.: Aus und über Amerika. Thatsachen und Erlebnisse (Bd. 1. Berlin 1876. S. 374). Kapp erinnert sich zunächst an 40 Einsendungen, spricht später aber von 23.

3 Dickie, S. 44 (Urteil der Preisrichter).

4 Reinhold Solger: Anton in Amerika. Seitenstück zu Freytag's ›Soll und Haben‹. Aus dem deutsch-amerikanischen Leben. In zwei Abtheilungen. Bromberg 1862; ders.: Anton in Amerika. Novelle aus dem deutsch-amerikanischen Leben. In: Deutsch-amerikanische Bibliothek. Bd. 1 und 2. New York 1872.

5 Erich Ebermayer: Anton in Amerika. Roman. Nach Reinhold Solger frei bearbeitet. Berlin 1928. S. 313.

6 Karl Obermann: Die deutsche Emigration in den USA und die Reichsgründung. In: Die großpreußisch-militaristische Reichsgründung 1871. Hrsg. von Horst Bartel u. Ernst Engelberg. Bd. 1. Berlin 1971. S. 457.

7 Dickie (s. Anm. 1), S. 42 (Urteil der Preisrichter).

8 A. E. Zucker: Biographical Dictionary of the Forty-Eighters. In: The Forty-Eighters. Political Refugees of the German Revolution of 1848. Hrsg. von A. E. Zucker. New York 2. Aufl. 1967. S. 344.

9 Die Datenangaben variieren in den biographischen Lexika und Sonderstudien.

10 Solger, zitiert von Kapp: Aus und über Amerika (s. Anm. 2). S. 374.

11 Die deutschen Einwanderer übernahmen das englische Wort ›nativism‹, das von ›native‹ (eingeboren) abgeleitet ist und politische Strömungen benennt, die sich für eine Vorrangstellung der Einheimischen vor den Einwanderern einsetzen. – Die ›nativistischen‹ Mitglieder des um 1850 zu Einfluß gelangenden Geheimbundes ›Order of the Star-Spangled Banner‹, der Amerika für die Amerikaner sichern wollte und deshalb Restriktionen der Einwanderung verlangte, wurden ›Know-Nothings‹ genannt, weil sie jegliche Auskunft mit dem Hinweis auf mangelnde Eingeweihtheit und fehlendes Wissen verweigern sollten. Der Bund zerfiel noch in den fünfziger Jahren, nachdem er sich als Partei konstituiert hatte und an die Öffentlichkeit getreten war, da die programmatischen Gemeinsamkeiten seiner Anhänger sich als zu schmal für die praktische Parteiarbeit erwiesen (Oscar Handlin: The American Scene. In: Zucker, The Forty-Eighters [s. Anm. 8]. S. 41; Richard O'Connor: The German-Americans. An Informal History. Boston u. Toronto 1968. S. 122–128).

12 Dickie (s. Anm. 1), S. 59; Kapp: Reinhold Solger (s. Anm. 2). S. 186.

13 Wittke (s. Anm. 1), S. 346; Kapp: Aus und über Amerika (s. Anm. 2). S. 370.

14 Wittke, S. 213 f.; ›Dutch‹, ›Dutchmen‹ – hier pejorative Bezeichnung der alteingesessenen Amerikaner für deutsche Einwanderer.

15 Solger, zitiert von Kapp: Aus und über Amerika (s. Anm. 2). S. 368.

16 Solger: Preis-Gedicht zur Feier von Schiller's Hundertjährigem Geburtstage, am 10. November 1859. New York 1859.

17 Seitenangaben, die sich auf Texte Solgers und auf Freytags »Soll und Haben« beziehen, werden hinter dem Zitat in Klammern mitgeteilt.

18 Solger, zitiert von Kapp: Aus und über Amerika (s. Anm. 2). S. 372 f.

19 Ebd., S. 374.

20 Ebd.

21 Kapp: Aus und über Amerika (s. Anm. 2). S. 357.

22 Solger: Die Geschichte von Hanns von Katzenfingen, dem Preußischen Gardelieutenant. Ein Fragment. Berlin 1848; Vorabdrucke im »Deutschen Taschenbuch« für 1845 und 1846 sowie in »Poetische Bilder aus der Zeit« (1847).

23 Kapp: Aus und über Amerika (s. Anm. 2). S. 359.

24 Solger: Der Untergang. Bruchstück aus einer Elegie. In: Deutsch-Amerikanische Monatshefte 3 (1866) Bd. 1, S. 243.

25 Solger: Der Reichstagsprofessor. Posse in einem Akt. In: Deutsche Monatsschrift für Politik, Wissenschaft, Kunst und Leben 1 (1850) 4. Quartal, H. 10, S. 59–84; Neudruck in: Der deutsche Michel. Revolutionskomödien der Achtundvierziger. Hrsg. von Horst Denkler. Stuttgart 1971. S. 389–429.

26 Hermann Hettner: Brief an Gottfried Keller vom 25. Februar 1851. In: Der Briefwechsel zwischen Gottfried Keller und Hermann Hettner. Hrsg. von Jürgen Jahn. Berlin u. Weimar 1964. S. 43.

27 Dickie (s. Anm. 1), S. 35; Kapp: Reinhold Solger (s. Anm. 2). S. 187. Es gelang mir leider nicht, ein Exemplar der englischen Fassung in den USA oder in Europa aufzufinden.

28 Kapp: Reinhold Solger (s. Anm. 2). S. 187.

29 Solger, zitiert von Kapp: Aus und über Amerika (s. Anm. 2). S. 377.

30 Kapp: Aus und über Amerika. S. 316.

31 Gustav Freytag: Soll und Haben. Roman in sechs Büchern. In: Gesammelte Werke. 2. Serie. Bd. 1 und 2. Leipzig u. Berlin-Grunewald o. J.

32 Julian Schmidt: Geschichte der Deutschen Literatur seit Lessing's Tod. 5. Aufl. Bd. 3. Leipzig 1867. S. 545 und 546.

33 Franz Mehring: Aufsätze zur deutschen Literatur von Hebbel bis Schweichel. In: Gesammelte Schriften. Hrsg. von Thomas Höhle, Hans Koch u. Josef Schleifstein. Bd. 11. Berlin 1961. S. 129; Robert Prutz: Die deutsche Literatur der Gegenwart. 1848 bis 1858. Leipzig 1859. Bd. 2. S. 103.

34 Mehring, S. 66.

35 Siehe Anm. 31.

36 Mehring (s. Anm. 33), S. 64; Prutz (s. Anm. 33), S. 108; Rudolf Gottschall: Die deutsche Nationalliteratur des neunzehnten Jahrhunderts. Breslau 3. Aufl. 1872. Bd. 4. S. 236.

37 Mehring, S. 291.

38 Ebd., S. 454.

39 In seinem Roman »Schröter & Co« (Leipzig 1893) aus der sechsbändigen Romanreihe »Der Kampf ums Dasein« (1888–95) versetzt Conrad Alberti (d. i. Conrad Sittenfeld) den Provinzkaufmann Anton Wohlfart bezeichnenderweise nach Berlin, wo er sich vom Gründerfieber packen läßt und ins Spekulationsgeschäft einsteigt (Jost Hermand: Der gründerzeitliche Parvenü. In: Aspekte der Gründerzeit. Ausstellungskatalog der Akademie der Künste. Berlin 1974. S. 7).

40 Eduard Gehe: Leben Washington's. Leipzig 1838. S. 10 und 45; Kapp: Geschichte der Deutschen Einwanderung in Amerika. Bd. 1. Leipzig 1868. S. VI; Carl Schurz: Brief an Friedrich Althaus vom 12. Juli 1852. In: Lebenserinnerungen. Bd. 3. Berlin 1912. S. 92; C. Sidons [d. i. Charles Sealsfield – Karl Postl]: Die Vereinigten Staaten von Nordamerika. 1827. Bd. 1. In: Sämtliche Werke. Hrsg. von Karl J. R. Arndt. Bd. 1. Hildesheim u. New York 1972. S. IV; vgl. Schurz: Lebenserinnerungen. Bd. 1. Berlin 1906. S. 299 (aus dem Zusammenhang gelöstes Zitat).

41 Solger, zitiert von Kapp: Aus und über Amerika (s. Anm. 2). S. 373; Karl Obermann: Joseph Weydemeyer. New York 1947. S. 121.

42 Sealsfield (s. Anm. 40), S. 158 und 157; Kapp: Aus und über Amerika (s. Anm. 2). S. 315.

43 Kapp: Aus und über Amerika. S. 361.

44 John M. Wilson, zitiert von Wittke (s. Anm. 1), S. 205.

45 Lawrence S. Thompson u. Frank X. Braun: The Forty-Eighters in Politics. In: Zucker, The Forty-Eighters (s. Anm. 8). S. 115.

46 Buffalo Commerzial Advertiser (1859), zitiert von Kapp: Aus und über Amerika (s. Anm. 2). S. 323.

47 Kapp: Aus und über Amerika. S. 322; Schurz: Brief an Gottfried Kinkel vom 1. Dezember 1856. In: Lebenserinnerungen. Bd. 3 (s. Anm. 40). S. 146.

48 Jürgen Kuczynski: Darstellung der Lage der Arbeiter in den Vereinigten Staaten von Amerika von 1775 bis 1897. In: Die Geschichte der Lage der Arbeiter unter dem Kapitalismus. Bd. 29. Berlin 1966. S. 138–140; C. Adae: Bericht an das Ministerium der auswärtigen Angelegenheiten in Berlin (1858). In: Kuczynski, Amerikanische Krisen und Monopolbildung in deutschen diplomatischen Berichten. Ebd., Bd. 31. Berlin 1968. S. 30.

49 Sealsfield (s. Anm. 40), S. 78; Kapp: Aus und über Amerika (s. Anm. 2). S. 313.

50 H. U. Faulkner: Amerikanische Wirtschaftsgeschichte. Bd. 1. Dresden 1929. S. 402 f., zitiert von Kuczynski (s. Anm. 48), Bd. 31. S. 9.

51 C. Adae: ebd., S. 33.

52 Kapp: Aus und über Amerika (s. Anm. 2). S. 346.

53 Sealsfield (s. Anm. 40), S. 163.

54 O'Connor (s. Anm. 11), S. 133 f.; Thompson/Braun (s. Anm. 45), S. 130; Wittke (s. Anm. 1), S. 211.

55 Schurz: Lebenserinnerungen. Bd. 2. Berlin 1907. S. 91–96.

56 Solger, zitiert von Kapp: Aus und über Amerika (s. Anm. 2). S. 374.

57 Lydia M. Child: Letters from New York. New York 1843, zitiert von Kuczynski (s. Anm. 48), Bd. 29. S. 132 f.; Prairie Farmer. Chicago 1860, zitiert ebd., S. 127.

58 Ebd., S. 128, 132 (H. N. Day: Manuskript einer Predigt vom 28. November 1850) und 136.
59 Solger, zitiert von Kapp: Aus und über Amerika (s. Anm. 2). S. 374.
60 Karl Marx: Der achtzehnte Brumaire des Louis Bonaparte. 1852. In: Karl Marx u. Friedrich Engels: Werke. Bd. 8. Berlin 1960. S. 123.
61 Karl Marx: Zu den Ereignissen in Nordamerika. 1862. Ebd., Bd. 15. Berlin 1972. S. 552.

CHRISTOPH HERING

# Otto Ruppius, der Amerikafahrer. Flüchtling, Exilschriftsteller, Rückwanderer

Der deutschen Amerikaliteratur ist es nicht immer gelungen, sich gegen Reisebericht und Abenteuererzählung als eigenwertige Literaturgattung abzugrenzen. Die Verführung, den exotischen Reiz eines fernen Landes zu betonen, lag nahe und damit die Gefahr sensationeller Effekte, was bei der Wildheit eines halbzivilisierten Kontinents, der der ausschweifenden Phantasie keine Grenzen setzt, nur zu natürlich ist. Amerikaliteratur richtig verstanden, das sollte bedeuten: Darstellung des Schicksals von Einwanderern und Schilderung ihrer mühsamen Versuche, sich in der Fremde eine neue Heimat einzurichten, sich einzubürgern, um Mitglieder eines ganz anderen Staatswesens zu werden, ohne allerdings bei diesem Prozeß der Eingliederung die eigene Herkunft völlig aufzugeben. Notwendig steht so das Leben des Deutschamerikaners, sofern er nicht in problemloser Anpassung aufgeht, unter dem Gesetz der Auseinandersetzung des Alten und des Neuen; einem Autor bietet sich damit zwanglos eine Gelegenheit zur Konfrontation zweier Kulturbereiche. Unter diesem Gesichtspunkt einer jeweils mehr oder minder geglückten Synthese unterscheidet sich der Deutschamerikaner als literarischer Typ von den Kolonialherren der Afrikaliteratur (Frieda von Bülow, Hans Grimm) oder der sich abkapselnden völkischen Minderheit, die sich gegen eine fremdbleibende Umwelt zu behaupten sucht (Josef Ponten, Adolf Meschendörfer). Mißlingen oder Erfolg im großen Einschmelzungsprozeß erlaubt einen breiten Spielraum, in dem alle möglichen Zwischengrade vom pragmatischen Mitmachen bis zum trotzigen Beharren auf der angestammten Eigenart dargestellt werden können. Allein vom Thema her vertritt somit eine deutschamerikanische Literatur zwei entgegengesetzte Tendenzen: einerseits kann sie in der Begegnung mit dem Fremden sich des nationalen Erbes vergewissern und hochmütig wie dünkelhaft im herzlosen Yankeeland auf vaterländischen Stolz pochen oder aber aus den Hoffnungen und Erwartungen, die an den geschichtlichen Emanzipationsprozeß anknüpfen, utopische Leitbilder für ein reformbedürftiges Europa entwerfen.
Gerade im zweiten Drittel des neunzehnten Jahrhunderts war das Amerikathema besonders verbreitet und wurde, nicht zuletzt durch die vielen politischen Flüchtlinge, literarisch artikuliert. Denn diese Emigranten des Vormärz und der Revolution blieben gegenüber den einfachen Schichten, die aus wirtschaftlicher Not zur Auswanderung gedrängt wurden, auch in der Neuen Welt deutsche Bildungsbürger und ließen die Verbindung mit der alten Heimat und ihrer Kulturtradition nicht abreißen. Unter den Hauptvertretern dieser Amerikaliteratur, also bei Charles Sealsfield, Friedrich Gerstäcker, Balduin Möllhausen oder Friedrich August Strubberg, dominierte allerdings das Abenteuerliche der Indianerkämpfe und der Fehden entlang den offenen Grenzen des wilden Südwestens. Obwohl diese Romantik von Prärie und Felsengebirge, von Waldläufern und Büffelherden den tatsächlichen Verhältnissen des damals noch unerschlossenen und kaum besiedelten Landes ent-

sprach (es handelt sich um die Territorien, die noch nicht als Staaten in die Union aufgenommen waren), mußten solche Erzählungen bei deutschen Lesern ihren Bezug zur Wirklichkeit verlieren und schienen das Romanhafte und Phantastische zu betonen, mithin die spannende Unterhaltungsliteratur um einen besonders farbkräftigen und handlungsstrotzenden Bereich zu vermehren, was dann von der Kolportage (etwa Karl May) grobschlächtig ausgenutzt wurde.

Im Unterschied dazu versuchte sich Otto Ruppius als einer der ersten erfolgreich am Thema des deutschamerikanischen Einwanderers und verzichtete weitgehend auf die Vorteile, die der exotische Roman einem Unterhaltungsschriftsteller an die Hand gab. In seinen Romanen und Novellen beschränkte er sich auf die Abschilderung des deutschen Einwandererlebens, vor allem auf die Nachzeichnung einzelner Phasen des großen Einschmelzungsprozesses, wobei er auf eigene Erlebnisse zurückgreifen konnte. Diese autobiographische Basis verleiht seinen Schriften heute den Rang historischer Dokumente, die das Einströmen des deutschen Elementes als Bildungsfaktor in eine noch unfertige Kulturgesellschaft um die Mitte des neunzehnten Jahrhunderts belegen.

Von Anfang an, schon vor seiner Emigration in die Vereinigten Staaten, hatte Ruppius das erklärte Ziel verfolgt, ein echter Volksschriftsteller zu werden, mehr Gotthelf als Auerbach. Bürgerlicher Revolutionär und mutiger Journalist, wirkte er als Aufklärer im besten Sinne des Wortes, Handwerkern und Bauern als Kalendermann dienend. Sein Amerikaaufenthalt änderte an dieser Grundtendenz nichts, er blieb der Ratgeber, der nun den künftigen Einwanderern aus eigener Erfahrung Warnung und Lehre erteilte, indem er an fiktiven Schicksalen den Prozeß des Heimischwerdens in der Fremde besonders anschaulich und nicht ohne Humor vorführte.

Leider sind wir über sein Leben und Wirken nur dürftig unterrichtet. Die elementarsten Voraussetzungen für zuverlässige Informationen fehlen, Datierungsfragen sind ungeklärt, die Werklisten unvollständig. So muß eine vorläufige Skizze genügen, um den Verschollenen wieder ins Blickfeld zu rücken.[1]

Als Beamtensohn am 1. Februar 1819 in Glauchau geboren,[2] macht Ruppius nach der Schulzeit in Langensalza, als ihm die Mittel zum Universitätsbesuch fehlen, eine kaufmännische Lehre in Erfurt durch und tritt 1839 mit falschen Hoffnungen auf eine bessere Karriere in die preußische Armee ein. Als geselliger Charakter, der sich beim Arrangieren von kleinen Festen im Kameradenkreis hervortut, avanciert er zum Regimentsschreiber und gibt 1841 das *Taschenbuch für den preußischen Infanteristen* heraus. Allerdings erfährt man aus der Erzählung *Das Heimchen* (1863), in der Ruppius seine Soldatenzeit schildert, wie wenig er damals mit seiner Lage zufrieden war, da ihm die Ausbildung für eine bürgerliche Existenz fehlte und die Möglichkeit, aus dem Mannschaftsstande aufzusteigen, begrenzt war.[3] Deshalb ließ er sich nach seiner Dienstzeit als Buchhändler in Langensalza nieder und begann zu schriftstellern. Schon 1840 hatte er in der *Jugend-Bibliothek* des bekannten Volksschriftstellers Gustav Nieritz eine Erzählung *Die Schlacht bei Leuthen. Sittenbild aus dem vorigen Jahrhundert* veröffentlicht, 1844 folgte *Die Fahrt nach Griechenland. Skizze aus dem wirklichen Leben.* Auf Suche nach einem größeren Wirkungsfeld ging er 1844 nach Berlin, wo er mit seinem Freunde Adolf Ries den ›Norddeutschen Volksschriftenverein‹ gründete, der den unteren Schichten der Bevölkerung statt der billigen Kolportage gute Literatur in preiswerten Ausgaben vermitteln sollte. So plante er eine hochdeutsche Ausgabe von Gotthelfs *Uli der Knecht* und verfaßte die sechs Dorfgeschichten, die später in der zweibändigen Sammlung *Aus dem deutschen Volksleben* (1862) nachgedruckt wurden. Nachweislich erschien *Schlamm und fester Boden. Eine Geschichte zu Ernst und Kurzweil* schon 1848 im ›Volksschriftenverein‹; hier werden die Nöte und Gefahren eines wandernden Handwerksburschen ungeschminkt dargestellt. Unter den anderen Erzählungen verdient *Eine Weberfamilie* Beachtung, ein Werk sozialer Anklage, das die heute aus Gerhart Hauptmanns Drama bekannten Vorgänge um das Weberelend in Langenbielau mit melodramatischem Realismus darstellt. Daneben redigierte er 1846 eine Kinderzeitung, *Bilderbuch der Frau*, über die sich noch nichts ermitteln ließ. In dieser Phase seines Wirkens tritt Ruppius als liberaler Publizist und Volkspädagoge hervor, dem es um eine Gebrauchsliteratur für die Jugend und das einfache Volk zu tun ist. Statt radikaler Haltung ist für ihn ein gemäßigter Demokratismus mit antiklerikaler Tendenz bezeichnend, aber grundsätzlich ist er ein Mann des Ausgleichs, der gelegentlich biedermeierlichen Ordnungssinn vertritt.[4]

Es überrascht bei dieser kritischen Tendenz nicht, daß Ruppius sich im Revolutionsjahr als freisinniger Journalist betätigte und eine *Bürger- und Bauernzeitung* herausgab. Als die preußische Nationalversammlung am 5. Dezember 1848 durch königlichen Befehl aufgelöst wurde, schrieb Ruppius einen flammenden Protest und forderte, der für die Auflösung verantwortliche Minister solle als Hochverräter vor ein Kriminalgericht gestellt und zu lebenslänglichem Zuchthaus verurteilt werden. Die Reaktion schlug zurück, Ruppius wurde angeklagt, und am 16. Juni 1849 kam es zur Verhandlung vor dem Berliner Geschworenengericht. Der Angeklagte wurde zu neun Monaten Festung verurteilt, aber zunächst noch nicht in Haft genommen. Ende 1849 entzog er sich weiterer Verfolgung durch Flucht nach Amerika.

Nicht ganz zwölf Jahre, von Ende 1849 bis Mitte 1861, hielt sich Ruppius in den Vereinigten Staaten auf. Seine erste Stelle als ›professor of music‹ an einem College in Nashville im Staate Tennessee gab er schon 1851 wegen des ihm wenig zusagenden Klimas auf und siedelte nach Louisville, Kentucky, über, wo er als Dirigent und Musiklehrer so erfolgreich war, daß er sich Grundbesitz und ein Haus erwerben konnte. Ein früher Hinweis auf seine Tätigkeit in Louisville wird durch ein Konzertprogramm bestätigt.[5] Für den 16. Dezember 1851 war in der ›Mozart Hall‹ ein »Grand Concert of the Prussian Exiles« angekündigt worden, das wegen einer Kältewelle auf den 20. Dezember verschoben werden mußte. Neben einem Klavierspieler und einem Cellisten erscheinen Otto Ruppius als Geiger und seine Frau als »concert solo singer«. Wahrscheinlich hat das Ehepaar bei den regelmäßigen Konzerten der ›German Musical Society‹ mitgewirkt, jedenfalls berichtet Otto Girndt, ein Freund aus den letzten Lebensjahren, daß Ruppius Dirigent war, aber auch, war Not am Mann, als Trommler oder Pfeifer einsprang.[6] Als der Erfolgreiche 1853 durch einen Brand (nach Girndt »Brandstiftung«)[7] sein Haus und allen Besitz verlor, entschloß er sich, in Milwaukee im Staate Wisconsin, einer Hochburg deutscher Einwanderer, neu anzufangen, und begann für deutschamerikanische Zeitschriften zu arbeiten. Seine Genrebilder und Romane aus dem Leben der gebildeten deutschen Einwanderer setzten den pseudoromantischen Geschichtsnovellen, die damals üblich waren, eine realistische Erzählkunst mit lebensnaher Problematik entgegen. Kurze Zeit war er Redakteur an der *New Yorker Staatszeitung*, kehrte aber 1855 nach Milwaukee zurück, wo er bis 1859 blieb. Aus diesen Jahren stammen *Waldspinne* (1856), eine Novelle über die Schwierigkeiten, die ein deutscher Ansiedler unter engstirnigen Provinzlern erlebt, und *Der Pedlar* (1857) mit der Fortsetzung *Das Vermächtnis des Pedlars* (1859), ein großangelegter Roman, der den Weg eines Akademikers von der Ankunft in New York bis zum Heimischwerden in Alabama nachzeichnet. In diesen Werken zeigt sich in den rätselhaften Titelhelden ein Zug zu romantischer Darstellungsweise: Waldspinne, ein Buckliger, erscheint einem Schuldigen als Stimme des Gewissens; der Pedlar, ein jüdischer Hausierer, der als geheimnisvolle Gestalt auftaucht und verschwindet, wirkt wie der gute Genius des unerfahrenen Einwanderers. Der nächste Roman, *Der Prärieteufel* (1859), eine spannende Abenteuergeschichte aus dem Südwesten, entspricht den Reiseerzählungen von Gerstäcker oder Karl May. Mit seinen Indianerkämpfen, Überfällen und Verfolgungsritten weicht er von der üblichen Thematik seiner deutschamerikanischen Erzählungen ab.[8] *Geld und Geist* (1860) ist die Erfolgsgeschichte eines deutschen Journalisten, der gegen politische Korruption kämpft. Fünf kürzere Erzählungen aus dem Leben der deutschen Ansiedler im Mittleren Westen wurden 1861 als *Genrebilder aus dem amerikanischen Leben* gesammelt.

1859 ist ein entscheidendes Jahr für den Schriftsteller Ruppius; er ging nach St. Louis im Staate Missouri, wo er *Westliche Blätter*, ein belletristisches Unterhaltungsblatt, herausgab, und ließ die ersten Ausgaben seiner Romane in Deutschland erscheinen.[9] 1860 übernahm *Die Gartenlaube* seine Erzählung *Mary Kreuzer* zum Vorabdruck, und so wurde Ruppius ständiger Mitarbeiter auch dieser Zeitschrift. Er hatte sich nun als erfolgreicher Autor in Amerika durchgesetzt und dazu ein zweites Publikum in der alten Heimat gewonnen.

Im August 1861 kehrte er nach Deutschland zurück.

Mehrere Gründe scheinen ihn zu diesem Schritt bewogen zu haben, nicht nur der Umstand, daß mit dem Amnestieerlaß für politisch Verurteilte das Haupthindernis für seine Rückkehr beseitigt war. Denn trotz seiner schriftstellerischen Erfolge in Amerika schien er sich jetzt stärker auf Deutschland zu konzentrieren, seinen neuesten Roman, *Ein Deutscher* (1862), und weitere Erzählungen hatte er der *Gartenlaube* zum Vorabdruck überlassen.[10] Schwerer schienen politische Vorgänge ins Gewicht zu fallen, die Ruppius beängstigten und ihm den Entschluß zur Heimreise nahelegen mußten. In einem Briefbericht an die *Gartenlaube* von Mitte Mai 1861 (398 f.) mit dem Titel *Ein Bild aus den jetzigen amerikanischen Zuständen* hat er die bedrückenden Tage vom 9. bis 12. Mai in St. Louis anschaulich beschrieben, als die Pöbelhorden der Sezessionisten, die den Staat Missouri ins Lager der Südstaaten drängen wollten, sich mit einer deutschen Heimwehr Gefechte lieferten. Da die Deutschen mit ihren Sympathien auf der Seite des Nordens standen, hatten sie allen Grund, Übergriffe zu befürchten, zumal der ›Bloody Monday‹, der 6. August 1855, an dem die ›Know Nothing Party‹ unter den deutschen und irischen Einwanderern von Louisville ein Massaker anrichtete, noch frisch in Erinnerung war. Es ist nur zu verständlich, daß Ruppius, der schon einmal alles verloren hatte, dem aufziehenden Gewitter eines Bürgerkrieges, zumal in einem Lande, wo er unter den Männern einen Zug zur Gewalttätigkeit bemerkte, mit größter Sorge entgegensah.[11] Die Unsicherheit der Verhältnisse und der zu befürchtende Fanatismus des Parteihaders zwischen den Sezessionisten und den Anhängern der Union veranlaßte Ruppius zu pessimistischen Prognosen. Für ihn stand jetzt die Existenz der freiheitlichen Republik auf dem Spiel, er sah das Ende der Union voraus, wie er in einem zweiten Brief an die *Gartenlaube* (574 f.) ausführte, den er gleich nach seiner Rückkehr geschrieben hatte.

Während der ersten Jahre in Deutschland setzte Ruppius allerdings sein deutschamerikanisches Programm unbeirrt fort. Er schrieb Beiträge für die *Gartenlaube*, so den Roman *Zwei Welten* (1863), eine abwechselnd in Deutschland und Amerika spielende Geschichte, in der die zu erwartende Konfrontation zweier Kulturen leider ausbleibt, da eine Familiengeschichte in den Vordergrund gerückt wird. Zwei neue Novellenbände erschienen, *Im Westen* (1862) und *Südwest* (1863), und seine erfolgreichen Romane erlebten neue Auflagen. 1863 ging er nach Berlin und gründete das *Sonntags-Blatt für Jedermann aus dem Volke*, das er als literarisches Unterhaltungsblatt im Stil der *Gartenlaube* redigierte und wo er seine letzten Erzählungen aus dem deutschamerikanischen Leben, *Das Heimchen* (1863) und *Die drei Vagabunden* (1864), veröffentlichte. Verleger war sein Freund Franz Duncker, der auch seine sämtlichen Schriften übernahm. Die beiden eben genannten Romane bilden eine Einheit, *Das Heimchen* ist die in Deutschland spielende Vorgeschichte zu den Abenteuern des Vagabundenkleeblatts. Während das Einwandererthema hier dreifach erweitert wird, ist die Verknüpfung beider Geschichten etwas äußerlich geraten, da lediglich zwei Nebengestalten, die in Deutschland heiraten, in ihrer Eheproblematik mit den Schicksalen der drei Amerikafahrer verwoben werden. Aber für die Haltung des durch den Bürgerkrieg skeptischer gewordenen Ruppius sind beide Werke äußerst aufschlußreich. Der Soldat Bergius aus *Das Heimchen* lehnt das Angebot einer Stelle in Amerika ab, von den drei Vagabunden kehrt der eine am Ende nach Deutschland zurück. Doch ist *Das Heimchen* als Analyse der engen Verhältnisse in der alten Heimat gewissermaßen die Vorgeschichte für alle Amerikaromane von Ruppius.

Am 25. Juni 1864 starb der Unermüdliche im Alter von 45 Jahren.[12]

Überblickt man das literarische Schaffen dieses Mannes, der in seinen deutschamerikanischen Einwanderergeschichten eine für die damalige Unterhaltungsliteratur beachtliche Höhe erreicht, dann zählt man neben drei Sammlungen Novellen nicht weniger als sieben Romane, die in den acht Jahren von 1856 bis 1863 verfaßt wurden. Eine so intensive Produktion erklärt sich einmal aus der Fülle eigener Erlebnisse und Beobachtungen – die Helden sind jeweils Spiegelbilder des Verfassers –, zum andern aus der handwerklichen Leichtigkeit, die der deutsche Unterhaltungsroman nach der Periode jungdeutscher Experimente in Anlehnung an den europäischen Feuilletonroman gewonnen hatte. Es ist nicht weiter überraschend, daß bei solch rascher Niederschrift, um die Fortsetzungsspalten der Literaturblätter termingerecht zu füllen, viele Motive einfach wiederholt oder nur geringfügig abgewandelt werden. Das bestätigt sich, liest man sämtliche deutschamerikanischen Erzählungen, die zwischen 1874 und 1895 in vier verschiedenen Gesamtausgaben erschienen, in einem Zuge durch. Bei allem Reichtum an Abenteuern und Genreszenen bleibt letzten Endes der Eindruck einer gewissen Monotonie; die Charaktere sind auf wenige Typen begrenzt, die Lebensläufe scheinen nach demselben Schema vorherbestimmt. Andererseits schlägt dabei ein Gewinn zu Buch: Die Wiederholung bestimmter Motive verweist auf Züge des deutschamerikanischen Lebens, die der Autor als typisch empfand.

Bis zu welchem Ausmaß Ruppius das deutschamerikanische Zeitschriftenwesen beeinflußt hat, läßt sich noch nicht mit Bestimmtheit sagen. Ohne Zweifel hat er, der als erster lebensnahe und gehaltvolle Fortsetzungsromane schrieb, das literarische Niveau der Unterhaltungsblätter gehoben, die ihre Leser mit unbedeutenden Feuilletons und Skizzen oder pseudoromantischen Geschichtsnovellen versorgten. So erschien *Der Pedlar* 1856 in der *New Yorker Staatszeitung*, *Geld und Geist* 1859 in *Westliche Blätter*, der *Sonntags-Beilage* des *Louisviller Anzeigers*.[13] Weitere Quellen sind bislang nicht nachgewiesen, doch darf mit Sicherheit angenommen werden, daß auch *Das Vermächtnis des Pedlars* und *Der Prärieteufel*, die beiden anderen zuerst in Amerika veröffentlichten Werke, ein Jahr vor der Buchausgabe als Zeitungsromane im Vorabdruck erschienen waren.

Es ist bezeichnend, daß die Übersiedlung nach Deutschland im literarischen Werk des Journalisten Ruppius keine wesentlichen Spuren hinterlassen hat. Ein Stilwechsel zwischen den amerikanischen und den deutschen Beiträgen ist nicht festzustellen, war überdies kaum nötig. Der deutschamerikanische Leser hatte, wie ein Blick auf die belletristischen Journale von New York, Cincinnati oder Milwaukee zeigt, seine alten Bildungsideale und Sonderinteressen beibehalten, als sei der neue Kontinent lediglich eine geographische Distanz, kein fremder Kulturbereich. Noch hatten sich die Emigranten nicht in das amerikanische Denken und Fühlen eingelebt, brauchten es auch nicht, da sie in größeren Kolonien zusammenlebten und ihr Vereinswesen pflegten. Ein gutes Beispiel sind die *Westlichen Blätter. Ein Organ für schöne Literatur, Kunst und Wissenschaft*, die 1851 in Cincinnati als Literaturblatt erschienen, jedoch wegen Geldmangels nicht über den ersten Jahrgang hinauskamen, ein beliebter Titel übrigens, den Ruppius im Sommer 1859 für die *Sonntags-Beilage* des *Louisviller Anzeigers* übernahm, ehe er das Parallelunternehmen in St. Louis redigierte. Die *Westlichen Blätter* Cincinnatis wurden von E. Klauprecht und F. Fenneberg herausgegeben und waren ganz im Stil der *Gartenlaube* gehalten; was eigentlich fehlt, ist das Reformprogramm des streitbaren Ernst Keil, der für Dichterstiftungen, natürliches Heilverfahren und die Taucherglocke von Wilhelm Bauer eintrat, sowie die gehobene Unterhaltungsliteratur der Salonromane und Geschichtsnovellen. Aber sonst gleicht Deutschamerika der bürgerlichen Belletristik in Leipzig wie ein Ei dem anderen. Vor allem in den »Vermischten Nachrichten«, der Rubrik »Blätter und Blüthen« der *Gartenlaube* nachgebildet, in den historischen Anekdoten und den Reiseskizzen, hier Süd- und Mittelamerika statt Nordamerika, äußert sich das romantisierende Epigonentum und des Bildungsbürgers Liebe zu seiner Oper.[14]

Obgleich also für Ruppius hüben wie drüben dieselbe Leserschaft zählt, ist die Funktion seiner Erzählungen verschieden. Für deutschamerikanische Zeitschriften sind seine Novellen und Romane ein erster Beitrag zu realistischer Kunst, da hier die Leser nicht das Exotische und Abenteuerliche genießen können, sondern mit einem Leben konfrontiert werden, das sie alle, vor wenigen Jahren noch, in ähnlicher Weise selber durchgemacht haben. Die Romanwelt stellt eine alltägliche Wirklichkeit dar, die auf gemeinsamer Erinnerung basiert und dem tatsächlichen Erlebnisbereich eines deutschen Einwanderers entspricht. Der Erfolg konnte nicht ausbleiben.

Auch in Deutschland nicht. Hier konnte Ruppius mit großer Resonanz im Publikum rechnen, da das Amerikathema in der *Gartenlaube* an der Tagesordnung war. Ein flüchtiger Blick auf die ersten Jahrgänge (von 1853 an) bietet eine überraschende Fülle von Miszellen. Neben Berichten von Einwanderern finden sich Kurzdarstellungen über das Regierungssystem, über die wichtigsten Städte, Negerplantagen im Süden, die Indianer und Büffelherden des Westens und die Goldgruben Kaliforniens, jeweils mit niedlichen Holzschnitten ausgeziert. Die Rubrik »Blätter und Blüthen« am Ende eines jeden Heftes liefert ein Sammelsurium von kuriosen Nachrichten, Anekdoten und Histörchen über merkwürdige Vorkommnisse, wie sie nur im Yankeelande möglich sind. Dazu statistische Hinweise und kulturgeschichtliche Betrachtungen. Gegenüber diesen eher vom Zufall ausgewählten Bruchstücken entwerfen die Schriften von Ruppius ein literarisch ausgeformtes, umfassendes Panorama, das den Zustand der Vereinigten Staaten vor dem Bürgerkrieg schildert, als die westliche Hälfte des Landes noch kaum erschlossen war.

So führt das aus sieben Romanen und dreizehn Novellen bestehende Erzählwerk den Leser von den Städten des Ostens und den Plantagen des Südens, wo sich noch immer Anklänge an europäische Lebensformen bemerkbar machen, zu den Staaten des Mittleren Westens, wo das eigentliche Abenteuer der Kolonisation beginnt. Vor allem in den kleinen Erzählungen, den Genrebildern, werden die Ansiedlungen in Kentucky *(Die Nachbarn, Buschlerche)*, Iowa *(Mary Kreuzer)* und Missouri *(Bill Hammer)*, die Einsamkeit am Michigansee *(Vermißt)* oder die Landnahme in Minnesota *(Auf Regierungsland)* eingehend beschrieben, Randgebiete der Zivilisation also, während die Romane, deren Handlung vorwiegend mit der Ankunft in New York einsetzt, je nach der Lebenskurve des Helden weiter in das damalige Gebiet der Union vorstoßen, in den *Drei Vagabunden* sogar bis in die Goldfelder Kaliforniens. Doch Ausflüge in die Wildnis, die man nur zu Pferde erreichen kann, sind selten, Ruppius bevorzugt die Gebiete, die durch Eisenbahn oder Dampfschifffahrt erschlossen sind.

Man vermißt die ausführlichen Landschaftsschilderungen, die für Reiseromane so charakteristisch sind. Ruppius wählt für seine Erzählungen als Schauplatz die billige Pension, in der die Einwanderer zuerst unterkommen, den Salon und das Wohnzimmer eines Herrenhauses im Süden, die Anlagen eines Stadtparks oder die kaum näher beschriebene Hauptstraße, schließlich das Weideland und die Felder um ein Farmhaus. Es ist immer eine Kulisse, bei der die Unterschiede gegen Europa wenig zählen sollen. Denn die Menschen und ihre Schicksale sind wichtiger. Das Amerikanische verwirklicht sich demnach nicht im äußerlichen Erscheinungsbild der Umwelt, sondern in den Zufällen, Möglichkeiten und Hindernissen, die das menschliche Zusammenleben regulieren. Hier werden die Unterschiede hervorgehoben.

Die betrügerischen Machenschaften der Geschäftsleute wie Versicherungsschwindel oder Spekulation mit Eisenbahnaktien werden in den Erzählungen *Ein Deutscher*, *Buschlerche* oder *Geld und Geist* angeprangert, ebenso die korrupten Wahlmanöver der Politiker *(Zwei Welten)* und die gefährdete Unabhängigkeit der Presse *(Geld und Geist)*. Der Raufboldgeist und die Lynchjustiz *(Ein Deutscher, Mary Kreuzer)* spielen eine Rolle, ebenso die Problematik der Geschworenengerichte *(Der Pedlar,*

*Vermißt).* Das seit *Onkel Toms Hütte* (1852) so beliebte Thema der Sklaverei wird in den Bänden *Ein Deutscher* und *Die Nachbarn* nur als ökonomisches Faktum erörtert, was bei einem freisinnigen Schriftsteller wie Ruppius überrascht.[15] Da die Einwanderer mit amerikanischen Familien bekannt werden und sogar in sie einheiraten, erfährt der Leser mancherlei über die gezwungenen Formen der Geselligkeit in einem puritanischen Lande, über die toten Sonntage so gut wie das Gemeinschaftserlebnis von »Barbecue« oder »Quilt Partie«.[16] Neben den Scheidungsgesetzen, die im *Vermächtnis des Pedlars* und in den *Drei Vagabunden* die Handlung bestimmen, wird der verderbliche Einfluß der Sektenprediger mit Vorliebe ausgemalt, wie von einem antiklerikalen Schriftsteller nicht anders zu erwarten *(Ein deutscher Pferdedieb, Ein Deutscher).* Daneben gibt es natürlich auch Beispiele der Hilfsbereitschaft, der Unbestechlichkeit und der Zivilcourage.

Doch sind diese Enthüllungen keine aufgesetzte Lehrmeinung, sondern Elemente der Erzählstruktur, die zur Motivierung einzelner Handlungsvorgänge erforderlich sind. Das hängt mit dem Grundriß einer Einwanderergeschichte zusammen, den man leicht aus den einzelnen Romanen rekonstruieren kann. Die Erzählungen beziehen sich durchweg auf folgenden Modelltyp:

Als Held wird der gebildete, unpraktische Deutsche bevorzugt, der als Beamter oder Offizier aus politischen Gründen, die nicht näher angegeben werden, Deutschland verlassen mußte und eigentlich nur in seiner musikalischen Begabung ein für die Neue Welt brauchbares Talent besitzt. In New York trifft er auf Schicksalsgefährten, die ihn während der bitteren Wochen erster Arbeitssuche hilfreich beraten oder aber, auch das kommt unter Deutschen vor, aufs gemeinste ausnutzen. Schon bei seiner Ankunft oder kurze Zeit später hat er ein deutsches oder amerikanisches Mädchen getroffen, und so wird für die Folge eine Liebeshandlung vorbereitet. Als der Held seine Vorurteile überwunden hat und jeden beliebigen Job annehmen will, greift überraschend der Zufall ein, auch dies ist typisch für Amerika: dem Musikalischen wird eine Stelle als Musiklehrer angeboten, oder – in der alltäglicheren Version – er arbeitet in einem Büro, wo er sich durch Fleiß auszeichnet. Nachdem auf diese Weise die wirtschaftliche Lage gesichert und der Aufstieg zum Erfolg nur noch eine Frage der Zeit ist, kann sich die angedeutete Liebesgeschichte entfalten. Durch die amerikanische Freundin erweitert sich der nichtdeutsche Bekanntenkreis des Helden, er durchschaut bald die gesellschaftlichen Konventionen und erkennt, indem er sich immer tiefer in politische und finanzielle Spekulationen verwickelt sieht, was hinter den Kulissen der demokratischen Fassade gespielt wird. Durch Herzenskultur und Ritterlichkeit den halbzivilisierten Amerikanern überlegen – er ist Akademiker, nicht schlichter Handwerker –, gewinnt unser Held das Vertrauen der Hilfesuchenden und bewährt sich so als Vertreter bürgerlicher Gerechtigkeitsmoral in der Geschäftswelt wie im Familienkreis. Retter und Rächer in einem, allen Versuchungen widerstehend, gewinnt er nach allen Prüfungen die Geliebte, mag sie nun Deutsche oder Amerikanerin sein, und ist am Ende aus einem unbekannten Einwanderer zu einem geachteten Mitglied der amerikanischen Gesellschaft geworden, da Tüchtigkeit und Zuverlässigkeit des Charakters in dieser puritanischen Welt ihres Lohnes sicher sein dürfen.

Ruppius bedient sich der szenischen Darstellungstechnik, bei der Erzählvorgang und Leseprozeß zusammenfallen. Neben ihrer unterhaltenden Funktion entspricht

diese Methode besonders glücklich der Zielsetzung des Autors, künftigen Einwanderern eine fremde Welt vertraut zu machen. Denn der Held, dem Autor und Leser in der szenischen Vergegenwärtigung als unsichtbare Begleiter zur Seite stehen, ist ein Neuling, der sich erst langsam in der neuen Heimat zurechtfinden muß. Auf natürlichste Weise kann der Autor somit im Verlauf des Erzählens seine Leser über den Helden in das amerikanische Leben einführen. Die Romanwelt wird als die fremde Wirklichkeit allmählich und Schritt für Schritt ausgemessen und immer deutlicher ins Blickfeld gerückt. Aus der flüchtigen Skizze erster, noch rätselhafter Eindrücke formt sich ein perspektivenreiches Gemälde, das Überblick und kritisches Urteil erlaubt. Die Sentenzen und Ratschläge des Autors, die man zu einem Brevier für Einwanderer zusammenstellen könnte, werden im szenischen Romantyp zu Teilen der Handlung, etwa im Dialog als Erörterung des Für und Wider einer Streitfrage oder als Reflexion eines Charakters, der seine augenblickliche Lage überdenkt. Ein zusätzliches Mittel, die lebendige Nähe szenischer Vergegenwärtigung zu verstärken, sind winzige Einsprengsel der deutschamerikanischen Mischsprache. Auf die billige Komik des ›Pennsylvania Dutch‹ verzichtet Ruppius, nur vereinzelt dient eine Redewendung wie »bei uns hier will das nicht thun!« der Charakterisierung eines einfachen Mädchens aus Milwaukee.[17]
Aber konkrete Dinge, Gebrauchsgegenstände oder Titel, deren englische Bezeichnungen leicht verständlich sind, werden in einfacher Form eingedeutscht, so daß den Leser in Amerika das Vertraute täglichen Gebrauchs, in Deutschland dagegen das irgendwie Andersartige, das sonst umständlich erklärt werden müßte, anrührt. Der Fence oder Fenz, der Store, das Courthaus, der Bar Room und Barroom Counter, der Trouble, der Wharf, der Riot, die Law Office, die Mortgage sind ein paar Beispiele.[18]
Im großen und ganzen ist Ruppius um eine möglichst unparteiische Darstellung bemüht, weshalb er als Gegengewicht gegen die vorherrschende Fremdheit des Amerikanischen, das damit allzu kritisch gesehen werden könnte, auch unliebsame Erscheinungen unter den Deutschen hervorhebt.[19] Aber immer wieder brechen besondere Vorurteile durch, vor allem, wenn Ruppius auf deutsche und amerikanische Musik zu sprechen kommt. In snobistischer Haltung wird das Gedudel der Negertänze und Bänkellieder abgetan und immer wieder die Tiefe des deutschen Liedes gerühmt, weil sich hier etwas äußert, was es unter den Yankees nicht gibt – das deutsche Gemüt.[20] Diese Voreingenommenheit, geradezu leitmotivisch wiederkehrend, beweist, wie sehr sich der Deutschamerikaner Ruppius auf Grund seiner Bildung den Einheimischen überlegen fühlte, weshalb er auch nie wirklich aus dem Bannkreis der deutschen Kulturkolonie heraustrat. Sein Werk ist nicht so sehr Vermittlung zwischen zwei verschiedenen Kulturwelten, sondern dient der Stärkung des Deutschtums in den Vereinigten Staaten, was damit allerdings auch wieder eine Bereicherung der Union bedeutet, wie er am Schluß einer Erzählung programmatisch ausgesprochen hat: »Bill Hammer aber ist nur der Typus eines großen Theils der in Amerika geborenen Jugend, in welcher dem nordamerikanischen Volke immer neues Blut und neue Lebenskräfte zugeführt werden.«[21]

1 Die älteste biographische Skizze, die bei allen Mängeln sich wenigstens auf persönliche Erinnerungen von Ruppius stützen kann, stammt von Otto Girndt, dem Mitherausgeber des »Sonntags-Blattes für Jedermann aus dem Volke« (ebd., »Nekrolog«, 17. Juli 1864). Darauf fußen, ohne wesentliche Zusätze, die späteren Darstellungen, Brümmers Bericht in der »Allgemeinen deutschen Biographie« sowie die Dissertationen von Theodor Graewert: »Ruppius und der Amerikaroman im 19. Jahrhundert« (Jena 1935) und Leroy Woodson: »American Negro Slavery in the Works of Friedrich Strubberg, Friedrich Gerstäcker and Otto Ruppius« (Washington, D. C. 1949). Zur Abhängigkeit dieser Arbeiten vgl. Woodson, S. 249. Empfehlenswert ist Heinz Stoltes Nachwort zu seiner Ausgabe von »Der Pedlar und sein Vermächtnis« (Bamberg 1969).

2 Die falschen Geburts- und Todesdaten gehen auf Brümmer zurück, der sie in der »Allgemeinen deutschen Biographie« (Bd. 29, S. 715 f.) angibt. Die Berichtigung findet man nur, wenn man im Gesamtregister nachschlägt und den Hinweis auf Bd. 33, S. 798, beachtet, was allerdings in der Ruppius-Forschung nicht üblich zu sein scheint. Ein neuerer Hinweis, Gustav Sichelschmidt: »Liebe, Mord und Abenteuer. Eine Geschichte der deutschen Unterhaltungsliteratur« (Berlin 1969. S. 173 f.), steckt voller Irrtümer. Im Wilpert fehlt unser Autor, ebenso in der letzten Ausgabe des »Großen Brockhaus«. Eine vollständige Werkbibliographie ist noch immer nicht möglich.

3 Ruppius wird nach der dritten Gesamtausgabe in fünfzehn Bänden (Leipzig 1889) zitiert. Die Belegstellen aus »Das Heimchen« in III, 497 f. und 525 f.

4 XIV, 343 (patriarchalische Ordnung empfohlen); 397 (gegen Besteuerung der Armen); XV, 140 f. (Pfarrer als Dunkelmann).

5 John Jacob Weisert: Mozart Hall: 1851 to 1866. Louisville 1962. S. 2.

6 Sonntags-Blatt für Jedermann aus dem Volke (17. Juli 1864) S. 228.

7 Ebd.

8 Dementsprechend erschien eine Bearbeitung für die Jugend von Werner Werther (Wesel 1895).

9 1859 erschien »Das Vermächtnis des Pedlars« gleichzeitig in St. Louis und Berlin; »Der Pedlar«, zuerst 1857 in New York publiziert, kam jetzt in Berlin heraus; »Waldspinne«, ursprünglich New York 1856, wurde in die Sammlung »Das Buch für Alle« aufgenommen. Seit 1861 hat Ruppius nur noch in Deutschland veröffentlicht.

10 »Ein Deutscher« ist wiederum die Erfolgsgeschichte eines emigrierten Akademikers, während die Erzählungen »Unter Fremden«, »Bill Hammer« und »Eine Spekulation« die Schilderung deutscher Ansiedler im Mittelwesten fortsetzen.

11 ›Rowdy-Element‹ als Grundzug des gesamten männlichen Amerikanertums im Aufsatz »Ein Bild aus den jetzigen amerikanischen Zuständen«, der Mitte Juni in der »Gartenlaube« von 1861 erschien (398), gleichlautend in der Erzählung »Bill Hammer«, die die Sezessionistengefahr schildert (VI, 238).

12 Weitere Arbeiten aus der »Gartenlaube«, die nicht nachgedruckt wurden, sind die humorvollen brillanten Skizzen »Kleine amerikanische Sittenbilder« (Jg. 1861, S. 825 f., und Jg. 1862, S. 8 f., 46 f., 141 f., 193 f.) sowie die zwei Novellen, »Eine dunkle Tat« (1863) und »Unsichere Fundamente« (1864), die eine Ähnlichkeit mit den ein Verbrechen rückwärts aufschließenden Kriminalgeschichten von Jodocus Temme aufweisen. Weitere Zeitschriftenbeiträge zum Amerikathema lassen sich wahrscheinlich noch identifizieren. Über eine Novelle »Lebenskämpfe« (Dresden 1875) war nichts zu erfahren.

13 Leonard Koester: German Magazines published in Louisville. In: American German Review 20 (1954) S. 26 (Faksimile der Titelseite vom 10. Juli 1859).

14 Neben Mitteilungen über einzelne Stationen der Weltreise, die Friedrich Gerstäcker von 1849 bis 1852 durch Südamerika, Kalifornien und den Pazifik im Auftrage des Verlags Cotta unternahm, finden sich Berichte über die bevorstehenden Amerikatourneen von Sängern und Sängerinnen. Erstaunlich sind die eingehenden Nachrichten über den Opernkomponisten Heinrich Marschner: S. 143 die Ankündigung, Ende Januar werde sein »Austin« in Hannover uraufgeführt, S. 248 eine Anekdote über ihn, S. 414 ausführlich über die Kabalen, die ihn aus Hannover vertrieben.

15 Ruppius' Einstellung zur Frage der Sklaverei ist zu verwickelt, als daß sie hier erklärt werden kann. Er glaubte, daß die Neger auf den Plantagen größere Sicherheit genießen als die Fabrikarbeiter im Norden, die über Nacht auf die Straße geworfen werden können. Da er die Verflechtung der industriellen Nordstaaten mit den Agrarstaaten des Südens sieht, empfiehlt er als Lösung aller Probleme die Erschließung der Landstrecken des Westens durch Freibauern. Vgl. »Die Gartenlaube« (1861) S. 621 f. (»Amerikanische Zustände« Nr. 2: »Zum Negerproblem«)

und »Sonntags-Blatt für Jedermann aus dem Volke« (1864) H. 31–32 (»Die deutsche Industrie und der amerikanische Krieg«).

16 Die drei Vagabunden, VIII, 31 (»Toter Sonntag«); Buschlerche, XI, 174 (»Barbecue«); Die Nachbarn, XII, 528 (»Quilt Partie«).

17 IX, 616 (»Der erste Ball in Milwaukie«).

18 Geld und Geist, Kap. 11; XIII, 120–212.

19 In »Der Pedlar« hält der Offizier Seifert als zynischer Opportunist lange Reden über gewissenlose Erfolgspraktiken (I, 4 f.), er sinkt zum Glücksspieler herab und erhängt sich schließlich im Gefängnis. Auch die bornierten deutschen Ansiedler, rohe Hinterwäldler (»Die Nachbarn«, »Aus einem Schullehrerleben im Westen«), beweisen, daß alle Heimatliebe den Erzähler nicht blind machte gegen die Schwächen seiner Landsleute.

20 In »Eine Karriere in Amerika« (III, 591–644) werden die Amerikaner von den deutschen Musikanten mehrfach als Kaffer bezeichnet. In »Ein Deutscher« bildet das Lied »Zieh'n die lieben gold'nen Sterne« das Leitmotiv der Liebesgeschichte. Wie sehr Ruppius damit das Interesse seiner Leser traf, beweist eine Nachfrage im Briefkasten der »Gartenlaube« (1861, H. 43). Das Lied stammt von Proch und wurde als »Schweizer Heimweh« ein beliebtes Salonstück.

21 VI, 226.

# Nach Amerika. Gerstäckers Widerlegung der Lenau-Legende

I

Literarisch Schule gemacht hat nicht Friedrich Gerstäcker und nicht einmal Charles Sealsfield, die das Amerika des frühen 19. Jahrhunderts bereisten, Jahre dort verbrachten und in ihren Arbeiten ihre Erfahrungen dokumentierten. Schule gemacht hat eher der Lyriker Nikolaus Lenau, der von Ferdinand Kürnberger bis hin zu Peter Härtling als der in seinen utopischen Hoffnungen enttäuschte ›Amerika-Müde‹ in die Literatur und Literaturgeschichte einging. Als desillusionierten Utopisten läßt Kürnberger ihn im Protagonisten Dr. Moorfeld seines Romans *Der Amerika-Müde* seine amerikanischen Lehrjahre absolvieren und, angeekelt von der gepriesenen Neuen Welt, ins alte Europa zurückkehren. Als in seiner Sehnsucht gebrochenen, enttäuschten Amerikafahrer, der, nach Europa zurückkehrend, in seine Dichtung, sein *Don Juan*-Epos, und allmählich in den Wahnsinn eskapiert, zeigt Peter Härtling den Nikolaus von Niembsch in seinem Roman *Niembsch oder Der Stillstand*. So ernst die Dimension der Amerikakritik in Kürnbergers Roman zu nehmen ist, obwohl Kürnberger Amerika nie besucht hat,[1] so deutlich wird bei Härtling[2] die Stilisierung zur literarischen Legende, die zugleich mit aktuellen Affekten gegen Amerika aufgeladen ist.

Es ist höchst bezeichnend, daß auch in der am Anfang dieses Jahrhunderts erschienenen detaillierten Arbeit des Historikers Albert Bernhard Faust *The German Element in the United States*[3] Lenau eine Schlüsselstellung eingeräumt wird als Beispiel des von Amerika enttäuschten gebildeten Europäers, der nach Europa zurückemigriert: »This supersensitive son of European culture deluded himself with the belief that the goal of his wishes would be reached in a life as a farmer in the primeval forests of the New World. In October, 1832 he bought a farm in a rather poor country in Crawford County, Ohio« (II, 345 f.).

Man lese nur im zweiten Band von Sealsfields *Die Vereinigten Staaten von Nordamerika*[4] nach, wie er, der sieben Jahre lang in Kittaning in der Nähe von Pittsburgh in Pennsylvanien gelebt hatte,[5] den Staat Ohio in seiner landschaftlichen Fruchtbarkeit und kulturellen Entwicklung beschreibt: »Überhaupt hat Ohio so wenig das halbrohe und unentwickelt dürftige Äußere der westlichen, als das Übergebildete der Yankeestaaten; es ist der kräftige, blühende Jüngling, der seiner Vollendung entgegentritt, und den man selbst in seiner Nacktheit nicht ohne Bewunderung sehen kann« (II, 64). Ja, Sealsfield empfiehlt sogar seinem wichtigsten Lesepublikum, den potentiellen deutschen Auswanderern, ausdrücklich Ohio: »Wer sich in den Vereinigten Staaten niederzulassen gedenkt, dem rate ich, wenn er Farmer ist, unbedingt diese Gegend« (II, 49).

Die Wüste, die Lenau nicht müde wird in seinen Briefen aus Lisbon, in der Nähe der pennsylvanischen Grenze, zu beschwören, ist rhetorische Übertreibung angesichts der damaligen tatsächlichen Entwicklung von Ohio, das zu jener Zeit längst zu den etablierten Staaten gehörte. Die eigentliche Wildnis begann damals bereits jenseits des Mississippi. Die romantische Legende, die sich um Lenaus Amerika-abenteuer gesponnen hat und an deren Entstehung er kräftig in seinen Briefen mit-wirkte, hat noch eine ironischere Pointe, die eine Lektüre von Lenaus damals ge-schriebenen Briefen[6] enthüllt.

Lenau hatte keineswegs daran gedacht auszuwandern, sondern seine Amerikafahrt war eine Geschäftsreise, ausgelöst durch eine geschickte Finanzaktion, einen »Ge-winn von Staatspapieren« (II, 1240), den er möglichst effektiv anzulegen gedachte. Als er Ende Juli 1832 von Amsterdam aus aufbrach, war seine Rückkehr von vorn-herein eingeplant: »[...] drei bis vier Wochen bleib ich dort, so daß ich mit Ende Oktober bei euch sein kann, oder wenigstens wieder in Europa« (II, 199). Er hatte lediglich vor, sein Geld in einer Farm anzulegen, die er mit geschäftlichem Bedacht eben im fruchtbaren Ohiogebiet aussuchte, um sie an einen bereits vorher dafür ge-wonnenen Auswanderer zu verpachten und möglichst in kurzer Zeit ein reicher Mann zu werden, d. h. in Europa Nutznießer seines in Amerika angelegten Kapi-tals zu sein. So erläutert er ausführlich in einem Brief an seinen Schwager: »In drei bis vier Jahren hat sich dann der Wert meines Eigentums wenigstens auf das Sechs-fache gesteigert. [...] Ich kann mich auf meine Leute ganz verlassen und eine gute Rente in Österreich genießen« (II, 198). Und noch pointierter: »Verhungern kann ich doch nicht mehr, aber ein reicher Mann kann ich werden in Amerika« (II, 199).

Von romantischer Amerikasehnsucht kaum eine Spur, wie er sich auch während der Schiffsreise nach Möglichkeit von den Auswanderern, den eigentlichen Amerika-fahrern, fernhielt: »Ich habe ein ganz artiges Stübchen in der Kajüte, wo ich ganz und gar isoliert bin von dem grausigen Volke der Auswanderer« (II, 200). Der zwischen Realität und literarischer Legende aufklaffende Widerspruch wird sogar noch vertieft, wenn Lenau nun in seinen aus Amerika geschriebenen Briefen die Kritik am amerikanischen Geschäftsleben, am Fetisch Geld, zu einem seiner Leit-motive macht. So heißt es: »Die Bildung der Amerikaner ist bloß eine merkan-tile [...]« (II, 215). Oder: »Was wir Vaterland nennen, ist hier bloß eine Ver-mögensassekuranz. Der Amerikaner kennt nichts, er sucht nichts als Geld« (II, 216).

Lenau kritisiert das an den Amerikanern, weswegen er selbst nach Amerika gefah-ren ist. Er projiziert das in die amerikanische Wirklichkeit, was als Motiv seiner Amerikareise zugrunde liegt. Denn keineswegs gab er seine »Idee [auf], in Amerika Land zu kaufen und durch einen Pächter bearbeiten zu lassen [...] es ist dies auf jeden Fall eine sichere Art, sein Geld anzulegen und sehr gut zu verzinsen« (II, 208), vielmehr führte er diese Absicht durch und unterzeichnete am 5. März 1833 einen diffizil aufgesetzten Pachtvertrag[7] mit dem deutschen Einwanderer Ludwig Häberle aus Lauffen in Württemberg, der sich zur Einhaltung der für Lenau gün-stigen Geschäftsbedingungen verpflichtete. Erst nach Abschluß dieser Geschäftsan-gelegenheit kehrte der keineswegs von Weltschmerz und Amerikaenttäuschung ge-schüttelte Lenau nach Europa zurück. Aber Lenau verließ – wie gut 130 Jahre spä-ter der deutsche Lyriker Hans Magnus Enzensberger[8] – die Vereinigten Staaten nicht, ohne in einem Manifest, in diesem Fall in Briefen, seine Verachtung Amerikas kundzutun. Daß es sich hier in der Tat um bereits vorgeformte Gedanken handelt, die mit der Erfahrung von damaliger amerikanischer Realität nur bedingt etwas zu tun haben,[9] verdeutlichen die zahlreichen Wiederholungen in Lenaus aus Amerika geschriebenen Briefen. Viele Formulierungen – man vergleiche etwa die beiden am 6. und 8. März 1833 geschriebenen Briefe[10] – werden mit immer neuem rhetorischen Pathos vorgetragen. Bestimmte Bilder haben es Lenau besonders angetan, da er sie verschiedene Male variiert, so etwa das auf seine Situation bezogene Bild von Johannes dem Täufer, der in die (kulturelle) Wüste zieht, um zu taufen, d. h. Kultur zu verbreiten.[11] Ähnlich häufig taucht das Nachtigallenbild[12] auf: »Bruder, diese Amerikaner sind himmelanstinkende Krämerseelen. Tot für alles geistige Leben, mausetot. Die Nachtigall hat recht, daß sie bei diesen Wichten nicht einkehrt. Das scheint mir von ernster tiefer Bedeutung zu sein, daß Amerika gar keine Nachtigall hat. Es kommt mir vor wie ein poetischer Fluch« (II, 207). Aber der da Amerika so poetisch verflucht, spricht nicht glaubhaft aus enttäuschter Amerikaliebe, sondern nach vollzogener geschäftlicher Aktion und artikuliert Urteile, die buchstäblich Vor-Urteile sind.

Es ist rezeptionsgeschichtlich aufschlußreich, daß Lenaus Pose für beglaubigte Realität genommen wurde und eine viel größere Verbreitung fand als die um Nüchternheit bemühten und von authentischer Erfahrung zeugenden Darstellungen bei Sealsfield und Gerstäcker.


## II

Gerstäcker, der mit seinen zahlreichen Amerika behandelnden Reisedarstellungen und Romanen[13] vielleicht derjenige ist, der am ausgedehntesten und mit den meisten Informationen versehen so etwas wie eine literarische Sozialgeschichte der deutschen Einwanderer in Amerika entworfen hat und durch eine Fülle von Details sowohl die positive als auch die negative Amerikaidolisierung zu korrigieren versucht, hat zugleich in einem seiner interessantesten Romane, dem als Episodenroman angelegten Einwandererepos *Nach Amerika* (1855), die Haltung Lenaus als Pose widerlegt. So, wie Lenau sich von dem »grausigen Volke der Auswanderer« (II, 200) fernhielt, die Reise nicht auf dem Zwischendeck, sondern in der Abgeschlossenheit einer privaten Kajüte mit Lesen, Schreiben und Geigestreichen[14] verbrachte und – bei schwerer See gegen die Wand seiner Kajüte geschleudert – lamentierte: »Wenn ich in meiner Kajüte stand und plötzlich an die Wand geworfen wurde wie eine willenlose Kleinigkeit, so empörte das meinen Stolz aufs bitterste, und je weniger mein äußerer Mensch aufrecht stehen konnte, desto mehr tat es der innere« (II, 204), so mokiert sich auch Gerstäckers Amerika bereisender deutscher Baron von Benkendroff darüber, daß die Hotels in New Orleans schlecht sind, er keinen Bedienten engagieren kann, um Schuhe und Kleidung in Ordnung zu halten, daß die amerikanische Küche miserabel ist. Benkendroff verbringt die sechs Monate seines Aufenthaltes ununterbrochen in New Orleans mit Whistspielen beschäftigt und äußert dann gegenüber dem unermüdlich im Lande umherreisenden von Hopfgarten, einem indirekten Selbstporträt Gerstäckers: »[... ich] gebe Ihnen mein Wort, daß ich das Leben und Treiben dieser sogenannten Republik hier so durch und durch kennen gelernt habe, als hätte ich seit meiner Kindheit darin gewohnt. Sie werden staunen, wenn Sie einmal später meine Beobachtungen lesen, von denen ich manchmal selber

nicht begreife, daß ich das Alles schon im Voraus so – gewußt, kann ich eigentlich nicht sagen, geahnt habe, und welches richtige Urtheil ich mir schon lange vorher über dieses so unendlich freie Land gebildet« (II, 304 f.).[15]
Diese Satire wird von dem Beispiel Lenaus bestätigt wie auch von der folgenden Äußerung eines in Amerika Wurzeln schlagenden ausgewanderten deutschen Bauern, den Gerstäcker über die gebildeten deutschen Auswanderer sagen läßt: »[...] die stelle ich nur an einen richtigen Baumstumpf zum Ausroden, und nach drei Stunden haben sie solche Blasen an den Händen, daß sie keine Radehacke mehr heben können. Nachher essen sie bei mir zu Mittag, ziehen ihre Handschuhe wieder an, gehen nach Cincinnati zurück und schreiben Bücher über Amerika« (II, 173 f.).
Gerstäckers Bücher nehmen auf diesem Hintergrund einen andern Rang ein. Daß sie so in Vergessenheit[16] geraten sind, ist sicherlich nicht nur eine Folge bestimmter ästhetischer Mängel und letztlich fehlender literarischer Qualität, zumal eine solche Klassifizierung der Form nur innerhalb eines die historische Situation als Bedingung und Ausdruck berücksichtigenden Kontextes plausibel wird. Die im ersten Jahrzehnt dieses Jahrhunderts erschienene und auf sechsunddreißig Bände angelegte Gesamtausgabe,[17] von denen nicht wenige bis zu dreizehn Auflagen erlebten, unterstreicht eine erstaunliche Breitenwirkung, die freilich ursächlich mit an der literarischen Geringschätzung des Autors Gerstäcker beteiligt sein mag. Er stellte sich mit seinen Büchern bewußt außerhalb einer zu elitärem Kulturgut stilisierten Hochliteratur und hat unter soziologischem Aspekt bewußt für eine Zielgruppe geschrieben, nämlich die zahlreichen die Auswanderung nach Amerika erwägenden Deutschen, die in mehreren großen Wellen vor allem im 19. Jahrhundert die USA erreichten,[18] verschiedentlich von der Absicht bestimmt, in der Neuen Welt so etwas wie einen deutschen Staat[19] zu errichten, der sich gleichberechtigt der Union der andern Staaten einfügen sollte. Nach dem Ersten Weltkrieg, in dessen Gefolge sich eine starke antideutsche Bewegung in zahlreichen Staaten breitmachte, die verschiedentlich dazu führte, daß die bis dahin führende Fremdsprache, nämlich Deutsch, in zahlreichen Staaten kraft Gesetzes für die Schulen verboten wurde,[20] endete diese Einwanderungsbewegung abrupt. Erst nach 1945 – sieht man einmal von dem Sonderfall der Emigration nach 1933 ab – zeichnete sich, freilich diesmal aus ganz anderen Motiven, eine neue Einwanderungswelle ab.
Gerstäckers Lesepublikum, die Zielgruppe, für die er schrieb, begann bereits zu Anfang dieses Jahrhunderts historisch zu werden. Damit ging auch seine Wirkung zurück, seine Bücher, zumal seine dokumentarisch angelegten Reisebeschreibungen und Episodenromane, die breite historische Reliefs entwickeln, wandelten sich in historische Dokumente. Da, wo sich die Vitalität seiner fabulierenden Erfindungskraft noch behauptete, wurde er in die Jugendliteratur abgedrängt, wo er als Vertreter des exotischen Abenteuerromans mit seinen beiden Büchern *Die Regulatoren in Arkansas* (1845) und *Die Flußpiraten des Mississippi* (1848) noch heute viel gelesen wird, wenn auch zumeist in verstümmelten Jugendbuchfassungen, ein Schicksal, das er mit Sealsfield teilt, dessen großer Amerikaroman *Der Legitime und die Republikaner* unter dem Titel *Die weiße Rose* als Indianerromanverschnitt, zumeist bis zur Unkenntlichkeit verstümmelt, ebenfalls in die Jugendliteratur abgeschoben wurde.

Aber selbst da, wo die kolportagehafte Handlung in den *Regulatoren* und *Fluß-piraten* in den Gelenken knarrt, ist die Szenerie alles andere als kulissenhaft imaginiert, sondern trägt vielmehr dokumentarische Züge und ist aus der Realität geschöpft.

Es fällt denn auch nicht schwer, viele Einzelzüge in Gerstäckers Romanen auf sein erstes Buch, *Streif- und Jagdzüge durch die Vereinigten Staaten Nord-Amerikas* (1844), zurückzuführen,[21] in dem er in tagebuchartiger Chronik die Erlebnisse, Stationen und Erfahrungen seines ersten, sechseinhalb Jahre währenden Amerikaaufenthaltes festgehalten hat. Von Lenau unterscheidet ihn dabei nicht nur die fehlende Voreingenommenheit beim Eintreffen in Amerika, sondern auch das Fehlen jeglicher literarischer Ambitionen. Ja, die Veröffentlichung seiner ersten Arbeit, die dann seinen Weg als Schriftsteller bestimmte, kam eher zufällig und ohne sein Wissen zustande.

In einer autobiographischen Skizze[22] hat er darüber berichtet: »Geschrieben hatte ich in Amerika natürlich nichts als Briefe an meine Mutter, und um diese in einem regelmäßigen Gange zu halten, eine Art von Tagebuch geführt« (480). Seine Mutter übergab Briefe und Tagebuch an den Herausgeber einer Zeitschrift: »Sie hatte mein Tagebuch an Robert Heller gegeben und dieser den größten Teil desselben in seinen ›Rosen‹ aufgenommen. So hat mich denn Robert Heller eigentlich zum Schriftsteller gemacht und trägt die ganze Schuld; denn in Dresden wurde ich später veranlaßt, diese einzelnen Skizzen zusammenzustellen und ein wirkliches – mein erstes Buch – zu schreiben« (480).

Der Achtundzwanzigjährige, dergestalt von den Umständen zum Schriftsteller gemacht, akzeptierte freilich diese Möglichkeit, weil sie ihm eine Fortsetzung jenes freien Lebens schien, das er in den USA für sechseinhalb Jahre geführt hatte: »Die schriftstellerische Tätigkeit sagte mir allerdings insofern zu, als ich dabei ein vollkommen unabhängiges Leben führen konnte« (480 f.). Freilich stellte sich der literarische Erfolg keineswegs umgehend ein, Gerstäcker sah sich vielmehr mit seinen ersten Erzählungen auf einer ununterbrochenen Wanderschaft von Redaktion zu Redaktion begriffen, und selbst sein 1845 geschriebener erster Roman *Die Regulatoren in Arkansas* wurde trotz freundlicher Aufnahme beim Publikum nicht sofort ein Erfolgsbuch. Er hatte Mühe gehabt, den Roman bei einem Verlag unterzubringen, und bekam »nur ein sehr geringes Honorar dafür, und das Jahr 1848 legte nachher fast jede belletristische Unternehmung lahm« (481).

Gerstäcker begab sich, von diesen Schwierigkeiten und der politischen Konstellation der Zeit gedrängt, erneut auf Reisen, absolvierte als Korrespondent der Cottaschen Buchhandlung für das *Beiblatt der Augsburger Zeitung* (482) eine gut dreijährige Weltreise, in halboffiziellem Auftrag des damaligen Reichsministeriums, das ihm ein Reisestipendium gewährte, »um die verschiedenen Kolonien im Auslande zu besuchen« (482). Er kehrte 1852 zurück, brach 1860 nach acht Jahren ausgedehntester schriftstellerischer Arbeit erneut zu einer Reise, diesmal nach Südamerika, auf, bereiste nach der Rückkehr 1862 in Begleitung des Herzogs von Koburg Ägypten und Abessinien und absolvierte 1867/68 erneut eine Reise, die ihn wiederum nach Nordamerika führte.

Für seine Nordamerika behandelnden Bücher blieb jedoch die erste Reise des gerade Zwanzigjährigen das entscheidende Erlebnis, und die meisten seiner Amerikabücher, die *Regulatoren*, die *Flußpiraten*, das zweibändige Epos *Nach Amerika*, die *Mississippi-Bilder* (1848), sind zum Teil Entfaltungen dessen, was bereits keimhaft in seinem ersten Buch, den *Streif- und Jagdzügen*, angelegt ist. Dieses als Reisebericht und damit als dokumentarische Berichterstattung angelegte Buch ist auch heute noch als literarische Arbeit lebendig geblieben, gerade weil Gerstäcker sich nirgendwo bemüht, seine subjektive Erfahrung durch als effektvoll empfundene literarische Vehikel aufzuputzen. Er läßt das Bewußtsein des reisenden und d. h. Amerika großenteils zu Fuß durchwandernden jungen Mannes unverstellt als Erfahrungsdimension literarisch Gestalt gewinnen, ohne irgendwelche bewußte Orchestrierung von Höhepunkten und Effekten, ohne eine auf Spannungserzeugung angelegte Handlung.

## III

Gerstäcker hat auch später nirgendwo den Schein erwecken wollen, mit seinen schriftstellerischen Arbeiten nach literarischen Lorbeeren gegriffen zu haben. In seiner autobiographischen Skizze geht er an einer Stelle auf den literarischen Stellenwert seiner Arbeiten ein: »Es ist mir von verschiedenen Seiten, und oft sehr vornehm, vorgehalten worden, daß ich ein rein praktischer Mensch, wohl aber kein Gelehrter sei [...] Ich habe mich nie in rein wissenschaftlicher Art [...] beschäftigt, meine Augen dagegen fest auf den Punkt gehalten [...] auf die Menschen, und zwar auf die Völker, wie sie jetzt auf der Erde leben. Ebenso durchzog ich vorzugsweise die Länder, denen sich unsere deutsche Auswanderung zugewandt [...]« (483).

Er war sich seines spezifischen Publikums durchaus bewußt, von dessen Erwartungshaltung die Konzeption seiner Bücher zum Teil bestimmt wird. Sicherlich bediente er sich vertrauter literarischer Mittel oder besser: Schemata. So läßt sich etwa in seinen beiden ersten Romanen, den *Regulatoren* und den *Flußpiraten*, die ja auch als Fortsetzungshandlung aufeinander zugeordnet sind, das Handlungsschema der Kriminalgeschichte erkennen, freilich hier ins damals noch exotische amerikanische Pioniermilieu verlegt, so daß man in gewisser Weise von einer Spielart des exotischen Kriminalromans sprechen könnte, freilich nicht im heutigen Sinne der Detektivgeschichte, da der das Verbrechen aufklärende Protagonist nur in einem ideellen Sinne (nicht als Detektiv, Polizist usw.) die Moralität der menschlichen Gemeinschaft verteidigt und wiederherstellt durch Ermittlung des Übeltäters.

In den *Regulatoren* geht es um die Pferdediebstähle des falschen Geistlichen Rowson, der selbst vor Mord nicht zurückschreckt, und in den *Flußpiraten* sind es die Verbrechen, die von der sich auf einer künstlichen Insel im Mississippi verbergenden Bande des Kapitän Kelly ausgeführt werden: Nichtsahnende Siedler, die auf ihren Booten den Mississippi hinunterfahren, werden von den als Lotsen getarnten Leuten Kellys in ihr Verderben geführt, d. h. mit ihren Booten kurz vor der Insel in den Grund gebohrt, getötet und ausgeraubt. Ähnliche Handlungszüge weist auch der 1858 veröffentlichte Roman *Gold! Ein kalifornisches Lebensbild aus dem Jahre 1849* auf, wo in der Figur des Falschspielers Siftly das Verbrechen personalisiert wird.

Gerstäckers Einwandererepos *Nach Amerika* wiederum, das eine Vielzahl von Handlungssträngen, in denen jeweils bestimmte Typen von Einwanderern agieren, episodisch zusammenfaßt, steht dem zum bürgerlichen Familiengemälde heruntergekommenen Bildungsroman eines Gustav Freytag nicht so fern. Affirmative Züge, die letztlich die bürgerliche Gesellschaft als unentbehrlich hervortreten lassen, macht schon die zyklische Handlungsführung des langatmigen zweibändigen Romans sichtbar. Die brave Clara, Tochter des reichen deutschen Kaufmanns Dollinger, die, verheiratet mit dem anscheinend honorigen deutschamerikanischen Kaufmann Henkel, in die Neue Welt zieht, tritt am Ende des Romans an der Seite des wackeren Amerikafahrers von Hopfgarten, der Clara von dem getarnten Gauner Henkel befreite, nochmals in den heiligen Stand der Ehe ein und dieses Mal interessanterweise, um in Deutschland zu bleiben.

Literarische Versatzstücke lassen sich schließlich in der Personencharakteristik von Gerstäckers Helden erkennen. Das gilt nicht nur für die vielen Brüder im Geiste, die der wackere Hopfgarten hat und die einem in Gerstäckers anderen Büchern begegnen: den tapferen Backwoodsman William Brown, der in den *Regulatoren* das von ihm geliebte Grenzermädchen Marion Roberts fast an den verbrecherischen Priester Rowson verliert, oder etwa den Trapper James Lively in den *Flußpiraten*, der die schöne Adele Dunmore, um die sich der verbrecherische Sander alias Eduard Hawes bemüht, am Ende doch erhält, oder den braven Mr. Hetson in *Gold!*, der sich am Ende von seiner übertriebenen Eifersucht und zugleich die Goldgräberstadt, die den Namen Paradies trägt, von dem Gauner und Mörder Siftly kuriert.

Die Schematik in der Charakterzeichnung gilt erst recht für die Gaunerfiguren. Das Motiv der Personenspaltung, das im Doppelgängermotiv der deutschen Romantik kulminiert[23] und auch in der angelsächsischen Tradition des Gothic Tale von Poes *William Wilson* bis hin zu Stevensons *Dr. Jekyll and Mr. Hyde* vertraut ist,[24] kennzeichnet die Gaunerfiguren Gerstäckers: sie sind nach außen hin Biedermänner, deren Doppelleben ihr Janusgesicht erst allmählich enthüllt. Das trifft auf den falschen Priester Rowson zu, der sich in den *Regulatoren* in das Vertrauen der Farmer mit frommen Sprüchen einschleicht, in Wirklichkeit zur Bande des Kapitän Kelly gehört und ein Verbrecher und Mörder ist. Kelly selbst führt in den *Flußpiraten* eine Doppelexistenz, ist auf der einen Seite ein skrupelloser Verbrecher, der aus maßlosem Ehrgeiz vor keinem Verbrechen, auch Mord nicht, zurückschreckt, und verbirgt sich auf der andern Seite in der kleinen Stadt Helena unter der honorigen Maske des geachteten Bürgers Dayton, eines Arztes und Friedensrichters. Ähnlich gezeichnet ist Kellys Spießgeselle Sander, der sich das Vertrauen von Maries Familie erwarb, Marie heiratete und unter dem Vorwand, eine Plantage in Louisiana zu kaufen, die Familie während der Fahrt auf dem Mississippi vor der Insel stranden und umbringen läßt. Hier wird ganz deutlich ein Muster sichtbar, das auch die Doppelrolle des Gauners Soldegg in *Nach Amerika* charakterisiert, der als honoriger Kaufmann Henkel sich das Vertrauen der Familie Dollinger und die Hand der Tochter Clara erwirbt.

Diese Schwarzweißzeichnung der Charaktere, diese Zweidimensionalität in der Personengestaltung, ließe sich in der Tat als künstlerischer Mangel hervorheben, wie auch, auf die *Regulatoren*, die *Flußpiraten* und *Gold!* bezogen, die von Kolportagehektik gezeichnete Handlung, die die Figuren durch ein Karussell atemloser

Aktionen jagt. Zeigen sich hier nicht die negativen Auswirkungen der sonst so sympathisch berührenden unliterarischen Attitüde Gerstäckers? Eine allzu leichte Anfälligkeit für erprobte Klischees und Versatzstücke, deren er sich zur effektvollen Drapierung in seinen Romanen bedient? Eine nicht geleistete Integration des aus anderen Zusammenhängen Aufgenommenen und Angelesenen in die Wirklichkeitsgestaltung seiner Romane, eine Kluft zwischen dem stereotypen Handlungsensemble seiner Romanfiguren und dem von authentischer Erfahrung und realistischer Darstellungsabsicht zeugenden Wirklichkeitsentwurf seiner Amerikabücher? Spiegelt sich darin die Situation des für einen bestimmten literarischen Markt schreibenden Autors, der seinem Publikum durch leichtverständliche und spannende Fiktionsmodelle in seinen Büchern entgegenkommt und zugleich seine ethnographischen Informationen, seine Ratschläge, Erfahrungen und Kenntnisse an den Leser weitergibt?

Aber auf welchem Niveau sich dieses Dilemma trotz allem bei Gerstäcker abzeichnet, verdeutlicht der Vergleich mit Lenau, dessen von Ressentiments getragene Amerikaattitüde als Erfahrung auch literarisch glaubwürdig schien. Dieses Dilemma spitzt sich bei Gerstäcker zu der Frage zu, ob der literarische Rang eines Buches wie *Nach Amerika* unabhängig von dem historischen Zeugnisrang des Buches bestimmt werden kann, vor allem angesichts der positiven und negativen Legendenverzeichnungen in der damaligen Literatur? Und das ist eine Skala, die sich von Lenau bis hin zu Karl May erstreckt. Läßt sich nicht gerade unter diesem Aspekt eine Komponente in Gerstäckers Büchern erkennen, die als Realismus der Darstellung seinen Büchern ein Eigengewicht verleiht, das die punktuelle Analyse ästhetischer Mängel überwiegt?

## IV

Das Musterbeispiel dafür scheint mir das zweibändige ›Volksbuch‹ *Nach Amerika* zu sein, wobei der Untertitel ›Volksbuch‹ nicht nur im Sinne von literarischer Volkstümlichkeit als Signal zu verstehen ist, sondern auch im buchstäblichen Sinne als Buch für das Volk, das die Auswanderung nach Amerika erwog. Als Epos der deutschen Amerikaauswanderer im 19. Jahrhundert scheint denn auch diesem Roman wenig Vergleichbares an die Seite zu stellen zu sein. Gegen die literarischen Legenden und Wunschutopien, die den Amerikatopos in der Literatur begleiten, setzt Gerstäcker hier seinen realistischen Erfahrungsbericht, der sich auf der äußerlichen Handlungsebene zwar in die kolportagehafte Geschichte der jungen Clara Dollinger auffächert, die von dem verbrecherischen Kaufmann Henkel nach Amerika geführt und dort nach ihrem schockhaften Erwachen schließlich, von dem jungen Hopfgarten gerettet, nach Deutschland zurückkehrt und an dessen Seite in eine zweite glücklichere Ehe eintritt. Aber nicht diese von Kolportageeffekten – etwa wie Clara das Doppelleben ihres Mannes entdeckt, die lange Zeit vergeblich scheinende Suche Hopfgartens nach ihr usw. – durchsetzte Handlung ist entscheidend, auch nicht die episodisch beigeordneten Nebenhandlungen, die Claras Schicksal zum Teil variieren: etwa am Beispiel der Gräfin Sidonie von Seebald, die als Frau des polnischen Grafen Olnitzki in das Territorium des späteren Staates Arkansas ausgewandert ist, dort an der Seite des dem Spiel und dem Alkohol ergebenen brutalen und herrischen Polen ein Ehemartyrium durchsteht, das angestrengteste körperliche Arbeit unter primitivsten Lebensbedingungen, Tod ihrer Kinder im ungesunden Klima und körperliche Gewaltanwendung von seiten ihres Mannes einschließt und aus dem sie erst durch ihre zu Besuch kommende Schwester Amalie mit Hilfe des wackeren Trappers Jack Owen befreit wird.

Wichtiger als diese Aufbereitung von ›Lesefutter‹ im Stile kleiner Schicksalstragödien, die, mit allen grellen Effekten versehen, dargeboten werden, ist die historiographische Darstellungsebene des Romans: die Dokumentation der wirtschaftlichen Motive, die zahlreiche Deutsche im 19. Jahrhundert zur Auswanderung bewegten, die Darstellung der damit verbundenen Geschäftemacherei am Beispiel der Auswanderungsagenturen in Deutschland, die Einführung eines sozial repräsentativen Spektrums von Auswanderern und die verschiedenartigen Reaktionen, Assimilationsbemühungen, Schwierigkeiten, die Erfolge und Fehlschläge, die sich als Folge der verschiedenen Einstellungen der einzelnen Einwanderer zur Neuen Welt ergaben. Gerstäcker entwirft nicht nur eine Typologie der unterschiedlichen sozialen Gruppen, die sich zur Auswanderung nach Amerika entschlossen, sondern illustriert auch an einer Vielzahl von Beispielen die charakteristischen Verhaltensweisen der deutschen Einwanderer in Amerika.

Er hat so etwas – und das unterstreicht die Wichtigkeit dieses Romans – wie eine fiktional aufbereitete Geschichte der deutschen Amerikaauswanderung im 19. Jahrhundert geschrieben. Und er schreibt damit zugleich gegen die literarischen Legenden und Entstellungen[25] an, bekennt sich zum Realismus seiner Darstellungsabsicht. Diese Intention wird in dem Vorwort des zweibändigen Romans direkt ausgesprochen. Das Märchen- und Zauberwort Amerika versucht Gerstäcker mit einem realistischen Gehalt zu erfüllen. Er adressiert sein Buch an den Leser, der auf den Amerikatopos so reagiert wie auf das Zauberwort des »Sesam öffne dich!« im Märchen von *Tausendundeiner Nacht* und der seine Wunschvorstellungen und Träume in dieses neue »Sesam öffne dich!« projiziert: »›Nach Amerika!‹ Leicht und keck ruft es der Tollkopf trotzig der ersten schweren, traurigen Stunde entgegen, die seine Kraft prüfen, seinen Muth stählen soll. – ›Nach Amerika!‹ flüstert der Verzweifelte, der hier am Rand des Verderbens dem Abgrund langsam, aber sicher entgegengerissen wurde. – ›Nach Amerika!‹ sagt still und entschlossen der Arme, der mit männlicher Kraft und doch immer und immer wieder vergebens gegen die Macht der Verhältnisse angekämpft, der um sein ›tägliches Brod‹ mit blutigem Schweiß gebeten – und es nicht erhalten, der keine Hülfe für sich und die Seinen hier im Vaterland sieht, und doch nicht betteln will, nicht stehlen kann. – ›Nach Amerika!‹ lacht der Verbrecher nach glücklich verübtem Raub, frohlockend der fernen Küste entgegenjubelnd, die ihm Sicherheit verheißt vor dem Arm des beleidigten Rechts. – ›Nach Amerika!‹ jubelt der Idealist, der wirklichen Welt zürnend, weil sie eben wirklich ist, und über dem Ocean drüben ein Bild erhoffend, das dem in seinem eigenen tollen Hirn erzeugten gleicht. – ›Nach Amerika!‹ und mit dem einen Wort liegt hinter ihnen abgeschlossen ihr ganzes früheres Leben, Wirken, Schaffen – liegen die Bande, die Blut oder Freundschaft hier geknüpft, liegen die Hoffnungen, die sie für hier gehegt, die Sorgen, die sie bedrückt« (I, 6).

So, wie Gerstäcker hier einen Katalog von Wunschvorstellungen im Blick auf Ame-

rika entwirft und ihn dann in seinem Roman in episches Anschauungsmaterial um-
setzt, versucht er gleichzeitig, diese Märchen- und Leerformel Amerika, in die jeder
Wunschinhalt projiziert werden kann, mit realistischem Gehalt zu füllen, um gerade das unmöglich zu machen, was er als Wirkung der ins Leben gesetzten Legenden so beschreibt: »Jeder Bericht über das ferne Land wird gelesen und überdacht,
neue Arznei, neues Gift bringend für den Kranken« (I, 7). Der Kranke ist der
Europa-Müde, der sich eine amerikanische Traumwirklichkeit imaginiert, die sich
aus halbwahren Berichten, aus bewußten Verzeichnungen, aus Legenden zusam-
mensetzt. Dem setzt Gerstäcker seine eigene Absicht entgegen: »Die vorliegenden
Blätter sollen dem Leser ein Bild geben von dem Leben und Treiben solcher Leute
[...] wir lernen doch das Land kennen mit seinen guten und schlechten Eigenschaften, seinen Vortheilen und Mängeln, seinen Bürgern und Einwanderern, seinen
inneren Verhältnissen, seinem Leben und seiner Lebenskraft, und bin ich im Stande,
auch nur einen Blick in jene ferne, von Tausenden so heiß ersehnte Welt, wie ich sie
selbst gefunden, thun zu lassen, so hab' ich meinen Zweck in diesem Buch erreicht«
(I, 8 f.).
Muß nicht sein Roman eigentlich an dieser Zielsetzung gemessen werden? Obwohl
dabei freilich gleichzeitig anzumerken ist, daß mit der historischen Distanz, die den
heutigen Leser diese Zielsetzung als ein Moment einer vergangenen Epoche empfinden läßt, auch die Resultate bei Gerstäcker historisch geworden sind. Oder anders
formuliert: das spezifische Lesepublikum, das er in seiner Einleitung als Rezipien-
ten seines Romans beschreibt, existiert kaum mehr. Schon der Herausgeber der letzten großen Gerstäcker-Ausgabe Dietrich Theden weist 1889 aus der Distanz von
45 Jahren, die seit der Abfassung von Gerstäckers Vorwort verstrichen waren, auf
diesen Prozeß der historischen Abrückung hin: »Die Zeitverhältnisse sind andere
geworden, hüben wie drüben, und damit zum Theil die Motive zur Auswanderung« (I, 10). Das gilt vor allem im Blick auf die große Auswanderungswelle nach
der gescheiterten achtundvierziger Revolution, als der Auswanderung stärker als
jemals zuvor politische Motive zugrunde lagen, ein Aspekt, den Gerstäcker, soweit
schon vorher vorhanden, nur am Rande mit berücksichtigt hat.[26]
Wenn er im ersten Teil von *Nach Amerika* sehr breit entwickelt, aus welchen Motiven heraus die Deutschen sich zur Auswanderung entschlossen, so spielen politische
Gründe nur sehr indirekt hinein, und zwar im Hinweis auf die wirtschaftlichen
Schwierigkeiten der armen Bevölkerung. Die politischen Kausalitäten, die an diesen
wirtschaftlichen Schwierigkeiten beteiligt waren, bleiben dabei weitgehend ausgespart. Das wird etwa verdeutlicht im zweiten Kapitel des ersten Bandes, das im
Gasthaus »Der Rothe Drachen« des biederen Wirtes mit dem bezeichnenden Namen
Thuegut Lobsich spielt. Der Kürschner und Pelzhändler Jakob Kellmann aus Hei-
lingen lamentiert über die sich verschärfenden Geschäfts- und Lebensbedingungen
in Deutschland, desgleichen der Actuar Ledermann, der zwar über eine feste Anstellung und ein festes Einkommen verfügt, das jedoch kaum mehr zur Bestreitung
der Lebenshaltungskosten ausreicht: »Jetzt aber wird Brod, Butter, Fleisch, Holz,
Wohnung, kurz Alles, was wir nun einmal zum Leben brauchen, gesteigert von Tag
zu Tag [...] Auch mein Hausherr verlangt höheren Zins [...] für dieses Jahr muß
ich ganz hinaus, denn er will wieder zehn Thaler mehr haben und ich kann's ihm
nicht geben« (I, 29).

Ein an dem Gasthaus vorüberziehender Trupp von Auswanderern aus Hessen, die zu Fuß nach Bremerhaven zu ihrem Schiff unterwegs sind, illustriert die Konsequenz dieses Zustandes, die freilich die politischen Kannegießer im Wirtshaus nicht ohne weiteres einsehen wollen. Während die Auswanderer für den einen »reine Deserteure aus ihrem Vaterland« (I, 30 f.) sind, spöttelt der andere: »Ihr wollt Euch wohl ein paar von den gebratenen Tauben holen, die in Amerika herumfliegen?« (I, 33). Die Auswanderer, »ärmliche, viele von ihnen kränklich oder wenigstens bleich aussehende Gestalten, in die Bauerntracht ihrer Gegend gekleidet« (I, 34), sehen in der Hoffnung auf Amerika die einzige Antwort auf ihre wirtschaftliche Misere: »[...] denn sie gingen nach Amerika, und da würde schon Alles gut werden, wie ihnen der Vater gesagt« (I, 35).
Gerstäcker fächert dieses Bild weiter auf, etwa am Beispiel des reichen jungen Bauern Mathes Vogel, der nur deshalb auswandern will, weil seine Eltern seiner Heirat mit der armen Häuslerstochter Käthchen Roßner[27] nicht zustimmen wollen. Das fünfte Kapitel, das die Praktiken einer damaligen Auswanderungsagentur in Deutschland beleuchtet, rechnet mit diesen verschwommenen Wunschvorstellungen, die auf Amerika projiziert werden, am schärfsten ab, indem eben die Sprüche des Agenten Weigel: »ist doch ein famoses Land, das Amerika!« (I, 88) als das gezeigt werden, was sie sind: Werbeslogans einer Branche, die vor keiner Lüge zurückschreckt, um Amerika als strahlendes Schlaraffenland auszumalen, nur um die Auswandererschiffe zu füllen und Provisionen zu kassieren. So führt denn Gerstäcker über den Agenten explizit aus: »Seine Beschreibungen Amerikas, die er sich selber in kleinen Broschüren aus anderen Büchern zusammentrug und um ein Billiges verkaufte, waren ein langsames Gift, das er in manche friedliche und glückliche Familie warf [...]« (I, 86).
Die in mehreren Kapiteln breitausgemalte Überfahrt gewinnt in Gerstäckers Gestaltung mitunter satirische Prägnanz, nicht nur in der Darstellung einzelner Auswanderertypen wie etwa des scharwenzelnden und bramarbasierenden Weinreisenden Steinert, der mit »feinen und leichten Rheinweinen, rheinischem Champagner und Pfälzer Weinen« (I, 395) rasch zu Geld zu kommen hofft, ohne irgendwelche Kenntnisse über den faktisch nicht vorhandenen amerikanischen Markt zu haben. Lenau nicht unähnlich verkündet Steinert: »Amerika ist gerade das Land der wirklichen Geschäftsleute [...]« (I, 391).
Ähnliches gilt für den Scherenschleifer Maulbeere, den Poeten Fridolin Theobald, die feine Dame Amalie von Seebald, die mit einem romantisch poetisierten Amerikabild und nach der neuesten Mode gekleidet zum Besuch ihrer Schwester aufbricht und die Aussicht, ihre Schwester in der einsamen Wildnis des Arkansasterritoriums vorzufinden, mit den Worten kommentiert: »Aber es hat doch ungemein viel Romantisches, so allein durch den Wald zu gehen« (II, 13).
Ähnlich idealistisch überzogen und kaum mit der Realität in Einklang zu bringen sind die Vorstellungen des deutschen Professors Lobenstein, der zusammen mit seiner Familie in Amerika ein rousseauistisches »Zurück zur Natur!« verwirklichen möchte. Sie alle kollidieren mehr oder minder – das gilt vor allem für Clara Dollinger, die in ihrem Mann einen Kriminellen erkennen muß – mit der Realität. Auf sie alle fällt ein satirisches Licht, das durch die Diskrepanz zwischen tatsächlicher Realität und Wunschamerika entsteht. Sie alle erweisen sich in diesem Sinne als

Narren, so daß hinter dem Auswandererschiff, der Haidschnucke, so etwas wie die
satirischen Umrisse des Topos vom Narrenschiff sichtbar werden, das Modell einer
Gemeinschaft, die den Kontakt zur Realität verloren hat und die nach der Ankunft
in Amerika abrupt mit der Wirklichkeit konfrontiert wird.

Bei der Schilderung der Ankunftssituation im Hafen von New Orleans scheint es
fast so, als beziehe Gerstäcker hier Lenau erneut in seine Satirisierung mit ein, denn
Lenaus Standardtopos für die poetische Verfluchung Amerikas, nämlich das Fehlen
der Nachtigall, wird hier offensichtlich karikiert. Als das Schiff in die Mississippi-
mündung einläuft, heißt es: »[...] als plötzlich vom vordern Theil der Haidschnucke, ja fast wie von dem jetzt ziemlich nahen Land kommend, an das sie das
Fahrwasser des mächtigen Stromes gebracht hatte, der volle glockenreine, klagende
Ton einer Nachtigall herüberdrang« (I, 408). Es ist die Nachtigall, die ein Auswanderer mit über den Atlantik gebracht hat.

Diese arrangierte Situation, die auf Lenau anspielt, ist für Gerstäcker nur ein weiteres Beispiel einer poetischen Amerikaverzeichnung. Denn er läßt zugleich Amalie
von Seebald kommentieren: »[...] es war ein so hochpoetischer Gedanke, daß wir
in den waldigen Schatten Amerikas durch eine heimliche Nachtigall begrüßt werden sollten. Es ist vorbei – der Traum ist verschwunden und wir sind erwacht«
(I, 411).

Lenau ist, mit anderen Worten, nur der Produzent einer weiteren Amerikawunsch-
vorstellung – als wenn das Vorhandensein der Nachtigall in Nordamerika den
Einwanderern über die tatsächlichen Probleme und Schwierigkeiten des Landes
hätte hinweghelfen können. Das abrupte Erwachen aus einem Wunschtraum schließt
auch die Attitüde Lenaus mit ein, die in gleicher Weise satirisiert wird wie die
Wunschvorstellungen der anderen Auswanderer, deren erste Enttäuschung bereits
im ersten visuellen Kontakt mit Amerika besteht: »[...] die erste getäuschte Hoffnung in dem neuen Land, das sie sich mit allem Zauber südlicher Zonen, wenn auch
heimlich, doch nur zu eifrig ausgeschmückt hatten und das jetzt vor ihren Augen
wie ein stehender endloser Sumpf begann« (I, 401).

Diese schockartige Konfrontation mit der amerikanischen Realität, das mitleidlose
Herausgerissenwerden der Auswanderer aus ihren Wunschträumen wird von Gerstäcker an immer neuen Mustern und in immer neuen Situationen vorgeführt: etwa
am Beispiel der armen Bauern, die in New Orleans vergeblich nach Arbeit suchen
und in ihrer Verzweiflung den Eindruck haben, »daß sie hier [...] in dem fremden
Land auf der Straße verderben und umkommen müßten« (I, 577). Dieses Dilemma
der Auswanderer wird am Ende des ersten Bandes in einem eindrucksvollen Re-
flexionsabschnitt zusammengefaßt, der den von den wirtschaftlichen Verhältnissen
verursachten Entschluß, die Heimat zu verlassen, den Trennungsschmerz und
schließlich die Ankunft in der Neuen Welt und den Absturz in die Realität akzentuiert: »Viele malen sich dann noch das Land mit bunten Farben aus, Luftschlösser
steigen empor mit Zauberschnelle, die eigenen wie der Freunde Herzen tröstend,
betäubend. – Amerika, oh nur den Fuß erst dort an Land gesetzt, und Alles, Alles
ist vorbei, was sie da noch mit Sorge, Ängsten erfüllen könnte! – Und dort? – zer-
knirscht, gebrochen, mit jeder Hoffnung geknickt, da ihnen nicht beim ersten Landen gleich der Amerikaner froh die Arme öffnet [...] Wenn sie aber Unrecht hatten, im alten Vaterland sich blind und leichtsinnig zu wilden, überspannten Hoff-

nungen hinzugeben, so haben sie das doppelt jetzt, wo gleich beim ersten Anlauf der erste Sprung nicht etwa schon mißglückt ist, nein, wo sie noch gar nicht einmal zum Sprung angesetzt haben [...]« (I, 579).

Die vorschnelle Resignation und Verzweiflung analysiert Gerstäcker nur als negative Entsprechung zu den überspannten Wunschvorstellungen, mit denen die Auswanderer ihren Weg in die Neue Welt antraten. Er satirisiert beide Haltungen, stellt sie in gleicher Weise als unangebracht dar und plädiert für eine realistische Einschätzung nicht nur Amerikas, sondern auch der eigenen Möglichkeiten der Auswanderer in diesem Land. So läßt sich denn auch die kontrapunktische Entsprechung zu dem Verzweiflungsbild der armen Bauern, die auf dem Damm im Hafen von New Orleans auf ihren Kisten und Koffern hocken und die am liebsten wieder nach Deutschland zurückkehren würden, in jener im zweiten Band des Romans enthaltenen Schilderung erkennen, wo Gerstäcker am Beispiel von deutschen Einwanderern in Cincinnati einen Katalog von Einwandererschicksalen, d. h. von geglückter und relativ erfolgreicher Assimilation, zusammenstellt.

Der Sohn des früheren Justizministers Höfner[28] hat als Bergmann in Pennsylvanien gearbeitet, wurde dann Koch auf einem Dampfboot, später Bäcker und ist zur Zeit ein erfolgreicher Zigarrenhändler. Der ehemalige Offizier in braunschweigischen Diensten Sorgfeld[29] war zuerst Farmer und arbeitet zur Zeit in einer Bilderrahmenfabrik in Ohio. Ein anderer, Müller, ist »Redacteur des Volksboten« (II, 156). Der Kürschner Helfisch ist nach anfänglichem geschäftlichen Pech zur Zeit dabei, eine Pelzgesellschaft zu gründen,[30] nachdem er sich zeitweise durch Klavier- und Zeichenunterricht durchs Leben schlug. Der Arzt Eberhard, nach der unglücklichen Behandlung eines Patienten an weiterer Berufsausübung verhindert, ist Teilhaber im Zigarrengeschäft seines Freundes Höfner geworden. Der Theologe Tanne arbeitete zeitweise als Nachtwächter wie als Lehrer und ist jetzt ein erfolgreicher Pillenfabrikant.[31] Der junge von Lochhausen hofft auf eine Anstellung als »Straßenkehrer« (II, 155).

Das Spektrum der beruflichen Tätigkeiten dieser Männer widerspricht also allen Erwartungen, die in Europa an bestimmte Ausbildungen geknüpft werden. Unterschiede der Herkunft, der Vorbildung spielen in Amerika keine Rolle mehr. Der Akademiker wie der Handwerker, der Arbeiter müssen sich durchschlagen mit ihrer Hände Arbeit. Was allein zählt, ist Standfestigkeit, und damit verbunden ist schließlich der Erfolg, der allein entscheidet. Gerstäcker verwendet besondere Aufmerksamkeit darauf, gerade am Beispiel des akademisch gebildeten Deutschen, der entweder mit republikanischen oder rousseauistischen Idealen in Amerika eintraf und Schwierigkeiten hatte, sich zu assimilieren, die besonderen Probleme und Fehler herauszustellen.

Der ziemlich breit ausgeführte Handlungsstrang, in dessen Mittelpunkt die Familie des Professors Lobenstein steht, hat diese Funktion. Lobenstein, der in idealistischer Überspanntheit mit seiner Familie in die Neue Welt aufgebrochen ist und als Farmer von vorn anfangen möchte, gerät eher zufällig auf Rat des getarnten Biedermannes Henkel in den Staat Indiana, wo er sich, mit nicht geringen finanziellen Mitteln versehen, eine große Farm kauft, andere deutsche Auswanderer als Arbeiter und Helfer anwirbt und eigentlich dabei ist, sein mitgebrachtes Kapital aufzuzehren, ohne von den Erträgen seiner Farm leben zu können.

Gerstäcker hat hier in Lobenstein einen Typus des deutschen Einwanderers charakterisiert, der nach 1830 und nach 1848 besonders in den neuerschlossenen Staaten wie Indiana, Missouri, Arkansas häufig anzutreffen war und den man auf Grund seiner humanistischen Bildung und wegen seines akademischen Studiums ›the Latin Farmer‹ nannte. Über die ironische Implikation dieser Namengebung berichtet Faust: »The epithet, ›Latin farmers‹, has commonly been applied to the scholarly German settlers, who came quite numerous about the revolutionary periods of 1830 and 1848, a class of cultivated men, yet frequently unpractical, for whom manual labor proved a hard school of experience.«[32]
Möglicherweise hat Gerstäcker bei der Figur seines Professors Lobenstein an Gottfried Duden gedacht, der nach einem Jura- und Medizinstudium in Deutschland 1824 in Begleitung seines Freundes Eversmann in die Vereinigten Staaten kam, von Baltimore aus nach St. Louis zog und schließlich – ironischerweise in der ehemaligen Nachbarschaft von Daniel Boone, der sich 1795 aus Kentucky hierher zurückgezogen hatte – eine 68,80 Hektar große Farm erwarb, die er von angeworbenen anderen Einwanderern bestellen ließ: »Being possessed of means, he had his land cleared and cultivated for him, while he employed his leisure hours writing a romantic description of his journey to America and the attractions of a life spent in the primeval forests of the Far West.«[33] Dudens *Bericht über eine Reise nach den westlichen Staaten Nordamerikas und einen mehrjährigen Aufenthalt am Missouri*, 1829 zum erstenmal veröffentlicht,[34] wurde dann in der Tat zu einem der vielgelesenen Amerikabücher und hat viele zur Auswanderung inspiriert, die dann allerdings entdecken mußten, wie wenig die amerikanische Wirklichkeit dem Dudenschen Idyll entsprach. Sie wurden Beispiele für jene ›Latin Farmers‹, die nicht in der Lage waren, ihre Farmen mit Gewinn zu bewirtschaften: »The plain farmers after years of toil, prospered almost without exception, but the others as constantly went backward. When they had completely exhausted their means of support, they would either go to ruin utterly, or begin life anew with the determination to labor and succeed.«[35]
Gerstäcker hat diese Problematik am Beispiel der »deutschen Farm« (II, 321) in Indiana, die Professor Lobenstein gehört, thematisiert. Als der junge Hopfgarten auf der Suche nach Clara und deren verbrecherischem Mann die Lobensteins auf ihrer Farm besucht, fällt ihm der Unterschied zu den viel praktischer und sinnvoller geführten amerikanischen Farmen gleich auf: »Die ganze Art, wie der Professor seine Ansiedlung in Angriff nahm, schien ihm nicht die rechte, die vielen deutschen Arbeiter, die so wenig von der hiesigen Art zu bauen und das Feld zu bestellen wußten, und nebenbei ein schmähliches Geld kosten mußten« (II, 179). Während auf den Feldern alles mögliche zu tun wäre, läßt der Professor seine Leute ein kleines Lusthäuschen errichten, das er sinnigerweise Sanssouci tauft und von dem aus er die Schönheit der Landschaft genießen will. Seine Absicht ist, diesen Platz »nach und nach zu einem kleinen ›Taschenparadies‹« umzuschaffen, »um den Amerikanern in der Nachbarschaft auch einmal zu beweisen, wie sich die Schönheit des Landes, nicht nur immer die Ackerkrume, ausbeuten und verwerthen ließe« (II, 327).
Ebenso bezeichnend ist, daß Lobenstein auf die Einwände eines der wenigen praktischen deutschen Helfer, des jungen Donner, der die kleine Mühle, mit deren Bau

er gerade beschäftigt ist, größer bauen möchte, erwidert: »Jeder Punkt ist berechnet, die Berechnung stimmt, was wollen Sie mehr? Daß meine Mühle nicht so sein wird, wie die amerikanischen, weiß ich vorher, das liegt aber auch gar nicht in meinem Plan« (II, 328). Die Arroganz des theoretischen Verstandes, der über die praktische Erfahrung triumphieren möchte, wird hier ebenso satirisiert wie generell Lobensteins Haltung durch sein seufzend vorgetragenes Bekenntnis: »daß das Leben hier ein schmähliches, heidenmäßiges Geld koste und der ausbezahlte Arbeitslohn [...] fast schon sein ganzes mit hergebrachtes Capital gefressen habe. Außerdem hatten sie in diesem Jahr fast noch nichts gezogen, als Kartoffeln und Gemüse, und mußten jedes Pfund Mehl nicht allein theuer bezahlen, sondern auch noch für die vielen Mägen weit herholen« (II, 323). Diese Satire auf den ›Latin Farmer‹ ist ein Beispiel für die realistische Dimension dieses Buches, ein Beispiel, das freilich nur mehr aus seinem historischen Kontext heraus zu verstehen ist.


V

Als kulturgeschichtliches, als historisches Dokument ist Gerstäckers zweibändiger Episodenroman *Nach Amerika* nach wie vor wichtig; unter der Oberfläche einer auf Spannungseffekte hin angelegten Handlung wird ein breites Informationsspektrum entfaltet, das sich in seiner kritischen Ausgewogenheit von vielen der literarischen Amerikalegenden, den positiv und negativ verzeichneten, wohltuend unterscheidet. Aber ist Gerstäcker lediglich der Historiograph der deutschen Amerikaauswanderer und literarisch heute nur so zu retten, daß man ihn in seinen beiden ersten Romanen, den *Regulatoren* und den *Flußpiraten*, auf die effektvollen Handlungsschemata seiner Bücher reduziert und als Vertreter des exotischen Abenteuerromans in die Jugendliteratur abschiebt?
Das scheint selbst bei seinem ersten Roman *Die Regulatoren in Arkansas* zweifelhaft, da er in der Figur des Indianers Assowaum, der an der Seite des Trappers Brown die Ermordung seiner Squaw Alapaha durch Rowson rächt, eine Gestalt geschaffen hat, die ebenbürtig an die Seite von Sealsfields Tokeah in *Der Legitime und die Republikaner* tritt und viel eher mit Coopers großem literarischen Vorbild Chingachgook in den *Lederstrumpf*-Erzählungen verwandt ist als etwa mit Karl Mays romantisch verzeichneter Winnetou-Figur.[36]
Cooper ist denn auch derjenige, dessen literarische Spuren sich verschiedentlich in Gerstäckers Werk erkennen lassen. So spricht er im ersten Band von *Nach Amerika* an einer Stelle einmal von den Indianern, »jenen wilden, trotzigen Stämmen, die uns Cooper so herrlich und unübertroffen beschrieben [...]« (I, 16). Solche Hinweise finden sich auch schon früher, nämlich in seinem allerersten Buch, den *Streif- und Jagdzügen durch die Vereinigten Staaten Nord-Amerikas*, das, wenn auch ohne Sealsfields politisches Gespür, so doch auch ohne Dudens romantische Verzeichnung nicht nur zu den wichtigsten, erfahrungsgesättigtsten ersten Reisebüchern über Amerika zählt, sondern zugleich in der Unverfälschtheit, ja Unverstelltheit seines Ausdrucks eine merkwürdige poetische Ausstrahlung behalten hat.
Gerstäcker interessiert bei seiner Ankunft in New York kaum die Stadt, in der ihn ein früher eingewanderter Deutscher gleich durch eine windige Geschäftsaktion um

sein bißchen Geld bringt, sondern er registriert eher die Seltsamkeiten: die große Zahl von Schiffen um Manhattan, »so daß das ganze ungeheure New-York einen Hafen bildet« (47), oder die zahlreichen Feuersbrünste in der Stadt[37]. »Die [Stadt] aufzusuchen, war ich nicht nach Amerika gekommen – ich suchte die Natur« (59). Wie er diesen Kontinent zu Fuß durchwandert, von New York aus zu den Niagarafällen, weiter nach Toronto und zurück durch die Staaten des Mittleren Westens (damals noch Far West) bis hin nach New Orleans, sich recht und schlecht durchschlägt, als Jäger, als Heizer und Koch auf Mississippidampfern und dann längere Zeit als Jäger in der Wildnis des damals noch kaum erschlossenen Arkansasgebietes, ist in der Darstellung von eigentümlichem Reiz. Über dieser Schilderung – besonders im ersten Teil – liegt so etwas wie der poetische Glanz einer verwirklichten Utopie, eines ungebundenen Lebens in den Wäldern, einer unbändigen Freiheit, eines Sichmessens der eigenen Kräfte mit der Natur. Das wird wohlgemerkt keineswegs als Idylle dargestellt, sondern mit allen Unebenheiten und Härten dieses Lebens, aber dennoch vermittelt es so etwas wie eine Ahnung von Freiheit, die nichts mit der Idylle Dudens zu tun hat, sondern mit der Unberührtheit und Unerschlossenheit dieses neuen Kontinentes.

Läßt sich über die in den letzten Jahrzehnten entstandenen Amerikabeschreibungen deutscher Reisender[38] sagen, daß sie jeweils Reisen in die Zukunft darstellen, in von Amerika bereits vorweggenommene Entwicklungen Europas, so ist es bei Gerstäcker eine Reise in die Vergangenheit, in eine noch vorindustrielle Realität, in ein historisiertes Paradies. Sicherlich läßt sich auch bei ihm eine gewisse literarische Stilisierung erkennen. Nicht von ungefähr hat er am Ende seines autobiographischen Berichtes[39] als Motto seines Lebens jene Eichendorff-Verse aus dem *Taugenichts* zitiert: »Wem Gott will rechte Gunst erweisen, / den schickt er in die weite Welt, / dem will er seine Wunder weisen / in Berg und Wald, in Strom und Feld.« Der einsame Wanderer erlebt immer wieder Momente, die Gerstäcker mit einer an Eichendorff erinnernden poetischen Verklärtheit beschreibt: »Rasch und fröhlich marschierte ich trotzdem in die schöne, prachtvolle Wildnis hinein, die sich im ersten Frühlingsnahn mit jungem Grün zu decken begann. Die Vögel sangen dabei so lieblich in den Zweigen und Alles knospte und keimte so frisch und wundervoll um mich her, daß es mir wie mit lautem Jubel durch die Seele zog« (125). Und so, wie Eichendorffs Taugenichts in Augenblicken der inneren Bewegtheit seine Fiedel hervorholt: »[...] ich sprang auf die Bank und strich vor Lust meine Geige, daß es weit in die stillen Täler herunterschallte«,[40] holt Gerstäcker seine »Zither hervor und vertrieb mit den sanften, klagenden Tönen derselben das böse Heimweh [...]« (240). Der mit der unbändigen Wanderlust, dem Gefühl und der Naivität des Eichendorffschen Taugenichts begabte junge Gerstäcker wandelt sich, je länger die Reise dauert, um so stärker in eine andere literarische Figur, deren Ursprung er schon ziemlich zu Anfang seines Berichtes erwähnt, als er bei der Schilderung einer Jagdepisode anfügt: »wie es Cooper so trefflich in seinem ›Ansiedler‹ beschreibt« (70). Es ist die Figur Natty Bumppos, Hawkeyes, Falkenauges, der wiederholt erwähnt wird[41] und in den sich Gerstäcker direkt am Ende seines Buches projiziert: »[...]allein – allein in der endlosen Wildnis, sah ich mich schon mit weißen Haaren, auf meine Büchse gelehnt, in den Bergen stehen, ein einsamer, freundloser Jäger. Dem

alten Hawkeye muß es doch manchmal recht weh um's Herz gewesen sein«
(398 f.).

Sicherlich, da stellt sich in der ermüdenden Aneinanderreihung immer neuer Jagd-
abenteuer, in den breit eingeflochtenen Erläuterungen bestimmter amerikanischer
Gebräuche und Gewohnheiten eine gewisse Monotonie ein, aber an der literarischen
Folie dieser »dark and bloody grounds« gemessen, wie sie vor allem Karl May
in seinen zahlreichen Amerikaromanen konstruiert hat, wo eine Verfolgungsjagd
die andere jagt und eine kolportagehaft aufgeblähte Sensationalität die Wirklichkeit bis zur Unkenntlichkeit verdeckt, bietet Gerstäcker nicht nur ein poetisches
Gegenbild, sondern auch eine realistischere Darstellung.

Er durchwandert fast alle diese Staaten zu Fuß, von den sprichwörtlichen Wild-
westabenteuern findet sich kaum eine Spur, auch wenn er Gefahrenmomente zu
bestehen hat, etwa bei einer Panther- oder Bärenjagd oder im Kanu auf dem rei-
ßenden Mississippi. Eine der eindrucksvollsten Szenen, die zugleich den verbreitet-
sten Klischees der Indianerliteratur widerspricht, beschreibt die Begegnung mit
einem Stamm der Choctaws in Arkansas. Die Indianer nehmen ihn freundlich auf,
er jagt mit ihnen gemeinsam, nimmt an ihren Waffenspielen teil, lernt ihre Art und
Lebensweise schätzen: »[...] kurz es war das Leben der Wildniß in seinem höchsten
Glanze« (130).

Während Sealsfield nur auf Zivilisationspfaden, in der Kutsche reisend, die damaligen Weststaaten der Union, Indiana, Illinois, Missouri, kennenlernte und die
eigentliche amerikanische Wildnis wohl nur vom Hörensagen kannte,[42] Gottfried
Duden in Missouri an den Idyllen seiner amerikanischen Wunschwirklichkeit bos-
selte, hat Gerstäcker die Utopie von dem freien ungezwungenen Leben in den amerikanischen Wäldern zu realisieren versucht. Das die Vorstellungswelt des 19. Jahrhunderts bestimmende Bild von Amerika als historisierter Natur wird am ehesten
von Gerstäcker anschaulich gemacht und zugleich in seinen von der Realität gesetzten Grenzen gezeigt.

1 Vgl. dazu das Nachwort von Friedemann Berger zu der Neuausgabe von Kürnbergers Roman
(Weimar 1974. S. 557–573, bes. S. 563). Vgl. zu Kürnberger auch die Untersuchung von Hildegard Meyer: Nord-Amerika im Urteil des Schrifttums des 19. Jahrhunderts. Eine Untersuchung
über Kürnbergers ›Amerika-Müden‹. Hamburg 1929. Bes. den 2. Teil, S. 69 ff.

2 Vgl. zu Härtlings Roman auch die Darlegungen des Verf.s in: Der deutsche Roman der Gegenwart. Stuttgart 2. Aufl. 1973. S. 319 ff.

3 In zwei umfangreichen Bänden erschienen, Boston u. New York 1909 (abgek.: I, II).

4 Beide Bände sind in der im Erscheinen begriffenen neuen Gesamtausgabe im ersten Band der Ausgabe zusammengefaßt, nach der hier zitiert wird: Hildesheim u. New York 1972 (abgek.: I, II).

5 Vgl. II, 1.

6 Die Briefe werden im folgenden zitiert nach dem zweiten Band der »Sämtlichen Werke und
Briefe« (Hrsg. von Walter Dietze. Leipzig 1970. Vgl. Bd. II. S. 193 ff.).

7 Vgl. II, 220–224 den Abdruck des Vertrages.

8 Die Konstellation, die sich, auf Amerika bezogen, bei Lenau und Gerstäcker abzeichnet, läßt sich
in der Tat bei Enzensberger und Uwe Johnson verwandelt wiedererkennen, der im zweiten Band
der »Jahrestage« das Posenhafte von Enzensbergers Amerikaverdikt aus dem Jahre 1968 bloßlegt.
Vgl. dazu im einzelnen die Studie des Verf.s: Abrechnung mit einer Utopie? Zum Amerika-Bild
im jüngsten deutschen Roman. In: Basis IV. Frankfurt a. M. 1973. S. 98–121.

9 Unkritisch wird Lenau in Hildegard Meyers Untersuchung (s. Anm. 1) dargestellt (vgl. S. 26 ff.),

da sie Lenaus Amerikavorstellung vor allem aus seinen Gedichten deduziert und ihm eine eigentlich höchst fragwürdige Repräsentanz zuspricht: »Gerade Lenau, der auch literarisch an der Grenze zweier Zeiten steht, kann mit besonderem Recht für das Bild, das sich das geistige Deutschland seiner Zeit von Amerika machte, herangezogen werden« (31).

10 Vgl. II, 214–218 u. II, 218–220. Zahlreiche Wendungen sind, wie auch in den vorangegangenen Briefen, häufig identisch.

11 Vgl. II, 211. 218.

12 Vgl. II, 210. 214. 219.

13 Im einzelnen die folgenden Bücher: »Die Regulatoren in Arkansas« (1845), »Die Flußpiraten des Mississippi« (1848), »Nach Amerika« I u. II (1855), »Mississippi-Bilder« (1848), »Aus zwei Weltteilen« (1854), »Reisen« (1853/54), »Streif- und Jagdzüge durch die Vereinigten Staaten Nordamerikas« (1844), »Neue Reisen durch die Vereinigten Staaten« (1868), »Skizzen aus Kalifornien und Südamerika« (1847) und »In Amerika« (1872), hier aufgeführt in der Reihenfolge des Erscheinens in der 36 Bände umfassenden Gesamtausgabe (Berlin 1907 ff.), nach der im folgenden zitiert wird. Der Band »In Amerika«, der »Nach Amerika« fortsetzt, war mir leider nicht greifbar.

14 Vgl. II, 200.

15 Zitiert hier nach Bd. 5 und 6 der Gesamtausgabe (abgek.: I, II).

16 Entsprechend gering ist die Literatur über Gerstäcker, vgl. etwa die Dissertation von Erich Seyfarth: »Friedrich Gerstäcker. Ein Beitrag zur Geschichte des exotischen Romans in Deutschland« (Freiburg i. Br. 1930), der die unveröffentlichten Dissertationen von Bernhard Jacobstroer: »Die Romantechnik bei Gerstäcker« (Greifswald 1913) und von August J. Prahl: »Gerstäcker und die Probleme seiner Zeit« (Johns Hopkins University 1933) vorausgingen bzw. folgten, ferner der Aufsatz von George H. R. O'Donnell: »Gerstäcker in America« (in: Publications of the Modern Language Association of America 42 [1927] S. 1036–43).

17 Ihr war eine von 1872 bis 1879 erscheinende dreiundvierzigbändige Gesamtausgabe vorausgegangen.

18 Dazu im einzelnen die schon erwähnte zweibändige Untersuchung von Albert Bernhard Faust (s. Anm. 3).

19 Vgl. dazu auch die Untersuchung von John A. Hawgood: The Tragedy of German America. New York u. London 1940. Bes. den zweiten Teil: »New Germanies on American Soil«, S. 93 ff.

20 Vgl. dazu die Studie von Richard Jente: Der gegenwärtige Stand des deutschen Unterrichts in den Vereinigten Staaten. In: Germanisch-Romanische Monatsschrift 9 (1921) S. 378 f.

21 So scheint die Gestalt des Indianers Wachiga aus den »Streif- und Jagdzügen« (vgl. S. 455) in dem Assowaum der »Regulatoren« wiederzukehren. Die Rechtspraxis des Regulatorenbundes in Arkansas wird ebenfalls am Beispiel von Pferdediebstählen (wie im Roman) ausführlich in einer dokumentarischen Episode dargestellt (vgl. S. 477 ff.). Daß Gerstäcker auch in den »Flußpiraten« historisches Material verarbeitet hat, verdeutlicht der folgende Hinweis in Sealsfields »Die Vereinigten Staaten von Nordamerika«: »Wir kamen die Stack-Insel vorbei, berüchtigt als der Sitz einer Räuberbande, Falschmünzer und Mörder, die vor zwölf Jahren hier hausten und über die den Mississippi auf- und abgehende Fahrzeuge herfielen« (II, 146).

22 Abgedruckt im Anhang einer Neuausgabe der »Flußpiraten« (Weimar 1970), S. 478–484.

23 Vgl. dazu etwa das ausführliche Material in der Untersuchung von Natalie Reber: Studien zum Motiv des Doppelgängers bei Dostojevskij und E. T. A. Hoffmann. Gießen 1964. Bes. S. 51 ff.

24 Vgl. dazu auch die Ausführungen von Franz H. Link: Edgar Allan Poe. Frankfurt a. M. u. Bonn 1968. S. 219 f.

25 Welche katastrophalen Wirkungen diese Legenden zum Teil in Deutschland hatten, betont Ludwig Cronau am Beispiel der Rezeption von Gottfried Dudens romantischer Darstellung »Bericht über eine Reise nach den westlichen Staaten Nordamerikas und einen mehrjährigen Aufenthalt am Missouri«: »Vielen Familien wurde Dudens Buch zur täglichen Lektüre. Um auch weniger Bemittelten die Anschaffung zu erleichtern, ließen Freunde und Begünstiger der Auswanderer zahlreiche billige Ausgaben herstellen und verbreiten. Infolgedessen kam ein förmliches Auswandererfieber zum Ausbruch. Tausende von Leuten [...] schickten sich zur weiten Reise nach Missouri an« (Drei Jahrhunderte deutschen Lebens in Amerika. Berlin 1909. S. 265). Duden hat sich acht Jahre später – vergeblich – durch seine Schrift »Selbstanklage wegen seines amerikanischen Reiseberichtes zur Warnung vor ferneren leichtsinnigen Auswanderern« von dieser Wirkung seines Buches distanzieren wollen.

26 Während Sealsfield beispielsweise in seinem Buch »Die Vereinigten Staaten von Nordamerika« mit einer ausführlichen Analyse der Situation der USA fünfzig Jahre nach ihrer Begründung beginnt und sich sehr kritisch mit dem 1824 nicht direkt vom Volk gewählten Präsidenten John Quincey Adams auseinandersetzt, sind auf Amerika bezogene politische Reflexionen bei Gerstäcker kaum anzutreffen. Das, soweit ich sehe, einzige politische Faktum, das er etwas ausführlicher darstellt, ist die Wahl des Präsidenten William H. Harrison, über dessen Wahlpropaganda, die seine militärische Vergangenheit in den Indianerkriegen ausbeutete, er sich lustig macht (vgl. »Jagd- und Streifzüge«, S. 296 f.). Auf die Harrison-Wahl geht er dann nochmals in den »Mississippi-Bildern« (Berlin 1907) ein (vgl. »Eine Präsidentenwahl«, S. 593 ff.).

27 Vgl. I, 43.

28 Vgl. II, 155.

29 Vgl. II, 156.

30 Vgl. II, 157.

31 Vgl. II, 157 f.

32 Faust (s. Anm. 3), Bd. 1. S. 441.

33 Ebd., S. 440 f.

34 Der vollständige Titel lautet: Bericht über eine Reise nach den westlichen Staaten Nordamerikas und einen mehrjährigen Aufenthalt am Missouri (in den Jahren 1824, 1825, 1826 und 1827) in Bezug auf Auswanderung und Übervölkerung, oder: Das Leben im Innern der Vereinigten Staaten und dessen Bedeutung für die häusliche und politische Lage der Europäer dargestellt, (a) in einer Sammlung von Briefen, (b) in einer politischen Abhandlung, (c) in einem ratgebenden Nachtrag.

35 Faust (s. Anm. 3), Bd. 1. S. 441 f.

36 Dazu die ausführliche mehrteilige Sendereihe des Verf.s »Der Indianer in der deutschen Literatur«, die im März 1974 im Deutschlandfunk (Köln) lief.

37 Vgl. S. 49.

38 Arthur Holitscher, Wolfgang Koeppen, Hans Egon Holthusen sind Beispiele.

39 Vgl. im Anhang der schon erwähnten Neuausgabe der »Flußpiraten« (Weimar 1970) S. 484.

40 Zitiert nach der Ausgabe der »Werke« (Hrsg. von Wolfdietrich Rasch. München 1966. S. 1103). Ein Freund und Weggefährte des Taugenichts, Guido, spielt bezeichnenderweise ebenfalls »auf einer Zither [...] und sang wie eine Nachtigall« (1095).

41 Vgl. etwa S. 249.

42 Als Sealsfield sich auf seiner Reise gen Süden wandte, um New Orleans zu erreichen, schreckte er bezeichnenderweise vor einer Arkansasdurchquerung zurück: »Es blieb mir zwar noch der Landweg durch das Indianer-Gebiet und über Natchez übrig; doch 800 Meilen allein, und durch großentheils unbewohnte Länderstrecken zu reisen, war eine zu gewagte Sache« (II, 93). Er entschied sich für eine Bootsreise auf dem Mississippi. Sein einziger unmittelbarer Kontakt mit Indianern bestand denn auch im Anblick von zwei betrunkenen Indianern, die in der Nähe von St. Louis »vor einem dieser Kaufläden lagen [...], wie sie die liebe Natur erschaffen hat« (II, 129).

RÜDIGER STEINLEIN

# Ferdinand Kürnbergers »Der Amerikamüde«.
## Ein ›amerikanisches Kulturbild‹ als
## Entwurf einer negativen Utopie

I

Die wenigen neueren Stellungnahmen der bürgerlichen Literaturgeschichtsschreibung betrachten Ferdinand Kürnbergers Roman *Der Amerikamüde* (1855)[1] entweder unter antidemokratisch-irrationalistischer Perspektive als »einen Beitrag zur Kulturkritik der Märzideale«, als »ein Werk gegen die Zeit in einer Front mit den Zeitparodien und -Vernichtungen bei Gotthelf und Immermann«[2] oder verweisen ihn »als eine [...] theoretische, aus Quellen zweiter und dritter Hand gespeiste Antwort des österreichischen Humanisten auf die neue Wirtschaftswelt« in das (un)künstlerische Abseits des »Ideologisch-Tendenziösen«[3]. Jedoch ist beiden Positionen die Erkenntnis gemeinsam, daß es sich beim *Amerikamüden* nicht um ein ›Volksbuch‹ in der Art von Gerstäckers *Nach Amerika* handelt, das etwa der nach 1848 anschwellenden Masse deutscher Auswanderer durch kritische Gegeninformation den Star des grassierenden Amerikaenthusiasmus und -idealismus stechen und so den Blick auf jene amerikanische Realität, die diese Menschen erwartete, öffnen wollte.[4]

Von entscheidenderer Bedeutung allerdings als solche Einsicht in den prinzipiell medialen Charakter der Amerika*kritik* Kürnbergers, die ohnehin durch kaum zu unterschlagende Reflexionen im Roman selbst erzwungen wird, ist die Frage, wohin sie in letzter Instanz zielt, wenn nicht auf eine Kritik *Amerikas* in seinem historischen Sosein.

Von der Vorklärung dieser Frage hängt nämlich auch die Einschätzung von Funktion und Stellenwert des Amerikabildes ab, das Ferdinand Kürnberger in seinem Roman entwirft und das ihm bei der Mehrzahl seiner bürgerlichen Interpreten (bei aller Hochschätzung der inhaltlichen Stoßrichtung: dem ›Antiamerikanismus‹ des Buches) doch den Vorwurf tendenziöser Schwarzweißmalerei, witzblattkarikaturenhafter Überzeichnung[5] usw. einbrachte.

Hier helfen nun auch die direkten Hinweise des *Amerikamüden* nicht weiter, die das immer wieder zitierte ›ideologiekritische‹ Programm der ›großen Desillusionstour‹ des Helden Dr. Moorfeld pointieren: die Zerstörung jener Rousseauistisch-Cooperischen oder jakobinisch-citoyenrepublikanischen Amerikautopie, die in den Urwäldern und Wildnissen der Neuen Welt die Heilung und Erlösung von europäischen Zivilisationsschäden und in der Sternenbannerrepublik die Verwirklichung des seit den Tagen des deutschen Idealismus entworfenen Vernunftstaates allgemeiner Freiheit und Gleichheit erhoffte. Unstreitig ist, daß sich die Amerikakritik Kürnbergers im Medium oder als Kritik dieser (in weiten Teilen der bürgerlichen Intelligenz der Restaurationsperiode nach 1815 herrschenden) Amerikautopie entfaltet und daß von solcher Amerikakritik die Auswahl und Gewichtung der Elemente des Amerikabildes im Roman nachdrücklich geprägt sind. Jedoch geht es in dieser seiner rein ideologiekritischen Funktion nicht auf, will man nicht seine eigentümliche Struktur, die Vielschichtigkeit und zugleich das beinahe monomanische Variieren weniger Grundmuster als nebensächlich übergehen.

Eine Ahnung von der übergreifenden Dimension dieses in amerikautopiekritischer Absicht entworfenen Amerikabildes bei Kürnberger verrät Fritz Martinis Kennzeichnung des *Amerikamüden* als »bissige Satire des Idealisten auf die Hypertrophie des traditionslosen Wirtschaftsgeistes im neuen Kontinent, Versuch einer Sozialkritik der modernen Erwerbsgesellschaft«.[6] Was eine solche unbestimmt-verschleiernde Äußerung nur mutmaßen läßt, hat materialistische Literaturgeschichtsschreibung schon seit längerem exakt umrissen: »Mit seiner Darstellung [...] hat Kürnberger nicht nur eine Kritik des zeitgenössischen amerikanischen Lebens gegeben: durch die Kritik der amerikanischen Verhältnisse wurde er zu einem der ersten österreichischen Schriftsteller, die wenigstens zu einem ansatzweisen Verständnis der Widersprüche der kapitalistischen Gesellschaftsordnung gelangten.«[7] Das bedeutet aber nichts anderes, als daß Kürnbergers Amerikakritik in ihrem Kern Kapitalismuskritik ist und daß ferner sein Bild von Amerika immer zugleich auch Bild kapitalistischer Verhältnisse oder – so darf man schließen – ein Modell ist.[8]

## II

Es gehört nun zu den auffälligsten Merkmalen des Problemkomplexes Amerika, daß er im historischen Entwicklungsgang bürgerlicher Ideologie der Ort zweier ihrem Inhalt nach strikt zuwiderlaufender Projektionen wurde – ein Umstand, den sich Kürnberger sehr bewußt für die Konstruktion und Entfaltung seines Amerikamodells zunutze zu machen verstand: Zum einen war Amerika vor allem seit seinem revolutionären Unabhängigkeitskampf Hauptprojektionsfeld der unterschiedlichsten sozialen und politischen Utopien; zum anderen aber wurde es – vor allem im Zuge wachsender Realerfahrungen von Auswanderern oder anderen Amerikafahrern und damit vermehrter Informationen – speziell in Deutschland seit den zwanziger Jahren des 19. Jahrhunderts gleichzeitig zum Modellfall des negativen Entwicklungsganges einer Gesellschaftsformation, die nur von geschäfte- und profitmachenden Privatleuten bestimmt gesehen wird und deren Hauptaufgabe darin bestehe, diesen die institutionellen Garantien für ihre Geschäfte zu verschaffen.[9] Unschwer ist zu erkennen, daß Kürnberger seinen Helden zum Vertreter der ersteren Position, nämlich der des »Liberalismus der Restaurationsperiode« (81) oder – wie er sie apostrophiert – des »Vorurteils« Amerika (331) macht, wohingegen große Teile der Darstellung der amerikanischen Zustände, die der Held des Romans durchmißt, aus dem Blickwinkel der letzteren Position gegeben werden.

Diese erhebt aber ihr Amerika nicht allein zu einem Modellfall oder Demonstrationsbeispiel negativer gesellschaftlicher Entwicklungstendenzen, sondern impliziert in Ansätzen immer auch bereits Elemente von Kapitalismuskritik. Insofern diese Kritik, wie z. B. bei Heine, Kritik einer inhumanen gesellschaftlichen Praxis ist, die das Individuum, statt es in der Entfaltung seiner Möglichkeiten und der Verwirklichung seiner Freiheitsbestimmung zu fördern, bei Strafe seines Untergangs zur Freiheit des Geschäftemachens nötigt oder die das Gleichheitsideal zur Gleichmacherei pervertiert, antizipiert sie entschieden Positionen des *Amerikamüden*. Allerdings ist solche Kapitalismuskritik, die ja in diesem Schrifttum nirgends systematisch oder gar auf dem Boden des damals im Entstehen begriffenen wissenschaftlichen Sozialismus vorgetragen wird, sondern sich im günstigsten Fall einem revolutionären bürgerlichen Humanismus verdankt, eben wegen ihrer schwankenden ideologischen Voraussetzungen immer in Gefahr, zugleich zur Kritik gesellschaftlichen Fortschritts zu werden.[10] Namhaftestes Beispiel eines derartigen, im Grunde reaktionären Antiamerikanismus auf der Basis eines hilflosen Antimaterialismus bietet Nikolaus Lenau, der ja bekanntlich bei der Konzeption des Kürnbergerschen Helden Dr. Moorfeld mit einigen Zügen seiner mißglückten Amerikaunternehmung Pate gestanden hat.[11]

Wie verwickelt und widersprüchlich die ideologische Signatur des Amerikamodells im Zusammenhang antikapitalistisch-antimaterialistischer Bestrebungen der Literatur des Jungen Deutschland werden konnte, auf dessen Tradition sich Kürnberger explizit bezog, mag ein Blick auf Ernst Willkomms Roman *Die Europamüden* (1838) zeigen.

Bei oberflächlicher Betrachtung erscheint die Amerikaverherrlichung in diesem Text auf einen kaum mehr zu überbietenden Höhepunkt getrieben. Amerika, der »Erdtheil der Erlösung«,[12] wird hier geradezu zum Gegenstand mystischer Heilserwartungen und eines Kultes fesselloser Freiheit, organischer Naturhaftigkeit, unentfremdet-ganzheitlichen Lebens sowie urwüchsiger Kraft und Stärke, der in seinem Kern nichts weiter ist als eine enthusiastische Feier der entfesselten Produktivkräfte der bürgerlichen Gesellschaft. Von der unangenehmen Last der negativen, aber diese Entwicklung notwendig begleitenden sozialen, ökonomischen und kulturellen Erscheinungen wird Willkomms Amerikaprojektion dabei frei gehalten. Diese bleibt konzentriert Europa verhaftet als dem Inbegriff aller lebensverneinenden, einengenden ›zivilisatorischen‹ Tendenzen einer überalterten und erstarrten gesellschaftlichen Lebensform, worin unschwer ein stark antifeudaler Zug zu erkennen ist. Bezeichnenderweise verquickt er sich aber auch schon mit antibourgeois-antikapitalistischen Momenten; und zwar im Gewand einer romantisch orientierten Materialismuskritik bzw. im Perhorreszieren der heraufkommenden Industrialisierung: »Ein Gebäude wie der kölner Dom ist eine Tragödie des Mittelalters, die nicht fertig geworden und nun von allen Jahrhunderten besprochen und befühlt wird, ob sie sich wol vollenden lasse [...] Unserer Zeit fehlt die religiöse Begeisterung zur Vollendung, ja zum Verständniß eines solchen Baues. *Unsere* Dome sind langgestreckte, dünnleibige Fabrikgebäude. Die Begeisterung für das Materielle, reell Nutzbare harmonirt wenig mit dem erhabenen Schwung einer mittelalterlichen Phantasie. Dazumal hatte der productive Mensch noch etwas Riesenmäßiges, Himmelstürmendes.«[13] Solche Verquickung wird durchaus verständlich, wenn man bedenkt, daß sich diese Entwicklung in Deutschland ja nicht in den politischen Organisationsformen einer konstitutionellen Monarchie oder gar einer Republik vollzog, sondern unter feudalabsolutistischen bürokratischen Regimes, die alles andere waren als Verkörperungen citoyenrepublikanischer Freiheits- und Gleichheitsideale. Das heißt, die Kritik an den politischen Zuständen Deutschlands traf gleichzeitig auch

die von ihnen bedingten Erscheinungsformen der ökonomischen Entwicklung bürgerlicher Verhältnisse.
Entsprechend nimmt sich Willkomms Gegenbild Amerika aus wie ein zweiter Garten Eden: »Drüben aber über den Wogen des atlantischen Oceans liegt das Land der Verheißung im heiligen Schatten des Urwalds gebettet [...] Dorthin hat sich geflüchtet die Natur, als Europa sie vertrieb. In der durchsichtigen Fluth des Ohio bespiegelt sie sich, schuldlos, weil sie *stark*, und fromm, weil sie *frei* ist. Über ihr aber zittert das Auge Gottes [...] und Amerika's Söhne blicken hinauf zu dem großen Tempel, den der freie Gott in ihnen gewölbt hat zur allgemeinen Verehrung. Und sie beten arbeitend und arbeiten betend, und es ist kein Elend unter ihnen, weil keine Armuth sie drückt [...] Die Flagge ihrer Nation ist das Abbild des Himmels, und es muß sich schön und groß leben lassen in einem Erdtheile, wo der Himmel mild hinzieht über den Scheitel eines Jeden [...].«[14]
Interessanterweise ist jedoch auch dieses Paradies bereits partiell vom Sündenfall in den Materialismus bedroht. So führt der Edel-Yankee Burton aus: »Der Europäer [...] täuscht sich oft, wenn er unser glückliches Land betritt. An den Küsten wohnt nicht die Freiheit im schönsten Schmuck ihrer jugendlichen Unschuld [...] Die Küstenstriche Nordamerika's sind blos die Vorhöfe der wahren Freiheit. Da treibt sich allerhand Gesindel umher [...] die wahre Wohnung der Freiheit muß man suchen im stillen unentweihten Innern Amerika's. Drum, wen aus Europa der Schmerz vertreibt [...] der fliehe die großen volkreichen Städte, in denen, wie überall, wo die Menschheit sich stößt, der Egoismus herrscht und die Sucht nach Gewinn und eitlem Tand.«[15] Aber auch das Bild des Amerikaners selbst erfährt unter dieser Perspektive eine entscheidende Einschränkung. Zwar ist in Amerika »alles jung, neu und frisch; aber die Menschen haben keine Herzen [...] Sie empfinden keine Schmerzen und keine Freuden; sie haben keine Poesie und keine Kunst, nur Dampfboote, große Schiffe, Wälder und Wildpret die Menge und sehr, sehr viel Geld.«[16] Jedoch erlaubt die romantische Stoßrichtung von Willkomms Zivilisationskritik einen entscheidenden Rettungsmechanismus für das ideologische Projekt Amerika, mit dessen Hilfe der ja durchaus wahrgenommene Widerspruch zwischen dem Freiheits-, Menschlichkeits- und Natürlichkeitsideal und jener Materialismusverfallenheit noch einmal positiv gewendet werden kann: »Die Sünden der Welt sind die Folgen der fluchwürdigen Verhältnisse, die geboren wurden aus socialer Unnatur, mystischer Heuchelei [...] schwächender Knechtsgesinnung und schlaffer Lebenssitte, die alles mit der Schminke der Etikette besudelte. Daran stirbt Europa, dadurch wird es der Sclave werden des Westens, in dem es zwar Sünden gibt und Laster, aber nur Sünden der Kraft und des Übermuthes. Diese erobern und gewinnen, denn sie sind – weil zur Tugend fähig – gottebenbürtig.«[17] Noch also werden Pragmatismus und Materialismus der Amerikaner nicht als Inbegriffe eines abschreckenden Yankeetums gefaßt, sondern als Ausdruck einer unbändigen Lebens- und Tatkraft, gewissermaßen als Sinnbild der überschießenden Produktivität und gewaltigen Zukunftsträchtigkeit des amerikanischen Gesellschaftsentwurfes.

## III

Diese Elemente und Tendenzen des Amerikabildes fand Ferdinand Kürnberger vor, als er sich Anfang 1850 nach seiner Entlassung aus der Dresdner Haft, in die er wegen aktiver Teilnahme an der revolutionären Maierhebung im Zuge der Reichsverfassungskampagne genommen worden war, mit der Konzeption seines *Amerikamüden* zu befassen begann. Bemerkenswerterweise verraten so wichtige Lebenszeugnisse wie seine zwischen 1850 und 1855 geschriebenen Briefe, die als ziemlich genauer Spiegel seiner politisch-weltanschaulichen Entwicklung gelten können, keinerlei spezifisches Interesse an Amerika. Hierfür spricht auch der Umstand, daß Kürnberger sich 1850/51 annähernd ein Jahr lang in Hamburg, einem der größten deutschen Auswanderungshäfen, aufhielt, ohne dem damals sehr hitzigen »Auswanderungsfieber«[18] zu verfallen. Wohl aber wird jener Aufenthalt dazu beigetragen haben, ihm die große Aktualität und enorme Brisanz Amerikas als Kristalisations- und Zielpunkt der Hoffnungen und Erwartungen auf gesellschaftliche und politische Emanzipation, die nach der Niederwerfung der Revolution in Deutschland erneut nicht zu realisieren waren, deutlich zu machen. Das bedeutet aber, daß Kürnberger den Komplex Amerika als das verwendet, was dieser ja immer schon war: als ideologisches Projekt, als ideologischen Reflex »deutscher Zustände« (Friedrich Engels), ihrer Entwicklungsmöglichkeiten und -probleme. Insofern scheint es durchaus gerechtfertigt, vom Modellcharakter jenes Amerika zu sprechen, das Kürnberger in seinem Roman entwirft.

Es ist das Modell einer entfesselten und alles durchdringenden kapitalistischen Ökonomie und Lebenspraxis, in dessen ätzendes Kritikfluidum von Satire, Parodie, Ironie, aber auch nüchternem Faktenreport die Ideal- und Wunschvorstellungen deutscher Intellektueller vom Selbstlauf der Gleichheit und Freiheit zu einem immer höheren und vollkommeneren Grad praktischer Verwirklichung getaucht werden; ein Modell, das den Traum beenden will, die bürgerliche Emanzipation sei, wo nur alle feudalen Hemmnisse beseitigt sind, zugleich auch die menschliche überhaupt. Vor allem der unerbittlichen Fixierung des letztgenannten Widerspruches, dessen Verkleisterung ja nach Karl Marx' Analyse im *18. Brumaire des Louis Bonaparte* (mit deren Methode im übrigen Kürnbergers kritisches Modell einige Übereinstimmungen aufweist[19]) zu den Grundmerkmalen kleinbürgerlicher Ideologie gehört,[20] dienen viele Partien des Romans. Aber nicht allein unter diesem Aspekt, daß Amerika – wie bereits erwähnt – zum Projektionsziel solcher citoyenrepublikanischen Idealisierungen (d. h. Gleichsetzungen der bürgerlichen mit der allgemeinmenschlichen Befreiung) wurde, nachdem das revolutionäre Frankreich diese Rolle sehr bald hatte abgeben müssen,[21] erweist sich die Wahl des Komplexes Amerika für das ebenso ideologie- wie kapitalismuskritische Unternehmen des *Amerikamüden* als äußerst fruchtbar. Vielmehr bot Amerika sich ja ganz konkret als Materialreservoir zur Herstellung eines kapitalismuskritischen Modells an, in welchem, wie wir oben sagten, deutsche Zeitprobleme der Periode nach 1848 verhandelt werden konnten, da sich die USA sowohl während des Zeitraums der Abfassung des *Amerikamüden* als auch zum Zeitpunkt seinen Handlung (also 1832) bereits in einem fortgeschrittenen Stadium der industriellen Revolution, des Übergangs zum Konkurrenz- oder Hochkapitalismus befanden, d. h. also in jenem Stadium, in das auch Deutschland mit dem Beginn der fünfziger Jahre trotz seines reaktionären politischen Überbaus rasch einzutreten begann. Nur hatte die »junge Riesenrepublik« (Karl Marx) jenseits des Ozeans einen entscheidenden Vorzug gegenüber der Situation in Deutschland. Bei struktureller Gleichgerichtetheit der jeweiligen Entwicklung zeigte der amerikanische Kapitalismus auf Grund seiner bekannten Sondervoraussetzungen (wie dem Fehlen eines Feudalsystems) in reiner, unverhüllter, repräsentativer und – modellhafter Form, was auf die Menschen zukam, die diese Verhältnisse produzierten und ihnen unterworfen waren: er lieferte ein ahnungsvolles, aber bereits reales Modell dessen, wohin sich auch die ökonomischen Zustände in Deutschland zu entwickeln drohten.

Daß dem Roman eine derartige Funktionalisierung des Komplexes Amerika zur Durchleuchtung deutscher Gegenwartsprobleme zugrunde liegt, erhellt nicht nur aus der Tatsache, daß der Autor im Handlungszusammenhang immer wieder auf Symptome wie Spekulationsfieber oder Industrierittertum eingeht, die ja damals vor allem die Gemüter in Deutschland bewegten;[22] sie wird auch von den politischen und philosophischen Stellungnahmen und Reflexionen bestätigt und bekräftigt, die sich in seinen Briefen finden. So läßt er z. B. 1850 aus Hamburg, also einer der am weitesten entwickelten kapitalistischen Metropolen des damaligen Deutschland, verlauten: »Bene nobis, nemini male, steht an einem Hamburg-Altonaer Tore, ein Spruch, der den echtesten Egoismus einer Krämerkommune repräsentiert: kühle Menschenliebe, starke Selbstliebe. Ich wäre hier auf mein Steckenpferd gekommen: Berserkerwut über den Geist der hiesigen karthaginiensischen Geld- und Handelsrepublik [...] Glück genug, daß es nur ein Hamburg gibt; käme der hiesige Menschenschlag noch öfter vor in Deutschland, so möchte ich lieber in einem Steinbruch oder in einer Giftfabrik leben als im deutschen Vaterlande.«[23]

Was aber ist Amerika in der Spiegelung durch den *Amerikamüden* anderes als eine derartige nur ins Riesenhafte ausgeweitete »Krämerkommune«, eine »karthaginiensische Geld- und Handelsrepublik«, deren Bann von New York bis in die Hinterwaldflecken Neu-Lisbon reicht und deren Ausbreitung über ganz Deutschland Kürnberger für das Ende menschenwürdiger Verhältnisse ansieht?

Indes weiß der Autor des *Amerikamüden*, wie im folgenden zu zeigen sein wird, trotz eines nicht gänzlich zu leugnenden Momentes von romantisch-perspektivlos bleibendem Antimaterialismus (vor allem durch Moorfeld verkörpert, der ja sicherlich z. T. als Sprachrohr Kürnbergers angesehen werden darf) sein Modellamerika vielschichtiger, widersprüchlicher und um Freilegung der Widersprüche besorgter zu organisieren, als es auf der Basis einer Einstellung wie der zitierten allein möglich wäre.

## IV

Ein Hauptmedium der Kürnbergerschen Amerikakritik ist zweifellos die Zentralfigur des Romans, Dr. Moorfeld. So baut sich auch das Amerikabild über weite Strecken in der Spiegelung durch Moorfelds Erleben, Erfahren, Beobachten und Verarbeiten amerikanischer Zustände auf. Er ist jedoch nicht nur romantisch-ästhetisierender Antimaterialist (worin seine Lenau-Nähe besteht), nicht nur citoyenrepublikanischer Idealist und Humanist (als welcher er den Boden Amerikas betritt, wie die Zitatcollage des Eingangshymnus auf das Gelobte Land unmißverständlich belegt), sondern ebensosehr auch skeptischer, distanzierter, reflektierender Beobachter. Davon zeugt nicht zuletzt jenes Erkenntnisprogramm, das Moorfeld als Grundlage und Motivation seines Amerikaaufenthaltes gegenüber seinem Alter ego und späteren Widersacher Benthal formuliert: »Es ist mir nicht um eine vorübergehende Emotion, um eine nationale Rage zu tun, die nach dem Friedensschluß zusammenfällt wie ein luftleerer Schlauch. Nicht wie die Menschheit ihre Freiheit erkämpft, sondern wie sie ihre Freiheit täglich, stündlich, in Haus, Kirche und Schule gebraucht – das muß mir die Menschheit auf ihrem Gipfel zeigen. Darum ging ich nach Amerika. Hier sind die größten Maßstäbe, die weitesten Perspektiven, hier ist das Leben eine Wahrheit, und die Toten werden alle begraben, nicht bloß teilweise, wie in Europa. Hier ist die Werkstätte des Ideals. Soll ich unsern Rationalisten glauben, daß die Menschheit die Gottheit ist – hier muß sich's zeigen, wo mit jeder Erfindung, jeder neuentdeckten Naturkraft Gottheit entbunden wird; soll ich unsern Liberalen glauben, daß der Vernunftstaat im allgemeinen Stimmrecht liegt und die geschichtliche Gewohnheit ein Fluch ist – hier muß ich's erfahren, wo ich Gesetze sehe, die der Millionär und der Schuhputzer des Millionärs gemeinsam gemacht haben« (171 f.).

Solche Reflektiertheit, die unschwer als Ausdruck der tiefen Enttäuschung und Verunsicherung des revolutionären kleinbürgerlichen Demokraten von 1848 über das Scheitern seiner Ziele an der Konterrevolution, das Ersticken seiner Ideale im bourgeois-feudalistischen Klima der Restaurationsperiode zu entziffern ist, ist jedoch nicht bloß Kennzeichen des Helden, vielmehr bestimmt sie die gesamte Struktur des Romans. Dort macht sie sich geltend in einer ausgefeilten und z. T. virtuos gehandhabten Technik der Montage, des Perspektivwechsels, der Spiegelung und Brechung von Realität in verschiedenen Ansichten dieser Realität, sei es im Bewußtsein von im Roman auftretenden Figuren, sei es auf der Ebene essayistischer Objektivierungen.[24] Daß Kürnberger sein Amerikamodell nicht in der Form eines epischen Kontinuums mit durchgängiger und/oder dominierender auktorialer Erzählperspektive entwickelt, zeugt von einem avancierten Bewußtsein der Erfordernisse, die eine adäquate epische Umsetzung des schwierigen Themas – nämlich Vergegenwärtigung und Kritik, das Sinnlich-wahrnehmbar- und Rational-durchschaubar-Machen eines vielschichtigen Gesellschaftszusammenhanges im Roman – mit sich brachte.

Entsprechend dem prinzipiellen Modellcharakter des Amerikabildes bei Kürnberger spielt die Frage der Repräsentativität und Streckenführung von Moorfelds Reise durch die USA kaum eine Rolle. Kürnberger läßt ihn lediglich von New York in das nahegelegene Pennsylvanien bis an die Grenze nach Ohio und von dort aus an den Eriesee gelangen, was vom Topographischen her gesehen ja nur einen vergleichsweise winzigen Ausschnitt der Vereinigten Staaten von 1832 oder gar der Jahrhundertmitte bildet.

Verständlich wird diese Beschränkung wiederum nur unter dem Gesichtspunkt der ideologie- wie kapitalismuskritischen Relevanz der dem Reiseweg des Helden zugrundegelegten Örtlichkeiten (unter denen die Südstaaten z. B. nur im Verlauf einer Auseinandersetzung um das Sklavenproblem auftauchen): den zentralen Erfahrungshintergrund Moorfelds bilden die »alten Bourgeoisstaaten des Ostens«

(382) mit ihren Metropolen New York, Philadelphia und Pittsburg (also die Zentren kapitalistischer Entwicklung). Hinzu kommt das Ohiogebiet als Sphäre der Träume von einem freien Farmerleben an der Grenze zur vermeintlich unberührten Wildnis (Neu-Lisbon in Ohio[25]) sowie das Terrain an den Großen Seen, das ja seit dem Siegeszug von Coopers *Lederstrumpf*-Romanen als klassische Fluchtlandschaft zivilisationsmüder Romantiker diente.[26] Nur so ist letztlich einsehbar, warum Moorfeld einen ganz entscheidenden Teil seiner Amerikaerfahrung einzig und allein in New York gewinnen kann (das ganze erste Buch des *Amerikamüden*, das über die Hälfte des Gesamtumfanges des Romans ausmacht, sowie das – allerdings nur knappe – dritte Buch spielen dort). Dieses New York ist innerhalb des Kürnbergerschen Amerikamodells selbst noch einmal ein Modellfall; Modellfall nämlich einer von den unglaublichsten Widersprüchen, heftigsten Spannungen und schärfsten Brüchen gekennzeichneten Realität ›Großstadt‹. Sie wird in den ersten neun Kapiteln des Romans mit einer kaum überbietbaren Intensität und Fülle exponiert, wobei sich ständig Amerikaerlebnis und Reflexion über das Problem Amerika, sinnliche und intellektuelle Anschauung dieses Gegenstandes miteinander verschränken. Anders ausgedrückt: Epischer und ideologie- wie kapitalismuskritischer Diskurs laufen, sich steigernd und ergänzend, unablässig ineinander und destruieren Schritt für Schritt den heroischen Schein vom ›free country‹ Amerika. Hinter der »allgemeinen Phrase« der Freiheit wird ihre Aufhebung, hinter der glänzenden Fassade des unversehrten, unangetasteten »konstitutionellen Daseins« der Freiheit »ihr *gemeines* Dasein«[27] beschworen, in welchem sie durch Dollarhunger, Profitgier, religiöse Heuchelei und Intoleranz oder einfaches Banausentum in allen Bereichen ästhetischer Kultur erstickt und totgeschlagen wird.

Zunächst läßt Kürnberger dieses Amerika jedoch in durchaus faszinierender Zwieschlächtigkeit auf seinen Helden zukommen. Das New York, in dessen Bann der Neuankömmling aus dem alten Europa sogleich gezogen wird, ist nur der geballte Ausdruck jener Welt »riesenhafter Wirklichkeiten« (13), der er hier erwartungsvoll entgegentritt: »Die Stadt, die hinter diesem dünnen Vorhang [der Battery-Promenade] liegt, kann ihre mächtige Nähe nicht leicht verschweigen. Schauerlich tönt's da herein. Die industriellen Donner, das friedliche Kriegsgetümmel, das Jagdgeheul der Nahrungssorgen, die ganze Symphonie eines Werktages, der für eine halbe Welt arbeitet, pflanzt sich mit dumpfem Schwalle über die Wipfel des Parks fort. Kein Künstler vermag das Ungesehene lebendiger zu veranschaulichen, als diese taube Masse unvermischbarer Geräusche das Freskogemälde einer großen Stadt zeichnet. Einer Stadt, die noch an sich selbst arbeitet, und schon ein weltgroßes Hinterland auszuarbeiten hat! Ein Kessel, der zugleich braut, da er noch unterm Hammer ist!« (13). Dieses New York ist noch die ins poetische Bild gebrachte »fieberhaft jugendliche Bewegung der materiellen Produktion«[28], die Marx im damaligen Amerika am Werk sah.

Auch die bemerkenswerte Flaneurepisode auf dem Broadway (18 ff.)[29] ist geprägt vom faszinierenden Eindruck ungestümer Vitalität und Expansionskraft. Moorfeld erlebt die Stadt – auch das ein Indiz für ihren Symbolcharakter – nicht nur als eine riesige Menschen-, sondern ebenso als eine »ungeheure Warensammlung«[30], als den Ort unermüdlicher Geschäftigkeit.

Hinter dem grandiosen Bild solch rastlos schaffender Dynamik werden jedoch sehr rasch deren negative Begleiterscheinungen sichtbar gemacht; die Geschäftigkeit entpuppt sich zusehends als Geschäftemacherei. In tausendfältiger Form herrscht das Wolfsgesetz der Konkurrenz und des Profits. Indes handelt es sich im Falle des *Amerikamüden* nicht um das schlichte Aufwärmen längst zu Klischees gewordener antiamerikanischer Vorurteile. Gewiß, Kürnberger benützt sie alle im Pandämonium seines Amerikamodells. Nur weiß er sie so zu funktionalisieren, daß es sich nicht in einem romantisch-irrationalistischen Antikapitalismus erschöpft, sondern kapitalismuskritische Brisanz und Prägnanz erhält. Wesentliche Bedingung hierfür ist, daß Kürnbergers existentielle Betroffenheit und sein moralkritisches Engagement, worin zweifellos eine Haupttriebfeder für das Entwerfen jenes Amerikamodells zu sehen ist, ihr wirkungsvolles Gegengewicht in einem gesellschaftskritischen Bewußtsein hatten, das an der damals fortgeschrittensten philosophischen und gesellschaftstheoretischen Literatur geschult gewesen sein dürfte.[31]

Seine Überzeugungskraft auch noch gegenüber dem heutigen Leser verdankt Kürnbergers Amerikamodell sowohl der Vielgestaltigkeit und artistischen Kombinatorik der aufgebotenen literarischen Mittel: Anekdote, Reisebericht, (Streit-)Gespräch, Essay usw. als auch der Fülle der Konkretionsebenen, die ökonomische, soziale, politische und juristische Zusammenhänge ebenso umfassen wie philosophische und ästhetische.[32]

Im Zuge dieser umfassenden Demaskierung des bourgeois-kapitalistischen Yankee-Amerika bedient sich Kürnberger in ausgiebigem Maße eines Mittels, das wohl nicht zuletzt zu nationalistischen Fehldeutungen seines Amerikabildes beigetragen hat. Sehr viele der seiner Kritik anheimfallenden Elemente ›amerikanischer‹ Realität werden mit den entsprechenden positiven Gegenbildern aus deutscher Eigenart und deutschem Wesen konfrontiert, womit solche Kritik natürlich noch an Kontur und Schärfe gewinnt. Es wäre jedoch aus mehreren Gründen verfehlt, hieraus den Schluß zu ziehen, Kürnbergers Amerikakritik sei im Grunde nichts weiter als eine Art Amerikaschelte ›ad majorem gloriam Germaniae‹. Ebensowenig wäre es berechtigt, dem Autor des *Amerikamüden* zu unterstellen, er habe die Widersprüche und negativen Entwicklungstendenzen des Kapitalismus zu nationalen oder rassischen Eigenarten umgefälscht und auf Amerika projiziert, um Deutschland und Deutschtum damit zum wahren Hort von Recht, Ordnung und Menschlichkeit zu erheben.[33] Eine derart apologetische Tendenz, welche die Amerikakritik zum Votum für eben jene deutschen Zustände gemacht hätte, gegen die der Plebejersohn Kürnberger 1848 und 1849 mit der Waffe in der Hand auf der Seite der Revolution in Wien und Dresden gekämpft hatte, kann dem *Amerikamüden* in keinem Falle angelastet oder unterstellt werden; auch dann nicht, wenn man berücksichtigt, daß Kürnberger nach der gescheiterten Revolution einem Teil seiner ehemaligen politischen Mitstreiter und ihrem Demokratieverständnis skeptisch gegenüberzustehen begann.[34]

Das Problem der Deutschen in Amerika ist für Kürnberger in letzter Instanz keines der nationalen Integration bzw. Desintegration, sondern ein Problem der gesellschaftlichen Identität. Das heißt, die Aufgabe oder der Verlust deutscher Wesensmerkmale zugunsten von Elementen der amerikanischen Lebenspraxis signalisieren eigentlich immer ein Korrumpiertwerden, eine Zerstörung nicht- oder (genauer gesagt:) vorkapitalistischer gesellschaftlicher Identität durch das Yankeetum als Inbegriff bourgeois-kapitalistischer Verhältnisse. Das trifft für Benthal ebenso zu wie für die deutsch-englisch kauderwelschenden Pennsylvanienbauern oder den am Rande des Ruins dahinvegetierenden »latin farmer« aus den Reihen der politischen Flüchtlinge der ›30er‹ und – am konsequentesten durchgespielt – für die kleine Annette, die Tochter eines deutschen Nachbarn Moorfelds während seines ›Farmerdaseins‹ in Ohio, die während eines religiösen ›camp-meetings‹ in geistige Umnachtung getrieben wird.[35]

Die ideologie- und kapitalismuskritische Grundtendenz oder Funktion des Kürnbergerschen Amerikamodells wird also durch die betonte Hereinnahme des ›deutschen‹ Problems keineswegs entkräftet. Es erweist sich vielmehr noch in weiterem Zusammenhang als wirksamer Hebel solcher Kritik. So wird gerade mittels einer jeweils ganz spezifisch pointierten und beleuchteten Darstellung von Schicksalen deutscher Amerikafahrer verschiedenster sozialer Herkunft[36] das Idealbild Amerika auf seine materiellen und strukturellen Grundlinien reduziert und das vermeintlich freieste Staatswesen der Erde als ein Klassenstaat demaskiert, in dem ein ständiger »Krieg der Reichen gegen die Armen« (306) herrscht und das Zusammenleben keineswegs durch eine citoyenrepublikanische ›fraternité‹, sondern von der Devise des »help your self« (436) geregelt wird, unter welcher »der Mensch nichts [...] die Ware alles [gilt]« (472). Dies schießt zusammen zur negativen Utopie eines Zustandes, dem sich auch Deutschland bedrohlich zu nähern beginnt und den Kürnberger von all jenen objektiv mit herbeigeführt sieht, die im Kampf gegen die herrschende feudalabsolutistisch-bürokratische Reaktion an ihrer Wahnvorstellung von der Vorbildlichkeit des ›amerikanischen‹ Modells der Menschheitsbefreiung festhalten.


V


Es hat also durchaus seinen ideologiekritisch-aufklärerischen Sinn, wenn Kürnberger nicht müde wird, in seinem Roman gerade Deutsche zu Opfern dieses amerikanischen Systems werden zu lassen. Denn ihr Deutschtum ist – wie gesagt – letztlich kein nationales Merkmal, sondern deutet auf einen gesellschaftlichen Sachverhalt: diese Deutschen in Kürnbergers Amerika sind Verkörperungen eines gesellschaftlichen Entwicklungsstandes, der je nach dem Standort des Beurteilers im Roman als positives Gegenbild zum Prinzip ›Amerika‹ und ›Yankeetum‹ oder aber als eine Art Michelhaftigkeit, als so nicht mehr haltbarer, wenn auch vielleicht ganz liebenswerter Anachronismus transparent wird.[37]

Kürnberger gestaltet den Gegensatz Deutsche–Amerikaner bzw. Yankees als Gegensatz zweier gesellschaftlicher Prinzipien und ihrer Besonderheiten. Die folgende Schilderung der Hauptbeteiligten jener Auktion, auf der Moorfeld überraschend zu seiner Farm kommen soll, mag dieses Moment verdeutlichen: »Moorfeld bemühte sich vergebens, gewisse allgemeingültige bäuerliche Grundtöne in ihrem [der anwesenden Farmer] Wesen herauszufinden. Kein einziger sah zufrieden, glücklich oder – ehrlich aus. Ihre Leiber waren vom Fieber abgemagert, welk und schlotterig, ihre gefurchten Gesichter bleich und von Luft und Sonne mehr übermalt als gesund gebräunt, ihre hohlen Augen gingen unruhig umher, voll List und Verschlagenheit und wie von allseitigen Sorgen umlagert. Es war eine traurige Heerschau für unseren Europäer. Sind das die Bürger eines freien und glücklichen Landes? fragte er sich unwillkürlich. Zwischen diesen Gestalten bewegten sich noch einige Exemplare aus einer andern Schicht der Gesellschaft; diese waren mehr oder minder städtisch gekleidet, trugen goldene Uhren und affektierten gewisse gentlemanische Haltung, Moorfeld erkannte sie aber mühelos als Subjekte von gemeinem Charakter und Gewerbe, sie machten ihm ungefähr den Eindruck von verkommenen Advokaten, oder durchgegangenen Handlungskommis, kurz von Industrierittern auf allen Gäulen« (339). Diese Gesellschaft umlagert ihr Opfer, das so charakterisiert wird: Es »war unverkennbar ein Deutscher, stand in den mittleren Mannesjahren und trug die tiefsten Spuren einer schweren kummervollen Lebenslast zur Schau. Sein Wesen schien das eines ehrlichen, ja selbst noblen Charakters, die eiserne Hinterwaldsarbeit hatte sein Äußeres verknechtet, sein Inneres machte noch eine Art von Figur. Er kontrastierte ebenso fremdartig als vorteilhaft zu den Physiognomien um ihn her, denen die Wolfs- und Luchsnatur eines schlauen und raubgierigen Materialismus grell aufgeprägt war« (340).

Diese Szene ist nur eine unter vielen im Roman, in denen es Kürnberger mit Hilfe der gleichen Kontrastierungstechnik versteht, hinter scheinbar reinen Nationaleigenschaften der Gestalten (die habgierigen, betrügerischen Yankees – der sprichwörtlich ehrliche und gerade deutsche ›Charakter‹) die Folgen der spezifischen Gewalt- und Ausbeutungsverhältnisse sichtbar zu machen, die sich in diesen Menschen als ihren Agenten und Opfern zugleich ausprägen.

Zu einem Kernstück der Problematisierung des gesellschaftlichen Prinzips ›Deutschland‹ vor dem Hintergrund entsprechender amerikanischer Realitäten wird jedoch zweifellos die Schilderung der Versammlung deutscher Handwerker im sechsten Kapitel des ersten Buches; nicht zuletzt weil sich in ihrem Verlauf erstmals die zweite Zentralfigur des Romans, Benthal, entscheidend exponiert. Diese weitausgreifende Episode ist nicht nur ein Beleg für die Absicht wie Fähigkeit Kürnbergers, Probleme der deutschen Entwicklung in seinem Amerikamodell aufzugreifen und zu konturieren; sie kann auch zeigen, wie der Autor »unter der Hand so etwas wie eine Kritik der politischen Ökonomie des Kapitalismus«[38] zu liefern weiß.

Auf das Konto der politischen Satire aus der Perspektive des ›großdeutsch‹ gesonnenen Achtundvierzigers geht zweifellos die Lokalisierung des Versammlungsortes in einem New Yorker Stadtviertel namens »Kleindeutschland« sowie die Erhebung des wackeren schwäbischen Wirtes der Versammlungsstätte zur Personifikation des »bankerotten deutschen Kaiserideals« (117) – er wird wegen seiner äußeren Erscheinung »deutscher Kaiser« genannt.

Die Hauptdiskussion des Abends dreht sich jedoch um die Überlebensmöglichkeiten der deutschen Handwerker auf dem amerikanischen Arbeitsmarkt; und das zugrundeliegende Thema ist die Dequalifizierung und das Abstrakt-Machen der konkreten Arbeitskraft und ihrer spezifischen, umfassend ausgebildeten handwerklichen Fähigkeiten durch das entwickelte amerikanische System der »freien« Lohnarbeit, in welchem der Arbeiter eben nicht mehr Handwerker – also im Grunde selbständiger Kleinproduzent von Waren –, sondern Anhängsel der Produktionsmittel, angewendetes Funktionsteilchen im kapitalistischen Produktionssystem ist. Alle Klagen und Erfahrungsberichte der Anwesenden laufen auf einen Punkt hinaus: die

Wahrnehmung, daß jenes ›amerikanische‹ Produktionssystem jede Möglichkeit zur Selbstverwirklichung im Arbeitsprodukt verhindert und an deren Stelle den Akt des Ankaufs und der Anwendung der Arbeitskraft wie des Arbeitsvermögens dort, wo gerade Nachfrage besteht, gesetzt hat.[39] An diesem Punkt nun tritt Benthal kritisierend, agitierend, erklärend und vermittelnd in Aktion. Er macht sich dabei sowohl zum Anwalt eines fragwürdigen Ideals von Deutschtum als auch zum Verfechter der Ideologie des Amerikanismus als ökonomischen Pragmatismus': »Schärfen und schleifen Sie alle Spitzen Ihrer Nationalität wie ein chirurgisches Besteck [...] Ihren deutschen Tiefsinn stemmen Sie entgegen der routinierten Flachheit, Ihr deutsches Gemüt der höflichen Herzenskälte. Ihre deutsche Religion dem trockenen Sektenkram, Ihr deutsches Persönlichkeitsgefühl dem herdenmäßigen Parteitreiben, Ihr deutsches Gewissen dem Humbug und Yankeetricks, Ihre deutsche Sprache dem Mißlaut und der Gedankenarmut, Ihr deutsches Weinglas der Mäßigkeitsheuchelei [...] Eins aber werfen Sie über Bord [...] die deutsche Handwerkspedanterie. Sie könnten den Amerikanern ebenso gut Ihre Fleißzettel aus der Schule vorzeigen, als daß Sie versessen sind auf das Handwerk, worin Sie Ihr ›Meisterstück‹ gemacht. Die europäische Zunft war nur eine Schule des Handwerks; die Schule ist durchgemacht und nun fallen die Zünfte in Europa selbst, um wie viel mehr in Amerika [...] Finden Sie Ihr Handwerk im gewohnten europäischen Stile hier – gut; wo nicht, so ergreifen sie das verwandte und vom verwandten wieder das verwandte [...] bis Sie den Punkt gefunden haben, auf dem schön Wetter wird. So kommt der Amerikaner fort; das nennt er ›sein Leben machen‹ [...] Hier ist man jung und gesund und verwandelt sich zehnmal des Tags, unternimmt alles und verzweifelt an nichts [...] Nichts ist so gering hier, womit man nicht anfängt, aber nichts so hoch, womit man nicht enden wollte« (149 f.).
Ein gefährlicher Hang zur Deutschtümelei und berechtigte Kritik an der ökonomischen Zurückgebliebenheit Deutschlands halten sich hier noch die Waage. Selbst die unvermeidliche Doktrin von der ›freien Bahn dem Tüchtigen‹ in Amerika, dem Land der unbegrenzten Möglichkeiten, hat hier noch einen Kern von Wahrheit. Die beschworene Aufstiegschance für jeden, gleich welcher sozialen Herkunft er auch sei, gibt es in gewisser Hinsicht tatsächlich in jenem Amerika, »wo zwar schon Klassen bestehn, aber sich noch nicht fixiert haben, sondern in beständigem Flusse fortwährend ihre Bestandteile wechseln und aneinander abtreten, wo die modernen Produktionsmittel, statt mit einer stagnanten Übervölkerung zusammenzufallen, vielmehr den relativen Mangel an Händen ersetzen [...]«.[40]
Dieser Benthal ist einerseits sicherlich objektiv ein Vertreter gesellschaftlichen Fortschritts, insofern er in seiner Parteinahme für den amerikanischen Weg der Produktion ganz klar den Bedingungen zur Herstellung der in der ›großen Industrie‹ zu entfesselnden und die Grenzen der alten Gesellschaftsordnung notwendig sprengenden (und damit ebenso notwendig kapitalistischen) Produktivkräfte das Wort redet. Denn nichts anderes steckt hinter seiner Ironisierung der deutschen Handwerkerehre und ihres zünftischen Ideals. Dasselbe kann auch von seinem Versuch gelten, zur Entwicklung von ›industriösem Geist‹ beizutragen, der auch dem deutschen Bürgertum seit einem halben Jahrhundert und länger am Herzen lag, sich jedoch im Rahmen der deutschen Zustände nie bis zu jenem Grad erheben konnte, den Benthal hier am Beispiel des Mr. Mockingbird (übrigens einem der ganz weni-

gen im Grunde positiv gezeichneten Yankeetypen im Roman) als Prinzip unver-
wüstlicher unternehmerischer Initiative preist – am Beispiel jenes Mr.
Mockingbird, der, obwohl er gerade erst »mit einer Viertelmillion in Tran falliert [hat...] sich
lustig die Hemdärmel auf[streift], um rechts ein Bushel Zwiebeln zu messen und
links ein Rudel Schulrangen zu Paaren zu treiben – der Anfang zu einer neuen
Viertelmillion« (151).

Andererseits erweist sich Benthal – im Gegensatz zu dem Idealisten, Humanisten
und Skeptiker Moorfeld, der ihm allerdings, bezeichnend für die Schwäche solcher
Position, lange Zeit auf den Leim geht – bereits an diesem Punkt des *Amerika-
müden* als jener Typ des ›48ers‹ (obwohl er der Logik der Romanhandlung zufolge
ein ›30er‹ ist[41]), der diesseits und jenseits des Ozeans progressiven Nationalismus
zur Deutschtümelei und die revolutionären Ideen der Märzrevolution zur bour-
geoisen Realpolitik des ökonomischen Fortschritts unter Verzicht auf die politische
Emanzipation pervertiert.

So ist es ja höchst bezeichnend und belegt die genaue Kenntnis Kürnbergers von
den ideologischen Aktivitäten der deutschen Achtundvierziger in den USA, wenn
er Benthal die (bereits auf eine längere Tradition zurückblickende[42]) Position jener
Fraktion radikaler ›Liberaler‹ einnehmen läßt, die in Amerika den ökonomischen
und politischen Nährboden für die Errichtung einer Weltrepublik sahen.[43] Der
Amerikaner, »der Gott der Materie« (152), und der Deutsche, die Inkarnation des
Geistigen, sollen dieses politische und gesellschaftliche Ideal gemeinsam verwirklichen.

Was an realem Kern in einer derartigen Utopie steckte, macht Benthal in einem
Gespräch mit Moorfeld klar, das nicht lange nach jenem Abend in »Kleindeutschland« stattfindet. In emphatischem Ton wird da eine Zukunftsmusik unüberhörbar
expansionistischer und präimperialistischer Art angestimmt: »Ganz Nordamerika
wird deutsch werden, denn unsre Einwanderung stützt sich dann auf ein mächtiges
Mutterland, so wie sich Yankeenglisch auf Altengland stützte. Aber was sag' ich
ganz Nordamerika? Die ganze Welt wird deutsch werden, denn mit Deutschlands
Aufgang wird England untergehen [...] die Wachposten der Kultur werden auf
dem ganzen Erdenrund abgelöst und mit deutscher Mannschaft bezogen werden.
Deutschland erwacht, und kein Volk der Welt behauptet seinen alten Rang, denn
alle leben vom deutschen Schlafe und verderben mit deutschem Auferstehen«
(199 f.).

Der Schluß des Romans entlarvt denn auch endgültig diesen bramarbasierenden
politischen Nationalismus Benthals als Vorstufe zu einem Programm großbour-
geoiser wirtschaftlicher Aspirationen, das sich nur noch mühsam den Anschein einer
nationalen Kampfposition geben kann. Kuriert von dem Wahn, in Nordamerika
durch forcierte Einwanderung aus Deutschland deutsche Freistaaten bilden und
daraus die Weltrepublik entwickeln zu können, steht Benthal nun vor dem Aufstieg
in die wahren Zentren der Macht: die New Yorker Finanzaristokratie. Aus solcher
Position vertraut er Moorfeld an: »Von *der* Idee sind wir wohl beide zurückge-
kommen, das Deutschtum auf dem Pflug zu gründen. Sie sehen, wie's geht damit.
Tausende von Bauern, Tausende von Handwerkern können wir ins Land werfen,
und sie werden immer eine Seitenstellung einnehmen. Ein einziger Bankdirektor,
ein einziger Großhandlungschef aus unserem Volke ist ein stärkerer Keil unserer

Macht als Massen von nützlichen, aber verachteten Heloten [...] O diese Yankees! Wir müssen sie in ihrer höchsten, heiligsten Zitadelle beschleichen: in ihrer Börse. Dort, wo das Fett und Mark der Nationen ausgekocht wird, dort müssen wir mitkochen. Ein Quadratfuß an diesem Herde ist mehr wert als eine halbe Million Acres am Missouri [...] Ich will diese Yankees – ein Cäsar an der Wallstreet – [...]« (531).

So wird dieser Benthal nicht zuletzt auch zu einer Art Personifikation jenes Umwandlungsprozesses, in dessen Verlauf das deutsche Bürgertum nach einem Diktum Franz Mehrings »aus der idealistischen Haut heraus- und in die mammonistische hineinschlüpfte [...]«.[44] Obwohl der Position Benthals, jener zusehends aggressiver werdenden Mischung aus Proamerikanismus und deutschtümelndem Nationalismus, nirgends offen widersprochen wird, bleibt sie im Roman nicht unangefochten. Ja, im Grunde ist der ganze *Amerikamüde* eine Widerlegung von Benthals Überzeugungen, soweit diese proamerikanische und damit prokapitalistische Züge enthalten. Nicht betroffen sind deren nationalpolitische Elemente, ein Indiz, in welchem sich hier bereits die spätere Haltung des Autors Kürnberger zu der von der preußischen Bourgeoisie unter Bismarcks Führung erreichten ›kleindeutschen‹ nationalen Einigung ankündigt.[45]

Speziell dem von Benthal so stark in den Mittelpunkt seiner Rede vor den Handwerkern gestellten Ideologem von der freien ökonomischen Entfaltungsmöglichkeit in Amerika für jeden, der nur genügend Unternehmungsgeist und Durchhaltevermögen mitbringt, wird überall im *Amerikamüden* kritisch und desillusionierend entgegengewirkt. Am aufschlußreichsten hierfür ist vielleicht die Begegnung Moorfelds mit dem deutschen Tischler Rapp, der in den ›backwoods‹ sein Leben mit Zäuneausbessern fristet. »Ach, hätten wir in Deutschland Gewerbefreiheit, es wäre das erste Land in der Welt!« (376) ist sein gewichtiger Stoßseufzer, den er auch nicht zurücknimmt, als er von Moorfeld gefragt wird: »Und die politische Freiheit Amerikas ist Euch gleichgültig?« Seine Antwort, die explizit als »die Begriffe des sogenannten gemeinen Mannes darüber« wiedergegeben wird, reduziert dieses aufgeblähte Freiheitsideal auf seine Phrasenhaftigkeit: »Politische Freiheit, erwiderte der Tischler – wo ist sie denn und blickte dabei um sich [...] ich seh' nichts davon. Ich war in Pittsburg, als sie im vorigen Jahr den Präsidenten wählten, – Prügeln sah ich wohl, aber keine Freiheit [...] Wo wir Deutsche einen Wortwechsel führen, da rennen sie gleich mit Messern und Schießgewehr gegeneinander los [...] Nein, Gott weiß, ich habe einen Ekel an den großen Städten. Aber auf dem Lande sitzt die Freiheit eben auch nicht zu dick. Bäume umhauen, Fenzen machen, Blockhäuser bauen, Wild schießen, Vieh hüten, das ist die erste Freiheit. Man sieht die Leute wie Sklaven sich rackern [...]« (376 f.). Ebensowenig läßt sich der Mann von der Tatsache beeindrucken, daß es im Lande der Gleichheit aller jeder zu politischem Amt und administrativen Würden bringen könne; denn dies gelinge ohnehin nur den Skrupellosesten und Gerissensten.

Ohne Zweifel legt Kürnberger diesem Handwerker einen Teil seiner eigenen Anschauungen in den Mund. Dabei zeigt sich nun ein merkwürdiger Zwiespalt in der Argumentation; man könnte auch sagen, eine Vertauschung von Kritikpositionen: das System ›Amerika‹, zuvor Richtpunkt aller positiven Hoffnungen auf die in Deutschland verhinderte und unterdrückte gesellschaftliche Emanzipation der bür-

gerlichen Gesellschaft aus ihrer feudalen Bevormundung, wird nun gerade umgekehrt aus der Perspektive der Möglichkeiten, die das System ›Deutschland‹ enthalten soll, verworfen. Auch wenn man nicht so weit gehen will, zu vermuten, daß
Kürnberger die Ansicht seines Tischlers teilt, Deutschland fehle nur die Gewerbefreiheit, um ein vollkommenes gesellschaftliches Gebilde zu werden, kann man in
der Episode, die übrigens von Moorfeld mit Bezug auf den politischen Sachverstand
des Tischlers sehr positiv eingeschätzt wird, doch auch die Manifestation eines Stük-
kes blinder und illusionärer Kapitalismuskritik sehen: denn wo immer im *Amerika-
müden* das attackierte System des Yankeekapitalismus mit einem positiven Gegenbild konfrontiert wird, trägt dieses gleich deutsche Züge, ganz gleich, ob dies nun am
Beispiel der unterschiedlichen Eßsitten[46] oder der Art der Landbebauung demonstriert wird[47]. Sicher sind auch in diesem Zusammenhang die deutschen Eigenschaften dem amerikanischen Wesen nicht zum Zweck der Affirmation deutscher Zustände entgegengehalten: sie sollen vielmehr das Prinzip Menschlichkeit verkörpern
– aber gerade in solcher Inanspruchnahme deutscher Charakterzüge und Verhaltens-
tugenden werden die Grenzen der Kürnbergerschen Amerikakritik als Kapitalismuskritik deutlich. Die dem schonungslos bloßgelegten Yankeetum des Dollarhun-
gers und des Spekulationsfiebers[48] kontrastierte Herzensbildung, Aufrichtigkeit,
Treuherzigkeit und Ehrlichkeit der Deutschen, die als Ausdruck wahrer, wenn auch
noch von den Spuren überkommener Borniertheit und gewachsenen Provinzialis-
mus' zu befreiender Humanität gelten, sind nämlich in ihrem Kern nichts anderes
als Elemente einer sehnsuchtsvollen Verklärung feudaler Abhängigkeitsverhältnisse
als persönlicher Bindungsverhältnisse.[49]
Wir haben es also im Falle von Kürnbergers Deutschland-Amerika-Kontrastierung
mit dem bemerkenswerten Umstand zu tun, daß der Autor zwar, wie kaum ein
anderer deutscher Schriftsteller jener Jahre, im Medium seiner Amerikakritik sinnlich zu vergegenwärtigen vermag, wie »die Bourgeoisie, wo sie zur Herrschaft gekommen [...] kein anderes Band zwischen Mensch und Mensch übriggelassen [hat]
als das nackte Interesse, als die fühllose ›bare Zahlung‹«, wie sie alle humanen
Beziehungen »in dem eiskalten Wasser egoistischer Berechnung ertränkt [...] die
persönliche Würde in den Tauschwert aufgelöst [hat]«;[50] daß Kürnberger demgegenüber aber gleichzeitig an einem Humanitätsbegriff festhält, der sein materiel-
les Substrat in eben jenen ›deutschen Zuständen‹ hat, an deren Revolutionierung
der Autor 1848/49 aktiv mitgewirkt hatte.

## VI

Die Sichtung der kapitalismuskritischen Intentionen von Kürnbergers Amerika-
modell führte zu der Feststellung, daß die aufgedeckten und angeprangerten, dem
Abscheu oder der Lächerlichkeit preisgegebenen Zustände nicht im Sinne nationaler
Festlegbarkeit amerikanische Zustände meinen (wiewohl diese die Faktenbasis jenes
Amerikamodells abgeben), sondern nur stellvertretenden Charakter besitzen.
Zu fragen ist nun aber auch nach Standpunkt und Perspektive der Kapitalismus-
kritik des *Amerikamüden* an und für sich. Oder anders formuliert: Wo, wie und in

welcher Funktion sieht Kürnberger in seinem Modellfall ›Amerika‹ ganz konkret ökonomische Strukturen des Kapitalismus? Entsprechend dem vielschichtigen Charakter dieses Modells bleibt die Kennzeichnung und Problematisierung solcher Strukturen punktuell; erfolgt in der Form schlaglichtartiger, episodenhafter Einblendungen. Die folgende mit wenigen ironischen Strichen entworfene Szene mag hier erste Anhaltspunkte bieten. Moorfeld wird am Ende seiner ersten längeren Begegnung mit seinem Gastgeber Mr. Staunton, der ein großes Handelskontor betreibt, Zeuge einer Unterredung, die dieser mit einem seiner Börsenagenten wegen einer geschäftlichen Transaktion hat: »Indes [...] trat ein Fremder in das Zimmer, glatt und glänzend wie ein Dollar, lackiert, rasiert, lächelnd und höflich, ein blank geöltes Rad aus der Maschinerie einer großen Handlungsfirma, ein Comptoirgentleman wie je einer aus brettsteifen Vatermördern guckte [...] Diese Nachricht [vom Schiffbruch eines Schiffes, das zu Stauntons Firma gehört] schien für Herrn Staunton von großer Erheblichkeit. Er war sogleich ganzer Geschäftsmann. Mit einer eiligen Verbeugung gegen Moorfeld entschuldigte er die veränderte Richtung seiner Aufmerksamkeit und vertiefte sich dann in das Notizbuch des Jobbers, mit dem er anfing, Ziffern hin und her zu kritzeln und überhaupt in Schriftzeichen, Pantomimen und eingestreuten, kurzen Geschäftsphrasen sich zu verständigen. So fähig indes die Börsenhierarchie ist, in ihrer eigentümlichen Kunstsprache vor dem Profanen offene Geheimnisse zu behandeln, so begriff Moorfeld doch den ungefähren Zusammenhang. Zufällig wußte er nämlich von den sogenannten Mockauktionen, die damals eben anfingen und später so berüchtigt geworden sind. Dieses Geschäft gründete sich darauf, daß die Unternehmer durch Seewasser beschädigte und verdorbene Schiffsfrachten ankauften, der Ware einen künstlichen Schein gaben und sie mit großem Gewinn auktionsweise wieder losschlugen. Von einem solchen Geschäfte war hier die Rede. Mr. Staunton gab seine Aufträge, der Jobber notierte und in fünf Minuten war der Schiffbruch der Sandy Hoock verwertet« (43 f.).

Deutlich wird erkennbar, wie der gewählte Zusammenhang der Geschäfts- und Handelswelt und d. h. der Zirkulationssphäre zuzuordnen ist; ferner, daß die Entlarvung dieser Transaktion des Kapitalisten Staunton unter der Kategorie des Betruges erfolgt. Beides sind mehr oder weniger durchgängige Merkmale von Kürnbergers Ansätzen zu einer Kritik der politischen Ökonomie des Kapitalismus im *Amerikamüden*.

Es hieße jedoch, deren Erkenntnismöglichkeiten wie -leistungen unterschätzen, wollte man sie allein auf Grund dieser allgemeinen Bestimmtheit beurteilen. Darüber vermag den Leser bereits ein flüchtiger Seitenblick auf Gustav Freytags gleichzeitig entstandenen und erschienenen Roman *Soll und Haben* (1855) zu belehren, insofern dort nämlich ebenfalls Probleme der politischen Ökonomie der bürgerlichen Gesellschaft verhandelt werden; und zwar auch überwiegend in der Zirkulationssphäre sowie teilweise unter der Kategorie des Betruges. Wo Freytag jedoch alle Kunst und Beredsamkeit aufbietet, um die Ideologie vom gerechten und ehrsam betriebenen Tausch in der Zirkulationssphäre der Handelsgeschäfte zum Gesetz kapitalistischer Produktion und Reproduktion überhaupt zu verklären, indem Betrug und Spekulation als bösartiger Mißbrauch gewisser juristischer Lücken im bürgerlichen Rechtssystem auf eine ›outgroup‹ (die Juden) projiziert und damit ihres gesellschaftsstrukturellen Charakters entkleidet werden, durchlöchert Kürnberger mit seinem Amerikamodell erbarmungslos dieses ideologische Gewebe vom freundlichen und humanen Kapitalismus, dessen Musterbild das von Freytag idolisierte Handelshaus T. O. Schröter sein sollte. Eines seiner wirkungsvollsten Mittel hierbei ist die Demonstration des allumfassenden Betrugscharakters dieses ›amerikanischen‹ Gesellschaftsmodells: Kürnberger stellt nämlich seine Kritik politökonomischer Zusammenhänge im *Amerikamüden* auf den Nachweis, daß Betrug oder »Humbug«, wie es immer wieder heißt, nicht eine zufällige und diesem Amerika äußerliche Erscheinung ist, sondern ein Gesetz, das den Verkehr der Menschen in der ökonomischen Sphäre bestimmt und sie darüber hinaus in allen ihren Belangen beherrscht – »ein großes, ausgebildetes System« (393).

Unter diesen Umständen kann es gar nicht ausbleiben, daß Kürnberger mit seiner Kapitalismuskritik auch über die Grenzen reiner Zirkulationsverhältnisse hinausgelangt. Er bekommt dabei eine Reihe von Betrugsmechanismen in den Blick, die nichts mehr mit jenem einfachen Verhältnis der Übervorteilung und der Überlistung auf der Ebene des Geld-Ware-Austausches zu tun haben. Nun geht es ihm um die Durchleuchtung des so ganz anders gearteten Austausches zwischen den verschiedenen Formen des Kapitals und der Arbeit.

Das Spektrum der Konkretisierungen reicht hier von einfacher Prellerei um den Lohn für gekaufte handwerkliche Dienstleistungen[51] über die raffiniertere Aneignung von gesellschaftlicher Arbeit durch betrügerischen Bankerott[52] bis hin zur Ausbeutung abhängig gemachter Farmer durch die Landkapitalisten[53] – einer unmittelbaren Vorform der entwickelten Mehrwertaneignung im regulären Lohnarbeitsverhältnis.

Jedoch auch der selbständige Farmer, die Traumexistenz Hunderttausender von Auswanderern in jenen Jahren, besitzt im Lande der Freiheit letztlich nur die Freiheit zu unbegrenzter Selbstausbeutung, um sich in dem Geflecht ökonomischer Abhängigkeiten, in das er unweigerlich verstrickt wird, einigermaßen halten zu können. Von diesem Schicksal können tendenziell alle, quer durch die vertretenen Nationalitäten, betroffen werden. Am Modellfall des Hinterwaldfleckens Neu-Lisbon exponiert Kürnberger diesen Sachverhalt auf knappstem Raum: »Über seine [Moorfelds] Blockhütte hinaus wies die ökonomische Magnetnadel vor allem andern nach Neu-Lisbon [...] alle Fäden, denen Moorfeld nach einer greiflichen Autorität zu Neu-Lisbon nachging, [liefen] in dem Kramladen des dasigen Storekeepers, Mr. Clahane, zusammen, und gruppierten sich um Fässer voll Schmierseife, Butter, Schweineschmalz, Whisky, Sirup, Zucker, Kaffee, Mehl, um Haufen von Stiefeln und Schuhen, Röcken und Beinkleidern, Mützen, Umschlagtüchern, Sätteln, Zäumen, Eisen- und Blechwaren, und – um eine schmutzig abgegriffene Brieftasche. Diese Brieftasche war der eigentliche Dämon des Orts. Sie war der Sitz jener geheimnisvollen Kraft, welche [...] in Amerika Humbug heißt [...] Sie enthielt eine lebendige Spinne. Das Netz dieser Spinne war nichts weniger als Neu-Lisbon selbst, die Grundfäden dieses Netzes waren vielleicht angeknüpft in Newyork, in Baltimore, in Philadelphia, – wer weiß es? wer hat der Organisation der amerikanischen Landjobberei je auf den Grund geblickt? [...] Mr. Clahane war Storekeeper, d. h. er versah seine ländlichen Mitbürger mit den Produkten der Industrie und nahm an Zahlungsstatt ihre Naturprodukte dafür. Da fügte es nun ein merkwürdiges Schicksal, daß die Natur stets im Rückstande blieb gegen die Warenwerte des Mr. Clahane [...] Wer sich aber von dem Schuldbuche des Storekeepers losgemacht, der brachte es wenigstens zu keinem Barersparnis, um den rebellischen Gedanken des Auszuges zu fassen« (365 f.). Hier ist absolut nichts mehr zu spüren von jener Poesie, die Gustav Freytag über die Kaffeesäcke seines Handelshauses Schröter spielen läßt. Zweimal ein Modell kapitalistischer Strukturen; zweimal sitzen alle im sprichwörtlichen gleichen Boot, die ›backwoodsmen‹ wie die Angehörigen des Hauses Schröter. Nur hat sich jenes Freytagsche Reich der idyllischen Bindungen und Abhängigkeiten, die vom Prinzipal bis zum Fuhrmann alle umgreifen, jäh in einen unentrinnbaren Sumpf von Zwang und Ausbeutung verwandelt.

In Kürnbergers Amerikamodell gibt der agrarische Sektor eines der hauptsächlichen Problematisierungsfelder politökonomischer Zusammenhänge ab. Die industrielle Produktionssphäre und damit das Industrieproletariat spielen demgegenüber so gut wie gar keine Rolle. Dieser Umstand erscheint zunächst verwunderlich, da sich die USA realiter im Stadium einer sprunghaften Umwandlung zu einem Industriestaat befanden und entsprechend auch bereits ein Industrieproletariat hervorgebracht hatten, das kaum zu übersehen war. Solche ›Vernachlässigung‹ resultiert allerdings nicht aus Blindheit, sondern erklärt sich wohl nur hinreichend aus den ideologiekritisch-desillusionierenden Intentionen des *Amerikamüden*. Diese richteten sich aber – wie wir gesehen haben – vorwiegend gegen den Traum der Einwanderer vom ›free country‹ und seine Ideologen in Deutschland.[54] Das heißt, die auswandernden Massen träumten nicht von einem Dasein als ›freie‹ Lohnarbeiter in Amerika. Was das bedeutete, war selbst im zurückgebliebenen Deutschland den Betroffenen längst drastisch vor Augen geführt worden. In diesem Bereich gab es also keine Illusionen mehr zu zerstören. Wohl aber träumten sie davon, eine selbständige Existenz als Farmer oder Gewerbetreibende aufzubauen; Privateigentümer von kleinem Grundbesitz als Basis ihrer Lebenssicherung zu werden. Die schier unerschöpflichen Ressourcen des nordamerikanischen Kontinents an verteilbarem Grund und Boden vor allem waren es, woraus das kleinbürgerliche Ideal einer Gesellschaft gleicher und freier Bürger seine Nahrung zog. In Amerika schien es möglich, die Menschheit zu befreien, indem »*alle Menschen in Privateigentümer* zu verwandeln«[55] waren. Auf seine Weise nun richtet Kürnberger die kritische Waffe seines Amerikabildes unerbittlich gegen diese Illusion. Er tut dies aber nicht mit dem Ziel, die USA als solche zu desavouieren oder zu diskriminieren, sondern die an diese drei Buchstaben gehefteten Hoffnungen zu ernüchtern und den Glauben zu erschüttern, die totale Verkleinbürgerlichung sei eine praktikable und zukunftsträchtige gesellschaftliche Endperspektive oder die wahrhaft humane Alternative zu den bedrohlichen Entwicklungen, die der reale Kapitalismus besonders für jene vom Abstieg ins Proletariat bedrohten »bisherigen kleinen Mittelstände [...] der Handwerker und Bauern«[56] auch in Deutschland heraufbeschworen hatte.

Spielen solcherart auch *die* Probleme des Industrieproletariats im Zusammenhang des Kürnbergerschen Amerikamodells kaum eine Rolle, so kommt gleichwohl *dem* Problem ›Industrieproletariat‹ auf der Ebene des gesellschaftskritischen Diskurses im Roman eine zentrale Bedeutung zu. Sein Ort ist Benthals Essay »Zur Beurteilung des Bestandes der nordamerikanischen Gesellschaft« (189 ff.). Die hier versuchte Reflexion über die »Tatsache eines amerikanischen Sozialismus« (191) im allgemei-

nen und die Arbeiterorganisation der »Workies« im besonderen entwickelt nämlich
ansatzweise die Perspektiven gewaltiger gesellschaftlicher Umwälzungen, als deren
Träger das Proletariat gesehen wird und an deren Ende für Benthal das Gespenst
einer roten Arbeiterrepublik steht.[57] Voraussetzung hierfür sei die als zwangsläufig
prognostizierte Entwicklung Amerikas zum »ersten Industriestaat der Welt« (192),
deren Verlauf zugleich auch die Aufspaltung der Bevölkerung in zwei Hauptklas-
sen besorgen werde: in die ungeheure Masse der Besitzlosen und in die der Besitzenden. So genau aber auch in diesem Essay das Heranwachsen des Proletariats zur
revolutionären Hauptkraft im Zusammenhang mit dem entfesselten amerikanischen Kapitalismus als dem Modellfall einer derartigen Entwicklung vorausgesagt
und – im konkreten Fall Benthals – perhorresziert wird, so geringes Gewicht hat
dieses Moment wiederum für die Amerikaerfahrung des Helden Moorfeld. Ihm
sind solche Perspektiven nicht einmal Zukunftsmusik. Dennoch verlohnt es, einen
Blick auf die eben doch vorhandene Wahrnehmung einer Arbeiterklasse in Amerika
durch Moorfeld zu werfen.

Welche Funktion sie für ihn hat und damit auch für die Konstruktion des Amerikabildes im Roman, läßt sich ablesen an den wenigen konkreten Hinweisen, die
sich im Zusammenhang des Deutschenpogroms im Schlußteil finden.

So sieht Moorfeld am Vorabend des Pogroms »im dämmerungsvollen Laternenlicht
Arbeiterzüge von ihrem Tagewerk heimkehrend, mit einer gewissen Hast und Unruhe durch die Straßen eilen« (519); aber nicht etwa, weil diese Arbeiter an der
beginnenden Deutschenhatz teilnehmen wollten, sondern weil sie von dem Geschehen beunruhigt sind. Am Abfahrtstag Moorfelds, der zugleich den Höhepunkt des
›riots‹ bringt, erweist es sich unmißverständlich: »Schon auf der Fahrt nach dem
Hafen zeigte die Stadt ein entsetzliches Antlitz. Arbeiter, welche in ihre Fabriken
zogen, standen überall in bestürzten Gruppen umher [...]« (548). Das Proletariat
ist verstört, desorientiert und machtlos – aber die eigentlichen Urheber dieses
›riots‹, bei dessen Schilderung Kürnberger wohl auch Erfahrungen mit den Praktiken der Konterrevolution in Wien und Dresden hat einfließen lassen, findet Moorfeld vor dem Stadthaus von New York: »Tausende von Rowdies belagerten das
Haus. Sie staken teils in den eleganten Uniformen der Löschcompagnien, teils waren
sie anständig, ja fein in Zivil gekleidet – ein fürchterliches Gesindel, das mit seinem
Wohlstande nicht den brutalen Tiertrieb, sondern die raffinierte, teuflische Bosheit
verrät. All diese Banden waren mehr oder minder betrunken, zerfetzt, besudelt,
der Park selbst von den vielen Feuerspritzen in einen Sumpf verwandelt, in
welchem sich die Herren des Platzes mit johlender Wollust wälzten« (550). Die
›Straße‹ regiert – aber es ist eben nicht der sprichwörtliche ›gemeine Mann‹, sondern das Yankeebürgertum: ein Schreckbild, dem Kürnberger eindeutig größeres
Gewicht beizumessen scheint als jenem, das Benthal von einer Regierung der Arbeiter entwirft, wie der unübersehbare Abscheu erkennen läßt, mit dem die Szene
ausgemalt wird.

# VII

Es war Ferdinand Kürnbergers erklärte Absicht, »die Verunglückung [s]eines Auswanderers der amerikanischen Lebenspraxis zur Last zu schreiben«.[58] Diese Lebenspraxis – und man darf nach unseren vorausgegangenen Darlegungen ›amerikanisch‹
mit ›kapitalistisch‹ gleichsetzen – bietet einer Individualität wie Moorfeld keine
Existenzmöglichkeit. Die Utopie Amerika wird in einer immer dichteren Folge von
Schockerlebnissen zum Angstbild, das sich hinter der Amerikaenttäuschung abzeichnet: »Urwaldpoesie, Jugend- und Freiheitswelt, Menschheitsglück im Westen,
Stern einer bessern Zukunft, immer unaufhaltsamer werden diese Worte zu – *Wörtern*, das große Diluvium der Enttäuschung ist nirgend mehr einzudämmen [...] der
idealistische Glaube an Amerika hat in der Brust unsers Helden längst ausge-
lebt« (408). Dieser Held ist nun aber Künstler und bürgerlicher Intellektueller.
Insofern kommt der Richtung und den Konsequenzen seiner Amerikaverarbeitung
für das Verständnis der Entwicklung eines nicht unwesentlichen Teiles der bürgerlichen Intelligenz in Deutschland nach der gescheiterten Revolution erheblicher
Aussagewert zu. Wie wir gesehen haben, schwenkt Benthal, der sich zunächst so
radikal gebärdende Typ des Achtundvierzigers, zur ›Realpolitik‹ bourgeoiser Lebenspraxis ab. Bezeichnenderweise ist er Angehöriger der jungen naturwissen-
schaftlich-technischen Intelligenz, im Gegensatz zu Moorfeld. Dieser kommt, als
Mensch und Künstler von der Erfahrung des nackten Kapitalismus abgestoßen, zu
einer »tragischen Weltanschauung« (408), die letztlich keine weitere Handlungs-
perspektive innerhalb dieses ›amerikanischen‹ Gesellschaftssystems offenläßt als die
Flucht. Daß Kürnberger hiermit noch das Frühstadium eines langen Zerstörungs-
prozesses der ehemals revolutionären Vernunft, um Lukács' Formulierung erwei-
ternd aufzugreifen, markiert, zeigt der Kontext jener Reflexion über Moorfelds
»tragische Weltanschauung«. Sie wird zwar schon als eine »*persönliche* Anlage«,
als »das Erbteil jedes tieferen Menschen« bezeichnet, worauf sich später ja dann
alle irrationalistisch-ontologisierenden ›Weltdeutungsversuche‹ der bürgerlichen
Philosophie von der Jahrhundertwende an berufen sollten; gleichzeitig wird aber
noch entschieden festgehalten, daß »sie eben nur *Anlage* [bliebe], wenn nicht die
Außenwelt sie weckte und nährte« (408).[59]
Den Modellfall einer solchen Außenwelt entwirft Kürnberger in dem Amerika
seines Romans. Was von ihr am Ende in der atemlos-überstürzten Erlebnissequenz
des zweiten New-York-Aufenthaltes haften bleibt, hat nicht das geringste mehr zu
tun mit jenem Bild der im positiven und progressiven Sinne entfesselten Produktivkräfte, das die Metropole dem Ankömmling bot. Die Signatur des Gesellschaftssystems ›Amerika‹ ist bestimmt durch die Entfesselung von Destruktivkräften,
denen nichts – so scheint es – letztlich wirkungsvoll zu steuern vermag.
Der Traum von Amerika als der »Baumschule, in welcher die Freiheitsbäume
Europas gezogen werden«, als der »großen Zisterne, welche die Erde grün erhält
in den Hundstagen des Absolutismus« (198), ist ausgeträumt. Aus den Trümmern
des revolutionären Ideals einer Citoyenrepublik, des Vernunftstaates, sieht der
desillusionierte Amerikamüde, der am Ende seiner Erfahrungen mit dem Modellamerika des Romans eigentlich besser Amerikaverzweifelter heißen sollte, die
Realität der Bourgeoisgesellschaft steigen. Entfremdung, Verdinglichung und Ge-

walt sind an die Stelle der einst so emphatisch proklamierten Freiheit, Gleichheit und Brüderlichkeit getreten. Dieser Neuen Welt kehrt der Held den Rücken. Aber auch in der Alten Welt war kein Deutschland zu finden, das sich der Weimarer Humanität[60] oder dem revolutionären Geist der »Hambacher Jugend«[61] verpflichtet gewußt hätte. Das ›Wintermärchenland‹, aus dem Moorfeld aufgebrochen war, hatte im Spiegel der negativen Utopie ›Amerika‹ die Züge eines Alptraums angenommen.

1 Erstmals erschienen 1855. Der vollständige Titel der Erstausgabe lautet: Der Amerika-Müde. Amerikanisches Kulturbild. Im folgenden wird zitiert nach: Ferdinand Kürnberger, Der Amerikamüde. Hrsg. von Friedemann Berger. Weimar 1974. Nachwort S. 557–573 (zitiert als: Berger).

2 Werner Kohlschmidt: Ferdinand Kürnbergers Lenauroman »Der Amerikamüde«. In: Zeitschrift für deutsche Bildung 19 (1943) S. 31.

3 Fritz Martini: Deutsche Literatur im bürgerlichen Realismus 1848–1898. Stuttgart 3. Aufl. 1974. S. 483.

4 Gleichwohl mag der »Amerikamüde« von seinem ersten Lesepublikum durchaus unter diesem Aspekt rezipiert worden sein, worauf der erstaunliche Umstand hinweist, daß das Werk nach seinem Erscheinen »rasch in 10 000 Exemplaren vergriffen war« (Otto Erich Deutsch [Hrsg.]: Ferdinand Kürnbergers Briefe an eine Freundin [1859–1879]. Wien 1907. S. XII. Anm. 2).

5 Martini (s. Anm. 3), S. 483.

6 Ebd.

7 Paul Reimann, zitiert nach Berger, S. 566.

8 Auf diese Interpretationsmöglichkeit verweist auch Berger, S. 562.

9 Am deutlichsten unter den frühen Amerikakritikern hat Hegel dieses Moment in der Gesellschaftsverfassung der USA hervorgehoben. Vgl. hierzu Hildegard Meyer: Nord-Amerika im Urteil des Deutschen Schrifttums bis zur Mitte des 19. Jahrhunderts. Eine Untersuchung über Kürnbergers »Amerika-Müden«. Hamburg 1929. S. 18 f. Dort auch Überblick über das weitere Spektrum der Amerikakritik der Restaurationsperiode. Vgl. bes. S. 48 ff.

10 Vgl. hierzu Manfred Henningsen: Das Amerikabild von Hegel, Marx und Engels. Zur Genealogie des europäischen Anti-Amerikanismus. In: Zeitschrift für Politik 20 (1973) S. 225–251.

11 Zu Lenaus Amerikakritik vgl. bes. seine Briefe aus den USA. In: N. L., Sämtliche Werke und Briefe. Hrsg. von Walther Dietze. Leipzig 1970. Bd. 2. S. 193 ff., bes. S. 206–220. Siehe auch den Beitrag von Manfred Durzak in diesem Band.

12 Ernst Willkomm: Die Europamüden. Faksimiledruck nach der 1. Auflage von 1838. Göttingen 1968. Teil 2. S. 108.

13 Ebd., Teil 1. S. 206.

14 Ebd., Teil 1. S. 353 f.

15 Ebd., Teil 2. S. 83.

16 Ebd., Teil 1. S. 264.

17 Ebd., Teil 1. S. 353.

18 Aus einem Brief Kürnbergers an einen Berliner Verleger, der den Autor im Jahr 1878 zu einer Neuausgabe des »Amerikamüden« gewinnen wollte. Kürnberger schreibt zu seinem Roman rückblickend: »Der Amerika-Müde hat just darum Glück gemacht, weil er ein Ausdruck *seiner* Zeitstimmung war; ein voller und tiefer Atemzug in der Atmosphäre der ersten fünfziger Jahre, in der Ära des Reaktions- und Auswanderungsfiebers« (zitiert nach Meyer [s. Anm. 9], S. 73, Anm. 1).

19 Berger vermutet, daß Kürnberger bei seiner ausgebreiteten Kenntnis der damals modernen Theorien zur Gesellschaftsphilosophie und Politökonomie auch die Arbeiten des jungen Marx gekannt haben könnte (Berger, S. 565).

20 Was Marx in ebendieser Schrift, die übrigens 1852 in New York erschienen war, schlagend analysiert. Vgl. Karl Marx [und] Friedrich Engels: Werke [im folgenden zitiert als: MEW]. Bd. 8. Berlin 1960. S. 141 f.

21 So vollzieht sich ja die Desillusionierung über die revolutionäre französische Republik, d. h. über ihre Nichteinlösung der Hoffnung auf die Errichtung des Vernunftstaates (es sei hier nur auf Schiller als einen der prominentesten ›Frankreichmüden‹ der frühen neunziger Jahre des 18. Jh.s hingewiesen), in nicht unähnlichen Bahnen wie diejenige über die Nachfolgeutopie Amerika.

22 Davon zeugt z. B. eine ganze Reihe heute längst vergessener Romane aus den frühen fünfziger Jahren des 19. Jh.s, die sich von den verschiedensten ideologischen Positionen her ›zeitkritisch‹ mit den Problemen der Industrialisierung, der Börsenspekulation usw. im deutschen Raum befassen. Typisch hierfür sind z. B. Titel wie »Die Ritter der Industrie« oder »Die Industriellen«.

23 Ferdinand Kürnberger: Briefe eines politischen Flüchtlings. Hrsg. von Otto Erich Deutsch. Leipzig u. Wien 1920. S. 92 f.

24 Es handelt sich hier um ein höchst modern anmutendes Kompositionsprinzip und nicht um ›dichterische‹ Schwäche, um »Feuilletonismus« o. ä., wie in Verkennung dieses zentralen Momentes gewertet wurde; vgl. z. B. Martini (s. Anm. 3), S. 483.

25 Realiter war die ›frontier‹ damals schon wesentlich weiter nach Westen gerückt und Ohio ein äußerst kultiviertes Gebiet.

26 Es ist sicherlich kein Zufall, daß Kürnberger seinen Helden am Tiefstpunkt seiner Amerikaverzweiflung in die Urwälder dieses Gebietes entfliehen läßt, wo er auf den franco-indianischen Trapper (eine Parodie des Lederstrumpf?), einen dezidierten Feind allen Bourgeoiswesens der großen Städte und naturburschenhaften Sonderling, trifft, der ihm ein wüst-parodistisches Wildwestabenteuer-Panorama entwirft. Vgl. Berger, S. 453–472.

27 Karl Marx: Der achtzehnte Brumaire. In: MEW 8. S. 127.

28 Ebd., S. 123.

29 Die weiteren Perspektiven und Implikate dieses Zusammenhangs Großstadt–Masse–einzelner hat Benjamin gezeigt in: Walter Benjamin, Charles Baudelaire. Ein Lyriker im Zeitalter des Hochkapitalismus. Frankfurt a. M. 1969. S. 35 ff. Die Kürnbergersche Passage scheint er nicht gekannt zu haben.

30 Karl Marx: Zur Kritik der politischen Ökonomie. In: MEW 13. Berlin 1961. S. 15.

31 Die Sammlung »Briefe eines politischen Flüchtlings« (s. Anm. 23) weist den Autor in jedem Falle als einen Mann aus, der auf dem Stand der Diskussion war.

32 So wird über die Rolle des Bankkapitals oder sozialistischer Arbeiterorganisationen, die Probleme der amerikanischen Verfassung und der Sklavenbefreiung ebenso gehandelt wie über Fragen der Erziehung oder der Poetik. Den Höhepunkt einer solchen ›Tour d'horizon‹ bildet zweifellos das neunte Kapitel des ersten Buches: die Gesellschaft im Hause des reichen Amerikaners Bennet (202–288).

33 Diesen ideologischen Verschleierungsmechanismus weiß Gustav Freytag in »Soll und Haben« virtuos zu gebrauchen, wo alle negativen Momente des Kapitalismus, wie Spekulanten- und Wuchertum, auf die Vertreter der jüdischen Rasse projiziert werden.

34 Vgl. hierzu: Briefe eines politischen Flüchtlings (s. Anm. 23), bes. S. 27 ff. und S. 144.

35 Vgl. zu den Pennsylvaniendeutschen S. 312 ff. Die Episode mit dem »latin farmer« gehört zu den bittersten Abrechnungen mit dem Amerikawahn im ganzen Roman. Mensch, Tier und Landschaft sind ein Bild absoluter Desperation und Verödung, völlig am Ende ihrer Kräfte. »Coopersche Romanideale« haben dieses Ehepaar in den Westen getrieben, »Chateaubriands Natchez, Dudens Missouri und ähnliche Phantasiewerke über Amerika« stehen im verstaubten Bücherregal (329 ff.). Zum Schicksal Annettes und seinen Umständen vgl. S. 424–439.

36 Der naheliegende Schluß auf eine Übereinstimmung mit Gerstäckers mehrsträngigem Auswandererroman »Nach Amerika«, der den Weg deutscher Amerikafahrer unterschiedlicher sozialer Herkunft verfolgt, wäre allerdings falsch. Kürnberger erzählt nicht Schicksale, sondern macht exemplarisch und kritisch Zusammenhänge gesellschaftlicher und ideologischer Natur deutlich.

37 Zum letzteren vgl. die Charakterisierung des geselligen Verkehrs der deutschen Handwerker S. 114 ff.

38 Berger, S. 565.

39 Vgl. S. 130 ff., S. 140 ff.

40 Karl Marx: Der achtzehnte Brumaire. In: MEW 8. S. 122 f.

41 Benthal: »Ich erzählte das Drama des Hambacher Festes. Meine Beteiligung daran verstand sich von selbst. Meine Flucht [...] war eine Folge jenes Mißlingens« (159).

42 Die Idee der Gründung deutscher Freistaaten im Verband der Union war in Burschenschaftskreisen schon bald nach dem Wiener Kongreß lebendig geworden. Vgl. auch Berger, S. 567 f.

43 Vgl. Eitel W. Dobert: The Radicals. In: The Forty-Eighters. Political Refugees of the German Revolution of 1848. Hrsg. von A. E. Zucker. New York 2. Aufl. 1967. S. 161 ff.

44 Franz Mehring: Aufsätze zur deutschen Literatur von Hebbel bis Schweichel. In: F. M., Gesammelte Schriften. Bd. 11. Berlin 1961. S. 63.

45 Kürnberger wurde zu einem entschiedenen Bismarck-Anhänger. Er sah in dem ›eisernen Kanzler‹ den Verwirklicher der langerstrebten nationalen Einheit. Daß er dabei das Überbordwerfen der demokratischen Ideale von 1848 in Kauf nahm, ist eine Konsequenz, die er mit vielen ehemaligen Weggefährten der Revolution teilt.

46 Der erste Eindruck Moorfelds von den Gästen des Handwerkerlokals wird z. B. folgendermaßen wiedergegeben: »Die meisten der Anwesenden waren in diesem Augenblicke mit ihrem Abendbrote beschäftigt, welches sie auf deutsche Art einnahmen [. . .] Auch ihre Mienen waren mit ganzer Andacht und Bedächtigkeit bei dem Genusse; hier wurde nicht amerikanisch gejagt und geschluckt, jeder Bissen ging ins Bewußtsein über, man speiste im Geiste wie in der Form deutsch« (116). Die Parodie einer ›amerikanischen‹ Mahlzeit – voller politischer Anspielungen – gibt Kürnberger wenig vorher, wo Moorfeld bei Mr. Staunton zu Tisch gebeten wird (40 ff.).

47 In seinen Reiseberichten an Benthal schreibt Moorfeld z. B.: »Auch von ›Kulturlandschaft‹ ist eigentlich nur unter deutschen Händen die Rede. Amerikanische Kultur entstellt das Land eher, als daß sie es verschönert. Der Amerikaner ist nicht Bauer, nur Freibeuter. Er setzt seinen Fuß auf die Erde, haut, sticht, sengt und brennt in sie hinein, und verläßt sie dann wieder. Er hat kein Gemütsverhältnis zum Boden, auf dem er sitzt [. . .] Die Felder sind ein wüster Anblick, kaum aus dem Gröbsten gearbeitet [. . .] denn die Arbeit ist teuer, das Land wohlfeil, man preßt's eilig aus, verkauft und verläßt es dann« (318).

48 Der »amerikanische Cato« Dr. Channing entwirft ein düsteres Bild des amerikanischen Erziehungswesens, das nicht darauf abzielt, »Menschen zu bilden, sondern Rechenmaschinen zu machen. Der Amerikaner soll baldmöglichst ein Dollar erzeugendes Automat werden, das allein ist's, wofür die Schule zu sorgen hat. Für sein warmes, aufquellendes Menschenherz kümmert sich kein gemieteter Lehrer [. . .]« (243).

49 Vgl. Karl Marx u. Friedrich Engels: Manifest der Kommunistischen Partei. In: MEW 4. Berlin 1959. S. 464 f.

50 Ebd.

51 Z. B. die Geschichte des Tischlers Rapp, der einem Amerikaner ein Haus nach vereinbartem Lohn baut, um diesen aber unter Anwendung aller möglichen juristischen Kniffe betrogen wird (373 ff.).

52 Vgl. die Erörterungen über die ›umverteilenden Wirkungen‹ des Bankrotts, der besonders die nur im Besitz ihres Arbeitsvermögens befindlichen deutschen und irischen Einwanderer trifft: »Ich aber, meine Herren«, läßt Kürnberger einen Kritiker des amerikanischen Systems der Nationalbanken einem Kreis von Kapitalisten unter die Nase halten, »ich habe den Fallissements Ihrer Banken seit dem Jahr 1811 nachgerechnet und gefunden, daß Sie bis heute, also innerhalb einer Generation, für zweihundert Millionen Dollars falliert haben. Schlage ich einen Taglohn durchschnittlich zu einundeinhalb Dollar an, so haben Sie einer einzigen Generation Ihrer Mitbürger hundertundfünfzig Millionen Arbeitstage gestohlen [. . .] Von dem Geheimnis Ihrer Fortschritte ist das der Schlüssel [. . .] Gestehen Sie, daß Sie mit einer solchen Summe von Robottagen Ihre arbeitende Klasse ärger mitnehmen, als die Spartaner ihre Heloten, oder die polnischen Magnaten ihre leibeigenen Bauern« (306 f.).

53 Vgl. die Beschreibung der Tricks, mit deren Hilfe ein kapitalistisches Pachtsystem auf dem Land hergestellt wird. Kürnberger beschreibt es als ein »System von Exploitation«, in dem der scheinbar Selbständige zum »Fronknecht der Landkapitalisten« wird (394).

54 Welcher Art die entsprechenden Illusionen in Deutschland waren, die unter den Massen herrschten, belegt ein Lied im Bänkelsängerton aus dem Jahr 1855, das mitgeteilt ist bei Meyer (s. Anm. 9), S. 108, Anm. 1. Einen dieser Ideologen, den ›Kommunisten‹ Kriege, haben Marx und Engels in ihrem »Zirkular gegen Kriege« böse zerzaust, indem sie zeigen, daß die Subjekte derartiger Träume von Selbständigkeit »bankrute Krämer und Handwerksmeister oder ruinierte Kotsassen [sind], die nach dem Glücke streben, in Amerika wieder Kleinbürger und Bauern zu werden« (MEW 4. S. 10).

55 Ebd.

56 Marx u. Engels: Manifest (s. Anm. 49). S. 469.

57 Vgl. bes. S. 192 f. Kürnbergers eigene Stellungnahme zur Rolle des Proletariats findet sich unverhüllt in einem Brief aus Hamburg 1850: »Das eigentlich zeugende Element, das in unserem verbrauchten Weltalter nur noch das Proletariat hat, find' ich bei Ihnen in hohem Grade: ehrliche, gerade, direkte Tatkraft, Bravheit der Gesinnung, Reinheit des Willens, Festigkeit des Entschlusses, Freiheit vom Egoismus« (Briefe eines politischen Flüchtlings [s. Anm. 23]. S. 93).

58 Kürnberger schreibt in einem Brief aus dem Jahre 1854 über den »Amerikamüden«: »Die Intention dieser Dichtung geht nämlich in erster Linie darauf aus, die Verunglückung meines Auswanderers der amerikanischen Lebenspraxis zur Last zu schreiben« (zitiert nach Meyer [s. Anm. 9], S. 73, Anm. 1).

59 Daß Kürnberger selbst durchaus kein Irrationalist war, bezeugt die Zusammenfassung seines Erkenntnisideals aus dem Jahre 1852, wo er fordert, »ein reicheres und kühneres Beherrschen des geistigen Gehaltes der Zeit, ein höherer philosophischer Tiefblick in den ganzen Zusammenhang der menschheitlichen Fragen, eine ausgebreitete Wissenschaft aller positiven Zustände der Gegenwart, eine kritische Erkenntnis ihrer Bedingungen durch die Vergangenheit und ihrer Bedingungen für die Zukunft« müßten jetzt ausgebildet werden, was sich auf »historische, nationalökonomische, statistische, juridische Studien« stützen solle, die er auch sehr intensiv betreibe (Briefe eines politischen Flüchtlings [s. Anm. 23]. S. 94 und S. 96).

60 Zu diesen Vorstellungen und ihrer Erörterung vgl. S. 168 ff.

61 Diese nationalpolitische Utopie äußert Benthal im Anschluß an die Verlesung seines Essays über Nordamerika. Es heißt da: »Unser neunzehntes Jahrhundert ist das siebzehnte der Engländer. Deutschland zeugt von heute an keine andere Generation mehr, als Hambacher Jugend« (199).

FRITZ MARTINI

# Auswanderer, Rückkehrer, Heimkehrer. Amerikaspiegelungen im Erzählwerk von Keller, Raabe und Fontane

Ist es berechtigt, nochmals nach den Spiegelungen Amerikas und der Amerikaner durch die deutsche erzählende Literatur in der zweiten Hälfte des 19. Jahrhunderts sich umzusehen – ist nicht längst, was es dort zu finden gibt, mehr oder weniger ausführlich gesammelt und beschrieben worden?[1] Hat man nicht bereits mehrfach aus Themen, Motiven und mancherlei Zitaten ein Mosaik der Vielzahl variierender Perspektiven und Urteile zusammengesetzt, um jenes Bild zu rekonstruieren, in welchem die Erzähler und ihr Publikum, dem sie es vermittelten und von dem sie es empfingen, die ›Neue Welt‹ und deren Bewohner zu erkennen glaubten und zu beurteilen sich fähig hielten? Die sozialhistorischen und geistesgeschichtlichen Voraussetzungen, die das Interesse an der Aufnahme und Verarbeitung der transatlantischen Wirklichkeit immer neu aktualisierten, ferner die literarischen Anschauungsstile, die sich in ihrer Darstellung auswirkten, sind mehrfach beschrieben worden. Es kann, so möchte es erscheinen, kaum noch etwas hinzugefügt werden.

Und weiterhin: Lassen sich überhaupt in dem Zeitraum etwa von den fünfziger bis zu den achtziger Jahren wesentliche, zeit- oder literaturgeschichtlich signifikante Veränderungen in dem Strom der Amerikabilder und -urteile erwarten, der bereits in den vorangegangenen Jahrzehnten sich in den verschiedensten Darbietungsweisen – als Reisehandbuch und Reisebericht, als Lebens- und Erinnerungsaufzeichnungen, als ethnographische Romane und Skizzen, als Abenteuerromane aus Erfahrung und aus Fiktion oder wie sonst immer – über den deutschen Buchmarkt ergossen hatte? In dieser Literatur waren Vorstellungen von Amerika und den Amerikanern geschaffen und verfestigt worden, die nachhaltig fortwirkten und weitgehend bestimmt haben, was an Bildern, Urteilen und Vorurteilen sich für das lesende Publikum und dessen Autoren mit diesem anscheinend unerschöpflichen und zugleich doch rasch erstarrenden und schematisierten Thema verknüpfte. Neue verändernde Akzente in der Zeichnung und in der Information über die Realität Amerikas waren überdies um so weniger zu erwarten, als die Autoren, von denen folgend gesprochen wird und denen sich noch viele andere zugesellen lassen, die Neue Welt nicht betreten, nichts von ihr mit eigenen Augen gesehen hatten. Ihr Amerika war ein Produkt der Literatur, aus zweiter Hand empfangen, eine Wiederholung, obwohl der ›realistische‹ Erfahrungs- und Stilanspruch eigentlich hätte widersprechen müssen. Amerika wurde zu einem fiktionalen, literarischen Motiv wie alles andere im Gesamtgefüge ihres fiktionalen Erzählens. An den Platz der Wirklichkeit schieben sich Vorstellungen, in denen sich Gelesenes und Gehörtes, eigene und anderer Meinungen vermischen. Sie schließen sich zu Bildern zusammen, die dem Motivgewebe der Erzählung integriert werden und von ihm her die bestimmenden Akzente erhalten. Nicht also, was Amerika wirklich ist oder zu sein vermag, sondern, was es funktional in dem jeweiligen Erzählzusammenhang bedeuten soll, was es ihm entgegenbringen kann und wie es sich unter seinen Voraussetzungen verarbeiten läßt, organisiert die Auswahl der Amerikabilder und deren Zusammenstellung. Gleichwohl läßt sich seit den späteren fünfziger Jahren tendenziell eine Veränderung erkennen. Sie liegt darin, daß die Zusammenstöße disparater Darstellungen Amerikas und der Amerikaner, ihrer Gesellschaft und Mentalität zurücktreten. In den voraufgegangenen Jahrzehnten finden sich dicht nebeneinander eine romantisierende Amerikazeichnung, die sich weitgehend an die Mythisierung einer noch ursprünglich-wilden und sinnlich-schönen Natur hält, ein Amerikaenthusiasmus, aus dessen Überhöhungen die politisch-gesellschaftlich und ökonomisch begründete Kritik an einem überalterten, in vielen Engen und Zwängen verstockten Europa und insbesondere Deutschland spricht und eine satirische, karikierende Amerikanegation, die dem jungen Erdteil und seiner Gesellschaft alles anrechnete, was sie solchem Enthusiasmus und den alteuropäischen Gesellschafts- und Kulturvorstellungen schuldig blieben, zumindest nach Meinung dieser Kritiker. Die heftigen Auseinandersetzungen pro und contra Amerika, die sich gegenseitig steigerten, waren keineswegs nur literarischer, vielmehr primär politisch-sozialer Art angesichts der Tatsache und des Problems massenhafter Auswanderungen; sie wurden als Werbung für oder Warnung vor der Auswanderung immer wieder mit politischem Brennstoff aufgeladen.

Der unvereinbare Kontrast zwischen Büchern wie Ernst Willkomms *Die Europamüden* von 1838 und Ferdinand Kürnbergers *Der Amerika-Müde* von 1855 kehrt in vielen anderen Büchern dieser Jahrzehnte mit der gleichen Widersprüchlichkeit wieder.[2] Der pathetisch-rhetorisch werbenden Amerikafürsprache Ernst Willkomms, in der jungdeutscher Zerrissenheitspessimismus und eine schwärmerische Begeisterüngssehnsucht nach der anderen Ferne und Fremde sich mischen, setzt sich bei Kürnberger ein Negativbild entgegen, das nicht, wie man jedoch oft meinte, auf Einwirkungen einer zunehmenden ›realistischen‹ Perspektive beruht. Kürnbergers Amerikakarikatur ergibt sich vielmehr als der Umschlag innerhalb der gleichen Erwartungs- und Stillage – sie ist die Sprache einer Enttäuschung idealistischer Hoffnungen, die sich nicht weniger rhetorisch verführen ließen. Amerikasentimentalismus und Amerikakarikatur sind zwei Seiten der gleichen zugrundeliegenden Bewußtseinslage, die für die erste Hälfte des 19. Jahrhunderts überhaupt – nicht nur auf dem Gebiet dieser Literatur – charakteristisch ist.[3] Seit den späteren fünfziger Jahren werden hingegen solche Kontraste abgebaut; das Bild Amerikas und der Amerikaner stellt sich als ausgeglichener und beruhigter dar – es hat die romantisierenden und rhetorischen Überhöhungen eingebüßt, und es ist auch nicht mehr Objekt der komischen oder bitteren Satire und Karikatur. Es hat sich mehr zu Mittellagen eingependelt, was wiederum generell für die zweite Jahrhunderthälfte, und nicht allein für ihre Literatur, bezeichnend ist.[4] Dies besagt allerdings nicht, es sei im faktischen Sinne auch wirklichkeitsgerechter geworden. Nur die Aspekte, unter denen man es aufnimmt und verarbeitet, haben sich verändert. Wer unter Erwartungen eines ›realistischen‹ Erzählstils eine mehr anschauungs- und erfahrungsbezogene Auseinandersetzung mit der transatlantischen Welt zu finden hofft, wird enttäuscht. Dennoch läßt kaum ein Autor das Amerikathema aus; es hat sich, als ein brisanter sozialer Lebensstoff, als ein immer wieder herausforderndes Faktum in der zeitgenössischen gesellschaftlichen Wirklichkeit, eine relativ konstante Geltung in der Literatur gesichert.

Denn soweit das Erzählen darauf angelegt war, Zeitgenössisch-Gesellschaftliches im Einzelgeschick darzubieten, konnte es nicht an dem vorbeigehen, was als Realität oder Möglichkeit der Lebenssituation fast in jeder deutschen Familie gegeben war; als Situation der Auswanderung und Rückwanderung, der Ansiedlung jenseits des Meeres oder Rückkehr von dort, erfolge sie nun aus Enttäuschungen, wegen Mißerfolgs oder mit erworbenem Vermögen. Dazu gesellt sich der Eintritt des Deutschen in die völlig andersartige amerikanische Gesellschaft und umgekehrt der Auftritt des Amerikaners im deutschen Land und seiner Gesellschaft. Jedoch hat sich innerhalb der fortdauernden Konstanz dieser Themen, im großen und ganzen überblickt, als inneliegende Tendenz eine Wendung des Blickpunkts eingestellt. Sie liegt darin, daß das Bedürfnis nach Informationen, nach Erfahrungen und Erkenntnissen über Land und Leute in der Ferne eine gewisse Sättigung erreicht hat und zumindest in den anspruchsvolleren literarischen Darstellungen die Frage vordringlicher wird, was Amerika für die Deutschen und deren heimisches Leben bedeutet oder bedeuten kann. Man fragt weniger nach der Situation des Deutschen in Amerika, wie es etwa Kürnberger mit sehr scharfer nationaler Selbstkritik getan hatte, obwohl natürlich auch dies Thema immer wieder aufgegriffen wird – z. B. unter allerdings eingrenzender historischer Perspektive in Friedrich Spielhagens nationalistisch-imperialistischem Roman *Deutsche Pioniere* von 1870. Man fragt mehr danach, was von dem Rückwanderer auf sein deutsches Ausgangsland zurückwirkt. Der Blick wendet sich vom ›Drüben‹ zu dem Interesse daran, wie dies ›Drüben‹ für das ›Hüben‹ wirksam wird. Das Amerika, das die Literatur besetzt, ist nicht mehr nur die Welt der Zuflucht, der Hoffnungen, des Drangs ins Weite, der Sehnsucht nach ›Friede, Brot, Freiheit‹, ein Amerika der Glückssuche, es ist auch nicht mehr nur das Land nicht weniger pathetischer Enttäuschungen. Es hat sich inzwischen als eine eigene politische, ökonomische und mentale Wirklichkeit stabilisiert. Wie wenig sie allerdings im konkreten Sinn eine literarische Auseinandersetzung herausfordert, wird sich folgend erweisen. Ihr Bild bleibt stark gefangen in den Topoi und Klischees, welche die vorangegangene Amerikaliteratur bereitgestellt hat. Aber ging in ihr die Perspektive von dem Nahen, aus dem man sich zu befreien strebte, fort in die Ferne – sie führt jetzt aus der bekannter gewordenen, wenn auch noch immer recht allgemein vorgestellten Ferne in das Nahe zurück. Das erzählerische Interesse verlagert sich, ohne ihn jedoch zu vergessen, von dem Auswanderer zu dem Rückkehrer;[5] er ist es jetzt vorwiegend, in dem sich Amerika präsentiert. Neben die Generation der Auswanderer stellt sich, was natürlich auch realhistorische Gründe hat, eine Generation von Zurückwandernden.

Dies kam dem Stilanliegen des ›realistischen‹ Erzählens entgegen. In seinen anspruchsvolleren Formen lehnte es die Ausrüstung von Roman oder Novelle mit stoffkräftigen Aktions- und Spannungsreizen, mit einem Aufgebot von ›romanhaft‹ Abenteuerlichem und dessen Unterhaltungs- und Überraschungseffekten ab. Erzähler wie Keller, Raabe oder Fontane distanzierten sich entschieden vom Handlungsroman, der aus jenen Sensationen seine populären Erfolge bezog; sie überließen ihn den literarisch untergeordneten Schichten der Belletristik. Es ging ihnen um psychologisch-gesellschaftlich fundierte Menschendarstellungen, nicht um Handlungshäufungen. Der Rückkehrer konnte zu einer mindestens fiktional in Autopsie beobachtbaren und erfahrbaren Figur werden, er brachte in seiner Person, in Charakter und Atmosphäre etwas von der anderen Welt mit und strahlte sie in das Heimatlich-Deutsche hinein. So blieb noch etwas von jener Anregung Goethes erhalten, die darauf verwiesen hatte, wie wünschenswert es sei, das deutsche Erzählen mittels stofflich-motivischer Adaption des Amerikathemas anzureichern. Sein Blick ging allerdings zeit- und literaturtypisch vom Heimischen fort zur Darstellung der Ansiedlungsbegebnisse hinüber. Er schlug sie anläßlich einer Lektüre von Ludwig Galls *Auswanderung nach den Vereinigten Staaten* (Trier 1822) vor. »Was den Personenbestand betrifft, so hat weder ein epischer noch dramatischer Dichter je zur Auswahl einen solchen Reichtum vor sich gesehen. Die Unzufriedenen beider Weltteile stehen ihm zu Gebot; er kann sie zum Teil nach und nach zu Grunde gehen, endlich aber, wenn er seine Favoriten günstig untergebracht hat, die übrigen stufenweise mit sehr mäßigen Zuständen sich begnügen lassen.«[6] Wie fruchtbar dieser ironisch untertönte Entwurf geworden ist, zeigen die Amerikaromane der populären Belletristik, von denen hier nicht weiter zu sprechen ist, finden sie doch an anderer Stelle in diesem Bande ihren Platz. Aktuell blieb aber das Bedürfnis, den Spielraum des Erzählten über das Provinziell-Lokale hinaus zu erweitern. Die Erzähler nach der Jahrhundertmitte verhalfen sich dadurch dazu, daß sie den Auswanderer in ihren heimatlichen Erzählraum zurückholten, um ihm ein wenig von jener Weltoffenheit mitzuteilen, die sich in der politisch-ökonomischen Realität stürmisch verwirklicht hatte. Indem der engere Schauplatz in den Bezug zum größeren Weltschauplatz gebracht wurde, flossen ihm neue Impulse zu. Der Rückkehrer, der die Anforderungen der größeren Welt erfahren, bestanden und verarbeitet hatte, versprach, ins Heimatliche erneuernde Lebenskräfte einzubringen oder es unter andere Aspekte zu setzen. Das alte epische Motiv der Wanderschaft konzentrierte sich jetzt wesentlich im Amerikathema.

Vielleicht läßt sich die Eingliederung dieses Themas in der ersten und zweiten Fassung des *Grünen Heinrich* von Gottfried Keller als symptomatisch für solche Blickveränderungen ansehen. Die erste Fassung von 1854/55 führt lediglich die auswandernde Judith vor, die zweite Fassung von 1879/80 fügt ihre Rückkehr nach zehn amerikanischen Jahren hinzu. Sie wird auch für die Rückkehr Heinrichs in eine menschlich befriedende, ja erlösende Gemeinsamkeit bedeutsam. Was veranlaßte Keller, Judith, die er so fest in ihre heimatliche Naturwelt, bis zu deren mythisierend erhöhender Verkörperung, eingefügt hatte, zu einer Auswanderin zu machen? Von Zwängen einer ökonomischen Notsituation wird nicht gesprochen. Ihre Begleiter, »kräftige Männer«, der mit »ansehnlichem Gute« und »bequemen Zeltdache« ausgerüstete Wagen, den sechs Pferde ziehen, deutet nicht auf das sonst so bewegend geschilderte Auswandererelend.[7] Der finstere Blick, den Judith auf die Soldatenreihe wirft, reicht schwerlich zur Hypothese einer politischen Motivation aus. Die »eiserne Ordnung und Pünktlichkeit« des Militärdienstes wird von Heinrich, nach den Wirren seiner Jugendjahre, nicht als lediglich negativ erfahren, auch wenn sie in diesem gespannten Augenblick, im Zwang, dem Kommando unterworfen zu sein, für beide zu einer Tyrannei werden. Wird Judith von einem inneren Freiheitsdrang hinausgetrieben, wie er sich auch in ihrer selbstgewählten Abseitsstellung innerhalb ihrer Dorfgemeinde abzeichnet? Aber vielleicht heißt dies, nach mehr zu

fragen, als der Erzähler mitteilen wollte. Es ging ihm wohl vor allem um die wirkungskräftige Inszenierung der letzten Begegnung zwischen Judith und Heinrich,
die anschaulich und symbolhaltig das Unwiderrufliche des stummen Abschieds sichtbar machen sollte. Heinrich hatte sich für ihn entschieden; eine Macht von außen
vollzieht ihn endgültig. Die Auswanderung wäre dann eine Art von technischem
Erzählmittel, eine Art von erzählerischem Notausgang, wie ihn Berthold Auerbach
in seinen Erzählungen oft genug nutzte, um eine Figur zeitweilig oder gänzlich von
der Erzählbühne zu entfernen.

Keller nimmt in der zweiten Fassung, wenn er Judith nach langen amerikanischen
Jahren zurückkommen läßt, diese herbe Unwiderruflichkeit zurück. Auch jetzt liegt
das Erzählgewicht in dem inneren Vorgang. Wenige Sätze müssen ausreichen, über
Judiths Leben in Amerika zu orientieren. Es wird schablonenhaft vage skizziert.
Judith hat eine Wandlung durchgemacht. Wie sie sich vollzog, bleibt weitgehend
außerhalb des Erzählfeldes. Eine kleine Schweizer ländliche Siedlungskolonie wurde
ihr amerikanischer Lebensort – wie eine in sich abgeschlossene Insel in dem riesigen
Kontinent; auch gleichsam der historischen Zeit entrückt. Judith wird eine andere
im »Kampfe mit der Not der Menschen«, als Erzieherin ihrer Landsleute, die sich
– ungeschickt und ohne Ausdauer – lange ihrer Aufgabe nicht gewachsen zeigen,
bis sie, eine zweite Frau Regel Amrain, eine kleine Herrschaft über sie erlangte, sie
zum Besseren erzog und für sich das Vermögen erarbeitete, das ihre Heimkehr ermöglicht. Was an Faktischem mitgeteilt wird, ist wenig genug; Keller läßt aber
auch den inneren Prozeß der Wandlung aus, er verzeichnet nur ihr Resultat. Er hat
gegenüber Theodor Storm gekennzeichnet, worauf es ihm bei der Neukonzeption
des Romanschlusses ankam. »Hier tritt Judith wieder ein, die als gemachte Person
aus Amerika zurückkehrt, die den Teufel hat zähmen lernen, aber immer einsam
geblieben ist [...]. Ihm [dem grünen Heinrich] ist sie das Beste, was er erlebt hat,
nach allem, eine einfache Naturmanifestation, und er hat ihr auch immer im Sinne
gesteckt. So bildet sich noch ein kurzer Abendschein in den beiden Seelen.«[8] Judith
muß die amerikanische Prüfung bestanden haben, um diesen Abschluß zu ermöglichen. Amerika erhält eine Funktion als Schule der Erziehung und Bewährung in
der selbstlosen Arbeit und Fürsorge für andere. Dank solcher inneren Reifung vermag Judith jetzt in ebenso selbstloser Liebe Heinrich zu einer inneren Befreiung zu
verhelfen. Amerika wird als eine verinnerlichte Lebensstufe in den ›Bildungsroman‹ einbezogen – nur als sehr kurze Erzählepisode, doch so, daß, was dort gewonnen wurde, nun auf Heinrich zurückstrahlt, der sich erneut in Judiths Liebe
aufgenommen erfährt.[9] Judith hatte im tiefern Sinn die Heimat und Heinrich nicht
verlassen – »Du liegst mir einmal im Blut [...] da jeder Mensch etwas haben muß,
woran er ernstlich hängt.«[10] Amerika als eine Station innerer Wandlung und Festigung, als eine abschließende Stufe des Sich-selbst-Findens des Menschen unter Prüfungen – dies wird bei Wilhelm Raabe und Theodor Fontane wiederkehren und
bezieht den fernen Kontinent in eine spezifisch deutsche Lebensperspektive ein.
Als ein anderer Rückkehrer, wenn auch nicht im genauen Sinn Heimkehrer, begegnet in *Regine* im *Sinngedicht* (1882) von Keller[11] der deutschbürtige Erwin Altenauer aus Boston. »Warm an allen geistigen Überlieferungen« hängend, ein verspäteter Romantiker auf der Suche nach dem »altpoetischen Zauber« heimatlicher Geschichtlichkeit, wird er zugleich als ein amerikanischer Bürger »älterer echter Art«

eingeführt. Keller unterstreicht, er sei »von einfachen Sitten, klar und bestimmt«. Offenbar denkt er an eine Mischung der Eigenschaften, die so etwas wie eine Synthese von Deutschem und Amerikanischem verspricht – eine Synthese, wie sie seit Goethe wieder und wieder imaginiert wurde. Das Bostoner Elternhaus des Altenauer hat Traditionen bewahrt, es hütet ein kulturelles Erbe und hat dies zudem in Amerika noch angereichert. Es zeigt einen patrizischen »Anstrich altvornehmen Herkommens«; die Gegenwart wird in ihm auf dem soliden Fundament bejahter Vergangenheit gelebt. Daraus spricht eine für Keller typische wertbezogene Verbindung von Vergangenem und Gegenwärtigem. Dieser Amerikaner kommt in Deutschland nicht in eine Fremde, aber er bringt ein Bild von ihm mit, das sich nicht mit dessen Wirklichkeit deckt. Sein romantisch getöntes Ziel ist, »ein Bild verklärten deutschen Volkstumes über das Meer zu bringen«. Er sucht sein Glück im alten Europa – eine Umkehr jener Glückssuche der Auswandernden, wie sie zum literarischen Topos und zur stets wiederholten sozialhistorischen Realität geworden war.

Was Erwin Altenauer zunächst antrifft, löst in ihm nur Kritik und Enttäuschung aus: angesichts der künstlich-unfreien Gesellschaftlichkeit in der Hauptstadt und angesichts der schnöd-philisterhaften Gesellschaftlichkeit in der Universitätsstadt und ihrer zwar im einzelnen braven, im ganzen jedoch unfrei-engen Bürgerlichkeit. Solche Kritik verdichtet sich zum Vorwurf einer Verkümmerung des originär und individuell Menschlichen. Es fehlt eine stark und frei handelnde innere Unabhängigkeit, wie sie dem Amerikaner aus seinem Kontinent als ein Maßstab des Humanen vorschwebt. Das Originäre ist an eine Veräußerlichung verlorengegangen, die selbst die Liebe zwischen den Geschlechtern zu einer gesellschaftlichen Angelegenheit, zur Sache der gesellschaftlichen Öffentlichkeit macht. Erwin Altenauer kann nur, was er sucht, außerhalb und unterhalb der geltenden Gesellschaft finden. In seiner Zuwendung zu der armen Magd scheint sich eine Unabhängigkeit zu beweisen, die dem Bürger der Neuen Welt zugehört. Regine scheint sein Wunschbild zu verwirklichen: noch ganz Natur, unbewußte Poesie, eine Gestalt wie aus Volkslied und Märchen. Er beschließt, sie, wie ihr zweiter und eigentlicher Schöpfer, zu dem zu machen, was sie für ihn und für seine amerikanische Familie werden soll – eine Verbindung von Naturhaftem und gesellschaftlicher Kultur. So holt er sie aus ihrer Verschlossenheit und Einsamkeit, aus ihrer Dienstschaft und aus der von ihr zehrenden Familie heraus. Er löst sie aus einer durch Ungeschick und eigene Schuld kraftlos-verbitterten, verwahrlosten Familie, in der sich, wie gesellschaftlich oben, so auch gesellschaftlich unten, die Dekadenz in der Alten Welt andeutet, wie in einem »verkommenen Adelsgeschlecht«. Der reiche Amerikaner schiebt mit leichter Hand diese Familie beiseite, und er glaubt, sie mit Geld aus dem Leben der Regine entfernen zu können. Regine läßt sich mit vertrauender, gehorchender Liebe von ihm aus ihrer Vergangenheit und Gegenwart hinausführen, sie entwickelt die Fähigkeit, zunehmend mit dem Idealbild, das er sich von ihr machte, übereinzustimmen. Das Glück seiner Ehe und die Versöhnung seines romantisierenden Ideals poetisch-einfacher und freier Menschlichkeit mit der gesellschaftlichen Realität scheint ihm zu gelingen.

Aber sein Ehrgeiz, nicht ohne Beimischungen von Pedanterie und Eitelkeit, dies Schöpfungswerk bis zu einer Art von Vollkommenheit zu treiben, wird zur Verirrung und deckt die Künstlichkeit seines Verfahrens auf. »Er stellte sich, in seinem Glücke immer begieriger auf einen glänzenden Abschluß seines Bildungswerkes geworden, nunmehr kühnere Anforderungen, als er früher je gewagt haben würde.«[12] Indem er Regine mehr und mehr über ihr altes Selbst hinauszuerziehen sucht, statt sie zu ihr selbst hinzubilden, sie zu sich selbst frei und sicher zu machen, setzt er sie zunehmend Äußerlichem aus, das für sie fremd bleiben muß. Der amerikanische Kritiker europäischer Gesellschaftsabhängigkeit hat sich selbst nicht aus ihr gelöst, so, wie ihm auch die Gesellschaftsbindung seines Herkunftshauses in Boston eine Selbstverständlichkeit bleibt. Durch seine Abwesenheit liefert er Regine an das aus, wogegen er sie abschirmen wollte: an eine betriebsam-leere und ›schamlose‹ Bildungsgesellschaft und an die Verkommenheit ihrer Familie, die den Bruder zum allerdings fälschlich bezichtigten und verurteilten Raubmörder werden läßt. Als Altenauer Regine über den Ozean in sein Elternhaus holt, ist es zu spät. Er findet, durch den Schein getäuscht, dessen Gefangener wider Willen, nicht das überbrückende Wort, das die Mauer des Schweigens beider durchbrechen würde und ihn zu Regines wahrer Wirklichkeit hinführen könnte. Regine ihrerseits, ihrer Gefühlssicherheit verlustig, seit Erwin Altenauer sie aus ihrem Herkunftsboden riß, bisher von ihm geführt und ihm hingegeben folgend, ist unfähig zu dem Wort, das den ihr selbst ungewissen Eigenanspruch und -wert ihrer Liebe ihm deutlich machen könnte. Das erstarrte Schweigen endet mit Regines freiwilligem Tod; der Glücksbringer ist, ohne sich einer Schuld bewußt zu sein, zur Ursache ihres Unglücks geworden.

Die Komplexität dieser gesellschaftlich-psychologischen Konfliktverknüpfung, in der nicht zuletzt der Rang dieser Novelle liegt, konnte hier nur in Abbreviatur wiedergegeben werden; sie ist in mehreren Interpretationen differenzierter analysiert worden. Jedoch blickt man sich in ihnen vergeblich nach der Frage um, was Keller veranlaßte, Erwin Altenauer als einen Amerikaner vorzustellen. Gewiß: er bedurfte eines vermöglichen Fremden, des Von-außen-Kommenden, um einen Vorgang auszulösen, für den in der deutschen Gesellschaftlichkeit schwerlich Voraussetzungen gegeben waren. Er bedurfte seiner auch als des Träumers von einem Wunsch- und Idealbild, das sich in der Ferne als eine längst geschichtlich gewordene Erinnerung erhalten hatte, während es unter den Deutschen zerronnen war. Erwin Altenauer brachte das Bild mit, das er suchte, und er verlor es, als es sich ihm als Wirklichkeit anvertraute. Er liebte in Regine sein Ideal, sein Bildungswerk – aber er drang nicht bis zu ihrer eigenen Wirklichkeit durch, hatte sie doch für sich selbst wie für Regine durch dies Bildungswerk verstellt. Keller bedurfte zur Konstruktion der Novelle des Amerikaners als einer Art von Märchenprinzen und Don Quijote. Aber deutet sich nicht auch durch die Figur des Erwin Altenauer etwas wie ein Argwohn Kellers gegenüber dem an, was diese ›Neue Welt‹ über den Ozean bringt? Zwar: er führt ihn mit Sympathie in die Erzählung ein, er legt ihm Eigenschaften zu, die durchaus im Kellerschen Sinne positiv zu werten sind. Der Erzähler verzichtet auf einen kritischen Kommentar. Seine Kritik ist im Vorgang selbst versteckt. Dieser Amerikaner nimmt Regine an sich wie einen Besitz, so, als sei sie, die ihm hingebend Vertrauende, die nur noch aus ihm und für ihn lebt, ganz als willenloses Objekt in seine Verfügungsgewalt gegeben, mag diese sich auch als Liebe verstehen. Indem er sie aus ihrem angeborenen Milieukreis herausholt, nimmt er ihr den festen, wenn auch nur armseligen Lebensplatz, der ihr Sicherheit und Unabhängigkeit bedeutete. Gerade er, der hinter dem Schein das echte Sein suchte, drängt sie mit dem Anstrich der »Weltdame« in eine gesellschaftliche Rolle, die ihrer Natur widerspricht, ohne daß sie sich dagegen zu wehren vermag. Die Tote in jenem abgelegenen Zimmer in Boston hat sich vor ihrem Ende in die alte Heimattracht gekleidet; sie ist das Symbol ihrer Heimkehr zu dem, was sie gewesen war, bevor Altenauer sie sich zum Besitz gemacht hatte, und sie ist das Symbol dessen, was ihn zu ihrer Liebe geführt hatte. Es geht in dieser Novelle, wie es der Erzähler mit verstecktem Kommentar Lucie in den Mund legt, nicht nur um eine Frage der gesellschaftlich differenten Bildung, auch nicht um die Fatalität von Schicksalhaftem – es geht auch um die Konfrontation verschiedener Gesellschaftssysteme und der aus ihnen erzeugten Mentalität. Mit dem Amerikaner verbindet sich ein Geist der Mobilität, der willkürlich Bindungen mißachtet, ein Geist des fast omnipotenten Verfügungsanspruchs über einen anderen Menschen, der Keller nach seiner Denkweise sehr fragwürdig erscheinen mußte. Lucie wirft scherzhaft-ernsthaft als »orientalische Anschauungen« Reinhardt entgegen, bevor er noch mit seiner Erzählung begonnen hat: »das gefallende Gesicht wird zum Merkmal des Käufers, der auf den Sklavenmarkt geht und die Veredlungsfähigkeit der Ware prüft, oder ist's nicht so?«[13] Etwas davon steckt noch in der vielschichtigen Art, mit der Keller diese Geschichte vorträgt.

Martin Salander, der Protagonist von Kellers ökonomisch-politischem und zeitkritischem Altersroman, ist zweimal ein Rückkehrer, zudem im genauesten Sinne ein Heimkehrer. Er ist, ähnlich wie Just Everstein in Raabes *Alte Nester*, nur um der Heimat willen in die Fremde gezogen. Beider Glückssuche ist praktisch-materiell begründet. Aber ihr Ziel ist in einer für beide Autoren typischen Weise unterschiedlich. Der westfälische Bauer will den durch eigenen Unverstand verscherzten Hof, und damit die alte Jugend- und Glücksidylle, den Innenraum für sich und seine Freunde zurückgewinnen. Martin Salander, der seinerseits infolge argloser Leichtgläubigkeit sein Hab und Gut nicht hüten konnte, will ein wirtschaftliches Fundament erarbeiten, das ihn unabhängig genug macht, um moralisch, sozial und politisch in seinem kleinen Heimatstaat wirken zu können. Just Everstein hätte, bei etwas mehr Achtsamkeit und Tüchtigkeit, die Idylle seines Steinhofs niemals verlassen. Er hätte sich in seine idealistisch-autodidaktische Gelehrsamkeit vergraben. Martin Salander ist von anderer Aktivitätslust durchpulst. Ein Drang nach Weite und freier Kraftentfaltung treibt den Schweizer aus der biedermeierlich stockenden Monotonie des windgeschützten dörflichen Schulmeisterlebens hinaus. Er weigert sich, als er zum zweitenmal den Großteil seiner Habe eingebüßt hat, trotz der Bitten seiner Frau, in ihr eine sich bescheidende Zuflucht zu suchen. Die Idylle ist angesichts der Lebensenergien einer gewandelten Zeit historisch geworden. Ihre Privatheit ist kein Lebensort mehr, der sich verantworten läßt. Keller schickt seinen Salander nach Brasilien – vielleicht waren jetzt, um 1886, die nordamerikanischen Staaten schon zu einem zu verfestigten Wirtschaftssystem geworden, um etwas von jener Atmosphäre des Abenteuerlichen auszustrahlen, an der Salander teilnehmen soll. Was aber von den ersten sieben Jahren dort und von seinem zweiten Aufenthalt berichtet wird, ist zu wenigen Andeutungen verkürzt und fast als Zeiterstreckung eliminiert. Keller ist ehrlich genug, mangelnde eigene Anschauung

nicht durch erborgtes Literaturmaterial zu kaschieren. Nichts lag ihm ferner, als einen überseeischen Abenteuerroman zu verfassen. Was als flüchtige Erinnerung Salanders auftaucht, bewegt sich in Klischees, die längst auch in der Nordamerika-beschreibung geläufig waren: gewaltsame Ausrottung der Wälder oder die Abenteuerlichkeit eines Neuanfangs, eines Werdens, in dem die einzelnen nichts miteinander verbindet und keine gemeinsame Vergangenheit ihre Gesellschaft begründet.[14] Beides enthält innere Bezüge zu der eigenen heimatlichen Situation: das Motiv der willkürlich vernichteten Bäume, das Motiv eines Fortschritts, der die Geschichte verläßt. Eine Gegenwart und Zukunft, die nicht in der Tiefe des Geschichtlichen wurzelt, widersprach Kellers Auffassung der staatlich-sozialen Gesellschaftsordnung und ihrer organischen Grundbedingungen. Als Martin Salander dagegen verstößt, ruft ihn sein Sohn zurück. Salander hat die Entbehrungen und Plackereien der Fremde auf sich genommen, und er hat aus ihrem Vorratshaus geholt, was er brauchte. Eine Wandlung, die etwa jener Judiths im *Grünen Heinrich* vergleichbar wäre, hat er nicht erfahren. Daß ein zweiter Aufbruch nach Brasilien nötig wird, weist eher darauf, daß der alte, so leicht zu betrügende Salander noch in ihm steckt. Nimmt Keller hier nur ein von ihm oft genutztes Kompositionsschema von Trennung, Abwesenheit und Rückkehr erneut auf, ohne ihm aber einen anschaulichen Sinnbezug zum Gesamtgefüge des Romans einzubauen? Oder läßt sich die Funktion dieses zweifachen Aufenthalts des Helden jenseits des Ozeans aus einer Kompositions- und Gedankenführung begreifen, die allerdings nicht zu einer vollen sinnbildlichen Ausdrucksgebung gelangt ist? Und läßt sich diese Funktion als Intention zu Kontrastierung und Synthese zugleich begreifen?
Der zeitaktuelle Roman[15] erforderte als Spielraum die merkantile zeitgenössische Gegenwart. Er mußte das verengt Lokale, das gleichsam ›Seldwylahafte‹ im Jahrzehnt des Weltverkehrs zur Weltweite hin öffnen und das Heimatliche in den größeren Weltbezug einfügen. Der moderne kaufmännische Unternehmer, ja ›Gründer‹, und der demokratisch-fortschrittliche Politiker, eine Art von Spitzenfigur des zeitgenössischen Bürgertums mit dem Namen Martin Salander, mußte diese Erfahrungserweiterungen in sich aufgenommen und verarbeitet haben. Er konnte nicht, wie etwa der Rentier Möni Wighart, im behaglichen Rundtrott abseits der aktuellen Entwicklungen verharren. Er mußte auf Zusammenhänge aufmerksam werden, in denen sich Geschichtliches, Neues und Zukünftiges, das Nahe und das Ferne miteinander verknüpften. Salander mußte an dem modernen Kolonialkapitalismus, wenn auch friedlich, mittels mühsamer Arbeit, teilnehmen, um jener Grenzen einsichtig zu werden, die ethisch-human und sozial solchem Kapitalismus zu ziehen sind. Er mußte über die Möglichkeiten verfügen, um auf sie mit freiem Entschluß zu verzichten. Salander lehnt, wie sein allzuvernünftiger Sohn, den Geldgewinn als Selbstzweck ab. Er legitimiert ihn, darin durchaus Bürger in der bürgerlichen Gesellschaft und Ideologie seiner Zeit, als Mittel und Verpflichtung zu einem unabhängigen politischen und sozialen Wirken für die heimatliche Staatsgemeinschaft. Er mußte also Unternehmer und Gründer werden, um beides durch übergreifende Werte zu berechtigen und zu relativieren.
Vermutlich dachte Keller daran, die transatlantische Welt zu einer Station in der Entwicklungsgeschichte des Kaufmanns und Politikers Salander zu machen und derart die ferne Wirklichkeit dem Typus der Erziehungsgeschichte zu integrieren. Dies

vermochte er nicht durchzuführen, weil sie ihm zu fremd war. Es mußte aber auch mißglücken, weil er die Biographie Salanders und seiner Familie anders anlegte. Es wurde schon gesagt: der Salander, der aus Brasilien zweimal heimkehrt, ist im Grunde der alte Salander wie vor dem ersten Aufbruch, ihm haftet wenig von der anderen Welt an. Er ist noch immer der durch andere und sich selbst täuschbare Idealist, ein liebenswürdiger Phantast bei aller Redlichkeit und Tüchtigkeit, der leicht bereit ist, sich ein wenig zu verirren, wenn auch nicht so weit, um nicht ebenso leicht wieder auf den richtigen Weg zurückzufinden oder sich zu ihm zurückholen zu lassen. Er hat sich auf das Denk- und Erwerbssystem des modernen Kapitalismus nicht eingestellt – so wenig wie er den angeblichen Freund Wohlwend zu erfassen in der Lage ist. Diese Unfähigkeit und Abwehr macht sein moralisches Gewicht und seinen humanen Wert aus, aber setzt ihn angesichts der konkreten zeitgenössischen ökonomischen Realitäten auch bereits in das Historische zurück. Keller wollte Modernität und eine human-konservative Fortschrittlichkeit zum Gleichgewicht bringen. Daraus wurde jedoch eine idealistisch bereits rückwärtsblickende Utopie. Denn der objektive gesellschaftlich-historische Zusammenhang und der innere human-pädagogische Zusammenhang gelangten in dem Roman nicht mehr zur vollen Deckung. Salander, der zum Maßstab werden sollte, wird zum Außenseiter in der konkreten merkantilen Gesellschaft. Hier wohl liegt der Grund, warum der Roman sich fortschreitend zu einer Familiengeschichte mit Seldwyla-Tönungen verengte, was bedeutete, daß die durch das Brasilienthema intendierte Weltoffenheit sich verflüchtigte und nur noch theoretisch-programmatisch in der nüchtern berichteten Biographie von Salanders Sohn festgehalten wurde.

Doch kommt dem Thema noch eine andere Funktion zu. Ein kaum veränderter Salander begegnet zu Beginn des Romans einer veränderten Heimat. Und der Heimkehrer entdeckt sie neu, mit einem durch lange Abwesenheit geschärften Blick. Er erkennt deutlicher, was sich für die Daheimgebliebenen unmerklich, fast unbewußt vollzogen hat. Der Durchgang durch die Fremde läßt das Heimatliche tiefer, inniger und zugleich kritischer erfassen. Die Distanz macht den Blick dafür frei, was umzuschaffen und neu zu schaffen ist. Abwesenheit schlägt um zu desto intensiverer Anwesenheit. Der Weg über das Meer bedeutet so für Salander eine größere Selbstvergewisserung der tätigen Verpflichtung zur Heimat. Er sagt mit Nachdruck: »Ich bin kein Auswanderer.«[16] Keller nimmt derart den Auswandererroman der früheren Jahrzehnte des Jahrhunderts zurück, und er schreibt ihn zum Roman der heimatlichen Familie und der staatlichen Gesellschaft um. Das Glück ist hier, nicht im Fremden zu finden. Er nimmt ihn auch dadurch zurück, daß er hier, im Schweizerisch-Vaterländischen, auf dem alten geschichtlichen Boden, seinen Salander die »glorreichen Anfänge« einer republikanischen Gesellschaft,[17] ihrer Volksrechte und den erfüllenden Tätigkeitsraum des freien Mannes entdecken läßt. Allerdings unter den Voraussetzungen des kleinen Staates, der von dem starren Machtnationalismus der »großen geeinten Nationen« nicht ergriffen ist. Welterfahrung wird zum Ferment eines intensivierten Heimatbewußtseins in fortschrittlich-konservativem Handeln. Es setzt sich aus Distanz und Teilhabe zusammen. Allerdings geht in der konkreten Ausgestaltung des Romans dies Wechselspiel verloren, und es wird erst gegen Schluß, in der kaum noch ›gestalteten‹ Geschichte des Sohnes Anton Salander, abstrakt-programmatisch ins Gedächtnis des Lesers zurückgerufen. Im

Versuch der Vereinigung von moderner Weltbürgerlichkeit und Patriotisch-Heimatlichem fiel dem letzteren im *Martin Salander* das Übergewicht zu. Damit war der Weltoffenheit und der Offenheit für die objektive gesellschaftliche Situation eine Grenze gesetzt. Der human-liberale Bürgerdemokratismus läßt nur zu, die Erscheinungen des veränderten ökonomischen und sozialen Systems in moralischen Karikaturen zu zeichnen.

Das Amerika der Urwälder und Prärien, der kalifornischen Goldgräber und der deutschamerikanischen Städte, dem Wilhelm Raabe in seinem so ehrgeizigen wie mißglückten Roman *Die Leute aus dem Walde. Ihre Sterne, Wege und Schicksale* von 1863 einen erzählerisch breiten Raum gibt, ist in allem und jedem ein von der Literatur vorgezeichnetes Amerika. Es ist das bereits geläufige Amerika der Abenteuer, des ungestümen Vordringens ins endlos Weite, der Enttäuschungen und der Glückshoffnungen, der romantischen Enthusiasmen und der Desillusionen, wie es ein breites Lesepublikum zu erwarten gewohnt war. Raabe suggeriert seinem Leser zwar, daß er diese Gegenwelt zu Europa und zu allem, was dort Norm und Gewohnheit ist, ›realistisch‹ schildere, aber er hebt dies zugleich in mehrfacher Hinsicht wieder auf. Er scheut sich nicht, in dem Roman die Quellen zu nennen, denen er seine Vorstellungen von dem Kontinent jenseits des Ozeans verdankt: James Fenimore Cooper, Washington Irving, Charles Dickens und Charles Sealsfield. Friedrich Gerstäcker muß hinzugezählt werden, dem er persönlich begegnet war und dem er im Detail reichlich verschuldet ist. Fiktionales aus zweiter Hand wird in das Fiktionsgefüge des eigenen Romans eingebaut. Dies war alte und legitime Romantradition. Zwar bedient er sich eines Anscheins von Authentizität, wenn er Friedrich Wolf den Bericht von seinen amerikanischen Jahren in den Mund legt oder sich des Mittels von Briefen aus Amerika bedient. Doch täuscht dies nicht darüber hinweg, daß er sein Material der Amerikaliteratur entnahm, um seinen Roman mit farbfreudigem Anschauungsstoff, spannungskräftigem Geschehen und empfindungsvollen Szenen im Stil einer schon etwas verspäteten Belletristik aufzufüllen. Für einen Zeitroman, der in den vierziger Jahren, den Jahren der massenhaften Auswandererströme und des Ansturms zum amerikanischen Westen, mit dem Anspruch auf Aktualität und unter Einbezug aller Zeitinteressen spielte, erschien ihm wohl die illustrative Vergegenwärtigung Amerikas als unerläßlich.

Raabe hat in diesem ersten großen Roman aus seiner Feder, in dem er sich des umfangreichen epischen Erzählgefüges fähig erweisen wollte, viel an widersprüchlichen Formmodellen ineinander- und durcheinandergeschachtelt: den idealistischen, zum Metaphysisch-Transzendenten überhöhten Bildungs- bzw. Entwicklungsroman, eine psychologisch begründete Erziehungsgeschichte, die sich zum Typisch-Allgemeinen erweitern sollte, weiterhin den gesellschaftskritischen Roman mit dem Anspruch auf zeitgeschichtliche Darstellung. Und er hat endlich noch Elemente aus den Trivialbereichen des Abenteuer- und Reiseromans hineingearbeitet. Er mußte in diese verschiedenen Formmodelle das Thema Amerika hineinpassen und ihre Disparatheit zu überdecken suchen. Dazu behalf er sich mit einem dichten Netz von Symbolbezügen, die, abstrakt allegorisierend und metaphysizierend, von ihm mit einer sentimentalen Rhetorik und mit pathetischen Affektakzenten dem pragmatischen Erzählablauf aufgesetzt wurden. Diese Symbolbezüge und metaphorischen Sinnbilder sind in sich mehrstimmig-vage und werden nur forciert mit dem, was erzählt wird, verknüpft. Es konnte nachgewiesen werden, wie diese innere Differenz im Romangefüge auf eine krisenhafte Situation des Erzählens hinweist, in der traditionelle Bauformen mit epigonaler Übersteigerung fortgesetzt werden und sich in sie zugleich veränderte Darstellungsweisen einschieben, ohne daß es dem Autor bewußt wird und ihm gelingt, hier klärende Scheidungen herbeizuführen.[18] Historisch gesehen, sind *Die Leute aus dem Walde* in ihren Formmodellen und in ihren pathetisch-rhetorischen, sentimentalen und humoristisch-satirischen Tönungen noch stark an die Erzählverfahren vor der Jahrhundertmitte verschuldet, während die Erzählansätze, die sich von ihm lösen, verkümmert bleiben. In diese Widersprüchlichkeit wird auch die Amerikadarstellung hineingerissen.

Raabe will ein heftig koloriertes und von Exotisch-Abenteuerlichem überfülltes Panorama vieler Lebensorte und -situationen auf dem neuen Kontinent geben. Er stellt ihn gesellschaftskritisch dem alten Europa gegenüber. Er will Amerika als Aufbruch zu einer neuen weltgeschichtlichen Epoche vergegenwärtigen und legt deren Prophetie rednerisch gegen Schluß des Romans dem Weltreisenden von Faber, der gleichsam Europa und Amerika in sich verbinden soll, in den Mund. Er macht weiterhin Amerika zur Station der Erziehung eines jungen Menschen, der in krisenhafter innerer Situation zum männlichen Ertragen der Widersprüche des Lebens, zur Selbstfindung und Selbstüberwindung geleitet wird und nun gestärkt für sein weiteres Dasein in der deutschen Heimat gerüstet ist. Neben ihn wird die Figur des glücklichen und des glücklosen Auswanderers gestellt. Damit nicht genug, wird Amerika zu einer geistig-seelischen Landschaft, zu einer Symbollandschaft geweitet und metaphysiziert; jeweils unterschiedlich gemäß den verschiedenen Lebensläufen der Brüder Friedrich und Robert Wolf, die ihrerseits über das Individuelle hinaus zu allgemeintypischen Wesens- und Schicksalslagen hin stilisiert werden. Schließlich wird Amerika zur Allegorie des Daseins in der Welt überhaupt, als »Weltwüste« des Elends und der Vergeblichkeit und als das »Zauberland« der unendlichen und unerreichbaren Glücksversprechen. Jeder der beiden Brüder erfährt sein eigenes, gleichsam verinnerlichtes Amerika. Friedrich Wolf führen die Not, der rauschhafte Mut zum freien Wagen und Handeln und das unerschütterliche Vertrauen auf die eigene Kraft, »die in Europa so manches Mal nur eine Phrase ist für ein von tausenderlei Staatsgewalten gezügeltes, zurückgehaltenes, niedergedrücktes, vergebliches Abkämpfen«, in die »große Republik«.[19] Ihn treibt, gleich anderen Träumern, Vagabunden und Phantasten, die in der heimischen Gesellschaft an den untersten Rand gedrängt werden und in Narrheiten flüchten, die »Lust des Abenteurertums«[20] und die Auflehnung gegen die Gefangenschaft in einer überalterten deutschen Gesellschaft. In Friedrich Wolfs Imagination und Welteroberdrang lebt nochmals das Amerika der Romantik auf – mit seiner ganzen verführerischen Sehnsucht nach dem Unendlichen und Unerreichbaren, das zugleich nahe und fern ist. »Wo die Axt klingt, wo die Büchse knallt, ist nicht mehr der wilde Westen; die vorschreitende Kultur hat nur ihre Grenzen ein wenig hinausgerückt, und der wilde Westen ist ein wenig weiter vor ihr zurückgewichen. Das Zauberland, über welchem allabendlich die Sonne untergeht, wo unbekannte majestätische Ströme durch unbekannte Täler rollen, wo unendliche Schätze offen und doch unerreichbar daliegen, bleibt immer in derselben Ferne; das Sehnen nach ihm bleibt immer dasselbe.«[21]

Raabe verinnerlicht dies Anstürmen zum fernen »Goldland«, das nicht der Besitzgier, sondern einem unbezähmbaren Weiten- und Tatendrang gehorcht und das endlich Friedrich Wolf und seine Geliebte in den Erschöpfungstod hineinjagt, zu einer allgemeinmenschlichen Schicksalsbestimmtheit, und er versucht so, dem Leben und dem Tod dieses Mannes einen überpersönlichen Symbolsinn zu verleihen. Er soll, weit über das Individuelle hinaus, Zeitloses und Universelles im menschlichen Verhalten bedeuten: Held und Opfer zugleich der Geschichte und des Schicksals. »Es ist wahr, sie haben viel Glück, diese phantastischen Abenteurer, die in lächelnder Sorglosigkeit keinen Zweifel kennen und sich allen feindlichen Gewalten gewachsen glauben; die Welt bedarf ihrer, die Poeten, die Helden jeder Art rekrutieren sich aus ihnen. Dieses nach den Sternen sehende Abenteurertum schiebt die Geschichte vorwärts; überall ist es am Werk geschäftig, hinter der Bühne und auf der Bühne. Wer zieht die Seile und haspelt an der Maschinerie, wenn die Szene sich verändern soll? Diese sternguckenden Gesellen sind es. Wenn nur ihre Sterne nicht so oft sich in Sternschnuppen verwandelten!«[22]

Um die todkranke Frau seines Bruders aus Kalifornien, aus dem »herzlosen, lieblosen Getümmel« Amerikas – in diesen Attributen spiegelt sich die negative Amerikaliteratur – ins Heimatliche zu retten, wird der jüngere Bruder Robert Wolf über den Ozean geschickt. Er tritt damit seine entscheidende Erziehungs- und Bewährungsreise an, bevor er sich in deutscher Heimat ins Eheglück und die ländliche Idylle zurückzieht. Sie ist für den Raabe der *Leute aus dem Walde* nach dem Wagnis der Fahrt über das Welt- und Lebensmeer noch der vorbestimmte Lebenshafen. Raabe ließ bis zu diesem neunundzwanzigsten Romankapitel die transatlantische Welt nur mittels der subjektivierten Formen von Erlebnisbericht und Brief gegenwärtig werden. Er zeichnete sie mittels perspektivischer Brechungen, die wenig über das Faktisch-Reale aussagten, aber um so mehr dessen verinnerlichte Bedeutungsbezüge akzentuierten. Dies ändert sich auch dort, wo der Aufenthalt Roberts in dem eben entdeckten Goldland dargestellt und szenisch sichtbar gemacht wird, nicht erheblich. Der Erzähler stellt sofort nach der Ankunft dem Robert Wolf den Weltfahrer von Faber als Reiseführer und Schutzgeist zur Seite, durch dessen Kommentare hindurch, in der Tat nur zu sehr »ein lebendiges Lehrbuch der Ethnographie«,[23] der junge Deutsche in dies wilde und exotische Gewimmel am Hafen und in den Bergen und Flußtälern hineinblickt. Faber wird zum Cicerone für ihn und für den Leser. Es bleibt bei flüchtigen Summierungen dessen, was in anderen Büchern, etwa von Friedrich Gerstäcker, weit genauer zu finden war. Zusätzlich zielt Raabe offenbar auch auf die Skizze einer amerikanischen Siedlungsgeschichte; der Rückweg Roberts, nach Beerdigung der Frau seines Bruders und der zwar widerwilligen, aber erfolgreichen Goldgräberei, führt von den noch chaotisch-regellosen Frühzuständen von San Francisco und den Goldgräberhütten durch die endlose Wildnis und an den kläglichen Trümmern gescheiterter Auswandererexistenzen vorbei, zwischen Indianergeschwadern zu den deutschen Dörfern am Missouri und der »blühenden Zivilisation« des jungen, mehr deutschen als amerikanischen St. Louis. Das exotische Rassen- und Völkergewimmel in Kalifornien wird abgelöst durch den Zusammenfluß der verschiedenen deutschen Dialekte. Was daheim die Staatsgrenzen trennen und zerspalten, ist hier, auf erarbeitetem fremdem Boden, vereint. Das Porträt Robert Blums in dem echt deutschen Gastzimmer erinnert an die Zeitgeschichte: die gescheiterte Revolution, die deutschen politischen Auswanderer-zwänge. »Alles, was es unter des durchlauchtigsten deutschen Bundes schützenden Privilegien nicht mehr aushalten konnte, schien sich hierher geflüchtet zu haben.«[24]

Doch solche blassen Ansätze zum kritischen Zeitroman werden rasch von der Erzählführung des Bildungsromans, der Erziehungsgeschichte überdeckt, die jetzt von Amerika fort zum harmonisch-idyllischen Abschluß im Heimatlichen drängt. Die amerikanischen Lebensorte, durch die Faber den zurückkehrenden Robert Wolf führt, werden zu der Funktion hin stilisiert, die sie für die letzte Stufe der inneren Reifung und der härtenden Welteinübung dieses jungen Mannes enthalten sollen. Er soll, gemäß der Tradition des Bildungsromans, sich selbst finden, und er soll weltfähig, welttüchtig unter äußeren und inneren Prüfungen werden. Deshalb häuft Raabe in Kalifornien die extremen Kontraste eines wilden und harten Lebens, die Kontraste zwischen Tod und brutaler Jagd nach dem Glücksgold, zwischen dem Traumland, in dem uralte Märchen sich zu verwirklichen versprechen, und der Weltwüste, in der die Menschen hilflos-elend zugrunde gehen – Metapher der »Nichtigkeit und Eitelkeit der menschlichen Dinge«. Es übergreift das Thema dieser Studie, im einzelnen nachzuzeichnen, wie Raabe, bemüht um die Vergegenwärtigung einer Leben und Sterben umfassenden Bildungstotalität, doch nur Gegensätzlichkeiten zwischen den Lehren der Entsagung und der Lebenstüchtigkeit, des Lebenspessimismus und der Lebenszuversicht, der Lehre von der Nichtigkeit aller Hoffnungen und von der Nichtigkeit aller irdischen Sorgen häuft, ohne sie gegenseitig anders als nur gedanklich vermitteln zu können. Was er als Schicksalsführung gestalten will, bleibt eine in sich brüchige gedankliche Konstruktion. Das Kalifornien-Kapitel mündet in einen plakativen Selbstkommentar: »Vollendet ist die Erziehung des Knaben aus dem Walde«, und es wird auch noch die Note »gut« hinzugefügt.[25] Die Transformation Amerikas zu einem geistig-seelischen Symbolraum und der Anspruch auf suggestive konkrete Darstellung amerikanischer Lebenszustände werden nur durch rhetorische Stilisierungen miteinander verknüpft. Der Rückweg von der Pazifikküste bis nach St. Louis wird von Station zu Station final auf eine Heimkehr ins Deutsche, ins Heimatliche, »in das ruhige bürgerliche Leben« des Vaterlandes[26] bezogen, denn nur in ihm wartet ein verläßliches Glück.

Raabe hat in seinem gereiften Erzählwerk die Wiederholung einer so zugleich illustrativen und symbolisch überhöhenden Ausmalung einer ihm fremden Welt vermieden. Dies deutet auf den Prozeß einer ›realistisch‹ versachlichten Stilentwicklung. Dazu gehörte, daß er künftig stoffliche Spannungsreize der nur unterhaltenden Belletristik überließ. Gerade weil er sich in seinem Jugendwerk ihr angepaßt hatte, bezog er jetzt eine ironisch akzentuierte Distanz. Die transatlantische Welt wurde nur noch als Folie, als ein kontrastierender Hintergrund einbezogen und durch eine geringe Zahl von Stichworten angedeutet. Jedoch verlor das Thema Auswanderung und Heimkehr nichts von seiner Attraktivität. Es erhielt als Ausstrahlung und Wirkung der fremden großen Welt um so mehr Gewicht, als Raabe vornehmlich eine provinziell-kleinbürgerliche Perspektive auf sie wählte. Zum Vermittler wird die Figur des Rückkehrers – in *Zum wilden Mann* (1874), *Meister Autor* (1874), *Alte Nester* (1879), *Prinzessin Fisch* (1883), in *Stopfkuchen* (1891) und *Akten des Vogelsangs* (1896). Nicht alle diese Erzählungen sollen hier besprochen werden; nur einige seien wegen ihrer Symptomatik für den Autor und für allgemeinere gesellschaftsgeschichtliche Aspekte ausgewählt. Die amerikanische Ferne – sei es nun Nord- oder Südamerika – wird durchweg zum Gegenbild der deutschen Idylle und stellt sie bis zur Zerstörung ihrer Existenz und ihrer Werte in Frage. Von jenseits des Ozeans dringen Mächte auf sie zu, die, unter den Zeichen der Modernität, von ihr nicht abgewehrt werden können.

Gewiß nicht zufällig fällt das Entstehungsjahr von *Zum wilden Mann* 1873 recht genau mit dem großen Bankrott der ›Gründerjahre‹ zusammen. Ein an gewinnreichen Projekten nicht armer ›Gründer‹ – zunächst einer Fleischextrakt-, dann noch vorteilhafter einer Likörfabrik, beides in Südamerika zu etablieren – bringt seinen alten Freund um den Besitz und beutet skrupellos und geradezu räuberisch dessen Likörerfindung aus. Er bedient sich dabei – mit dem Imponiergehabe des von Abenteuern umwitterten brasilianischen Gendarmerieobersts und des geschäftserfahrenen Weltmannes und unter der Maske des freundschaftlichen Biedermanns – des Deckmantels eines legitimen Anspruchs auf das Geld, das er vor Jahrzehnten verschenkte. Und sein Freund, der gealterte Kleinstadtapotheker, liefert ihm widerstandslos, bestimmt von einer durch dreißig Jahre hindurch pietätvoll gehegten Dankbarkeit, in die gierig-listig zugreifenden Hände, was er an bescheidenem Vermögen erarbeitet hat. Die Erzählung läßt die Stationen, in denen sich der Scharfrichterabkömmling August zu diesem so lebensfreudigen wie gewissenlosen Don Agostino wandelte, aus. Sie begnügt sich mit Andeutungen eines recht verdächtigen Auf und Ab in einer Glückskarriere, in der Blut floß und Verrat im Spiel war. Brasilien wurde wohl deshalb als das Emigrationsland gewählt, weil für dieses Gebiet historisch-faktisch noch die anarchisch-wilden Zustände glaubhaft waren, aus denen der Gendarmerieoberst in die bürgerlich-friedselige Heimat zurückkehrt. Die fragwürdige Überseebiographie des Rückkehrers wird zu wenigen allgemeinen Stichworten gerafft und mehr als im Faktischen in der Reaktion seiner Zuhörer vergegenwärtigt. Denn es liegt dem Erzähler nichts mehr am Plunder einer Abenteurerhistorie, wie ungewöhnlich es in ihr auch zugehen mag. »Was dieser wunderliche Erzähler jetzt zu erzählen hatte, war freilich bunt genug und voll Feuerwerk und Geprassel zu Wasser und zu Lande; allein das alles war doch schon von andern hunderttausendmal erlebt und mündlich oder schriftlich, ja sogar dann und wann durch den Druck mitgeteilt worden.«[27]

Geht es in der Erzählung allein um die Konfrontation der Treue und selbstlosen Redlichkeit des alten Apothekers, der alles, was ihm an Hab und Gut Schutz gewährt und sein bescheidenes Altersbehagen sichert, an seinen lange unbekannt und rätselhaft gebliebenen ehemaligen Wohltäter ausliefert, und dieses Mannes, der mit kaltem Egoismus alles wieder an sich reißt und selbst noch dies weltfremde Geschwisterpaar als eine Art von auspreßbarer Beute mit sich in die Ferne nehmen will? So verstanden wäre diese Erzählung von der Katastrophe, in die eine ethischhumane Idylle hineingeführt wird, nur eine moralisch-psychologisch begründete Erzählung vom »Einbruch der Niedertracht, des Bösen in ein gutes Leben«.[28] Gewiß, dies ist ein Grundmotiv Raabes – aber man muß es wohl konkreter in einen weiteren gesellschaftsgeschichtlichen und ökonomischen Zusammenhang einfügen – auch dann, wenn er vom Erzähler nicht eigens akzentuiert wird. Denn in solchem Einbruch des Bösen geht es nicht nur um eine zeitlose Erfahrung, er hat vielmehr seinen bestimmten historischen Ort. Die Abenteurerexistenz des Don Agostino, der seinen deutschen Namen August, seine deutsche Herkunft und Jugendgeschichte so gern vergessen haben will, bleibt im Undeutlichen. Um so mehr arbeitet Raabe heraus, wie dieser fragwürdige Biedermann mit der gewinnenden Jovialität und gönnerhaften Gemütlichkeit nach allen Seiten hin, dieser rasche Freund von jedermann zugleich der profitschlau berechnende Unternehmer, geradezu die Verleiblichung des kapitalistischen Gründers ist, der schnöde seinen wehrlosen Opfern die Haut abzieht. Und nicht nur er plündert aus; auch die philisterhaft-behaglichen Freunde des Apothekers, von dem exotischen Gast mitgerissen, beteiligen sich am Schluß der Erzählung mit aller Unschuld an der Plünderung und schieben noch dem Apotheker selbst die Schuld an vermeintlich falschen Spekulationen und seinem Unglück zu. Sie lassen sich von dem Geist, der mit diesem Rückkehrer in den weltabseitigen deutschen Winkel eindrang, mitziehen – der Oberst hat geweckt, was sich, ihnen selbst unbewußt, hinter ihrem Biedermanns- und Freundschaftsgehaben versteckt hat. Er entlarvt, was bisher nur nicht den Mut und die Kraft hatte, so skrupellos wie er zu leben. Der Apotheker aber hat sich mit seiner treuen Gefühlsseligkeit, dieser allzu anständigen Dankbarkeit selbst den Boden unter den Füßen fortgezogen. Er ist, aus seiner Moralität heraus, überhaupt nicht imstande, zu erfassen, wie mit ihm umgegangen wird; er ist nicht imstande, sich dessen bewußt zu werden, daß die dreißig Jahre seiner verehrenden Dankbarkeit und Treue einem Trug galten und seine Idylle zur Illusion wurde – alles andere als ein mit Anstand gewonnener Lebenshafen. Die Idylle ist unzeitgemäß geworden, sie geht widerstandslos, einer veränderten Welt und Mentalität nicht mehr gewachsen, an ihrer eigenen moralischen Humanität zugrunde. Ihre Werte werden ohnmächtig, wenn der Geist des Kapitalismus über den Ozean hinweg nach ihr greift – und diese Werte gelten dann auch nicht mehr für jene deutschen Freunde, die sich so lange in ihr behagten. *Zum wilden Mann* ist auch eine Erzählung vom Untergang der deutsch-bürgerlichen Idylle unter dem Zugriff eines neuen Wirtschaftsgeistes von jenseits des Ozeans; sie ist Signal einer gesellschaftshistorischen Wandlungssituation und nicht nur die Erzählung von der zeitlosen Wiederkehr des Niederträchtigen in dieser Welt.

In Raabes Roman *Alte Nester* hat die Verknüpfung von Auswanderung und Rückkehr eine andere Wendung erhalten. Nicht die Niedertracht eines Menschen, sondern die natürliche und geschichtliche Zeit läßt hier die Idylle eines Kindheits- und Jugendglücks versinken und das Altgewordene zerfallen. Aber Raabe stellt solchem Vergehen der »alten Nester« die Wendung zu einem neuen Anfang, zu einer sich verjüngenden Gegenwart entgegen. Don Agostino war im Fernen ein Fremder geworden; Just Everstein hingegen, der nach Amerika hinüberzieht, um mit den Mitteln zurückzukommen, die ihn seinen verlorengegangenen Bauernhof neu erwerben und wiederherstellen lassen, ist ein Heimkehrer im eigentlichsten Sinn. Er kehrt zurück, um jene Idylle zu retten, die er sich durch eigenes Verschulden aus den Händen gleiten ließ. Er erneuert sie zugleich als Mittelpunkt des Lebens für seine vier Jugendfreunde. Er zog unter ihnen am weitesten in die Ferne und blieb dem Heimatlichen am nächsten. Er lebt auch in der Siedlung »Neu-Minden« mit »Axt, Pflug und Spaten«[29] unter seinen Landsgenossen. Die Gelehrsamkeit, in der er sich daheim verträumte, zahlt sich dort zu sozialem Nutzen aus. Aber Just hat in Amerika nicht nur Schule gehalten, er ist dort selbst in die Schule gegangen. Raabe integriert wiederum, wie in *Leute aus dem Walde*, Amerika dem deutschen Bildungs- bzw. Erziehungsroman – mit mehr Erfolg, weil er seine eigenen Grenzen nicht überschreitet.

Amerika erzieht den idealistisch-weltfremden Träumer, diesen teils närrischen, teils rührenden »Vetter«, zur Lebenstüchtigkeit und läßt ihn seine bisher schlafenden Kräfte entdecken – er findet in der Härte, die das fremde Land ihm zumutet, sich selbst, und er findet zum tätigen Leben. Raabe beläßt das Faktische wieder bei knappen Andeutungen; es geht ihm um die erzieherische Kraft, die Amerika bedeutet; wie er »durch harte Arbeit, klugen Sinn und treuherziges Beharren in jeglichem wackeren Vornehmen durch gute und böse, durch harte und linde Zeiten, durch schlimme Tage und schlimmere Nächte seinen Weg als ein fester, wirklicher und wahrhaftiger Mann sich in das Vaterland und zu dem alten Erbsitz zurückgebahnt hatte«.[30] Dies ist exemplarisch gemeint – Just Everstein ist auf Deutsch-Typisches und nicht nur individuell angelegt, auch wenn Raabe jetzt jene symbolischen Überhöhungen vermeidet, die ihm in dem früheren Roman erzählerisch gründlich mißglückten. Amerika wird zum Prüfstein einer Lebenskraft, die in der deutschen Heimat, im Stagnieren der Idylle nicht herausgefordert wurde und so verkümmern mußte. Denn es zwingt dazu, wie ein anderer Adam von neuem zu beginnen – gleichsam vom allerersten Anfang her. »Es ist manchmal dem Menschen nichts dienlicher, als daß er mal so recht vollständig umgekehrt wird! wenn das Allerinnerste nach außen kommt, dann erfährt er erst, was eigentlich alles in ihm gesteckt hat und was ihm nur angeflogen war.«[31]

In *Die Leute aus dem Walde* tauchte flüchtig, wie so oft in der vorangegangenen Amerikaliteratur, der Gedanke einer friedlichen Einnahme Amerikas durch die deutschen Einwanderer auf – jetzt hingegen hilft der Umweg über das ferne Land dazu, die Heimat zurückzugewinnen. Amerika wird zum Heilmittel gegen die deutsche Traumwinkelei, die in ihrem sich verliegenden Idealismus das Nahe und Nötige versäumen läßt und oft genug in ein Philistertum hinein verführt, »kärglicher, kleinlicher, engherziger, mürrischer, unzufriedener« als irgendeins sonst in der Welt.[32] Raabe schwebte in Just Everstein eine Art von deutsch-amerikanischer Synthese vor, »ein echtes und gerechtes Kunstwerk«.[33] In ihm sollten sich Gefühls- und Tatkraft, Idealismus und praktische Nüchternheit, Heimattreue und Weltoffenheit vereinigen und sollte das Alte zum Jungen und Neuen erfrischt werden. »Das war old German text-writing in der vollsten Bedeutung des Wortes«[34] – diese Sprachmischung akzentuiert die Vereinigung solcher im Deutschen angelegten und durch Amerika gehärteten Lebenstüchtigkeit. So bemerkt der Erzähler denn auch, der Anflug von Amerikanertum passe sonderbar gut zu diesem Manne. Anders als in der Erzählung *Zum wilden Mann* verhilft Amerika dem Heimkehrer dazu, die verlorene Idylle neu zu gründen. Just Everstein mußte dazu nach Nordamerika, dem Inbegriff eines Landes der Arbeit und der deutschen Siedlungen wandern, in ein Amerika, das hier historisch bereits rückdatiert erscheint – zu einer Phase der vorindustriellen und vorkapitalistischen ländlichen Siedlungswirtschaft.

In Raabes *Die Akten des Vogelsangs* von 1896 ist ein anderer Bezugspunkt gewählt, in dem sich die Vorstellung Amerika räumlich konzentriert: es ist New York, die Stadt der für deutsche Vorstellungen so rätselhaften wie verdächtigen

Reichtumsbildungen. Wie der Roman *Alte Nester* auf das Frühwerk *Die Leute aus dem Walde*, so läßt dieser späte Roman zu der Erzählung *Zum wilden Mann* zurückblicken. Denn es geht auch in ihm um die Zerstörung einer Idylle. Doch auch das Frühwerk wirkt in dem Alterswerk nach: in dem Velten Andres der *Akten des Vogelsangs* kehrt in anderer, künstlerisch und psychologisch weit überlegener Gestaltung der scheiternde Welteroberer und an seine Illusionen verlorene Phantast und Sternesucher Friedrich Wolf wieder, und Amerika erhält nochmals den verführerischen und täuschenden Glanz des Zauberlandes Utopia. Es ist nicht mehr das immer noch etwas bei aller Anarchie romantisch gezeichnete Land der Goldgräber, sondern das Reich der verdächtigen Dollarspekulationen, denen gegenüber der deutsche Bürger leicht mit dem Vorwurf des gigantischen Schwindels bei der Hand ist. Das Land, in dem Velten Andres sein Glück zu erobern trachtet, hat »nicht das geringste mehr mit jener wundervollen lügenhaft-wahren Kinder-Urwaldswelt« des James Fenimore Cooper gemeinsam;[35] es hat sich in den ›Vereinigten Staaten‹ zur Gesellschaft eines hypertrophen Kapitalismus verändert. Die Zeit der Amerikaromantik ist verstoben. Amerika wurde für die geblendeten und ob solcher Unbegreiflichkeiten mißtrauischen deutschen Bürger das Land der jähen ökonomischen Glücksumschwünge, eines Geschäftsgeistes, der noch immer etwas an Zauberei, jetzt aber im negativen und bösen Sinn, erinnerte. Raabe ist darin nicht vereinzelt; es sei nur an Berthold Auerbachs umfangreichen Roman *Das Landhaus am Rhein* von 1869 oder an Friedrich Spielhagens *Ein neuer Pharao* von 1889 erinnert. Diese Welt der anrüchigen Hasardeure, der Spekulanten, die heute im Gefängnis, morgen auf der Glückshöhe sind, eine Art von kapitalistischem Fabelreich mit »tückischem Glanz«, stellt Raabe als kontrastierende Folie der Vogelsang-Idylle entgegen. Beide kommentieren sich gegenseitig. Aus der Perspektive von New York, dem Blickwinkel jener Agathe Trotzendorff, die von ihrem zunächst in argen Verlegenheiten steckenden Mann in den Schutzhafen Vogelsang geschickt wurde, schrumpft sie ins Armselige und Philiströse zusammen – aus der Perspektive des Vogelsang und seiner Bewohner erscheint dies Amerika als die Negation aller hier gehegten bürgerlichen und ideellen Ordnungs-, Gefühls- und Traumwerte. Die kleine Helene Trotzendorff beheimatet sich, trotz aller Liebe, die sie dort empfängt, nur halb im Vogelsang; die Anziehungskraft Amerikas, des plötzlich übermäßigen Reichtums ihres Vaters ist größer, und das vergebliche Werben des Velten Andres bestätigt die Geschiedenheit beider Welten. Helene kann in der deutschen Idylle nicht festgehalten und sie kann erst recht nicht wieder in sie zurückgebracht werden. Natürlich geht der aus tiefer gegenseitiger Bindung stammende Konflikt zwischen Helene Trotzendorff und Velten Andres, der beide unglücklich macht, in solcher Antithese nicht auf – Raabe ist jetzt, gegenüber dem Frühwerk, eines sehr differenzierenden Erzählens fähig geworden, und er hat Helene selbst die Worte in den Mund gelegt, die eine lediglich gesellschaftlich begründete Absage gegen Velten abwehren. Denn sie wäre eine Banalität. »Wäre ich doch wie andere, die sich damit trösten können und es auch tun, daß sie verkauft worden seien, daß es von Vater und Mutter her sei, wenn sie gleich wie andere auf dem Markte der Welt eine Ware gewesen sind.«[36] Sie verweigert ihm Liebe und Ehe aus eigenem Willen, in die Faszination von Reichtum und ›großem‹ Leben verstiegen. Das Amerikamotiv ist nur ein Element unter anderen im komplexen Themengewebe der *Akten des Vogelsang*. Aber es ist ein wesentliches Element, Hintergrund der bei diesem Autor so häufigen Konstellation des Einbruchs von Zerstörendem in einen Schutzraum des Lebens.

Dieser Schutzraum ist in sich ambivalent angelegt: zwischen einer philiströsen, verengten Ordnungsgerechtigkeit und einem weitgeöffneten Gefühlsidealismus, zwischen einer Tapferkeit des Herzens und einer Traumromantik der Illusionen. Aber diese Idylle wird wehrlos gegenüber jenen Mächten, die ihre Wertvorstellungen negieren. »Die gewöhnliche tragische Posse. Die Welt der Gewöhnlichkeit, der Gemeinheit gewinnt es uns wieder ab, die Firma Trotzendorff behält ihr Recht.«[37] Der brasilianische Oberst holte sich sein Geld und noch einiges dazu und ließ seine Opfer ausgeplündert zurück; hier holt sich das Amerika des Glücksjägers Trotzendorff die Tochter aus dem deutschen »Jugendphantasiereich« und vernichtet mit seinen »Herrlichkeiten« die deutsche Idylle. In ihm gipfelt der Geist einer neuen Epoche, der sich bescheidener in der deutschen Stadt- und Wirtschaftsentwicklung abzeichnet, die ihrerseits zernagend in den Vogelsang einbricht und so erkennbar macht, daß es sich hier nicht nur um gleichsam zeitlose Mächte der Gewöhnlichkeit und Gemeinheit, sondern um historisch konkrete, gesellschaftlich-ökonomische Mächte handelt, gegen die ein Widerstand unmöglich wurde. Indem Velten Andres, enttäuscht in seiner zuversichtlichen Erwartung des einzigen, was ihm des Besitzes wert war, selbst das Erbe seiner Mutter, dies Haus, das der innerste Kern der Vogelsang-Idylle war, zerstört, bestätigt er den Sieg dieses neuen Geistes über alle, die »des Lebens Seligkeit vom Vogelsang aus gegründet hatten«. Denn ihre Idylle des Glücks ist angesichts der Macht der anderen Welt zur Illusion, zur Selbsttäuschung geworden. Was dem lebenden Velten Andres nicht gelang, nämlich die Geliebte aus der blendenden Reichtumswelt jenseits des Ozeans herauszuretten, vollzieht, zu spät, sein Tod. Die Witwe Mungo wacht an seiner Leiche – »Öde um sich her – eigentumslos, besitzesmüde, sie die in New York zu den reichsten Bürgerinnen der Vereinigten Staaten gerechnet wurde«.[38] Was übrig bleibt, ist die brave Rechtschaffenheit des Familienvaters und Beamten Karl Krumhardt und eine gebrochene Frau, die im Salon des amerikanischen Gesandten einen berühmten Londoner Komödianten den Monolog »To be or not to be« rezitieren lassen will, und, um beide herum, im menschenvollen Gedränge der Alltäglichkeit »ein anderes heftiges, leidenschaftliches Interesse an dem Besitz und Eigentum der Erde«.[39] Amerika ist dessen Metapher.

Lehnert Menz, eingeschnürt von allen Seiten her und verletzt in Ehrgefühl und Ehrgeiz, wird in dem Roman *Quitt* (1891) von Theodor Fontane zum gierigen Leser eines Buches gemacht, dessen Titel auf eine literarische Spezies hinweist, die unzählige Leser gefunden hat: »Die Neue Welt oder Wo liegt das Glück?«[40] Fontane erzählt im ersten Erzählblock seines Romans, der, bis zu einer eindringlichen Analyse durch Peter Demetz, zu seinen geringerwertigen Schöpfungen gezählt wurde, die Geschichte eines jungen Menschen, der zum Mord getrieben wurde; nicht zuletzt, um als ein freier Mann in seiner Heimat bleiben zu können. Auffällig sind Parallelen zu Fritz Reuters *Kein Hüsung* von 1858. Auch dort wird ein junger Mensch, aller seiner elementaren Rechte auf Behausung und Eheglück beraubt, zum Mord an seinem Peiniger und aus seiner Heimat nach Amerika getrieben. »Wi sünd nu quit; ja, mihr as quit!« Aber seine Schuld läßt ihn auch dort nicht frei und läßt ihn zum Unbehausten werden: »Ick bruk kein Hüsung un kein Glück, / Taumal kein Glück nah jugen Schick, / Hüt bün ick hir, dor bün ick morrn.« Er hat die Heimat verloren und sie in Amerika nicht gefunden, aber er wird sie als eine gerechtere Heimat seinem Sohn sichern, ihm zu einem Glück verhelfen. Es muß hier offenbleiben, ob Fontane sich solcher Nähe zu Reuters viel kritisierter, thematisch und künstlerisch wohl eindringlichster Verserzählung bewußt war.

Es waren vielerlei Arten von Glück, nach denen in den bisher durchmusterten Erzählwerken gefragt wurde. Weder Friedrich Wolf noch Velten Andres wurde das Glück gewährt, das sie der Neuen Welt abringen wollten. Der Judith, dem Robert Wolf, Just Everstein und Martin Salander gab es die Heimat, nicht die Fremde. Erwin Altenauer kehrt in die Herkunftsheimat auf der Suche nach dem Glück zurück, und er läßt es in seinen Armen zerrinnen. Auch Lehnert Menz werden neue Heimat und Glück auf dem amerikanischen Boden nicht gegönnt, nur der Friede gesühnter Schuld. Als Lehnert die von ihm geliebte schlesische Heimat als ein Mörder verläßt, scheint dort für ihn eine Möglichkeit zum Glück für immer verloren zu sein. Er will vergessen werden, und er will sich selbst vergessen. Amerika soll ihm das Leben retten, es kann ihm etwas von jener Freiheit gewähren, nach der er sich in seiner Heimat vergeblich gesehnt hat und die durch seine Tat nun endgültig eingebüßt ist. Lehnert erscheint zunächst in diesem Roman, in dem sich von Beginn an der Kriminalroman zum politischen Roman umgebildet hat, als einer von jenen fast unzähligen Deutschen, die, von der Amerikaliteratur angelockt, aus ökonomischen, sozialen und politischen Gründen, weil eben die Heimat die Existenzrechte verweigerte, den Weg über den Ozean suchten; zu »Urwald und Prärie«, zu »großen Seen und Einsamkeit«.[41] Fontane gibt jedoch dem Thema eine differenzierende Wendung. Lehnert glaubte, sich mit dem Mord an dem Förster Opitz ein ungefährdetes freieres Dasein in seiner Heimat erkaufen zu können. Die Tat sollte ihm helfen, »*nicht* in die Welt hinaus zu müssen«. Fontane unterstreicht es: »Er *durfte* nicht gehen. Wenn er ging, war alles umsonst gewesen.«[42] Fontane legt damit dieser Flucht eine innere Spannung zwischen Heimat und Ferne ein. Lehnert täuscht sich selbst, wenn er meint, der Tod des verhaßten Mannes könne ihm in seinem Vaterland eine Freiheit verschaffen, denn das in ihm herrschende Druck- und Zwangssystem wird nicht durch den Tod eines einzelnen, wie sehr er dies System auch verkörpere, aufgehoben. Seine Tat hat sich nur gegen ihn selbst gewandt, er hat ›umsonst‹ getötet, und aus diesem ›Umsonst‹ kann ihm auch der andere Kontinent nicht heraushelfen. Er kann nicht aus der alten Heimat heraus, von seiner Tat nicht loskommen, der äußere Druck hat sich zum Druck des Gewissens verinnerlicht. Was er daheim verschuldet hat, läßt ihn nicht frei.

Wer von dem Roman die amerikanische Biographie eines Abenteurers erwartet, wird gründlich enttäuscht. Die Jahre des Existenzkampfes Lehnerts in der Arbeits- und Städtewelt werden in einem kurzen Brief und aus fremdem Mund zu Stichworten gerafft. Dieser Brief soll als Brücke zwischen den beiden Erzählblocks schlesische Heimat und Amerika genügen. Was an Lebensfakten berichtet wird, ist das Durchschnittliche, oft Erzählte: mühsame Eisenbahnarbeit, Goldgräberei, Gewinn und Verlust des Vermögens im »Spekulationsleben« von San Francisco, »das ihm eigentlich schon widerstand, während er es noch mitmachte«.[43] Es widerstand auch Fontane, seinen Protagonisten und seine Leser nochmals in die bereits verbrauchten

Spannungssensationen der Amerikabelletristik zu jagen. Amerika ist, gegensätzlich zu seiner schlesischen Lektüre und den ihr entwachsenen Sehnsuchtsträumen, ganz und gar entromantisiert. Lehnert korrigiert, bei gemeinsamer Lektüre von Bret Harte auf Hornbostels Farm, die »Schönfärberei«, die in der amerikanischen Literatur vorwaltet. »Rowdies, die mit dem Bowiemesser besser als mit dem Degen Bescheid gewußt hatten«,[44] waren keine »gescheiterten Prachtmenschen«, wie sie in der Literatur diesseits und jenseits des Ozeans zuhauf herumwimmelten. In diesem wirklichen Amerika kann ein Lehnert Menz kein Glück suchen und finden. Dies Amerika bleibt vielmehr außerhalb seiner Existenz. Es bedeutet nur einen von der Not aufgezwungenen Durchgang, kein Ziel.

Hier liegt ein Grund für Fontanes Vermeiden einer Darstellung der inneren Entwicklung und Veränderung Lehnerts bis zu dem Augenblick seiner Aufnahme in Nogat-Ehre. Eine allgemeine Vorstellung von Amerika muß, wie bei Keller und Raabe, genügen, um das Resultat glaubhaft zu machen. Indem Fontane Lehnert gleichsam die amerikanische Wirklichkeit nur durchlaufen und sie als ihm Ungemäßes abwehren läßt, kann er keine Auseinandersetzung schildern, aus der sich eine Veränderung seines inneren Wesens ablesen ließe. Dem Leser wird zu Beginn des zweiten Erzählblocks nur ein Ergebnis mitgeteilt, nicht der Prozeß, der den schlesischen Flüchtling zu dem jetzt gereiften Mann umprägte. Darin, daß sich Amerika der Erfahrung und damit Gestaltung durch Fontane entzog und es so auch Lehnert Menz nicht eingestaltet werden konnte, liegt die Schwäche des Romans; nicht aber darin, daß er den Kriminalroman mit dem politischen Roman kombinierte.

Der Lehnert, der sich »wieder ein Leben der Arbeit« wünscht und mit unverhohlener Freude an seinem Gegenüber im Eisenbahnzug »das deutscheste Gesicht« begrüßt, »das ich all mein Lebtag gesehen habe«,[45] ist ein Deutscher geblieben. Und sein Erzähler gewinnt erst wieder einigermaßen festen Erzählboden, als er ihn in der Siedlung des Obadja Hornbostel in einen deutschen Lebens- und Arbeitskreis eintreten läßt. Die Siedlung erscheint einer deutschen Gutswirtschaft recht nahe, in der nicht Abenteuer und Gewalttätigkeit, nicht Auflehnung, sondern Arbeit und Ordnung ihre Stätte haben. Zwar liegt die Siedlung auf vorgeschobenem, noch staatsfreiem Posten; aber eine Kultivierung des Landes beginnt mit Eisenbahn, Wirtschaftsverkehr, Stadtfahrten und läßt eine Wildniseinsamkeit kaum aufscheinen. Heimatliches umgibt Lehnert: in der Berglandschaft, die dem schlesischen Riesengebirge ähnelt, in der Landwirtschaft von Hornbostel und Nogat-Ehre, in der Mehrzahl der Menschen, die ihn beziehungsreich umgeben, in ihrem äußeren und inneren Gehabe, in ihren Traditionen und Erinnerungen. Heimatliches lebt hier auch, ohne noch Schädliches anrichten zu können, in seinen fragwürdigen Erscheinungen nach. Amerika bietet nur einen sehr allgemeinen und blassen Hintergrund; es ist wesentlich auf den Hornbostel-Kreis zusammengezogen. Zwar setzt Fontane der Indianermission einige ironische Lichter auf, doch die Verdrängung der Indianer durch die Siedler wird nicht unter Fragezeichen gestellt. Der Ausschnitt, in dem Lehnert seine Hoffnung auf ein ihm noch erlaubtes Glück und seinen Sühnetod durchlebt, ist eine deutsche Insel. Sie schirmt ihn ab, sie läßt ihn eine innere Einkehr erfahren, und sie kann ihn dennoch nicht aus seiner Schuld und damit nicht von sich selbst lösen. Sie bietet sich ihm als eine zweite, bessere Heimat an und ist ihm doch versagt. »Wenn man erst mal heraus ist, kommt man nicht wieder hinein«[46] – dies mehrschichtige

Wort des alten Kommunarden L'Hermite gilt auch für diesen Zusammenhang. Denn daß sich in dieser neuen Heimat die alte Heimat vergegenwärtigt, zwingt um so mehr im Hier wieder auf, was im Dort geschehen war. »Es half nicht Reue, nicht Beichte: was geschehen war, war geschehen, und im selben Augenblicke, wo nur noch ein Schritt, ein einziger, ihn von seinem Glücke zu trennen schien, sah er, daß dieser Schritt ein Abgrund war.«[47] Dies verwirklicht sich bei Lehnerts tödlichem Absturz in der Berg- und Waldeinsamkeit, nach deren Freiheit er sich einst, eingepreßt in die preußischen Obrigkeits- und Abhängigkeitszwänge, gesehnt hatte.

Dennoch ist Nogat-Ehre nicht die alte Heimat, sondern eine Heimat in Amerika. Was bei Keller und Raabe zu bemerken war, kehrt wieder: das Erzählinteresse gilt der Wirkung Amerikas auf die Deutschen, es wird, kritisch und positiv, von Fontane zurückbezogen auf die deutsche Gesellschaft und Mentalität. Solche Bezugsetzung bleibt bei L'Hermite ausgespart; es geht bei ihm um seine Geschichte als politischer Revolutionär, um die Erinnerungen seiner abenteuerlichen Biographie – nicht aber wird seine Existenz in Amerika zum Thema. Hingegen wird es bei den deutschbürtigen Figuren variationsreich durchgespielt; dies zeigt, es geht Fontane nicht allein um den individuellen Fall Lehnert Menz, es geht ihm auch um Typisches, um die Möglichkeit von Verallgemeinerungen und um eine kritische Perspektive auf das heimische Preußen.

Fontane führt Positiv- und Negativporträts von Deutschen in der Konfrontation mit Amerika vor, wobei es sich für seine ironisch abtönende Menschendarstellung von selbst versteht, daß das Positive sich nicht nur als positiv und das Negative nicht nur als negativ einstellt. Heimatlich-Preußisches und Provinzielles steigert sich bei dem Ehepaar Kaulbars, bei aller Zuverlässigkeit preußischer Pflicht- und Arbeitstugenden, bis zur Karikatur, der Fontane durchweg aufs Komische angelegte Nebenfiguren annähert. Heimattreue ist bei ihnen eingeschrumpft zu philiströs-egozentrischer Borniertheit, zu Mißtrauen und Überheblichkeit gegenüber allem Fremden und Neuen, zu einem Besserwissen, das sich auf eine aus der Perspektive Amerikas längst abgelebte, für Fontanes zeitgenössische Leser allerdings noch gegenwärtige Vergangenheit bezieht. Preußische Gegenwart der Leser kann von Amerika aus nur als tote und recht fragwürdige Geschichte erscheinen. Wie für den philiströsen Beamten Krumhardt in Raabes *Akten des Vogelsangs*, der immer im Recht zu sein behauptet, ist für Kaulbars das Amerikanische, soweit es um Staat und Gesellschaft geht, nichts als »Schwindel«. Was Fontane ironisiert, ist in anderen zeitgenössischen Romanen ernst genommen: Berthold Auerbach und Friedrich Spielhagen führen ihre amerikanischen Rückkehrer als Schwindler großen Stils vor. Die Autoren und ihr Publikum teilten offenbar die gleiche fixierte Perspektive, aus der der Argwohn gegenüber den Fremden und viel vom Mißtrauen des deutschen Bürgers gegenüber einem gründerhaft aus Spekulation und nicht aus faßbarer Arbeit entstandenen Kapitalismus spricht. Man lud den Fremden auf, was im eigenen Lande mißfiel. Selbstgerechtigkeit, die einen Anflug von Tyrannischem zeigen kann, Pedanterie eines leeren Ordnungsfanatismus, mangelnde Bereitschaft, den Mitmenschen im humanen Sinne anzuerkennen, Beschränktheit, die in sich selbst kreist und sich zu jedem Urteilen und Aburteilen befähigt glaubt – es sind die Kennzeichen einer preußischen Staats- und Gesellschaftsmentalität, die Lehnert in sein Unglück gestoßen hatten. Wie Fontane dies alles in der Figur des Kaulbars ironisiert, stellt seinen Roman dem zeitgenössischen deutsch-preußischen Selbstbewußtsein und auch den Vorurteilen seiner schriftstellerischen Kollegen entgegen. Und wenn Kaulbars jederzeit bereit ist, »den Amerikanern ihre Sünden vorzuhalten«,[48] distanziert er sich gleichsam von einer ganzen deutschen Anti-Amerika-Literatur, deren Karikaturen auch indirekt Satiren auf verengte deutsche Perspektiven wurden. Ferdinand Kürnberger ist nur eins unter mancherlei Beispielen, wie der Deutsche in Amerika suchte, was ihm wert war, und so in dem, was er vermißte, sich selbst dargestellt hat. Daß Amerikasatire auch bewußte Deutschensatire werden konnte, verdeutlicht des Grafen Adalbert Baudissin *Peter Tütt* von 1862. Wenn allerdings Kaulbars seine Überlegenheitsvorstellungen auf den kleinen Fleck »da so zwischen Oranienburg und Fehrbellin«[49] stützt, wird seine Kritik an Amerika zur lediglich grotesken Unangemessenheit. Fontane läßt sogar unter diesen Deutschen auf Obadja Hornbostels frommer Friedensinsel noch eine Erinnerung an den alten hyperprovinziellen Bruderstreit zu. Kaulbars' »Dünkel, der für den reizbaren und auf seine Heimatprovinz überaus stolzen Lehnert unerträglich gewesen wäre«,[50] wird allerdings aus der gleichen Unangemessenheit heraus belanglos. Ein Kaulbars wäre darauf angelegt, wenn auch nicht dazu fähig, aus Amerika eine preußische Kolonie und gefährlich erweiterte Fortsetzung des »toten« Obrigkeitsstaates zu machen; er bleibt aber nichts als die Präsentation des in Amerika falsch plazierten deutschen Kleinprovinzlers.

Fontane bedurfte dieses Kontrastbildes zu der Vermischung deutscher Mentalität mit dem Amerikanertum, wie sie sich in dem Patriarchen Hornbostel und seinen jugendlichen, in Amerika geborenen Kindern ausgebildet hat. Daß solche Vermischung nicht selbstverständlich ist, sich auch problematische Zwischenstellungen ergeben können, läßt er den Alten selbst andeuten. Hornbostel erwähnt seine »zwei ältesten Söhne«, »die diesem neuen Lande wieder den Rücken gekehrt haben und lieber drüben sind als hier«.[51] Amerika kommt auf diese Weise unter eine leicht kritisch getönte Perspektive. Hornbostel selbst bewahrt sich Distanz: seine mennonitische Siedlung schließt sich ab gegen das andere Amerika der großen Städte, der »Diggings«, der Eingriffe des Government, von denen selbst dieses republikanische Staatsgebilde nicht verschont wird, und gegen »die Despotie der Massen und das ewige Schwanken in dem, was gilt«[52]. So liberal Hornbostel in seiner Friedensinsel schaltet, er schreckt vor der Massenrepublik zurück. Er nutzte die Weiträumigkeit des Landes zu friedlicher Abwehr, indem er seine geistlich missionierende und wirtschaftlich kultivierende Ansiedlung in ein südliches Indian Territory verlegte. Die Siedlung wird von Fontane als Modell einer vom Religiös-Innerlichen und von kluger Weltpraxis bestimmten kleinen, ländlichen, fast urväterlich-biblischen Staatsgründung dargestellt. Die mild-nachdrückliche Autorität ihres Gründers hält sie zusammen. In ihrem Geist von »Ordnung und Arbeit« lebt Preußisches nach, aber es ist eingedämmt durch den Geist der Versöhnung, des Friedens, der Menschenliebe. Peter Demetz hat bereits auf den Utopiecharakter dieser christlichen Republik unter patriarchalischer Herrschaft aufmerksam gemacht, ebenso darauf, wie Fontane sie vom »Strom des amerikanischen Lebens« abseits legt und wie er, gegenüber seiner Quelle bei Paul Lindau, die ahistorischen und abstrahierenden Züge dieser Gemeinschaft der Frommen betont[53]. Er nimmt Hornbostels Siedlung aus dem bereits organisierten politischen Leben in Kansas heraus und legt sie in einem von politischen Interessen und wechselnden Administrationen unberührten Raum an. So, aber auch nur dank dieser Idealisierung, gelingt ihm, in dem frommen Kleingefüge das Gegenbild des preußisch-deutschen Staates, der der Obrigkeit, der Justiz, den Adelsherrschaften gehört und der Gerechtigkeit spottet, zu zeichnen. Demetz konnte richtig angesichts 'von Hornbostels Gründung von einem preußischen Amerika sprechen, einem Amerika, das gewiß nicht verpreußt wird, wie es Kaulbars mit seinem Ideal von »Strammheit und Proprete« wohl möchte, sondern das Ordnung und Arbeit humanisiert zu Handlungen im Dienst von Versöhnung und Frieden. Dies Amerika sollte Lehnert als bessere Heimat aufnehmen, als erneuerte und eigentliche Heimat, in der die alte mit ihren guten Kräften ›aufgehoben‹ ist. Hornbostel, der seine religiös-sittlichen Wurzeln bis in das 17. Jahrhundert zurück in der alten Heimat hat, versteht sich nicht als Amerikaner, sondern als Deutscher in Amerika unter Berufung auf »alle Deutsche«, »die wir das Glück haben, Amerikaner zu sein«.[54] Fontane unterscheidet von Keller und Raabe, daß er Amerika mehr als eine staatliche und wirtschaftliche Lebens- und Gesellschaftsform betrachtet; wenn auch unter der Voraussetzung einer utopischen Realisation. Soweit *Quitt* zwei Gesellschaftskonstitutionen einander entgegenstellt, die, obwohl sie Gemeinsames in Arbeit, Ordnung, Nüchternheit verbindet, diametral voneinander abweichen, wird der Roman in beiden Erzählblocks zu einem politischen Roman. Die Alte Welt machte Lehnert zum Kriminellen, die Neue Welt verspricht ihm innere Befreiung und die Chance des Glücks. Mit dem Thema von Schuld und Sühne ist derart das politische Thema dicht verknüpft. Es ist deshalb fraglich, ob ein Widerspruch zwischen »Pitaval und Politik, Wilderergeschichte und Meditationen über Aspekte der Massendemokratie« als kritisch für das Gelingen des Romans anzumelden ist.[55] Es muß wiederholt werden: Obadja Hornbostels religiös und politisch gemeinter Idealstaat ist die genaue Gegenlage zum preußischen Obrigkeitsstaat, der sich allen, von Lehnerts Mutter bis zum Förster Opitz und Pastor Siebenhaar, als unveränderliche weltliche und göttliche Ordnung eingeprägt hat und dessen Lobpreis durch einen Mann wie Kaulbars nichts als Satire ist. Obadja Hornbostel fühlt sich als Republikaner, er organisiert von da aus seine winzige ländliche Gemeinschaft als geschichtlicher Neuzeit gemäß. »Über allen deutschen und namentlich über allen preußischen Büchern, auch wenn sie sich von aller Politik fernhalten, weht ein königlich preußischer Geist, eine königlich preußische privilegierte Luft; etwas Mittelalterliches spukt auch in den besten und freiesten noch, und von der Gleichheit der Menschen oder auch nur von der Erziehung der Menschen zum Freiheitsideal, statt zum Untertan und Soldaten ist wenig die Rede.«[56] Was hier von der alten Schweiz gilt, soll auch, zumindest potentiell und ideell, für das junge Amerika gelten. Vielleicht wollte Fontane dem Utopiecharakter seines dorthin gelegten Staatsmodells etwas entgegensteuern, wenn er die andere Amerikakomponente einflocht, die zu der geläufigen Vorstellung stimmt, denn Hornbostel hat »nach Art vieler Frommen einen starkausgebildeten Sinn für die Güter dieser Welt«. Kaulbars spricht mit Ironie von seiner Verbindung von Religiosität und Geschäftsgeist, des Heiligen Vaters mit dem Bankdirektor, der überall seine Konten hat.[57] Die deutsch-amerikanische Synthese bedurfte dieses Einschusses von weltkluger Lebenspraxis – im Gegensatz zu der abstrakten Ideengläubigkeit und fruchtlosen

Projektmacherei des alten französischen Kommunarden, der zugleich aber doch auch ein so praktischer Arbeitshelfer und so menschlicher Mensch ist. Dieser kleine mennonitische Gemeindestaat wird der Ort der inneren Reifung und Wandlung von Lehnert Menz. Er ist in Nogat-Ehre nicht nur von Menschen umgeben, die ihn als wiederholte Spiegelungen an seine Heimat, seine Vergangenheit, seine Tat erinnern und zu sich selbst hinführen.[58] Er hat hier einen Lebensort gefunden, der ihm zu nehmen verspricht, was ihm die alte Heimat als Schuld auferlegte, und in dem sich ihm sein Glück abzeichnet. Hier hat jedoch Fontane der politischen Konzeption des Romans eine Grenze gesetzt. Sie wird gezogen durch die andere Konzeption eines Romans der inneren Verschuldung und inneren Befreiung, die schicksalhafte Zeichen trägt. Vielleicht war ihm bewußt, daß in dieser Zweigleisigkeit von sozialpolitischem Erzählen und dem Erzählen von der Gewissensnot eines in seine Schuld getriebenen Mörders, also dem Erzählen von einer harmonisch in sich ruhenden politisch-sozialen Freiheit und dem von der inneren Entwicklung eines einzelnen individuellen Menschen eine Problematik der Erzählkomposition lag und daß die Geschichte von Lehnerts »Bekehrung« die anderen Aspekte zurückdrängte und überdeckte. Deshalb lenkt der Roman am Schluß in das preußische Schlesien und zu der heimatlichen Gesellschaft zurück, deshalb wird dem staatshörigen Subalternbeamten Rat Espe ein sentenziöses Fazit in den Mund gelegt, das nochmals die inhumanen Aspekte des starren Obrigkeits- und Verfügungsanspruchs preußischer Staatlichkeit manifestiert. »Der Staat, wenn ich mich so ausdrücken darf, ist in diesem Fall in seinem Recht leer ausgegangen, und die Justiz hat das Nachsehen. Und das soll nicht sein und darf nicht sein. Ordnung, Anstand, Manier. Ich bin ein Todfeind aller ungezügelten Leidenschaften.«[59] In solchem Munde verzerren sich diese Worte zu bitterer Absurdität. Der preußische Staat und das preußische Bewußtsein um 1890 sind noch sehr fern von jenem Amerika, das Obadja Hornbostel in seiner christlich-politischen Siedlungsgemeinde kreiert hat.

---

1 Dazu u. a. Julius Goebel: Amerika in der deutschen Dichtung. In: Forschungen zur deutschen Philologie. Festschrift Rudolf Hildebrand. Leipzig 1894. S. 108 ff.; Preston A. Barba: The North American Indian in German Fiction. In: German American Annals. N. S. 11 (1913) S. 143 ff.; ders.: Emigration to America reflected in German fiction. Ebd., 12 (1914) S. 193 ff.; Gerhard Desczyk: Amerika in der Phantasie deutscher Dichter. In: Jahrbuch der Deutsch-Amerikanischen Historischen Gesellschaft von Illinois 24/25 (1924/25) S. 7 ff.; Paul C. Weber: America in Imaginative German Literature in the First Half of the Nineteenth Century. New York 1925; Samuel Schroeder: Amerika in der deutschen Dichtung von 1850–1890. Diss. Heidelberg 1936; Hans Plischke: Von Cooper bis Karl May. Eine Geschichte des völkerkundlichen Reise- und Abenteuerromans. Düsseldorf 1951; Harold Jantz: Amerika im deutschen Dichten und Denken. In: Deutsche Philologie im Aufriß. Hrsg. von Wolfgang Stammler. Bd. 3. Berlin 3. Aufl. 1967. Sp. 309 ff.

2 Zu Ferdinand Kürnbergers Roman bes.: Hildegard Meyer, Nord-Amerika im Urteil des deutschen Schrifttums bis zur Mitte des 19. Jahrhunderts. Eine Untersuchung über Kürnbergers ›Amerika-Müden‹. Hamburg 1929; Werner Kohlschmidt, Kürnbergers Lenauroman ›Der Amerikamüde‹. Zur Geschichte der deutschen Auseinandersetzung mit dem Amerikanismus. In: Zeitschrift für deutsche Bildung 19 (1943) S. 26 ff.

Zur Amerikasatire und -karikatur u. a. Leopold Schefer, »Die Probefahrt nach Amerika« (1836), J. Christoph Biernatzki, »Der braune Knabe oder die Gemeinden in der Zerstreuung« (1839), Abraham Krakenfuss, »Münchhausen in Californien« (1849), Berthold Auerbach, »Der Viereckige oder die amerikanische Kiste« (1852), Graf Adalbert Baudissin, »Peter Tütt. Zustände in Amerika« (1862). Vgl. auch Schroeder (s. Anm. 1), S. 14 ff., S. 24 ff.

3 Zu Sentimentalismus und Satire vgl. Friedrich Sengle: Biedermeierzeit. Deutsche Literatur im Spannungsfeld zwischen Restauration und Revolution. 1815–1848. Bd. 1 und 2. Stuttgart 1971 u. f.

4 Dazu Fritz Martini: Deutsche Literatur im bürgerlichen Realismus 1848–1898. Studienausgabe. Stuttgart 3. Aufl. 1974.

5 Die ursprüngliche Absicht, dies Thema in der literarischen Breite zu analysieren, mußte aus Umfangsgründen preisgegeben werden. Symptomatisch ist Berthold Auerbach. Während seine Erzählungen bis etwa zur Mitte der fünfziger Jahre geradezu stereotyp den Auswanderer vorführen, drängt sich später der Rückkehrer in den Vordergrund, z. B. in: »Das Landhaus am Rhein« (1869), »Der Tolpatsch in Amerika« (1876), »Der Forstmeister« (1879). Der Rückkehrer findet sich bei Karl Gutzkow, »Die Ritter vom Geiste« (1850/51); Gustav Freytag, »Soll und Haben« (1855); Johannes Scherr, »Michel. Geschichte eines Deutschen unserer Zeit« (1858); Graf Adalbert Baudissin, »Hüben und Drüben« (1862); Friedrich Spielhagen, »Schöne Amerikanerinnen« (1867); Eugenie Marlitt, »Im Schillingshof« (1879).

6 Stoff und Gehalt. In: Goethes Sämtliche Werke. Jubiläums-Ausgabe. Hrsg. von Eduard von der Hellen. Bd. 38. Schriften zur Literatur III. Stuttgart u. Berlin 1907. S. 114 f.

7 Zitiert wird nach: Gottfried Keller, Sämtliche Werke. Hrsg. von Jonas Fränkel u. Carl Helbling. 24 Bde. Erlenbach u. Zürich (Bd. 16–19) u. Bern 1926 ff. (abgek.: Keller, SW). Zitat: XVIII, 115.

8 Gottfried Keller: Gesammelte Briefe in vier Bänden. Hrsg. von Carl Helbling. Bern 1950/53. Bd. III, 1. S. 421.

9 Dazu Hartmut Laufhütte: Wirklichkeit und Kunst in Gottfried Kellers Roman ›Der grüne Heinrich‹. Bonn 1969. S. 340 ff.

10 Keller, SW VI, 318.

11 Zur Literatur: J. Elema, Gottfried Kellers Novelle ›Regine‹. In: Neophilologus 33 (1949) S. 94 ff.; Rudolf Wildbolz, Gottfried Kellers Menschenbild. Bern u. München 1964; Henrich Brockhaus, Kellers ›Sinngedicht‹ im Spiegel seiner Binnenerzählungen. Bonn 1969.

12 Keller, SW XI, 91.

13 Ebd., S. 59.

14 Keller, SW XII, 66 und 73.

15 Dazu Albert Hauser: Gottfried Keller. Geburt und Zerfall der dichterischen Welt. Zürich 1959; Karol Szemkus: Gesellschaftlicher Wandel und sprachliche Form. Literatursoziologische Studie zur Dichtung Gottfried Kellers. Stuttgart 1969.

16 Keller, SW XII, 21.

17 Ebd., S. 81.

18 Hubert Ohl: Bild und Wirklichkeit. Studien zur Romankunst Raabes und Fontanes. Heidelberg 1968. S. 44 ff. Zu Raabes Amerikavorstellungen: A. M. Sauerländer, W. Raabe's interest in America. In: The German Quarterly 4 (1931) S. 21 ff.; F. E. Coenen, W. Raabe's treatment of the emigrant. In: Studies in Philology 34 (1937) S. 612 ff.

19 Zitiert wird nach: Wilhelm Raabe, Sämtliche Werke. Hrsg. von Karl Hoppe. Freiburg i. Br. u. Braunschweig 1951 ff. (abgek.: Raabe, SW). Zitat: V, 273.

20 Raabe, SW V, 122.

21 Ebd., S. 123.

22 Ebd., S. 274.

23 Ebd., S. 344.

24 Ebd., S. 380.

25 Ebd., S. 378.

26 Ebd., S. 384.

27 Raabe, SW XI, 218.

28 Hermann Pongs: Wilhelm Raabe. Leben und Werk. Heidelberg 1958. S. 338.

29 Raabe, SW XIV, 103.

30 Ebd., S. 104.

31 Ebd., S. 99.

32 Ebd., S. 104.

33 Ebd.

34 Ebd.

35 Raabe, SW XIX, 228.
36 Ebd., S. 401.
37 Ebd., S. 302.
38 Ebd., S. 398.
39 Ebd., S. 406.
40 Theodor Fontane: Gesammelte Werke. Berlin o. J. Erste Serie. Bd. 6 (abgek.: Fontane, GW VI). Zitat ebd., S. 47. – Zu »Quitt«: Arthur L. Davis, Th. Fontane's interest in America as revealed by his Novel ›Quitt‹. In: American German Review 19 (1952/53) S. 28 f. Vor allem: Peter Demetz, Formen des Realismus. Theodor Fontane. München 1964. S. 100 ff.
41 Fontane, GW VI, 44.
42 Ebd., S. 101.
43 Ebd., S. 140.
44 Ebd., S. 220.
45 Ebd., S. 144.
46 Ebd., S. 274.
47 Ebd., S. 276.
48 Ebd., S. 174.
49 Ebd., S. 173.
50 Ebd., S. 174.
51 Ebd., S. 160.
52 Ebd.
53 Demetz (s. Anm. 40), S. 109.
54 Fontane, GW VI, 222.
55 Demetz (s. Anm. 40), s. 106.
56 Fontane, GW VI, 221 f.
57 Ebd., S. 212.
58 Dazu: Demetz (s. Anm. 40), S. 108.
59 Fontane, GW VI, 302.

HELMUT KREUZER

# Herman Grimms »Unüberwindliche Mächte«.
## Deutschland und die Vereinigten Staaten in einem Adelsroman des bürgerlichen Realismus

Herman Grimm (1828–1901), heute nur noch als Kunsthistoriker, Goethe-Biograph und Essayist bekannt, trat auch als Dichter hervor. Er versuchte sich an Armin- und Demetriusdramen, veröffentlichte erzählende Gedichte und eine Anzahl Novellen. »In diesen Novellen treten Menschen auf, in deren Leben gleichsam unüberwindliche Mächte sich hineingeschoben haben. Wie sie sich diesen Mächten gegenüber, leidend mehr als froh und beglückt durch sie, verhalten, das wird in leisem Auseinanderfalten seelisch bewegter Zustände dargestellt. Das Geistige herrscht vor, nicht das Sinnliche. Die gewöhnliche Not des Lebens, das verzweifelte Ringen um das tägliche Brot ist diesen Menschen allen erspart geblieben; immer ist für sie von vornherein reichlich soviel vorhanden, als erforderlich scheint, um in der freien Betätigung höherer Geisteskräfte nicht gehemmt zu werden.«[1] Entsprechendes gilt für den Schicksals- und Gesprächsroman *Unüberwindliche Mächte*, der 1867 in erster Auflage erschien und den wir hier in der dritten, von Reinhold Steig besorgten Auflage zitieren.[2]

Steig nennt Goethe und Emerson die geistigen »Pole« des Romans,[3] Julian Schmidt Goethe und Scott seine Vorbilder; Grimm »hätte ihn auch ›deutsch-amerikanische Wahlverwandtschaften‹ taufen können«.[4] Schmidt wirft ihm seinen Mangel an Anschaulichkeit vor, an Komposition, an »poetischer Kraft« zur erzählerischen Umsetzung seiner historisch-politischen Ideen und Erkenntnisse. Trotzdem ist er Schmidt wichtig genug, ihn noch im Erscheinungsjahr 1867 in die neueste Auflage seiner einflußreichen Literaturgeschichte aufzunehmen, in der nur wenige Werke der fünfziger und sechziger Jahre ähnlich ausführlich behandelt werden.

Auch Fontane bespricht den Roman im Erscheinungsjahr. Auch er interessiert sich wenig für die zentrale Romanfigur, einen Grafen Arthur, und ihre Geschichte. Beides erscheint ihm sekundär bei einem Buch, das ihm »eine Fülle geistiger Arbeit und dadurch eine reiche *Anregung* gegeben« habe.[5] Die »eigentliche Bedeutung« dieses Romans bilde sein *»geistiger Inhalt«* und dessen Gesprächsform. »Man hört nicht bloß geistreiche Worte, man hört geistvoll sprechen«, der Roman wird zum bequemen Medium, eine »Fülle von Gedanken« zu diskutieren, »und diesen *Gedanken zuliebe* entstand der Roman«. »Tendenz ohne Rechthaberei, Parteinahme, ohne innerhalb der Parteien zu stehen, ein Werdendes erhoffend, ohne die Berechtigung des Gewordenen zu verkennen – so, in maßvoller Erörterung, ziehen die Fragen der Gegenwart an uns vorüber und fordern uns auf, hüben oder drüben unsere Wahl zu treffen.«[6]

Aber diese Gedanken des ›Gesprächs-Romans‹, die »Fragen der Gegenwart« von anno dazumal haben längst ihre Aktualität verloren (die Geister schieden sich bereits im Bismarckreich an anderen); und da primär auf ihnen die ›Bedeutung‹ des

Romans beruhte, ist er längst aus dem Gedächtnis des Publikums, ja selbst der Germanistik geschwunden; keine Literaturgeschichte, keine Epochengeschichte des ›bürgerlichen Realismus‹ nennt ihn mehr. Wenn er hier aus dem Schutt der Geschichte hervorgezogen wird, so lediglich als historisches Dokument für die Fragestellung dieses Bandes: um zu zeigen, wie ein (auch in Amerika geachteter) Repräsentant der liberalkonservativen Bildungsschicht Preußens (und ein Ehrendoktor Harvards, der jedoch nie in Übersee war) Deutschland und die Vereinigten Staaten damals sah und konfrontierte: nach der Mitte der sechziger Jahre, d. h. in einem für beide Länder bedeutsamen Geschichtsmoment, der mit der Zeit der Romanhandlung zusammenfällt.

Es ist ein »Wendepunkt«, den der preußische Nationalliberale Schmidt in seiner Besprechung des Romans folgendermaßen beschrieb: »Der vierjährige Bürgerkrieg Nordamerika's hat diejenigen beschämt, welche dem demokratischen Staatsleben die Lebensfähigkeit absprachen, die Schlacht von Königgrätz hat den historischen Mächten, die Preußens Geschichte bestimmen, ihre volle Geltung für die Welt wieder erobert.«[7] Daß diese Ereignisse mit gleicher Sympathie bedacht und derart parallelisiert werden, mag den gegenwärtigen Leser verblüffen. Zwar verbindet sie die Idee der staatlich-nationalen Einheit (ihre Bewahrung in Amerika, ihre Herbeiführung in Deutschland) als Voraussetzung einer ›großen‹ nationalen Zukunft (der Grimmsche Roman prognostiziert für die USA wie für Deutschland eine Zukunft als »Weltmacht«). Aber wir sehen heute wohl noch den Sieg der Nordstaaten im Civil War als eindeutig progressiven Faktor der Geschichte, nicht mehr jedoch die Siege Bismarcks. Im Rückblick auf die Folgen hat für uns vielmehr das Urteil von Gervinus an Gewicht gewonnen: »Es ist nicht klug getan, sich durch Patriotismus blind dafür zu machen, daß die Ereignisse von 1866 über den ganzen Weltteil, über das ganze Zeitalter die Gefahr einer Ordnung, die man im Aussterben geglaubt hatte, wieder aufleben machten und zwar vergrößert in einem unverhältnismäßigen Maßstab.«[8] Der Mehrheit der Zeitgenossen erschien ein solches Urteil unberechtigt. Auch im liberalen Bürgertum, vor allem natürlich in Norddeutschland, und bei seinen literarischen Wortführern (die mit der amerikanischen Demokratie sympathisierten) dominierte die ›kleindeutsche‹ Überzeugung, es sei der nationale ›Beruf‹ Preußens, der lähmenden Kleinstaaterei ein Ende zu setzen, die deutschen Länder gegen Habsburg zu einigen, gegen »dieses Österreich [wie es in Grimms Roman heißt], das slawisches, magyarisches, italienisches und spanisches Blut in seinen Adern hatte« und dem man unterstellte, »seit Jahrhunderten« nichts im Sinne gehabt zu haben, als »Preußen herunterzuwürdigen und seine Entwickelung zu hemmen« (II, 173 f.).[9]

Nicht wenige, die während des preußischen Verfassungsstreits in der ersten Hälfte der sechziger Jahre noch antipreußisch dachten, wurden durch den Preußisch-Österreichischen Krieg bekehrt. Grimms Roman, vor diesem Krieg begonnen, nach ihm abgeschlossen, illustriert dies an der Figur des »Doktors«, eines Berliner Privatdozenten, antifeudalistisch-liberal und antipreußisch eingestellt, der bei Sadowa tödlich verwundet wird und seine letzte Kraft damit verbraucht, im Lazarett seine Konversion zu verkünden: »Ich haßte Preußen, um es mit einem Worte zu sagen. Aber [...] in dem Momente, als der König an uns vorbeisprengte und wir alle fühlten: jetzt die Entscheidung! werden wir besiegt heute, so reißt ein ungeheurer ge-

meinsamer Sturz uns alle auf denselben Boden nieder: ein Zwang ward auf mich ausgeübt, ich fühlte, daß ich von nun an von Preußen und von ihm nicht wieder los könnte, mochte geschehen, was da wollte, und ich schrie, wie sie alle schrieen, Hurrah, ich fühlte, jetzt Preußen, oder Vernichtung Deutschlands in alle Ewigkeit!« (II, 173). »Es gab nur diese *eine* Freiheit für Deutschland: Los von Österreich!« (II, 174). Die Sprache der Stelle verrät das innere Dilemma, die Selbstentfremdung des Sprechers, der als »durchgearbeiteter Demokrat« diese *»eine«* Freiheit, die *von* Österreich, nicht als ›Freiheit‹ schlechthin empfindet, als Befreiung zur Selbstbestimmung und Selbsteinigkeit, sondern als »Zwang« zu Preußen, dem das ziellos widerstrebende, innerlich ausweglose Ich sich letztlich ergibt – ausdrücklich »wie ein Mädchen, das gegen seinen Willen und sein Gefühl einem Manne verbunden wird [...] mag sie ihn nun hassen oder lieben [...] – was will sie machen, sie kann nicht wieder los von ihm für alle Ewigkeit« (II, 172 f.).[10]
Nichts von dieser Ambivalenz gibt es im Verhältnis der amerikanischen Figuren zum Bürgerkrieg. Südstaatenamerikaner treten nicht auf; der Erzähler sieht im Kriegsausgang den Beweis für die Vitalität der amerikanischen Demokratie (so wie der Kritiker Julian Schmidt in dem schon angeführten Zitat), den Krieg selber (in seinem rückblickenden Erzählerkommentar) als Stimulans der amerikanischen Entwicklung. »Durch das Umundumwühlen der Nation war ein Kapital von Energie flüssig geworden, das unerschöpflich schien, und Anstrengungen, durch die andere Völker in langjährig blühendem Zustande erschüttert worden wären, wurden von diesem vernichtet geglaubten Nordamerika frisch sich zugemutet und wie im Spiele durchgeführt« (I, 396f.). Nirgends wird der Krieg zum inneren Problem oder zum Diskussionsobjekt. Nur der ›Amerikaner‹ des Buches par excellence (zugleich seine originellste Figur), Mr. Smith, berührt den »letzten Krieg« im Gespräch, aber im Rahmen von faktischen Mitteilungen (der Bruder der Heldin ist als Nordstaatenoffizier gefallen) oder soziologischer Feststellungen, die keinen Widerspruch im Buch provozieren. Er begründet die Überlebenskraft der amerikanischen Gesellschaft »im letzten Kriege« wie überhaupt aus der Stärke ihrer »Eckpfeiler«: den Familien, »die seit Generationen zu den ersten gehören«, und den kraftvollen Individuen, Amerikas natürlicher Elite. »Das sind Leute, wissen Sie, nicht von Eisen, sondern von Stahl. Das sind Männer, die jeder kennt; Privatleute, aber [...] Kerle wie Moses, der die Juden durch das Rote Meer und die Wüste schleppte« (I, 250 f.). Doch auch hier geht es nicht um den Krieg und seine politischen Konflikte, sondern um das Generalthema des Romans: die Frage nach der Art und der Funktion einer zeitgerechten Aristokratie in den modernen Gesellschaftsformen.
Diese Frage – aus vielen Perspektiven besprochen und beleuchtet – stellt sich für die Figuren dieses ›Er-Romans‹, weil sie in die Lebensgeschichte des Grafen Arthur verstrickt sind. Diesen verbindet eine für beide unüberwindliche Liebe mit der Amerikanerin Emmy Forster, die nach mancherlei Katastrophen und Verwicklungen endlich zur Heirat führen könnte, stürbe nicht Arthur am Morgen vor der Hochzeit an der Kugel eines gräflichen »Bastards«, der wie Arthur mit dem Bewußtsein nicht fertig wird, ›blaues Blut‹ in den Adern zu haben, aber keine ›adäquate‹ Position einzunehmen.
Die Hauptpersonen bilden zwei Gruppen. Zur einen gehört neben Emmy deren Mutter Mrs. Forster, immens reich, aus einer der alten Familien, die Mr. Smith als

»eine Art Adel« charakterisiert, den, im Unterschied zum europäischen, niemand »verleihen könnte« (I, 251). Sie ist die Witwe eines deutschen Einwanderers, mit dem sie aus Liebe eine »Mesalliance« geschlossen hat, des Doktors der Philosophie Forster, der sich in Amerika zu einer der kraftvollen Persönlichkeiten entfaltete, die Mr. Smith an Moses erinnern. Emmy, beider Tochter, ist weiblicher Inbegriff alles Edlen und Lieblichen.

Zur anderen Gruppe gehört neben Arthur sein Freund Erwin, wie jener ein verarmter Graf, der jedoch entschlossen seinen Titel abgelegt und als Arzt eine bedeutende Karriere gemacht hat, während Arthur sich nach dem finanziellen Desaster seines Hauses mit einer alten Köchin verbittert in eine isolierte, untätige Berliner Existenz zurückgezogen hat, der ihn die Liebesaffäre mit Emmy, eine Amerikareise und der österreichische Krieg entreißen.

Zwischen beiden Gruppen vermittelt Mr. Smith, reichgewordener Sohn armer deutscher Einwanderer, der erfolgreich im Holzhandel tätig ist und es zum New Yorker Nachbarn und Freund der Forsters gebracht hat. Im Lauf der Handlung wird eine überaus ›romanhafte‹ Vorgeschichte (mit viel Kabale und Liebe) schrittweise aufgedeckt. Durch sie sind die Eltern von Emmy, von Arthur und von Mr. Smith ›schicksalhaft‹ miteinander verknüpft, ohne daß diese drei, die der pure Reisezufall in Europa zusammenführt, zunächst davon wissen.

Die zahlreichen Nebenfiguren bleiben meist anonym (neben der »Köchin«, dem »Förster« etwa »der Doktor«, »der alte Kunstfreund«, »der Oberst«, »das kleine Fräulein«, »der Professor«, »der Bildhauer«, »der Maler«, die »Mademoiselle«, die teils im Berliner Salon der Forsters debattieren und meditieren, teils auf einem schlesischen Gut); sie sind, wie untergeordnet auch immer (sowohl sozial als auch im Gefüge der Handlung), im ganzen kulturhistorisch interessanter als das hochgestellte Liebespaar im Zentrum. Aus ihrer Namenlosigkeit ragt Mr. Wilson hervor, ein (nach dem Modell Emersons gestalteter) amerikanischer Weiser, der sich in die Wälder Amerikas zurückgezogen hat, aber nach Europa reist, wenn die Freundschaft zu Emmy es gebietet, die er herangebildet hat, wie er auch die russische Prinzessin »zähmen« wird, die Mr. Smith von einer seiner Weltreisen als Gattin heimführt.

Grimm wirbt um psychologisches Verständnis für Individuen wie Arthur, die ihr Standesbewußtsein nicht mit ihrer persönlichen Situation in Einklang zu bringen vermögen. Aber das hindert ihn nicht, den deutschen »Adel als Stand« (I, 188) durchweg in ein negatives Licht zu rücken. Die problematische Figur Arthurs ist wenig geeignet, den Leser für feudalistische Anschauungen zu gewinnen (die dem Grafen überdies in Amerika zerbrechen); mehr noch, sein Fall verstärkt den Eindruck, den das Buch vermittelt, der deutsche Adel als politisch-soziale Kraft sei »steril und hochmütig geworden« (I, 188). Der »Doktor« vergleicht den deutschen Adel mit der »ausgesogenen obersten Krume« (I, 187) des nationalen Bodens, die durch tiefere Schichten ersetzt werden muß. Erwin – der Graf als Bürger – mißt ihn am englischen Beispiel. Der deutsche Adel sei reaktionär aus Prinzip, »nur um zurückzuhalten überhaupt. [...] etwas wie eine alte baufällige Mauer [...], die aufhielt, ohne zu schützen«; der englische dagegen sei »die Blüte des Landes«, weil er neu in sich aufnehme, was Verdienste hat, »die jeder versteht« (I, 216 f.). Erwins Nobilitierungskriterien sind »Besitz, Bildung und Tatkraft«, just dasjenige also, was das Bürgertum der zweiten Jahrhunderthälfte geradezu formelhaft sich selber zusprach.

Arthur begegnet in Amerika das Ideal des »Gentleman«. Mit Bestürzung wird ihm bewußt, daß es geeignet ist, die Institution des Adels als ›Stand‹ überflüssig zu machen, da »jeder sogleich fühlt, wer das geheime Erkennungszeichen, das den Gentleman anzeigt, zu geben wisse und wer nicht« (I, 343 f.). Jedermann kann »Anspruch auf diesen Ehrentitel« machen – »verdientermaßen« *dann*, wenn er »der freie Herr seiner Handlungen [ist], in seinem Auftreten liegt, daß er es sei«. Er besitzt »unabhängiges Vermögen«, denn das »ergibt sich ja von selbst: daß solche Männer Kraft genug haben, zu erwerben, was sie gebrauchen, und Liberalität, es mitzuteilen« (I, 345). Sie sind tapfer, ja »heroisch«, auch wenn kein feudales »Schwertergeklirr und Trompetengeschmetter« sie umtönt: »Politik und Handel bieten der Kraft eines Mannes heute ebenso beweiskräftige Kampfplätze, als das Gewühl der Schlacht in vergangenen Zeiten lieferte« (I, 344 f.). Dem Grafen Arthur imponiert dieses ›bürgerliche Heldenleben‹ so sehr, daß er sich fragt, ob nicht »alles, worauf meine Anschauung des Lebens beruhte, ein Irrtum war« (I, 346); ihm kommt der Gedanke, der »Gentleman« sei die »Grundlage des modernen Lebens« (das die »Stände« als »Gespenster« der Vergangenheit verscheucht [I, 347]); er kann nicht umhin, auch wenn es »fast beleidigend war für sein Gefühl« (I, 346), den ›selfmademan‹ Mr. Smith – Sohn einer ausgewanderten Kammerzofe, die bei Arthurs Mutter ›gedient‹ hat – als »Gentleman« zu respektieren, ja zu bewundern und die »Gentlemen« Amerikas als einen »unsichtbaren Adel« anzuerkennen (I, 343).[11] Das alles sind Zeichen dafür, daß die ›Neue Welt‹ in diesem Buch die neuen Standards setzt, auf die die ›Alte Welt‹ sich einlassen muß, auch wenn sie mit ihren eigenen kollidieren (die ihrerseits die ›Neue Welt‹ noch beeindrucken).

Symptomatisch dafür ist, daß sich ein ›Standesproblem‹ nicht ernsthaft stellt, wo es um Heiraten zwischen reichen Bürgern Amerikas und europäischen Aristokraten geht. Wechselseitige Vorurteile nationaler wie sozialer Art werden in diesem Falle suspendiert. So wird Mr. Smith nach anfänglichem Widerstand von der fürstlichen Familie der Prinzeß Matuschka akzeptiert; und ihm – sosehr sich sein amerikanisches »Blut« über »dies halbasiatische Gelichter« (II, 382) erhaben fühlte – war es »nicht gleichgültig, eine Fürstentochter zu heiraten [...]. Er war ein freier Mann, und wenn ihm das ›Fürstliche‹ zusagte, konnte er sich seinem Geschmacke ja hingeben, es ging niemand etwas an« (II, 384). Entsprechend bei Emmy und Arthur: die Forsters »schienen Standesunterschiede nicht zu kennen, so entschieden aristokratisch sie überall aufzutreten wußten. Daß Arthur, wenn es sich um die Verbindung mit einer deutschen Familie handelte, nur eine Dame heiraten konnte, die ihm durchaus ebenbürtig war, war von Anfang an eine ausgemachte Sache. Bei Emmy hatte er nie an solche Erfordernisse gedacht. Ihr Stand als amerikanische Bürgerin [...] stellte sie auf neutralen Boden gleichsam« (I, 173 f.).

Schwerer haben es Juden, als ebenbürtig akzeptiert zu werden. Die erste Katastrophe zwischen den Liebenden ergibt sich, als Emmy für eine Jüdin gehalten wird und Arthur sie daraufhin in einem Moment der Erregung verleugnet. Aber bei allem Stolz auf germanisches Blut (»das doch auch in uns Amerikanern fließt« [I, 13]) kennt das Buch noch keinen rassischen Antisemitismus, sondern ›nur‹ den gesellschaftlichen Hochmut gegenüber ›Parias‹ (aus abendländisch-christlicher Perspektive) welcher Art auch immer: ob nun »Israelit [...] Chinese oder Kalmücke« (I, 213). Arthur empört sich darüber, daß ein preußischer Baron einen reichen Juden gegen ›gutes Geld‹ adoptieren darf (»Darf solch ein Verräter der eigenen Ehre die Augen aufschlagen? Frei umhergehen?« [I, 212]); während Erwin – sichtlich im Namen des Autors – den ›aufgeklärten‹ Standpunkt vertritt, ein assimilierter (konvertierter) Jude sei auch vom Adel zu akzeptieren, wenn er über Bildung, Besitz und die Haltung der »Noblesse« verfüge.

Mehr als der Nobilitierungswunsch des Außenseiters Baruch, mehr als Arthurs Launen und Leiden spiegelt Erwins eigenes Verhalten, wie ›unüberwindlich‹ die ›Mächte‹ des Feudalismus für die Deutschen in diesem Buche sind. Denn er repräsentiert darin den innerlich ›freien‹ Aristokraten, aber zugleich auch die erfolgreiche ›bürgerliche‹ Persönlichkeit, das Muster eines besonnenen ›deutschen Mannes‹. So wiegt es um so schwerer, daß Grimm gerade ihn am Ende den abgelegten Adelstitel wieder annehmen läßt: »denn ich würde, stände ich da, wohin ich eigentlich gehöre, eine bedeutende Wirksamkeit haben können zum Besten des Volkes, während ich an der Stelle, auf die ich mich selbst gestellt habe, machtlos bin« (II, 406). Er geht einer gräflichen Heirat entgegen, verzichtet auf die bürgerliche Medizin und begibt sich auf schlesische Güter, die ihm als Verwandtenerbe zufallen werden, um von dort aus politisch tätig zu werden. Mr. Wilson, dessen Rat er vorher einholt, meint zwar, »die Vorrechte der Geburt« seien »gleichgültig und entbehrlich für Leute ersten Ranges«. Aber er gibt – ein wenig ironisch – Erwin seinen Segen: »›Und so würden Sie am Ende begreifen‹, sagte Erwin, ›wenn ich, statt in Amerika ein freier Bürger zu werden, in meinem Vaterlande bliebe und ruhig den alten Titel wieder annähme, an dem mein armer Freund elend zu Grunde gegangen ist?‹ ›Warum nicht, wenn Sie Ihrem Lande sich nützlich machten, indem Sie es täten?‹ erwiderte Wilson. ›Es scheint [...] daß man dergleichen noch nicht entbehren könne in Europa [...] Alexander der Große ließ sich sicherlich nur deshalb für den Sohn Jupiters erklären, um die Völker alle zusammenzuhalten, die er sich unterworfen hatte‹« (II, 407).

Die Ideologie des Feudalismus wird als falsches Bewußtsein charakterisiert und trotzdem zu Herrschaftszwecken legitimiert, freilich nur für die ›Alte Welt‹, die ›noch‹ nicht entbehren kann, was die ›Neue‹, überlegene längst überwunden hat. Kein Amerikaner des Buchs zweifelt daran, daß in seinem Land »der Fortschritt der Menschheit sich vollziehe« (Wilson [II, 26]). Sie sind davon überzeugt, daß »wir, was Freiheit der Anschauungen anlangt, höher stehen in Amerika« (Emmy [I, 13]). Smith sieht »die durch den Besen des Schicksals zusammengekehrten freien Männer den Beweis liefern [...], daß eine Nation im Entstehen begriffen sei, die alle andern überflügeln wird!« (I, 278). Den (im doppelten Sinn des Wortes) zurückgebliebenen Deutschen gesteht auch er ihren Feudalismus zu – mit ähnlich ironischer Tendenz wie Wilson: »Ihr Deutschen seid ein gutmütiges Volk, das an seinen Herzögen und Königen gerade die rechten Regenten hat« (I, 275). »Ihr König ist für Sie so unentbehrlich wie unser Präsident für uns« (I, 276). Da der Erzähler die Amerikaner und ihre Anschauungen in ein ebenso positives Licht rückt wie Erwin und seinen Entschluß, in den Adelsstand zurückzukehren, zeigt sich in seinem Verhältnis zur deutschen Situation ein resignatives Sich-Schicken in ›unüberwundene Mächte‹, eine Ambivalenz, wie wir sie in anderem politischem Bezug schon an einer seiner Figuren beobachtet haben: am propreußischen »Hurrah« des anti-preußischen Privatdozenten. Das Buch trifft auch noch sich selber mit dem Urteil, das es durch Mr. Wilson über die Deutschen fällt: »Ihr habt eine Einteilung in Stände, deren Ohnmacht und Inhaltslosigkeit ihr fühlt, ohne doch daß ihr ohne sie bestehen zu können glaubtet« (II, 27).

Wir haben gesehen, wie die Gegensätze Deutschland–Amerika, Alte und Neue Welt, hier mit den Gegensätzen Adel–Bürgertum, Monarchie–Republik, Stand–Elite aufs engste verknüpft sind. Der Roman ist überhaupt darauf berechnet, ein Antithesengeflecht auszubreiten, dessen Manifestationen in Thesen und Figuren, Bildern und Motiven wir hier nicht im einzelnen verfolgen. Es mag genügen, in der Konstellation der Figuren den Gegensatz von »Träumer« und praktischem Tat-menschen anzuführen, den Arthur und Mr. Smith verkörpern, im Bereich der Bil-der, Motive und Begriffe die Gegensätze z. B. von Enge und Weite, Einsamkeit und Gesellschaft, Ruhe und Bewegung, Erbe und Neuland, Kultur und Politik, Bindung und Freiheit, die ineinander übergehen und mit dem Gegensatz von Deutschland und Amerika korrespondieren.

Sie lassen sich durchweg von Arthur und Mr. Smith her belegen, ohne sich nur auf sie zu beschränken. Arthur selbst generalisiert den Gegensatz von Traum und Tä-tigkeit: »Bei uns scheinen die Menschen zu träumen, verglichen mit denen hier«, konstatiert er in Amerika verwundert. »Jeder arbeitet hier« (II, 31). Selbst Arthur tut es für kurze Zeit, der in Deutschland »eine Fülle von Verächtlichkeit in den Accent« gelegt hatte, mit dem er das Wort Arbeit aussprach (I, 40). Emmy entsetzt sich über seine ›deutsche‹ Passivität: »›Wir in Amerika –‹ Sie unterbrach sich plötz-lich, aber ihre Augen glänzten. [...] ›Hier hat man nichts als stille, abwartende Gedanken, bei uns kommt man nicht dazu: der Boden dröhnt ewig, wie auf einem Dampfschiffe, und man selber gerät in dies Zittern mit hinein‹« (I, 62). Arthur setzt das Bild des deutschen Herrschaftsguts dagegen, ein zeitloses Agraridyll: »Ein altes Haus [...] mit Bäumen umher [...] von denen man weiß, daß Vater, Groß-vater oder Urgroßvater sie an ihre Stelle setzten [...] Einen Teich, in dem man, solange man lebte, diese Bäume sich spiegeln sah, ein Dorf dahinter, dessen Felder und Häuser und Gartenzäune man kennt, und dessen Bewohner man aufwachsen oder sterben sah« (I, 14). Daß auch das nicht nur als individueller Wunsch gelten soll, zeigt Mr. Wilsons Generalisierung, der dem Europäer das ›alte Haus‹, »das Ihr stützen müßt und ausbessern«, als symbolische Behausung zuweist, dem Ameri-kaner das ›Zelt‹, mit dem er in die Wildnis aufbricht.[12]

Die Weite Amerikas verbildlicht der Roman in der Unendlichkeit der Wälder, die Mr. Wilsons Haus umgeben. »Ein ungeheurer Erdteil ist unsere Heimat«, schwärmt Emmy; »es ist, als wollte ihn jeder bei uns überall zu gleicher Zeit besitzen« (I, 13). Sie schreibt den Amerikanern »Unruhe« und »Wandertrieb« zu, und Mr. Smiths geradezu programmatische Weltreisen sind illustrierende Motivexempel. Arthur dagegen vergräbt sich gleichsam hinter dunklen Höfen, Gängen, Treppen. Auch psychologisch soll er uns als eine Art »Tiger« im Käfig erscheinen: »Einsamkeit« ist ihm ein »Grundzug der heut lebenden Generation« (I, 333), während Smith die verkörperte ›Kontaktfähigkeit‹ ist und selbst Arthur in Amerika dazu gelangt, sich als Redner auf die ›Masse‹ einzulassen und von einer Rolle als »Volkstribun« zu träumen. So scheint sich Amerika sogar an ihm als »ein neues Zentrum mit lebendiger Anziehungskraft« zu bewähren, dem »Atome« von überallher zufliegen, »um Teile des großen Ganzen zu werden« (I, 339 f.). Die Beobachtung demokratischen Lebens fasziniert ihn, die eigene Partizipation an der lokalen Politik der Deutschen in New York belebt und beschwingt ihn; »diese Männer sprachen von den Angelegenheiten des Staates mit der größten Kenntnis und als solche, die den innigsten Teil daran hatten, und doch ohne daß irgend einer von ihnen mit der Regierung selbst zu tun oder den Ehrgeiz gehegt hätte, in sie einzutreten. Eine Unterordnung oder Überordnung der Personen dem Range nach schien hier nicht zu existieren [...] und das unerträgliche Gefühl einer gewissen Gedrücktheit [...], das in Deutschland jedem ohne Ausnahme anklebt [...], fiel vollständig fort« (I, 338 f.). Die drückenden deutschen Verhältnisse sind ein Produkt der Vergangenheit und der inneren Bindung an diese Vergangenheit, von der die Neue Welt ,frei ist. In Deutschland hatte Arthur die glänzende Vergangenheit über die elende Gegenwart erhoben, in Amerika deutet ihm Mr. Wilson die Geschichte als linearen Emanzipationsprozeß des Individuums. »Sieh zurück in die Geschichte deines Landes: [...] Je weiter zurück, umso beängstigender gefesselt der einzelne« (II, 30). Die deutsche Misere erklärt er ihm aus dem Unvermögen, sich über das zu erheben, »was nach dem Dreißigjährigen Krieg oder seit der Reformation in Deutschland festgestellt worden ist; eine ungeheure Schleppe historischer Erinnerungen sitzt euch am Kleide, schleift euch nach und verhindert euren Gang« (II, 27). Dennoch verzichtet Wilson nicht darauf, die amerikanische Gegenwart durch historische Parallelen zu legitimieren. Ihm wie Emmy schwebt die Völkerwanderungsepoche vor.[13] Aus dieser Parallele gewinnt Wilson das zuversichtliche Bewußtsein eines großen Anfangs und die Rechtfertigung einer schrankenlosen Expansion. Sehr pathetisch hatte Mr. Smith auf dem Weg zu Mr. Wilson ausgerufen: »Das ist echter freier amerikanischer Boden und soll es bleiben! Kein Tyrann hat, solange die Welt steht, seinen Fuß hierhergesetzt!« (II, 13). Der Leser hat das noch im Ohr, wenn Wilson begeistert eine amerikanische Zukunft ausmalt, »wo vierhundert Millionen statt vierzig hier wohnen [...] und ganz Asien längst von ihnen unterjocht« (II, 29). Diese Amerikavision Wilsons gerät sprachlich wie inhaltlich selber ins ›Tyrannen‹hafte. Darin liegt weder amerikanische Selbstkritik noch Kritik durch den Erzähler – im Gegenteil! Die Stelle belegt vielmehr, daß die imperialistische Ideologie der Jahrhundertwende sich schon in der Reichsgründungsepoche vorankündigt und man im liberalen Bürgertum sich dem Widerspruch zwischen politischer Befreiung nach innen und Unterjochungspolitik nach außen zu verschließen beginnt. Wilsons Zukunftsblick dringt freilich noch weiter, bis das amerikanische Weltfahrer- und Eroberertum sogar die Geschichte der Vereinigten Staaten hinter sich läßt und gleichsam sein historisches Modell am Ort des Ursprungs erneuert: die europäische Völkerwanderung. »›All das‹, sagte jetzt Wilson, indem er wie mit segnender Hand einen Halbkreis beschrieb vor sich, ›all das wird in vier-, fünftausend Jahren mit abgestorbener, in ihren letzten Resten verglimmender Kultur bedeckt sein, und unsere Enkel dringen um diese Zeit über Asien in Europa ein und glauben die ersten Menschen zu sein, deren Fuß jemals in diese Einöden gelangte« (II, 37 f.). Derart kreuzt ein ›tragisch‹-zyklischer Geschichtsprozeß (der auf die Geschichtsphilosophien zwischen Nietzsche und Spengler vorausweist) den progressistisch-linearen, der die Auseinandersetzung mit der feudalistischen Vergangenheit bestimmt.

Es dürfte deutlich geworden sein, daß der Roman in der Konfrontation von Deutschland und Amerika die positiveren Gewichte in die amerikanische Waagschale wirft. Das Amerikabild dient als Medium einer Deutschlandkritik des bürgerlich-liberalen Erzählers (was auch die Außerachtlassung des amerikanischen Südens erklären mag). Diese Aussage ließe sich noch weiter stützen, wenn man auch die Gegensätze von Krankheit und Gesundheit, Schein und Natur in die Betrachtung zöge.[14] Bezeichnenderweise identifizieren sich die Amerikaner des Buchs mit Amerika, während die Deutschen die Zustände ihres Landes kritisieren (wenn auch von unterschiedlichen und wechselnden Positionen). Doch gibt es auch Züge, die die Idealisierung Amerikas einschränken und den Gegensatz zwischen beiden Ländern relativieren. Das erste ist der Fall, wenn die Romanfiguren – darin offenbar auch Sprachrohre des Autors – Ansätze machen, eine Synthese aus deutschen und amerikanischen Zügen als Ideal für beide zu propagieren. »Es ist wunderbar, wie die beiden Nationen geistig aufeinander angewiesen sind«, meint Wilson (II, 21); Europa habe den Vorzug der entwickelteren Kultur: »Die Sammlungen Deutschlands, Englands, Frankreichs, gar Italiens, die geistreichen Männer, die dort in Fülle zu finden sind, der gelehrte Verkehr, das Echo für jede Neigung höherer Art; man empfängt hier nichts davon oder sehr wenig. Wir haben die Tradition noch nicht, deren es dafür bedarf« (II, 22).[15]

So stellt sich der amerikanischen Nation die Aufgabe der kulturellen Selbsterziehung, der deutschen die Aufgabe des politischen und ökonomischen Erwachens. Wird derart die Vorbildlichkeit der amerikanischen Gegenwart eingeschränkt, so wird der Gegensatz dadurch relativiert, daß die deutschen Figuren in den Gesprächen, die sie untereinander führen, eine historische Entwicklung reflektieren, die sich als partielle Amerikanisierung interpretieren läßt. Die Älteren, die in der ersten Jahrhunderthälfte geistig geprägt worden sind, empfinden einen Verlust an geistig-geselliger Kultur und ästhetischer Bildung; seit 1848 regiere die pragmatische »Energie«, »der Geist der Gelehrsamkeit [war] fort und die Deutschen arbeiteten und wirtschafteten wie andere Völker, führten auch Kriege, was man für gar nicht mehr möglich gehalten vorher, und siegten darin« (II, 213 f.).

Der Roman macht diese Entwicklungen »der bewegten letzten zwanzig Jahre« (II, 212) aber freilich nicht zur Voraussetzung seiner Form oder zum Gegenstand der Darstellung, sondern nur zum Gegenstand der Reflexion, zum Thema des Salons, der gebildeten Diskussion unter Figuren, die er mit Alltagspflichten und Alltagsnöten versieht, ohne sich selber beim Wort zu nehmen. Der ›arme‹ Arthur in Berlin hat die Mittel, von einem Tag zum andern erster Klasse nach New York zu reisen; der begehrte Arzt Erwin und der politisch-ökonomisch tätige Mr. Smith können und wollen jederzeit nach Montreux oder sonstwohin fahren, wenn es wieder einmal gilt, dem Ergehen Arthurs oder Emmys beizuwohnen. Auch insofern bleibt Grimm formal hinter dem zurück, was er mittelbar (in der Rede seiner Figuren) thematisiert.

Der Roman vertritt in seinen Gesprächen die Anschauungen des bürgerlichen Individualismus und Liberalismus. Eine Selbstentfremdung des Ich durch ›unüberwindliche Mächte‹ kann darin als Seelenkrankheit figurieren. Aber Grimm transzendiert die Psychologie zugunsten eines deterministisch verdinglichten Schicksalsmodells, das die Idee der Selbstbestimmung Lügen straft, nirgends im Buch weltanschaulich-

religiös fundiert ist und die Wahrscheinlichkeitsnorm verfehlt, unter der der Zeitroman in der Epoche des bürgerlichen Realismus steht. Eine unbestimmte »Vorsehung« arrangiert es so, daß die unwahrscheinlichsten Schicksalsfäden – wie schon
erwähnt – Emmy, Arthur und Smith auf Grund der ihnen unbekannten Vorgeschichte der Romanhandlung verhängnisvoll verbinden. Die Zufälle ihrer Begegnung werden, obwohl sie realistisch als solche geschildert sind, damit zu Agenten
eines Verhängnisses, das der Betroffene kommen fühlt, bevor der Schlag aus dem
Dunkeln fällt.[16] Daß Arthur anfangs vom »Buch des Schicksals«, vom »Willen des
Schicksals«, von Verdammung spricht, läßt sich noch verstehen, da er eine Legiti-
mierung sucht, sich zugrunde zu richten.[17] ›Fataler‹ ist, daß auch Erwin, ja Smith
gelegentlich die »Vorsehung« im Munde führen, daß Mrs. Forster sich »wie unter
dem Banne des waltenden Schicksals« fühlt (II, 149) und Emmy schon zu Beginn
des Romans »eine solche Empfindung von Schicksal« hat, »von Verhängnis, vom
eisernen Zwange des Lebens und grundlosem Elend und Unglück, daß ich es dir
nicht sagen und mir selbst nicht erklären kann« (I, 22). Kein Wunder, daß sie es
nicht kann, da der Todesschuß, der das Happy End letztendlich verhindert, nichts
mehr mit der Liebeshandlung zwischen Emmy und Arthur und nicht einmal etwas
mit dem gemeinsamen Vorgeschichte der drei Familien zu tun hat. Daß wir in
dem Roman – wie Fontane bemerkte – »in Wolkenschleiern – wir wissen nicht, ob
vom Verfasser in diesem Sinne beabsichtigt –, die unüberwindlichste aller Mächte
aufragen sehen: die Vorherbestimmung«[18], unterminiert die ideologische Tendenz
des Romans und rückt ihn als Ganzes ins Zwielicht der Ambivalenz. Während der
Inhalt seiner zeitbezogenen Gespräche den Menschen zur freien Selbstbestimmung
verpflichtet und berechtigt, degradiert die Form seiner Handlung den Menschen
irrationalistisch wieder zur Marionette eines abstrakten ›Schicksals‹. »Von Ketten
fühlte ich mich frei, die ich jetzt erst als Ketten erkannte«, bekennt Arthur im
Rückblick auf Amerika. »Ich faßte den Entschluß, zu leben, zu wirken« (II, 96). Er
faßt ihn vergeblich: das mechanistisch vorkonstruierte Schicksal erwartet ihn auf
dem väterlichen Gute so sicher wie in der Fabel der Igel den Hasen. Auch unter
diesem Aspekt trifft der Roman noch sich selbst, wenn er in seinen Gesprächen
›deutsche‹ Gebundenheit kritisch an ›amerikanischer‹ Freiheit mißt.

Um aber das Deutschland- und das Amerikabild des Romans noch deutlicher zu
konturieren, ihren gemeinsamen ideologischen Ursprung und ihre gemeinsamen
Grenzen noch klarer zu beleuchten, muß wenigstens einiges von dem erwähnt werden, was Grimm *nicht* mit einbezieht, wiewohl es, nach unserem historischen Wissen
von den sechziger Jahren des 19. Jahrhunderts, zu erwarten gewesen wäre. Schon
ein formales Moment, die strukturierende Antithetik, bedingt eine Selektion. Aber
der Autor bleibt verantwortlich für deren ideologischen Aspekt. Denn die Antithetik zeigt hier an, daß die ›Neue Welt‹ nicht unabhängig und um ihrer selbst willen
dargestellt wird, sondern als ein Gegenbild zur ›Alten‹, als Träger von Projektionen und nationaldidaktischen Tendenzen, die in realistischem Gewand erscheinen
müssen, um zu wirken. Dieser Realismus des Romans berechtigt uns, ihn mit der
Wirklichkeit zu konfrontieren, auf die er sich bezieht. Es fehlt im Amerikabild jede
Diskussion des Indianerproblems, überhaupt jede Erwähnung der Indianer (obwohl doch 1866 und in den Jahren davor historisch signifikante Indianerkriege
stattfanden); dieses Verschweigen ihrer Existenz negiert beredt genug ihr Recht

auf den ›angestammten Boden‹, der doch für Graf Arthur eine so zentrale Rolle spielt. Es fehlt jede Diskussion der Sklaverei, der Negerfrage, überhaupt des Problems ethnischer Minoritäten. Auch das bäuerliche Amerika bleibt ausgespart. Weder Bismarck noch der ermordete Lincoln werden erwähnt, weder der preußische Verfassungsstreit noch der dänische Krieg. Auffälliger noch ist, daß die Not der Aus- und Einwanderer außer Betracht bleibt. Nichts über die sozialen Bedingungen, die Millionen nach Übersee trieben, kein Beispiel für die Schwierigkeiten und Konflikte, die sie dort empfingen. Kein Wort über den Hunger als Phänomen der Zeit in Europa, keines über die Entstehung eines Industrieproletariats, zur ›sozialen Frage‹ überhaupt, obwohl damals bereits der ›Allgemeine Deutsche Arbeiterverein‹, die ›Erste Internationale‹ und die ›National Labor Union‹ in Amerika gegründet waren.

Der Gegensatz von Deutschland und Amerika ist in diesem Buch zwar auch ein Gegensatz von »Armut« und »Reichtum« – von großem Reichtum, aber höchst relativer Armut. Denn nur Arthurs »Armut« ist hier ein wesentliches Motiv: er stand nach dem Tod seines Vaters vor der Wahl, entweder dessen Schulden zu bezahlen oder die Nachsicht der Gläubiger in Anspruch zu nehmen. »›Ich habe es ihnen vor die Füße geworfen [...].‹ Und indem er so sprach, klang seine Sprache so rein und vornehm, als wäre er einer von der Familie der alten Cäsaren, der dem Senat gegenüber zu reden hatte« (I, 39). Er lebt von den Zinsen des verbliebenen Kapitals und hat »des Jahres« daher nur eine »Summe, die eben genügen mochte, Wohnung, Essen und das Unterhalten eines Pferdes zu decken« (I, 40). Daß er eine Haushälterin hat, bedarf keiner Erwähnung, es versteht sich von selbst; und an *deren* Armut wird kein Wort verschwendet.

Selbst in Amerika treten, wie wir gesehen haben, nicht die arbeitenden Massen ins Bild, sondern der herausragende »Gentleman«[19], das »fürstliche Bürgertum der neuen Welt« (I, 391), wenn auch Mr. Wilson die Majorität »verständige[r] Bürger« rühmt, die »den Abschaum, aus dem ein für allemal nichts werden kann, mit in den gehörigen Schranken halten« (II, 28).

Die Verachtung der ›dienenden Klassen‹, die dieses Buch unbeabsichtigt und dem Autor unbewußt ausstrahlt, tritt am schlagendsten in den teils herablassenden, teils ›humorvollen‹ Wendungen zutage, mit denen ein einziger Satz oder Nebensatz einen ihrer Angehörigen, der dann für immer wieder aus dem Roman verschwindet, als inferior, häßlich oder tierhaft präsentiert. Als Emmy und Mrs. Forster nachts im Schnee steckenblieben, nahm eine Bauernfamilie sie auf. Die Tochter, »in höchster Ekstase über diesen Auftritt, zitterte an Händen und Füßen vor Sehnsucht, sich dienstbar zu erweisen« (I, 248). »Sie wußte jetzt, zum maulaufsperrenden Erstaunen ihres Vaters, der in der Ecke stand und sich bald hier, bald da kratzte [...] Wunder des Komforts herzustellen« (I, 244). Als Mrs. Forster einmal den Wirt ihres Berliner Hotels zu sehen wünschte, »erschien der Geforderte, auch ihm wie dem ganzen Personal das gewöhnliche Lächeln quer durchs Gesicht geschmiert, wobei die Hände gerieben wurden« (I, 20). Als Arthur im Lazarett als Graf erkannt wurde und ein italienischer Verwundeter den Vorgang nicht verstand und danach fragte, »erklärte [Arthur] es ihm so menschlich als möglich« (II, 187). Als Smith und Arthur, junge Männer, zum Haus Wilsons wanderten, »[wurde] ein alter, weißköpfiger, verschrumpfter Neger, der wie eine Kröte aus einer Felsritze irgend woher zum Vorschein gekommen war, herbeigewinkt, das geringe Handgepäck ihm aufgelegt und der Weg angetreten« (II, 12). Freilich behalten auch Prinzessinnen, wenn sie östlicher Abkunft sind, bei Grimm noch etwas Animalisches: Matuschka bewegt sich »wie ein schönes ausländisches Tierchen [...] wie ein zahmes Reh mit goldenem Halsband« (II, 380). Sie ist purer Rohstoff in den Händen von Mr. Smith: »Aus ihr konnte er machen, was er wollte« (II, 383).

Solche Stellen zeigen das Buch als Exempel eines bürgerlichen Neoaristokratismus, einer sozialen und auch nationalen Arroganz, die sich mit liberaldemokratischem Amerikakult offenbar vertrugen. Sie machen, *gegen* den Strich gelesen, verständlich, daß damals der organisierte Klassenkampf vor der Tür stand – auch wenn sonst nichts bei Grimm darauf hinweist. Fontane bescheinigte dem Roman, daß er sich um Gerechtigkeit und allseitiges Verständnis bemühe. Mit Recht – aber es ist nur ein Verständnis für die Oberschichten. Grimm hat sein Leben im Bannkreis Goethes verbracht – um so aufschlußreicher ist, daß sich selbst bei ihm der zeittypische Schwund an innerer Beziehung zum aufklärerisch-idealistischen Humanitätsideal mit Händen greifen läßt. Er ist ein feinsinniger und wohlmeinender Gelehrter mit internationaler Resonanz, der Emerson für »die Liebe« preist, »die Sie zu allen Menschen hegen«[20] – um so stärker zeugt sein Roman als Symptom für die Entfremdung des liberalen Bildungsbürgertums vom Volk und seinen Realitäten in der zweiten Hälfte des 19. Jahrhunderts.

1 Reinhold Steig: Herman Friedrich Grimm. In: Biographisches Jahrbuch und Deutscher Nekrolog. Bd. 6. Berlin 1904. S. 101. (Die Novellen Grimms sind 1966 wieder aufgelegt worden, ohne ins literarische Bewußtsein der Gegenwart einzudringen.) Zur Biographie Grimms vgl. ferner René Strasser: Herman Grimm. Zum Problem des Klassizismus. Zürich 1972. Dort auch ein Verzeichnis der Schriften von und über Grimm. Nicht zugänglich war mir die ungedruckte Wiener Dissertation von Maria Pardon, »Das dichterische Werk Herman Grimms« (1942).

2 2 Bde. Stuttgart u. Berlin 1902 (abgek.: I, II). Die Erstausgabe war dreibändig, bei gleichem Inhalt. Steig modernisierte die Orthographie; sonstige Abweichungen erscheinen als geringfügige Errata.

3 Steig (s. Anm. 1), S. 102.

4 Vgl. Julian Schmidt: Geschichte der deutschen Literatur seit Lessing's Tod. 5. Aufl. Bd. 3. Die Gegenwart. 1814–1867. Leipzig 1867. S. 554–557; die zitierte Stelle S. 554. – Schmidt rechnete dagegen die »Novellen« Grimms von 1856 (die die »Grenzboten« sogleich gelobt hatten) noch 1873 unter die Gipfelleistungen der Zeit »in diesem Fach«. Zur näheren Begründung seiner unterschiedlichen Urteile über den Roman und die Novellen vgl. Schmidt: Herman Grimm. In: Neue Bilder aus dem geistigen Leben unserer Zeit. Leipzig 1873. S. 248–342.

5 Vgl. Theodor Fontane: Literarische Studien und Essays. Erster Teil. Sämtliche Werke, Bd. XXI, 1. München 1963. S. 275–280; die zitierte Stelle S. 280. Seine persönliche Aversion gegen die Hauptfigur zeigte Fontane daher auch nur an andrer Stelle, in einer – wohlweislich nicht für die Veröffentlichung bestimmten – Diatribe von 1872 gegen Kleists Homburg: »Unter allen Gestalten, die ich kenne, erinnert dieser Prinz zumeist an den Grafen Arthur in Herman Grimms ›Unüberwindlichen Mächten‹. Ich glaube, daß es solche Arthurs gibt; und solche Prinzen von Hessen-Homburg gibt es wenigstens *beinah* [...], aber sie *interessieren mich nicht* und *dürfen* überhaupt keinen gesund empfindenden Menschen interessieren. Es sind eitle, krankhafte, prätensiöse Waschlappen [...]« (Sämtliche Werke Bd. XXI/2. München 1974. S. 134). – Im ganzen positive Urteile über den Roman veröffentlichten, aus der Perspektive der Jahrhundertwende, Wilhelm Bölsche (Deutsche Rundschau. Bd. 2. 1897/98. S. 28 f.) und Ernst Heilborn (Deutsche Rundschau. Bd. 116. 1903. S. 473 f.). Gerade weil sich der vorliegende Beitrag kritischer verhält, erscheint es mir angebracht, auf diese vergessenen Rezeptionszeugnisse hinzuweisen.

6 Ebd.
7 Schmidt (s. Anm. 4), S. 554.
8 Vgl. Georg Gottfried Gervinus: Hinterlassene Schriften. Wien 1872. S. 21–23; die Stelle hier zitiert nach: Hans-Ulrich Wehler, Das deutsche Kaiserreich 1871–1918. Göttingen 1973. S. 39.
9 Man beruhigte, wie z. B. an Julian Schmidts liberaler Literaturgeschichte ablesbar ist, sein politisches Gewissen damit, die wirtschaftliche Machtentfaltung des Bürgertums in einem nationalen Großstaat werde eine Änderung der inneren politischen Zustände schließlich zwangsläufig nach sich ziehen. – Vgl. Helmut Kreuzer: Zur Theorie des deutschen Realismus zwischen Märzrevolution und Naturalismus. In: Der Griff in die Wirklichkeit. Realismustheorien in Politik, Literatur, Musik und Malerei. Hrsg. von Reinhold Grimm u. Jost Hermand. Stuttgart 1975.
10 Vgl. auch II, 81: »Erwin [...] hatte seine eigene Sorte liberaler Gesinnung und immer noch Glauben an den glücklichen Ausgang der Verwirrungen, aus denen beide Parteien keinen Ausweg mehr finden zu können schienen. Der Doktor dagegen, ein durchgearbeiteter Demokrat, sah eine Katastrophe voraus, wenn auch noch hinausgerückt, doch unausbleiblich näherkommend.«
11 Vgl. II, 97.
12 Vgl. II, 29.
13 Vgl. II, 29 und I, 13.
14 Vgl. II, 25; auch diese Stelle kann als begriffliche Parallele zu dem Figurengegensatz zwischen dem Grafen Arthur, der immer wieder mit Krankheit geschlagen ist, und Mr. Smith (»Gesund, um es mit einem Worte zu sagen« [I, 245]) gelesen werden. – Es wäre jedoch falsch, in Arthur deshalb eine nur negativ gezeichnete Figur zu sehen. Auf ihn konzentriert sich am stärksten das psychologische Interesse des Autors, der – als Sohn Wilhelm Grimms und Neffe Jakobs – selber der Erbe eines großen Namens war (zugleich durch seine Frau Gisela, eine Tochter von Achim und Bettina von Arnim, mit dem preußischen Adel verbunden). Nach Schmidt hat »Arthur am meisten von der Natur des Dichters« Grimm; das soziologisch Atypische der Figur (im Hinblick auf die Adelsfrage) ergibt sich für den Kritiker gerade daraus, daß Grimm »den dichterischen Typus, der in seiner eigenen Seele lebt, als Träger des Problems darstellt« (Neue Bilder ... [s. Anm. 4], S. 255).
15 Vgl. auch II, 134 f. – Dem entspricht z. B. auch, daß Arthur Mr. Smith an historischer Bildung überlegen ist (und ihm in diesem Punkt zum Lehrer wird) oder daß er sich mit Goethes »Iphigenie« »wie zusammengewachsen vorkam« (I, 175), während Mrs. Forster Goethe fremd gegenübersteht. Emmys Zuwendung zu Goethe geht mit einer Zuwendung zu Europa Hand in Hand, »zu dem ihre Seele zurückstrebte« (vgl. II, 135 f.). Die »Unüberwindlichen Mächte«, betont Steig (S. 103), »würden dem, der sie allein auf Goethe hin durchsähe, eine reiche Ausbeute liefern«. Entsprechendes gilt für Emerson, so daß der Roman auch wirkungsgeschichtlich-komparatistische Betrachtungen ermöglichen würde, auf die hier aus Gründen der thematischen Beschränkung verzichtet wurde. Das Verhältnis Grimms und seines Romans zu Emerson behandelt ein noch unveröffentlichter Vortrag des Verf.s »Herman Grimm and Ralph Waldo Emerson. Remarks on the Image of the American in German Literature«, der im Spring Lecture Series 1975 des ›Institute for Research in the Humanities‹ der Universität von Wisconsin, Madison, gehalten wurde.
16 Vgl. II, 58, Z. 4–9.
17 Vgl. I, 94 f.
18 Fontane (s. Anm. 5), S. 276.
19 Vgl. I, 343–347; II, 97.
20 Correspondence between Ralph Waldo Emerson and Herman Grimm. Hrsg. von F. W. Holls. Boston u. New York 1903. S. 50.

INGO SEIDLER

# »Den Blick fernhin auf Nordamerika richten«.
## Zur Amerikaperspektive Nietzsches

I

Wer Nietzsche und Amerika zusammendenkt, meint damit zumeist den Einfluß, den Gedanken Nietzsches in den Vereinigten Staaten hatten oder noch haben. Obwohl dieser Einfluß, verglichen mit dem in den deutschsprachigen Ländern (aber auch in Frankreich, Skandinavien, Italien und sogar Großbritannien), recht bescheiden ist, existiert zu dieser Frage eine ansehnliche Literatur.[1] Im folgenden wird, dem Rahmenthema entsprechend, der Ansatz umgekehrt – nicht nach Nietzsches Rezeption in Amerika, sondern nach Nietzsches Amerikabild: was er von diesem Land und seinen Menschen aufnahm, aber auch, was er von ihm erwartete, erhoffte und fürchtete, soll hier gefragt werden.

Der Hauptgrund, weshalb diese Frage bisher nicht gestellt wurde, liegt wohl in ihrer scheinbaren Unergiebigkeit; was soll der ›gute Europäer‹ Nietzsche den Vereinigten Staaten schon verdanken, wie viel (vielmehr: wie wenig) hat er denn überhaupt von dem, was sich jenseits des Atlantiks abspielte, gewußt? Selbst ein völlig negatives Untersuchungsergebnis wäre jedoch nicht ohne Implikationen und insofern von Interesse gewesen. Denn die Frage ist berechtigt: War es dem vehementesten Kritiker demokratischer Ideen und Entwicklungen, den das neunzehnte Jahrhundert hervorbrachte, *erlaubt*, von den amerikanischen Zuständen schlechthin abzusehen? Wenn (wie Tocqueville schon 1835 wußte) die Vereinigten Staaten das einzige Land waren, wo Aussicht bestand, das Dogma der Volkssouveränität in seiner Anwendung auf die Probleme der Gesellschaft zu studieren, seine Vorteile und Gefahren gegeneinander abzuwägen, dann stand es auch einem Kritiker dieses Dogmas nicht frei, ein solches Land zu ignorieren. Dies zieht jedoch die ursprünglichere Frage nach sich: Hat Nietzsche die Vereinigten Staaten tatsächlich ignoriert? War Amerika für den ›Einäugig-Scharfäugigen‹ (Musil über Nietzsche) wirklich zeitlebens nicht mehr als – ein blinder Fleck? Geht man solchen Problemen nicht nur an Hand von Nietzsches Werken, sondern auch im Nachlaß und in den Briefen nach,[2] so ergeben sich einige überraschende Einsichten. Und diese Einsichten gewinnen noch bedeutend an Gewicht, wenn man sie – wie im folgenden versucht wird – vergleicht mit dem, was Nietzsche über *Rußland* und dessen Entwicklung und Zukunft zu sagen hatte. Ein solcher Vergleich bietet sich nicht nur wegen der zeitgenössischen (und von Nietzsche vorhergesehenen) Bedeutung dieser Länder an, sondern noch mehr ihres ideologischen Repräsentativcharakters wegen. Vergleichbar sind Nietzsches Ansichten über diese beiden Länder übrigens auch darin, daß er die jeweiligen Landessprachen weder sprechen noch auch nur lesen konnte.[3]

Nietzsches Unkenntnis der englischen Sprache scheint zunächst auch die natürliche Erklärung dafür, daß er sich, mit einer bemerkenswerten Ausnahme, äußerst selten auf die amerikanische Literatur bezieht – trotz seiner sonst virtuos geübten Kunst, Elemente seiner umfassenden Bildung in seine eigenen Schriften einfließen zu lassen. Gegen diese Erklärung spricht aber zweierlei. Erstens verhält sich Nietzsche zur *englischen* Literatur und Philosophie zwar sehr kritisch, ist über sie jedoch ausgezeichnet informiert; er bezieht sich in seinen Schriften, mit Umsicht und persönlicher Perspektive, auf mehr als dreißig englische Autoren – von Francis Bacon bis William Thomson, von Shakespeare bis Thomas Huxley – und auf die bedeutendsten darunter zu wiederholten Malen. Zweitens stand dem deutschen Leser in den für Nietzsche entscheidenden Jahren – also etwa von 1860 bis 1888 – ein erstaunliches Angebot an übersetzter amerikanischer Literatur zur Verfügung. Nicht nur die wenigen amerikanischen Autoren, die Nietzsche gelegentlich – und sehr en passant – nennt (also Henry Wadsworth Longfellow, Edgar Allan Poe, Harriet Beecher-Stowe, Mark Twain), waren ohne Ausnahme deutsch greifbar; ins Deutsche hatte man auch die Werke der folgenden Schriftsteller übersetzt, die Nietzsche trotzdem nie erwähnt und nicht gekannt zu haben scheint: Washington Irving, James Fenimore Cooper, Nathaniel Hawthorne, Herman Melville, sogar Walt Whitman, nicht zu reden von den früheren, vor allem politischen Schriftstellern wie Thomas Paine oder Benjamin Franklin.[4] Von Alexis de Tocqueville, dessen Standardwerk *De la Démocratie en Amérique* (1835) Nietzsche französisch oder deutsch (1836) hätte lesen können, sagt er zwar einmal, er habe dessen und Taines »Schule durchgemacht«; aus dem Zusammenhang wird aber ganz deutlich, daß er dabei nicht an das Amerikabuch, sondern an den späteren Band *L'Ancien Régime et la Révolution* (1855) denkt.[5] Auch keiner der großen amerikanischen Präsidenten scheint Nietzsche gegenwärtig gewesen zu sein, er nennt ihre Namen nie. Unter den wenigen bedeutenden amerikanischen Autoren des 18. und 19. Jahrhunderts, die zu Nietzsches Zeit noch *nicht* ins Deutsche übersetzt waren, ist der schwerwiegendste Fall wohl der Henry Thoreaus;[6] Emily Dickinson dagegen wurde überhaupt erst 1890 (posthum) ›entdeckt‹; und mit den anderen amerikanischen Autoren, die Nietzsche aus sprachlichen Gründen unbekannt bleiben mußten (von Cotton Mather bis James Russell Lowell oder Henry Brooks Adams), hätte er vermutlich ohnehin nicht viel anzufangen gewußt. Der einzige amerikanische Autor, den Nietzsche wirklich kannte und für den er ein Leben lang Hochschätzung empfand, war Ralph Waldo Emerson.[7]

## II

Schon der achtzehnjährige Nietzsche las Emerson mit Begeisterung, verfertigte »kurze Auszüge aus allen Essays« (III, 106 f.) und plante eine Skizze des Buchs für seine Freunde. Besonders den Optimismus Emersons empfand er als amerikanisch: »Das Gute bleibt, das Böse vergeht« – eine Idee, die Nietzsche sogar in sein Jugendgedicht *Gesang des Sommers* übernahm. Und noch im letzten Schaffensjahr wird Emerson mit Carlyle – zu dessen Ungunsten – verglichen: »*Emerson.* – Viel aufgeklärter, schweifender, vielfacher, raffinierter als Carlyle, vor allem glücklicher [...]. Gegen Carlyle gehalten ein Mann des Geschmacks. [...] Emerson hat jene gütige und geistreiche Heiterkeit, welche allen Ernst entmutigt« (II, 998). Durch Carlyle habe sich Emerson allerdings (so Nietzsche in einer der wenigen *kritischen* Anmerkungen zu Emerson) gelegentlich »zu jener geschmacklosen Verschwendung verführen lassen, welche Gedanken und Bilder händevoll zum Fenster hinauswirft« (NB I, 186); »verdunkelt« habe ihn dagegen besonders der schädliche Einfluß der deutschen Philosophie. Trotzdem bleibt Emerson für Nietzsche »der reichste Amerikaner« (ebd.), ja, sogar »der gedankenreichste Autor dieses Jahrhunderts« (NB I, 184), zudem einer der »vier sehr seltsamen und wahrhaft dichterischen Menschen«, die Nietzsche als »Meister der Prosa« im neunzehnten Jahrhundert (II, 99) gelten läßt. (Die anderen sind Giacomo Leopardi, Prosper Mérimée und Walter Savage Landor – wobei es etwas merkwürdig berührt, daß Nietzsche gewiß zwei und wahrscheinlich sogar drei der vier genannten »Meister der Prosa« nicht im Original gelesen haben kann.) Nie habe sich Nietzsche in einem Buche so zu Hause »und in meinem Hause« gefühlt wie bei Emerson, er verbietet sich, das Buch (vermutlich die *Essays*) zu loben: »es steht mir zu nahe« (NB I, 184). Am Schluß der dritten *Unzeitgemäßen Betrachtung* bemüht Nietzsche sogar Emerson (nicht ohne erstaunte Herablassung: »ein Amerikaner!«), um seinen Lesern klarzumachen, »was ein großer Denker, der auf diese Erde kommt, als neues Zentrum ungeheurer Kräfte zu bedeuten hat« (I, 364). Das lange Zitat aus *Circles*, das folgt, klingt in der Tat, als hätte Emerson es für Nietzsche geschrieben. Erweckt wird dieser Eindruck aber nicht zuletzt dadurch, daß Nietzsche zwei durch eine ganze Textseite getrennte Abschnitte stillschweigend so montiert, als wären sie ein Ganzes: die ausgelassene Seite hätte diesen Eindruck gründlich zerstört. Dieses dennoch unmißverständlich Trennende zwischen den beiden Autoren wird wohl auch der Grund gewesen sein, weshalb Nietzsche den ursprünglichen Leitspruch zur ersten Auflage der *Fröhlichen Wissenschaft* (1882) in den späteren Auflagen entfernte: »Dem Dichter und Weisen sind alle Dinge befreundet und geweiht, alle Erlebnisse nützlich, alle Tage heilig, alle Menschen göttlich« – das ist zwar gewiß guter Emerson (aus dem Essay *History*; Nietzsche unterdrückte bezeichnenderweise das Wort ›saint‹ im Zitat), aber ebenso gewiß zu salbungsvoll und gottvertrauend für den späteren Autor des *Antichrist*. Verblüffend ist ein anderer, direkter Einwand Nietzsches, in dem er findet, der *neue* Emerson sei etwas *alt* geworden, weniger reich, er wiederhole sich, vor allem aber: »schließlich ist er mir gar zu sehr in das Leben verliebt« (an Gersdorff, 26. Mai 1876; *Briefe* I, 238). Was Nietzsche an Emerson faszinierte, waren nicht so sehr spezifische Denkinhalte als ein gewisser geistiger Habitus, das Essayistische dieses Denkens und die ästhetischen Qualitäten von Emersons Werk. Was die geistige Substanz betrifft, so hat der Einfluß des »trefflichen Emerson« den von Schopenhauer und Wagner, also Nietzsches früheste Schaffensperiode, kaum überlebt.[8]


## III


Zwar gewiß nicht als ein »Land der Denker und Dichter«, aber als gesellschaftliche Wirklichkeit mit einem politischen Zukunftsanspruch spielt Amerika eine begrenzte, doch bedenkenswerte Rolle in den Schriften Nietzsches. Der junge Baseler Professor beschwört 1872 eine »schreckliche Gefahr: daß das amerikanisch-politische Getreibe und die haltlose Gelehrtenkultur sich verschmelzen« (NW II, 514). In seinem letzten Schaffensjahr dagegen versäumt Nietzsche nie, unter seinen »eigentlichen Lesern« Amerikaner anzuführen – wobei mehrmals sogar New York genannt wird. Dazwischen liegen sechzehn Jahre, in denen (in Werken, Briefen und Notizen des Nachlasses) der Begriff ›Amerika‹ sporadisch immer wieder auftaucht. Der Grundton bleibt kritisch; aber es ist bezeichnend, daß Nietzsches Einwände gegen den ›American Way of Life‹ häufig in seiner Kritik der zeitgenössischen Zustände in *Deutschland* eine genaue Parallele finden. Von der unseligen ›modernen Bewegtheit‹ meint er zwar, sie nehme nach Westen hin stufenweise zu und werde so groß, »daß die höhere Kultur ihre Früchte nicht mehr zeitigen kann.«. Woraus er jedoch schließt: »Aus Mangel an Ruhe läuft unsere [!] Zivilisation in eine neue Barbarei aus« (I, 620). Hast, Geistlosigkeit, plumpe Deutlichkeit, Arbeitswut (»Die eigentliche Tugend ist jetzt, etwas in weniger Zeit zu tun als ein anderer« – II, 191) bezeichnen zwar für Nietzsche die amerikanische Wirklichkeit, kaum weniger aber auch die deutsche: »Das gegenwärtige Deutschland, das mit Anspannung aller Kräfte arbeitet und eine Überladung und frühzeitiges Alter zu seinen normalen Folgen zählt, wird sich schon in zwei Generationen abzahlen mit einer tiefen Degenereszenzerscheinung« (NB II, 395). (Um 1880 konzipiert, weist diese Voraussage auf die dreißiger Jahre unseres Jahrhunderts als Erfüllungszeit.) Denn »die tätigsten Völker sind jetzt die müdesten! Sie haben nicht mehr Kraft genug zur *Faulheit*« (NW II, 456) – eine Meinung, die für Nietzsche besonders in Hinblick auf den Gegensatz zu Rußland wichtig wird. Der eigentliche Amerikanerglaube sei der – typisch demokratische –, »*jeder Rolle gewachsen zu sein*, wo jeder mit sich versucht, improvisiert, neu versucht, mit Lust versucht« (II, 224). Was jedoch, trotz dieses Optimismus, von nun an nicht mehr gebaut werden *könne*, »das ist – eine Gesellschaft im alten Verstand des Wortes«. Und mit der schon bekannten, unvermittelten Wendung von *amerikanischen* Zuständen zu allgemein *westlichen*: »*Wir alle sind kein Material mehr für eine Gesellschaft*« (II, 225). Neben schrankenlosem Optimismus hält Nietzsche »Die Art offener und herzhafter Vertraulichkeit, wie man sie heute [...] nötig hat, um beliebt und geachtet zu sein«, für ein Kennzeichen des demokratischen Zeitalters (NW II, 492).

Besonders bemerkenswert ist, daß Nietzsche zwar nahelegt, »den Blick fernhin auf Nordamerika [zu] richten«, aber (bei aller Ähnlichkeit mit Europa und besonders Deutschland) doch nicht, um so zukünftige Entwicklungen frühzeitig zu erkennen, sondern im Gegenteil, um »die anfänglichen und normalen Bewegungen des gesellschaftlichen Körpers noch mit Augen *sehen*« zu können, »während in Deutschland dazu schwierige historische Studien [...] nötig sind« (I, 990). Also nicht als fortgeschritten, sondern als zurückgeblieben, instruktiv einfach, ja, primitiv, stellt sich diesem Blick das ›Land der unbegrenzten Möglichkeiten‹ dar![9]

Erstaunlich ist schließlich die Rolle, die den Vereinigten Staaten in Nietzsches späten Spekulationen und Phantasien über die ›zukünftige Weltherrschaft‹ zufällt. Zwar nennt er die Amerikaner (zusammen mit den Engländern und Russen) als Kandidaten für eine Gattung Mensch, für die er, Nietzsche, schreibe, obwohl sie noch nicht vorhanden sei: die ›Herren der Erde‹ (NG/F, 640). Aber seine Hoffnung auf eine ›angelsächsische Weltherrschaft‹ ist gering: »Bisher sind die Engländer dumm, die Amerikaner werden notwendig oberflächlich (Hast) – – –« (NB II, 436).[10] Auch seien »die Amerikaner zu schnell verbraucht, – vielleicht nur anscheinend eine zukünftige Weltmacht« (NB II, 432). Nietzsche empfiehlt Deutschland deshalb – wie noch auszuführen sein wird – »ein unbedingtes Zusammengehen mit Rußland«,[11] das allerdings Sorge tragen müsse, daß »keine englischen [d. h. wohl ›parlamentarischen‹] Schemata zur Herrschaft kommen«. Nachdrücklich aber rät er: »Keine amerikanische Zukunft!« (alle NB II, 430).

Daß Nietzsche schließlich auch den (für den amerikanischen Intellektuellen der Gegenwart so bezeichnenden) soziologisch aufgeklärten und gemäßigt fortschrittlichen College-Liberalen als Typus voraussah und ablehnte, geht aus der folgenden Stelle hervor, die nicht nur ihres Gewichts wegen, sondern auch deshalb in extenso zitiert werden muß, weil Nietzsche (nicht ohne das Zutun von Büchern wie das Walter Kaufmanns)[12] sich gerade in den hier angesprochenen Kreisen wieder wachsenden Interesses erfreut. Um eine Definition des ›freien Geistes‹ (als des Philosophen der Zukunft) bemüht, schreibt Nietzsche 1886 in *Jenseits von Gut und Böse*: »In allen Ländern Europas und ebenso in Amerika gibt es jetzt etwas, das Mißbrauch mit diesem Namen treibt, eine sehr enge, eingefangene, an Ketten gelegte Art von Geistern, welche ungefähr das Gegenteil von dem wollen, was in unseren Absichten und Instinkten liegt [...]. Sie gehören, kurz und schlimm, unter die *Nivellierer*, diese fälschlich genannten ›freien Geister‹ – als beredte und schreibfingrige Sklaven des demokratischen Geschmacks und seiner ›modernen Ideen‹; allesamt Menschen ohne Einsamkeit, [...] unfrei und zum Lachen oberflächlich [...], vor allem mit ihrem Grundhange, in den Formen der bisherigen alten Gesellschaft ungefähr die Ursache für *alles* menschliche Elend und Mißraten zu sehen: wobei die Wahrheit glücklich auf den Kopf zu stehn kommt! Was sie mit allen Kräften erstreben möchten, ist das allgemeine grüne Weide-Glück der Herde, mit Sicherheit, Ungefährlichkeit, Behagen, Erleichterung des Lebens für jedermann; ihre beiden am reichlichsten abgesungenen Lieder und Lehren heißen ›Gleichheit der Rechte‹ und ›Mitgefühl für alles Leidende‹ – und das Leiden selbst wird von ihnen als etwas genommen, das man abschaffen muß. [...] wir *sind* etwas andres als ›libres-penseurs‹, ›liberi pensatori‹, ›Freidenker‹ und wie alle diese braven Fürsprecher der ›modernen Ideen‹ sich zu benennen lieben« (II, 606 f.).


IV


Was nun Nietzsches Stellungnahme zum dialektischen Gegenspieler Amerikas, Rußland, angeht, so fällt zunächst zweierlei auf. Erstens, alle bekannten Hinweise und Bezüge auf Rußland stammen aus Nietzsches letzten fünf Schaffensjahren, 1883 bis 1888. Zweitens, sie sind ausnahmslos – und in noch höherem Maß als die Hinweise auf Amerika ablehnend und *negativ* waren – zustimmend und *positiv*. Darin liegt denn auch ihre Bedeutung für unsere Fragestellung: Nietzsches Hoffnung auf Rußland korrespondiert direkt und genau seiner Skepsis gegenüber den Vereinigten Staaten. Natürlich darf darüber nicht vergessen werden, daß sich die Entwicklung Amerikas bruchlos und mehr oder weniger geradlinig bis in die Gegenwart fortgesetzt hat, daß sich aber das Rußland unserer Tage vom Zarenreich, über das Nietzsche schrieb, radikal unterscheidet. Trotzdem muß zumindest offenbleiben, ob Nietzsche unter dem Eindruck der russischen Oktoberrevolution seine hohen Erwartungen in Rußlands Zukunft revidiert hätte – es wird sich im folgenden erweisen, daß seine Hoffnungen sich auf Züge des »russischen Nationalcharakters« gründeten, die von der Regierungsform und der Sozialstruktur weitgehend unabhängig waren.[13] (Außerdem: so kritisch Nietzsche z. B. manchen Aspekten der Französischen Revolution von 1789 gegenüberstand – weder an seiner Hochachtung der französischen Nation und ihrer Kultur noch auch am Glauben an ihre Zukunft hat sich dadurch für Nietzsche etwas geändert).

Relativ harmlos sind die vielen Stellen, an denen Nietzsche die Russen – neben den Franzosen, zuweilen auch den Skandinaviern (der Erfolg der Brandesschen Nietzsche-Vorlesungen in Kopenhagen) – als seine »natürlichen Leser« bezeichnet. Außerdem sei Rußland (wiederum mit Frankreich) das einzige Land, in dem es Psychologen gebe (I, 444) – Nietzsche denkt vor allem an den eben entdeckten Dostojewski. Sonderbarer ist es schon, wenn Nietzsche jenen »beherzten Fatalismus ohne Revolte« (II, 824) der Russen für die Haupteigenschaft hält, durch die sie sich vom Westländer zu ihrem Vorteil unterscheiden. Noch erstaunlicher wird es, wenn Nietzsche eben jenen russischen Fatalismus des Überhaupt-nicht-mehr-Reagierens (»eine Art Wille zum Winterschlaf«) auch für sich selbst in Anspruch nimmt und zugleich als Heilmittel der seelischen Hygiene empfiehlt (II, 1077).

Am merkwürdigsten aber berühren die Stellen, wo Nietzsche Rußland in seine Spekulationen über die ›zukünftige Erdherrschaft‹ einbezieht. Für Deutschland, meint Nietzsche, drohe »alle Gefahr von einem Bündnisse Frankreichs mit Rußland« (I, 672). Im anderen Falle gehöre jedoch »ein deutsch-slavisches Erdregiment nicht zu dem Unwahrscheinlichsten« (NB II, 433). Und diese Möglichkeit gründet für Nietzsche sehr viel mehr in seiner Überzeugung von der großen Zukunft *Rußlands* als der Deutschlands: »Rußland, die *einzige* Macht, die heute Dauer im Leibe hat, die warten kann, die etwas noch versprechen kann – Rußland, der Gegensatz-Begriff zu der erbärmlichen europäischen Kleinstaaterei und Nervosität, die mit der Gründung des deutschen Reichs in einen kritischen Zustand eingetreten ist. . . . Der ganze Westen hat jene Instinkte nicht mehr, aus denen Institutionen wachsen, aus denen *Zukunft* wächst« (II, 1016). Es ist durchaus bezeichnend, daß Nietzsche den *anderen* naheliegenden Gegensatz zur »erbärmlichen europäischen Kleinstaaterei und Nervosität«, nämlich die USA, an dieser Stelle gar nicht in den Blick bekommt. Er konfrontiert die allgemeine europäische ›Krankheit des Willens‹ (besonders Frankreichs, dann Deutschlands, weniger Englands und Spaniens), mit einer historisch möglichen »Kraft zu wollen, und zwar einen Willen lang zu wollen«, und findet diese Kraft »am allerstärksten und erstaunlichsten in jenem ungeheuren Zwischenreiche, wo Europa gleichsam nach Asien zurückfließt, in Rußland. Da ist die Kraft zu wollen seit langem zurückgelegt und aufgespeichert, da wartet der Wille – ungewiß, ob als Wille der Verneinung oder der Bejahung – in bedrohlicher Weise darauf, ausgelöst zu werden« (II, 671 f.).

Von diesem russischen Reich, »das Zeit hat und nicht von gestern ist« (II, 717), behauptet Nietzsche aber geradezu: »Rußland muß Herr Europas und Asiens werden, – es muß *kolonialisieren* und *China* und Indien *gewinnen*« (NB II, 436; die Hervorhebungen sind von Nietzsche). Niemand glaube nämlich mehr daran – so Nietzsche Mitte der achtziger Jahre –, »daß England selber stark genug sei, seine alte Rolle nur noch fünfzig Jahre fortzuspielen; es geht an der Unmöglichkeit, die *homines novi* von der Regierung auszuschließen, zugrunde« (NB II, 435). Als ein Denker, »der die Zukunft Europas auf dem Gewissen hat«, legt Nietzsche deshalb vor allem nahe, »mit den Juden [zu] rechnen wie mit den Russen, als den zunächst sichersten und wahrscheinlichsten Faktoren im großen Spiel und Kampf der Kräfte« (II, 717). Fügt man diese verschiedenen Ansätze zusammen, so ergibt sich folgende Strategie: »Unbedingtes Zusammengehen mit Rußland« (NB II, 430), d. h. »Ineinanderwachsen der deutschen und slavischen Rasse« (ebd.), außerdem Einbeziehung der »geschicktesten Geldmenschen, der Juden« (ebd.), denn: »Der Sinn für Geld will gelernt, vererbt und tausendfach vererbt sein: jetzt noch nimmt es der Jude mit dem Amerikaner auf« (NB II, 433 f.). Schließlich »hat Europa wahrscheinlich nötig, sich ernsthaft mit England zu ›verständigen‹« – um dann »mit guten Aussichten in den Kampf um die Regierung der Erde einzutreten – es liegt auf der Hand, gegen wen sich dieser Kampf richten wird« (NB II, 434). In der Tat, es liegt auf der Hand! Denn Nietzsches Phantastik entbehrt keineswegs einer gewissen Folgerichtigkeit: ›there is method in the madness‹. Ein geeintes Europa, beherrscht von Rußland und verbündet mit England, möge und wird, so meint er, den transatlantischen Gegner stellen. Und Nietzsches Hoffnungen für den Ausgang dieser globalen Auseinandersetzung werden genährt – dies gilt es festzuhalten – von seinem unbedingten Vertrauen in die Kraft Rußlands, dem natürlichen Pendant seines tiefen Mißtrauens gegenüber der Vitalität Amerikas.


V


Es unterliegt keinem Zweifel – Nietzsches Kenntnis der amerikanischen Zustände war bescheiden, und man darf wohl hinzufügen, unnötig und ungehörig bescheiden für den ›radikal aristokratischen‹ Kritiker des demokratischen Zeitalters, als der er auftrat. Weder den revolutionären Begründer (Washington) noch den utopischen Verkünder der amerikanischen Demokratie (Jefferson), weder deren individuellsten Interpreten (Thoreau) noch ihren wortgewaltigsten Lyriker (Whitman) scheint Nietzsche gekannt zu haben, ebensowenig den ersten internationalen Soziologen dieser Demokratie (Tocqueville) oder Amerikas ersten eigenständigen Philosophen (William James) – auf keinen bezieht er sich in seinen Schriften oder Briefen. Diese von Nietzsche – zumindest für unser Thema – demonstrierte Verbindung von äußerst spärlicher Information und äußerst pauschaler Kritik erfreut sich gerade in dem Land, gegen das sich diese Kritik richtet, keines hohen Kredits: man hätte Nietzsche dort wohl freundlich geraten, zunächst einmal die empirische Basis für seine Urteile zu verbreitern.

Selbst wenn man einräumt, daß Nietzsche viele der angeführten Zitate nicht selbst zur Veröffentlichung bestimmt oder freigegeben hat und daß ja, was das Faktische seiner Prophezeiungen angeht, sozusagen noch nicht aller Tage Abend ist – das Fragwürdige und Willkürliche vor allem seiner historischen Perspektiven ist, bei aller Brillanz des Formulierens und trotz eindrucksvoller Einzeleinsichten, in den letzten hundert Jahren doch deutlich geworden. So hätte denn auch z. B. Amerikas Beitrag zur Weltliteratur im 20. Jahrhundert (Sinclair, Faulkner, Hemingway, Fitzgerald, Henry Miller, Dos Passos, Caldwell, Steinbeck, Mailer, Baldwin; Frost,

Stevens, Pound, W. C. Williams, Marianne Moore, T. S. Eliot, Robert Lowell; O'Neill, Anderson, Wilder, Tennessee Williams, Arthur Miller – um nur an die wichtigsten Namen zu erinnern) Nietzsche von *seinen* Prämissen aus völlig undenkbar erscheinen müssen. Ähnlich verhält es sich mit den anderen Künsten. Zweifellos hätte Nietzsche gewisse Tendenzen der neueren amerikanischen Philosophie, sofern er sie gekannt hätte, begrüßt: vor allem die pragmatisierende Auflösung eines unperspektivisch-starren Wahrheitsbegriffs; ferner die biologische Relativierung der Moral im philosophischen Naturalismus; mit gewissen Abstrichen wohl sogar die Entschlossenheit, mit der man der Metaphysik auf Grund grammatischer und semantischer Untersuchungen auf den Leib rückte.

Trotzdem muß man letztlich bezweifeln, daß eine volle kritische Auseinandersetzung mit der Neuen Welt Nietzsche zu wesentlich anderen Ergebnissen gebracht hätte. Selbst wenn er den Blick etwas *weniger* ›fernhin‹ auf Nordamerika gerichtet hätte: die Werte dieses Landes waren nicht seine und konnten es selbst in den Zeiten ungetrübten Selbstbewußtseins und ungebrochener Selbstidentität dieser Nation nicht sein. (Wie Nietzsche das Amerika unserer eigenen post-Nixonschen Epoche beurteilt haben könnte, übersteigt die Phantasie und kann hier ebensowenig Gegenstand der Spekulation werden wie die nicht minder faszinierende Frage, für welchen der beiden Teile Deutschlands – den mit der »amerikanischen Zukunft« oder den mit der »russischen Zukunft« – Nietzsche optiert haben würde.) Die begrenzte Skala seiner Reaktionen auf den Begriff ›Amerika‹ – von neutral vermutend über skeptisch zweifelnd bis aggressiv ablehnend – hätte sich durch eingehendes Studium gewiß erweitert; entscheidend geändert hätte sie sich kaum. So bleibt (wenn man vom Emerson-Erlebnis absieht) als einzige spontan *positive*[14] Reaktion Nietzsches auf ein amerikanisches Phänomen die versöhnliche Banalität, die er sich um 1880, anläßlich der Lektüre Mark Twains, notierte: »Mir tut das amerikanische Lachen wohl« (NB II, 357).

---

1 Vgl. die »International Nietzsche Bibliography« (hrsg. von Herbert W. Reichert u. Karl Schlechta; bes. die zweite, revidierte Auflage: Chapel Hill, North Carolina 1968) sowie deren Weiterführung im »Internationalen Jahrbuch für die Nietzsche-Forschung«.

2 Nietzsches von ihm selbst zum Druck gebrachte Schriften werden, mit Band- und Seitenangaben im Text, nach folgender Ausgabe zitiert: Werke in drei Bänden. Hrsg. von Karl Schlechta. München 1954–56. Da sich jedoch Schlechtas Ausgabe des »Nachlasses der achtziger Jahre« (Bd. III) damit begnügt, die künstliche Ordnung des sogenannten »Willens zur Macht« wieder in vollkommenes Chaos rückzuverwandeln, wird der Nachlaß in folgender zugänglicherer (wenn auch von Nietzsche gleichfalls *nicht* autorisierter) Form zitiert:
NG/F = Der Wille zur Macht (2. Fassung, urspr. 1906). Hrsg. von Peter Gast u. Elisabeth Förster-Nietzsche. Leipzig 1930.
NB = Die Unschuld des Werdens. Der Nachlaß. Hrsg. von Alfred Baeumler. 2 Bde. Stuttgart 1956 (1. Aufl. Leipzig 1931).
NW = Umwertung aller Werte. Hrsg. von Friedrich Würzbach. 2 Bde. München 1969 – ein von J. Singldinger revidierter Neudruck von: Friedrich Würzbach, Das Vermächtnis Friedrich Nietzsches. Salzburg u. Leipzig 1940.
Die Briefe Nietzsches werden, soweit möglich, nach der Auswahl im Band III der Schlechtaschen Werkausgabe zitiert; sonst nach: Friedrich Nietzsches Gesammelte Briefe. Hrsg. von Peter Gast u. Arthur Seidl. 2 Bde. Berlin u. Leipzig 1900.

3 Noch 1884 konnte Nietzsche seinem Freund Overbeck von einer alten amerikanischen Pfarrerin in Nizza berichten, »die mir täglich c. 2 Stunden aus dem Englischen übersetzt hat« (III, 1217).

4 Im folgenden bezeichnen die Jahreszahlen in Klammern jeweils die deutsche Erstausgabe: Von Franklin (den Herder schon 1793 den »edelsten Volksschriftsteller unseres Jahrhunderts« nannte) lag eine dreibändige Ausgabe der Werke vor (1780), dazu mehrere Bände später und nachgelassener Schriften; von Irving, außer vielen Einzelausgaben, eine Gesamtausgabe in 74 [!] Bänden (1826–37); von Cooper, neben einzelnen Bänden, eine dreißigbändige Ausgabe »Amerikanische Romane« (1840–50). Von Hawthorne existierten alle Hauptwerke, dazu eine fünfbändige Werkausgabe (1851/52); von Longfellow sechzehn deutsche Titel allein von 1854 bis 1880; von Poe, nach der »Philosophy of Composition« (1847), verschiedene Ausgaben der Erzählungen, dazu Ausgewählte Werke in drei Bänden (1853/54) – eine zehnbändige Werkausgabe, übersetzt von Moeller van den Bruck, folgte (1901–04). Beecher-Stowes »Uncle Tom's Cabin«, 1852, kam sofort auch deutsch heraus, gefolgt von mehreren Bänden Ergänzungen und dem »Key to Uncle Tom's Cabin« (1853, engl. u. dt.); von Melville waren einige frühe Romane übersetzt (z. T. von Gerstäcker), dagegen erstaunlicherweise weder »Moby Dick«, 1851 (dt. erst 1927), noch »Billy Budd«, 1890 (1938). Von Whitman hatte Freiligrath eine Auswahl der »Leaves of Grass« deutsch herausgebracht (1868); von Mark Twain wurde (1869) eine Gesamtausgabe begonnen, die sich schließlich auf 33 Bände belief. Von Nietzsches fast gleichaltrigen Zeitgenossen, den Brüdern James (geb. 1842 und 1843), hätte er immerhin einige frühe Werke Henrys lesen können: »A Passionate Pilgrim«, 1871 (1875), »Roderick Hudson«, 1876 (1876), »The American«, 1877 (1877). (Dagegen wurden die ebenfalls noch frühen Romane »Washington Square«, 1881, »The Portrait of a Lady«, 1881, und »The Princess Casamassima«, 1886, sonderbarerweise erst in den fünfziger Jahren unseres Jahrhunderts übersetzt.) William James hingegen veröffentlichte sein erstes größeres Werk, »Principles of Psychology«, erst 1890, also nach Nietzsches Zusammenbruch.

5 Vgl. Nietzsches Brief an Franz Overbeck (III, 1250; 13. Februar 1887), in dem er sich auf das Hauptwerk des deutschen Historikers Heinrich von Sybel bezieht, das er französisch lese. Damit konnte 1887 nur Sybels »Geschichte der Revolutionszeit 1789–1795« (1853–60) und »1795–1800« (1870–79) gemeint sein; das korrespondierende Werk Taines war also offensichtlich »Les Origines de la France Contemporaine« (6 Bde., 1875–93). Nietzsche studierte die Französische Revolution also genau mit Hilfe der, wie Friedrich Engels in einem Brief an Karl Kautsky (London, 20. Februar 1889) schreibt, »vom Philister vergötterten Taine und Tocqueville«, die jedoch, wie Engels ausdrücklich warnt, als Materialquelle »nicht hinreichen« (Karl Marx u. Friedrich Engels: Ausgewählte Briefe. Berlin 1953. S. 486). Im übrigen bezogen sich Marx und Engels weder hier noch sonst irgendwo auf Nietzsche; Nietzsche sich umgekehrt nie auf die beiden.

6 Von Thoreau möchte man vermuten, er hätte Nietzsche letztlich noch mehr bedeutet als Emerson: sein Individualismus, seine Verachtung für die Mehrheit (»Anyone more right than his neighbors constitutes a majority of one already«), seine Skepsis gegenüber allem Fortschritt auf Grund sozialer Reformen, seine Ablehnung konventioneller Moral und Religion, seine feindliche Haltung gegenüber dem Staat (»That government is best that governs« – nicht, wie Jefferson noch sagte, »least«, sondern – »not at all«): all dies sind Züge, die Thoreau Nietzsche gewiß hätten anziehend und verwandt erscheinen lassen. Aber »Walden« erschien erst 1897 in deutscher Übersetzung.

7 Von Emerson waren folgende Werke deutsch verfügbar: »English Traits«, 1856 (1857), »Representative Men«, 1850 (1857), »Essays« I und II, 1841/44 (1858), »The Conduct of Life«, 1860 (1862), »Nature«, 1836 (1873), »Society and Solitude«, 1870 (1875). Übrigens folgte der ersten amerikanischen Gesamtausgabe, 1903/04, sofort eine deutsche in sechs Bänden (1905). Nietzsches Beziehung zu Emerson war denn auch, von 1896 bis in die Gegenwart, immer wieder Gegenstand wissenschaftlicher Untersuchung; vgl. »International Nietzsche Bibliography« (s. Anm. 1) bes. die Arbeiten von Eduard Baumgarten (Nr. 1428, 1430 und 1430a) und von Stanley Hubbard (2100).

8 Daran ändert auch die Tatsache nichts, daß sowohl in Deutschland (etwa bei Fritz Mauthner, 1893) als auch in England (vor allem in der Zeitschrift »The Eagle and the Serpent«, 1898–1903) Nietzsche immer wieder mit Emerson zusammen genannt und ein bedeutender Einfluß postuliert wurde.

9 Natürlich steht Nietzsche mit dieser Einschätzung nicht allein: obwohl aus einem ganz anderen Erwartungshorizont, findet z. B. auch Marx, man dürfe »die unentwickelten Verhältnisse in den Vereinigten Staaten« nicht als »Normalverhältnisse« gelten lassen (an J. Weydemeyer. London, 5. März 1852. In: Marx u. Engels, Ausgewählte Briefe [s. Anm. 5], S. 86). Erstaunlich ist demgegenüber der Weitblick Karl Gutzkows, der sich schon 1837 [!] ausdrücklich dagegen wendet, in

den USA einen bloßen »Nachzügler der Geschichte« zu sehen: »Dasselbe Land, welches jenen eine Trivialität ist, ist diesen ein Sitz der Freiheit und der Gleichheit der Menschenrechte. Jene sehen aus Nordamerika mit der Zeit eine Monarchie, – diese [und zu ihnen zählt sich Gutzkow] aus Europa, durch Amerika, eine Republik werden« (aus: Säkularbilder. Hier zitiert nach: Spektrum Amerika. Aus Werken hunderteinundvierzig europäischer Denker und Dichter. Hrsg. von Wulf Stratowa. Wien u. München 1964; diese Sammlung bietet einen erstaunlichen Chor von – überwiegend positiven – Stimmen zu Amerika, vom 18. Jahrhundert bis in die Gegenwart).

10 Amüsanterweise wird Nietzsche auch in diesem hypothetischen Vorurteil von Marx und Engels sekundiert: der letzte findet, »Die angelsächsische Rasse – diese verdammten Schleswig-Holsteiner, wie Marx sie immer nannte – ist ohnehin schwerfällig von Gehirn und ihre Geschichte in Europa und Amerika (ökonomischer Erfolg und politisch vorherrschend friedliche Entwicklung) hat das noch mehr befördert.« (Daß friedliche Entwicklung und ökonomischer Erfolg vor der *Ursache* ihrer – spekulativen – ›Dummheit‹ bereits die *Folge* ihrer – praktischen – Klugheit sein könnte, hat Engels offensichtlich ebensowenig erwogen wie Nietzsche. Vgl. Anm. 9, S. 544; 31. Dezember 1892.)

11 Hier sind ferne zeitgeschichtliche Echos nicht zu überhören: weniger des (beiderseits rein taktischen) deutsch-sowjetischen Nichtangriffspakts von 1939 als der (durchaus systematischen) Programme verschiedener ›nationalbolschewistischer‹ Gruppen zu Zeiten der Weimarer Republik.

12 Walter Kaufmann: Nietzsche. Philosopher, Psychologist, Antichrist. Princeton 1950. Das historische Verdienst dieses Buches bestand darin, daß es das (durch zwei Weltkriege geschürte) allgemeine amerikanische Unverständnis Nietzsche gegenüber abbaute; es erreichte dieses Ziel aber nicht ohne drastische Reduzierungen, Beschneidungen und Liberalisierungen von Nietzsches radikaleren Gedanken. Es bleibt merkwürdig, daß unter den vielen verdienstvollen Nietzsche-Übersetzungen Kaufmanns das Buch fehlt, das Kaufmanns Interpretation eines aufgeklärt-liberalen Nietzsche noch am ehesten stützt, nämlich »Menschliches, Allzumenschliches«.

13 Daß Nietzsche tatsächlich plausible Vorstellungen davon hatte, was mit Rußland geschehen könnte, geht aus der folgenden Notiz zum Thema »Zeichen des nächsten Jahrhunderts« hervor: »*Erstens:* das Eintreten der Russen in die Kultur. Ein grandioses Ziel. Nähe der Barbarei, Erwachen der Künste, Großherzigkeit der Jugend und phantastischer Wahnsinn und wirkliche Willenskraft.
*Zweitens:* die Sozialisten. Ebenfalls wirkliche Triebe und Willenskraft. Assoziation. Unerhörter Einfluß einzelner [. . .].
*Drittens:* die religiösen Kräfte könnten immer noch stark genug sein zu einer atheistischen Religion à la Buddha, welche über die Unterschiede der Konfessionen hinwegstriche, und die Wissenschaft hätte nichts gegen ein neues Ideal. Aber allgemeine Menschenliebe wird es nicht sein! [. . .]« (NB II, 365 f.).

14 Erst nach Fertigstellung des Manuskripts fand sich *eine* Stelle, die mich diese Behauptung zu qualifizieren zwingt – eine Notiz aus den frühen achtziger Jahren, die in keinem der angeführten Nachlaßbände, wohl aber im Bd. XI der Musarionausgabe nachzulesen ist: »Vielleicht wird keine Veränderung der Sitten dem freien Menschen und der Erkenntnis nützlicher sein als ein Überhandnehmen der ›unmoralischen‹ Denkweise der Amerikaner: in den Vereinigten Staaten gestattet sich ein jeder, seine Art zu leben und sich zu erhalten zehnmal zu wechseln und läuft keine Gefahr des bösen Leumunds – da wird man sich endlich auch gestatten, zehnmal seine Ansichten zu wechseln und zehnmal ein anderer Mensch zu sein« (S. 246).
Das klingt zunächst wie wenig mehr als eine Wiederholung dessen, was Nietzsche über die amerikanische Lust am Improvisieren schrieb (II, 224). Bedeutsam erscheint aber 1. daß durch den Bezug auf den »bösen Leumund«, der dem Rollenwechsel in Europa anhafte, eine deutlich autobiographische Note angeschlagen und 2. daß die amerikanische Freiheit und gesellschaftliche Beweglichkeit hier ganz positiv gesehen wird. Ferner 3. daß der »Immoralist« Nietzsche in den ›unmoralisch‹ (hier wohl im Sinne von ›unkonventionell‹) denkenden Amerikanern doch so etwas wie mögliche »Verbündete« zu sehen scheint; vor allem aber 4. daß Nietzsche, wenn auch nur implizit, die amerikanische Flexibilität zu seinem Grundgedanken des »Nur wer sich wandelt, bleibt mit mir verwandt« in Beziehung setzt. In diesem kurzen Abschnitt – und wohl nur hier – hat Nietzsche also dem nordamerikanischen Lebensstil doch Positives abzugewinnen vermocht. Gewiß hätte sich eine solche Perspektive weiter entwickeln lassen; ebenso gewiß ist aber, daß Nietzsche sie nicht weiterentwickelt hat. So bleibt diese Stelle die Ausnahme, die eine durchaus umgekehrt, nämlich antiamerikanisch lautende Regel bestätigt.

*Nachbemerkung:* Ein Wort noch über den vermutlich einzigen Brief, den Nietzsche nach Amerika schrieb. Er ging an die Adresse eines Prof. Karl Knortz in Evansville (Indiana), eines 1863 nach Amerika ausgewanderten deutschen Publizisten, Übersetzers, Redakteurs deutsch-amerikanischer Zeitungen und Direktors verschiedener deutscher Schulen in Amerika, der sich an Nietzsche mit der Bitte um Auskunft über seine Person und sein Werk gewandt hatte. Die Antwort ist eine Art »Ecce Homo« en miniature. Einerseits durchaus vernünftiger Rat: man möge mit »Jenseits« und »Genealogie« als den »weitgreifendsten und wichtigsten« Werken beginnen; die mittleren Bücher (»Morgenröte« und »Fröhliche Wissenschaft«) seien »die persönlichsten« und Nietzsche selbst »die sympathischesten«; die »Unzeitgemäßen Betrachtungen« seien bedeutend für Nietzsches Entwicklung; die »Geburt der Tragödie« und die späteren Werke (allerdings auch »Menschliches, Allzumenschliches«) werden nicht erwähnt. Anderseits – wie im »Ecce Homo« – maßlose Selbstüberschätzung: »Von meinem Zarathustra glaube ich ungefähr, daß es das tiefste Werk ist, das in deutscher Sprache existiert, auch das sprachlich vollkommenste« usw. (III, 1299–1301; Sils Maria, 21.Juni 1888). Wenig später brachte Nietzsche den »Ecce Homo« zu Papier – und es ist zumindest nicht auszuschließen, daß diese unschuldige Anfrage aus Amerika den Anstoß dazu gab.

PETER UWE HOHENDAHL

# Von der Rothaut zum Edelmenschen.
# Karl Mays Amerikaromane

## I

»Eine hohe Stirn, auf welcher Tapferkeit und Ehrlichkeit geschrieben standen, schwarze feurige Augen, eine römische Nase, endlich ein feiner und zugleich stolzer Mund gaben dem jungen Krieger ein Achtung gebietendes Aussehen. Er sah aus wie die Darstellung eines prächtigen antiken Standbildes in florentinischer Bronze.«[1] Wer erinnert sich bei dieser Beschreibung nicht sogleich an Winnetou, den Häuptling der Apachen. Indessen stammt das Zitat nicht aus einem der Werke Karl Mays, sondern aus Gabriel Ferrys Roman *Der Waldläufer*, der zuerst 1879 in deutscher Übersetzung erschien – übrigens von keinem anderen als Karl May bearbeitet und herausgegeben. Gemeint ist nicht der Freund Old Shatterhands, sondern ausgerechnet ein junger Comanche; und dieser Stamm wurde bekanntlich von Karl May nicht sehr geschätzt. Der Lieblingsstamm Mays hingegen wird von seinem französischen Vorgänger Ferry als feige und heimtückisch beschrieben, eine Darstellung, mit der sich die an der Westgrenze lebenden Siedler und Soldaten wohl einverstanden erklärt hätten. Die Verfasser von Indianergeschichten haben ihre eigentümlichen Vorlieben. May verlangt von seinem Leser, daß er sich mit den Apachen identifiziert und besonders die Sioux für grausam und böse hält. Bei Ferry sind, wie gesagt, eben diese heldenhaften Apachen die wahren Bösewichter. Beide konnten sich auf Cooper berufen, der in seinen *Lederstrumpf*-Geschichten die Mingos, d. h. die Irokesen, als die Bösen darstellte und alle guten Eigenschaften den aussterbenden Mohikanern und Delawaren vorbehielt. So widersprüchlich die Meinungen der weißen Autoren auch sind: es prägt sich in ihren Romanen ein festes Muster heraus. Ob im Osten, Süden oder Südwesten: die Indianer lassen sich regelmäßig in Schurken und Helden, Edle und Niedrige einteilen. Während die Guten nicht selten dem antiken Schönheitsideal entsprechen, fehlt bei den Bösen nie der Hinweis auf die Teufel der christlichen Mythologie. Die Häufigkeit und noch mehr die Strenge, mit der diese Einteilung in der Indianerliteratur erscheint, fordert zum Nachdenken heraus. Wie kommt es, daß Coopers Delawaren oder Mays Apachen Muster der Tugend sind, während ihre Gegner von den guten Eigenschaften nicht eine erhalten haben sollen?

Der Ethnologe wird sich vergeblich bemühen, die genannten Unterschiede zu finden; schon eher möchte der Historiker in den Berichten der weißen Siedler und den Protokollen der US-Armee manche der Züge wiedererkennen, welche die Romanciers ihren Indianern freigebig verleihen. Freilich ließen sich aus solchen Urkunden wohl eher die negativen Eigenschaften zusammenstellen. Bei dem beschriebenen Gegensatz handelt es sich offensichtlich um einen literarischen Topos, der sich mit großer Hartnäckigkeit immer wieder durchsetzt – auch gegen die historische Wirklichkeit.[2] Schon bei Cooper, für den die Kämpfe zwischen Weißen und Indianern räumlich wie zeitlich noch sehr nahe lagen, zeigen sich eklatante Widersprüche zur tatsächlichen Geschichte. Seine guten Wilden, die Mohikaner und Delawaren, stehen im Bündnis mit den Engländern und Amerikanern, während die bösartigen Mingos, wie nicht anders zu erwarten, auf der Seite der französischen Feinde kämpften. Diese Einstellung wäre mit den Interessen des Amerikaners Cooper zu erklären: der gute Indianer ist der Freund der eigenen Partei. Ist er auch kein zivilisierter Weißer, so läßt er sich immerhin als der edle Wilde preisen.[3] Indessen wird die Situation dadurch kompliziert, daß Cooper sich über die tatsächlichen Parteiungen im englisch-französischen Krieg irrte. Ausgerechnet seine guten Delawaren nämlich kämpften zum guten Teil auf der Seite der Franzosen, während die Irokesen, also der Bund der sechs Nationen, sich neutral verhielten oder zu den Engländern neigten.[4] Die Quelle dieses Irrtums ist bekannt. Es handelt sich um John Heckewelders *Account of the History, Manners and Customs of the Indian Nations, Who once Inhabited Pennsylvania and the Neighbouring States* (1819). Heckewelders verzerrte Sicht machte sicher keine Geschichte, aber Literaturgeschichte. Seine einfühlende und positive Beschreibung der Delawaren und seine feindseligen Äußerungen über die Irokesen boten Cooper das Schema für seine fiktionalen Charaktere. Mehr noch: sie lieferten das Modell für die Gattung der Indianergeschichte. Die Indianer teilen sich in gute und böse. Es scheint, daß die späteren europäischen Autoren wie Ferry, Möllhausen und May noch weniger Rücksicht auf die wirklichen Verhältnisse nahmen als Cooper. Brauchten sie doch kaum damit zu rechnen, daß ihre Leser mit der historischen Ausdehnung der Vereinigten Staaten zum Westen mehr als flüchtig vertraut waren. Die zunehmende Ablösung der Indianergeschichte von der Wirklichkeit ist die Voraussetzung für ihre Internationalisierung. Indem sich ein Muster herausbildete, das sich mit Realitätselementen fast beliebig füllen ließ, wurde die Geschichte der Indianer literarisch für den weiteren europäisch-amerikanischen Kulturkreis verfügbar. Die Enthistorisierung erlaubt dem Autor (der späte May war sich dessen vollkommen bewußt), die Überlieferung nach den Bedürfnissen seiner Leser umzugestalten. So wäre es auch nicht sinnvoll, May die historischen und ethnologischen Irrtümer anzurechnen. Was er über den amerikanischen Westen wußte, stammte aus zweiter und dritter Hand. Nicht daß May amerikanische Geschichte sich sehr eigenwillig angeeignet hat, ist bemerkenswert, sondern wie und mit welcher Absicht es geschah.

Mays Romane haben in Deutschland Millionen Leser gefunden; sie sind in zahlreiche Sprachen übersetzt worden, in Amerika dagegen sind sie fast unbekannt geblieben. Über die Ursachen lassen sich Vermutungen anstellen. Zunächst einmal war Coopers Ruhm hier zu fest begründet, als daß ein Ausländer im gleichen Genre noch einen Platz finden konnte, ferner hätte der amerikanische Leser zu viele unstimmige Details gefunden, die das europäische Publikum nicht stören konnten. Bezeichnenderweise fanden Sealsfield und Gerstäcker, die beide die Vereinigten Staaten aus eigner Anschauung kannten, noch eine begrenzte Aufnahme.[5] Daß Karl May seine Indianer, sofern sie zu den richtigen Stämmen gehörten, sehr positiv schilderte und über die weißen Amerikaner in der Regel weniger freundlich urteilte, hätte hingegen auf die Rezeption kaum Einfluß gehabt, denn diese kritische Einstellung ist der zeitgenössischen amerikanischen Indianerliteratur nicht fremd. Es sei nur an Helen Hunt Jacksons Roman *Ramona* (1884) erinnert. Dort spielen die nach Kalifornien eindringenden Yankees die Rolle der Schurken. Sie vertreiben rücksichtslos die halbzivilisierten Indianerstämme von ihrem Land. Die proindianische Einstellung gehört, wenigstens bis zu einem gewissen Grade, durchaus zur literarischen Tradition, mit der wir es hier zu tun haben. May setzt nur eine bereits vorgeformte Idee fort: die Kämpfe zwischen Weißen und Indianern stellen den tragischen Untergang der roten Rasse dar.[6] Und Mays Sympathien sind wie diejenigen Helen Hunt Jacksons auf der Seite der ihren Lebensraum verteidigenden Indianer. Daß der rote Mann dem Untergang geweiht schien, verlieh ihm ästhetisch Größe und Würde.

Für amerikanische Autoren war dieser Untergang, mochte er auch legendäre Züge annehmen, letztlich etwas Reales. Kongreß und Regierung hatten sich mit der Indianerfrage zu beschäftigen. Und meistens handelte es sich dabei um nüchterne Probleme wie Reservatsrechte, Versorgung mit Lebensmitteln, Schutz gegen eindringende weiße Siedler usw. Für den europäischen Schriftsteller wie May wird dieser Kampf der Indianer um die eigene Lebensform zu einem heroischen Epos. Die Ereignisse, die sich in Mays Romanen westlich des Mississippis abspielen, lassen sich auf der Landkarte verfolgen, aber nicht in den Annalen der amerikanischen Geschichte.[7] Mays Wilder Westen zeichnet sich vor allem dadurch aus, grundlegend anders zu sein als die zivilisierte Welt. Im Wilden Westen fehlt die gesellschaftliche Ordnung (wie bereits Cooper in *The Prairie* hervorhob), es gibt keine anderen verbindlichen Normen des Zusammenlebens als die Sitten der wilden Stämme und die kruden Ordnungsbegriffe der Waldläufer und Squatter. Es ist eine Welt, in der jeder für sich selbst einstehen und sorgen muß. Der Schwache wird durch den Starken bezwungen und dieser wiederum durch den Stärkeren.

Damit ist der Zugang zu Mays Darstellung der Indianer gewonnen. Diese setzt den Gegensatz von Zivilisation und Natur voraus. Freilich läßt sich dieser Gegensatz nicht auf die einfache Formel bringen, die unzivilisierten Indianer seien gut und die zivilisierten Weißen böse. Der edle Wilde repräsentiert ja nur die eine Seite; genauso oft schildern Mays Romane die Grausamkeiten der Roten. Die Comanchen, Sioux und Kiowas haben es auf das Leben Old Shatterhands und seiner Freunde abgesehen, und nur mit knapper Not entgeht er mehrfach dem Untergang am Marterpfahl. Als Barbaren folgen diese Stämme ihren archaischen Normen. Sie mögen unbelehrbar erscheinen, niemals aber verächtlich, denn sie gehören zu einer Welt, in welcher die Werte der Zivilisation nicht anwendbar sind. Folglich können sie auch nicht, wie bereits Cooper eingewandt hat, mit den gleichen Maßstäben gemessen werden. Die Vorstellung der christlichen Nächstenliebe zum Beispiel, die Old Shatterhand in diese Welt hineinträgt, sind den Indianern, und nicht nur den ›bösen‹, fremd, ja eigentlich unverständlich. Nur Ausnahmegestalten wie Winnetou, und dieser auch nur durch den Umgang mit Old Shatterhand, gewinnen Einsicht in die Überlegenheit dieser Normen. Denn daß diese Werte der christlichen Kultur letztlich die höheren sind, ist bei aller Sympathie für den roten Mann auch für Old Shatterhand und seinen Autor unveräußerlich. Dies gilt übrigens für die gesamte Tradition der weißen Indianerliteratur. Die Kritik der Weißen und die Anteilnahme am Schicksal der Indianer finden genau dort ihre Grenze, wo fundamentale Werte der europäisch-amerikanischen Kultur in Frage gestellt würden. Die Mißbilligung weißen Verhaltens unterstreicht dies im Grunde nur. Denn in der Regel läuft sie darauf hinaus, daß die weißen Siedler, Händler und Soldaten vor diesen Werten versagen. Ein renitenter, der Humanisierung nicht zugänglicher Westmann wie Old Wabble stirbt so, wie er andere hat sterben lassen: einen grausamen Tod.[8] Die göttliche Vorsehung, deren didaktische Funktion bei May unübersehbar ist, greift immer dann ein, wenn der Verstoß gegen die Grundwerte so groß ist, daß freundliche Ermahnung oder menschliche Strafe nicht mehr angemessen erscheinen. Zwischen der Vorsehung und Old Shatterhand besteht eine klare Arbeitsteilung; sie übernimmt die Erledigung der moralisch hoffnungslosen Fälle. Es sei nur an das Ende des Mörders von Winnetous Vater und Schwester erinnert: Santer stürzt auf der Suche nach dem Goldschatz in den See. Mays Schurken sind meist Weiße wie Santer oder der Cornel Brinkley im *Schatz im Silbersee* bzw. die Meltons in den Bänden *Satan und Ischariot*. Diese Männer sind schlechthin böse, sie vertreten das Prinzip und zeigen keinerlei menschliche Regungen.

Das altmodische Gehabe dieser Schurken, ihre literarische Simplizität, sollte indessen nicht dazu verführen, sie als bloße literarische Konventionen zu behandeln, denn das würde die Sicht auf die Funktion solcher Figuren verstellen. Wenn auch eine psychologische Motivation ihrer bösen Taten nicht gegeben wird, so ist doch das Feld abgesteckt, auf das sich ihre Aktionen beziehen. Wo immer Geld in der Form von verborgenen Schätzen, Kriegs- oder Eisenbahnkassen sich gehäuft findet, sind die Bösen nicht fern und droht den Unschuldigen Unheil. Geld repräsentiert eine Form von Eigentum, die nicht durch produktive Arbeit erworben ist; daher haftet ihm etwas Fatales an. Wer ihm nachjagt, wird äußerlich wie innerlich entstellt.[9] Bezeichnenderweise streben nur Weiße nach Geld, während die Indianer seinen relativen Wert einzuschätzen wissen. Sie leben, wenn wir May glauben sollen, in einer Welt ohne Geldverkehr. Daß dieses Bild ökonomischer Autarkie den wirklichen Verhältnissen im späten 19. Jahrhundert nicht mehr entsprach, unterstreicht nur die Bedeutung des literarischen Motivs: es sind die Weißen, die eine Form des wirtschaftlichen Denkens und Handelns in den Wilden Westen hineintragen, die dort, zum Schaden der Indianer, die alte vorkapitalistische Ordnung untergraben. Das bezieht sich freilich nicht auf Bebauung von Land. Der wohlhabende Farmer ist nicht moralisch minderwertig. Bedenklich hingegen sind diejenigen Charaktere, die sich dem Geschäft (business) widmen. Bedenklich sind mit anderen Worten die Yankees.

Dieser Punkt muß ausführlicher behandelt werden, da er im Zusammenhang der Romane für die Bewertung der Indianer wichtig ist. Jeder May-Leser erinnert sich an die klischeehaften nationalen Typologien: die biederen Deutschen, die spleenigen Engländer aus der Oberschicht, die faulen Mexikaner und die ehrlichen, aber leicht komischen Schwarzen. May übernahm diese Stereotypen, um Figuren schnell und wirksam zu charakterisieren. Für die Nordamerikaner hat er nur selten ein gutes Wort übrig – sehr im Unterschied zu seinen Vorläufern Sealsfield und Gerstäcker. Selbst ein flüchtiger Blick in *Das Kajütenbuch* (1841) oder *Die Regulatoren in Arkansas* (1845) zeigt die Unterschiede sehr deutlich. Während Sealsfield und Gerstäcker die Vereinigten Staaten als eine Republik preisen, ihre Überlegenheit gegenüber dem europäischen Feudalabsolutismus hervorheben und folglich die amerikanische Expansion, gehe sie nun auf Kosten der Indianer oder Mexikaner, noch durchaus gutheißen, zeigt sich bei May bereits ein anderes, wesentlich ungünstigeres

Amerikabild.[10] Wo immer Amerikaner dargestellt werden (mit Ausnahme der Westmänner), ist die Rede vom Profit. May steht bekanntlich mit dieser Kritik nicht
allein. Autoren wie Kürnberger mit dem *Amerika-Müden* (1855) und Baudissin
mit dem *Peter Pütt* (1862) waren ihm vorausgegangen. Auch in dieser Hinsicht
scheint das Jahr 1848 die Wende darzustellen. Mays Kapitalismuskritik geht selten
über das Nachzeichnen von bösen Einzelcharakteren hinaus, doch ist ihre Intention
unmißverständlich. Der Yankee ist der Repräsentant des Kapitalismus; sein Streben nach Profit beherrscht ihn so ausschließlich, daß andere menschliche Regungen
unterdrückt werden. Dort, wo er mit weniger gewinnorientierten Menschen zusam-
mentrifft, beutet er sie unverzüglich aus. Dann ist es Old Shatterhands Aufgabe,
solches Unrecht wieder auszugleichen.[11] Das Geschäft und die Lebensform des Westmannes schließen einander aus. Weder die weißen Waldläufer noch die Indianer
streben nach Reichtum. Es besteht eine andere Werthierarchie, wie sie Old Shatterhand entwickelt:
»Ich meine sogar, daß die Prairie ein scharfes Wertbewußtsein ausgebildet hat,
dessen Maßstab allerdings nicht der Geldbeutel, sondern das Können des Mannes
ist. Gebt einem eurer anmaßenden Ölprinzen die Pistole, womit ihr so vortrefflich
umzugehen versteht, in die Hand und schickt ihn in den Westen! Er wird trotz
seiner Millionen untergehen. Und fragt dagegen einen unserer berühmtesten Westmänner, die wie unbeschränkte Fürsten mit ihren Büchsen die weite Ebene beherrschen, nach dem Geld, das er besitzt! Er wird euch ins Gesicht lachen. Da wo der
Mensch genau soviel wiegt wie seine Fähigkeit, die Gefahren der Wildnis zu überwinden, verliert der Reichtum seine Bedeutung.«[12]
Diese Rede mag in der Wildnis des Westens einigermaßen fremd klingen, aber vergessen wir nicht, daß schon Coopers angeblich illiterater Held gelegentlich erstaunlich beredsam werden konnte. An solchen Stellen spricht der Autor. Der Hinweis
ist nicht leicht zu nehmen. Die ›Bloody Grounds‹ des Westens erscheinen auch Karl
May als einer der letzten Freiräume. Hier kann sich der tüchtige Mann bewähren;
hier wird er nicht nach seiner sozialen Herkunft, sondern nach seinen Fähigkeiten
beurteilt. Es zählt ausschließlich die persönliche Leistung. May läßt sich über die
gesellschaftliche Stellung seines Helden nicht eben präzise aus, doch erfahren wir,
daß er nicht reich ist. Und die anderen Westmänner von Rang, die ja fast alle aus
Deutschland kommen, emigrierten nach Amerika, weil sie in der europäischen Gesellschaft unterdrückt wurden. Old Firehand z. B. hatte Schwierigkeiten mit seinem
Vorgesetzten und zog schließlich den amerikanischen Westen einer Stelle als Förster
in Deutschland vor.[13] Im Westen fragt niemand nach Zeugnissen. Das scheint der
liberalen Ideologie zu entsprechen, wie wir sie auch bei Sealsfield und Gerstäcker
finden: die Vereinigten Staaten gewähren die individuelle Freiheit, die der einfache
Mann in Deutschland vermißt. Indes ist die Sachlage komplexer. Dieselbe unbeschränkte Freiheit nämlich, die May lobt, wenn von deutschen Einwanderern die
Rede ist, erscheint sehr verdächtig, wenn sie von Amerikanern genutzt wird, um
ihr Kapital zu vermehren. Individuelle Freiheit und ihre ökonomische Nutzung
fallen nicht (mehr) zusammen. Indem May das Profitstreben in erster Linie den
Yankees unterstellt und seine deutschen Landsleute nur die Unterdrückung fliehen
läßt, verschleiert er für sich und seine Leser den grundlegenden Widerspruch. Die
Freiheit, nach der Mays Helden suchen, ist von ökonomischen Interessen nur selten

berührt; sie ist allenfalls im weitesten Sinne des Wortes politisch zu nennen. Old Firehands Entschluß, Deutschland zu verlassen, ist politisch begründet, und von Klekihpetra, dem weißen Freunde Winnetous und der Apachen, wird berichtet, daß er an der Revolution von 1848 teilgenommen hat.[14] Bezeichnenderweise heißt es von den Westmännern, daß sie »wie unbeschränkte Fürsten mit ihren Büchsen die weite Ebene beherrschen«. Jedenfalls sind sie keine seßhaften Bürger. In den letzten unzivilisierten Gegenden Amerikas kämpfen sie für Gerechtigkeit und Menschlichkeit.

## II

Der Gegensatz von Natur und Zivilisation, von primitiver Stammeskultur und entwickelter Gesellschaftsordnung, gehört zu den Topoi der europäischen Literatur. Er ist älter als das Genre der Indianergeschichte, in dem er noch einmal ausgeprägt erscheint. Ob die amerikanischen Siedler an der westlichen Grenze ihre Lebenssituation im Zeichen dieses alten Gegensatzes gesehen haben, ist mehr als zweifelhaft. Die historischen Dokumente deuten darauf hin, daß sie für die Lebensformen der Nomadenstämme nicht das geringste Verständnis hatten, ja daß sie das Lebensrecht der Indianer überhaupt leugneten.[15] Es waren eher die Philanthropen des Ostens und die Bundesregierung in Washington, die sich Gedanken darüber machten, was aus den noch frei lebenden Indianerstämmen des Südwestens werden sollte. Nachdem die traditionelle Vertragsfähigkeit durch den Kongreß 1871 beseitigt worden war, also alle Indianer, ohne befragt zu werden, Untertanen der Vereinigten Staaten wurden (freilich ohne Bürgerrechte), war der Frage nicht mehr auszuweichen, wie man die Lebensform der Indianer gegen den unaufhörlichen Strom der weißen Siedler sichern konnte. Die Indianerpolitik der Vereinigten Staaten muß wenigstens erwähnt werden, um zu verdeutlichen, wovon die fiktionale Literatur *nicht* redet. Denn längst hatten die abstrakten politischen Mechanismen einer modernen Gesellschaft das Leben der Indianer erfaßt. Ihr Schicksal wurde nicht mehr in einzelnen Kämpfen entschieden – mochten sie sich auch noch so standhaft wehren –, sondern in den Komitees und den Amtsstuben des Innenministeriums. In Wirklichkeit war die gepriesene Unabhängigkeit der Indianer längst einer quälenden Abhängigkeit gewichen. Die sechziger und siebziger Jahre, in denen die meisten von Mays Erzählungen spielen, gehören zu den schlimmsten Phasen der unglücklichen Geschichte der Indianer. Nach dem Ende des Bürgerkriegs gerieten auch die Stämme des Südwestens, namentlich die Navajos und die Apachen, mehr und mehr unter die Kontrolle der Armee. Ihr Bewegungsspielraum wurde durch den Bau von Forts und Truppenmassierung endgültig eingeschränkt.[16] Überfälle und Verfolgungen, bei denen das Militär auch vor Mord nicht zurückschreckte, markieren nur den Vordergrund für die entscheidenden sozialen und gesellschaftlichen Umwälzungen in den USA. Die Homestead Act von 1862 leitete die Besiedlung des Westens im großen Maßstab ein. Gleichzeitig wurden die transkontinentalen Eisenbahnen gebaut, die es den Siedlern leicht machten, den vorher unzugänglichen Westen zu erreichen. Die Kräfte, die die Gefahr der Ausrottung der Indianer sahen, waren dagegen oft uneinig. Folglich gab es keine einheitliche und gleichmäßige Indianerpolitik. Innerhalb der Bundesregierung kam es ständig zu Spannungen zwischen dem Innenministerium und der Armee. Die Armee drängte wiederholt, wenn auch letztlich erfolglos, darauf, die Indianerangelegenheiten wieder in ihre Hand zu bekommen.[17] Die Staaten westlich des Mississippi waren größenteils für diese Verlagerung, von der sie sich eine strengere Politik versprachen. Im Osten hingegen sah man durchaus, daß die Macht der Armee sich nachteilig für die Indianer auswirken mußte. Andererseits war nicht zu übersehen, daß die Indianerverwaltung notorisch korrupt war. So sympathisierten auch Freunde der Indianer gelegentlich mit dem Plan, der Armee die Aufsicht anzuvertrauen. Da die Indianer die Mechanismen dieser Politik kaum durchschauen konnten, erblickten sie nur Betrug und Verrat.[18]

Was immer May über die ›Yankees‹ schreibt: gerade die Bewohner der alten Oststaaten zeigten mehr Verständnis für das Schicksal der Indianer als irgendeine andere soziale oder nationale Gruppe. Namen wie Father Beeson, Alfred B. Meacham und Helen Hunt Jackson wären hier zu nennen. Als Vorkämpfer für eine Reform der Indianerpolitik hatten sie nach dem Bürgerkrieg vor allem die Indifferenz der Öffentlichkeit zu überwinden. Erst in den achtziger Jahren bildeten sich Gruppen und Organisationen, die nun gemeinsam die Apathie der Weißen bekämpften. Die Arbeit der ›Woman's National Indian Association‹, gegründet 1879, und der ›Indian Rights Association‹, gegründet 1882, trugen nicht wenig zur Veränderung der öffentlichen Meinung bei. 1886 verfügte die erste Organisation bereits über sechzig Zweigstellen, die in 27 Staaten Informationen über die Lage der Indianer herausgaben.

## III

Wieweit Karl May mit der amerikanischen Indianerbewegung vertraut war, die ja zeitlich seinen eigenen Arbeiten parallel geht, ist nicht mit Sicherheit auszumachen. Wahrscheinlich blieb ihm die komplexe und widerspruchvolle politische Situation weitgehend unverständlich. Er war angewiesen auf die Reiseberichte von Browne, Schlagintweit und Catlin, die in deutscher Sprache erschienen waren. Vor allem Catlin, der die Stämme westlich des Mississippis besucht hatte, bot reiches Anschauungsmaterial und einen für die Zeit ungewöhnlichen proindianischen Standpunkt.[19] Für Catlin ist der Indianer, und darin erweist er sich als stark beeinflußt von der literarischen Tradition, der gute Wilde, dessen Untergang durch die weiße Zivilisation verursacht wird. May hat diese Hinweise aufgegriffen.[20] In seinen Romanen erscheinen die Weißen als ethnische Gruppe keinesfalls als moralisch überlegen. Ihre Stärke beruht vielmehr auf der größeren Zahl und einer fortgeschrittenen Technologie. Daher sind die Indianer zum Untergang verurteilt. In Gerstäckers *Regulatoren* und Sealsfields *Der Legitime und die Republikaner* wird ein ähnliches Bild gezeichnet, nur daß bei Sealsfield und Gerstäcker der Untergang der Indianer als ein fast selbstverständliches Faktum hingenommen wird. Assowaum, der rote Freund der Siedler, ist in den *Regulatoren* bereits ein einzelner, während sein Stamm nach Westen abgewandert ist. Und auch er verläßt die besiedelten Gebiete von Arkansas, nachdem er den Mord an seiner Squaw gerächt hat. Über dem amerikanischen Westen, diesem letzten Bereich individueller Freiheit, liegt bereits der Schatten der Zivilisation. Im *Schatz im Silbersee* finden sich wiederholt Anspielungen auf diese Veränderung. In den Verhandlungen zwischen Old Shatterhand und dem Utahhäuptling Großer Wolf spricht der letztere von der hoffnungslosen Lage der Indianer: »Aber die Bleichgesichter drängen von allen Seiten auf uns ein. Sie überschwemmen uns und der rote Mann ist verurteilt, eines langsamen und qualvollen Erstickungstodes zu sterben.«[21] Auch die Westmänner, die den Indianer selbst dann achten, wenn sie mit ihm kämpfen müssen, wissen, daß dieser Prozeß nicht umzukehren ist: »Ja, er stirbt aus, weil wir ihn morden. Es heißt, daß er nicht kulturfähig sei und daher verschwinden müsse. Die Kultur aber schießt man nicht wie eine Kugel nur so aus dem Lauf heraus. Dazu gehört Zeit, viel Zeit. [...] Gibt man dem Roten Zeit?«[22] Hier wie an ähnlichen Stellen kommt deutlich zum Ausdruck, daß für May der (heroisch stilisierte) Untergang der Indianer einen wesentlichen Verlust bedeutet.

Nun wäre es verfehlt, Karl May mit Helen Hunt Jackson, Father Beeson und Meacham, dem Begründer der Zeitschrift *Councilfire*, in einem Atem zu nennen. Für die amerikanischen Philanthropen waren die Indianer Teil ihrer gelebten und erfahrenen Realität, für May dagegen reine Vorstellungen, die mit seiner Lebenspraxis wenig zu tun hatten. Es fehlt das (meist zwiespältige) politische Engagement, das bei Cooper und seinen amerikanischen Nachfolgern zu beobachten ist. Es fehlt ferner das Verständnis der amerikanischen Politik und damit die Basis für die Einschätzung der Zukunft. Doch gerade diese Trennung erweist sich nun im Spätwerk als besonders bedeutsam. Die Unvertrautheit mit der amerikanischen Realität erlaubte ihm, für die Indianerfrage eine ›Lösung‹ zu finden, die sich an den wirklichen Entwicklungen nicht mehr orientierte. Weil May die ihm zur Verfügung stehenden Informationen über Amerika in eine vorgefundene literarische Tradition einfügte, blieb ihm genügend Spielraum. Welche Bedeutung aber hat unter diesen Umständen der Untergang der Indianer (innerhalb des literarischen Zusammenhangs)? Noch einmal sei daran erinnert, daß Mays Indianer nicht ausschließlich gut sind. Ihre Grausamkeit wird nicht selten geschildert. Im *Schatz im Silbersee* heißt es über den Kampf zwischen den Utahs und den Navajos:
»Man kämpfte mit der Schußwaffe, mit Messer oder Tomahawk. Es war für die drei verborgenen Zuschauer ein aufregendes Bild, Indianer gegen Indianer im Kampf auf Leben und Tod. Hier kämpften zwei unter schrecklichem Geheul, dort schlachteten sich einige in teuflischer Lautlosigkeit ab. Wo einer fiel, war sofort der Sieger über ihm, um ihm den Skalp zu nehmen, und vielleicht im nächsten Augenblick schon seinen eigenen zu verlieren.«[23]
Im gleichen Roman müssen Old Shatterhand und seine Freunde zusehen, wie die Tramps vom Großen Wolf und seinen Kriegern am Marterpfahl hingerichtet werden. Wollen sie nicht als Feiglinge angesehen werden, haben sie nicht einmal die Möglichkeit, sich von der Marterszene zurückzuziehen. Was macht diese Welt für Old Shatterhand und seine Freunde begehrenswert? Eine Welt, in der buchstäblich bis aufs Messer gekämpft wird, in der man keine Schonung gewährt und nur der Stärkste und Listigste überlebt. Bezeichnenderweise wird bei der Beschreibung von Kampfszenen gern auf den Ort angespielt, der in der christlichen Mythologie die absolute Verlorenheit und Verderbnis darstellt. Ist der Untergang dieser Welt

überhaupt ein Verlust zu nennen? Schließlich beteiligen sich an diesen Kampfformen die ›bösen‹ wie die ›guten‹ Indianer. Selbst Winnetou läßt sich nach seiner Erziehung durch Old Shatterhand noch gelegentlich dazu verleiten, einen Gegner zu töten, auch wenn es nicht unbedingt erforderlich ist. So erweist sich: Mays Einstellung zum Wilden Westen ist entschieden zwiespältiger, als gewöhnlich angenommen wird. Werden kapitalistische Industriegesellschaft und archaische Stammesgemeinschaft verglichen, fällt das Votum zugunsten der ›natürlichen‹ Lebensform aus, denn das Profitstreben des weißen Mannes führt zur Vernichtung wesentlicher humaner Werte. Indessen bleibt auch bei May, wie vorher bei Sealsfield und Cooper, der Unterschied der Rassen bestehen. Die Weißen mögen oft in Mays Romanen als die Bösewichter auftreten, doch bringen sie etwas mit, was sie in den Augen ihres Autors letztlich über die Indianer stellt. Ihr Wertsystem ist den indianischen Tugenden überlegen. Winnetou muß sich heimlich zum Christen wandeln, damit er zu Old Shatterhands Gefährten werden kann. Im vierten Band der Winnetou-Geschichte nahm May signifikante Retouchen an Winnetous Leben vor, so daß aus dem vorbildlichen Indianerhäuptling der Heilige und Retter der roten Rasse werden konnte. Bekanntlich findet Old Shatterhand erst bei seiner Rückkehr in den Wilden Westen, viele Jahre nach dem Tod Winnetous, das eigentliche Testament des Häuptlings, in dem die Weltanschauung des ›Edelmenschen‹ enthüllt wird.

IV

Diesem Spätwerk müssen wir uns nun zuwenden. Seine Bedeutung und Qualität ist bis heute umstritten,[24] doch offensichtlich ist die veränderte Darstellungsabsicht. *Winnetous Erben* stellt mehr eine Reflexion auf die früheren Abenteuergeschichten dar als eine Geschichte von eigenem Gewicht. Der gealterte Held reist noch einmal in den Wilden Westen. Alte Freunde und Feinde stellen sich zur Einweihung eines überlebensgroßen Winnetoudenkmals ein. Zum letztenmal stoßen die Guten und die Bösen aufeinander, und nachdem die hartnäckigen Feinde überwunden sind, ist der Weg frei für eine neue Ordnung, in der die verwandelten Indianer ihre Renaissance erleben werden. Diese neue Ordnung trägt unverkennbar utopische Züge; es ist ein Bund der Menschenliebe, in dem alle Feindschaften und Privatinteressen aufgehoben sind.
Gertrud Willenborg hat in ihrer quantitativen Analyse der Romane Mays Material zusammengetragen, das eine Übereinstimmung zwischen den Werten der Westmänner und den Normen der deutschen Gesellschaft im Kaiserreich nahelegt.[25] Unter Berufung auf Ralf Dahrendorf spricht sie von einem Überwiegen der privaten Tugenden und hebt mit Recht hervor, daß die Gruppen der im Westen umherziehenden Trapper und Westläufer einem autoritären Führerprinzip folgen. Es besteht eine feingestufte Hierarchie; und jedermann hat sich schließlich Old Shatterhand, der Verkörperung deutscher Tugend, unterzuordnen. Diese Beobachtung wäre übrigens auf die Indianer auszuweiten. Wiederholt wird bei May geschildert, wie streng sich der indianische Krieger unterordnet und Befehle fraglos ausführt, mögen sie auch das Leben kosten. Individualistische Regungen sind Mays Indianern fremd.

Sie treten als Gruppen auf. Handelt es sich um feindselige Stämme, wird die Massenhaftigkeit besonders hervorgehoben, aber auch Winnetous Apachen erweisen sich auf dem Kriegspfad als eine geschulte Truppe, die mit fast preußischer Exaktheit die Befehle ihres Häuptlings ausführt. Willenborgs Hypothese ließe sich also erweitern. May schuf nicht nur eine Möglichkeit des Wiedererkennens und der Identifikation mit der eigenen sozialen Welt in fremder Gestalt, er bot ein Panorama, in das die grundlegenden Konflikte seiner Zeit eingezeichnet werden konnten.[26] May legt seinen Kritikern nahe, daß seine Romane von Anfang an allegorisch zu verstehen gewesen seien. So bemerkt er in seiner Autobiographie über die Darstellung der Indianer: »Der als unaufhaltsam bezeichnete Untergang der roten Rasse begann, mich ununterbrochen zu beschäftigen. [...] Das Wohl der Menschheit will, daß zwischen beiden [der weißen und der roten Rasse] Frieden sei, nicht länger Ausbeutung und Blutvergießen. Ich nahm mir vor, dies in meinen Büchern immerfort zu betonen und in meinen Lesern jene Liebe zur roten Rasse und für die Bewohner des Orients zu wecken, die wir als Mitmenschen ihnen schuldig sind.«[27] Diese Erklärung verträgt sich mit dem vierten Winnetou-Band, viel weniger jedoch mit den früheren Erzählungen, in denen die Roten schließlich nicht nur, ja nicht einmal vornehmlich als ›Edelmenschen‹ dargestellt werden.

Mays Deutung bleibt widerspruchsvoll, weist aber in die richtige Richtung. Am Schicksal der wirklichen Indianer konnte May wie seinen deutschen Lesern wenig gelegen sein. Der Westen Amerikas hatte primär exotische Qualität, er ist die Fremde, in der die unglaublichen Abenteuer des Helden wenigstens den Anstrich des Wahrscheinlichen erhalten. Die moralische Erhebung der Menschheit nun, wie sie May in der allegorischen Fabel von ›Ardistan‹ und ›Dschinnistan‹ schildert, löst auch die unausweichlichen Konflikte des Wilden Westens, wo Weiße und Indianer in einem Kampf auf Leben und Tod aufeinanderstießen. *Winnetou IV* veranschaulicht diese Lösung: über den archaischen Gesetzen der Indianer, die durch Blutrache und Vergeltung ausgezeichnet sind, erhebt sich der neue Bund der Winnetous. Wer diesem Bund angehört, hat die selbstischen Triebe überwunden, und es gibt für ihn keine Schranken der Religion und der Rasse. Zeichen dafür ist der in die Kleidung eingenähte Name des Mitmenschen, dem das Bundesmitglied als Schutzengel dienen will. Die roten Stämme, die sich so zu einer neuen Ordnung zusammenschließen, werden dem Untergang entgehen. Nicht weniger als eine herrschaftsfreie Welt wird in einem neugeschaffenen Mythos vor Augen gestellt.[28] So bemerkt der junge Adler: »[Es bedeutet,] daß wir bereit sind, die Vergangenheit zu sühnen. Daß wir nicht länger hassen, sondern lieben wollen. Daß wir aufgehört haben, die Teufel unsrer Brüder zu sein, und uns bemühen, des verlorenen Paradieses wieder würdig zu werden.«[29] Selbst die Söhne Santers begeben sich auf den schwierigen Weg zum Edelmenschentum und opfern ihr eigenes Leben für Old Shatterhand und seine Frau. Der Bund beruft sich auf Winnetou, denn er vor allen Indianern war der Edelmensch, »und er war der erste Indianer, in dem die Seele seiner Rasse aus dem Todesschlaf erwachte«.[30] Der Winnetou des vierten Bandes wird zu einer schönen Seele umgestaltet. Im Namen des Toten, des Geopferten, wie man aus der Rückschau sagen muß, versammelt sich die neue Gemeinde. Aus den verachteten, verfolgten Indianern werden in Mays Spätwerk die Edelmenschen der Zukunft. Kein amerikanischer Schriftsteller hätte sich mit dieser Botschaft an seine einheimischen

Leser wenden dürfen, denn der Widerspruch zur Wirklichkeit wäre zu auffallend gewesen.

Die Forschung hat bisher das Œuvre Mays zu sehr isoliert, weil es einen Vergleich mit der repräsentativen bürgerlichen Literatur nicht auszuhalten schien. Versäumt wurde die Frage, ob die Zeitgenossenschaft sich nicht als stärker und bedeutsamer erweisen könnte als die unterstellten Qualitätsunterschiede. Es fällt freilich schwer, Mays Indianerutopie ernst zu nehmen, denn ihre Simplizität erscheint gegenüber den komplexen Strukturen und Evolutionsprozessen moderner Gesellschaften wenig angemessen. Doch wie war sie überhaupt zu lesen? Erwägen wir noch einmal, welche Gruppen als Akteure in Mays Wildem Westen auftreten: als die rechtmäßigen Eigentümer des Landes die Indianer – barbarisch, wild, archaischen Stammesgeset zen folgend, aber treu, verschwiegen und tüchtig als Krieger –, sodann die Gruppe der weißen Westmänner, ausgezeichnet durch die gleichen positiven Eigenschaften, aber ohne deren barbarische Traditionen. Auf der anderen Seite finden wir zwei negativ gezeichnete Gruppen, nämlich die kapitalistisch handelnden Yankees und die offen kriminellen wie die Tramps, Stakemen usw. Für diese letzte Gruppe gibt es kein Mitleid. Ihr gewöhnlich schreckliches Ende wird von May mit einer gewissen Freude beschrieben. Sosehr in den Romanen die Taten der Westmänner im Vordergrund stehen: es gibt keinen Zweifel, daß der eigentliche Konflikt die Beziehungen zwischen weißen Amerikanern und Indianern sind. Folgen wir nun der Hypothese Willenborgs, daß bei May im Grunde die Verhältnisse und Werte der deutschen Gesellschaft zur Diskussion stehen, dann wäre die Bedeutung der Indianerutopie dechiffrierbar. Es wird nicht unterstellt, daß May die Indianer mit den werktätigen Massen seiner Zeit gleichgesetzt hat, doch ist hier eine Gruppe mit Eigenschaftskomplexen gegeben, die auf die Massenauffassung des späten 19. Jahrhunderts verweist. May selbst stammte aus der sozialen Unterschicht, er stand ihr keinesfalls sentimental gegenüber. An seiner Autobiographie ist abzulesen, mit welcher fast übermenschlichen Anstrengung er sich aus dem Milieu seiner Kindheit emporarbeitete. Soweit Mays Biographie zu rekonstruieren ist, sind seine Gefühle gegenüber seiner Herkunftsklasse nach dem sozialen Aufstieg hochgradig ambivalent geblieben: einerseits ein genuines Verständnis für die Armen, besonders für die verkrüppelnde und niederdrückende Gewalt von Entbehrung, auf der anderen Seite die Abneigung gegen die dunklen Kräfte, das Ungezügelte, Unkontrollierbare der Massen. Aufsässigkeit und Rebellion waren May nicht angenehm. Der staatlichen Ordnung wird Ehrerbietung gezollt, selbst wenn sie in der strengen Form des Zuchthauses erscheint.[31] Recht und Ordnung sind nicht anzuzweifeln.

Mays Indianer sind nicht nur die Unterdrückten, zur Ausrottung Verurteilten – und als solche verdienen sie die Sympathie des Lesers –, sie sind zugleich potentiell rebellische, in ihrer kämpferischen Leistung und Gewalt bedrohliche Kräfte. Neben dem edlen Wilden, wie ihn Winnetou vertritt, steht, es sei noch einmal daran erinnert, der barbarische, rachgierige, verhärtete Indianer. Ihm gegenüber ist Strafe und Erziehung angebracht. Diese Aufgabe übernimmt Old Shatterhand mit seinen Westmännern. Seine Rolle als Held besteht ja nicht nur darin, den anderen Figuren an Kraft und List überlegen zu sein; er verkörpert die Tugend schlechthin. Er darf keine Fehler begehen, weil auf ihm das Schicksal der Menschheit ruht. Das idealisierte Autoren-Ich trägt die Lösung für den unerbittlichen Kampf der konkurrierenden Gruppen in seiner Hand. Nun ist freilich zwischen den Reiseromanen der achtziger und frühen neunziger Jahre, durch die May vor allem bekannt geworden ist, und dem Spätwerk eine beachtenswerte Entwicklung zu beobachten. Während die Abenteuergeschichten den Untergang der Indianer noch als unabwendbar voraussetzen, beschreibt *Winnetou IV* eine radikale Wende: eben die Erlösung der Indianer durch den Bund der Nächstenliebe. In exotischer Verkleidung bietet May im Spätwerk nicht mehr oder weniger an als eine Lösung der ›sozialen Frage‹, indem er sie in eine ethische umdeutet. Der besondere Charakter dieser Lösung ist näher ins Auge zu fassen.


V

Gert Mattenklott hat jüngst, Lukács' Deutung aufgreifend und sie zugleich korrigierend, darauf aufmerksam gemacht, in welchem Maße Nietzsches Tragödientheorie, die in ihrem manifesten Inhalt ausschließlich ästhetische Probleme zu behandeln scheint, zugleich eine wichtige Stellungnahme zur bürgerlichen Gesellschaft enthält. Angesichts der Pariser Commune entwarf Nietzsche eine ästhetische Theorie, die zu verstehen ist als »ein Versuch der Rettung der Kultur durch ihre Renovierung im Geiste der Griechen und der Schöpfungen Richard Wagners«.[32] Aus der Sicht des jungen Philologen und Kulturphilosophen erscheint das Proletariat als eine irrationale, maßlose und destruktive Kraft. Sie bedarf der Mäßigung, wenn nicht die Kultur vernichtet werden soll. Die schreckhafte Vision eines Umsturzes wird durch eine ästhetische Konstruktion gebannt, in der die gefährlichen Kräfte ihren Platz finden, d. h. auch als partiell berechtigt anerkannt werden, aber gleichzeitig eingedämmt werden. In der Sprache der Ästhetik: das dionysische Element findet seine Begrenzung durch die formende Kraft des apollinischen Prinzips. Indem Nietzsche so die Ansprüche der Massen als das dionysische Element in die ästhetische Theorie integrierte, vermochte er die Identität von vorgefundener Gesellschaftsordnung und Kultur zu behaupten. Bei May tritt an die Stelle der ästhetischen Affirmation die moralische. Die rebellischen und unberechenbaren Kräfte, deren tiefere Legitimität wiederum nicht bestritten wird, unterwerfen sich im Spätwerk einem neuen ethischen Gesetz. Dessen Anwalt ist übrigens nicht die herrschende soziale Gruppe, d. h. die profitgierigen Yankees. Diese werden vielmehr ausdrücklich kritisiert. May konstruiert zwischen den wirtschaftlichen Interessen der Bourgeoisie und ihrer Ethik (dem Christentum) einen Gegensatz, dergestalt, daß die vernehmbare Botschaft nicht christliche Duldung der bestehenden Zustände ist, sondern die Konstruktion einer neuen Gemeinschaft, die frei ist von solchen Widersprüchen. Sollen die Massen, d. h. auf der Ebene der Handlung die Wilden, gerettet werden, so ist die Herrschaft der Profitjäger zu beseitigen. Indessen geschieht dies nicht durch deren Liquidation, sondern durch die innere Verwandlung der Massen. Schließlich werden sich dann, wie das Beispiel der Santers zeigt, auch die hartherzigen Kapitalisten der neuen Lehre anschließen. Wo alle Menschen sich ändern, entsteht der herrschaftsfreie Raum, von dem der alte May träumt.

May hat seine erbärmliche Kindheit und Jugend nie vergessen können. Er verglich sie in seiner Autobiographie mit dem ›Ardistan‹ seiner Allegorie. Für den jungen

May hielt die Welt zahllose verletzende Spitzen bereit. Das sollte uns nicht dazu verführen, die utopischen Elemente des Spätwerks nur persönlich zu deuten. Die Überwindung sozialer Konflikte und die Entdeckung des Edelmenschen: diese Themen gehören durchaus zur Epoche Mays. Emphatisch setzten die naturalistischen Gruppen sich von den Vertretern des literarischen Establishments ab, die gemeinsame Sache mit der Bourgeoisie der Gründerzeit gemacht hatten. Gerhart Hauptmann bemerkte zu diesen vagen und schwankenden Tendenzen der literarischen Intelligenz: »Was bei dem einen diesen, bei dem anderen jenen Namen hatte, war im Grunde aus der gleichen Kraft und Sehnsucht der Seele nach Erlösung, Reinheit, Befreiung, Glück und überhaupt nach Vollkommenheit hervorgegangen: das Gleiche nannten diese Sozialstaat, andere Freiheit, wieder andere Paradies, Tausendjähriges Reich oder Himmelreich.«[33] Während die deutschen Naturalisten sich mit dem Lumpenproletariat identifizierten, schaffte sich May seine eigene Gruppe von Verlorenen und Außenseitern, die sein Held erziehen und läutern darf. Doch bemerkten wir bereits, daß May die Verklärung des Proletariats, wie sie sich bei Wilhelm Bölsche und anderen findet,[34] nicht teilte. Seine Haltung gegenüber den Massen bleibt ambivalent: Sympathie mit den Leiden, Antipathie gegen die vermutete Grausamkeit der Massen.[35] In beiden Fällen werden das bürgerliche Subjekt und sein Führungsanspruch nicht angetastet. In Mays Romanen kann sich dieses bürgerliche Individuum auch in der Verkleidung des Westmannes oder Orientreisenden nicht verleugnen.

May verstand sich als ein Märchenerzähler, der die unbequemen Wahrheiten in eine annehmbare Form gießt und so der Menschheit zur Einsicht und Heilung verhilft. Am Ende seines hartumkämpften sozialen Aufstiegs als Schriftsteller, der im Grunde durch die geschickte wie bedenkenlose Ausnutzung der Marktsituation erreicht worden war (Kolportageromane bei Münchmeyer), stilisiert sich May zum Seher. Nichts konnte freilich zeitgemäßer sein. Der Ruf nach dem Erlöser ist ein Gemeinplatz der Literatur um die Jahrhundertwende.[36] Sittliche Begeisterung ist die sichere Bastion, von der sich der Klassenkonflikt als individueller Verwandlungsvorgang verstehen läßt, wie May ihn selbst durchgemacht hat. Die Gefahren der Tiefe ›Ardistans‹, wo »selbstsüchtige Daseinsformen«[37] und Gewalt ihren Ort haben, werden gebannt. Diese Überwindung ist zu weit von der geschichtlichen Wirklichkeit entfernt, um noch irgendwelche Vergleiche herauszufordern.

Freuds Theorie literarischer Produktion, wie er sie in *Der Dichter und das Phantasieren* skizziert hat, drängt nach der Anwendung auf Mays Romane. Freud versteht bekanntlich die Arbeit des Schriftstellers als eine Entsprechung des Tagtraums. Was der normale Erwachsene unterdrücken gelernt hat, spricht der Dichter frei aus: die geheimen Sehnsüchte und Wünsche des Menschen, die im Widerspruch zur Wirklichkeit stehen. »An den Schöpfungen dieser Erzähler«, so argumentiert Freud mit dem Blick auf den Unterhaltungsroman seiner Zeit, »muß uns vor allem ein Zug auffällig werden; sie haben alle einen Helden, der im Mittelpunkt des Interesses steht, für den der Dichter unsere Sympathie mit allen Mitteln zu gewinnen sucht, und den er wie mit einer besonderen Vorsehung zu beschützen scheint.«[38] Indem der Leser sich mit dem Helden identifiziert, befreit er sich von den »Spannungen in [seiner] Seele«.[39] Damit unterstreicht Freud den kompensatorischen Charakter von Literatur: der ästhetische Lustgewinn macht die Realität erträglich. Unerörtert mag bleiben, ob diese Theorie Anspruch auf allgemeine Gültigkeit hat. Mays Romane jedoch scheinen sich von dieser Seite aufschlüsseln zu lassen. Warum fanden sie über vier Generationen hinweg einen so umfangreichen Leserkreis? Freud hätte geantwortet, daß die Leser Mays Romane verschlangen, weil in ihnen mit Hilfe exotischer Projektionen eine Lösung seelischer Spannungen angeboten wurde. Die Utopie des neuen Bundes, in dem alle Menschen frei werden, versöhnt mit der bedrückenden, frustrierenden Gegenwart. Mays Romane offerierten eine Phantasiewelt, um die wirkliche erträglicher zu machen. Wir hätten es mit einer subliterarischen Variante der um die Jahrhundertwende populären Sucherliteratur zu tun, in der der Held gegen »die moderne Wirtschaftswelt und gegen die ›westliche Zivilisation‹ zu Felde zieht«.[40]

Doch damit scheinen mir die Akten über den Fall Karl May nicht geschlossen zu sein. Ernst Bloch forderte schon vor einer Generation eine Revision des Urteils und schrieb: »May ist einer der besten deutschen Erzähler, und er wäre vielleicht der beste schlechthin, wäre er kein armer, verwirrter Prolet gewesen.«[41] Dort, wo die seriöse Literaturkritik und die Pädagogen nur Triviales und Schund bemerkten, sah Bloch das genuine Recht der massenhaften Kolportage. Bloch durchbrach die eingeschliffenen Vormeinungen über Mays literarischen und ethischen Wert, weil er (wie Freud) den traumartigen Charakter von dessen Romanen herausstellte, sich jedoch durch das starre Realitätsprinzip nicht einschüchtern ließ. »Kolportage hat in ihren Verschlingungen keine Muse der Betrachtung über sich, sondern Wunschphantasien der Erfüllung in sich; und sie setzt den Glanz dieser Wunschphantasie nicht zur Ablenkung oder Berauschung, sondern zur *Aufreizung* und zum *Einbruch*.«[42] Spricht Bloch von der unterdrückten Kreatur, die großes Leben haben will, wäre indes hinzuzufügen, daß die Realisierung dieses Wunsches versagt bleibt. Die Antizipation stößt ins Leere, ja noch bedenklicher: hinterrücks wird der Pakt mit der schlechten Gegenwart erneut geschlossen. Die Sehnsucht nach Freiheit läßt sich sehr wohl, wie auch Bloch nicht übersah, so kanalisieren, daß sie der Reaktion zugute kommt. Mays Romane tragen das Janusgesicht bürgerlicher Kultur im späten 19. Jahrhundert. May teilt den antikapitalistischen Affekt der literarischen Intelligenz. Die Unterschichten sollen zu ihrem Recht kommen, freilich nicht durch eine Rebellion, sondern durch eine Lösung von oben. Die allgemeine Menschlichkeit, die Mays Spätwerk predigt, muß verhüllen, daß es in der realen Gesellschaft die humane Gemeinschaft nicht gibt, und die postulierte Freiheit muß verdecken, daß der Klassengegensatz fortbesteht. In diesem Sinne ist Mays Œuvre Teil der bürgerlichen Kultur, auch wenn es von ihren elitären Vertretern nicht anerkannt wurde.

---

Da die älteren Gesamtausgaben nicht zugänglich waren, mußte ich verschiedene Ausgaben benutzen. Folgende Werke Karl Mays werden im Aufsatz zitiert nach: Winnetou I–III. Wien u. Heidelberg o. J. (Taschenbuchausgabe); Old Surehand I–II. Heidelberg 1949; Die Felsenburg. Heidelberg 1950; Satan und Ischariot II–III. Radebeul o. J.; Winnetous Erben. Heidelberg 1950; Ich. Karl Mays Leben und Werk. Bamberg 1971; Unter Geiern. Heidelberg 1950; Der Schatz im Silbersee. Gesammelte Werke. Bd. 63. Bamberg 1949.

1 Gabriel Ferry: Der Waldläufer. Frankfurt a. M. 1974. Bd. 2. S. 597 f.

2 Für die Darstellung der Indianer immer noch wertvoll: Preston A. Barba, The North American Indians in German Fiction. In: German American Annals. N. S. 11 (1913) S. 143–174. Manfred Durzaks Essay »Winnetous christliche Himmelfahrt. Karl May und die literarischen Rothäute« (in: Die Welt, 6. April 1974) bietet eine feuilletonistische Nachzeichnung der Ergebnisse von Barba.

3 Daß Cooper als Politiker an der Inferiorität der Indianer festhielt und ihre Ausweisung guthieß, hat John P. McWilliams (Political Justice in a Republic. James Fenimore Cooper's America. Berkeley 1972. S. 240) nachgewiesen.

4 Vgl. Edward H. Spicer: A Short History of the Indians of the United States. New York 1969. S. 28 ff. Ferner Paul A. W. Wallace: Cooper's Indians. In: James Fenimore Cooper. A Re-Appraisal. Cooperstown 1954. S. 55–78.

5 Sealsfield vor allem durch seinen zuerst in englischer Sprache erschienenen Roman »Tokeah or The White Rose« (Philadelphia 1828) und den Band »Austria as it is« (London 1928). Gerstäcker wurde durch englische Übersetzungen seiner Reiseberichte bekannt.

6 Dem Roman »Der Legitime und die Republikaner« (1833, erweiterte dt. Fassung von »Tokeah or The White Rose«) stellt Sealsfield einen Thomas Jefferson zugeschriebenen Ausspruch voran: »Ich zittere für mein Volk, wenn ich der Ungerechtigkeiten gedenke, deren es sich gegen die Ureinwohner schuldig gemacht hat.« Vgl. auch William P. Dallmann: The Spirit of America as Interpreted in the Works of Charles Sealsfield. Diss. St. Louis 1935. S. 59–61.

7 Siehe auch Volker Klotz: Ausverkauf der Abenteuer. In: Probleme des Erzählens in der Weltliteratur. Hrsg. von Fritz Martini. Stuttgart 1971. S. 159–194, bes. 162. Zur Erzähltechnik: vom gleichen Verfasser: Durch die Wüste und so weiter. Zu Karl May. In: Trivialliteratur. Berlin 1964. S. 33–51.

8 Old Wabble hält, ganz im Sinne der amerikanischen Siedler, Indianer für subhumane Lebewesen, die ausgerottet werden müssen. Als Indianertöter hat er seinen Ruf erworben. Der May-Leser darf sich darauf verlassen, daß es mit einem solchen Mann kein gutes Ende nehmen kann. Nachdem die Mahnungen Old Shatterhands nicht fruchten, greift die Vorsehung ein. Siehe »Old Surehand II«. 9. Kap. S. 436 ff.

9 In »Satan und Ischariot«, Bd. 3, erfährt der junge Melton, daß Old Shatterhand die Brieftasche mit den betrügerisch erworbenen Millionen sichergestellt hat: »Die Millionen gerettet und in meinen Händen zu wissen, schien die Beiden dem Wahnsinn nahe zu bringen. Sie schrien nicht mehr, nein, sie brüllten; sie wälzten sich zu mir her und faßten mich [...] bei den Füßen. [...] Es war ein widerlicher Anblick. Sie gebärdeten sich nicht wie Menschen. [...] Das Gesicht Meltons war nicht zu beschreiben. Seine Augen traten weit hervor und waren mit Blut unterlaufen. Er brüllte wie ein wildes Tier« (396 f.). Diese Geldgier trägt unverkennbar pathologische Züge; wer von ihr befallen ist, sinkt auf ein subhumanes Niveau herab.

10 Als Beispiele seien genannt: Im »Schatz im Silbersee« begegnen wir den Hauptcharakteren zu Beginn auf einem Flußdampfer, der den Arkansas hinauffährt. An Bord befindet sich auch ein gefangener Panther. Sobald seine Anwesenheit bekannt wird, entsteht Unruhe unter den Passagieren. Doch dem Besitzer gelingt es, eine Tierschau zu veranstalten. »Der Tierbudenbesitzer war Yankee und ergriff die Gelegenheit beim Schopf, diesen allgemeinen Wunsch zu seinem Vorteil auszubeuten« (15). In der Folge zeigt sich, daß dieses Profitstreben nicht gesegnet ist. Der Besitzer kassiert zwar reichlich Geld für die Vorstellung, verliert aber seinen Dompteur wie seinen Panther. Wenn es um seinen eigenen Vorteil geht, kümmert sich der Yankee nicht um die anderen. So opfert im gleichen Roman ein amerikanischer Händler bedenkenlos seinen deutschen Kameraden, als er von Tramps verfolgt wird. Auch in anderer Hinsicht wird der Gegensatz zwischen Yankees und Westmännern hervorgehoben. In »Unter Geiern« treffen Jammy und Davy, zwei erfahrene Westläufer, auf eine Gruppe von Geschäftsleuten und Anwälten aus St. Louis am Llano Estacado. Die Leute aus St. Louis halten sich mißtrauisch an formale Gesetze, während die Westmänner die Tatsachen untersuchen und daraus ihre Schlüsse ziehen. Die Begegnung wird so erzählt, daß die Vertreter der Zivilisation lächerlich erscheinen.

11 Die Gelegenheit, einen Großkapitalisten zu zeichnen, ergibt sich naturgemäß im Wilden Westen selten. Am ehesten bietet sich der schnell zu Geld gekommene Typus des Ölprospektors an. In »Winnetou II« begegnen wir einem solchen Ölprinzen, der seinen Reichtum nicht durch ehrliche Arbeit, sondern durch Glück erworben hat. Forster scheut nicht davor zurück, das Öl weglaufen

zu lassen, um einen Mangel zu erzeugen, der die Preise hochtreiben muß. Die Mahnungen des Neffen, daß solches Verhalten unehrlich sei, erreichen Forster nicht, da er für andere als wirtschaftliche Argumente nicht zugänglich ist. Wie zu erwarten, folgt die Strafe gleich auf dem Fuße: die Ölquelle fängt Feuer, und alle, die mit ihr zu tun haben, verlieren das Leben. Ausgenommen werden nur der junge Neffe und Old Shatterhand, die vor der Preistreiberei gewarnt hatten. Wenn selbst die Guten von diesem Profitstreben ergriffen werden, kann die Vorsehung auch sie nicht verschonen. Ein treffendes Beispiel findet sich in »Winnetous Erben«. Old Surehand und Apanatschka versuchen, die Erinnerung an Winnetou kommerziell zu verwerten. Sie lassen in der Wildnis ein überdimensionales Denkmal zu Ehren Winnetous errichten. Selbst Beleuchtungseffekte sollen nicht fehlen. Das Ganze erscheint als eine gigantische Touristenattraktion – laut und geschmacklos. Verständlicherweise kann Old Shatterhand sich nicht an diesem Unternehmen beteiligen. Weil es sich um Freunde handelt, greift er nicht ein, sondern überläßt die Belehrung der Vorsehung. Da das Denkmal über einer Höhle errichtet worden ist, dauert es nicht lange, bis die wünschenswerte Zerstörung eintritt. Apanatschka und Old Surehand erkennen, daß sie irregeleitet waren.

12  Winnetou II. S. 197.
13  Vgl. Winnetou II. S. 251.
14  Vgl. Winnetou I. S. 67 f.
15  Vgl. Virgil J. Vogel: This Country was Ours (New York 1974, bes. S. 149–188), und Spicer ([s. Anm. 4], S. 93–96). Ferner: North American Indians in Historical Perspective. Hrsg. von E. B. Leacock u. N. O. Lurie. New York 1971.
16  Unter der Führung von Kit Carson versuchten die Amerikaner erfolgreich, durch eine Politik der verbrannten Erde die Lebensbasis der Indianer zu zerstören. Einzelne Gruppen der Navajos fanden sich bald ohne Nahrung und sahen sich gezwungen, auf die Bedingungen der Weißen einzugehen. Dies bedeutete wieder Verdrängung aus dem angestammten Gebiet, Zuweisung von Reservationsland, das für die Weißen nicht interessant war, Kontrolle über das tägliche Leben usw. Während die Navajos bereits 1865 zur Unterwerfung gezwungen waren, verteidigten die Apachen ihr Territorium bis 1886 erfolgreich gegen die Armee. Dann mußten auch sie dem Druck des Militärs und der Siedler weichen und wurden bald von den Lieferungen des Indian Bureaus abhängig. Vgl. ferner: Dan L. Thrapp, The Conquest of Apacheria (Norman 1967), und Geronimo, His own Story (New York 1970).
17  Vgl. Loring B. Priest: Uncle Sam's Stepchildren. The Reformation of United States Indian Policy. 1865–1887. New Brunswick 1942. S. 15–27.
18  So sprach Sitting Bull, einer der letzten großen Sioux-Häuptlinge, mit Skepsis von den Verträgen zwischen Regierung und Indianern: »The commissioners bring a paper containing what they wish already written out. It is not what the Indians want [. . .]. All they have to do is to get the signatures of the Indians. Sometimes the commissioners *say* they compromise, but they never change the document« (Vogel [s. Anm. 15], S. 181).
19  John Ross Browne: Adventures in the Apache Country (New York 1869), und George Catlin: Letters and Notes on the Manners, Customs and Conditions of the North American Indians (London 1832). Bei Catlin fand May eine Darstellung des Konflikts zwischen Weißen und Roten, die nicht wenig von der traditionellen amerikanischen Auffassung abwich. Immer wieder machte Catlin darauf aufmerksam, daß die angeblich bösen Taten der freien Stämme weitgehend durch die Weißen veranlaßt wurden. Nicht der rote Mann war zu beschuldigen, sondern der Weiße, der habgierig in das Gebiet der Indianer eingriff. Nicht die Indianer waren treulos, wie es der amerikanische Mythos wollte, sondern die Weißen, die die Unwissenheit der Indianer ausnutzten.
20  Eine exemplarische Situation findet sich in »Winnetou II«. Die Episode ist für die Handlung nicht wichtig, jedoch für den Tenor des Romans bezeichnend. Die Okananda Sioux überfallen die einsame Hütte eines weißen Siedlers, der sich auf ihrem Gebiet niedergelassen hat. Durch das Eingreifen von Winnetou und Old Shatterhand wird Cropley, der Siedler, gerettet. Bezeichnenderweise ist er jedoch nicht dankbar für die Hilfe, denn Winnetou fordert von ihm, daß er das Land von den Okanandas käuflich erwerben soll. Für Cropley haben die Indianer keine Rechte. Er vertreibt sie, wenn er stark genug ist, und verketzert sie als inhuman, wenn er zu schwach ist, sich zur Wehr zu setzen.
21  Schatz im Silbersee. S. 342.
22  Ebd., S. 72; ferner: Winnetou II, S. 163.
23  Ebd., S. 479. Siehe auch: Winnetou II, S. 266: »Es war ein wilder, grauenvoller Kampf, wie sich

die Einbildungskraft kaum auszumalen vermag. Das halberloschene Feuer warf seinen [...]
Schein über den Vordergrund des Tals, wo sich die einzelnen Gruppen der Kämpfer wie der
Hölle entstiegene, einander zerfleischende Teufel abzeichneten.«
24 Typisch sind die Vorbehalte von Otto Forst-Battaglia (Karl May. Bamberg 1966. S. 163 f.), der
die allegorischen Romane als spannungsarm und trocken, philosophisch verwirrt gegenüber den
früheren Reiseerzählungen abwertet. Ähnlich vorher bereits Ernst Bloch (Erbschaft dieser Zeit.
Frankfurt a. M. 1962. S. 172).
25 Gertrud Willenborg: Von deutschen Helden. Eine Inhaltsanalyse der Karl-May-Romane. Diss.
Köln 1967. Bes. S. 190 ff.
26 In Mays Autobiographie heißt es apologetisch: »Ich sah um mich herum das tiefste Menschen-
elend liegen; ich war für mich dessen Mittelpunkt. Und hoch über uns lag die Erlösung, lag die
Edelmenschlichkeit, nach der wir emporzustreben hatten. [...] Aus der Tiefe zur Höhe, aus
Ardistan nach Dschinnistan, vom niederen Sinnesmenschen zum Edelmenschen empor. Wie das
geschehen müsse, wollte ich an zwei Beispielen zeigen, an einem orientalischen und an einem
amerikanischen. [...] An diese beiden Rassen wollte ich meine Märchen, meine Gedanken und
Erläuterungen knüpfen« (Ich, S. 161).
27 Ich, S. 164 f.
28 »Dem Gesetz von Dschinnistan fehlte die bisher von Geschlecht zu Geschlecht bewirkte Erneuerung der Heimatkraft. Es wurde schwach; seine Wirkung ging verloren. Die Engel wurden wieder zu Menschen. Das Paradies verschwand. Die Liebe starb. Der Haß, der Neid, die Selbstsucht,
der Hochmut begannen wieder zu herrschen. Das eine große Reich mit dem einen, großen Gesetz
fing an zu wanken. Der Rasse, die sich an dem Gesetz aufgerichtet und emporgebildet hatte, ging
diese Stütze, dieser Pfeiler verloren. Sie fiel in sich zusammen, zwar langsam, Jahrhunderte hindurch, aber sicher. Die Herrscher wurden zu Bedrückern, die Hüter des Gesetzes zu Zuchtmei-
stern« (252).
29 Winnetous Erben, S. 259 f.
30 Ebd., S. 257.
31 Vgl. Ich, S. 141.
32 Nietzsches ›Geburt der Tragödie‹ als Konzept einer bürgerlichen Kulturrevolution. In: Positionen
der literarischen Intelligenz zwischen bürgerlicher Reaktion und Imperialismus. Kronberg 1973.
S. 103–120, Zitat S. 112.
33 Zitiert nach: Georg Lukács, Schriften zur Literatursoziologie. Neuwied 1961. S. 453 f.
34 Vgl. Kurt Sollmann: Zur Ideologie intellektueller Opposition im beginnenden Imperialismus am
Beispiel Bruno Willes. In: Positionen der literarischen Intelligenz. S. 179–209; ferner: Richard
Hamann u. Jost Hermand: Naturalismus. Epochen deutscher Kultur von 1870 bis zur Gegenwart.
Bd. 2. München 1972.
35 Siehe jedoch den Unterschied zum Nietzsche-Kult der Jahrhundertwende, der den Gegensatz zur
Masse in der Propagierung des Übermenschen in den Mittelpunkt stellte. Vgl. Richard Hamann
u. Jost Hermand: Impressionismus. Berlin 1960. S. 24 f.
36 Vgl. Gotthart Wunberg: Utopie und fin de siècle. In: Deutsche Vierteljahrsschrift für Literaturwissenschaft und Geistesgeschichte 43 (1969) S. 685–706.
37 Ich, S. 28.
38 Bildende Kunst und Literatur. Studienausgabe. Bd. 10. Frankfurt a. M. 1969. S. 176.
39 Ebd., S. 179.
40 Jost Hermand: Gralsmotive um die Jahrhundertwende. In: Von Mainz nach Weimar. Stuttgart
1969. S. 276.
41 Erbschaft dieser Zeit (s. Anm. 24), S. 170.
42 Ebd., S. 178.

WALTER H. SOKEL

# Zwischen Drohung und Errettung. Zur Funktion Amerikas in Kafkas Roman »Der Verschollene«

In seiner gewichtigen Studie über Franz Kafkas Romanfragment *Amerika*[1] (1927; Teildruck 1913) sagt Jörgen Kobs: »Wer in [Kafkas] Dichtungen allein sieht, hört, handelt und reflektiert, sind die Hauptgestalten, Karl Roßmann etwa oder die beiden K.s in den späteren Romanen«[2]. In dieser Zugespitztheit ist die Formulierung aber nicht zutreffend. Wie Peter Beicken gezeigt hat, ist die Sehweise des Kafkaschen Erzählers nicht völlig identisch mit der Perspektive der Hauptgestalt.[3] Außerdem handeln und reden ja offensichtlich im Amerika-Roman wie in den anderen Romanen Kafkas auch andere Gestalten als die Helden. Wenn z. B. Delamarche Karl Roßmann beim Hemd faßt und gegen einen Schrank schleudert, so ist es zwar Karl Roßmann, der das erlebt, aber die Handlung selbst wird von einem anderen ausgeführt. Der Brief, den der Onkel im dritten Kapitel Karl übergeben läßt, wird in Kafkas Text im Wortlaut zitiert. Da uns der Text des Briefes als Zitat, d. h. in direkter Rede mitgeteilt wird, kann sich beim Lesen der Textstelle die Perspektive Karls noch nicht zwischen Text und Leser einschieben. Der Brief ist für den Leser unmittelbar gegebenes Faktum der fiktiven Welt und nicht, oder jedenfalls noch nicht, ein Eindruck Karls. Die fiktive Welt wirkt also hier unmittelbar auf den Leser. Insofern das Lesen des Textes ein »Sehen« und »Hören«, ein Wahrnehmen ist, »sieht« und »hört« der Leser an dieser und an anderen Stellen des Romans die Welt des Romans auch ohne Vermittlung durch das Bewußtsein der Hauptgestalt. Dies gilt natürlich für alle Stellen direkter Rede von Romanfiguren, die nicht Karl Roßmann sind. Es gibt also im Roman eine Welt, die Karl Roßmann gegenübersteht und von der sich der Leser ein Bild machen kann, was dem Leser auch die Möglichkeit gibt, die Hauptgestalt kritisch zu betrachten und sich nicht völlig mit ihr zu identifizieren. Da Handlungen von anderen ausgehen und nicht nur von Karl, läßt sich mit Wolfgang Jahn von einem »Mythos« im aristotelischen Sinne sprechen.[4]
Allerdings werden alle Geschehnisse und Reden von Karl Roßmann erlebt. Dem Leser sind nur Karls Erlebnisse, Gedanken und Eindrücke unmittelbar zugänglich und nicht diejenigen der anderen Gestalten des Romans. Völlig richtig an Kobs Satz ist, daß, was im Roman geschieht, nur von Karl Roßmann »reflektiert«, man könnte sagen ›registriert‹ wird. Das besagt aber nicht, daß der Leser nicht mehr registrieren kann als der Held des Erzählwerks.
Wie ich andernorts darzulegen versucht habe,[5] besitzt die erzählte Welt im Werke Kafkas trotz vieler realistisch-mimetischer Züge[6] keine objektive, von der Problematik der Hauptgestalt unabhängige, fiktive Realität, wie sie im Werk eines allwissenden, auktorialen Erzählers vorausgesetzt wird.[7] Statt dessen erhält sie ihren vollgültigen Sinn nur von den Funktionen, die sie in bezug auf die Hauptgestalt erfüllt. Dies schließt aber nicht die Erkennbarkeit eines Strukturzusammenhangs der erzählten Geschehnisse aus, der über die Sicht und das Bewußtsein der Haupt-

gestalt weit hinausreicht und doch immer Funktion ihrer Problematik bleibt.[8] Die Bedeutung dieser Problematik ist aber ebensowenig auf die Romanfigur beschränkt[9] und umgreift sozialkritische, moralische, anthropologische, metaphysische und religiöse Deutungsbereiche. Sonst wäre ja die mächtige und vielfache Wirkung des Kafkaschen Erzählwerks schwer denkbar. Das soll für den Amerika-Roman im Verlauf einer Befragung der Funktion Amerikas in seinem »Mythos« klar werden.

Für Karl Roßmann ist Amerika das Land der Aussetzung und Verstoßung. Der noch nicht sechzehnjährige Karl Roßmann[10] wurde von seinen Eltern nach Amerika geschickt, weil »ihn ein Dienstmädchen verführt und ein Kind von ihm bekommen hatte« (11).[11] Die Verstoßung ist doppelte Bestrafung, Verlust der Heimat und Aussetzung ins drohende Elend. »Mit ungenügender Ausrüstung«, wie ihn die Eltern von sich gejagt haben, und »auf sich gestellt«, wäre er, nach den Worten des Onkels, »wohl schon gleich in einem Gäßchen im Hafen von New York verkommen« (34). Von anderen Einwanderern heißt es, daß sie »in den Massenquartieren des New Yorker Ostens unauffindbar verloren« sind (149). Karl befürchtet, in Amerika vielen Gefahren ausgesetzt zu sein, und nennt den Abend, da ihm zum erstenmal die Amerikafahrt angekündigt wird, einen »schrecklichen« (104). Die Drohung des Absinkens in ein unvorstellbares Elend überschattet Karls amerikanische Abenteuer und scheint sich in den ersten sieben Kapiteln und deren Anhängseln[12] immer mehr zu bewahrheiten. Die Aussetzung ist also indirekte, verzögerte Hinrichtung des Sohnes, und wahrscheinlich wollte Kafka deshalb den *Heizer* (1913) mit den gleichzeitigen Erzählungen *Urteil* (1913) und *Verwandlung* (1915) in einem Band *Söhne* vereinigen, weil dort die Söhne tatsächlich von ihren Vätern ermordet oder zum Tod verurteilt werden.[13] Nach der Tagebucheintragung vom 29. September 1915 plante Kafka ja, den Roman mit Karls strafweiser Ermordung enden zu lassen.[14] Im Titel *Der Verschollene*, den Kafka seinem Roman selbst gab, war diese Sicht schon mit enthalten. Der Titel ist aus der Perspektive derer gewählt, für die Karl bereits verschwunden, im Grunde schon verschieden ist.

Gleichzeitig bedeutet aber die Ausstoßung auch, daß die Strafe nicht vollzogen wird, daß an die Stelle der Hinrichtung zunächst einmal die Verbannung tritt. Trotz seiner Grausamkeit ist das Exil eine gewisse Mäßigung in der Bestrafung. Neben dem geplanten düsteren Ende des Romans gibt es auch ein von Max Brod überliefertes »happy end«,[15] so daß wir jedenfalls nicht mit Bestimmtheit sagen können, wie das Ende des Romans geplant war. Bezeichnend ist jedenfalls, daß im fragmentarischen Text selbst die Bestrafung Karls immer vor der Vernichtung haltmacht.[16] Darin liegt für die Zeitspanne der Strafphantasien von 1912 bis 1914, in der der Amerika-Roman geschrieben wurde, ein bescheiden utopisches Element.[17] Neben der Reihe der Verstoßungen finden wir auch eine Reihe von Errettungen. Es ist der alternierende Rhythmus zwischen diesen beiden Polen, der das Aufbauprinzip des Fragments in seinem Handlungsablauf, seinem Mythos, bestimmt.[18] Diese Zweipoligkeit des Kafkaschen Romans spiegelt das Doppelantlitz des Amerikatopos selbst wider. Amerika, das Land der unbegrenzten Möglichkeiten, Zuflucht und Hort der Bedrängten, Ziel der Freiheit Suchenden, Amerika, das »es besser« hat »als unser Kontinent, das alte« Europa,[19] hat in der literarischen

Tradition – wie bekannt – auch eine entgegengesetzte Seite, den Aspekt des *Amerika-Müden* und seiner zahlreichen Nachfolger. Kafkas Amerika gehört beiden Traditionen an, wobei allerdings die zweite dominiert. Nichtsdestoweniger ist die erste Figur, die uns in Amerika begegnet, eine zunächst rettende Gestalt, Karls Onkel, der erfolgreiche Einwanderer, jetzige Großkapitalist und amerikanische Senator Edward Jakob.[20] Amerika tritt also zuerst in Erscheinung als Teil der Familie des Protagonisten, die sich damit in zwei Linien spaltet. Die unbarmherzigen Eltern stehen für die eine, der wohlwollende Onkel für die andere. Gerade weil der Onkel den europäischen Eltern Karls gegenüber kritisch eingestellt ist, ist er Karl als dem Opfer der Eltern freundlich gesinnt und eilt auf den Brief des Dienstmädchens Johanna Brummer herbei, um ihn zu bergen. Er beurteilt auch Karls sexuelles »Verschulden« (33) wesentlich milder als die Eltern. Mit seiner liberaleren und humaneren – »entschuldigenden« – Einstellung wird der Onkel zunächst Repräsentant des optimistischen Amerikabildes. Als »der reiche Onkel in Amerika« entspricht er wörtlich der historischen Gestalt von ›Uncle Sam‹, jener schmeichelnden und gutmütigen Selbsteinschätzung der Amerikaner, die im späten neunzehnten Jahrhundert die Europäer übernahmen, da ihre »reichen Onkel in Amerika« häufig genug historische Wirklichkeit waren. Es ist durchaus möglich, daß Kafka durch Vorgänge in seiner eigenen weiteren Familie zu dem Amerika-Roman und der Figur des Onkels angeregt wurde.[21] In der eigenen Laufbahn bestätigt und erfüllt der Onkel die glänzenden Hoffnungen, die Amerika erweckt. Als amerikanischer Patriot führt er die »gerade noch in Amerika lebendigen Zeichen und Wunder« an (34), die mittellose Einwanderer erretten können.

Eines dieser »Wunder« ist Karls energisches und mutiges Eintreten für die Sache des Heizers. Ohne Karls Aktion für den Heizer, die allerdings ihrerseits wieder auf seinem »zufälligen« Vergessen des Regenschirms beruht,[22] hätte Karl wahrscheinlich schon längst das Schiff verlassen, und es wäre fraglich, ob der Onkel ihn entdeckt hätte. Jedenfalls bleibt es »wunderbar« und verwunderlich, daß ihn der Onkel erst durch die Affäre des Heizers erkennt.[23] Daß es dabei um »Gerechtigkeit« geht, wie Karl behauptet, kann nicht entschieden werden, da der Fall, wie richtig hervorgehoben wurde, nur aus Karls Perspektive gezeigt wird.[24] Doch muß der Umstand festgehalten werden, daß Karls »wunderbare« Rettung mit seinem tapferen Kampf für den sich unterdrückt Fühlenden und dessen (von Karls Standpunkt aus) »gerechte« Sache verknüpft ist. Eines der »in Amerika lebendigen Wunder« ist Karls Unerschrockenheit, mit der er die Mächtigen angeht.

Es ist die Entfernung aus dem Elternhaus, die, wie Karl fühlt, ihm vielleicht diesen neuen Mut zur Selbständigkeit verleiht. Daß er von zu Hause Mut nicht gerade an sich gewohnt ist, zeigt sein Gedankengang: er »fühlte sich so kräftig und bei Verstand, wie er es vielleicht zu Hause niemals gewesen war. Wenn ihn doch seine Eltern sehen könnten, wie er in fremdem Land vor angesehenen Persönlichkeiten das Gute verfocht« (29). Später wird der amerikanische Onkel diese Tendenz zur Selbständigkeit in Karl fördern. In dem Brief, mit dem er ihn verstößt, betont er, daß er damit Karls Ungehorsam in einen »männlichen Entschluß« umwandeln möchte (95).

Doch sofort geschieht das Paradoxe, das für Kafkas Amerika so bezeichnend ist.

Während sich Karls Rettung vollendet, muß der Heizer der »Disziplin« geopfert werden. Karls »wunderbare« Ankunft in Amerika wird also begleitet von einer Verstoßung, die Schlimmes für ihn selbst ahnen läßt.[25] Die »Rettung« durch und in Amerika zeigt sich bereits hier als keineswegs utopisch. Sie ist kein einfaches Gut, das man umsonst erhält. Für die Rettung muß ein teurer Preis entrichtet werden, so daß in dem Geretteten die Frage aufsteigt, ob dieser Preis nicht zu hoch ist, ob Amerika den Verzicht, den es erheischt, aufwiegt, ob der amerikanische Onkel »ihm jemals werde den Heizer ersetzen können« (43).

Der Onkel vergleicht die Einwanderung mit einer Geburt, einer Menschwerdung. Wie im späteren *Bericht für eine Akademie* (1917) erfordert die Geburt des neuen Wesens – hier des Amerikaners, dort des Menschen – die Ablegung und Überwindung des alten. Wie im *Bericht* das wilde und freie Affen-Ich muß hier der unbotmäßige Heizer geopfert werden. Die Rettung durch Amerika erheischt als Grundbedingung Anpassung an die bestehenden Machtverhältnisse. Karls Englischstunden stehen im Zeichen dieser Anpassung, die mit schwierigster Selbstdisziplinierung verbunden ist, wie übrigens auch das Erlernen der menschlichen Sprache, die den Affen Rotpeter im *Bericht* zum Menschen macht. Die Anpassung verlangt einen Sieg über die Natur, über Trägheit und Nachgebenwollen der Kreatur. Wie sich der Affe zum Schnapstrinken überwinden muß, das dann zu seinem ersten Menschenlaut führt, muß Karl sich das erste englische Gedicht »entringen« (49). Nach Verlust der alten Heimat verspricht die Anpassung die Möglichkeit des Überlebens und des Aufstiegs in der neuen. Wie der Onkel Substitut für die Eltern, soll Amerika Ersatz für das Geburtsland werden. Das bedeutet aber das Aufgeben des Verlorenen. Was im *Bericht* reflektiert und expliziert wird, bleibt im *Verschollenen* nur angedeutet. So sieht es z. B. der Onkel nicht gerne, wenn Karl Lieder der Heimat auf dem Klavier spielt. Er duldet zwar das Klavierspiel, versucht jedoch auch dieses Vergnügen dem Anpassungsprinzip dienstbar zu machen, indem er Karl »Noten amerikanischer Märsche und natürlich auch der Nationalhymne« zum Spielen mitbringt (49).

Dieses Sich-Zurückversetzen in die Heimat durch Musik ist Teil der Entspannungssehnsucht, mit der Karl den anstrengenden Anpassungsbemühungen zu entkommen sucht. Es ist ebenso wie das naive Staunen über den New Yorker Straßenverkehr oder seinen Schreibtisch, der ihn übrigens auch gleich in Heimat und Kindheit zurückversetzt, ein Sichhingeben an das Lustprinzip, an sein kindliches, natürliches Wesen, das die dauernde Anstrengung des neuen Lebens zu durchkreuzen droht. Das neue Leben stellt unvergleichliche Anforderungen, die Karl einer dauernden »Schlafsucht« aussetzen. Es beansprucht »stete Aufmerksamkeit« (50). Gegen das Lustprinzip vertritt der Onkel das Realitätsprinzip.

In der Gestalt des Onkels zeigt Kafka die Personalunion von Familien- und Gesellschaftsproblematik, aber auch die beginnende Ausweitung der ersteren in die letztere, die den Handlungsverlauf des Romans charakterisiert. Als Karl Roßmanns Onkel erweist sich Herr Jakob als Vatersubstitut.[26] Als Chef eines Riesengeschäfts, Keimzelle der Bürokratien der späteren Kafkaschen Romane, ist der Onkel aber auch gesellschaftliche Machtfigur. In seinem Büro begegnen wir einer Selbstentfremdung des Menschen, wie sie Marx hätte beschreiben können. Das Prinzip des Onkels ist der unerbittliche Konkurrenzkampf. In dem Abschiedsbrief an Karl legt er dar, daß seine »Prinzipien« Schutz und Selbstbehauptung sind gegen den »allgemeinen Angriff«, den er immer zu bestehen hat (95). Er benötigt die Konzentration aller Kräfte für die Selbsterhaltung in einer Welt von Feinden. Als Karl einen Besuch in Herrn Pollunders Landhaus auf mehr als eine Nacht ausdehnen will, wendet der Onkel ein, Karl versäume dann seine tägliche Englischstunde. Dieses Nachlassen der Konzentration auf nützliches Lernen würde Karl empfindlich schädigen. Ein Nachgeben des Onkels würde aber auch einen Abbau seiner Prinzipien bedeuten, die er als Schutzwall um sich erbaut hat, worauf wir noch zurückkommen werden.

Dieses Lebensprogramm dessen, was ich »das konzentrierte Ich« genannt habe,[27] entspricht dem Freudschen Begriff des Ichs im Kampf gegen triebhaftes Es und Über-Ich ebenso wie der Leistungsethik des Kapitalismus. Die »Grundsätze« des Onkels, dem »Unordnung« zu »Verderben« führt (45), finden sich wieder im Großbetrieb des Hotel Occidental. Das Hotel erlaubt keinem Liftjungen, ohne ordnungsgemäßes Meldeverfahren und ohne Erlaubnis den Fahrstuhl zu verlassen. Karl, der diese Regel nicht gekannt oder sie vergessen hat,[28] wird deshalb sofort entlassen. Ausnahmen darf es nicht geben, und Entschuldigungen sind undenkbar. Wir finden hier bereits das Gesetz der *Strafkolonie* (1919) in Kraft gesetzt. Der Großbetrieb des Hotel Occidental. Das Hotel erlaubt keinem Liftjungen, ohne kategorischen Imperativs ausnimmt. Würde er die Pflichtverletzung in diesem einen Falle hingehen lassen, könnten ja nächstens alle Liftjungen ihre Fahrstühle verlassen, und er selbst könnte dann »seine fünftausend Gäste allein die Treppen hinauftragen« (170). Der kategorische Imperativ, erkenntlich an dem Hinweis auf die Folgen, wenn die Handlung des einzelnen allgemeines Gesetz würde, wird hier auf den Geschäftsbetrieb angewandt. Das absolute Gesetz ist der Dienst am Kunden.[29]

Das Programm des Onkels spielt aber auch in eine moralisch-existentielle, ja religiöse Dimension hinüber, wobei es in für Kafka typischer Weise bei – höchst bedeutsamen – Anspielungen bleibt, ohne die wir uns aber der vollen Bedeutung der Funktion Amerikas nicht bewußt werden können. Es ist die Verlockung durch die Macht, durch ein falsches, götzenhaftes Über-Ich, gegen das der Onkel das Ich unbedingt behaupten will. Dazu müssen wir zum Beginn des Romans zurückkehren.

Die erste Reaktion Karls auf Amerika ist seine staunende Bewunderung der riesigen Höhe der Freiheitsstatue. »So hoch! sagte er sich« (11). Wie wir oben bemerkt haben, ist zwar die rettende Person des Onkels der erste Amerikaner, dem Karl begegnet. Ihm aber geht die Freiheitsstatue als Wahrzeichen Amerikas voran. Sie ist das allererste, was Karl und wir von Amerika wahrnehmen. Und da ist es, wie oft bemerkt worden ist, symptomatisch, daß sie das Schwert, Zeichen tödlicher Drohung, über den Häuptern der Einwanderer schweben läßt.[30] Mit der drohenden Riesin, die auf Brunelda vorausdeutet, und dem bergenden Onkel sind gleich bei der Ankunft Karls die beiden Pole Amerikas bezeichnet, zwischen denen sich seine Schicksalsreise vollziehen wird.

Im Augenblick nun, da Karl sich von der Größe der Statue »gefangennehmen läßt« (ein warnender Ausdruck des Onkels), wird er beiseite geschoben und ans Bordgeländer gedrängt. Das Staunen über die Größe bringt ihn also in Gefahr, aus dem Weg geräumt zu werden. Hier kündigt sich bereits, wie wir später eingehender untersuchen werden, das vom Autor geplante Schicksal seines Helden an. Für den strukturellen Zusammenhang von Betörung und Bedrohung durch die Macht riesiger Körperlichkeit ist es bedeutsam, daß Robinson, in dem diese Betörtheit durch seine groteske Verehrung der gigantischen Brunelda verkörpert erscheinen wird, Karl nicht nur um seine Stellung im Hotel und in Knechtschaft bringen wird, sondern daß er auch Irländer ist. Nun befürchtet aber Karl von Anfang an arge Gefahren von Irländern, was mehrmals erwähnt wird (12, 103). Mit dem typisch Kafkaschen »Existenzsymbol«,[31] der Chiffre »Irländer«, wird ausgedrückt, daß die Faszination durch die körperliche Macht eine Hauptgefahr darstellt, die dem Einwanderer in Amerika droht.

Das wird noch deutlicher im zweiten Kapitel. Da ist es das Licht, das Karl »immer wieder zum Staunen [brachte], wenn er des Morgens aus seiner kleinen Schlafkammer trat« (44). Es repräsentiert für ihn den Reichtum und das Glück der amerikanischen Oberschicht, die es sich leisten kann, dieses Licht in den hochgelegenen Wohnungen aufzufangen. Karl beglückwünscht sich zu seinem eigenen Glück, durch seine Aufnahme bei dem vermögenden Onkel bewahrt zu sein vor dem Schicksal des »armen, kleinen Einwanderers« in einem Land, wo man »auf Mitleid [...] nicht hoffen« durfte. Und doch wirkt in einem bald darauf folgenden Gleichnis dieses »mächtige Licht« wie die höhnende Antwort auf Karls Gefühl der Geborgenheit. Als gräßliche Drohung strahlt es über der amerikanischen Straßenszene, die Karl vom Balkon seines Onkels aus betrachtet, erscheint es »dem betörten Auge so körperlich [...], als werde über dieser Straße eine alles bedeckende Glasscheibe jeden Augenblick immer wieder mit aller Kraft zerschlagen« (45). In diesem Gleichnis meldet sich der Erzähler direkt zu Wort, der sich gewöhnlich in der Perspektive Karls verbirgt. Jedenfalls läßt er hier die Möglichkeit zu, daß wir ihn, den Erzähler, selbst vernehmen. Denn sprachlich ist nicht zu entscheiden, ob das Gleichnis noch Karls Gedanken beschreibt oder ob es ein seltener auktorialer Kommentar des Erzählers ist. Es kommt daher dieser Stelle symptomatisch erhöhte Bedeutung zu. Im Gleichnis wird ein Schutzversuch, die Abdeckung der Straße, immer wieder von roher und mächtiger Kraft zerschlagen, was an das *Stadtwappen* (1936) erinnert, jene späte Erzählung, in welcher die Stadt des Turmbaus von Babel »von einer Riesenfaust in fünf kurz aufeinanderfolgenden Schlägen zerschmettert werden wird«.[32] Diese Zerschmetterung des Menschenwerks erfolgt im Gleichnis durch das Allermächtigste, das Licht selbst. Die Drohung, die sich im Gleichnis ankündigt, verwirklicht der Handlungsverlauf in Abwandlungen als von Karl und anderen Gestalten erlittenes Geschehen, und Amerika selbst scheint, wie wir im Zusammenhang mit Herrn Pollunders »Bau« sehen werden, unter immerwährende Drohung gestellt. Schutzversuche erweisen sich immer wieder als vergeblich. Das Gleichnis drückt aber klar aus, daß diese gewaltsame Zerstörung allen Schutzes nur Umschreibung ist dafür, daß die Macht, das Licht, das die »Gegenstände« »durchdringt«, »dem *betörten* Auge so *körperlich*« erscheint (Hervorhebungen vom Verf.). Gegen diese Betörung erhebt der Onkel die warnende Stimme.

Im Abschnitt, der unmittelbar auf das Gleichnis folgt, beschwört er die Gefahr der Verwirrung, die den Neuankömmlingen droht, wenn sie »tagelang auf ihren Bal-

konen [stehen] und wie verlorene Schafe auf die Straße hinunter[sehen]« (45). Wo
immer sich in Karl die Tendenz zeigt, sich von der Größe Amerikas und seiner
Gegenstände, seinen technischen Errungenschaften, der Unendlichkeit seines Verkehrs, den Lockungen seines Wohllebens und Müßiggangs blenden zu lassen, zeigt
der Onkel sein Mißvergnügen und Zeichen der Kritik und Warnung. Daß Karl
diese Zeichen wahrnimmt und deutet, beweist nur, daß sie Aspekte und Tendenzen
ausdrücken, die in ihm selbst zu finden sind, ändert aber nichts an der Funktion,
die der Onkel für Karl hat. »Ärgerlich« sieht ihn Karl das Gesicht verziehen,
wenn er den Neffen im Anblick des Verkehrs versunken auf dem Balkon antrifft. Mit dem »amerikanischen Schreibtisch bester Sorte« in Karls Zimmer, der
Karl wegen seiner phantastischen technischen Vollkommenheit enorm imponiert
und sogar träumerische Kindheitserinnerungen erweckt, ist der Onkel »durchaus
nicht einverstanden« und hätte viel lieber »für Karl einen ordentlichen Schreibtisch
kaufen wollen«, mußte sich aber dem amerikanischen Fortschritt beugen, da auch
gewöhnliche Schreibtische »jetzt sämtlich mit dieser Neueinrichtung versehen«
waren (47). Obwohl amerikanischer Patriot, scheint also der Onkel manches in
Amerika für den jungen Einwanderer für verderblich zu halten.
Dies zeigt sich auch in für den Handlungsverlauf entscheidender Weise in der
Beziehung des Onkels zu Mack und Pollunder. In Mack, dem »mißratenen« Millionärssohn, um dessen »Lippen und Augen ein unaufhörliches Lächeln des Glückes«
war (50), tritt Karl die Verführungskraft Amerikas am offensichtlichsten entgegen.
Hingabe an seine Macht, an Macks »Kommando«, bereitet Karl eine halbe Stunde
»wie Schlaf vergehenden Vergnügens« (51). Die Macht Amerikas, korrumpiert,
wirkt auf das Lustprinzip in Karl. Nun macht der Onkel selbst Karl mit Mack
bekannt und schickt ihn zu dem blendenden jungen Mann in die Reitstunden. Dann
warnt er aber wieder Karl davor, der so lockenden Einladung in das Landhaus zu
folgen, wo Mack auf ihn wartet (Herr Pollunder handelt ja, wie wir später erfahren, in Macks Auftrag, als er Karl einlädt), und verstößt Karl, weil dieser der
Einladung nicht widerstehen will. Die Fettleibigkeit des Zwischenträgers Pollunder
weist übrigens auf Brunelda voraus, von der die schlimmste »Verführung« und
Bedrohung Karls ausgehen wird.
Es scheint ein Widerspruch zu bestehen. Der Onkel rät zur Anpassung an Amerika,
warnt aber gleichzeitig vor der Verführungskraft des neuen Landes und bestraft
Karl, sobald er ihr verfällt. Der Widerspruch löst sich auf, sobald klar wird, daß
Anpassung nicht dasselbe ist wie Hingerissenheit. Ja, sie ist das Gegenteil. Anpassung verlangt Distanz, kühles Abwägen von Situationen, kritische Reflexion
und aus ihr hervorgehendes Urteil. Sie beruht auf Vorsicht – vom Onkel heißt es:
»vorsichtig wie der Onkel in allem war« (45) – und sorgfältigem Ins-Auge-Fassen
des eigenen Vorteils. So ist des Onkels Rat zu verstehen, »sich vorläufig ernsthaft
nicht auf das geringste einzulassen. [Karl] sollte wohl alles prüfen und anschauen,
aber sich nicht *gefangen nehmen lassen.* [... man] müsse sich doch immer vor
Augen halten, daß das erste Urteil immer auf schwachen Füßen stehe und daß man
sich dadurch nicht vielleicht alle künftigen Urteile, mit deren Hilfe man ja hier
sein Leben weiterführen wolle, in Unordnung bringen lassen dürfe« (45; Hervorhebung vom Verf.). Im Gegensatz zur Hingerissenheit beruht also die Anpassung
auf dem vorsichtigen und kalkulierenden Wahrnehmen des eigenen Vorteils.

Dagegen ist die Hingerissenheit ein Aspekt des Lustprinzips, das das Ich gegenüber der faszinierenden Macht entwaffnet und schutzlos läßt. Wenn der Onkel Karl abrät, der Einladung aufs Land zu folgen, weil Karl dadurch seine Englischstunde versäumen würde, ist es Karls Vorteil, den er gegen Karls Lustprinzip durchsetzen will. Karls Ungehorsam läuft seinem Interesse zuwider, da er ihn in der stetigen und schnellen Erweiterung seiner Kenntnis der Sprache der Neuen Welt, in die er »geboren« worden ist, hemmt und seine Anpassung hintansetzt.

Was die Verstoßung durch den Onkel grausam und kapriziös erscheinen läßt, ist erstens die Unbedingtheit, womit das Eigeninteresse Karls als Prinzip verfochten wird, so daß des Onkels Kampf für Karls Zukunft paradoxerweise ins Gegenteil umschlägt und Karl zu schaden scheint. Zweitens aber wirkt des Onkels Handlungsweise auf den Leser paradox, weil sie nicht expliziert wird. Das entspricht jedoch dem Programm des Onkels, wie es der Abschiedsbrief an Karl ausdrückt. Der Abschiedsbrief des Onkels zieht die Konsequenzen aus Karls eigener Entscheidung. Da er sich trotz der Einwände und Ratschläge des Onkels von dem Besuch auf dem Land nicht abbringen läßt, bekennt sich Karl zum Lustprinzip, jedenfalls zu einer Ungebundenheit, die er offensichtlich dem streng programmierten Anpassungsregime des Onkels vorzieht. Karl hat sich damit in den Augen des Onkels selbst »gewählt«. Kurz nach der Niederschrift des Großteils des Amerika-Romans fand sich Kafka durch Kierkegaard »wie durch einen Freund« »bestätigt«.[33] Kafka hatte dabei seine Beziehung zu Felice Bauer im Sinne, bei der, wie seine Briefe zeigen, das Problem des Sichentscheidens eine immer größere Rolle spielen sollte. In diesem Zusammenhang ist es bezeichnend, wie nahe seine Romanfigur an die Kierkegaardsche Gedankenwelt, besonders *Entweder/Oder*, rückt. »Du hast dich«, heißt es im Brief des Onkels, »gegen meinen Willen dafür entschieden, heute abend von mir fortzugehen, dann bleibe es auch bei diesem Entschluß Dein Leben lang; nur dann war es ein männlicher Entschluß« (95). Vom Standpunkt des Onkels hat Karl sein Ich bestimmt, als er die Einladung und damit sein Vergnügen gewählt hat statt der Englischstunde, d. h. der Pflicht. Der Onkel läßt Karl die Wahl nicht zurücknehmen. Karl muß sich zu ihr bekennen, als hätte er ganz im Kierkegaardschen Sinne sein Ich auf ewig gewählt.[34]

Damit erscheint das konzentrierte Ich und die Absolutheit, mit der es der Onkel vertritt, in einem neuen Licht. Bisher haben wir den Onkel im Zusammenhang mit der wirtschaftlich-gesellschaftlichen Dimension des Romans als Vertreter des kapitalistischen Prinzips gesehen. Nun erscheint dieses Prinzip als Komponente eines existentiellen Programms. Die beiden Aspekte des konzentrierten Ichs verbindet ein gemeinsamer Nenner – die Sorge um das Ich und sein Heil. Die »zwölf Glockenschläge«, deren »große Bewegung« Karl als »Wehen« »an den Wangen« fühlt (93), zeigen die Mitternachtsstunde an, in der ihm der Verstoßungsbrief des Onkels übergeben werden soll. Sie suggerieren Karls Schuldgefühl in einem vagen und unendlich-großen Bereich, der von der Familienbindung – Karls bange Anhänglichkeit an den Onkel, der ihm an Vaters Stelle getreten ist – über das Existentielle ins Religiöse hinüberspielt. Karls Aufschrei »Höchste Zeit!« ist Antwort auf die ans Außerirdische gemahnenden Glockenschläge – »Was war das für ein Dorf, das solche Glocken hatte!«. Sie verkünden die Drohung der Zeit, wie sie sie für Marlowes Doctor Faustus und für John Donne in den *Devotionen* künden. Dort geschieht

dies allerdings in einem Bezugssystem, das durch das Christentum viel präziser umschrieben ist als für Kafkas mit so vielen Bezügen andeutungsweise und mit keinem
eindeutig verbundenen Helden. Doch droht der Glockenschlag, Topos der Seelen-
angst, Karl Roßmann in einer Weise, die analog ist zu Doctor Faustus. Dem abge-
fallenen Christen schlägt die Glocke als schrecklich mahnendes Zeichen der falschen
Lebenswahl, für die die Umkehr zu spät geworden ist; Kafkas Romanhelden mahnt
sie an die Reue und das Bangen, die Gunst des Wohltäters und mit ihr das eigene
Heil verscherzt zu haben im neuen Leben. Seine Verstoßung aber erhält durch den
Brief des Onkels auch einen positiven Sinn. Sie gibt ihm die Selbständigkeit zurück,
mit der er den Onkel zuerst beeindruckt hat, und läßt ihr nun völlig freien Raum,
sich zu bewähren.

Nach der Verstoßung durch den Onkel lebt Karl ausschließlich nach dessen Prinzipien des konzentrierten Ichs und bemüht sich, durch äußerste Anstrengung, Pflicht-
erfüllung und unermüdliches Lernen in Amerika vorwärtszukommen und aufzusteigen, um sich vor dem Absturz zu bewahren. Die Andeutungen existentieller und
transzendenter Bezüge fallen vorläufig fort, und das konzentrierte Ich geht auf in
der wirtschaftlichen Dimension. Das Beispiel des Aufstiegs von unten und der in
Amerika möglichen Karriere, das er im Onkel vor sich hatte, wird ihm, freilich auf
bescheidenerer Stufe, durch die Oberköchin des Hotel Occidental wiederholt und
gerät erst jetzt zum eigentlichen Ansporn für Karls Existenz. Doch ist diese Hoffnung höchst prekär und besteht nur gegen die stets lauernde Gefahr, verdrängt zu
werden und zu versinken. Die Zeit, die mit den Glockenschlägen noch als transzendente Drohung »an die Wangen« zu »wehen« schien, bedroht jetzt die Existenz
schon vom Wirtschaftlichen her in einem System, wo »ältere als zwanzigjährige
Liftjungen nicht geduldet werden« (155). Aber das Bangen des sich um seine Zukunft sorgenden Ichs bleibt und herrscht nun in Karl, der jetzt selber dem Lustprinzip mit jener kritischen Vorsicht und jenem Verdacht begegnet, die wir im
zweiten Kapitel als Merkmale des Onkels gesehen haben. Er staunt nun über die
Sorglosigkeit der anderen Liftjungen, da sie »den provisorischen Charakter« ihrer
Stellungen gar nicht erkennen und vergnüglich in den Tag hineinleben. Das konzentrierte Ich ist nicht nur von der Kafka eigenen Existenzangst her zu sehen, in
der er selbst in einem Brief an Milena sein Wesen sah,[35] sondern aus einem Weltbild,
das in wesentlicher Hinsicht in der Erfassung einer gesellschaftlichen Situation an-
kert, was ja in mehreren Deutungen des Romans, vor allem in den Interpretationen
von Wilhelm Emrich und Klaus Hermsdorf, eine zentrale Rolle spielt.[36] Kafka
stellt Amerika in mancher Hinsicht so dar, als handelte es sich um eine Analogie
zum Kapitalismusbild aus marxistischer Perspektive. Dies gilt besonders für das
fünfte Kapitel, das im Hotel Occidental spielt und die Erzählung Thereses vom
Tod ihrer Mutter einschließt,[37] aber auch für einige andere Partien des Romans. Die
Angst, die im anderen in erster Linie die Konkurrenz sieht, beherrscht hier alle
menschlichen Beziehungen. Karls Arbeit wird überhaupt erst möglich durch die
Verdrängung des Mitmenschen. Er verdankt seine Stelle der Untüchtigkeit Giaco-
mos, der vom Fahrstuhl entfernt wird. Ironischerweise wird Karl bald dasselbe
Schicksal in noch schlimmerer Weise widerfahren. Dem kapitalistischen Ethos des
Konkurrenzkampfes um den Kunden treu, bemüht sich Karl, »seine Passagiere
nicht an andere Jungen [zu] verlieren« (144). Als Therese Karl kennenlernt, fürch-

tet sie ihn zunächst als Konkurrenten, den »die Frau Oberköchin« an ihrer Stelle »zum Sekretär machen« könnte, während sie selbst daraufhin entlassen würde (140). Die Liftjungen nehmen zu gemeinen Tricks Zuflucht, um die Konkurrenz in den anderen Fahrstühlen zu behindern. In diesem Amerika ist selbst der Schlaf als Geschäft organisiert durch »Unternehmer«, die »allgemeine [...] Schlafsäle« vermieten. Die Schlafsuchenden bestehen eifersüchtig und »unbedingt« auf ihrem Eigenplatz und geben acht, daß sich kein anderer herandrängt (152). Wer sich keinen Schlafplatz leisten kann wie Thereses kranke Mutter, wird in die kalte Nacht hinausgewiesen.

Kafka zeichnet also in seinem Amerika das konzentrierte Ich nicht – wie später im *Bericht* – abstrakt, als paradigmatischen Fall, sondern verankert es in der gesellschaftlichen Struktur seiner erzählten Welt. In einer Gesellschaft, in der selbst der Schlaf zur Ware wird, ist das konzentrierte Ich logisch gebotene Notwendigkeit, da man nur durch äußerste Wachsamkeit und Anspannung aller Kräfte zu überleben hoffen kann.

Was Kafka besonders mit Marx verbindet, ist die Präzision, in der er die Selbstentfremdung des Menschen mit der spezifischen Organisation des Arbeitsprozesses verknüpft. Die Arbeit an den Fahrstühlen ist so spezialisiert, daß der einzelne nie zum Erfassen des ganzen Mechanismus gelangt und ihm so der Zugang zu einem Sinn seiner Arbeit verschlossen bleibt (142).[38] Im Telefon- und Telegrafenbüro des Onkels sitzt der Angestellte »gleichgültig gegen jedes Geräusch [...], den Kopf eingespannt in ein Stahlband, das ihm die Hörmuscheln an die Ohren drückte« (53). Jeder Versuch, mit dem Sprecher am anderen Ende der Leitung ein Gespräch anzufangen, wird vereitelt. Ehe es zur Erwiderung kommen kann, muß nämlich der Angestellte die Worte des Sprechers notieren. Wie Emrich gezeigt hat, ist dieses dauernde Verhindern der Kommunikation, das Nicht-zu-Worte-Kommen des Menschen, Folge des hochspezialisierten Arbeitsprozesses, in dem der einzelne nur als Funktion des Apparats gilt.[39] Seine eigene Meinung würde da nur stören. Es ist die Perfektion der Organisation, die den einzelnen zum Nichtgehörtwerden, zur Stummheit verurteilt. Denn »die gleichen Meldungen werden«, wie der Onkel erklärt, »noch von zwei anderen Angestellten gleichzeitig aufgenommen und dann verglichen, *so daß Irrtümer möglichst ausgeschlossen waren*« (Hervorhebung vom Verf.). Diese Erklärung wird fast wörtlich im *Schloß* (1926) wiederholt. Hier findet man die Keimzelle der Bürokratien der späteren Romane, und sie ist noch ganz auf die gesellschaftlich-wirtschaftliche Sphäre bezogen, was für das Verständnis der späteren Bürokratien gewiß nicht ohne Belang ist.

Selbst in den Rettungen, die Amerika Karl gewährt, erst durch den Onkel und dann durch die Stelle im Hotel, ist also schon die Drohung mit enthalten. Es ist die Drohung nicht nur des neuerlichen Absinkens, das einen jederzeit ereilen kann und Karl auch immer wieder zustößt, sondern auch der Entmenschlichung in sinnverweigernder Arbeit und Isolierung. Die furchtbarste Drohung ist aber die Vergeblichkeit allen Strebens, die Thereses Erzählung vom Tod ihrer Mutter vorführt. Man könnte diese Geschichte mit ihrem für Kafka sehr eigenartigen Ton sozialen Melodramas auch als bittere Parodie von Karls Ehrgeiz und Hoffnung ansehen.[40] Hier führt die äußerste Anstrengung nur in den Tod. Kurz auf diese Erzählung folgt Karls Hinauswurf aus dem Dienst. Karls Eifer, seine Ambitionen und Bemühungen, sich hervorzutun und alles zur besonderen Zufriedenheit des Betriebs und seiner Kunden auszuführen, um aufzusteigen, wird grausig parodiert in dem buchstäblichen »Hinaufklettern« der Mutter auf den Bau, was der kleinen Therese so vorkommt, als wolle die Mutter »heute eine besser bezahlte Arbeit ausführen« (153). Oben angelangt, zeigt die Mutter ihre Geschicklichkeit »im Umgehen der Maurer [...] die sie nicht zur Rede stellten«, so daß die kleine Therese die Gewandtheit der Mutter von unten her anstaunt. Dann »kam aber die Mutter auf ihrem Gang zu einem kleinen Ziegelhaufen, vor dem das Geländer und *wahrscheinlich auch der Weg aufhörte,* [...] und fiel in die Tiefe« (153 f.; Hervorhebung vom Verf.). In der Beschreibung des »Aufstiegs« dieser Neuankommenden liegt das Schicksal Karl Roßmanns parabolisch vorgezeichnet. In diesem Beispielsfall des Daseins in Amerika erweisen sich die »Grundsätze« des konzentrierten Ichs als Illusion. Nur vom Standpunkt des kleinen Kindes auf der Erde ist das Hinaufklimmen der Mutter staunenswerte »Geschicklichkeit«. In Wirklichkeit ist dieser »Aufstieg« der Gang zum Absturz, und die »Geschicklichkeit« führt nur um so schneller zum plötzlichen Ende des Weges.[41]

Die sozialkritische Deutung allein wird aber dem Amerika-Roman keineswegs gerecht. Sie muß zunächst durch eine Deutung ergänzt werden, die die erstaunliche Strukturparallele zwischen dem Roman und dem Weltbild der Freudschen Tiefenpsychologie näher ins Auge faßt.

Die Mittelpartie des Romans vom Ende des vierten bis zum Ende des sechsten Kapitels, die Karls Erlebnisse im Hotel Occidental beinhaltet, könnte mit einem Bild verglichen werden, das die wirtschaftliche Bedrohtheit des Individuums zum Gegenstand hat, dessen Rahmen aber der Angstvision des Ödipuskomplexes entspricht.[42] Während Karls erste Rettung durch die wohlwollende Vaterfigur, den Onkel, erfolgt, hat Karl die zweite Errettung einer Muttergestalt, der Oberköchin, zu danken, die von Therese auch buchstäblich mit ihrer Mutter verglichen wird (139). Sie weist sich als Muttergestalt aus durch Alter, stattliche Größe, die mit sublimiert erotischer Anziehungskraft verbunden ist – ihr zartes Gesicht wird von Karl mit ihrer üppigen Figur kontrastiert –, und durch die Verbindung von freundlicher Fürsorge und Autorität. Was Grete Mitzelbachs mütterliche Beziehung zu Karl verstärkt, ist ihre Herkunft aus Karls eigener weiterer Heimat. Sie hat sogar in Karls Geburtsstadt Prag gearbeitet. Als Köchin ist sie dem Archetyp der Ernährerin verknüpft, was am Anfang von Karls Beziehung zu ihr besonders betont wird.[43] (Karls Verführerin Johanna Brummer ist als Mutter von Karls Kind und als Dienstmädchen, und daher »Mädchen«, gewissermaßen aufgespalten in die Muttergestalt Grete Mitzelbach und die Jungmädchen-Schwestergestalt Therese, die sich zu der Oberköchin wie eine Tochter verhält.[44] Beide Frauen lieben Karl im Geborgenheit versprechenden Hafen des Hotel Occidental.[45])

Während aber die Muttergestalt Karl errettend aufnahm und ihm den Schutz des Hotels in Form der Anstellung verschaffte, wird er von der Vatergestalt, dem Oberkellner, wieder ausgestoßen. Dazu ist zu bemerken, daß zwischen Oberköchin und Oberkellner ein erotisches Verhältnis besteht, daß der Oberkellner die Oberköchin zu umwerben scheint, während sie sich letzten Endes seiner höheren Einsicht und Überzeugungskraft beugt. Die Entlassungsszene ist dem Kafkaschen Familienmythos, wie ihn Kafka im *Brief an den Vater* und auch in der *Verwandlung,* die ja fast gleichzeitig mit dem sechsten Kapitel des Romans entstand, dargestellt hat, ganz analog strukturiert. Die Oberköchin ist die Fürsprecherin des Helden, während der Oberkellner als unerbittlicher Ankläger und Richter auftritt. Die Vaterfigur setzt die Bestrafung des Untergebenen, des »Sohnes«, durch, während die Mutterfigur umschwenkt, auf die Seite des Anklägers tritt und den angeklagten Schützling preisgibt, was ebenfalls dem Kafkaschen Familienmythos genau entspricht. Ebenso hat Karls eigene Mutter ihm nicht beigestanden und in seine Verstoßung eingewilligt. Die feindselige Vatergestalt erscheint aber hier dupliziert und zur Karikatur vergröbert im Oberportier, der auch tatsächlich, wie Karl erfährt, Vater ist und in krasserer Weise als der Oberkellner die Unterdrückung des Jüngeren ins Erotisch-Sadistische hinüberspielt. Während er Karl mit einer Hand gefangenhält und malträtiert, benützt er die andere Hand, um Therese, die weinende Freundin Karls, »freundlich« an sich zu ziehen.[46]

Die ödipale Familiensituation ist also in ihren Grundzügen bei der Entlassung Karls erkennbar, aber bereits weit vorgeschritten auf dem Weg zu der Abstraktion, in der wir sie in den späteren Romanen finden. Doch ist es wichtig, darauf hinzuweisen, daß die wirtschaftliche Komponente nicht genügt, um das Strukturmodell der Macht, das uns in Kafkas Amerika entgegentritt, voll zu erfassen. Allerdings hat in der Verknotung der Fabel der wirtschaftlich-gesellschaftliche Faktor den Vorrang. Was aber einer sich auf das Wirtschaftliche beschränkenden Interpretation völlig abgeht, sind wesentliche Details, wie z. B. die Verteilung der Funktionen zwischen männlichen und weiblichen Figuren, die beklemmende Atmosphäre und das Irrationale, die bloße archaische Lust an der Macht, die eine Figur wie den Oberportier so angsttraumhaft und lächerlich zugleich erscheinen läßt. Erst in der Kombination des wirtschaftlichen und des tiefenpsychologischen Bereichs ergibt sich das eigentliche gesellschaftskritische Anliegen des Werks. Das Ausgangsereignis des Mythos selbst, Karls Verstoßung durch die Eltern, ist Beispiel für diese Verbindung. Karl wurde aus dem Elternhaus verstoßen, weil er Vater eines unehelichen Kindes geworden war. Die Beweggründe der Eltern, die der Onkel dafür anführt, sind »Vermeidung der Alimentenzahlung und des Skandals« (34), beziehen sich also auf wirtschaftliches Interesse und bürgerliche Gesellschaftsmoral. Darüber hinaus weist aber die Grundtatsache, daß der Sohn nicht im Hause seines Vaters geduldet wird, sobald er selbst Vater geworden, auf den Freudschen »Mythos« hin, wie er z. B. in *Totem und Tabu* beschrieben wird, wo die heranwachsenden Söhne verbannt werden, sobald die Möglichkeit sexueller Rivalität mit dem Vater entsteht. Damit soll natürlich nicht gesagt werden, daß Kafka bewußt Freudsche Strukturmodelle auf seine Fiktion angewandt hat, obgleich er mit Freuds Werk und damit sicher auch mit der Theorie des Ödipuskomplexes im Herbst 1912 vertraut gewesen zu sein scheint, wie eine Tagebucheintragung nach der Niederschrift des *Urteils* zeigt;[47] vielmehr gilt es festzuhalten, daß nach Klarlegung der gesellschaftlich-wirtschaftlichen Faktoren ein wichtiger Rest übrigbleibt, dessen Struktur sich in tiefenpsychologischen Kategorien zunächst am ehesten erfassen läßt. Erst in dem, was dem wirtschaftlichen und tiefenpsychologischen Bereich gemeinsam ist, liegt ein Nervpunkt des Amerika-Romans. Dieser Nervpunkt ist die Problematik der Macht.

Der Kapitalismus des Hotel Occidental beruht auf einer extrem hierarchischen Ordnung, die mit starrer Unbedingtheit auf den äußeren Zeichen der Machtunterschiede besteht.[48] Der Oberportier benützt sein Amt zur Befriedigung kindischer Machtgelüste. Ihm ist mit halber Unterwerfung nicht gedient. Er besteht darauf, von jedem Liftjungen, der an seiner Loge vorbeikommt, jedesmal gegrüßt zu werden. Weil Karl ihn nur manchmal gegrüßt hat, wartet er auf die Gelegenheit der Rache und Bestrafung.

Die Funktion des Oberportiers ist von großer Bedeutung für die Struktur des *Verschollenen*. Mit ihm wendet sich der Mythos vom Motiv der Verstoßung zu dem der Gefangenschaft. Während der Oberkellner Karl einfach entläßt, will ihn der Oberportier als Gefangenen zurückbehalten, um ihn körperlich zu mißhandeln. Ihm folgt der Polizeimann, der mit Verhaftung droht, und schließlich die tatsächliche Gefangenschaft Karls bei Delamarche. In Delamarche findet der Unterdrückungswille, der sich bereits im Oberportier zeigt, von dem sich aber Karl noch befreien konnte, seine Erfüllung. Der Versklavung durch Delamarche kann sich Karl nicht mehr entziehen. Nach Onkel und Oberköchin fungiert Delamarche als Karls dritter Retter, diesmal vor der drohenden Verhaftung durch die Polizei. Doch die Rettung selbst ist die Verhaftung (Wie die Verhaftung Josef K.s ist sie indirekt mit dem Essen eines Apfels verknüpft.)[49]

In der Reihe der Verstoßungen und Errettungen, zwischen denen Karls Schicksal in Amerika hin- und herpendelt, fällt Delamarche eine besondere Rolle zu. In ihm vereinigen sich nämlich die beiden Pole von Drohung und Errettung und erweisen sich als letzthin deckungsgleich. Zwar ›errettet‹ er Karl aus den Händen der Polizei, aber er ist ja auch die eigentliche Ursache von Karls Entlassung aus dem Hotel gewesen, die seiner mit Renells und Robinsons Hilfe angelegten Intrige zu verdanken war. Zweitens wird in Delamarche die ›Rettung‹ zur Drohung, da sie Karls Versklavung bedeutet. Delamarche enthüllt damit auch den Sinn von Karls früheren Rettungen durch den Onkel und das Hotel. Auch sie beinhalteten ja bereits das Opfer seiner spontanen Natur und Freiheit – zum Unterschied von der Freiheit existentieller Entscheidung, die ja als Wählenmüssen bereits Unfreiheit ist. Was vorher impliziert gewesen, wird durch Delamarche offen und brutal enthüllt: Rettung in Amerika ist Versklavung.

Auch aus einem anderen Grund ist Delamarche Zentralfigur des Romans. In ihm stellen sich die beiden Formen der Drohung, die Amerika bereithält, nämlich Elend und Knechtschaft, in einer und derselben Person dar. In der Figur Delamarches sehen wir die Wandlung der Drohung vom Wirtschaftlichen ins Machtpolitische. Zur Drohung des Elends gesellt sich durch ihn die drohende Unterdrückung. Delamarche tauchte ja im vierten Kapitel als Arbeitsloser und Elendsgestalt auf. Noch im fünften Kapitel bei der Arbeit im Hotel war er Karl abschreckendes Beispiel für die Gefahr der Verelendung gewesen und spornte ihn zu gesteigerten Bemühungen an, sich tüchtig zu erweisen, um ja nicht wieder auf die Straße gesetzt zu werden und das Schicksal der beiden Arbeitslosen Delamarche und Robinson zu teilen. Plötzlich erscheint Delamarche im siebenten Kapitel in völlig veränderter Funktion wieder – als drohende Machtgestalt im Schlafrock, seit dem *Urteil* das Emblem von Kafkas mörderischen Vaterfiguren. Was Karl von nun an bedroht, wie schon seit der Begegnung mit dem Oberportier, ist nicht nur das Absinken ins hungernde Vagabundentum, sondern auch, und sogar in erster Linie, die Versklavung.

In der Delamarche-Brunelda-Episode sehen wir am deutlichsten die Verquickung von wirtschaftlicher und tiefenpsychologischer Dimension, und zwar in genau der (oben bereits angedeuteten) Weise, daß nämlich die Fabel, die Knotenpunkte der Handlung vom Wirtschaftlichen bestimmt werden, Atmosphäre und Eigenart der Figuren und des Lokals aber dem Modell der von Freud und auch von Kafka selbst entworfenen ödipalen Familienstruktur entsprechen. Die Versklavung Karls hat wirtschaftliche Gründe. Sie geht ja nicht von Delamarche, sondern von Brunelda aus, die Karl als billige Arbeitskraft haben möchte, weil Robinson sich als kränklich und untüchtig erwiesen hat. Indem Delamarche Karl um seinen Posten bringt und ihn dann vor der Polizei rettet, geht es ihm darum, einen Diener einzufangen. Das Herrschaftssystem, in das nun Karl eingezwängt werden soll, beruht auf Ausbeutung, und seine wirtschaftliche Funktion ist damit klar. Brunelda ist die Herrin des Ausbeutungssystems, da sie als »reiche Dame« (229) und ehemalige Gattin eines Kakaofabrikanten das Kapital besitzt und investiert, das der ›Bettler‹ Delamarche nun verwaltet auf Grund seiner männlichen Kraft, Rücksichtslosigkeit und Schlauheit, die er wie eine loyale Polizei- und Militärkaste in den Dienst der Besitzerin stellt. Körperliche Kraft engagiert sich wirtschaftlicher Macht. Robinson und später Karl, sowohl vermögens- als auch kraftlos, stellen das zur Fron verdammte Proletariat des Haushalts dar. Die Brunelda-Episode zeigt also das grotesk-satirische Modell, die Karikatur des ausbeuterischen Kapitalismus, wobei Kafka, die parabolische Ironie Brechts vorwegnehmend, auch darstellt, wie ästhetischer und erotischer Wert von Besitzverhältnissen abhängt. So unförmig dick, daß sie sich kaum bewegen kann, wird die Brotgeberin doch als höchste Schönheit gepriesen und begehrt von denen, die von ihr wirtschaftlich abhängig sind. Sexuelle Hörigkeit ist also auch finanziell begründet. Bruneldas Schwerbeweglichkeit wandelt sich um in ästhetischen Kredit und erhöht ihre Schönheit, da sie imponierend beweist, daß ein Vermögen wie das ihre die Beweglichkeit überflüssig macht. Schön und »prächtig« ist die Einkommensquelle, wie immer sie auch »objektiv« aussehen mag. Das scheint die amerikanische Parabel von Brunelda zu demonstrieren.

Die Verengung des Schauplatzes auf eine finstere Einzimmerwohnung, die das lange siebente Kapitel und das sich ihm anschließende »Fragment I« kennzeichnet, läßt darauf schließen, daß es Kafka nicht hauptsächlich um die Darstellung eines Kontinents zu tun war, sondern um das Problem der Macht. Die brutale Aussetzung Karls durch seine Eltern, die im Titel *Der Verschollene* zum Ausdruck kommt, und Karls Unfähigkeit, sich wirklich von seinen Eltern zu befreien – denn er hängt ihnen und der Heimat immer in sehnsüchtigen Gedanken nach –, finden im Haushalt Bruneldas sowohl Abwandlung als Gegenstück. Der Zauber, mit dem die Eltern trotz ihrer nahezu mörderischen Grausamkeit Karl weiter in Bann halten, verkörpert sich in der Hörigkeit Robinsons gegenüber Brunelda und Delamarche. Ihr Haushalt ist der Gegenpol zum Elternhaus, gewissermaßen seine Nachtseite, abstrahiert zum Modellfall. Es herrscht ja hier auch Nacht und Dunkelheit vor, nur von künstlichem Licht erhellt. In Delamarches und Bruneldas bohemehafter Menage[50] des Sadomasochismus scheint Karl am weitesten von Eltern und Heimat verbannt zu sein, den äußersten Punkt des Exils und Elends erreicht zu haben. Hier im »Inneren Amerikas« kommt ihm seine Verschollenheit am schmerzlichsten zu Bewußtsein, und es steigt in ihm der klagende Gedanke auf (im Gegensatz zu dem stolzen Selbstbewußtsein, mit dem er im Heizerkapitel an die Eltern denkt), wie tief herabgekommen er nun ist, wie weltenweit entfernt von zu Hause und welch schmerzliches Los die Verbannung darstellt. Die Mutter »hatte keine Ahnung davon, daß es jetzt mit Karl so weit gekommen war, daß er fremde Türen mit Messern aufzubrechen suchte« (256).

Hier wird der Zusammenhang zwischen Karls Verlust der Photographie seiner Eltern und dem Arbeitslosenpaar Robinson und Delamarche klarer. Karl verdächtigt die beiden, ihm die Photographie gestohlen zu haben. Mit dem Verlieren des Bildes ist das letzte sichtbare Band zerrissen, das ihn mit den Eltern verknüpft hat. Damit sind für Karl Delamarche und Robinson im buchstäblichen Sinne an die leere Stelle der Eltern getreten. Wie bei der »Gerechtigkeit« der Sache des Heizers ist es natürlich unmöglich zu entscheiden, ob Delamarche und Robinson wirklich die Diebe sind, für die sie Karl hält, wobei es vom realistischen Standpunkt her ja sehr unwahrscheinlich ist, warum sie gerade eine für Fremde doch wertlose Photographie hätten stehlen wollen. Doch dieser Einwand geht am Wesentlichen vorbei. Denn Karls Verdacht drückt ja bloß die Funktion aus, die die beiden Landstreicher für ihn besitzen.[51] Sie läßt sich dahingehend ausdrücken, daß die beiden durch die imaginierte Usurpation des Elternbildes auf die »neue Familie« vorausweisen, die dann mit dem Dazutreten Bruneldas entsteht.

In Delamarche und Brunelda kehren, worauf schon Mark Spilka hingewiesen hat,[52] die »parental figures« des Hotel Occidental in noch viel grauenhafterer Form wieder. Die Vaterfigur Delamarche – kraftvoll, zornig drohend, gebieterisch und aggressiv, eine ins Kolossale getriebene Steigerung der repressiven Geste von Karls Vater, der auf der Photographie »hoch aufgerichtet«, die Hand »zur Faust geballt« (103), dasteht[53] und Karl nur noch daran erinnert, daß er seine Schulbücher nicht auf den Tisch zu legen wagte, »um den Vater nicht zu belästigen« (256). Brunelda – die Muttergestalt der Oberköchin ins Groteske verzerrt, fettleibig und gigantisch, kokett lockend und dann wieder launisch und verräterisch die Vaterfigur aufhetzend, womit sie eine ins Furchtbare entstellte Variation des Verhaltens von Kafkas eigener Mutter darbietet, wie der Autor es im *Brief an den Vater* schildert.[54] Der Diener Robinson als »Sohn« des Paares – ein voll erwachsener Mensch, wahrscheinlich gar nicht jünger als Delamarche, ein Umstand, der unterstreicht, daß hier das Entscheidende die Funktion ist, die Rolle in der Beziehungsstruktur. Robinson selbst hat sich die Rolle des Abhängigen und Gehorchenden und damit des Unmündigen und »Hundes«, als der er behandelt wird (224), auferlegt. Den ehemaligen Gefährten der Landstraße erkennt er jetzt als seinen absoluten Herrn an; zugleich fasziniert ihn die Frau der Vatergestalt trotz Fettleibigkeit und enormen Umfangs und zieht ihn erotisch an, wie in der Freudschen Familienstruktur der kleine Knabe die Mutter begehrt. In Robinson zeichnet sich für Karl die Schmach und Lächerlichkeit dessen ab, der sich von seinem infantilen Zustand nicht befreien will. Wir sehen ja Brunelda mit Karls Augen als abstoßend, nicht als begehrenswert, und Robinsons ekstatische Bewunderung ihrer »Pracht« erscheint uns ebenso »verrückt« (225) wie Karl, seinem illusionslosen Mitgefangenen.[55] Robinsons Knechtschaft sieht Karl als selbstverschuldet an und verschweigt ihm das nicht. Was Karl an seiner eigenen Gebundenheit an die Eltern nicht erkennt, wird ihm und uns am abstrakten Modellfall vorgeführt und zur kritischen Beurteilung überlassen.

Kafka geht es also keineswegs um die bloß autobiographisch zu erfassende Familiensituation, sondern um das Herrschaftssystem, von dem die Familiensituation nur Teil ist. Ihm geht es um das Geheimnis der Macht, und im Amerika-Roman wird dieses Geheimnis offensichtlicher als in den meisten anderen Werken Kafkas demaskiert. »Du weißt eben nicht, was dir fehlt, du solltest irgendeine ordentliche Arbeit für dich suchen, statt hier Delamarches Diener zu machen« (235), so lautet die Diagnose, die Karl dem »Fall Robinson« stellt.[56] Erst die Einheit von geldlichem Vermögen und fleischlichem Gewicht erhellt Bruneldas eigentliche Funktion als die Gewichtigkeit der Materie selbst, die träge Macht des Stofflichen, die sowohl die rohe Kraft – Delamarche – als auch die kranke Psyche – Robinson – beherrscht. Dem unbetörten Auge Karls aber bietet sie das Nichtige.[57] Durch ihren Operngucker sieht er nichts und wieder nichts und erst beim dritten Mal bloß undeutlich.[58] Sie, aufgewachsen auf einem Gut in Colorado, Frau des Industriellen und gefeierte Sängerin, scheint – jedenfalls in Robinsons legendenbildender Verehrung – aus den führenden Kreisen der amerikanischen Gesellschaft zu kommen. Damit erinnert sie an den blendenden Millionärssohn Mack. Wie er die Ursache von Karls Verstoßung durch den Onkel, ist sie der Grund seiner Entlassung aus dem Hotel. Während Karl sich von Mack, wie einst von der Freiheitsstatue, noch blenden ließ, steht er der ehemaligen Sängerin nüchtern-illusionslos gegenüber, so daß man Heinz Politzer recht geben muß, wenn er beim *Verschollenen* von der »Grundkonzeption [...] eines Entwicklungsromans« spricht.[59] Mack und Brunelda – beide stehen sie in gewisser Weise stellvertretend für Amerika selbst, insoweit es Karl am Anfang seiner Irrfahrt durch seine Größe, Dimensionen und Quantitäten blendet und fasziniert. Beide verwöhnt und dekadent, Mack »mißraten« und Brunelda zur »Travestie« des Bürgerlichen »abgesunken« und »verzerrt«,[60] fungieren sie repräsentativ nur für jene Seite Amerikas, vor der der Onkel warnt und die er bekämpft. Von dieser Seite, von den »Lücken« und »Durchbrüchen« in der bürgerlichen Gesellschaft, droht, wie wir am Beispiel von Macks Landhaus sehen werden, der »allgemeine Angriff« auf das Ich, gegen den es seine »Prinzipien« wappnen sollen.

Die Macht als Masse hat einen doppelten Aspekt. Einerseits ist sie als Fleischesmasse, verkörpert in Brunelda, jene Körperlichkeit, als die das »mächtige Licht« dem »betörten Auge« erscheint. Andererseits aber ist sie die Masse im gesellschaftlichen und im dionysischen Sinn. Brunelda ist ja nicht nur Körpermasse, sie ist auch Sängerin. Als solche gehört sie dem Reich des Dionysos an. Ihr Unterdrückungssystem verbindet sich in mehrfacher Weise mit dem Dionysischen. Robinson ist buchstäblich berauscht, als er Karl um seine Stelle bringt, und bildlich berauscht von Brunelda. Sein Rausch kostet Karl die Stellung in der bürgerlichen Gesellschaft. Robinson und Delamarche treten als Sänger auf, und im Schlafsaal der Liftjungen kann Robinson Bruneldas Namen »immer nur unter Gesang aussprechen« (182). Vor allem aber gehört natürlich Brunelda selbst dem Reich der Musik an, wenngleich sie da ebenso Karikatur des Dionysischen bleibt, wie sie Karikatur der apollinischen Körperlichkeit und Schönheit ist. Statt zu singen, hört man sie »schreien«, und soweit es Karl erlebt, hat sie mit der Oper nur den Gucker gemein, nicht den Gesang, worauf wir noch zu sprechen kommen werden.

In der Eröffnungsszene des Erzähltextes wird der doppelte Aspekt der Masse als Körperlichkeit und als Menge evident. Als Karl Roßmann in den staunenden Anblick der Freiheitsstatue versunken sich selbst vergißt, wird er »von der immer mehr anschwellenden Menge [...] allmählich bis an das Bordgeländer geschoben« (11). Das gestische Geschehen ist bezeichnend für die Bedrohung des Ichs in Kafkas Amerika. Was den Einwanderer aus dem Weg räumt, ist die Menge. Was das Apollinische, die Statue mit ihrem Schwert, bloß vage androht, vollzieht sich durch das Kollektive.[61]

Die Geste des Beiseiteschiebens des Helden eröffnet den Erzähltext. Sie wird dann im buchstäblichen Wortlaut wiederholt, als von dem Ereignis die Rede ist, mit dem der Mythos des Amerika-Romans anhebt, Karls Verstoßung durch die Eltern. Wie der Onkel berichtet, ist Karl »von seinen Eltern – sagen wir nur das Wort, das die Sache auch wirklich bezeichnet – *einfach beiseitegeschafft worden*, wie man eine Katze vor die Tür wirft, wenn sie ärgert« (33; Hervorhebung vom Verf.). Und für das Ende des Mythos, wie es Kafka über den fragmentarischen Erzählverlauf hinaus geplant hatte, wählt er wieder dieselbe Geste, fast wieder im selben Wortlaut: »Roßmann der Schuldlose [...] strafweise umgebracht [...] *mehr zur Seite geschoben als niedergeschlagen*«[62] (Hervorhebung vom Verf.). Erst wenn wir diese Reihenfolge im Auge behalten, wird uns der Mythos klar und die zwiespältige Rolle Amerikas darin. Geplant war *Der Verschollene* als eine der Strafphantasien im Familienbereich, der aber durch Amerika, durch das Auswanderungsmotiv zur Gesellschaft ausgedehnt wurde. Das Beiseiteschaffen, das die Eltern begonnen haben, wird in Amerika fortgesetzt. Aus dem Sohn, den die Eltern vor die Tür setzten, wird in Amerika der einzelne, den die Menge an den Rand schiebt. Die Position der Eltern überträgt sich auf die Masse, die über die noch individuell erkennbaren Eltern- und Machtfiguren der drei großen Abschnitte – Onkel, Hotel, Bruneldas Haushalt – hinaus als die eigentliche Macht Amerikas erscheint.

Immer wieder ziehen an Karl und uns die Massen von Menschen und Fuhrwerken vorüber. In ihnen ist der einzelne verloren. Durch die endlosen Kolonnen der Fuhrwerke kann sich der Fußgänger keinen Weg zu bahnen hoffen. Die Massen der Gäste bedrängen Karl beim Lift, wie die Menge der Auskunft Heischenden die Unterportiers berennt. Selbst in schneestürmenden Nächten herrscht wimmelndes Leben in allen Häusern, aber niemand läßt den einzelnen, die Mutter Thereses, ein. Dichtgedrängt sitzen nachts die Leute auf den vielen Balkonen, selbst da, wo am Tag die Gasse leer erschien. Alle Menschen aber tun das gleiche, sind fast gleich gekleidet und gleichgeschaltet wie der Straßenverkehr, in dem alle Fuhrwerke »wie von einer einzigen Bremse regiert« (108) stehenbleiben. Das Kollektive ist nicht nur mächtiger, sondern auch auf eine berechtigte, sieghafte Weise mächtiger als der einzelne.[63] Selbst und gerade dort, wo das Individuum seinen Existenzgrund und seine Rechtfertigung als »unteilbare Einheit« besitzen sollte, ist ihm die Masse überlegen. Ihr »Gesang [ist] einheitlicher als der einer einzigen Menschenstimme« (59). Sie ist geschlossener, einheitlicher als der Einzelmensch, mehr »Individuum« als er.

Erst in diesem Zusammenhang wird die bereits erwähnte Bemerkung des Onkels in ihrer vollen Bedeutung klar: »[...] wenn es mir einmal einfallen sollte, jenen *allgemeinen Angriff gegen mich* zuzulassen« (95; Hervorhebung vom Verf.). Der »allgemeine Angriff« geht vom Kollektiven, von der Allgemeinheit aus und richtet sich gegen das Ich. Ihn abzuwehren dienen des Onkels »Prinzipien«. »[...] ich verdanke meinen Prinzipien alles, was ich bin«, schreibt der Onkel. Erst die Prinzipien machen ihn zum Ich, zu dem, was er ist. Das Ich aber, das wir das konzentrierte Ich genannt haben, besteht eben darin, den »allgemeinen Angriff« nicht »zuzulassen«. Ihn zuzulassen würde für den Onkel bedeuten, sich »vom Erdboden weg[zu]-leugnen«, käme einem Todeswunsch gleich. Jedoch aus dem Ton des Briefes läßt sich schließen, daß der Onkel selbst nicht sicher ist, ob er auf die Dauer dem »allgemeinen Angriff« wird widerstehen können und wollen.

Im Ideal des sich hinter seinen »Prinzipien« verschanzenden Ichs des Großgeschäftsmanns und Kapitalisten Edward Jakob steht Amerika selbst bedroht – von sich selbst. Diese Bedrohtheit Amerikas durch Amerika, die wir schon im Gleichnis vom Licht und der Glasdecke gefunden haben, wird besonders stark angedeutet in zwei Abschnitten des Romans, dem »Landhaus bei New York« und der Wahlkampfszene des siebenten Kapitels.

Merkwürdig ist es, daß das Landhaus »Bau« genannt wird. Das Wort, etwas ungewöhnlich für ein fertiges, bewohntes Haus, verbindet das Landhaus Herrn Macks und Pollunders mit dem »Bau«, von dem Thereses Mutter in den Tod abstürzte. In Thereses Erzählung ist der Bau der Ort, wo die Unmenschlichkeit des wirtschaftlichen Systems ihren Höhepunkt erreicht. Im Landhaus ist der Bau die »Festung«, die sich Reichtum und Macht erbaut haben als Zuflucht vor New York, das von Arbeiterdemonstrationen heimgesucht wird, so daß Pollunders Auto nur auf Umwegen aus der Stadt herauskommen kann. Karl erscheint dieses Landhaus wie »eine Festung, keine Villa« (77). Damit gelangt der Bau in Parallelbeziehung zu dem Ichprinzip des Onkels, das sich gegen den »allgemeinen Angriff« befestigt. In Kafkas letztem Erzählfragment *Der Bau* (1931) hat sich das Ich eine solche »Festung« erbaut, die es uneinnehmbar machen soll, und der Gebrauch desselben Wortes weist auf die Identität der Thematik hin, die allerdings im Spätwerk viel klarer wird.

Wie das Wort anzeigt, ist der Bau nie fertig, auch wo er, wie im Landhaus bei New York, fertig scheint. Der Bau des Herrn Pollunder hat Lücken, durch die eine böse und gefährliche Zugluft bläst, die die Kerzen auslöscht, so daß man sich in dem finsteren Labyrinth trostlos zu verirren droht. Das Wort deutet auch auf den Bau des Turmes von Babel hin, der auch nie fertig wurde und in Verwirrung endete, ein Thema, das sich in zwei späteren Erzählungen Kafkas findet, dem *Stadtwappen* und *Beim Bau der chinesischen Mauer* (1931). In der letztgenannten Erzählung heißt es, daß »der Bau« zu Babel »an der Schwäche des Fundaments scheiterte und scheitern mußte«.[64] Auch »der Bau« bei New York erweist sich, wie Karl zu seinem Schrecken entdeckt, bei weitem nicht so gesichert, wie er erwartet hatte. Der Bau ist lückenhaft und beunruhigend, auch wenn Herr Pollunder so tut, »als wüßte er nichts« (81) von dieser bedrohlichen Unzulänglichkeit. Durch die endlosen Gänge streicht eine schwer erträgliche Zugluft – wir finden sie wieder als Vorahnung der Drohung in der Erzählung *Der Bau*. Wie der Diener sagt, könnte man sie kaum »bestehen«, wenn man »nicht die Ohren voll Watte hätte« (78). Diese Zugluft ist laut Erklärung des Dieners die Folge der großen »Durchbrüche, [...] die niemand vermauert«, besonders jetzt nicht, da die Bauarbeiter streiken. Die Spannungen in der Klassengesellschaft, deren Ausdruck der Streik ist, ermöglichen also den fatalen »Angriff« der Elemente auf den Bau der Machthaber Amerikas, die allerdings in Vertretern wie Mack und Pollunder bereits selbst lädiert sind.

Was die Zugluft aber besonders anzieht und zum Sturm intensiviert, ist der religiöse Aspekt des Baus. Denn gerade bei der Kapelle, tief im Inneren, weht die Zugluft von draußen her am gefährlichsten. Nach Aussage des Dieners wird sie gerade dort so stark, daß man sie kaum »bestehen« kann. Von den beiden Faktoren, die mit dem Ansturm der Elemente auf den Bau verbunden sind, ist das Religiöse wesentlicher als das Soziale. Der Streik ermöglicht zwar die Zugluft, aber erst die Kapelle ist geheimnisvollerweise das Anziehungszentrum des Sturmes. Deshalb soll sie auch später, wie der Diener sagt, »unbedingt von dem übrigen Haus abgesperrt« werden (78 f.). Der Bau kann nur dann zur gesicherten Behausung werden, wenn das Numinose in ihm dem Leben entzogen und hinter Schloß und Riegel verwahrt wird.[65] Der Kampf des Proletariats, der Streik, verzögert diesen Moment der totalen Säkularisierung, und die Arbeiter erscheinen damit als Verbündete der Macht des Transzendenten. Die entscheidende Rolle fällt aber ihr selbst zu.

Ebenso wie in dem Gleichnis, in dem die beschützende Glasdecke über Amerika immer wieder zerschlagen wird, deutet Kafka hier auf eine hinter aller Erklärbarkeit verborgene Übermacht hin, auf das Geheimnis schlechthin, wie es der widersinnige Sachverhalt in der Erklärung des Dieners beweist. Danach würde ja die Zugluft nicht durch die Füllung der Lücken ferngehalten, sondern durch das Absperren der Kapelle. Damit wird suggeriert, daß das Religiöse im Innern des Baus Quelle und Ursache seiner Beunruhigung ist.

Das Paradoxe liegt aber zusätzlich noch darin, daß Herr Mack den Bau wohl nur wegen der »sehenswerten« Kapelle gekauft hat (79). Das Religiöse ist also nicht nur Verunsicherung, sondern auch Kleinod des Baus und verleiht ihm seinen Wert. Die Macht, die die ›Festung Amerika‹ von innen her bedroht, wird von Amerika selbst gewollt. Dies machen im folgenden sowohl die Wahlkampagne als auch das Oklahoma-Kapitel deutlich.

Nur im dritten Kapitel, und dann erst wieder im hinzugefügten Oklahoma-Fragment, das einen Neuanfang des Romans darstellt,[66] erscheint jenes Anspielen auf das Transzendente, das wir ja auch beim seltsamen »Wehen« der Glockenschläge festgestellt haben. In den darauf folgenden Kapiteln des Romans bis zum Ende des Fragments, das aus den ersten sieben Kapiteln besteht, geht, was das Numinose genannt werden könnte, völlig im Dionysischen, in der allumfassenden Masse auf.

Die Macht, die in und über Amerika zu walten scheint, zerfällt in zwei Aspekte, die der Erzähler bereits in dem öfter erwähnten Bild des »mächtigen Lichtes« andeutete. Das alles »erfassende« und »durchdringende«, »mächtige Licht« erscheint dem betörten Auge als Körper, als drohend-gewalttätige Aggression, die auf gesellschaftlicher Ebene wieder erscheint als starre, hierarchische Ordnung, abgekapselt in Uniform, Portiersloge, Bau. Aber wie das Licht ist auch die Macht Amerikas wahrer und endgültiger vertreten in der flutend-chaotischen Menge, der vereinheitlichenden Masse, dem Dionysischen, das an der überall in Kafkas Amerika lautwerdenden Musik zu erkennen ist. Das isolierte Ich kann freilich nicht hoffen, die »amerikanischen Verhältnisse durch [sein] Klavierspiel« unmittelbar zu beeinflussen (48), wie Karl es am Anfang seiner amerikanischen Existenz töricht erträumt hatte. Aber im Wahlkampf des siebenten Kapitels unterdrückt die Musik, das Eingreifen »der Trommler und Trompeter« und ihr »schmetterndes, mit ganzer Kraft ausgeführtes, nicht endenwollendes Signal alle menschlichen Stimmen« (245). Diese unendlich scheinende Kraft der Musik hat hier dieselbe Funktion wie die Macht der Masse, die den einzelnen, wie den Wahlkampfkandidaten das »Gedränge«, nicht aufkommen läßt. Wie es dem Einzelgast im riesigen Speisesaal des Hotel Occidental unmöglich ist, die Aufmerksamkeit der massenweise und unaufhörlich vorbeilaufenden Kellner auf sich zu lenken, so kann sich der Einzelkandidat in dem allgemeinen Wirbel und Geschrei des Wahlkampfs nicht verständlich machen, sobald er versucht, »die Gesamtheit« anzureden. »[...] es [war] vollkommen klar, daß ihn [...] niemand hören konnte; ja daß ihm auch, wenn die Möglichkeit gewesen wäre, niemand hätte zuhören wollen, denn jedes Fenster und jeder Balkon war doch zumindest von einem schreienden Redner besetzt« (247). Die Isoliertheit des Individuums, sein Verlorensein in der Masse, kommt im Beispiel des Wahlkandidaten besonders kraß zum Ausdruck. Er wäre, sagt der Student Mendel von ihm, »der passende Richter für den Bezirk«, er »hat aber nicht die geringsten Aussichten gewählt zu werden« (262).

Die politische Wahlversammlung, in der der Kandidat als Einzelperson auf das rationale Urteilsvermögen anderer einzelner einzuwirken versucht, endet in Kafkas Amerika im völligen Chaos des Absurden. Zwar redet »der Kandidat [...] immerfort, aber es war nicht mehr ganz klar, ob er sein Programm auseinanderlegte oder um Hilfe rief« (250). In der planlos flutenden Menge, wo »einer [...] am anderen [liegt]« und »keiner [...] mehr aufrecht« steht, läßt sich der Redner von seinem Träger »scheinbar ohne Widerstand, die Gasse auf- und abtreiben« (249 f.). Ebenso widerstandslos wie hier der Kandidat in der *Flut* der allmächtigen und sinnlosen Menge sich fortschwemmen läßt, geht im *Urteil* der so rational-selbstbeherrscht scheinende Georg Bendemann unter im *Fluß*, in dem zu ertrinken ihn sein Vater verurteilt hat.[67] Es ist die Ausweitung der ursprünglich väterlichen Machtgestalt ins Ungeheuere, Kollektive und Totale, die hier am Ende der ersten sieben Kapitel des Romans, die ja zusammen mit »Fragment I« die einzig zusammenhängende Erzählstruktur des Amerika-Romans ausmachen, über das Individuum triumphiert.[68]

Doch wird das Dionysisch-Absurde, die Allvermischung, ebenso ambivalent gesehen wie Karls Eltern. Zunächst herrscht allerdings die feindselige und bedrohende Funktion der Masse vor. Doch hat sie daneben auch anziehende und später hilfreiche Züge. Dies läßt sich an der Beziehung sehen, die zwischen der Wahlversammlung auf der Gasse und Karls Schicksal in Bruneldas Wohnung besteht. Der Wahlkampf ist ein Zwischenspiel, das sich zwischen das enthüllende Gespräch mit Robinson auf dem Balkon und Karls mißglücktem Befreiungsversuch aus seiner Gefangenschaft einschiebt. Die Wahlversammlung wird auch ausdrücklich ein »Schauspiel« genannt (248) und wie eine theatralische Darbietung oder eine Zirkusvorstellung, mit der sie vieles gemeinsam hat, von Bruneldas Balkon wie von einer Loge genossen. Bruneldas Operngucker erhält erst von da aus seine logische Funktion. Der Untergang des Kandidaten in dem Chaos der Masse und die Vereitelung seiner Wahlrede stellen unten die Parallele dar zu dem, was oben vor sich gehen wird, zu Karls »Untergang« und der Verhinderung seines Fluchtversuchs durch Robinsons und Delamarches vereinte Gewalt. So gesehen erscheint das absurde »Schauspiel« auf der Straße – der Eindruck des Dionysischen wird noch verstärkt durch die Ströme von Freibier, die da fließen – als böse, als die äußerste Unterjochung des Individuums, sein »Beiseitegeschobenwerden«, die endgültige Verdrängung und Auslöschung. Im parabolischen Gewand zeigt sie uns das Schicksal der

Hauptgestalt an, wie es nach der Tagebucheintragung von Kafka geplant war. Der Kandidat fungiert dabei stellvertretend für Karl und die ihm unmittelbar bevorstehende Unterdrückung durch die *Sänger* Robinson und Delamarche. Andererseits aber zeigt die Wahlkampfszene auch ein anderes Gesicht, da sie ja das Unterdrückungsritual in Bruneldas Wohnung unterbricht. Durch sein Dazwischentreten schiebt der Wahlkampf den verzweifelten Kampf Karls und seine gräßliche Niederlage hinaus. Mit diesem Unterbrechen des Karl Bedrohenden bietet das chaotisch-absurde Schauspiel eine wenigstens temporäre Hoffnung. Karl kann sich auch schwer von dem Schauspiel losreißen. Damit kündigt sich aber die – soweit es der Text sehen läßt – doch rettende Rolle des großen Theaters von Oklahoma an, wo Masse, Musik und das Absurde ins Positive gewendet erscheinen. Während in den ersten sieben Kapiteln die Masse den einzelnen ausschließt und zum Niemand zu reduzieren droht, nimmt sie ihn im später hinzugefügten Oklahoma-Fragment als »Jedermann« auf.[69]

Wir wissen natürlich nicht, wie die Reise nach Oklahoma geendet hätte.[70] Wir wissen nur, daß ein krasser Widerspruch besteht zwischen dem von Katka im Tagebuch von 1915 vermerkten Plan der »strafweisen« Ermordung Karl Roßmanns und dem von Max Brod überlieferten Ende, wonach Kafka »mit rätselhaften Worten« andeutete, »daß sein junger Held in diesem ›fast grenzenlosen‹ Theater Beruf, Freiheit, Rückhalt, ja sogar die Heimat und die Eltern wie durch paradiesischen Zauber wiederfinden werde« (311). Manches in der Struktur des Oklahoma-Kapitels, vor allem das Element des Wiederfindens, das so scharf im Widerspruch zur drohenden Funktion der Zeit in den früheren Kapiteln steht,[71] scheint Brod zu bestätigen. Danach würde das Dionysische, wofür ja keine bessere Repräsentation als ein großes Welttheater gewählt werden könnte,[72] von einer drohenden und ›beiseiteschiebenden‹ zu einer aufnehmenden und bergenden Macht werden.

Gegen ein utopisches Ende bleibt freilich immer die Tagebucheintragung Kafkas als gewichtiger Einwand bestehen.[73] Nützlicher aber, als sich in Spekulationen über das mögliche Ende des Romans zu ergehen, die ja ihrem Wesen nach immer ergebnislos bleiben müssen, erweist sich die Besinnung auf die Tatsache, daß Kafka den Roman dreimal unvollendet ließ. Der Hauptteil endet abrupt mit zwei Brunelda-Fragmenten, von denen sich kein Übergang zu der Werbegruppe für Oklahoma finden läßt. Dieses mehrmalige Aufhören ohne Ende aber zeigt, daß sich Kafka nicht entscheiden konnte, ob Drohung oder Rettung das letzte Wort über sein Amerika sein sollte, weil er sich nicht zu entschließen vermochte, wie er die Macht bewerten sollte. Im Kafkaschen Universum der Jahre, da *Der Verschollene* geschrieben wurde, bedeutete aber schon das Sich-Nichterfüllen der Drohung, daß Amerika selbst für Kafka das Land der unbegrenzten Möglichkeit, d. h. des Nichtaufhörens der Hoffnung blieb.

---

1 Kafkas Roman, den Max Brod im Jahre 1927 aus Kafkas Nachlaß unter dem Titel »Amerika« veröffentlichte, wurde von Kafka selbst zuerst der »Amerikaroman« und später »Der Verschollene« genannt. Er schrieb an dem fragmentarischen Roman vom September 1912 mit Unterbrechungen bis zum Oktober 1914. Das erste Kapitel wurde unter dem Titel »Der Heizer. Ein Fragment« 1913 im Kurt Wolff Verlag veröffentlicht.

2 Kafka. Untersuchungen zu Bewußtsein und Sprache seiner Gestalten. Hrsg. von Ursula Brech. Bad Homburg 1970. S. 32.

3 Perspektive und Sehweise bei Kafka. Stanford University Diss. 1971 [masch.].

4 Kafkas Roman »Der Verschollene« (»Amerika«). Stuttgart 1965. S. 14 f. Allerdings genügt der spezifische Mythos, den Jahn in der »Geschichte vom Sündenfall« sieht, keineswegs, um alle Aspekte des »Mythos« von Kafkas Amerika-Roman zu klären.

5 Franz Kafka – Tragik und Ironie. Zur Struktur seiner Kunst. München u. Wien 1964. S. 17–20. Ebenso: Franz Kafka. Columbia Essays on Modern Writers Nr. 19. New York u. London 1966. S. 11 f.

6 Vgl. vor allem Jörg Thalmanns Untersuchung der Beziehung von Kafkas Methode im Amerika-Roman zum Formprinzip des Naturalismus (Wege zu Kafka. Eine Interpretation des Amerika-romans. Frauenfeld u. Stuttgart 1966. S. 70–93).

7 Vgl. Franz Stanzel: Die typischen Erzählsituationen im Roman. Wien u. Stuttgart 1955. S. 38 bis 59. Auch ders.: Typische Formen des Romans. Göttingen 1964. S. 16 f. Ebenso: Friedrich Beissner: Der Erzähler Franz Kafka. Ein Vortrag. Stuttgart 1952; Martin Walser: Beschreibung einer Form. Versuch über Franz Kafka. 2. Aufl. München 1963; Kobs (s. Anm. 2).

8 Siehe Anm. 5.

9 Zum Unterschied von »Sinn« und »Bedeutung« s. E. D. Hirsch: Validity in Interpretation. New Haven u. London 1967. Der »Sinn« kann nur durch die sprachliche Intention des Autors erschlossen werden, die »Bedeutung« geht weit darüber hinaus. Selbstverständlich werden wir uns im folgenden mit dem Sinn der Funktion Amerikas in Kafkas Roman beschäftigen und mit ihrer Bedeutung nur insofern, als sie dem Sinn entspricht.

10 Der Erzähler teilt im ersten Satz des Romans mit, daß Karl sechzehn Jahre alt ist. Karl selbst sagt aber im fünften Kapitel, daß er erst »nächsten Monat sechzehn« wird. Der Romantext gibt uns keinen Anlaß, Karls Aussage zu bezweifeln. Die Diskrepanz kann leicht erklärt werden, wenn man die Altersangabe im ersten Satz als ungefähre Ausdrucksweise ansieht, die später durch die Hauptgestalt präzisiert wird.

11 Alle Hinweise und zitierten Stellen des Textes beziehen sich auf die folgende Ausgabe von Kafkas Roman: Amerika. Dritte Ausgabe. In: Franz Kafka, Gesammelte Schriften. Hrsg. von Max Brod. Bd. 2. New York 1946.

12 Zur Frage der Fragmente s. Pasley/Wagenbach: Datierung sämtlicher Texte Franz Kafkas. In: Kafka-Symposion. Datierung, Funde, Materialien. Berlin 1965. S. 62 f.; Jahn, S. 24–27, 94, 99 f.

13 Zu Kafkas Plan der »Söhne« s. Jahn, S. 2, 17–20.

14 Tagebücher. 1910–1923. New York 1948/49. S. 481.

15 Nachwort zur ersten Ausgabe (311).

16 Die pessimistischen Deutungen des Oklahoma-Fragments (s. Anm. 18) werden im Text selbst durch nichts gerechtfertigt.

17 Das bedeutet allerdings keineswegs, daß dem Optimismus Brods zugestimmt werden kann, der uns zu überreden versucht, daß wir »fühlen«, »wie dieser gute Junge Karl Roßmann [. . .] sein Ziel, sich im Leben als anständiger Mensch zu bewähren und die Eltern zu versöhnen, erreichen wird« (312). Dieses »Gefühl« gibt uns der Text nicht. Wir werden später noch näher auf diese Frage eingehen.

18 Klaus Hermsdorf weist bereits auf den alternierenden Rhythmus von »Absturz« und »Aufwärtsbewegung« als Aufbauprinzip des Romans hin. Allerdings sind für ihn die »Abstürze« »entscheidend« und die ihnen folgenden Aufwärtsbewegungen nur »irritierend scheinbar« (Klaus Hermsdorf: Kafka. Weltbild und Roman. Berlin 1961. S. 37). Näher scheint mir Jahn dem Sachverhalt zu kommen, wenn er sowohl die optimistische als auch die völlig pessimistische Deutung des Romans ablehnt und die Episoden des »Verschollenen« als »in erster Linie abgewandelte Erscheinungsbilder desselben idealen Grundgeschehens, des Mythos« ansieht, »dessen Charakter erst vermittels *ewiger Wiederholung* offenbar wird« (134). Aus der vorliegenden Untersuchung wird es klar werden, aus welchen Gründen der endlosen Wiederholungsstruktur der Vorzug gegeben werden muß vor den optimistischen (Brod, Emrich [s. Anm. 36]) und den pessimistischen Deutungen (Uyttersprot [s. Anm. 30], Hermsdorf, Foulkes [s. Anm. 41]), wobei wir allerdings zu einem von Jahns »Sündenfall«-Theorie in manchem abweichenden Resultat gelangen, da das Schwergewicht der Untersuchung auf die Funktion Amerikas in Karls Schicksal fällt und daher ein vielschichtigerer und komplizierterer Charakter des »Mythos« ersichtlich wird. – Auch Jörg Thalmann bemerkt den alternierenden Rhythmus in der Komposition des Romans und sieht

darin Kafkas allmählich erlahmenden Kampf, »die Erwartung von Licht, Freiheit und Zukunft, die uns aus den ersten Abschnitten des Romans [anweht]«, zu bewahren (224). Nach Thalmann vertritt Amerika für Kafka das Prinzip der Hoffnung, wozu vor allem die Hoffnung auf Wirklichkeitsbewältigung im Medium des realistisch-naturalistischen Romans gehört. Doch das Kafka eigene Angstgefühl des »Schuldens«, das mit dem visionären Formprinzip bei ihm verbunden ist, setzt sich immer stärker gegen die »lichtere« Seite durch und erlaubt Kafka nicht, den realistisch begonnenen Roman zu vollenden. Der Wechsel von Hoffnung und Düsternis, der den Roman durchzieht, erklärt sich aus diesem Kampf. Diese in vieler Hinsicht einleuchtende und mit guten Einsichten ausgearbeitete These überzeugt nicht ganz, da ja die Drohung von Anfang an zu Amerika gehört – bei Kafka hält die Freiheitsstatue das Schwert in der Hand – und damit auch die bizarre und frappante Abweichung von der empirischen Wirklichkeit. Karls mutige Selbständigkeit in der Heizerepisode und vor allem die Rolle des Onkels als Gegenspieler zu Karls Eltern scheinen allerdings Thalmanns Interpretationsansatz recht zu geben, stellen aber eben nur einen Aspekt des Romananfangs dar, dessen »lichte« Seite schon immer ihren Schatten hat, wie es unsere Untersuchung zeigen wird.

19 Johann Wolfgang Goethe: Den Vereinigten Staaten. In: Werke. Hamburger Ausgabe. Bd. 1. Hamburg 1966. S. 333.

20 Kobs Einwand (39), daß wir nicht sicher sein können, ob dieser amerikanische Senator tatsächlich Karls Onkel ist, beruht auf der Rätselhaftigkeit der Umstände von Karls Entdeckung durch den Onkel. Wieso ist das Dienstmädchen Johanna Brummer von der Namensänderung des fernen Onkels besser unterrichtet als der Neffe? Hierfür gibt es aber eine aus dem Text hervorgehende logische Erklärung. Karls Eltern, besonders sein Vater, hatten recht wenig Vertrauen zu ihm – Karl deutet dies ja an, wenn er sich an des Vaters sarkastisches Mißtrauen erinnert, mit dem er Karl die Frage stellte, wie lange er wohl den Koffer behalten wird. Es ist also unwahrscheinlich, daß sie ihn ins Vertrauen gezogen und ihn über entfernte Vorgänge in der Familie unterrichtet hätten. Daß das Dienstmädchen besser unterrichtet sein kann als Karl, bestärkt den mehrfach gewonnenen Eindruck, daß Karl im Elternhaus nicht als vollwertiger Familiengenosse behandelt wurde. Dieser Eindruck wird natürlich noch erhöht durch den Umstand, daß der Onkel nicht von den Eltern, sondern vom Dienstmädchen über Karls Ankunft informiert wurde, was die unmenschliche Gleichgültigkeit der Eltern ihrem Sohn gegenüber drastisch zeigt.

21 Sehr interessantes Material zu diesem Thema ist in einer bisher unveröffentlichten Studie enthalten, die Anthony Northey im Rahmen der Kafka-Konferenz in Philadelphia, Oktober 1974, vorlas (Franz Kafka's American Connection. A Report on Research in Progress). Ihm sei hier nochmals herzlichst gedankt für seine Freundlichkeit, mich sein Manuskript einsehen zu lassen.

22 Zum Vergessen des Regenschirms und dem Finden des Heizers s. Sokel, Tragik, S. 311.

23 Jahn spricht davon, daß die Rettung Karls durch den Onkel »infolge der Heizerepisode vorzeitig« »ihr Ziel erreicht« (5). Doch bleibt es völlig ungewiß, wie der Onkel Karl hätte finden können, wenn sich Karl nicht der Affäre des Heizers angenommen und das Schiff bereits verlassen hätte.

24 Vgl. bes. Kobs, S. 29 f.

25 Thalmann (179) weist mit Recht darauf hin, daß sich Karl mit dem Heizer erst dann identifiziert, wenn er in ihm den Unterdrückten und Gedemütigten erkennt. Der Heizer stellt eine Parallelfigur zu Karls eigener »perspektivischer Machtlosigkeit« dar. Vgl. auch: Sokel, Tragik, S. 313. Das Heizerelement ist in Karl selbst.

26 Jahn nennt den Senator Jakob Karls »Adoptivvater« und bemerkt die höchst bezeichnende Namensidentität mit Kafkas Großvater (väterlicherseits) Jakob Kafka, der auch das Modell für Karl Roßmanns Vater abzugeben schien (Jahn, S. 126). Siehe auch Anm. 53.

27 Sokel: Tragik. S. 299 ff.

28 Politzer sieht in Karls Antwort, daß er die Regel vergessen habe, »offenbare Überhebung« (Franz Kafka, der Künstler. Frankfurt a. M. 1965. S. 216). Doch gibt uns der Text selbst keinen Anlaß, die Wahrheit von Karls Antwort zu bezweifeln, gerade weil Karls Gewissenhaftigkeit im Dienst, die hier nur ausnahmsweise und unter dem Zwang der Umstände gebrochen wurde, es sehr nahelegt, daß er diese Regel für sich so unnötig fand, daß er ihr weiter keine Beachtung schenkte und sie vergaß.

29 Siehe Politzer, S. 221. Politzer weist darauf hin, daß die Uhren, die die Stunde von Karls Entlassung ankündigen, die Ordnung wiederherstellen, die Karl gestört hatte.

30 Siehe u. a. Lienhard Bergel: ›Amerika‹. Its Meaning. In: Franz Kafka Today. Hrsg. von Angel

Flores u. Homer Swander. Madison 1958. S. 118; Politzer, S. 187 f., 203; H. Uyttersprot: Eine neue Ordnung der Werke Kafkas? Zur Struktur von ›Der Prozeß‹ und ›Amerika‹. Antwerpen 1957. S. 72.

31 Siehe Fritz Martini: Das Wagnis der Sprache. Interpretationen deutscher Prosa von Nietzsche bis Benn. Stuttgart 1956. S. 322.

32 Sämtliche Erzählungen. Hrsg. von Paul Raabe. Frankfurt a. M. u. Hamburg 1970. S. 307.

33 Tagebücher (s. Anm. 14). S. 318.

34 Politzer, der diesen Aspekt in der Beziehung Karls zu seinem Onkel ebenfalls anvisiert, sieht aber nicht das Existentielle daran, sondern betont das Pädagogisch-Psychologische. Der Onkel will aus Karl einen »Mann« machen (207).

35 Briefe an Milena. Hrsg. von Willy Haas. New York 1952. S. 70.

36 Wilhelm Emrich gibt seinem Kapitel über den »Verschollenen« den bezeichnenden Titel: »Die moderne Industriewelt« (Franz Kafka. Bonn 1958. S. 227 ff.). Das Sozialkritische betont auch Bergel, bes. S. 121. Vgl. auch Thalmann, S. 169–179.

37 Nach Politzer, der hier Lukács zitiert, zeigt dieser Abschnitt »die Welt des heutigen Kapitalismus als Hölle« (213).

38 Hermsdorf hat auf »diese Entfremdung« »im Verhältnis der Liftboys zu ihrem Lift« bereits hingewiesen (62).

39 Siehe Emrich, S. 228.

40 Auch Bergel betont, daß diese Episode kaum ihresgleichen hat im Gesamtwerk Kafkas (121). Politzer nennt sie »eines der wenigen endgültigen Stücke Prosa, die Kafka je ausgeführt hat« (213).

41 A. P. Foulkes sieht in der Erzählung Thereses »die Geschichte in der Geschichte« (»story within a story«). Siehe: The Reluctant Pessimist. A Study of Franz Kafka. Den Haag u. Paris 1967. S. 143. Foulkes mißt ihr dieselbe Bedeutung für den »Verschollenen« zu, den die »Legende« »Vor dem Gesetz« für den »Prozeß« und die Barnabas-Geschichte für das »Schloß« besitzen. Foulkes hat insofern recht, als die von einer Romanfigur dem Helden erzählte Geschichte strukturell die gleiche Rolle spielt wie die Josef K. vom Gefängniskaplan erzählte Türhüterlegende im »Prozeß« und das K. von Olga berichtete Schicksal ihrer Familie im »Schloß«. Damit würde das sozialkritische Element allerdings zur Hauptdimension des Amerika-Romans, was, wie wir sehen werden, die Gefahr einer Überbewertung dieses Elements darstellen würde, wenn wir nicht das auch von Foulkes in den Mittelpunkt gestellte Motiv der Illusion des Strebens damit verbinden würden.

42 Mark Spilka hat diesen Aspekt zuerst bemerkt und ihm große Beachtung geschenkt. Siehe ›Amerika‹. Its Genesis. In: Franz Kafka Today. S. 106–112.

43 Siehe Politzer, S. 226 f.

44 Spilka weist darauf hin, daß die Oberköchin Züge von Kafkas Mutter hat und Therese »wahrscheinlich« von einer seiner Schwestern. Tatsächlich besteht eine Parallelbeziehung in der Funktion Thereses zur Funktion von Grete Samsa in der zur selben Zeit wie das sechste Kapitel entstandenen »Verwandlung«. Zur Rolle der Schwester in der »Verwandlung« s. Hartmut Binder: Kafka und seine Schwester Ottla. Zur Biographie der Familiensituation des Dichters unter besonderer Berücksichtigung der Erzählungen ›Die Verwandlung‹ und ›Der Bau‹. In: Schiller Jahrbuch 12 (1968) S. 403–456.

45 Politzer (212) betont das Erotische an der Beziehung Karls zur Oberköchin und verbindet den Namen Grete Mitzelbach mit der Heldin von Felix Saltens »pornographischem« Roman »Josephine Muzenbacher«, der 1906 im Privatdruck erschien.

46 Dies wird auch von Emrich bemerkt (231).

47 Kafka notiert sich am Tag nach der Niederschrift des »Urteils« (23. September 1912), daß ihm »natürlich« »Gedanken an Freud« gekommen seien. Siehe Tagebücher (s. Anm. 14). S. 294.

48 Kafka selbst fand, daß er im Heizer »das allermodernste New York dargestellt hatte«. Siehe Brief an Kurt Wolff vom 25. Mai 1913. In: Briefe. 1902–1924. New York u. Frankfurt a. M. 1958. S. 117. Doch hat besonders die marxistische Kafka-Kritik auf die altösterreichischen Züge von Kafkas Erzählwelt hingewiesen. Vgl. Georg Lukács: Wider den mißverstandenen Realismus. Hamburg 1958. S. 87. Lukács konstatiert dies für Kafkas Werk im allgemeinen. Ebenso Hermsdorf, S. 136 f.

49 Siehe dazu Politzer, S. 215 f., und Jahn, S. 19 und 28.

50 Zum pseudo-bürgerlichen Aspekt dieser »Boheme« s. Jahn, S. 30 f.

51 Kobs bemerkt die Unstimmigkeiten im Text, die eine feste Annahme des Diebstahls, wie ja überhaupt jedes Festlegen auf tatsächliches Geschehen ausschließt, das wir mit Sicherheit annehmen könnten (37). Die Subjektivität von Karls Verdacht kann nicht angezweifelt werden. Was aber darüber hinaus betont werden muß, ist der Umstand, daß es in dieser Episode wie überhaupt bei Kafka auf die Funktion der Figuren bei ungewissem Tatbestand ankommt. Nicht faktisch, sondern funktional sind Delamarche und Robinson mit dem Verschwinden der Photographie und damit mit Karls Eltern verknüpft, weil sie es für Karl sind. Später wird das Funktionale objektiv feststellbares Handlungsgeschehen, da Delamarche, den Karl verdächtigt, den Vater »gestohlen« zu haben, tatsächlich die Rolle eines gewalttätigen und repressiven Vaters übernimmt.

52 S. 108. Spilka sieht auch die von uns hier weiterentwickelte Parallele des Brunelda-Haushalts zum Elternhaus Karls (111), wobei er aber nur die Identität der Haushalte und nicht ihre Gegenpoligkeit im Sinn hat.

53 Jahn weist auf den autobiographischen Bezug hin, der zwischen der Photographie von Karls Eltern und der bei Wagenbach abgebildeten von Kafkas Großeltern väterlicherseits besteht (125). Siehe Abbildung 4. In: Klaus Wagenbach, Franz Kafka. Eine Biographie seiner Jugend. 1883 bis 1912. Bern 1958. S. 17.

54 Hochzeitsvorbereitungen auf dem Lande und andere Prosa aus dem Nachlaß. New York 1953. S. 187.

55 Politzer scheint anzunehmen, daß Karls Desillusionierung sich erst von seinem Durchschauen der Korruption der Wahlkampagne auf »die Verführerin« Brunelda ausdehnt (231). Dabei übersieht er aber, daß Karl ja nie gegenüber Brunelda illusioniert war und die Illusioniertheit Robinsons aufs schärfste ablehnt und bekämpft.

56 Siehe Sokel: Tragik. S. 196 f.

57 Foulkes bemerkt richtig (153), daß Brunelda mit ihrem Operngucker den Anblick auf die wahre Welt zum Verschwinden bringen möchte und ihr dies auch gelingt, da ja Karl mit ihrem Gucker nichts sieht.

58 Politzer glaubt, daß Karl durch den Operngucker zum Schauen des »Nichts« erweckt wird (231). In Politzers Deutung erscheint also die Funktion des Opernguckers genau als das Gegenteil der Funktion, die ihm Foulkes zuschreibt (s. Anm. 57). Für Politzer sieht Karl, indem er »nichts« erblickt, zugleich die Wahrheit, die eben das Nichts ist. Danach würde der Operngucker ja die Wahrheit nicht verdecken, sondern sie freigeben. Daß dies nicht der Fall ist, zeigt die Tatsache, daß Karl nicht »das Nichts« sieht, sondern tatsächlich *nicht sieht* und danach nicht gut sieht, denn beim dritten Schauen sieht er ja doch »alles«, aber eben nur »undeutlich« (246). Was er also mit Bruneldas Operngucker erhält, ist nicht die nihilistische Wahrheit, sondern bloß die Undeutlichmachung der Wahrheit. Bruneldas Geschenk ist nicht das Nichts, sondern das Nichtigmachen des Sehens.

59 Politzer, S. 189.

60 Jahn, S. 31.

61 Zur Beziehung Kafkas zu Nietzsche siehe Sokel, Tragik, S. 69–72.

62 Tagebücher (s. Anm. 14). S. 481.

63 Emrich und Jahn erkennen zwar die große Bedeutung der Massen im Roman, legen sie aber nur negativ aus, da sie die Beziehung zum Dionysischen nicht sehen. Bei Jahn z. B. erscheinen die Massen nur als »die namenlosen, termitenhaften Wesen [. . .] austauschbare Elemente eines pausenlos arbeitenden, durch technische Vorkehrungen bestimmten Lebensorganismus« (115). Eine solche Auffassung läßt kaum die Möglichkeit einer bejahenden Einstellung zur Masse zu, die wir im Roman finden werden, z. B. beim Gesang der demonstrierenden Arbeiter.

64 Sämtliche Erzählungen (s. Anm. 32). S. 292.

65 Für Emrich ist die Kapelle das »Refugium des wahren Friedens« (239). Der Text zeigt uns aber das gerade Gegenteil, sie ist das Anziehungszentrum des Sturmes. Um des »Friedens« willen soll sie ja abgesperrt werden.

66 Siehe Anm. 70.

67 Zur Funktion der Bilder von Fluß, Fluten, Strömen bei Kafka s. Sokel, Tragik, S. 63–76, 284, 529 f. Vgl. auch das Untergehen der Dicken in Kafkas Erstling »Beschreibung eines Kampfes«. Wie der Kandidat wird auch der Dicke getragen, und seine Träger gehen mit ihm im Fluß unter wie der Träger des Kandidaten in der flutenden Menge.

68 Siehe dazu auch Jahn, S. 125. Jahn bezieht sich allerdings nicht auf die Wahlkampfszene, wenn

er von der »Idee der väterlichen Macht als einer überindividuellen, wie es scheint mythischen Gegebenheit« spricht.

69 Spilka weist dabei auf Walt Whitmans Einfluß hin und dessen Ideal der totalen brüderlichen Demokratie (95).

70 Die überzeugendste und ausgewogenste Deutung der Rolle des Oklahoma-Fragments scheint mir die von Thalmann zu sein (197–222), auf die ich den Leser verweisen möchte.

71 Siehe Sokel: Tragik. S. 505 ff.

72 Siehe Emrich, S. 247. Emrich verbindet das »Naturtheater« mit dem »Welttheater« im »alten kosmischen Sinne der Barockzeit«. Vgl. auch Thalmann, S. 210.

73 Tagebücher (s. Anm. 14). S. 481.

ULRICH WEISSTEIN

# Keine amerikanische Tragödie.
# Alfons Paquets dramatischer Roman »Fahnen«.
# Text, Inszenierung und Kritik

Eine neue Dramatik ist stets die Sublimierung einer neuen Theaterkunst.

Lutz Weltmann[1]

Wie das der Standardausgabe von Erwin Piscators *Schriften* beigegebene Inszenie-
rungsverzeichnis zeigt, brachte dieser bedeutende Regisseur und »Erfinder« des
Politischen Theaters mit seiner soziologischen Dramaturgie während seiner Tätigkeit im Berlin der Weimarer Epoche (1920–31) bei insgesamt sechsundvierzig eigen-
händigen Regieleistungen nur drei amerikanische Stücke zur Aufführung.[2] Der für
ihn in diesem Jahrzehnt wichtigste amerikanische Dramatiker war zweifellos Upton
Sinclair. Das mag verwundern, da dieser Autor vorwiegend (in den Vereinigten
Staaten sogar fast ausschließlich) als Epiker bekannt ist. Sein weltweiter Ruhm
gründet sich bekanntlich auf den 1906 erschienenen Roman *The Jungle*, der noch
im gleichen Jahr als *Der Sumpf* in deutscher Fassung erschien,[3] aber erst in der
überarbeiteten Neuausgabe des Malik-Verlags (1923) einen echten Erfolg verbuchen
konnte, der sich – etwa in Brechts Stück *Die heilige Johanna der Schlachthöfe*[4] –
anschließend sogar zum literarischen Einfluß auswuchs. Sinclair war ein Hausautor
des von Wieland Herzfelde zunächst auf Dada-Basis gegründeten Verlages, der
sich ansonsten auf russische und deutsche kommunistische bzw. linksradikale Literatur spezialisierte. (Der einzige amerikanische Autor außer Sinclair, der im Verlags-
katalog der zwanziger Jahre vertreten ist, ist John Dos Passos mit seinem Roman
*Drei Soldaten*.)[5] Seine *Gesammelten Romane* erschienen 1924 und die *Gesammelten
Werke* in vierzehn Bänden und einem Zusatzband zwischen 1927 und 1932. Piscat-
or hatte Herzfelde während des Krieges im Büro eines belgischen Fronttheaters
kennengelernt und blieb ihm, wie übrigens auch George Grosz (dem Hauptillustra-
tor des Malik-Verlages), von diesem Zeitpunkt an eng verbunden.[6]
Angesichts dieser Tatsache überrascht es kaum, daß der Kommunist Piscator als
erstes amerikanisches Stück in seiner Karriere ein Werk Upton Sinclairs in Szene
setzte. Dessen Drama *Prinz Hagen* (*Prince Hagen*, 1909) wurde nämlich am 5. Dezember 1920 durch das Proletarische Theater zur deutschen Erstaufführung gebracht. Piscator selbst inszenierte keine weiteren Sinclair-Dramen, ließ aber 1928
vom mittlerweile eingerichteten Studio die *Singenden Galgenvögel* (*Singing Jail-
birds*, 1924), die er »selbst gerne inszeniert hätte«,[7] aufführen. Andere Stücke amerikanischer Herkunft folgten nur sporadisch, so Eugene O'Neills künstlerisch ungleich
wertvolleres Drama *Unterm karibischen Mond* (*The Moon of the Caribbees*, 1917)
am 21. Dezember 1924 in der Volksbühne und Carl Zuckmayers Bearbeitung des
Stückes *What Prize Glory?* von Maxwell Anderson und Laurence Stallings – unter
dem Titel *Rivalen* – am 20. März 1929 im Theater an der Königgrätzer Straße. Zu
dem nicht mehr realisierten Programm der Piscator-Bühnen gehörte übrigens neben

einem Sacco-Vanzetti-Stück Maxwell Andersons auch Theodore Dreisers *Amerikanische Tragödie*.[8]

In der Emigration gründete Piscator das New Yorker Studio-Theater, dem ein Workshop angeschlossen war. In diesen Jahren des Neubeginns, der rasch zum Erfolg führte, inszenierte er selbst kaum ein Dutzend Stücke, darunter nur eine Handvoll amerikanischer: O'Neills *Mourning Becomes Electra*, Robert Penn Warrens dramatisierten Roman *All the King's Men*, Irving Kaye Davis' *Last Stop* und einige Bearbeitungen. Nach seiner Rückkehr ins geschlagene Deutschland war er zunächst als reisender Gastregisseur und seit 1963 als Leiter der neuerstandenen Berliner Volksbühne tätig. In den ihm verbleibenden fünfzehn Jahren zeichnete er für über siebzig Inszenierungen verantwortlich, wobei eine Reihe von Werken mehrfach an verschiedenen Bühnen zur Darstellung kam. Unter ihnen befanden sich aber nur vier Stücke amerikanischen Ursprungs: Arthur Millers *Hexenjagd (The Crucible)* fünfmal, sein *Tod des Handlungsreisenden (Death of a Salesman)* dreimal, William Faulkners *Requiem für eine Nonne (Requiem for a Nun)* dreimal und O'Neills *Trauer muß Elektra tragen* – im ganzen also keine besonders reiche Ernte.

Diese statistischen Daten aus der literarischen Rezeptionsgeschichte leiten unmittelbar zum Thema unserer Arbeit hin. Diese ist nämlich insofern rezeptionsgeschichtlich, als es uns, wenn auch am Rande, um die Aufnahme und Verarbeitung amerikanischer Stoffe geht. Bekanntlich blühte und gedieh der – echte und falsche – ›Amerikanismus‹ im Deutschland der zwanziger Jahre, wovon der Brecht-Forscher ein Liedchen zu singen weiß. Die wohl erste Verwendung eines Stoffes aus der Geschichte der Vereinigten Staaten (statt eines Mythos) erfolgte in einem Stück, das sowohl von den Intentionen des Autors als auch von der dramaturgisch-szenischen Verwirklichung her einen Wendepunkt in der neueren deutschen Theater- und Dramengeschichte (und beileibe nicht nur in dieser) markiert: Alfons Paquets »dramatischer Roman« *Fahnen*, der in der Inszenierung (hier noch nicht: Bearbeitung) Piscators am 24. Mai 1924 an der Berliner Volksbühne über die Bretter ging[9], die für diesen strebsamen, nach einem seiner Weltanschauung entsprechenden Aufführungsstil tastenden und noch verhältnismäßig zögernd experimentierenden Regisseur auch damals schon im wahrsten Sinne des Wortes die Welt bedeuteten, entsprechend dem allerdings erst zwei Jahre später geprägten Motto Brechts: »[...] wenn man sieht, daß unsere heutige Welt nicht mehr ins Drama paßt, dann paßt das Drama eben nicht mehr in die Welt.«[10]

Daß ausgerechnet dem zwar damals in Deutschland als Dichter und Journalist bekannten,[11] als Dramatiker aber noch nicht öffentlich hervorgetretenen Alfons Paquet[12] die Rolle des (wenn man so sagen darf) ›Versuchskaninchens‹ zufiel, ist paradox, aber was Piscator angeht, kaum atypisch, erleichterte doch die mangelnde dramaturgische Erfahrung und Zuversicht des Autors die Aufgabe der ihm notwendig erscheinenden Aktualisierung, in die Paquet übrigens nach einigem Zögern eingewilligt zu haben scheint. Denn Stoff und Fabel kamen ihr – wie bereits der knappe Inhaltsabriß von Heinrich Goertz belegt – deutlich entgegen:

»Zeit: 1880 bis 1887. Ort: Chicago. Sechs Arbeiter agitieren für den Acht-Stunden-Tag. Die Polizei inszeniert einen Bombenanschlag auf sich selbst: ein Toter und mehrere Verletzte. Mit Hilfe falscher Zeugen wird das Attentat den sechs Arbeitern angelastet. Sie werden zum Tode durch den Strang verurteilt und hingerichtet.«[13]

Wie Piscators Witwe in ihren Memoiren berichtet, schrieb ihr Mann denn auch damals in sein Tagebuch: »I have to ask for better texts from that poor creature, the author. I have to be honest with the facts, truthful to the people who come to see these plays and want to find an answer to their own problems. I have to bring history up to date, even at the danger of presenting something unfinished or eliminating what could be effective.«[14]

Selbst bei den Theaterwissenschaftlern wäre der Stückeschreiber Paquet heute sicherlich längst vergessen, wenn sein künstlerisch zweitrangiges Produkt nicht in einer kritischen Phase der deutschen Bühnengeschichte, dem Übergang vom Expressionismus zur Neuen Sachlichkeit und zum episch-politisch-soziologisch-dokumentarischen Drama, erschienen und durch Vermittlung der Volksbühnenleitung in die Hände Piscators gelangt wäre. Im ersten Abschnitt unserer Arbeit wollen wir, wie es der Untertitel verspricht, das Stück *Fahnen* als literarisches Phänomen betrachten und auf diese Weise, wenn auch aus Platzmangel recht summarisch, die im zweiten Abschnitt erfolgende Analyse der epochalen Regieleistung vorbereiten. Zunächst sei jedoch daran erinnert, daß, wie wir andernorts nachzuweisen versucht haben,[15] Paquets dramatischer Roman keineswegs den ersten oder einzigen in jenen Jahren unternommenen Versuch darstellt, sich der Zwangsjacke literarischer Hauptgattungen zu entledigen. Die Ehre, dieses Problem als erster in Theorie und Praxis aufgegriffen zu haben, gebührt vielmehr dem äußerst scharfsinnigen und künstlerisch wendigen Lion Feuchtwanger, dessen 1920 erschienener, aber erst fünf Jahre später fern der Reichshauptstadt (im Stadttheater Bielefeld) versuchsweise als Matinee aufgeführter dramatischer Roman *Thomas Wendt* für alle derartigen Konzepte Modell steht. Feuchtwangers Apologie für diese neue, symbiotische Mischform erfolgt im Vorwort (in dem übrigens Heinrich Manns Dramen-Roman *Die kleine Stadt* als Ansatzpunkt bezeichnet wird):

»Roman: Ein Weltbild soll gegeben sein, nicht ein Einzelschicksal bloß, ein Zeitbild zumindest, Hintergründe, Unterströmungen, Belichtungen von verschiedenen Seiten, Umwelt, Ursachen und Ziele, das Bewegte und das Bewegende. Ein dramatischer Roman: kein Verweilen soll sein, kein sanftes Vorwärtsgleiten, Betrachtung soll vermieden, nichtgestaltete Wertung vom Autor her soll ausgeschlossen sein.«[16]

Von Feuchtwanger verläuft eine direkte Deszendenzlinie zu Brecht und seinem im Lehrstück ausgesprochen pädagogisch ausgerichteten epischen Theater[17] (und nebenbei zu Arnolt Bronnen, der später behauptete, der Begriff ›episches Theater‹ sei unter Verweis auf sein Drama *Exzesse* von Otto Zarek entwickelt worden[18]). Eine zweite, der ersten parallele Linie zieht sich, wohl gleichfalls von Feuchtwanger ausgehend, über Paquet und Piscator hin bis zum dokumentarischen Drama der Nachkriegszeit. Von *Fahnen* wurde übrigens auch Alfred Döblin, der das Stück im *Leipziger Tageblatt* wohlwollend rezensierte, zu Überlegungen angeregt, die, aus der Lektüre von Joyces *Ulysses* und John Dos Passos' *Manhattan Transfer* zusätzliche Nahrung saugend, im (dramatischen) Roman *Berlin Alexanderplatz* ein Echo fanden.

Daß auch ausländische Einflüsse bei der Gestaltung von *Fahnen* am Werke waren, ist nicht zu beweisen und – unserer Ansicht nach – recht unwahrscheinlich, obwohl es einzelne Kritiker behaupten. So schrieb Max Osborn in der *Berliner Morgenpost* vom 28. Mai 1924: »Paquet war in Rußland und hat dort die mitreißende Technik kennengelernt, in der der Regisseur Mayerhold [sic] im Moskauer ›Neuen Theater‹ revolutionäre Vorgänge spielen läßt. Paquet war auch in Amerika, wo er die Anfänge eines merkwürdigen modernen Kunststils erlebte, der aus dem technischen Geist der dortigen Überzivilisation erwächst. Aus solchen Eindrücken setzte er die originelle äußere Form seines Stückes zusammen.«[19]

Diese Hypothese ist aus biographischen wie literargeschichtlichen Gründen fraglich. Vor Abfassung der *Fahnen*[20] war Paquet nämlich nur einmal (1904) zum Besuch der Weltausstellung von St. Louis in den Vereinigten Staaten, zu einem Zeitpunkt mithin, als von einem »merkwürdigen modernen Kunststil« dort kaum die Rede sein konnte, besonders nicht im theatralischen Bereich. Viel einleuchtender und auch chronologisch stimmiger ist die von Leo Lania in der *Wiener Arbeiterzeitung* vom 2. Juni 1924 hergestellte Beziehung zur Neuen Sachlichkeit, die in der Tat indirekt mit der Amerikanisierung Europas zusammenhängt:

»Ich habe vor einigen Tagen zufällig ein französisches Verlagsverzeichnis in die Hände bekommen, in dem die erfolgreichsten literarischen Werke des letzten Jahres angegeben waren. Und zu meiner Verwunderung sah ich, daß jetzt in dem klassischen Lande des Romans das gesellschaftskritische Pamphlet, die journalistische Reportage vorherrscht. [...] Die ›Amerikanisierung‹ beginnt nun auch der französischen Literatur ihren Stempel aufzudrücken und man begreift, daß der allgemeine Mangel an Interesse für Romane und Lyrik, für die sogenannte ›reine‹ Kunst, über den die deutschen Verleger so klagen, nichts Zufälliges, auch nicht durch die wirtschaftlichen Verhältnisse in Deutschland allein bedingt ist, sondern seine tieferen Ursachen in dem großen sozialen Umschichtungsprozeß hat, dessen Zeugen wir sind.«[21]

Was den vorgeblichen Einfluß Meyerholds auf die Dramaturgie Paquets anbetrifft, so läge er im Bereich des Möglichen, denn der rheinhessische Dichter hielt sich wirklich 1918 mehrere Monate lang in diplomatischer Mission in Rußland auf und hätte dort Gelegenheit gehabt, Inszenierungen des berühmten Regisseurs zu sehen. Von solchen Eindrücken findet sich freilich in *Fahnen* keine Spur, und es ist folglich anzunehmen, daß Max Osborn den Dramatiker Paquet mit dem Regisseur Piscator verwechselt hat. Denn obgleich Piscator noch 1928 konstant und vehement jeglichen Einfluß der Meyerholdschen Bühnentechnik auf seine eigene Praxis leugnete (»Wenn zwischen den Inszenierungen Meyerholds und meinen eigenen irgendwelche Ähnlichkeiten bestehen – ich kann das nicht beurteilen, weil ich Meyerholds Arbeit nicht kenne – so kann das nur die Folge davon sein, daß die Inhalte und die Weltanschauung der hier und dort gespielten Werke die gleichen sind, also auch eine ähnliche Übertragungs- und Ausdrucksform verlangen.«[22]), ist anzunehmen, daß er durch Berichte aus zweiter Hand sowie aus den ihm zugänglichen theoretischen Schriften und literarkritischen Abhandlungen mit dem Experimentalstil Meyerholds, dessen Bühnentätigkeit kurz nach der Jahrhundertwende begonnen hatte, wenigstens im groben Umriß vertraut war. Aus eigener Anschauung lernte er dessen Kunst erst 1930 während einer Deutschlandtournee kennen.[23]

*Der Text*

Von Hellerau bis Piscator geht der Weg des Dramatikers Alfons Paquet.

Lutz Weltmann

Bevor wir mit der Analyse des Stückes beginnen können, sind noch einige Hinweise auf die weltanschauliche Position Paquets angebracht, die sich, wie kaum anders zu erwarten, im Drama selbst verschiedentlich niederschlägt. Mit der bei einer vereinfachenden Darstellung angebrachten Vorsicht läßt sich behaupten, daß der gebürtige Wiesbadener und dem Rheinland lebenslang verbundene Dichter ein christlich orientierter Sozialist war, der zwar den Kommunismus bewunderte, aber im Gegensatz zu Piscator kein Marxist war. Wie er selbst im Vorwort zu seiner Schrift *Der Geist der russischen Revolution* sagt: »Wenn ich im Kommunismus den eigentlichen Sozialismus sehe, so sage ich damit noch keineswegs, daß die Verwirklichung des Sozialismus logisch nichts anderes sei als Kommunismus.«[24] Daß er, dem es, »ehe der Weltkrieg kam, nicht eingefallen [war, seine] Ideen über die Zukunft ausschließlich von den Ideen bestimmen zu lassen, die [ ] auf den Fahnen des inter nationalen Proletariats geschrieben sind«,[25] sogar eine Verquickung von Anarchie und Christentum für wünschenswert (oder jedenfalls für durchaus möglich) hielt, erhellt aus der charakteristischen Bemerkung, die Spies, einer der proletarischen Helden seines dramatischen Romans, dem in echt Shawscher Manier gezeichneten Pfarrer Bolton gegenüber macht: »Ich dachte, Sie seien ein Christ. Dämmert Ihnen nichts über die Verbindung von Christentum und – sagen wir – Anarchie?« (482).[26]

Besonders was den mit Recht als hymnisch bezeichneten Schluß des bekenntnishaften Stückes angeht, wurde dem Autor von den linken Kritikern vorgeworfen, er predige einen utopischen Sozialismus, statt konkret auf die inzwischen erfolgte geschichtliche Entwicklung (einschließlich der Oktoberrevolution von 1917) hinzuweisen – ein ideologischer Fauxpas, den, wie noch zu zeigen ist, der Regisseur Piscator aktualisierend berichtigte. Zwar werden in der letzten Szene u. a. auch Hammer- und Sichelfahnen entfaltet, doch bleibt die bühnenmäßig wirksame Schlußapotheose politisch und historisch abstrakt, weil der Begriff der Freiheit, der hier zum Signal wird, Ewigkeitswert hat. Genau da setzt Joachim Fiebach mit seiner Kritik ein:

»Auch das Stück *Fahnen* ist an solchen Stellen inhaltlich schwächer, wo Paquet den Charakter des Berichtes aufgab und dichterisch überhöhen wollte. Wäre er streng dem Chronikstil gefolgt, hätte er in der letzten Szene z. B. die internationale Bedeutung (Kampf um den 1. Mai!) oder zumindest die nationale Wirksamkeit der Chicagoer Ereignisse konkret andeuten können. Seine letzte Szene ist aber lediglich ein verschwommener Hymnus auf eine allgemeine Freiheit.«[27]

Man ist versucht, eine Parallele zum letzten Akt der *Weber* zu ziehen, wo – wie ein so feinsinniger und mit dem Naturalismus durchaus sympathisierender Kritiker wie Theodor Fontane tadelnd bemerkte – der revolutionäre Geist, der das Drama durchweht, ins Metaphysisch-Mystische abgebogen und dadurch verwässert, wenn nicht gar unterhöhlt wird. Bertolt Brecht mag aus Paquets Fehlern gelernt haben. (Er wurde ja wenige Jahre später Mitglied des Dramaturgenteams der Piscator-Bühne.) Jedenfalls zog er, als er Gorkis Roman *Die Mutter* auf Grund der Stark-

Weisenbornschen Vorlage für die Bühne bearbeitete, die Konsequenzen, indem er die Handlung des 1906 abgeschlossenen Romans bis in den Ersten Weltkrieg verlängerte. Als Dichter und Mensch wollte sich Paquet parteilich nicht festlegen. So gibt die folgende, im Programmzettel der Uraufführung (der übrigens auch einen Auszug aus dem Berufungsentscheid des Obersten Staatsgerichts von Illinois enthält[28]) abgedruckte Notiz wohl eher seine eigene Meinung (und die der Volksbühnenleitung, die sich decken wollte) als die Auffassung des politisch stark engagierten Piscator wieder: »In den *Fahnen* wird keinem Parteiprogramm ein Loblied gesungen. Wer diese Dichtung dennoch durch eine politisch gefärbte Brille ansieht, wird nicht auf seine Kosten kommen.«[29] Daß Paquet sein Werk nicht als Zeitstück verstanden wissen wollte, geht auch aus einer – in der schon erwähnten Bibliographie abgedruckten – Tagebuchnotiz hervor. Sie lautet:
»Der Stoff zu *Fahnen* ist eine Episode der amerikanischen Arbeiterbewegung. Jene Männer, die damals den Justizmord an Spies und Genossen begingen, würden nicht gedacht haben, daß die Nachwelt sie noch einmal festnageln würde, daß nach Jahrzehnten ihre Handlungsweise vor aller Welt am Pranger steht. Sie sind schuld an der Entrüstung, dem Zorn und dem Mitleid, das bis heute nachlebt, sie sind die Ursache zu diesem Stück. Der Dichter ist nur ein Medium, das den aufgespeicherten, noch nicht ausgelösten Strom aus dem Kosmos in seine Stahlfeder herabzog. So wird auch eines Tages die Tragödie unserer Zeit geschrieben werden; das Unrecht, das sie anhäuft, wird am Pranger stehen; und der Pranger wird größer sein als irgendeine Bühne.«[30]
Daß Paquet für die Sache der Arbeiter in *Fahnen* Partei nimmt, steht außer Frage. Doch ist zu bedenken, daß in diesem Ideendrama (»Du machst nur Heilige durch tiefes Weh, / Allschöpferin und Allvernichterin: Idee« heißt es programmatisch im »Vorspiel auf dem Puppentheater«[31]) das Wesen des Proletariats nicht eng umschrieben wird und der Dichter überdies die Definition keinem seiner anarchokommunistischen Helden, sondern dem eine Nebenrolle spielenden Altsozialisten Dietzgen (der übrigens auch das letzte Wort hat) in den Mund legt. Dieser behauptet nämlich: »Jeder, der seine Idee nicht ausführen kann, ist ein Proletarier« (460). Auch wahrt Paquet bei aller Tendenzhaftigkeit seines dramatischen Romans ein gerütteltes Maß an Objektivität, indem er schon in dem von einem »Drahtzieher« vorgetragenen Prolog unter den Hauptfiguren fürchterlich Musterung hält. Dabei schneiden die Helden nicht unbedingt besser ab als ihre Klassenfeinde. Während einerseits die Streikführer Parsons und Fielden als »ungeschliffene Edelsteine« bezeichnet werden (437) und es von dem bombenwerfenden (oder zumindest -produzierenden) Anarchisten Lingg heißt, er sei selbst arm und »ein Freund der Armen« (436), wird Spies sehr kritisch unter die Lupe genommen, wie schon in der entsprechenden Strophe der 1922 erschienenen Chicago-Ballade.[32] Von ihm wird gesagt:

> Sein Schlips verrät begabten, eitlen Mann,
> Sein Mund, sein Aug bezeugen, daß er reden kann,
> Er weiß, wer Cyrus ist und haßt ihn sehr,
> Er liebt des Volkes Sache und die seine mehr,
> Er liebt die Frauen, macht ein gut Salär

Und ist Arbeiterzeitungs-Redakteur,
Er weiß von Hause noch, was Schweiß und Sorge heißt,
Zum Führer macht ihn schnelles Wort und Geist.
Wo sich im niedern Volk Gedanken regen,
Da tritt er voller Eifer ihm entgegen,
Glaubt, was er spricht, am liebsten doppelt, rühmt sich dessen
Und hat es eine Stunde drauf schon fast vergessen.[33]

Paquet prangert Spies' Charakter und Haltung auch dadurch an, daß er ihn sich bei Gelegenheit (443) heiserschreien läßt. Das konnte und wollte Piscator jedoch nicht dulden; denn jede Kritik am Helden schadet seiner Sache. Er unterkühlte deshalb die Rhetorik, um nicht den Eindruck zu erwecken, es handle sich hier um einen Demagogen. Damit verfälschte er freilich die Absicht des Dichters.

Auch die Vertreter der besitzenden und herrschenden Klasse werden vom Dichter nicht über einen Kamm geschoren. Immerhin besteht bei dem ungekrönten König Chicagos, dem Großindustriellen Cyrus McClure, der Anarchisten »wie Mücken im Himbeergelee« (448) erzeugt und durch Erhöhung des Alkoholgehalts im Bier Redseligkeit und revolutionäre Stimmung der Streikenden aufreizt, weil er mit ihnen vor der von ihm inszenierten Weltausstellung abrechnen will, kein Zweifel daran, daß er ein Schurke ist (und zwar ein schwärzerer als Brechts Pierpont Mauler, der ihm einige Züge verdanken mag). Und das gleiche gilt von dem korrupten und bis zum Sadismus brutalen Polizeioffizier Shaak, seinem gefährlichsten Werkzeug. Andererseits hat aber der Richter Gary, der im Prolog als »Moloch, der Lebendiges verschlingt« (436), gebrandmarkt wird, im Stücke selbst keinerlei Gelegenheit zu beweisen, daß er »in Ränken und Kniffen wohlerfahren« ist.[34] Zwiespältiger ihrem Gehabe nach ist die weibliche Hauptfigur, Nina van Zandt, deren »Konversion« nicht aus rein idealistischen Gründen erfolgt (»Hier wandelt Nina schön und stolz, ein wenig flatterhaft [...] Geplagt von Neugier, dann in Liebe rasch entflammt«[35]). Sobald sie aber nach dem Fehlschlagen ihres Vermittlungsversuchs zwischen den beiden Fronten (am Ende der zweiten Szene) den folgenschweren Schritt, der schließlich zu ihrer Vermählung mit dem zum Tode verurteilten Spies führt, getan hat, »scheut [sie] sich nicht, den graden Weg zu gehn« (436), auf dem ihr in der dreizehnten Szene McClures Sekretär Drinkwater mit den Worten folgt: »Ich erkläre, [...] daß ich als Sekretär gewisse Dinge, die ich in Ihrem Auftrag in den letzten Wochen auszuführen hatte, nur mit innerstem Widerstreben getan habe. Es ist jetzt der Augenblick, das wieder gutzumachen« (476).

Zum Ausgleich läßt sich der mit der Sache der angeklagten Anarcho-Kommunisten sympathisierende Journalist Wilkinson (»Ich bin für soziales Leben, aber nicht gerade Sozialist« [442]) unter dem Druck der öffentlichen Meinung und ihres Sprachrohrs bzw. Manipulators Shaak dazu herbei, lügenhafte Aussagen über das Verhalten der Angeklagten während der Versammlung auf dem Haymarket zu machen; und der mitschuldige Seliger entschließt sich auf Drängen seiner Frau, seine eigene Haut zu retten, indem er Beweismaterial liefert, das seine Genossen belastet. (Sein in der fünfzehnten Szene gemachter Versuch, ihr »Martyrium« zu teilen, scheitert kläglich.) Zum Zwecke der Differenzierung sondert Paquet fernerhin die Angeklagten Parsons (der sich freiwillig dem Gericht stellt und zuversichtlich auf Freispruch plädiert) und Fielden (der die Solidarität der Genossen untergräbt, indem er den Gouverneur von Illinois um Begnadigung bittet) aus.

Daß Paquet bei der Ausarbeitung seines Stückes (das in der handschriftlichen Fassung letzter Hand als »amerikanisches Romandrama«, im Typoskript einfach als »Drama« bezeichnet ist) mehr im Sinne hatte, als lediglich eine Tragödie des Proletariats zu schreiben, wie dies die Inszenierung Piscators glaubhaft machte, geht aus einer Kurt Kläber gegenüber gemachten Bemerkung hervor, derzufolge *Fahnen* auch als Tragödie »des Auslandsdeutschen in der hoffnungslosesten seiner Situationen, nämlich des amerikanischen Industriearbeiters«, angelegt sei.[36] Wirklich überschneiden sich in seinem Drama diese beiden Perspektiven; denn es sind zum großen Teil – wie historisch belegbar – deutsche Einwanderer, die den Streik gegen McClure organisieren und die anarcho-kommunistische Bewegung leiten. Dabei tragen sie selbst mitunter ein borniertes, fast chauvinistisch zu nennendes Gehabe zur Schau, etwa in ihrer Verachtung der Böhmen, die die Streikbrecher einlassen, »statt die Fabrik in einen Vulkan zu verwandeln« (441). Hier sind sich – Paradox der Paradoxe – die Unterdrücker mit den Unterdrückten insofern einig, als auch Cyrus McClure der Polizei anrät, »diesen Ausländern den Mund« zu stopfen (448), weil sie, »der Abschaum Europas«, »sich nicht an dieses Land gewöhnen können« (451). Die im Stück zur Darstellung gebrachten Widersprüche zwischen Rassen-, Klassen- und Nationalbewußtsein sind ein gewichtiges Hindernis bei der Herausbildung eines weltanschaulich geeinten, wahrhaft kosmopolitischen Proletariats, wie es dem fremden Arbeiter in der zehnten Szene vorschwebt: »Ich hoffe auf eine neue Kommune. Ich bin ein Luxemburger. Russen, Amerikaner fochten in den Reihen der Nationalgarde« (466).

In bezug auf die äußere Gestalt der *Fahnen* ist mehrfach behauptet worden, dies Werk exemplifiziere die offene Form des sogenannten Epischen Theaters, sei also im wesentlichen anti-aristotelisch. Hier scheint ein Mißverständnis vorzuliegen. Zwar sind die Einheiten der Zeit und des Ortes nicht gewahrt (die Handlung umfaßt den Zeitraum von März 1886 bis November 1887 und findet in verschiedenen Stadtteilen Chicagos statt), und die vielen – meist kurzen – Szenen beginnen oft in medias res und verlaufen ohne eigentlichen Höhepunkt; doch hat Paquet die zwanzig Einheiten seines dramatischen Romans säuberlich in Akte unterteilt, die jeweils klimaktisch enden: Akt I mit der Versammlung auf dem Haymarket und dem Bombenwurf, der die Anarchistenverfolgung auslöst, Akt II mit der Gerichtssitzung (wobei die eigentliche Verhandlung ausgespart und durch die Urteilsverkündung und die Schlußreden der Angeklagten ersetzt wird) und Akt III mit dem feierlichen Begräbnis im Waldheim Cemetery. Die einzelnen Szenen sind nur zum geringen Teil kausal miteinander verknüpft, doch entsteht keineswegs ein revuehafter Eindruck, wie Theisz uns einzureden sucht.[37] Im Gegenteil: durch geschickte motivische Querverbindungen – teils sprachlicher und teils visueller Art (die im Titel zum Symbolträger gemachten Fahnen) – hat der Dichter ein engmaschiges Netz von inhaltlichen Bezügen (›reflexive references‹) gespannt.

Wohl sind manche Szenen des Stückes handlungsarm und statisch, weil ganz auf Dialog eingestellt; ihre Kürze aber und rasche Abfolge gewährleisten von vornherein einen schnellen Ablauf. Piscator scheint den dramatischen Rhythmus, der sich eigentlich nur in der siebzehnten Szene (die ein viel zu umfängliches Gespräch zwischen Spies und dem Methodistenpfarrer Bolton bietet) verlangsamt, eher gesteigert als abgeschwächt zu haben, verleugnete also auch hier nicht seine vor-Brechtische Liebe zum Einfühlungstheater.

Um ein weiteres Mißverständnis der Kritik zu beseitigen: *Fahnen* ist nicht, wie Klaus Kändler uns glauben macht,[38] ein einhelliges Dokumentarstück. Wohl hat der Autor die ihm zugänglichen Geschichtsquellen offensichtlich studiert und (so in der zwölften und neunzehnten Szene) einzelne Phrasen oder ganze Sätze aus den Reden der Angeklagten in seinen Text eingebaut; doch hat er sich auch Freiheiten erlaubt, aus ideologischen Gründen zum Teil sogar geschichtsverfälschende. So ruft Engel, ehe das Klopfzeichen ertönt, das den Galgen in Betrieb setzt, bei ihm »Hurra für Freiheit« (489) statt »Hurrah for Anarchy!«, wie Lucy E. Parsons berichtet.[39] Ebenso souverän schaltete er (der dramaturgischen Ökonomie wegen) mit den Fakten, indem er die Anzahl der Streikführer reduzierte und die Vorgänge konzentrierte.[40] Auch sprachlich kann *Fahnen* kaum als Dokumentarstück im naturalistischen Sinne (Holzscher Sekundenstil) gelten, obwohl Paquet z. B. die für Wahlamerikaner charakteristischen Bilinguismen nachahmt. Im ganzen aber ist der von ihm gewählte und ziemlich konsequent durchgehaltene Sprachton wenig sachlich, ein Büchner-Deutsch, das zum Bücherdeutsch umstilisiert ist und zum Pathos neigt.

Bei aller Abstraktion vom Mimetischen sowohl in der Handlung als auch in der Sprache wäre es andererseits verfehlt, von beabsichtigter Verfremdung zu sprechen.[41] *Fahnen* läßt sich beim besten Willen nicht als Lehrstück oder als Musterbeispiel pädagogischen Theaters deuten. Die von Paquet entworfene Handlung und ihre szenische wie sprachliche Durchführung hat vielmehr einfühlenden Charakter. Gerade in diesem Punkt kam das Stück den innersten, wenngleich uneingestandenen Neigungen Piscators entgegen. Allen aufklärerischen Intentionen zum Trotz lag es diesem Regisseur nämlich im Blut, Wagnerische Bühnenkunst zu praktizieren. Sonst hätte er sich kaum an Walter Gropius gewandt mit der Bitte, ein Totaltheater zu entwerfen, in dem die Zuschauer wie die Fische in einem Aquarium von allen Seiten »beleuchtet« und »erleuchtet« werden sollten – als ob sich diese doppelte Wirkung simultan erzielen lasse! Sein Ausbruch aus der Zirkusatmosphäre gelang eigentlich erst bei den *Abenteuern des braven Soldaten Schwejk*, einer Inszenierung, in der neben dem Helden ursprünglich nur Marionetten und Karikaturen figurieren sollten.


### Die Inszenierung

> Obwohl Piscator niemals ein Stück, kaum je eine Szene selbst schrieb, bezeichnete ihn der Stückeschreiber doch als den einzigen fähigen Dramatiker außer ihm.          Bertolt Brecht[42]


Bei der Analyse von Piscators Inszenierung der *Fahnen*, soweit sie sich aus vorhandenen bzw. zugänglichen Quellen rekonstruieren läßt, dürfte es – wie immer bei diesem Experimentalregisseur – angebracht sein, dramaturgische Eingriffe von Regieeinfällen zu trennen. Dabei stellt sich heraus, daß im Gegensatz zur Mehrzahl der später realisierten Projekte (besonders bei Leo Lanias *Konjunktur* und der Brod/Reimannschen Übersetzung von Hašeks satirischem Roman) hier nur wenige Eingriffe in die literarische Substanz erfolgten. Das Stück sprach für sich selbst und brauchte nur in seiner Tendenz verstärkt und aktualisierend aufgemöbelt zu werden.[43] Wie Kändler sagt, blieb *Fahnen* »im Schaffen Paquets [...] ein Sonderfall. Als er sich in *Sturmflut*, das ebenfalls unter Piscators Regie in der Volksbühne herauskam, abermals einem geschichtlichen Stoff zuwandte [...] griff er zu irrealen ›literarischen‹ Erfindungen und konnte dabei weder in der Fabel noch im Ideengehalt dem Ereignis gerecht werden. [...] Piscator war in diesen wie in späteren Fällen nicht mehr einfach der Regisseur, sondern durfte als Mitautor der Bühnenfassung gelten, die die Volksbühne herausbrachte.«[44]

Die Rekonstruktion eines theatralischen Ereignisses und des Arbeitsprozesses, in dessen Verlauf eine Aufführung erstellt wurde, wird stets unzulänglich sein, weil man sich bei Inszenierungen, die man nicht selbst gesehen hat, auf Augenzeugenberichte stützen muß. Bei *Fahnen* wird uns die Aufgabe dadurch erleichtert, daß das in den späten fünfziger Jahren verschollene Inspizierbuch Piscators wiederaufgefunden wurde und erneut zugänglich ist.[45]

Daß Piscator eine Inszenierung des Stücks aus eigener Initiative nicht beabsichtigt hatte – er besaß damals keine Bühne und mußte »in einem fremden Hause mit einem unbekannten Ensemble«[46] arbeiten –, geht aus seinem Rechenschaftsbericht hervor, wo es an entsprechender Stelle heißt: »Das war die Aufgabe, die ich vorfand, als ich von [Karl] Holl an die Volksbühne berufen wurde. Zwar geschah das zufällig, denn zufällig war kein Regisseur da, der ein ebenso zufällig angenommenes Stück [...] hätte inszenieren wollen.«[47] Ganz so zufällig mag es freilich weder bei der Wahl des Stücks noch bei der des Regisseurs zugegangen sein. Man möchte vermuten, daß der Vorstand des sozialdemokratisch ausgerichteten und politisch zahmen Volksbühnenvereins, der mutig genug gewesen war, ein Werk, dessen Rezeption zwiespältig sein mußte und das leicht zu Kontroversen Anlaß geben konnte, zur Aufführung anzunehmen, vor dem Dilemma stand, den rechten Mann zu finden. Wenigstens von einer Seite wird behauptet, die an der Volksbühne amtierenden »Einrichter« hätten sich samt und sonders geweigert, den Auftrag anzunehmen, und man habe sich auf die Suche nach einem Gastregisseur begeben müssen. Nun gab es 1924 unter den unabhängigen Regisseuren keinen, der wie Piscator, der ehemalige Leiter des 1920 und 1921 aktiven ›Proletarischen Theaters‹, zur Realisierung eines solchen Projekts geeignet war.

Die Schwierigkeiten – meist technischer Art –, die sich im Laufe der Proben ergaben und die im letzten Moment beinahe zu einer Verschiebung der Premiere oder sogar zur Absetzung des Stücks geführt hätten, hat Piscator in der veränderten Neuausgabe seines Buches eindringlich geschildert:

»Alle Vorbedingungen für einen Erfolg schienen gegeben, und ich könnte heute nicht einmal mehr genau sagen, woran es lag, daß sich die Dinge noch zwei Tage vor der Aufführung nicht zueinander fügen wollten. Während der Generalprobe wurde der Platz um mich herum immer leerer. [...] Immer einsamer wurde es um mich. Alle oben beschriebenen Mittel schienen nicht nur nicht zu überzeugen, sondern völlig zu versagen, die Schauspieler wurden immer schlechter, und als der Vorhang fiel, nahm ich einen kleinen Zettel und schrieb darauf das Wort Sch. .

Dann ergriff ich meine Mappe und stieg eine Wendeltreppe hinauf, bis ich hinter einer Tür erregte Stimmen hörte. Es waren der künstlerische Direktor Holl, der Verwaltungsdirektor Neft und mein Freund, der Schauspieler Paul Henckels. [...] Ich hörte nur einzelne Sätze: ›Das ist ja das Schlechteste, was wir je gehabt haben. Wie konnten Sie diesen Mann engagieren. Einfach furchtbar!‹ Kurz entschlossen trat ich ein, legte mein Regiebuch auf den Tisch und sagte: ›Meine Herren, ich bin ganz Ihrer Meinung.‹ Zwar hatte ich das Stück bestens vorbereitet, aber offenbar nicht das erreicht, was mir vorgeschwebt hatte, und bäte darum, mir die Regie abzunehmen. Das wurde ebenso abgelehnt wie mein zweiter Vorschlag, die Premiere um 8 Tage zu verschieben. Da packte mich die Verzweiflung und ich erklärte, nach Schluß der heutigen Vorstellung mit dem gesamten Apparat bis zur Premiere durchzuproben. Dies wurde mir bewilligt. Ich kletterte nun wieder hinunter auf die Bühne, ging zu den Schauspielern, die sich gerade umkleideten, und erklärte ihnen meinen Plan. Sie stimmten zu und so probierten wir von 1 Uhr nachts bis zum nächsten Abend, ja sogar bis über den Vorstellungsbeginn hinaus.«[48]
Trotz vieler – und z. T. vehement vorgetragener – Einwände von seiten der Kritik und trotz vereinzelter Proteste im Publikum wurde die Aufführung ein Erfolg, und zwar der für Piscators Laufbahn entscheidende.
Dramaturgische Freiheiten nahm sich Piscator, wie gesagt, bei der Ausarbeitung seines Regieplans kaum, und auch an Paquets Text nahm er nur geringe Retuschen vor. Der wichtigste Eingriff bestand in der Weglassung der prologartigen ersten Szene, »Freier Grasplatz, im Hintergrund McClures Fabrik und Gütergleise«, in der die allgemeine Streiklage im Frühjahr 1886 umrissen und das Eintreffen der Streikbrecher geschildert wird. Die dramatisch gestraffte Handlung setzte also mit dem zweiten Bild, »Dritte Avenue. Redaktion der Arbeiter-Zeitung [...]« ein, in welchem die unmittelbaren Vorbereitungen zur Kundgebung auf dem Haymarket geschildert werden. Außerdem nahm Piscator einen Akzentwechsel vor, indem er die bei Paquet am Beginn des dritten Aktes stehende Bankettszene in den zweiten Akt hinübernahm und dramaturgisch geschickt an die Gerichtsszene anschloß, um die Kontrastwirkung zu steigern. Zu dieser regielichen Tour de Force sagt Knellessen:
»Die 12. und 13. Szene [Paquetscher Zählung] ließ er folgendermaßen ineinander übergehen: Die fünf Angeklagten werden von dem aus drei Richtern bestehenden Gericht zum Tode verurteilt und schleudern mit ihren letzten Worten heftige Anklagen gegen die Gesellschaft und gegen die Richter. Dann leert sich der Gerichtssaal bis auf die Richter, die vorne an der Bühnenrampe reglos stehen bleiben. Hinter ihnen fällt ein Zwischenvorhang. Diener erscheinen und ziehen den Richtern höflich die Roben ab, so daß sie im Frack dastehen. Sogleich öffnet sich der Zwischenvorhang wieder, und das zynische Festmahl der McClure [...] nimmt seinen Anfang, die Richter werden vom siegreichen Unternehmer mit Sekt für das Urteil belobt.«[49]
Diese soziologisch geschickt motivierte Fusion zweier von Paquet durch eine Pause getrennter Szenen fand den Beifall von geeichten Kritikern wie Monty Jacobs und Max Osborn.
Auch das »Vorspiel auf dem Puppentheater« stellte Piscator in einen leicht veränderten Rahmen. Er bot nämlich statt des vom Dichter vorgesehenen Marionetten-

spiels »eine Moritat, die der Schauspieler Carl Hannemann sprach und demonstrierte. Er stand vor und unter der mittleren Leinwand mit einem langen Zeigestock und erklärte die auf den Bildschirm projezierten Köpfe.«[50] Mit Bezug auf diesen Einfall erhob Piscator dreißig Jahre später den Anspruch, als erster – noch vor Thornton Wilder und seiner *Kleinen Stadt* – den Kommentator in die dramatische Handlung eingeführt zu haben.[51] Leider hielt er diesen Moritatenstil im Drama selbst nicht durch, sondern unterlag der Versuchung, konventionelles Einfühlungstheater zu machen. Statt, wie es sein aufklärerisches Programm aus intellektueller Sicht vorschrieb, das Stück in leicht überschaubaren und vor den Augen des hellwachen Zuschauers montierten Stücken zu geben, und zwar unter Betonung der Nahtstellen,[52] behandelte er es als ein organisches Ganzes und verkleisterte die Lücken mit Hilfe atmosphärischer Mittel. Zu diesem Zweck verwendete er durchgehend Schalleffekte (Großstadtgeräusche und Trommelwirbel), die – so Knellessen – »die Unruhe der Millionenstädte, den Nährboden sozialer Auseinandersetzungen«, evozieren sollten.

Auch das wäre noch angegangen, hätte Piscator die Szenen selbst im vollen Scheinwerferlicht ausspielen lassen, statt den Bühnenbildner Edward Suhr anzuweisen, die Bilder »in einem dämmrigen Ton« zu halten und in den Hintergrund der »an Feininger erinnernden Großstadtskizzen«[53] einzublenden. An diesem Punkt setzte die Kritik des hellhörigen und hellsichtigen Herbert Jhering ein, der sich an der offensichtlichen Diskrepanz der vom Regisseur eingesetzten Mittel stieß: »Ein Irrtum waren die ansagenden, die Szenen titulierenden, teils erklärenden, teils verstärkenden Lichtbilder zu Seiten der Bühne. Ich könnte mir bei einer dramatischen Moritat hiervon sehr wohl eine Wirkung denken. Dann mußten aber die Szenen selbst greller und schlagkräftiger sein.«[54]

Damit sind wir bei der für Piscator wichtigsten, ja entscheidenden technischen Neuerung in der Inszenierung von *Fahnen* angelangt: der Verwendung filmischer Mittel zur Unterstreichung und Überhöhung der auf der Bühne gezeigten Vorgänge wie zu ihrer Ausweitung ins Historische. Es handelte sich dabei erstens um eine nur im Prolog verwandte, von der Mitte des Proszeniums herabhängende Leinwand und zweitens um zwei am linken und rechten Bühnenrand angebrachte, schräg ins Proszenium ragende Seitenleinwände, auf denen sowohl kurze Zwischentitel (»Zum Tode verurteilt« usw.), wie sie Brecht bei der Uraufführung des *Lebens Eduards des Zweiten von England* an den Münchner Kammerspielen schon 1923 benutzt hatte, als auch die Handlung laufend kommentierende Dokumente (Zeitungsausschnitte, Plakate, Photographien und Depeschen) sowie provokante Parolen (»Die Polizei warf selbst die Bomben«) erschienen. Paquet hatte zwar derartige »Extravaganzen« nicht vorgesehen, ließ sich aber von Piscator bereden.[55] Daß es nicht zu der vom Regisseur ursprünglich geplanten »organischen« Verknüpfung des Films mit den Bühnenvorgängen kam, war – nach Piscator – »äußeren Gründen« zuzuschreiben.[56] Erst bei seiner nächsten Inszenierung, der am 12. Juli 1925 im Berliner Großen Schauspielhaus dargebotenen Revue *Trotz alledem*, wurde die Idee des dokumentarischen Dramas konsequent verwirklicht.

Neben filmischen Projektionen verwendete Piscator, begeistert davon, »zum erstenmal [...] ein modernes Theater, das modernste Theater Berlins, mit allen seinen Möglichkeiten in der Hand zu haben«, und dazu »entschlossen, sie im Sinne des

Stückes einzusetzen«,[57] außer der Drehbühne in der zehnten Szene (seiner Zählung) auch eine der Kreislerbühne ähnliche Doppelbühne, »die unten die geheime Versammlung im Keller zeigte und oben ein Zimmer, in dem sich Spitzel aufhielten«,[58] wobei die Segmente abwechselnd blitzartig beleuchtet wurden. Die Wirksamkeit der Bühnenbilder Suhrs wurde Piscator von vielen Rezensenten bestätigt. Vor allem wies man auf den szenischen Rahmen des vorletzten, im Cook County-Gefängnis Chicagos spielenden Bildes (der Hinrichtungsszene) hin. Daß es sich hierbei um die getreue Wiedergabe einer zeitgenössischen Illustration handelte, konnten die Rezensenten natürlich nicht ahnen.[59] Besondere Aufmerksamkeit erregte und verdiente die Gestaltung des Begräbnisses, mit der das Drama zeremoniell und fast rituell schließt. Daß Piscator dabei die bei Paquet unklare zukunftweisende Symbolik herausarbeitete, geht aus der Schilderung Knellessens hervor, die auf Aussagen des Regisseurs beruht: »Politisch-revolutionierend war die Apotheose des Kommunismus und der bolschewistischen Revolution im letzten (19.) Bild, die ihre Wirkung rein aus dem Bühnenbild bezog. Im Zentrum der Bühne stand ein Sarg, auf dessen dem Publikum zugewendeter Seite das Symbol des Bolschewismus, der Sowjetstern, angebracht war. Diesen Sarg ließ Piscator von 50 Händen über die Oberfläche des Sarkophags emporheben, während ein junger Kämpfer vorne links an der Rampe die Totenfeier hielt. Der Schwur auf Hammer und Sichel wurde von circa 100 Statisten, die hinter der Bühne verteilt waren, chorisch wiederholt. Aus den Soffitten senkten sich große rote Fahnen über den Sarg.«[60] Daß diese Fahnen durchweg rot waren – Max Osborn verglich die Art, in der sie sich »im spitzen Winkel quer über die Bühne« schoben, mit einem »Revolutionsbild des italienischen Futuristen Boccioni« –, entsprach kaum den Absichten Paquets, der ausdrücklich einen »Trauerzug mit roten, schwarzen und gelben Fahnen« (489) vorgesehen hatte. Aber immerhin hatte auch er von einer Stimme das Lob der »Scharlachfahne von Seide, geziert mit goldenen Bildern, mit Hammer und Sichel« (ebd.), verkünden lassen und somit Piscators tendenziöser Interpretation Vorschub geleistet. Verlief die Zusammenarbeit bei der Inszenierung von *Fahnen* noch harmonisch, so änderte sich die Lage bei den Vorbereitungen zur Aufführung des Revolutionsstücks *Sturmflut*, und zwar so drastisch, daß Paquet sich öffentlich von seinem umgestülpten Werk distanzierte. Er, dessen Auffassung von der Erneuerung des Theaters sehr verschwommen war, wollte in Theorie und Praxis unter keinen Umständen auf die künstlerische Komponente verzichten.[61] Piscator verzichtete auf sie konsequent in der Theorie,[62] praktisch aber nur im Proletarischen Theater, als ihm noch keine theatralische Zaubermaschine zur Verfügung stand.

*Die Kritik*

Entgötterte Kunst.
Titel der Rezension Leo Lanias in der Wiener *Arbeiter-Zeitung*

Weil das Theater nun einmal mehr als die ›reine‹ Literatur ein gesellschaftliches Phänomen ist, da Gestaltung (Text), Nachgestaltung (Inszenierung zum Zweck der

Aufführung) und Wirkung (Publikum und Kritik) zwangsläufig aufeinander bezogen sind und im Wechselverhältnis zueinander stehen, wollen wir abschließend
einen Blick auf die Rezensionen werfen, die aus Anlaß der Uraufführung von
*Fahnen* in der deutschen (und vor allem natürlich der Berliner) Presse erschienen.
Dabei ist zu berücksichtigen, daß es Theaterkritikern bei Beurteilung eines neuen,
unkonventionellen Stückes wie diesem nicht immer möglich sein mag, den Anteil
des Dichters säuberlich von dem des Regisseurs zu trennen, zumal letzterer, außer
bei seinen Gesinnungsgenossen, verhältnismäßig unbekannt war (er wurde stereotyp als »junger Regisseur« bezeichnet) und seinen unverwechselbaren Stil noch nicht
gefunden hatte. (Zwar war Paquets Stück etwa ein Jahr vor der Premiere als Buch
erschienen, doch machten sich viele Rezensenten nicht die Mühe, es zu lesen.)
Schon jetzt sei auch darauf hingewiesen, daß ein systematischer Vergleich der vorhandenen Besprechungen Widersprüche aufdeckt, die sich teils aus dem subjektiven
Geschmack der Verfasser herleiten, teils aber einfach die Diskrepanz zwischen
Paquets schriftlich (und im Druck) fixierten Intentionen und Piscators regielichen
Modifikationen reflektieren. Nur so erklärt es sich z. B., daß das Stück teils als
äußerst tendenziös bezeichnet, teils als rein künstlerisches Werk gewertet wurde.
Ähnlich verhält es sich mit polarisierenden Begriffspaaren wie dichterisch–dokumentarisch, einfühlend–verfremdend (oder deren Äquivalente) und typisch–individuell (in bezug auf die Charaktergestaltung). In Wirklichkeit ist es natürlich so,
daß der Mittelweg einzuschlagen wäre. Das heißt, daß die Tendenz zwar in der
Form einer ausgesprochenen Sympathie für die Sache der Arbeiter bei Paquet vorhanden ist, daß ihr die Spitze jedoch durch die immanente Kritik an der Verhal-
tensweise einiger Proletarier und durch die Universalisierung des Freiheitsstrebens
in der Schlußszene abgebogen wird. Im letzten Moment mag Paquet – und mit ihm
die Leitung der Volksbühne – dann Angst vor der eigenen Courage bekommen
haben. Daher die bereits erwähnte Neutralitätserklärung im Programmheft.
Um zu den Kritiken selbst zu kommen: bei der Unvollständigkeit des uns vorliegenden, aber immerhin wohl repräsentativen Materials[63] steht nur eine umrißhafte
und vorläufige Auswertung zu erwarten. Politisch und kulturpolitisch ergeben
jedenfalls die in unserer Sammlung vertretenen Publikationsorgane ein breites
Spektrum mehr oder minder vorgefaßter Meinungen. Dieses erstreckt sich von der
äußersten Linken (der kommunistischen *Roten Fahne* und der radikalsozialen *Aktion*, für die Max Herrmann-Neiße schrieb) über die gemäßigte Linke (den sozialdemokratischen *Vorwärts* und seine provinziellen Geschwister) bis hin zu konservativen Blättern (der *Kreuzzeitung* und der nationalliberalen *Deutschen Allgemeinen Zeitung*) und der rechtsradikalen *Deutschen Tageszeitung*. Daß auch im breiten
Mittelfeld der politisch toleranten oder indifferenten Journale, die oft nur ›unter
dem Strich‹ progressiv waren, eine Auffächerung nach ideologischen Gesichtspunkten möglich ist, hat Günther Rühle im Kommentar seines Auswahlbandes *Theater
für die Republik*[64] bewiesen. So lieferte der politisch engagierte, aber durchaus noch
»ästhetisierende« Herbert Jhering eine recht skeptische Rezension im *Berliner Börsen-Courier*, und Alfred Döblin polemisierte im *Leipziger Tageblatt* gedämpft
gegen rechtsseitige [so!] Trends in der deutschen Gegenwartsliteratur. Daneben gab
es natürlich Kritiker (wie den auch für die *Frankfurter Zeitung* schreibenden Herausgeber der Zeitschrift *Die Literatur*, Ernst Heilborn, der in den *Fahnen* z. B. das

irrationale Moment vermißte), die politisch neutral waren. Man sieht also, wie schwer es fallen muß, hier einen gültigen Ansatzpunkt zu finden und Ordnung in das Chaos divergierender Meinungen zu bringen.

Mit unserem Hinweis auf die explizite oder implizite Tendenz von Paquets dramatischem Roman ist ein Stichwort gefallen, dessen Reiz sich kaum ein Rezensent zu entziehen vermochte. Tendenz ist bekanntlich bewußte und gewollte Subjektivität. Begrüßt wurde sie in *Fahnen* vor allem von den sozialdemokratischen Kritikern, obwohl Paquet im Stücke selbst Kritik an dieser Partei der »Waschlappen« geübt hatte. Diesen Ausfall vergab ihm aber »Fh« im *Vorwärts* gerne.[65] Für den Rezensenten der *Roten Fahne*, der sich auf ästhetische Fragen nicht einließ, war die Tendenz hingegen nicht aufdringlich genug, und er bemängelte, daß das Drama bei der Aufführung keine stärkere, d. h. unmittelbarere Wirkung hinterlassen habe.[66] Auch die rechten Kritiker machten dem Dichter wie dem Regisseur diesbezügliche Vorwürfe. So erklärte Hans Knudsen in der Zeitschrift *Die schöne Literatur* vom 20. Juni 1924 entrüstet, er habe »von dem billigen Artikel der Menschlichkeit jetzt wirklich und endlich genug«, und der schon damals mit dem Nationalsozialismus liebäugelnde Paul Fechter bescheinigte Piscator in der *Deutschen Allgemeinen Zeitung* vom 31. Mai 1924, eine »fette Tendenz« in die Aufführung hineingetragen und somit eine »dicke Vergröberung« der auktorialen Absicht erzielt zu haben.

Herbert Jhering, der zu dieser Zeit noch am Organismusgedanken festhielt, stieß sich an der Tatsache, daß Paquet nicht so sehr gedichtet als gedeutet habe und so zum Anwalt (»nicht im banalen Parteisinn, sondern in der menschlichen Bedeutung«), ja zum »Gegenstaatsanwalt« geworden sei. Auch Ernst Heilborn und Monty Jacobs äußerten sich zu diesem Kardinalpunkt: Heilborn, indem er behauptete, »jener Begriff der künstlerischen Objektivität, der noch Hauptmann leitete, [sei] bei Paquet wie bei Toller geschwunden«,[67] und Jacobs unter Hinweis auf die einseitige Festlegung der Sympathien und durch den Vergleich der »Methode Paquet« mit der »Methode Hebbel«:

»Alfons Paquet denkt keinen Moment daran, den Objektiven zu spielen. Ohne Scheu nimmt er Partei [...] Diese Parteinahme ist die Stärke und Schwäche des Werks zugleich. Über Hebbels Forderung, daß alle Personen im Drama Recht haben müssen, lächelt Paquet, der Parteimann. Auch Hauptmanns weiche Hand, die dem Fabrikanten Dreißiger ein Menschenherz schenkt, ist ihm fremd. Sein Kapitalist ist ein Mann ohne Herz, ein kaltblütiger Dschingiskhan des Unternehmertums. [...] Es bedarf keiner Versicherung, daß die Methode Hebbel eine stärkere dramatische Genugtuung nachschwingen läßt als die Methode Paquet.«

Dieses Zitat aus der *Vossischen Zeitung* vom 29. Mai 1924 zeugt lebhaft davon, daß das bei Rezensenten so beliebte Spiel des Vergleichens der von ihnen besprochenen Stücke mit ähnlichen zeitgenössischen Produkten oder literarischen Modellen auch hier mit viel Verve gespielt wurde. Bei Paquets dramatischem Roman, dessen Handlung besonders aktuell war, weil im Deutschland der frühen zwanziger Jahre erbittert um den Achtstundentag gekämpft wurde,[68] lag dieses Verfahren auf der Hand, da sich die zahlenmäßig begrenzten Vorbilder (Revolutionsstücke in der deutschen Literatur) wie von selber anboten. Daher der refrainartig wiederkehrende Hinweis auf Georg Büchner, Gerhart Hauptmann und Ernst Toller. (Der Versuch Norbert Falks, *Fahnen* strukturell und stilistisch von den »rhetorisch-ekstatischen

Stücken des Expressionismus« herzuleiten, »die zum Teil bewußt, zum Teil aus dramatischem Unvermögen ihrer Dichter die Form des Dramas nicht re-formieren sondern auflösen«, ist demgegenüber nur sehr bedingt stichhaltig.[69])

Die Konfrontation der *Fahnen* mit *Dantons Tod* – zweier Stücke, deren Affinität nicht nur atmosphärischer Art ist, wie Franz Servaes im *Berliner Lokalanzeiger* zu verstehen gab, sondern sich auch auf sprachliche Eigenarten erstreckt – fällt nicht zugunsten des modernen Dramas aus; und den Abstand zum *Woyzeck* maß Monty Jacobs erbarmungslos, indem er schrieb: »Für den sozialen Kampf müssen den Kriegssängern offenbar erst neue Kehlen wachsen. Im Schweiße ihrer rhetorischen Mühe, mit allen pompösen Volks- und Gerichtsreden bringen sie nichts auf, was sich mit dem simplen Kehrreim des modernsten aller sozialen Dramen messen könnte, mit dem Seufzer ›wir armen Leut'‹ in Georg Büchners *Woyzeck*. Aber bei aller Naivität, bei aller Armut der *Fahnen* – es rauscht in ihnen eine leise Erinnerung an diesen Seufzer.«

Über den Niveauunterschied zwischen dem von Piscator aus der Taufe gehobenen Bühnenwerk und dem Paradestück des sozialkritischen Naturalismus, Hauptmanns *Webern*, waren die Kritiker sich völlig einig. So sprach Ernst Heilborn im Sinne mehrerer Kollegen, als er beanstandete, daß in Paquets Stück die Masse nicht zum Helden werde, was er bei einem Revolutionsdrama für unumgänglich hielt. Und Leo Lania hielt einen Vergleich mit *Dantons Tod* und den *Webern* deshalb für unfruchtbar, weil in *Fahnen* »weder eine bloße Milieu-Schilderung gegeben noch eine psychologische Erschließung des Helden geboten« werde.

Die Gegenüberstellung von Paquet und Toller, die unvermeidlich schien, führte zu Urteilen teils positiver und teils negativer Art. So vertrat Julius Bab die Meinung, in den *Fahnen* wohne »unendlich viel mehr Leben als etwa in dem Tollerschen *Maschinenstürmer*«, und Franz Servaes berichtete an die politische Redaktion des *Berliner Lokalanzeigers*: »So viel zunächst, um Ziel u. Tendenz dieser Dichtung zu erkennen. Sie ergeben sich unverhüllt genug u. jedenfalls tapferer als bei Toller, der den parteilosen Objektiven mimt, um nach keiner Seite Anstoß zu erregen.«[70] Im Gegensatz hierzu zeigte sich Max Osborn über das Fehlen des »von innen glühenden Pathos« eines Toller enttäuscht, und Monty Jacobs vermißte bei Paquet »Tollers Ansätze zur Selbstkritik«.

Daß Paquets Menschengestaltung nicht wie bei Hauptmann »im Erdreich« wurzele (so Max Osborn) und daß die Dramatis Personae in *Fahnen* eher typisiert als individualisiert seien, behauptete die Kritik fast einhellig. Dabei wurde vielfach kaum differenziert und die Frage gestellt, ob der Autor eine derartige Reduktion beabsichtigt habe und inwieweit sie ihm nur unterlaufen sei. Bei einigen der männlichen Figuren, die historisch beglaubigt sind und ihre Authentizität durch ihnen in den Mund gelegte Zitate dokumentieren, ist das Allgemeine (nicht immer glücklich) mit dem Besonderen verquickt, während die weiblichen Gestalten ausnahmslos klischeehaft (und mitunter kitschig) sind. So hat es der Autor nicht verstanden, die Konversion Nina van Zandts, der jungen Dame aus gutem Hause, die sich nicht nur aus Idealismus, sondern auch aus romantischer Neigung ins gegnerische Lager begibt, ausreichend und überzeugend zu begründen. Er versah sie, wie Norbert Falk erkannte, mit ausgesprochen »romanhaften« Zügen. Ähnlich urteilte Max Osborn über Settchen, die sentimentale Geliebte Linggs, von der er behauptet, sie sei »eine

Gestalt frei nach Egmonts Clärchen, nur gar süßlich«. Nur Leo Lania machte geltend, in diesen Figuren pulsiere »warmes Leben«, es seien »Menschen von Fleisch und Blut«. Doch fügte er einschränkend hinzu, die Arbeiter seien weniger überzeugend dargestellt als ihre bürgerlichen Gegenspieler. Mit Ausnahme Upton Sinclairs (dessen Jimmy Higgins er als unübertreffliches Muster anpries) habe bisher kein zeitgenössischer Dichter vermocht, »den Industriearbeiter so lebensecht zu gestalten« wie Gorki die Lumpenproletarier und Vagabunden des *Nachtasyls* und Hauptmann die am Hungertuche nagenden Weber.

Auch der Sprache Paquets gebrach es, der Mehrzahl der Rezensenten zufolge, an Durchschlagskraft. Max Osborn gewann den Eindruck, es werde in *Fahnen* »reichlich geleitartikelt und in schematischen Wendungen gesprochen«, und Monty Jacobs »roch« den »Schweiß der rhetorischen Mühe«, wobei er einräumte, daß irgend etwas in diesem Werk »das Stück immer wieder aus dem großen Papierkorb der Phrase« herausreiße. Das bestätigte auch Norbert Falk, der Paquet dafür belobigte, daß er sich »von der Deklamation, der uferlosen Phrase«, freihalte. Julius Bab erwähnte zustimmend den »bei aller äußeren Lebhaftigkeit« »innerlich trockenen, rein referierenden Schriftstellerdialog«. Auch hier also Widersprüche, die sich – wie das Studium des Textes zeigt – nur zum Teil aus der sprachdämpfenden Regie Piscators erklären.

Wie die Durchsicht der zeitgenössischen Kritiken erweist, war die künstlerische Leistung Paquets umstritten. Mit am kühlsten und unvoreingenommensten urteilte Alfred Döblin, dessen Besprechung im *Leipziger Tageblatt* die Sätze enthält: »Ich leugne nicht, daß ich Paquet, der sich hier als nur schwacher Künstler und Gestalter zeigte, mit diesem Stück durchaus über die vielgelobten dürftigen Könner stelle, die – aus dem Munde ihrer Kritiker – gegen ihn ausspielen, wie farblos seine Gestalten sind. Sie sind es jedoch schon nicht alle. Und er hat die fühlende Seele, deren er jeden Augenblick sicher ist.« Auch an Piscators Inszenierung schieden sich die kritischen Geister. Vor allem seine Verwendung des technischen Apparats (den er in den folgenden Jahren so perfektionierte und – im Wortsinn – verstärkte, daß ihm die Theater architektonisch und finanziell nicht mehr gewachsen waren) erregte Aufsehen. Ungeteilten Beifall fand nur der sinnvolle Einsatz der freilich nicht immer geräuschlos funktionierenden Drehbühne, von der Max Osborn sagte, sie habe »Raum für anscheinend zahllose Segmente; querdurch über ihre ganze Tiefe konnte sich die Straße von Chicago ziehen mit ihren von Edward Suhr in andeutender Malerei hingeworfenen Häusern«.

Mit dem für die damalige Bühnenpraxis ungewöhnlichen Einsatz von Filmtiteln und kinematographischer Dokumentation konnten sich andererseits nur verhältnismäßig wenige Kritiker befreunden. Am positivsten urteilte »Fh« im *Vorwärts*, hielt er doch die Erläuterung der Bühnenhandlung durch Laterna-magica-Bilder für einen »originellen Einfall«. Und aus der Tatsache, daß Paquets Stück eher eine dramatische Reportage als ein dramatischer Roman sei, folgerte er: »Die Verwendung der dokumentarisch belegten Tatsache bedeutet in der neuen Literatur eine Kühnheit. Die Regie begriff es. Und sie bemühte sich (freilich mehr tastend als erfüllend), den Mangel der eigentlichen dramatischen ›Spannung‹ durch Licht- und Schalleffekte und durch die dramatisch bewegte Architektur der Szenerie zu ersetzen.« Hingegen bemängelte E. V. im *Berliner Tageblatt*, daß »mit diesen Filmplakaten, diesen Litfaßsäulen«, nicht dichterische Geschichte szenisch gesteigert, sondern dem Stück inhaltlich nachgeholfen« werde. Norbert Falk rief ungeduldig »Weglassen!«, Paul Fechter nannte die Lichtbilder ein Greuel, und der Rezensent des *Schwäbischen Merkur* erklärte Piscators Einfall gar für barbarisch. Mit am schärfsten reagierte Monty Jacobs, der dem Regisseur das Motto »Wenn schöne Titel sie begleiten, dann fließt die Handlung munter fort« unterstellte und augenzwinkernd vorschlug, man solle auch die Klassiker an »diesem Zeitensegen« teilhaben lassen, und zwar durch Einblendung von Titeln wie »Inzwischen hungert der Greis im Turm«, »Der Tritt in Glosters Auge« und »Luises Limonade ist matt«.

Daß derartige Kinoeffekte amerikanisch seien, wurde vielfach für selbstverständlich gehalten. Und damit wären wir wieder am Ausgangspunkt angelangt. Warum freilich der Gebrauch filmischer Mittel unbedingt transatlantische Einflüsse implizieren soll, ist nicht einzusehen, genausowenig wie bei der Verwendung von Rundfunk, Flugzeug und Telefon. Die scharfsinnigeren Rezensenten sprachen deshalb lieber vom amerikanischen Tempo, das Piscator hier – mit zweifelhafter Wirkung – einzuschlagen versucht habe. So behauptete Felix Hollaender, der Starkritiker des *8-Uhr-Abendblattes*: »Wenn Piscator auf die Idee gekommen war, für dieses Stück den amerikanischen Rhythmus einzufangen – und bei Gott dies wäre eine ausgezeichnete Idee gewesen –, so hat er mit höchst kindlichen und untauglichen Mitteln gearbeitet. Und der Malermeister, der zwischen handfestem Naturalismus und unwirklichen Träumen vergebens hin und her pendelte, ist ihm kein guter Helfer gewesen«.

So geisterte der sogenannte ›Amerikanismus‹ durch die Kritik des Stückes und der Aufführung von Paquets *Fahnen*, ohne daß je konkrete Beweise dafür geliefert worden wären. Wir möchten fast glauben, daß es sich hierbei um das handelt, was man im Englischen eine ›guilt by association‹ nennt, d. h. in unserem Falle um eine z. T. aus bloßer Denkfaulheit vorgenommene Übertragung eines Begriffs aus dem stofflichen in den formalen Bereich. Das war nur natürlich; denn die neusachlichen Weimarer Jahre standen durchaus im Zeichen der technologischen und ökonomischen Amerikanisierung des europäischen Kontinents, die auch auf die Kultur übergriff. Das berechtigt uns als Literarhistoriker und -kritiker aber noch lange nicht, alles Unbekannte und Ungewohnte auf dieses eine, wenn auch breitspurige Gleis zu schieben. Vom Inhalt abgesehen, ist nämlich das Drama *Fahnen* letzten Endes genausowenig amerikanisch wie *Dantons Tod* französisch oder *Tai Yang erwacht* chinesisch.

1 Lutz Weltmann: Zum deutschen Drama. IV. Alfons Paquet. In: Die Literatur 30 (1927/28) S. 443.
2 Erwin Piscator: Schriften. Hrsg. von Ludwig Hoffmann. Berlin 1968. Bd. 2. S. 373–396.
3 Das literarische Vermächtnis Upton Sinclairs befindet sich in der Lilly Library, Indiana University, Bloomington, Indiana, USA. Der anläßlich einer von den Upton Sinclair Archives veranstalteten Ausstellung von Teilen des Materials erschienene Katalog diente mir als verläßliche bibliographische Quelle.
4 Man denke an die von Brecht übernommene grausig-komische Verarbeitung eines Proletariers zu Blattspeck.
5 Als bibliographische Quelle diente mir der von der Deutschen Akademie der Künste 1967 publi-

zierte Ausstellungskatalog »Der Malik-Verlag 1916–1947«, der eine längere, historisch-biographische Einleitung von Wieland Herzfelde enthält.

6 Siehe hierzu Piscators Schilderung in: Das Politische Theater. In: Schriften (s. Anm. 2). Bd. 1. S. 16.

7 Ebd., S. 221.

8 Eine »Piscators 40 Stücke« betitelte Liste erschien 1929 in der Zeitschrift »Die Junge Volksbühne«. (Wiederabdruck in: Schriften [s. Anm. 2]. Bd. 1. S. 250 f.)

9 Nach der Uraufführung wurde das Stück nur noch vom Frankfurter Schauspielhaus in der Regie von Fritz Richard Werkhäuser (10. Oktober 1932) gespielt.

10 Aus einer Eintragung Brechts in sein Tagebuch vom 23. März 1926. Zuerst veröffentlicht von Elisabeth Hauptmann (Sinn und Form. Zweites Sonderheft Bertolt Brecht. [O. J.] S. 24).

11 So heißt es bei Weltmann (s. Anm. 1): »Dichtung und Journalistik ist bei Alfons Paquet ein und dieselbe Kunst, von den gleichen Erlebnisinhalten und den gleichen Formkräften genährt« (442). Albert Soergel (Dichtung und Dichter der Zeit. Neue Folge. Im Banne des Expressionismus. [Leipzig 1926.] S. 208–212) behandelt Paquet unter der Rubrik »Lyriker – Verzückung der Sinne – Sinnenmenschen«.

12 Paquet hatte schon zehn Jahre vorher (1913) bei Rütten & Loening in Frankfurt a. M. ein als »dramatisches Gedicht in drei Aufzügen« bezeichnetes Stück mit dem Titel »Limo der große beständige Diener« veröffentlicht, das allerdings erst drei Wochen nach der Uraufführung von »Fahnen«, am 15. Juni 1924, im Württembergischen Landestheater Stuttgart in Szene ging. Siehe hierzu Lutz Weltmanns Aufsatz (Anm. 1) und die in der »Bibliographie Alfons Paquet« (Frankfurt a. M. 1958. S. 77 f.) zitierte handschriftliche Notiz des Dichters.

13 Heinrich Goertz: Erwin Piscator. In Selbstzeugnissen und Bilddokumenten dargestellt. Hamburg 1974. S. 36.

14 Zitiert in: Maria Ley-Piscator, The Piscator Experiment. The Political Theatre. New York 1967. S. 74. Wie mir der Kurator der Morris Library der Southern Illinois University in Carbondale, Illinois, USA, brieflich mitteilt, befinden sich die Tagebücher Piscators nicht im dortigen Archiv. Daher das englische Zitat.

15 Siehe meinen Aufsatz »Vom dramatischen Roman zum epischen Theater« in: Episches Theater. Hrsg. von Reinhold Grimm. Köln 1966. S. 36–49.

16 Lion Feuchtwanger: Thomas Wendt. Ein dramatischer Roman. München 1920. Vorwort. S. 5.

17 Feuchtwanger lernte Brecht im Jahre 1918 kennen. Er berichtet in seinem Beitrag zum zweiten Brecht-Sonderheft der Zeitschrift »Sinn und Form«: »Als Brecht, ein Zwanzigjähriger, zu mir kam, arbeitete ich an einem ›Dramatischen Roman‹. Diese Bezeichnung gab Brecht Stoff zum Nachdenken. Er fand, man müsse in der Verschmelzung des Dramatischen mit dem Epischen viel weiter gehen. Er machte immer neue Versuche, das ›epische Theater‹ zu schaffen« (105).

18 Siehe hierzu: Arnolt Bronnen gibt zu Protokoll. Hamburg 1954. S. 144.

19 Aus der Rezension Max Osborns in der »Berliner Morgenpost« vom 28. Mai 1924. Neuabdruck in: Günther Rühle, Theater für die Republik. 1917–1933 im Spiegel der Kritik. Frankfurt a. M. 1967. S. 540–546. Hier finden sich auch die Kritiken von Monty Jacobs und »Fh.«, auf die ich noch eingehen werde.

20 Paquet scheint das Stück unmittelbar nach seiner Rückkehr aus Rußland konzipiert zu haben. Wann er es abgeschlossen hat, läßt sich aus dem mir vom Paquet-Archiv in Frankfurt a. M. zur Verfügung gestellten Material nicht eindeutig erschließen. Das »Vorspiel auf dem Puppentheater« erschien jedenfalls schon Ende 1921 in der Zeitschrift »Das blaue Heft« (Bd. 3. Nr. 14), einem Organ der Freien Deutschen Bühne. Die Veröffentlichung des gesamten Textes erfolgte 1923 im Münchener Drei-Masken-Verlag. Wenn ich von den Rezensionen absieht, beschränkt sich die Sekundärliteratur zum Stück und zur Inszenierung auf drei Arbeiten: Joachim Fiebach: Die Herausbildung von Erwin Piscators ›politischem Theater‹. In: Weimarer Beiträge 13 (1967), bes. S. 181–201; F. W. Knellessen: Agitation auf der Bühne. Das politische Theater der Weimarer Republik. Emsdetten 1970, bes. S. 76–82; Reinhard D. Theisz: Alfons Paquets ›Fahnen‹ und Tankred Dorsts ›Toller‹. Eine vergleichende Untersuchung zum dokumentarischen Drama der zwanziger und sechziger Jahre. Diss. New York University 1972. S. 95–119. Theisz' Darstellung ist unsystematisch und ziemlich oberflächlich. Sie wird dem Drama *Fahnen* in keiner Weise gerecht.

21 Leo Lania: Entgötterte Kunst. In: Arbeiter-Zeitung (Wien 2. Juni 1924). Wiederabdruck in:

Erwin Piscator, Schriften (s. Anm. 2). Bd. 1. S. 53–56. Es ist merkwürdig, daß hier Piscator seinem Mitarbeiter das Wort überläßt. In der Rowohltschen Paperbackausgabe des »Politischen Theaters« (Hamburg 1963) finden sich Zusätze von Piscator (61–64).

22 Aus Piscators Aufsatz »Bühne der Gegenwart und Zukunft« (Schriften [s. Anm. 2]. Bd. 2. S. 35). Die Arbeit erschien ursprünglich in der »Roten Fahne« vom 1. Januar 1928.

23 Meyerhold gastierte mit vier Inszenierungen (darunter Tretjakows »Brülle China«) in Berlin. Zum Verhältnis der Inszenierungsstile Meyerholds und Piscators s. Jürgen Rühle: Theater und Revolution (München 1963. S. 132 ff.) und neuerdings Marjorie L. Hoover: Meyerhold. The Art of Conscious Theater (Amherst 1974. S. 259–263).

24 Leipzig 1919. S. VII.

25 Ebd., S. VI.

26 Die auf Textstellen bezogenen Seitenangaben verweisen auf den in dem Bande »Deutsche Revolutionsdramen« (Hrsg. von Reinhold Grimm u. Jost Hermand. Frankfurt a. M. o. J.) wiedergegebenen Text, der mit der mir vorliegenden, aber schwer zugänglichen Originalausgabe identisch ist.

27 Fiebach (s. Anm. 20), S. 191.

28 Abgedruckt bei Knellessen (s. Anm. 20), S. 76 f.

29 Ebd.

30 Bibliographie Alfons Paquet (s. Anm. 12). S. 82 f.

31 In: Das blaue Heft (s. Anm. 20). S. 438.

32 Diese Ballade erschien zuerst im Bande *Drei Balladen* (München 1922). Sie findet sich in: Alfons Paquet, Gesammelte Werke. Hrsg. von Hanns Martin Elster. Bd. 1. Stuttgart 1970. S. 393–401.

33 S. 435 f. In der siebzehnten Szene sagt Spies zu Nina: »Alle Blätter berichteten über meine Eitelkeit. Jetzt glaube ich es selbst« (486).

34 Im Gerichtssaal (zwölfte Szene) tritt er kaum in Aktion, und in der anschließenden Bankettszene ergreift er nur ein einziges Mal das Wort.

35 Vorspiel auf dem Puppentheater (S. Anm. 20). S. 436. Ihre anfänglich ästhetisierende Haltung findet bereden Ausdruck in ihrer Beurteilung von Spies: »Sie sind ein ausgezeichneter Sprecher. [...] Reden Sie noch einmal, Mr. Spies. O, tun Sie es. Die Menge wartet. Ich liebe öffentliche Reden. Es gibt nichts Schöneres als eine aufgeregte Volksmenge« (442).

36 Zitiert von Kurt Kläber in: Junge Menschen 5 (1924) S. 196.

37 »Wie Erika Salloch feststellt, neigt das dokumentarische Drama überhaupt zur offenen Form. In ›Fahnen‹, das ja durch die Auflösung in Einzelszenen schon etwas von einer Revue an sich hat, und den beiden Revuen ›Revue Roter Rummel‹ und ›Trotz alledem!‹« (Theisz [s. Anm. 20], S. 107).

38 »Das Stück gehört in die Reihe jener Dramen, die die Irrealität expressionistischer Inhalte durch Bearbeitung realer geschichtlicher Prozesse ablösten. Im Unterschied etwa zu den Stücken Tollers und Wolfs ist hier auf literarische Erfindung verzichtet, an ihre Stelle tritt die geschichtliche Dokumentation« (Klaus Kändler: Drama und Klassenkampf. Beziehungen zwischen Epochenproblematik und dramatischem Konflikt in der sozialistischen Dramatik der Weimarer Republik. Berlin 1970. S. 193).

39 Siehe hierzu das Zitat im unpaginierten Vorwort zu Lucy E. Parsons' Pamphlet »Twenty-Fifth Anniversary Eleventh of November Memorial Edition« (Chicago 1912). Die ausführlichste Darstellung der dem Stück Paquets zugrundeliegenden Vorgänge gab Henry David in »The History of the Haymarket Affair« (New York 1936).

40 Hierzu einige Details bei Theisz (s. Anm. 20), S. 97 ff.

41 Verfremdend, allerdings nicht im strikten Sinne, ist nur das »Vorspiel auf dem Puppentheater«. Wir stimmen mit Fiebach überein, der feststellt: »Wenn Paquet auch während der Handlung keine verfremdende Unterbrechung vorsieht, sollte dieses Vorspiel die völlig selbstvergessene, nur einfühlende Rezeption bis zu einem gewissen Grade einschränken« (195).

42 Bertolt Brecht: Der Messingkauf. In: Schriften zum Theater. Bd. 5. Frankfurt a. M. 1963. S. 139.

43 Zu Piscators Leben und Werk s. meinen Aufsatz »Soziologische Dramaturgie und Politisches Theater. Erwin Piscators Beitrag zum Drama der zwanziger Jahre« in: Deutsche Dramentheorien. Hrsg. von Reinhold Grimm. Frankfurt a. M. 1971. S. 516–547. C. D. Innes' Buch »Erwin Piscator's Political Theatre. The Development of Modern German Drama« (Cambridge 1972) kann nicht empfohlen werden.

44 Kändler (s. Anm. 38), S. 193 f.

45 Peter Kupke, der Verfasser der Studie »Zu den Inszenierungen Erwin Piscators 1920–1933«, konnte das Inspizierbuch im Archiv der Berliner Volksbühne einsehen. Knellessen gelang das nicht mehr. Heute befindet sich dieses wichtige Dokument im Piscator-Archiv der Westberliner Akademie der Künste.

46 Das politische Theater. Hamburg 1963. S. 61.

47 Schriften (s. Anm. 2). Bd. 1. S. 51.

48 Das politische Theater (s. Anm. 46). S. 63.

49 Knellessen (s. Anm. 20), S. 81. Knellessen spricht nur von »einigen Strichen« und »unwesentlichen Zusätzen« (79).

50 Ebd., S. 80.

51 »Den Erzähler verwende ich seit 1920 – in ›R. R. R.‹ [›Revue Roter Rummel‹], ›Paragraph 218‹, ›Fahnen‹, auch in Dreisers ›Amerikanischer Tragödie‹, die ich in Bühnenform nach Amerika an den Broadway brachte – und nicht Thornton Wilder ist sein Erfinder« (Schriften [s. Anm. 2]. Bd. 2. S. 215).

52 Etwa im Sinne des von Brecht in den Anmerkungen zur »Dreigroschenoper« (»Über das Singen der Songs«) propagierten Funktionswechsels.

53 Knellessen (s. Anm. 20), S. 81.

54 Berliner Börsen-Courier vom 27. Mai 1924.

55 »Piscator hatte beabsichtigt, schon in dieser Inszenierung den Film einzusetzen, und Paquet war von diesem Plan durchaus angetan und bereit, mitzuwirken« (Knellessen [s. Anm. 20], S. 80, aufgrund eines Gesprächs mit Maria Ley-Piscator).

56 Schriften (s. Anm. 2). Bd. 1. S. 64 und Bd. 2. S. 57.

57 Das politische Theater (s. Anm. 46). S. 61.

58 Knellessen (s. Anm. 20), S. 81. Dort auch im Abbildungsteil der im Kölner Theaterwissenschaftlichen Institut befindliche Entwurf (Abb. 15).

59 Ebd., Abb. 10; zu vergleichen mit der entsprechenden Illustration in dem von Lucy E. Parsons edierten Pamphlet (s. Anm. 39).

60 Knellessen (s. Anm. 20), S. 80 f. und Abb. 16.

61 Siehe hierzu Paquets Bemerkungen zur »Erneuerung des Theaters?« in »Die Tat« (Bd. 14 [1922 bis 1923] S. 483 f.). Dort ist die Rede von der »Kraft, mit den Mitteln des Schauspiels, die Wahl und Auftrag einschließen, die geistige Lage [der] Zeit zum Ausdruck zu bringen, vielleicht sogar ihre inneren Prozesse zu beschleunigen.«

62 So verkündet er im Hinblick auf seine Inszenierung der »Fahnen«: »Wir, die wir einmal wirklich Kunst als Selbstzweck angesehen haben [. . .] waren aufgebrochen gegen eben diese Begriffe mit dem Schrei: Nichts mehr von Kunst« (Schriften [s. Anm. 2]. Bd. 1. S. 52).

63 Meine Sammlung umfaßt etwa dreißig Rezensionen aus Tageszeitungen (meist vom 27. oder 28. Mai 1924) und Zeitschriften. Neben den wichtigsten Berliner Organen sind die »Frankfurter Zeitung«, die »Dresdner Neuesten Nachrichten«, das »Leipziger Tageblatt«, der »Schwäbische Merkur«, die Wiener »Arbeiter-Zeitung« und Provinzblätter aus Augsburg, Baden-Baden, Halle usw. vertreten. Unter den Zeitschriften befinden sich »Die Aktion«, »Die Literatur« und »Die schöne Literatur«. Nicht die bedeutenden hauptamtlichen Kritiker Berlins rezensierten Paquets Stück. So wurde das »Berliner Tageblatt« bei der Premiere nicht von Alfred Kerr oder Fritz Engel, sondern von E. V. repräsentiert, und Julius Bab äußerte sich erst im fünften Band seiner »Chronik des Dramas« (Berlin 1926) zu diesem Thema.

64 Rühle (s. Anm. 19), S. 1161–71.

65 »Der Dichter leistete sich einen kleinen Ausfall gegen die Sozialdemokratie Deutschlands. Es heißt an einer Stelle: ›Die große Partei der Waschlappen.‹ Hier ist nicht der Ort für eine politische Auseinandersetzung. Der Dichter ist nicht der Mann, mit dem man über Parteipolitik zu hadern hätte. Vielleicht fühlte sich mancher Zuschauer gekränkt. Das wird den Genuß getrübt, aber nicht unmöglich gemacht haben. Von einem Autor, der diese Gesinnung manifestiert, kann die Partei des Sozialismus selbst dann eine Kritik vertragen, wenn sie ungerecht ist.«

66 In der Ausgabe vom 18. Juni 1924 heißt es: »Nun gibt es fast zwei Wochen lang ein Stück, das den eigenen Kampf der Arbeiter auf die Bühne bringt. Mag auch Amerika der Schauplatz sein, es ist derselbe Kampf. Auch hier sind die Gefängnisse voll von namhaften und ungenannten Kämpfern. Manch einer dachte wohl an die. Aber gab es Genossen dieser Kämpfer, die die Sam-

melbüchse ergriffen und für diese ihre politischen Gefangenen sammelten? [. . .] Wenn auch nur die Hälfte der Volksbühnenbesucher mit ihnen sympathisiert, wieviel hätte bei noch so wenig Geld getan werden können!«

67 In: Die Literatur 26 (1924) S. 614.
68 Siehe hierzu Knellessen (Anm. 20), S. 77.
69 B. Z. am Mittag (27. Mai 1924). Ähnlich äußert sich Julius Bab. Siehe hierzu auch Theisz (Anm. 20), S. 102 ff.
70 Aus einem unveröffentlichten Schreiben im Frankfurter Paquet-Archiv.

MARJORIE L. HOOVER

# »Ihr geht gemeinsam den Weg nach unten«. Aufstieg und Fall Amerikas im Werk Bertolt Brechts?

Das Bild Amerikas, das sich Brecht in etwa einem halben Dutzend Stücken und mehreren Gedichten geschaffen hat, wurde schon des öfteren untersucht.[1] Obwohl das letzte Wort zu diesem Thema erst nach der Veröffentlichung seiner Tagebücher und der angekündigten Biographie gesagt werden kann, dürfte schon jetzt vom literarischen Standpunkt aus ein Überblick möglich sein, der freilich nicht darüber hinwegtäuschen soll, daß – wie Brecht es ausdrückt – »wir Vorläufige sind« (GW VIII, 262). Dabei wäre das oft allzu schematische Bild der Forschungsliteratur zu berichtigen, die postuliert, Amerika habe in Brechts Vorstellung einen Aufstieg und einen Fall bis zum völligen Verschwinden aus dem literarischen Werk durchgemacht. Brechts Amerikabild muß nämlich den abgeschlossenen literarischen Schriften Brechts entnommen werden, deren Belegwert notwendig über unvollendete Entwürfe oder Dokumentationen der Brecht-Literatur hinausreicht. Allerdings hat Brecht Amerika nie zu bestimmter historischer Zeit konkret dargestellt wie Deutschland, etwa in *Trommeln in der Nacht* (1919) oder *Furcht und Elend des Dritten Reiches* (1938). So kann kein Maßstab eines ›wirklichen‹ Amerikas angelegt werden, höchstens eines geistigen, wie es Stephen Spender entdecken wollte, indem er die Ansichten Englands und Amerikas über sich und von einander untersuchte. Nur dialektisch, wie aus Spenders Titel *Love-Hate Relations* (1974) hervorgeht, ist selbst die so ambivalente geistige Auffassung Amerikas über Amerika zu verstehen. Kein Wunder, daß Brecht seine bekannte Fähigkeit, aus den eigenen Fehlern Kapital zu schlagen, dazu benützt, um auf die Ambivalenz eines möglichen ausbeuterischen Amerikas anzuspielen, im Gegensatz zum Wunschtraumklischee »Amerika, du hast es besser«:

> Ich höre Sie sagen:
> Er redet von Amerika
> Er versteht nichts davon.
> Er war nicht dort.
> Aber glauben Sie mir
> Sie verstehen mich sehr gut, wenn ich von Amerika rede.
> Und das Beste an Amerika ist:
> Daß wir es verstehen. (*Hauspostille*, 1927; GW VIII, 286)

Die ersten, zunächst eindeutig positiven Vorstellungen des jungen Brecht standen im Zeichen der Kriegsmüdigkeit nach 1918. Ausläufer der ersten Invasion amerikanischer ›Unkultur‹ erfaßten ganz Europa, sogar Moskau, und versprachen Befreiung im Zeichen von Jazz, Boxkämpfen, Whisky, Poker und Sex. Der verlorene Krieg bewirkte in Deutschland die Abwendung von vielem, was ihn herbeigeführt hatte, und die Hinwendung zu Amerika. So schrieb auch Brecht: »Wie mich dieses

Deutschland langweilt! [...] Ein verkommener Bauernstand, [...] ein verfetteter Mittelstand und eine matte Intellektuelle! Bleibt: Amerika!« (1920; GW XX, 10). Und:

> Deutschland, du Blondes Bleiches
> Nimmerleinsland! Voll von
> Seligen! Voll von Gestorbenen!
> Nimmermehr, nimmermehr
> Schlägt dein Herz, das vermodert
> Ist, das du verkauft hast
> Eingepökelt in Salz von Chile
> Und hast dafür
> Fahnen erhandelt!
>
> O Aasland, Kümmernisloch!
> Scham würgt die Erinnerung
> Und in den Jungen, die du
> Nicht verdorben hast
> Erwacht Amerika!                    (1920; GW VIII, 68)

Weniger aus Bewunderung für Amerika als aus Protest gegen die eigene Umwelt hatten manche von Brechts Gleichgesinnten schon vor Kriegsende ihre deutschen Namen in die englische Version abgeändert, so Helmut Herzfeld in ›John Heartfield‹, oder in eine amerikanisch anmutende Kurzform, so Walter Mehring in ›Walt Merin‹ nach dem Vorbild Walt Whitmans. Zu der gleichen Amerikanisierungsgeste entschloß sich Brecht, offenbar angeregt von dem Namen des Schriftstellers Bret Harte. Das Pseudonym Berthold Eugen, mit dem er seine ersten Gedichte in der Schülerzeitung seines Augsburger Gymnasiums unterschrieb, wich der Kurzform Bert Brecht, mit der er weitere Gedichte im »Erzähler«, dem Feuilleton der *Augsburger Neuesten Nachrichten*, seit 1916 zeichnete, und auch die erste schriftliche Mitteilung an seinen Jugendfreund Hans Otto Münsterer vom Mai 1918 ist so unterschrieben.[2] Seliger setzt diese Umbenennung schon vor der Begegnung Brechts mit Arnolt Bronnen an, der in der veränderten Schreibweise des Taufnamens ›Bertolt‹ eine Angleichung an Arnolt sah.

Wenn Brecht seinen ›neuen‹ Vornamen ›Bertolt‹ Berlin verdankte, wieviel mehr an Bilderstürmerei schuldet er dann dem Kreis um Erwin Piscator, George Grosz, Kurt Tucholsky, Walter Mehring, Klabund, dem er sich dort 1923 zugesellte? Der Dadaismus, die gerade überwundene Kunstmode in Berlin, und der Futurismus, der sich schon 1910 in Italien und Frankreich mit Manifesten von Tommaso Marinetti angekündigt hatte, riefen dazu auf, die Vergangenheit zu vernichten oder, wie die Losung der russischen Futuristen lautete, »dem allgemeinen Geschmack eine Ohrfeige zu versetzen«.[3] Zwei Amerika-Balladen des jungen Brecht lassen jedoch wenig von dieser europäischen Bohemestimmung spüren. Besonders das *Lied der Eisenbahntruppe von Fort Donald* (Frühfassung 1916) bleibt auch in der um Härte besorgten Druckfassung (*Hauspostille*, 1927) pietätvoll und pathetisch.[4] Sogar unerklärlich pathetisch, denn Urwald und Regengüsse allein können in der Ballade den Wassertod der Gleisarbeiter auf dem festen Ufer des Eriesees nicht erklären;

der junge Autor vermochte höchstens eine Parallele zu den hymnensingenden Passagieren der ›Titanic‹ zu ziehen. Die Ballade *Kohlen für Mike* nach Sherwood Anderson (1927) will ebenfalls Arbeiterpathos ausdrücken. Aber die nüchterne Schlagkraft des reifen Werks kann von dem jugendlichen Dichter kaum verlangt werden. Denn – so formuliert Reinhold Grimm in seiner Beurteilung des Frühwerks – warum soll Brecht »fertig gerüstet aus dem Haupt des Zeitgeistes«[5] hervorgehen.

Der etwa drei Jahre ältere Dichter des Liedes *Tahiti* hat das Motiv der Frühfassung des »Eisenbahntruppenlieds« wieder benutzt; nur wird die Hymne »Nearer my God« diesmal in der Verfremdung der englischen Originalsprache gesungen, um eine pseudoheroische Wirkung zu erzielen.

> Kap Good Horn passierend durch Riechgewässer
> Welch ein Kampf mit Piraten und eisgrünem Mond!
> Welch ein Taifun bei Java! Drei Menschenfresser
> Sangen: Nearer my God! in den Horizont.            (GW VIII, 105)

Die erste Strophe des *Tahiti*-Lieds wurde ohne Änderung ihrer Staffage in die Oper *Aufstieg und Fall der Stadt Mahagonny* (1929) aufgenommen, die vorgeblich in Amerika spielt; nur wurde das Wort Tahiti durch Alaska ersetzt:

> Den Schnaps in die Toiletten gegossen
> Die rosa Jalousien herab.
> Der Tabak geraucht, das Leben genossen
> Wir segeln nach Alaska ab.                          (GW II, 543)

Im Chicago des Amerika-Stücks *Im Dickicht der Städte*, dessen Erstfassung ungefähr gleichzeitig mit dem *Tahiti*-Lied entstanden ist (1921)[6], wird verwunderlicherweise ebenfalls auf Tahiti angespielt. Im Grunde genommen hat das Stück keinen anderen Schauplatz als den Geist eines Viellesers – wie Brecht zeitlebens einer war – und keine andere Handlung als die Leiden eines jungen Werther, dem Brecht selber als Prototyp gedient hat – im *Baal* (1918/19) und eben im *Dickicht*. Die verworrene Handlung des zuletztgenannten Stücks läßt sich durch einen Verweis auf die Parallele zwischen Brechts Helden und den Helden Wedekinds in *Frühlings Erwachen* aufhellen. Allerdings ist Shlink, der wie Moritz Selbstmord begeht, im Gegensatz zu diesem alt, reich und erfahren. Garga, der wie Melchior am Ende die Stadt verläßt, um das Leben in der Fremde zu bestehen, ist wenigstens anfänglich jung, arm und reinen Herzens. Shlink und Garga kämpfen um die Liebe einer Familie, der Gargas, und um die Annäherung aneinander, aber vergebens. Direkte Abhängigkeit von Wedekind ist für dieses Stück allerdings nicht anzunehmen. Es gibt jedoch das Erleben und Denken des jungen Brecht samt einer Vielfalt literarischer Bezüge[7] wieder, was, zusammengenommen, ›romantisch‹ zu nennen wäre, hätte sich nicht Brecht ausdrücklich dagegen gewehrt. So schreibt er später im *Programmheft zur Heidelberger Aufführung*: »Meine Wahl amerikanischen Milieus entspringt nicht, wie oft gemeint wurde, einem Hang zur Romantik« (GW XVII, 971).

Reinhold Grimm, der Brechts Vielleserei schon vor Jahren erforscht hat, verweist auf die Erwähnung des Chicago-Romans *Der Sumpf* von Upton Sinclair (1906; dt. 1906) in Brechts Theaterrezension des *Don Carlos* im *Volkswillen* (Augsburg, 1920): »[...] in diesen Tagen lese ich in Sinclairs *Sumpf* die Geschichte eines Arbeiters, der in den Schlachthöfen Chicagos zu Tod gehungert wird [...]. Dieser Mann hat einmal eine kleine Vision von Freiheit, wird dann mit Gummiknüppeln niedergeschlagen. Seine Freiheit hat mit Carlos' Freiheit nicht das mindeste zu tun, ich weiß es: aber ich kann Carlos' Knechtschaft nicht mehr recht ernst nehmen« (GW XV, 9 f.). Grimm sieht in Brechts Versuch, die Freiheit des Arbeiters gegen die Freiheit des Don Carlos auszuspielen, die aufkommende Forderung nach dem Existenzminimum im Gegensatz zum idealistischen Freiheitspathos der deutschen Klassik und findet darin das früheste Bekenntnis Brechts »zu jener materialistischen Grundauffassung, die für sein ganzes weiteres Werk bestimmend werden sollte«.[8] Die Beispiele, die Grimm in diesem Zusammenhang zitiert, sind späteren Schriften entnommen, darunter der *Heiligen Johanna der Schlachthöfe* (1931), auf die Sinclairs Roman in der Tat entscheidend gewirkt hat. Die Annahme, daß Brecht Sinclairs englischen Titel *The Jungle* für seinen *Dickicht*-Titel übernommen habe, führt zu der Annahme, das *Dickicht* sei sozialistisch orientiert wie Sinclairs Roman. Originaltitel wurden jedoch selten in jenen populären Übersetzungen angegeben, die die Leihbibliotheken offerierten,[9] wo Brecht, wie sein Held Garga, so viel Zeit verbrachte und wo er wahrscheinlich den *Sumpf*, wie er das Buch nennt, kennengelernt hat. Sein Augsburger Jugendfreund Münsterer erinnert sich an die vornehme Leihbücherei der Buchhandlung Steinicke und an die »schmuddelige« von Melcher. Garga verteidigt bis fast zum Ende der ersten Szene keine von »materialistischen Grundauffassungen« bestimmte Freiheit, sondern erstaunlicherweise das Freiheitsrecht, seine Meinung über ein Buch zu vertreten. Ebenso erstaunlich ist die Proklamation der Gedankenfreiheit neben den vier Freiheiten des Fressens, Liebens, Boxens und Saufens in der Oper *Mahagonny*:

> Wenn es einen Gedanken gibt
> Den du nicht kennst
> Denke den Gedanken.
> Kostet er Geld, verlangt er dein Haus:
> Denke ihn! Denke ihn!
> Du darfst es! (GW II, 528)

Im *Dickicht* macht sich nicht so sehr der Roman von Upton Sinclair mit seiner sozialistischen Attacke gegen die Unterdrückung als vielmehr ein ganzes Spektrum literarischer Einflüsse, die Grimm festgestellt hat, bemerkbar. Unter den ausländischen Autoren sind zu nennen: Rudyard Kipling, Johannes V. Jensen, Arthur Rimbaud und Robert Louis Stevenson. Sinclairs Roman hat mit Jensens *Rad* zumindest zur Wahl des Schauplatzes Chicago beigetragen. Das Thema des *Dickichts* geht aber eher auf Kipling zurück, dessen weitverbreitetes *Dschungelbuch* auch im deutschen Titel das Wort ›jungle‹ enthält. Brecht selber erklärt: »Als ich mir überlegte, was Kipling für die Nation machte, die die Welt ›zivilisiert‹, kam ich zu der epochalen Entdeckung, daß eigentlich noch kein Mensch die große Stadt als Dschungel beschrieben hat. [...] Die Feindseligkeit der großen Stadt, ihre bösartige, steinerne

Konsistenz, ihre babylonische Verwirrung, kurz: ihre Poesie ist noch nicht geschaffen« (1921; GW XVIII, 14).

Das Stück, das Brecht mit dieser Absicht 1921 begonnen hat, trägt den kürzeren Titel *Im Dickicht* und läßt sowohl die Ähnlichkeit der Personen mit Dschungeltieren als auch die poetische Großstadtatmosphäre deutlicher hervortreten als die Druckfassung. So wurden zu den Tiernamen der Erstfassung später menschliche Namen hinzugefügt; ein von Kipling übernommener Tiername »Moti Gui« (Perlenelefant) fällt sogar fort. Neben diesen Anspielungen auf die britische Kolonialexotik Kiplings lassen die englischen Pfund, mit denen um Gargas Freiheit gehandelt wird und die in der Druckfassung in Dollar umgeändert wurden, auf einen britischen Schauplatz schließen.

Die Kolonialexotik und der Kampf der Helden deuten auf einen weiteren britischen Autor hin, nämlich auf Stevenson. Bei der Aufführung des *Dickicht* im Münchner Residenztheater (1922/23) wurde das Lied »Fünfzehn Mann auf des toten Mannes Kiste« aus Stevensons *Schatzinsel* in der Szene »Opferung der Familie« gesungen (in der Druckfassung Szene 3, »Wohnraum der Familie Garga«).[10] Schon Grimm hat Beispiele für die gleiche Ideenwelt und sogar für stilistische Entsprechungen bei Stevenson und Brecht genannt. Er wies auch auf Stevensons *Junker von Ballantrae* hin, einen Roman über den Kampf zwischen zwei feindlichen Brüdern, den Brecht in seinen »Glossen zu Stevenson« (1925) lobt, wobei er besonders eine Szene hervorhebt: »Im *Junker von Ballantrae* ist der Mordanschlag eines Mannes auf einen andern höchst eigentümlich so aufgezogen, daß das Schiffsdeck, auf dem er stattfindet, als Schaukel fungiert« (GW XVIII, 25). In einer in die Druckfassung nicht aufgenommenen Konfrontation zwischen Shlink und Garga stellt er die Mansarde Gargas wie bei Stevenson schaukelnd auf hoher See dar. Sogar ohne diese Szene bleibt in der Druckfassung nur allzu viel Meeres- und Küstenatmosphäre für die Binnenlandschaft Chicagos übrig. So endet z. B. die vierte Szene der Druckfassung (»Chinesisches Hotel«) folgendermaßen:

»J a n e Gargas Braut. Wo ist er hin?
D e r   P a v i a n. Er visitiert die Gesichter, denen es in Chicago zu grausam zugeht.
J a n e. Ostwind geht. Die Tahitischiffe lichten die Anker.«     (GW I, 155)

Die beiden englischen Dichter Kipling und Stevenson gehören für Brecht zu jenem weiteren amerikanischen Kulturbereich. Und noch andere europäische Figuren haben Anteil am Kulturpanorama des Chicago-Stücks: Gaugin, auf den die Tahitivorstellungen und das Wort »Noa! Noa!« (der Titel seiner Aufzeichnungen) in der Frühfassung zurückgehen, sowie Rimbaud und Jensen, die Zitate für den Text des Stücks geliefert haben; auch hat die homoerotische Haß-Liebe Rimbauds zu Verlaine z. T. für den zentralen Konflikt Modell gestanden. Von deutschen Vorbildern hat Brecht Schiller genannt (»Mit *Dickicht* wollte ich die *Räuber* verbessern [...]« [GW XV, 69]) und »die Lektüre einer Briefsammlung, deren Titel ich vergessen habe; die Briefe hatten einen kalten, endgültigen Ton, fast den eines Testaments« (*Bei Durchsicht meiner ersten Stücke*, 1954; GW XVII, 949 f.). Grimm ergänzt den fehlenden Titel: Charlotte Westermanns *Knabenbriefe*.[11]

Dem Dickicht dienten jedoch nicht nur literarische Zeugnisse, sondern auch Volkskunst und -unterhaltung als Quelle. Münsterer erinnert sich an das Kriminalstück *Mr. Wu oder die Rache des Chinesen*, das sich Brecht 1919 gleich zweimal im Sommertheater am Augsburger Schießgraben begeistert angesehen hat und auf dessen Eindruck die Figur des Orientalen Shlink wohl zurückzuführen ist. Wiederum im Rückblick aus dem Jahr 1954 (*Bei Durchsicht* [...]) hat Brecht den Einfluß des amerikanischen Sports hervorgehoben: »da in diesen Jahren (nach 1920) der Sport, besonders der Boxsport mir Spaß bereitete, als eine der ›großen mythischen Vergnügungen der Riesenstädte von jenseits des großen Teiches‹, sollte in meinem neuen Stück ein ›Kampf an sich‹ [...] ausgefochten werden« (GW XVII, 948). *Im Dickicht* rief zunächst den Eindruck eines Kriminalstücks à la *Mr. Wu* hervor. Während der Vorhang noch geschlossen war, hörte man die Schreie von Zeitungsjungen: »Aufklärung des Mordes an der Jane Garga [...] im Chinesenviertel«; »mysteriöse Lynchung des Malaien«. Dann trat jedoch das Motiv des »Kampfes an sich« in den Vordergrund. Eine der später gestrichenen Zeitungsschlagzeilen, »Ruinierung einer Familie«, deutet auf das Pathos des Verführungsmotivs, das in der Weltliteratur wie in der Trivialliteratur eine lange Tradition hat, vom *Simplicissimus* über Balzac, Dickens und Sue bis zu den Comics. Garga sehnt sich einmal aus dem gruseliggefährlichen »kalten Chicago« in die Savannen zurück oder möchte mit der Mutter in ein Blockhaus ziehen, das er ihr »hauen« will, als ob das wie zur Zeit Abraham Lincolns noch so selbstverständlich wäre. Ein andermal – am Ende – entflieht er in die noch größere Stadt New York, die Brecht scheinbar nicht aus dokumentarischen, sondern aus populär-unseriösen Quellen kannte, wie er im *Arbeitsjournal* schreibt: »die paradiesstadt new york (die ich auf dem augsburger plärrer [Jahrmarkt] in den panoramen abgebildet sah, auf bildern aus den 50$^{er}$ jahren stammend)« (1942; Aj 372).

An derselben Stelle des *Arbeitsjournals* polemisiert Brecht ironisch gegen die damals noch gültige Auffassung des ›Schmelztiegels‹, die im Chicagobild des *Dickichts* in der unterschiedlichen nationalen Herkunft der Personen gespiegelt wird: die Orientalen Shlink und Skinny, die Familie Garga, »französischer Abkunft«, J. Finnay mit seinen Erfahrungen aus allen drei Teilen der britischen Inseln. Das leidige Korrelat des ›Schmelztiegels‹, der Rassismus, erscheint am Ende des Dramas, als der Lynchmob losgelassen ist.

Zu den frühesten Szenen des *Dickicht* gehört ein Dialog zwischen der Prostituierten Maier, Gargas Schwester, und ihrem groben Kunden, einem Matrosen. Wie Gisela Bahr in ihrem Nachwort zum Materialienband mitteilt, wurde diese Szene, die den Titel »Mankyboddles Mansarde« trägt, später als zu peripher gestrichen. Gisela Bahr beschreibt die Entstehung wie folgt: »Zu den ersten Motiven, die Brecht behandelte, gehören das Verhältnis zwischen Bruder und Schwester (Garga und Marie), Maries Position als ›Objekt‹ zwischen den Männern Shlink und Manky, die anscheinend breiter angelegt werden sollte; sodann Shlinks Taktik des Zurückweichens, sein Versuch Gargas Ansicht zu kaufen, und dessen Ausbruch (Versteigerung). Die Gespräche über die Einsamkeit des Menschen und die Unzulänglichkeit der Sprache entstanden ebenfalls bereits in der Augsburger und nicht, wie man annehmen könnte, in der Berliner Arbeitsphase.«[12]

Die Handlung um Gargas Schwester, Braut und Mutter gehört also zum Kern des

*Dickicht.* Sie wird dann allerdings von dem amerikanisch wirkenden Motiv des Boxsports etwas zurückgedrängt. Obwohl Brecht bis zum Erscheinen der noch ausstehenden Brecht-Biographie zu den Dramatikern zählt, über die wenig Persönliches bekannt ist, spürt man im *Dickicht* die Nachwirkungen eigener Erlebnisse. (In der Entstehungszeit starb Brechts Mutter, er heiratete zum erstenmal.) Sogar in der Leihbibliothek, dem Schauplatz der ersten Szene, spiegelt sich eher Augsburg als Amerika, wo es dank des Großkapitalisten Carnegie zwar kostenlose Bibliotheken, doch kaum Leihbüchereien gibt.

Die Forschung verzichtete bisher auf eine gründliche Untersuchung der Sprache des *Dickicht.* Dabei könnte eine solche Analyse zeigen, wie sich Brechts Begabung und Interesse viel eher auf das Sprachliche richtete als auf Amerika. In dem Essay *Bei Durchsicht meiner ersten Stücke* schreibt er über die Entstehung des *Dickicht,* er habe im Freien und im Gehen in ein »Notatbuch« eingetragen: »Wortmischungen [...] wie scharfe Getränke, ganze Szenen in sinnlich empfindbaren Wörtern bestimmter Stofflichkeit und Farbe« (GW XVII, 950). »Sinnlich empfindbar« ist z. B. die konkrete Darstellung der Redewendung »aus der Haut fahren«, wenn Garga am Ende der ersten Szene sich bis auf die Haut auszieht und seine Kleider Stück für Stück dem Meistbietenden in der Versteigerung entgegenschleudert. Ausdrücke, die wörtlich aus dem Englischen übernommen sind, tragen dagegen die bestimmten Farben von Amerikanismen, wie Gargas Werbung um Jane: »Ich kann auch Geld machen« (GW I, 133). Der scheinbare Amerikanismus »Sie haben Prärie gemacht« (GW I, 138) bedarf auch für Amerikaner einer Erklärung.[13] Wie von der bilderstürmerischen Nachkriegsgeneration zu erwarten, ist einiges blasphemisch, z. B. wenn der Geistliche aus der Getränkekarte ›gin fizz‹, ›whiskey sour‹ usw. vorliest (GW I, 181), während das *Ave Maria* auf dem Orchestrion erklingt; übrigens erinnert sich Münsterer an ein »Wirtshaus mit einem Orchestrion«[14] ihrer gemeinsamen Augsburger Jugendzeit.

Der Kampf im *Dickicht* hat mit dem Klassenkampf in Chicago, den der Amerikaner Sinclair im *Sumpf* beschreibt, nichts gemeinsam. Zumindest hat das Brecht gegenüber Ernst Schumacher geäußert, der sich in seiner Interpretation an diese Erklärung hält: »das stück behandelt die unmöglichkeit des kampfes, der hier positiv als sport genommen ist (im kapitalismus – was nicht herauskommt, dh, was übersehen ist)« (1952; Aj 988). Gerade die Verneinung des Kampfes, der Selbstmord Shlinks und Gargas Untergang in New York, bringen das Stück auch dem heutigen Amerikaner nah. Die Unmöglichkeit menschlichen Kontakts in der Großstadt wurde zum Thema der *Zoo Story (Zoogeschichte)* von Edward Albee (1958). Das Stück des amerikanischen Dramatikers zeigt, wie der Kontakt zwischen zwei zufällig einander Begegnenden erst dann gelingt, wenn der eine den anderen bis aufs Blut reizt, so daß dieser ihn ermordet. Der Abschied der Gegner bei Brecht klingt wie eine Vorahnung der geistigen Situation im Nachkriegsamerika:

S h l i n k. Die unendliche Vereinzelung des Menschen macht eine Feindschaft zum unerreichbaren Ziel. [...]

G a r g a. [...] Ja, so groß ist die Vereinzelung, daß es nicht einmal einen Kampf gibt. Der Wald! Von hier kommt die Menschheit. Haarig, mit Affengebissen, gute Tiere, die zu leben wußten. Alles war so leicht. Sie zerfleischten sich einfach . . . (GW I, 187).

Brechts persönliches Erlebnis vom Einzug in die Großstadt, das zum wichtigen
Thema im *Dickicht* wird, wurde bisher vor allem mit dem frühen Gedicht *vom
armen b. b.* (1922) belegt, in dem New York mit seinen Hochhäusern für die Großstadt überhaupt steht:

> Wir sind gesessen, ein leichtes Geschlechte
> In Häusern, die für unzerstörbar galten
> (So haben wir gebaut die langen Gehäuse des Eilands Manhattan
> Und die dünnen Antennen, die das Atlantische Meer unterhalten.)
>
> (GW VIII, 261)

Aus der Leistung des technischen Fortschritts wird auch hier ein negativer Schluß
gezogen:

> Von diesen Städten wird bleiben: der durch sie hindurchging, der Wind!
>
> (GW VIII, 262)

Trotz der unzweideutigen Skepsis dieser Schlußzeile sehen manche Forscher in
Brechts Stellungnahme zu Amerika eine schematische Entwicklung von der frühen
Begeisterung – die hier z. B. schon fehlt – über einen angeblichen Wendepunkt zur
Zeit der marxistischen Studien (1926) bis zur endgültigen Desillusionierung durch
den Börsenkrach (1929). Leider läßt sich dieses schöne Schema vom Aufstieg und
Fall Amerikas nicht an Hand der veröffentlichten Werke Brechts nachweisen. Denn
schon die oben angeführte frühe Erwähnung Manhattans verrät sein von Anfang
an dialektisches Verhältnis zu New York. Der Versuch der Schematisierung ist vielleicht dem marxistischen Interpreten Klaus Schuhmann nachzusehen, weil er lediglich den Lyriker und ihn nur bis 1933 behandelt. Er verweist auf Brechts »Weg
vom kritiklosen Bewunderer zum marxistischen Analytiker«, der »die Summe seiner Erkenntnisse über Amerika«[15] in dem Gedicht *Verschollener Ruhm der Riesenstadt New York* vermittelt. Doch Helfried W. Seliger, der die ganze Entwicklung
Brechts ins Auge faßt, sollte es besser wissen, als daß er schreibt: »Das 1930 entstandene Gedicht ›Verschollener Ruhm der Riesenstadt New York‹ ist als Schlußbilanz von Brechts jahrelanger Auseinandersetzung mit dem Amerikanismus anzusehen.«[16] In diesem Gedicht polemisiert Brecht in der Tat meisterlich gegen die
Allerweltsbedeutung des Mythos Amerika, der 1929 zerstört wurde. Aber dieser
Begriff war Brecht schon lange suspekt, nicht nur auf Grund seiner bereits vor 1926
erworbenen marxistischen Kenntnisse, sondern auch dank seiner Studien der amerikanischen ›muckrakers‹ (Enthüller) der zwanziger Jahre.[17] Im *Verschollenen Ruhm*
zählt er die negativen Merkmale des Klischee-Amerikas auf: den ›Schmelztiegel‹,
die Blues-Sängerinnen, Filmstars und Hochhäuser, die Ausbeutung der Arbeiter,
den Reichtum, die rohen Manieren, den Kaugummi, die heidnischen Sitten bei der
Leichenbestattung, die Rekordleistungen, die Erfindungen und die Schnelligkeit der
Eisenbahnzüge. Das vernichtende Urteil über das amerikanische ›System‹ fällt in
der letzten Strophe:

> Welch ein Bankrott! Wie ist da
> Ein großer Ruhm verschollen! Welch eine Entdeckung:
> Daß ihr System des Gemeinlebens denselben
> Jämmerlichen Fehler aufwies wie das
> Bescheidenerer Leute!                                    (GW IX, 483)

Seliger verweist darauf, daß diese Fassung der letzten Strophe erst in der 1951 in
Ost-Berlin erschienenen Ausgabe der *Hundert Gedichte* die frühere Fassung ersetzt
hat, die 1934 in der Exilzeitschrift *Die Sammlung* zu lesen war:

> Wahrlich, ihr ganzes System des Gemeinlebens war
> das bestmögliche.
> Welch ein Ruhm! Welch ein Jahrhundert![18]

Seliger legt die Frühfassung als Zeugnis der Amerikabegeisterung aus, die der
marxistische Dichter der fünfziger Jahre sich nicht mehr habe leisten können. Das
trifft aber keineswegs zu, denn das Adjektiv »bestmöglich« spielt auf Voltaires
Ironisierung der »bestmöglichen aller Welten« im *Candide* an und drückt damit
eine ebenso starke Verurteilung aus wie die spätere Fassung. Nur um das vernichtende Urteil auch literarisch Nichtinformierten klarzumachen und es von der allzu
subtilen Ironie Voltaires zu befreien, hat Brecht die spätere Fassung in eine un-
mißverständliche Aussage verändert.
Wenn Brecht auch dem amerikanischen ›System‹ ablehnend gegenüberstand, bewahrt doch sein Verhältnis zu New York positive Züge; wenigstens erzählt Max
Frisch folgende Anekdote aus dem Jahr 1948: Der Stadtbaumeister von Zürich
hatte Brecht nach seiner Rückkehr aus Amerika zu einem kleinen Mittagessen an
einen Ort geladen, von dem man die Aussicht auf die Stadt genießen konnte.
»Brecht, statt das erwartete Lob auf Zürich auszusprechen, fragte mich, ob ich New
York kenne. Ich müsse es sehen, es lohne sich, aber ich dürfe nicht zu lang warten,
wer weiß, wie lang New York noch steht... Der Stadtbaumeister machte keine
Konversation mehr.«[19]
Reinhold Grimm hat dargelegt, was zum Verständnis der Entwicklung Brechts bedacht werden muß: »Kann man noch sagen, es finde in ihm ein grundstürzender
Wandel, eine geistige Revolution, ein Bruch statt? Ich glaube kaum. Das beliebte
Entwicklungsklischee vom tumben Jüngling verfängt bei diesem Dichter nur wenig;
viel eher treffen die Sprünge, Widersprüche und Umschläge der Dialektik, die er
selber so gern beschrieben und zum Schlüsselbegriff seines Lebens wie seiner Kunst
erklärt hat.«[20] Dieser ›Schlüsselbegriff der Dialektik‹ paßt sowohl für Brechts
Amerikabild als auch für sein Verhältnis zum Marxismus, denn auch bei diesem
sollte kein Wendepunkt angesetzt werden. Schon früh, wenn auch nur kurzfristig,
wird Brecht mit sowjetischen Systemen durch die Räteregierungen in Augsburg und
München (1918) bekannt. Münsterer erinnert sich, wie »ein Zug Gefangener, wahrscheinlich auf dem Weg zur Kiesgrube, wo sie liquidiert werden sollen, von den
wieder aus ihren Schlupfwinkeln hervorgekrochenen Vertretern der Herrenklasse
mit Kot beworfen und bespieen wird [...]. Es sind Eindrücke, die man nicht vergißt.«[21] Im *Dickicht* spuckt Shlink dem Geistlichen ins Gesicht, der diese Entehrung

freiwillig auf sich nimmt, weil sie als Bezahlung für die Übergabe des Holzhandels an die Heilsarmee verlangt wird. Münsterer meint, es habe ihnen allen in ihrem Kreis damals an genauen Kenntnissen des Marxismus gefehlt, gibt aber zu, die marxistischen Klassiker, wenn auch nur aus zweiter und dritter Hand, gekannt zu haben.

Brechts Kenntnisse aus zweiter und dritter Hand stammten auch aus früh angeknüpften Verbindungen zur Sowjetunion, zu denen der Regisseur Bernhard Reich und seine Frau Anna Lacis beitrugen. Wahrscheinlich ist es Reich, der durch seine Mitarbeit an der Inszenierung des *Happy End* in Berlin (1929) zu der Bemerkung des Produzenten Ernst Josef Aufricht Anlaß gab, Brecht sei zur Zeit der Proben »von ›seltsamen Gestalten‹, zum Teil aus Moskau, umgeben, denen das Stück ideologisch nicht genug untermauert war«.[22] Zwischen Brecht und Reich war vom Klischee der ›Ware Liebe‹, das der Leninismus angeprangert hatte, schon die Rede gewesen, mithin von jenem kapitalistischen Übel, das auch in den frühen Amerikastücken erscheint. Brecht hatte 1924 auf Reichs Bitte »incognito« den letzten Akt der *Kameliendame* von Dumas, die Reich gerade mit Elisabeth Bergner in der Hauptrolle inszenierte, realistisch umgearbeitet. Wie Reich in seinen Lebenserinnerungen erzählt, hätte die allzu wirklichkeitsgetreue Darstellung der Prostitution ein so großes Kassenrisiko bedeutet, daß sie dann doch nicht auf die Bühne gebracht werden durfte. Der Begriff der käuflichen Liebe spielt bei Brecht in den Amerikastücken *Im Dickicht* sowie in der Oper *Mahagonny* eine Rolle.

*Happy End*, das Brecht mit ›Songs‹ versehen und inszeniert hat, gilt nicht als sein Werk. Würde es ihm ganz zugesprochen, könnte das Amerikabild dieses Musicals mit dem Hinweis darauf charakterisiert werden, daß es im Gangstermilieu des Kriminalromans und -films spielt, einem damals noch fast ausschließlich angloamerikanischen Genre. Die Zuckerglasur des Kriminalreißers versüßt die bittere Pille der Satire auf die Heilsarmee, denn das ist der ideologische Gehalt von *Happy End*. Chicago, der Ort der Handlung, und die Tendenz des Dramas wurden später in dem »ideologisch« solider »untermauerten« Stück *Die Heilige Johanna der Schlachthöfe* (1931) übernommen.

Weder im phantasmagorischen Chicago des *Dickichts der Städte* noch in der juxhaften Gangsterspelunke des *Happy End* kann von einem positiven Amerikabild die Rede sein. Erst im *Lindberghflug* (1928/29) steht eine, wenigstens am Anfang positiv gemeinte Aussage über Amerika. In Lindberghs Leistung verherrlicht Brecht ein Element des Amerikanismus, das dem Autor der Lehrstücke immer als positiv gegolten hat: die geschichtlich einmalige Tat, die auf die Möglichkeit verweist, die Welt zu verändern. Der Held des ersten Ozeanflugs (21. Mai 1927), der Amerikaner Charles Lindbergh, hat sich später Brechts Lob verscherzt, indem er sein technisches Können nicht mehr für, sondern gegen die Menschheit einsetzte. Im Prolog, dessen Sendung Brecht 1950 zur Bedingung einer Radioaufführung des *Ozeanflugs* machte, heißt es:

[...] der Unselige
Zeigte den Hitlerschlächtern das Fliegen
Mit tödlichen Bombern. Darum
Sei sein Name ausgemerzt.                          (GW II, 3*)

Deshalb wurde das zuerst als *Der Lindberghflug* bezeichnete Stück zum *Flug der Lindberghs* verallgemeinert und schließlich in *Ozeanflug* umbenannt. Jede Erwähnung des Namens Lindbergh wurde durch Umschreibungen ersetzt, wie der Textvergleich mit der Fassung im ersten Heft der *Versuche* (1931) ergibt. Im *Ozeanflug* wird die Tat eines einzelnen zur Tat eines Kollektivs erhöht, indem der Flieger ausdrücklich der sieben Mechaniker gedenkt, die sein Flugzeug gebaut haben:

> [...] ich bin nicht allein, wir sind
> Acht, die hier fliegen.                                        (GW II, 571)

Schon der Titel von Lindberghs eigenem Buch über den Flug, *We* (*Wir zwei*), spielte auf Pilot und Maschine an. Das Buch war seiner Mutter und den acht Geldgebern, die sein Unternehmen unterstützt hatten, gewidmet, ganz wie es sich im Kapitalismus gehört. Brecht deutete auch den Sieg des einzelnen über die Natur in seinem Sinne um. In der 8. Szene, überschrieben »Ideologie«, erklingt die Ode auf das neue technische Zeitalter einer von Gott befreiten Menschheit:

> Unter den schärferen Mikroskopen
> Fällt er.
> Es vertreiben ihn
> Die verbesserten Apparate aus der Luft.
> Die Reinigung der Städte
> Die Vernichtung des Elends
> Machen ihn verschwinden und
> Jagen ihn zurück in das erste Jahrtausend.                     (GW II, 577)

Brechts Vertrauen auf den Amerikanismus reichte so weit, daß am Ende des *Ozeanflugs* die Leistung eines Amerikaners für die ganze Menschheit gilt.
Gott ist im Werk Brechts allerdings immer noch gegenwärtig und der Teufel ebenfalls, wenn auch nur in einem parodistischen Zwischenspiel der Oper *Aufstieg und Fall der Stadt Mahagonny*, die 1928/29 mit Musik von Kurt Weill aus dem *Kleinen Mahagonny* oder *Mahagonny Songspiel* entstanden ist. Letzteres besteht aus den »Mahagonnygesängen«, die 1927 von Kurt Weill vertont und unter Brechts Regie mit Caspar Nehers Bühnenbild eines Boxrings von sechs Sängern aufgeführt wurden. In dem *Songspiel* deuten höchstens die Namen der sechs Figuren, Charlie, Billie, Jessie, Bess usw. auf Amerika, denn eigentlich zeugen die Anfang der zwanziger Jahre entstandenen Gesänge von der gleichen verallgemeinerten Exotik und dem Ekel am Bestehenden wie das *Dickicht*. Das Herkömmliche auf den Kopf stellen, war die Losung auch anderer junger europäischer Künstler dieser Zeit. So verlegte Majakowski in seinem sowjetisierten Mysterienspiel *Mysterium buffo*, von dem 1918, 1921 und 1922 immer neue Versionen aufgeführt wurden (die letzte auf Deutsch für die Komintern), das Paradies vom Himmel auf die Erde. Auch die Anschaulichkeit des dramatischen Konflikts durch die Metapher des Boxsports kam nicht allein bei Brecht vor; Sergej Eisenstein ließ in seiner Inszenierung des *Mexikaners* von Jack London (1925) den Kampf ums Dasein in einem Boxring ablaufen.

Die Aufforderung des ersten »Mahagonnygesangs«, ins Paradies zu fahren, klingt wie im deutschen Volkslied:

> Auf nach Mahagonny
> Die Luft ist kühl und frisch [...]

Man darf jedoch als Ziel keine Venusinsel wie auf einem Bild von Watteau erwarten, sondern eher das Gegenteil:

> Auf nach Mahagonny
> Das Schiff wird losgeseilt
> Die Zi-zi-zi-zi-zivilis
> Die wird uns dort geheilt.                    (GW II, 507)

Auch die Szene, in der Gott die Männer ihrer Sünden wegen in die Hölle schicken will, hat weniger mit Amerika als mit der Umkehrung der am Ende einer mittelalterlichen Moralität üblichen Höllenfahrt zu tun: die Männer weigern sich, in die Hölle zu fahren, weil »wir immer in der Hölle waren« (GW II, 560).
Ob als Paradies oder als Hölle, Mahagonny besitzt jedoch unverkennbar amerikanisches Lokalkolorit. Sein Name ist allerdings nach Aussage Brechts im Finale des *Songspiels* erfunden:

> Denn Mahagonny, das gibt es nicht,
> Denn Mahagonny, das ist kein Ort,
> Denn Mahagonny – ist nur ein erfundenes Wort.[23]

Die Oper spielt irgendwo in Amerika, denn die Stadt Mahagonny ist noch weniger realistisch fundiert als das *Dickicht*-Chicago. Sie wird in einer öden Wüste von Gaunern gegründet, die auf der Flucht vor den Konstablern wegen einer Autopanne steckengeblieben sind. Statt weiterzufahren, um nach Gold zu graben, ziehen sie die leichtere Arbeit vor, es den Goldgräbern für Vergnügungsdarbietungen abzunehmen:

> [...] Mahagonny
> Das heißt: Netzestadt!
> Sie soll sein wie ein Netz
> Das für die eßbaren Vögel gestellt wird.
> Überall gibt es Mühe und Arbeit
> Aber hier gibt es Spaß.                    (GW II, 502)

Daraus entsteht die Kulisse eines typischen Wildwestfilms, wie in den ›saloon‹-Szenen des Charlie-Chaplin-Films *Goldrausch*, den Brecht laut Seliger 1926 gesehen hat.
Brechts und Weills Satire auf die Stoffklischees und den Materialismus des Wilden Westens entsteht z. T. durch die wörtlichen Übersetzungen aus dem Amerikanischen und durch die zu ›Superjazz‹ gesteigerte Musik. Eine Entlehnung aus dem Ameri-

kanischen ist z. B. das Wort ›Haifisch‹ im Titel der 2. Szene als deutsche Entsprechung für ›shark‹, das im Amerikanischen die Bedeutung von ›loan shark‹, d. h. einem ausbeuterischen Geldverleiher hat. Caspar Neher spielte mit seiner Tafel zur 2. Szene auf diese Raubfische an: hier zerfleischen haifischähnliche Freudenmädchen ihre Kunden, die als Männerpuppen abgebildet sind (Vers. 80). Weills Jazzparodie, z. B. im »Alabama-Song«, die Seliger mit Recht als virtuos und mitreißend charakterisiert, übertrumpft so gekonnt den echten Jazz, daß sie kaum parodistisch verfremdet, sondern nur noch ›kulinarisch‹ wirkt.

Die ausbeuterischen Freudenmädchen, unter ihnen eine Jenny wie in der *Dreigroschenoper*, verkaufen die Ware der Liebe unter der Leitung der Witwe Begbick, die auch in *Mann ist Mann* auftrat, mit ähnlich herausfordernden Gesten, nur noch aggressiver und geschäftstüchtiger als im *Dickicht*. Während das frühere Stück aber auch durch die Großstadtatmosphäre mit ihren mannigfachen Geräuschen und die immer wieder auflebende Sehnsucht der Großstadtmenschen nach Liebe und Glück Poesie erhielt, findet sich in der Oper *Mahagonny* nur eine einzige lyrische Stelle, das »Kranichlied«, allerdings eine der größten im gesamten Werk Brechts. Elisabeth Hauptmann, die Brechts Bekehrung zum Marxismus im Jahr 1926 ansetzt, also ein Jahr vor dem *Songspiel Mahagonny*, nennt unter den Vorhaben dieses Jahres eine »Parodie auf den Amerikanismus« und eine Erzählung *Zuviel Glück ist kein Glück*, für die sie nur einen Anfangssatz notiert: »Wir saßen in Korbstühlen auf Havanna und vergaßen die Welt.«[24] Nun, Havanna ist nicht Amerika, wie neuerdings den Amerikanern unmißverständlich klargemacht worden ist, und es besteht kein Grund, die Oper mit den beiden Projekten zu verbinden. Doch fassen diese beiden Arbeitseinfälle aus dem Jahre 1926 den Sinn der Oper *Mahagonny* treffender als manche orthodox-marxistische Deutung.

Das Wort ›Paradiesstadt‹, mit dem die Gründung Mahagonnys als ironische Spitze gegen Amerika verkündet wird, hatte Brecht schon in dem Panoramabild von New York auf dem Augsburger Plärrer kennengelernt. Nun liest er dasselbe Wort in den Schlagzeilen der *Chicago Daily Tribune* über den Hurrikan des Jahres 1926: »Der Untergang der Paradiesstadt Miami« (Bevz. 20, 137). Auch das Motiv vom Untergang der großen Städte, das schon im Gedicht *Vom armen b. b.* vorkam, kehrt beim ersten Auftritt der Männer in *Mahagonny* wieder: »Wir vergehen rasch und langsam vergehen sie [die Städte] auch« (GW II, 505). Die Zeit wird hier nur noch ganz allgemein als Vergänglichkeit empfunden, der das ›carpe diem‹ entgegenschallt. Auch der amerikanische Schauplatz ist allgemein gehalten. Vier Männer erreichen nach sieben Jahren Frondienst in Alaska den fremden Strand von Mahagonny, wo die Entrepreneuse Begbick ihnen sofort Alkohol und Freudenmädchen anbietet. Das Mädchen Jenny kommt einmal aus Havanna (»Meine Mutter war eine Weiße«), ein andermal aus Oklahoma, wenn nicht des Reimes, so doch sicher des schönen Wortklangs wegen – beide Herkunftsorte werden in der 5. Szene genannt. Die Männer aus Alaska (siehe das Alaskathema Jack Londons) landen anscheinend in Florida, denn die Witwe Begbick wird weiß vor Angst bei der Meldung, die Konstabler seien bis zum nahegelegenen Pensacola vorgedrungen (Szene 7). Als die Männer sich in der Bar von Mandelay (siehe die Indienthematik Kiplings) langweilen, will einer nach Georgia fahren, ein anderer nach Benares (bei Madagaskar). Nehers Tafel zu dieser Szene 8 fordert

auch zum Einschiffen nach Benares auf und meldet zugleich dessen Zerstörung durch eines der Erdbeben, die sonst bei Brecht in San Francisco vorkommen (Vers. 81).
Durch den Hurrikan, der das nahe Pensacola vernichtet, kommt es in Mahagonny zur Abschaffung der alten und zur Einführung neuer Gesetze über das Fressen, Lieben, Boxen und Saufen:

> Vor allem aber achtet scharf
> Daß man hier alles dürfen darf. (GW II, 540)

Damit wird zwar nicht ausdrücklich Stellung für den Marxismus, jedoch deutlich gegen den Kapitalismus bezogen, und zwar in Form einer Parodie auf das allzu ›freie‹ Amerika der Filme und des Jazz, den Inbegriff der materialistischen Anarchie. Drei der vier Männer gehen an der Rekordsucht im Fressen, Saufen und Boxen zugrunde; der Hauptheld Paul wird wegen Geldmangels auf dem elektrischen Stuhl hingerichtet, weil er sich damit des Zentralvergehens gegen das System schuldig gemacht hat. Mit dieser Umkehrung des Goldenen Zeitalters in die brutale Epoche, in der eine Stadt wie Mahagonny möglich ist, wird nicht nur das prototypische Land des Kapitalismus parodiert, sondern der kapitalistische Glückstraum überhaupt.
In seinen Anmerkungen zur Oper *Mahagonny* schließt Brecht selber von Amerika auf allgemeinere Zielvorstellungen: »Das Vergnügen sollte [...] Gegenstand der Untersuchung sein, wenn schon die Untersuchung Gegenstand des Vergnügens sein sollte. Es tritt hier in seiner gegenwärtigen historischen Gestalt auf: als Ware« (GW XVII, 1008). Von Amerika hat Brecht durch eine weitere Änderung abgelenkt: Die vier Männer, die im *Songspiel* und bei der Leipziger Uraufführung der Oper (1930) amerikanische Namen trugen, erhielten bis zur Druckfassung im 2. Heft der *Versuche* (1931) deutsche Namen. Wenn die Umbenennung des Helden in Paul Ackermann ihn mit der deutschen Tradition verbindet – zu denken ist an den *Ackermann aus Böhmen* –, verallgemeinert der neue Name diese Beziehung zugleich, denn der Ackermann ist eine ›Jedermann‹-Figur. Brecht war sich der Ort und Zeit übergreifenden Moral seiner Oper wohl bewußt: so deutet er sie in den Anmerkungen dialektisch, sowohl ihre Realität (»ein sterbender Mann ist real«) wie auch ihre Irrealität (die Realität werde »durch die Musik wieder aufgehoben«), und unterstreicht zugleich ein »Drittes, sehr Komplexes, an sich wieder ganz Reales, von dem ganz reale Wirkungen ausgehen können«, das er wie folgt erläutert: »Die enge Grenze zwischen dem ernsten Gegenstand des Todes und dem Unernst der Musik hindert nicht etwas Direktes, Lehrhaftes hineinzubringen [...] Also Sittenschilderung. Aber subjektive [...] Was hier singt, das sind subjektive Moralisten« (GW XVII, 1007).
Die gleiche Formel, Vergnügungsware plus Lehrzweck, gilt für die schon im Titel als Parabel erkennbaren *Sieben Todsünden des Kleinbürgers*, eine Satire auf die kapitalistische Moral (von Brecht und Weill im Auftrag von George Balanchine geschrieben und von diesem 1933 als Ballett in Paris aufgeführt). Wieder dient Amerika, der Inbegriff des Kapitalismus, als mythischer Schauplatz. Dem Auftragswerk fehlt jedoch trotz ähnlicher Ingredienzen der Schwung, der die Oper

*Mahagonny* wohl zu dem letzten Werk Brechts macht, das von jugendlichem Erleben getragen wird. Das Ballett erzählt die Erfolgsgeschichte der Schwestern Anna I und Anna II, die in die großen Städte gehen, um ihr Glück zu versuchen. Aus den Südstaaten stammend, sollen sie so viel Geld verdienen, daß sich die daheimgebliebene Familie ein Haus dafür bauen kann. Bei jeder Überwindung einer Sünde wächst das Haus, wie deutlich im Hintergrund der Bühne zu sehen ist. Gleich Shen-Te, und Shui-Ta im *Guten Menschen von Sezuan* sind die beiden Frauen nur eine Figur. Anna I, der Verstandesmensch, manipuliert Anna II, den Gefühlsmenschen, damit sie das nötige Kapital erwirbt. Dabei verlangt jeder Schritt nach vorn eigentlich eine Sünde, auch wenn kleinbürgerlich-heuchlerisch vorgegeben wird, die Sünden würden vermieden. Hier demonstriert Brecht die Umkehrung des Üblichen oder die ›umgekehrte Lösung‹, wie es die Regiekunst von W. E. Meyerhold und Sergej Eisenstein lehrte. Die Vermeidung der ersten Todsünde, der Faulheit, heißt eigentlich, Anna wird zum Fleiß im Betrügen angehalten. Die Überwindung der zweiten, des Stolzes, besteht darin, daß Anna ihre Schamhaftigkeit überwindet und Erfolg als Kabarettänzerin sucht. Jeder Sieg über die Sünde wird in einer anderen amerikanischen Stadt errungen, so daß am Ende dieser so abstrakt konstruierten ›moralité‹ eine ganze Reihe amerikanischer Städte am Pranger steht.

Die rein formale Umkehrung der *Sieben Todsünden* dient dem realen Zweck der Enthüllung. So enthüllt auch *Die Heilige Johanna der Schlachthöfe* (1931) die Heuchelei, die in dem Bündnis zwischen dem Kapitalismus und der Heilsarmee steckt. Gisela Bahr ist durch Erinnerungen Elisabeth Hauptmanns auf »eine doppelte Ahnenreihe« der *Heiligen Johanna* geführt worden; sie entdeckte »Arbeiten, die sich immer stärker auf das Thema Börsenspekulation konzentrieren, und solche zum Thema Heilsarmee«.[25] In die erste Reihe gehören die unvollendeten Werke *Dan Drew* und *Joe Fleischhacker in Chicago* (1926), die weitgehend auf amerikanischen ›muckraker‹-Schriften basieren. Zum Thema Heilsarmee sind zu rechnen: das *Dickicht*-Stück, *Der Brotladen* (1929; ein Einakter, der nicht in Amerika spielt) und *Happy End*; in allen werden die Geldquellen der Heilsarmee in Frage gestellt. Weder Bahr noch Seliger zitieren als mögliche Quelle George Bernard Shaws Vorwort zu seinem Drama *Major Barbara*, obwohl laut Seliger eine deutsche Übersetzung (1926) in Brechts Privatbibliothek stand. Nicht nur verkündet Shaw im Vorwort den Leitgedanken der Oper *Mahagonny*: »Im Millionär Undershaft habe ich einen Mann dargestellt, dem [...] die unwiderstehliche, natürliche Wahrheit [...] bewußt geworden ist [...]: daß das größte der Übel und das schlimmste der Verbrechen die Armut ist.«[26] (Wegen dieses Verbrechens wird Paul Ackermann hingerichtet.) Shaw enthüllt auch die Finanzpolitik der Heilsarmee »Einer ihrer Offiziere erklärte, sie würden vom Teufel selbst Geld nehmen [...].«[2] Shaw erläutert, was das heißt: »In der Tat werden die religiösen Körperschaften als Verteiler oder Almosennehmer der Reichen zu einer Art Hilfspolizei, welche die Aufstandsgelüste der Armut mit Kohlen und Wolldecken, Brot und Sirup dämpft und die Opfer mit Hoffnungen auf unermeßliches Glück [...] tröstet, da sie in einer anderen Welt erwartet, sobald sie sich in dieser Welt im Dienste der Reichen vorzeitig zu Tode gearbeitet haben.«[28]

Auf diesen sozialistischen Wahrheiten fußend, geht Brecht einen kommunistischen

Schritt weiter; wenigstens läßt sich aus seiner *Heiligen Johanna* die revolutionäre Parole »Je schlimmer, desto besser« herauslesen, d. h. die Erkenntnis, daß jeglicher Reformismus abzulehnen ist, weil er die erwünschte Revolution nur verzögert. Brecht weicht von Shaw allerdings auch insofern ab, als seine Heilsarmeeheldin nicht auf Shaws Titelfigur zurückgeht, sondern auf die Heilsarmistin Lilian Holiday in *Happy End* und auf Schillers Jungfrau von Orleans. Bernhard Reich, der an der Inszenierung von *Happy End* wie an den daran anschließenden Diskussionen über die *Heilige Johanna* teilgenommen hat, überliefert einen Ausspruch Brechts, der Shakespeare mit Shaw und Schiller unter die literarischen Ahnen des Stücks einreiht: »Diese Helden will ich in shakespeareschen Versen sprechen lassen [...] denn die Unternehmungen der Händler und Wechsler sind nicht weniger folgenschwer – Leben oder Tod Zehntausender bestimmend – als die Schlachten der Heerführer in den Kriegen bei Shakespeare.«[29] Bei der Erstaufführung, die aus einer Berliner Radiosendung (1932) einiger Szenen mit Carola Neher und Fritz Kortner in den Hauptrollen bestand, sprach Kortner den Mauler mit überbetonter Skandierung »im pathetischen Singsang«,[30] der seinen Namen illustrierte. Um eine möglichst breite Perspektive zu geben, d. h. die Verfremdung möglichst stark zu betonen, erschallt dieses Pathos im Chicago der Fleischindustrie.

Der ›sprechende Name‹ Pierpont Mauler, der einerseits auf die heuchlerische Großtuerei dieser Person anspielt, weist andererseits auf den amerikanischen Bankenkönig J. Pierpont Morgan hin. Johanna Dark steht für Jeanne d'Arc, der ein französischer König seine Krone verdankt; Mauler wird sie zur Rettung seines Finanzkönigtums brauchen. Ihr sprechender Nachname Dark spielt auf die antiaufklärerische Funktion der Religion an, die sie als Heilsarmeemädchen vertritt. Wie die Personen fast nur noch von der Funktion ihrer bedeutungsvollen Namen leben, so ist auch Chicago fast abstrakt und ohne Lokalkolorit nur dazu da, um die Sinnlosigkeit der Börsenmacht über das Menschenschicksal zu demonstrieren. Daß das Stadtbild diesmal nur sehr sparsam angedeutet wird, läßt das Stück weniger veralten. So fehlen realistische Einzelheiten über die Fleischindustrie, die seit ihrer Dezentralisierung wesentlich anders aussieht als zur Zeit von Brechts *Heiliger Johanna*. Aber schließlich wird Amerika auch hier nicht dokumentarisch dargestellt, sondern liefert nur die Kulisse zur Dramatisierung einer These.

Während Shaw lediglich die Partnerschaft zwischen Gott und Geld enthüllt, will Brecht in seiner Tragödie außerdem zeigen, wie aktiv gehandelt werden muß, um sich von der schicksalhaften Bestimmung durch das Geld zu befreien. Die Entwicklung einer Heldin zur Einsicht und ihr tragischer Triumph in einer Protestaktion sind im Gesamtwerk Brechts nur noch zweimal zu finden, in der *Mutter* und bei der stummen Katrin in *Mutter Courage*. In der *Heiligen Johanna* vermag sich der Zuschauer allein in die Hauptperson einzufühlen, was Brecht selber erkannt hat. Alle anderen Personen werden entweder kollektiv gesehen – und marxistische Kritiker waren rasch mit dem Einwand bei der Hand, in dem Stück gebe es nur ein Kollektiv des Proletariats und keine individualisierten Proletarierhelden als Gegenspieler zu Mauler –, oder sie werden mittels Sprachparodie karikiert, die dem in der klassischen Literatur nicht Bewanderten entgeht. So klingen Maulers erste Reden an *Wilhelm Tell* an: Mauler liebt seine Ochsen zu sehr, um weiterhin

Schlächter zu bleiben; er empfindet jedoch keine Scheu, seine Konkurrenz und seine Arbeiter, also Menschen, abzuschlachten. Brechts letztes Chicago-Stück, *Der aufhaltsame Aufstieg des Arturo Ui* (1941), ist von allen in Amerika spielenden Werken wohl das wirksamste. Während das amerikanische Publikum das allzu ungenaue und unwirklich-naturalistische Chicago des *Dickicht* nicht wiedererkennt, das mythische Amerika der Oper *Mahagonny* nur irgendwo zwischen Alaska und Pensacola ausmachen kann und die Schlachthöfe der *Heiligen Johanna* lediglich als Illustration eines abstrakten Arguments gelten läßt, scheint sogar ihm die Parallele zwischen dem amerikanischen Gangster und dem deutschen Diktator in *Ui* gelungen. *Ui* greift den Faschismus an, der seinerzeit fast die ganze Welt zum Widerstand vereint hatte; der Generalstreik, zu dem *Die Heilige Johanna* aufruft, findet dagegen keine so allgemeine Gefolgschaft. Auch geht die Parodie in *Ui* auf einen Klassiker der Weltliteratur neben deutschem Bildungsgut zurück. (Brecht hatte die Absicht, auf beides anzuspielen; so erwähnt er die »szene in martha schwertleins garten« und die »werbungsszene aus dem dritten richard« [Aj. 250]. Der Zuschauer kann die enge Beziehung zwischen fiktiver Handlung und geschichtlicher Wirklichkeit erkennen, z. B. die verschlüsselten Namen: Dogsborough – Hindenburg; Ernesto Roma – Ernst Röhm; Dullfeet – Dollfuß usw.) Aber die Gangstergeschichte erweckt auch ohne diese Zutaten Anteilnahme, mit der die Börsenmanipulationen in der *Heiligen Johanna* kaum rechnen können. *Ui* wurde als »gangsterstück« ohne jede Erwähnung Hitlers geplant, wie aus der ersten Eintragung darüber im *Arbeitsjournal* hervorgeht: »an das amerikanische theater denkend, kam mir jene idee wieder in den kopf, die ich einmal in new york hatte, nämlich ein gangsterstück zu schreiben, das gewisse vorgänge, die wir alle kennen, in die erinnerung ruft (the gangsterplay we know.)« (Aj. 249). Auch die nächste Eintragung erwähnt Hitler nicht: »inmitten all des trubels um die visas und die reisemöglichkeiten arbeite ich hartnäckig an der neuen *gangsterhistorie*. nur noch die letzte szene fehlt« (Aj. 250). »Steffs« (Brechts Sohn Stefan) Kenntnisse über die Gangsterwelt werden als Quelle genannt, und im Januar 1941 wird von den Büchern auf Steffs Tisch Inventar gemacht, einschließlich zweier Lehrbücher des amerikanischen Soziologen Harold Rugg, wovon eins ein Kapitel über das Verbrechen in Amerika enthält. Die Eintragung (1. April 1941), die zum erstenmal den Namen Ui nennt,[31] stellt die Verbindung zwischen »gangster- und nazihandlung« her und fordert ein Gleichgewicht zwischen beiden: »einerseits immerfort die historischen vorgänge durchscheinen lassen, andrerseits die ›verhüllung‹ (die eine enthüllung ist) mit eigenleben auszustatten, dh, sie muß [...] auch ohne ihre anzüglichkeit wirken« (Aj. 251). Gangster gehören fast so selbstverständlich zur Amerikalegende wie Cowboys und Indianer, und der historische Prototyp des Ui, Al Capone, gehört nach Chicago, so daß der Schauplatz in *Ui* erwartungsgerecht gewählt und dokumentarisch gesichert erscheint. Der *Ui*-Stoff geht überhaupt auf amerikanische Dokumentarquellen zurück; Seliger nennt eine Biographie Capones und Zeitungsausschnitte, die Berichte über Gangsterkriege und Bandenführer enthalten und von Brecht während seiner ersten Amerikareise 1935 gesammelt worden waren.[32] Die Ermordung Romas (Szene 11) basiert auf dem St.-Valentins-Massaker von 1929, das auch in der (nach Brechts Zeit) mit Marylin Monroe verfilmten Komödie *Some Like it Hot*,

*Some Like it Cold* wieder auftaucht. Daß das Grausige auch lustig wirken kann, wie im englischen Kriminalroman oder im amerikanischen Gangsterfilm, z. B. dem eben genannten, war Brecht nichts Neues. Auf dem Plärrer ging er mit Vorliebe zum ›Schichtl‹, der süddeutschen Version des Grand-Guignol, und noch im *Arbeitsjournal* zählt er die englischen Kriminalromane neben den Zigarren zu seinen unentbehrlichen »Produktionsmitteln« (Aj. 279). Manfred Wekwerth und Peter Palitzsch haben daher ganz im Geiste Brechts die klassische Inszenierung des *Ui* beim Berliner Ensemble ins Clowneske und Karikaturhafte gezogen, wobei Ekkehard Schall den Ui auf grausig-lustige Weise spielte. Wieder ist Seliger in diesem Zusammenhang bemüht, geschichtliche Belege im Leben Hitlers und Capones für eine Szene zu finden, in der Ui Anstandsunterricht erhält. Nach seinem Prinzip, der Künstler erspare sich Mühe, wenn er schon verarbeitetes Kunstmaterial benutzt und das Rohmaterial der Natur nicht erst erarbeiten muß, kann Brecht diese Episode aber auch der komischen Szene aus der Komödie *Die Wanze* (1929) von Majakowski entnommen haben, in der das unangenehme Insekt die guten Sitten erlernt. Brecht kannte das Stück seit seiner Entstehung.

Die Brecht-Literatur, die dazu neigt, die volkstümlichen und vergnüglichen Seiten des *Ui* sowie die praktischen Absichten des »an das amerikanische Theater« denkenden Brecht zu vernachlässigen, übersieht auch weitgehend seine sich ebenfalls auf Amerika beziehenden ästhetischen und musikalischen Überlegungen bei der Behandlung des Verses. Zwar zitiert Seliger diesbezügliche Aussprüche von Brecht, einmal Wekwerths ›Notat‹, daß Brecht gerade im Hinblick auf *Ui* an eine »Art music-hall-Aufführung am Broadway« gedacht habe, und ein andermal Brechts Theorie über »reimlose Lyrik mit unregelmäßigen Rhythmen«, daß er dem Jambus einen Steprhythmus habe geben wollen. Seliger fügt hinzu, Brecht habe sich mit dem Vers keine Mühe gegeben, der infolgedessen »schlampig«[33] sei, nicht zuletzt, weil er mit einer Übersetzung rechnete. Aber Brecht hat sich gerade Mühe mit dem Vers gemacht: »grete [Steffin] züchtigt mich mit skorpionen, der jamben des *Ui* wegen. seit einer vollen woche sitze ich jetzt darüber, und sie will mir immer noch keine beruhigenden versicherungen abgeben« (Aj. 254). Grete Steffins Kritik zielte eher auf die Sparsamkeit des Ausdrucks als auf die Glätte des Jambus. Denn Brecht hielt den glatten Jambus für einen Rückschritt und den synkopierten für den Fortschritt im deutschen Vers: »abgesehen davon, daß der blankvers mit der deutschen sprache eine sehr unglückliche ehe führt – siehe die scheußlichkeiten des *Tasso* – hat er für mich dieses anachronistische an sich, das fatale feudale. nimmt man ihm das verkastelte, gewundene und förmliche des höfisch offiziellen ausdrucks, wird er gleich leer und ›gewöhnlich‹, ein emporkömmling. dennoch, obwohl also hauptsächlich travestiewirkung erzielt wird, wenn ich die gangster und karfiolhändler jambisch agieren lasse, da so nur das unadäquate ihres herrischen auftretens ans licht der rampe kommt, bildet sich da, wo dann der blankvers mißhandelt, verstümmelt, gestreckt, verhunzt wird, neues formales material für einen modernen vers mit unregelmäßigen rhythmen, aus dem noch allerhand werden kann« (Aj. 258). Zweifellos also hat Brecht seinen einflußreichen modernen deutschen Vers mit der Synkopierung des amerikanischen Jazz und Step im Ohr geschaffen. Wenn die Amerikakenntnisse seines Sohns zum Gangsterstoff des *Ui* beigetragen haben, so hat vielleicht die amerikanische Tanzkunst seiner Tochter die fortschrittliche Behandlung des deutschen Verses beeinflußt; wenigstens erwähnt er, allerdings unter einem späteren Datum: »barbara steppt« (Aj. 688).

Viele der immer zahlreicheren Beschreibungen von Brechts Amerikabild bemerken ein Verschwinden Amerikas aus den Nachexilwerken und begründen das mit einer restlosen Enttäuschung, die Brecht bei näherem Kontakt mit Amerika im Exil erfahren habe. Dem widerspricht Ulrich Weisstein in der wohl einsichtigsten Darstellung von Brechts Exil;[34] und auch Seliger hält dem Argument, die Amerikathematik scheide aus dem Spätwerk aus, den Plan des Stücks *Leben des Einstein* entgegen. Sicherlich wäre das *Einstein*-Projekt ebensowenig ein historisches, dokumentarisch abbildendes Drama geworden wie das *Leben des Galilei* oder *Mutter Courage*. Denn ein ungebrochen widerspiegelndes, faktengetreu berichtendes dokumentarisches Bild Amerikas gibt es nicht bei Brecht. Das Chicago des *Dickicht*-Dramas gehört, wie der Lattenzaun Morgensterns, »nach Afri- od. Ameriko« und ebenfalls nach Asien und England, soweit Brechts Allerweltslektüre dazu beigetragen hat. Auch ist kein Aufstieg und kein Fall Amerikas im Sinne anfänglicher Begeisterung und endlicher Enttäuschung zu vermerken, sondern nur die Brecht eigene, durchgehend marxistisch und dialektisch geprägte Weltanschauung. Notwendig entwickeln sich seine Kenntnisse und Erkenntnisse im Laufe der Geschichte, wie bei jedem ›Kind seiner Zeit‹. So hat sich Brechts Verhältnis zu Lindbergh im Lichte der geschichtlichen Ereignisse vom ›positiven‹ zum ›negativen‹ gewandelt. Gerade am *Ozeanflug* zeigt sich, wie Brecht an Hand der Tat eines Amerikaners seine eigene Einstellung zu Wissenschaft und Technik definieren wollte. Nicht nur inhaltlich, sondern auch formal verdankt Brecht Amerika einige seiner wirksamsten Effekte, z. B. die Jazzparodien und Jazzrhythmen seiner Verse. Die Entwicklung, die sich in den Werken vom *Dickicht* bis zum *Ui* vollzieht, gründet einerseits vor allem in der wachsenden Erfahrung des Lyrikers und Stückeschreibers, die Wahrheit lapidar und fast abstrakt zu vermitteln; andererseits stellt sie die Revidierung ebendieser Wahrheit im Angesicht der Geschichte seines Jahrhunderts dar: die trotz des aufsteigenden Hurrikans noch leicht besonnten zwanziger Jahre der Oper *Mahagonny* weichen den zunehmend dunkleren dreißiger und vierziger Jahren (*Die Heilige Johanna* und *Ui*). In Amerika sucht Brecht, wie er es im Hinblick auf *Ui* formuliert, die »verhüllung« und die »enthüllung« einer deutschen und einer menschlichen Wahrheit. Einst hatte er Wieland Herzfelde gegenüber geäußert, Amerika stelle einen »Tiefstand«[35] des Fortschritts dar. Wenn die Amerikaparabel bei Brecht die Bedeutung eines wegweisenden Sünden-»Falls« erhält – »Ihr geht gemeinsam den Weg nach unten« (*Der Brotladen* 1929/30, GW VII, 2947) – und damit eine nützliche Wahrheit für die Menschheit ausspricht, dann kann auch der heutige Amerikaner Brecht nur zustimmen und hoffen, die übrige Welt möge aus der Lektion, die sein Land ihr gibt, lernen und Amerika auf seinem Weg nach unten nicht folgen.

Zitate aus Brechts Werken sind in Klammern im Text mit folgenden Kennzeichen angegeben:
GW = Gesammelte Werke. 20 Bde. Frankfurt a. M. 1967.
Aj. = Arbeitsjournal 1938–1955. 3 Bde. Frankfurt a. M. 1973.
Bevz. = Bertolt-Brecht-Archiv. Bestandsverzeichnis des literarischen Nachlasses. Hrsg. von Herta Ramthun. Bd. 4. Berlin 1973.
Vers. = Versuche 1–17 (Nachdruck). Frankfurt a. M. 1959.

Auf Gisela E. Bahrs Materialienband »Im Dickicht der Städte« (Erstfassung und Materialien. Frankfurt a. M. 1968) wird unter dem Namen »Bahr« verwiesen.
Die ersten Artikel über Brechts Amerikabild von Baxandall, Brandt, Bryher, Fetscher, Ruland, Schevill und vor allem Weisstein und die Dissertation Glauerts werden nicht einzeln hier aufgeführt; sie sind in den folgenden beiden Abhandlungen zitiert, die Grundlegendes zum Thema geliefert haben:
Helfried W. Seliger: Das Amerikabild Bertolt Brechts. Bonn 1974.
Patty Lee Parmalee: Brecht's America. Diss. Irvine, Cal. 1970.
Selbstverständlich wird das grundlegende Werk von John Willett vorausgesetzt: The Theatre of Bertolt Brecht. London 1959.

1 Siehe Vorbemerkung.
2 Hans Otto Münsterer: Bert Brecht. Zürich 1963. S. 21 f.
3 Poščečina obščestvennomu vkusu. Titel eines Sammelbandes (1912) der russischen Futuristen (Majakowski, David Burljuk, Chlebnikow, Krutschonych u. a.).
4 Helfried W. Seliger: Das Amerikabild Bertolt Brechts. Bonn 1974. S. 14. Seliger meint dagegen, daß die Druckfassung »nahezu kaltschnäuzig« sei.
5 Reinhold Grimm: Brechts Anfänge. In: Aspekte des Expressionismus. Hrsg. von Wolfgang Paulsen. Heidelberg 1968. S. 152.
6 Bahr, S. 113. Bahr unterscheidet zwischen der Erstfassung (1921/22 entstanden und »Im Dickicht« betitelt) und der Druckfassung (1927).
7 Bahr, Seliger und von Grimm die in Anm. 5 und 11 zitierten Artikel; auch James K. Lyon: Brecht's Use of Kipling's Intellectual Property. In: Monatshefte 61 (1969) S. 376–386.
8 Reinhold Grimm: Brecht und die Weltliteratur. Nürnberg 1961. S. 10.
9 Trotz Grimms Behauptung: »Es liegt nahe, darin eine wörtliche Übersetzung des ja zweifellos in der deutschen Ausgabe mitgeteilten Originaltitels [...] zu erblicken.« In: Brecht und die Weltliteratur. S. 12.
10 Bahr, S. 121.
11 Düsseldorf. 2. Ausg. 1908. Siehe Reinhold Grimm: Zwei Brecht-Miszellen. In: Germanisch-Romanische Monatsschrift 9 (1960) S. 448–453.
12 Bahr, S. 159.
13 In »Zachäus« von Knut Hamsun bedeutet der Ausdruck ›umbringen‹. Siehe Seliger, S. 18–28.
14 Münsterer (s. Anm. 2). S. 111.
15 Klaus Schuhmann: Der Lyriker Bertolt Brecht 1918–1933. Berlin 1964. S. 231.
16 Seliger, S. 180.
17 Ein Beispiel eines ›muckraker‹ ist Ida M. Tarbell, die auf die Enthüllungen in ihrer Geschichte des Rockefeller-Vermögens (The History of the Standard Oil Company [1904]) in den zwanziger Jahren ein zweites enthüllendes Werk folgen ließ: The Life of Elbert H. Gary. A Story of Steel. New York 1925. Siehe Bibliographie der amerikakundlichen Literatur in Brechts Privatbibliothek (Anhang zu Seliger, S. 246–250).
18 Zitiert von Seliger, S. 182.
19 Max Frisch: Tagebuch 1966–1971. Frankfurt a. M. 1974. S. 34.
20 Grimm (s. Anm. 5), S. 151.
21 Münsterer (s. Anm. 2), S. 132 f.
22 Ernst Josef Aufricht: Erzähle, damit du dein Recht erweist. München 1967. S. 110. Zitiert von Seliger, S. 159.
23 Brecht u. Kurt Weill: Mahagonny Songspiel. Hrsg. von David Drew. Wien 1963. Zitiert von Seliger, S. 140 f. Bronnen erklärt, Brecht habe mit »Mahagonny« die Spießerutopie der Hitlerschen Braunhemden gemeint, die er mit Brecht 1922 in München erlebt hatte. Siehe Arnolt Bronnen: Tage mit Bertolt Brecht. Basel 1960. S. 143.
24 Elisabeth Hauptmann: Notizen über Brechts Arbeit 1926. In: Sinn und Form. 2. Sonderheft (1957) S. 241–243.
25 Gisela E. Bahr: Bertolt Brecht. Die heilige Johanna der Schlachthöfe. Frankfurt a. M. 1971. S. 211.
26 Bernard Shaw: Gesammelte dramatische Werke. 12 Bde. Zürich 1946. Bd. 5. S. 19. Das Buch von

Karl-Heinz Schoeps: Bertolt Brecht und Bernard Shaw (Bonn 1974) war noch nicht erschienen, als diese Arbeit schon abgeschlossen war.

27 Ebd., S. 32.
28 Ebd., S. 49.
29 Bernhard Reich: Im Wettlauf mit der Zeit. Berlin 1970. S. 287.
30 Bahr: Bertolt Brecht . . . (s. Anm. 25). S. 215.
31 Die unvollendete Erzählung »Die Geschichte des Giacomo Ui« (GW XI, 252–262), die Walter Benjamin auf 1934 datiert (GW XI, 4*), also auf das Jahr vor der ersten Amerikareise, stellt Ui–Hitler als italienischen ›condottiere‹ dar.
32 Seliger, S. 204.
33 Seliger, S. 210.
34 Die Lehren des Exils. In: Die deutsche Exilliteratur 1933–1945. Hrsg. von Manfred Durzak. Stuttgart 1973. S. 373–397.
35 Wieland Herzfelde: Über Bertolt Brecht. In: Erinnerungen an Brecht. Hrsg. von Hubert Witt. Leipzig 1964. S. 133.

HELMUT G. HERMANN

# Ausgebeutete Amerika-Romantik. Hanns Johst und der ›Parteigenosse‹ Thomas Paine

Erst mit dem amerikanischen Unabhängigkeitskrieg wirkt Nordamerika nachhaltig auf die Vorstellung deutscher Autoren ein. Dabei wird die Reaktion auf die Vorgänge jenseits des Ozeans durch die Ideologie des aufgeklärten Bürgertums bestimmt. Abgesehen von den Stürmern und Drängern, die diesen Krieg politisch unkritisch, in emotionaler Parteilichkeit für oder wider die ›Kolonisten‹ vorwiegend »als Ventil für junge Männer« betrachten, »die sich austoben oder ihrem bedrückenden Privatleben entgehen wollen«,[1] sieht man in dem jungen amerikanischen Freistaat das aufklärerische Ideal einer Republik freier Weltbürger in vorbildlicher Weise verwirklicht. Und mit der Persönlichkeit Benjamin Franklins, des aus dem Kleinbürgertum zum Staatsgründer aufgestiegenen Gelehrten, fühlen sich die gerade erst um ihre Ebenbürtigkeit mit Fürsten und Adel werbenden bürgerlichen Intellektuellen in ihren geheimsten, im *Tasso* tragisch anklingenden Aspirationen bestätigt.

Alle Sympathiekundgebungen für die ›Rebellen‹ täuschen jedoch nicht darüber hinweg, wie sehr sich die Anteilnahme in ästhetischer Reflexion, idealischer Verklärung der eigenen Wunschträume erschöpft. Die Misere der als Kanonenfutter verschacherten hessischen Bauernsöhne rührt zwar die Herzen; aber durch die sichere Weite des Atlantik dem Schauplatz der Ereignisse entrückt, bleibt man doch selbst von den unmittelbaren Auswirkungen eines solchen Krieges verschont, braucht sich auch nicht, wie bei der Französischen Revolution, sein Gemüt und Gewissen mit der Exekution eines von Gottes Gnaden herrschenden Monarchen zu belasten.

Der sich schon hier abzeichnende Mangel an Realitätsbezug in der deutschen Amerikakonzeption wird in der Folge bestimmend: gesehen durch die romantisch getrübte Fernbrille, bleibt Amerika auf Jahrzehnte weiterhin das Land ›edler Wilder‹, ›freiheitsliebender Siedler‹ und rousseauisch unverschandelter Natur. Realistischere oder gar kritische Darstellungen des amerikanischen Alltags wie in Sealsfields *Cajütenbuch* oder im *Amerika-Müden* Kürnbergers finden wenig Beachtung. Vielmehr wird das Amerikabild mit der zunehmenden Ausbreitung der Staaten nach Westen um jene Abenteurer- und Wildwestromantik bereichert, die Gerstäckers *Flußpiraten des Mississippi* durchweht und in der Gestalt Old Shatterhands oder ähnlicher Lichtbolde Karl Mays Romane deutsch-frömmelnd durchgeistert. Über die Legende der vom Tellerwäscher zum Millionär avancierten Emigranten gesellt sich dann, gegen Anfang unseres Jahrhunderts, der Mythos vom ›Land der unbegrenzten Möglichkeiten‹ hinzu, und angesichts der heutigen Dollarkrise vergißt man nur allzu schnell, mit welcher Aura des ›steinreichen Amis‹ man noch vor einigen Jahren den einfachsten amerikanischen Soldaten umgab.

Wenn daher 1927 ein deutscher Dramatiker auf seinem Wege vom Expressionismus zum Nationalsozialismus[2] ausgerechnet auf einen der führenden Geister der amerikanischen Revolution zurückgreift, dabei den republikanischen Feuerkopf Thomas Paine als Propagandisten faschistischer Staatsideen ausstaffiert und den amerikanischen Unabhängigkeitskrieg »zu einer ›völkischen‹ Bewegung verdreht«,[3] so spielt jenes romantisch-verwaschene Amerikabild bei dieser Geschichtsmanipulation eine ganz entscheidende Rolle.

Da die amerikanische Revolution nicht, wie in England und Frankreich, zum unmittelbaren Bereich der eigenen Geschichte gehört, hat Hanns Johst beim Entwurf seines Dramas *Thomas Paine* (1927)[4] jedenfalls ziemlich sicher sein dürfen, daß sein mit republikanisch-demokratischen Traditionen ohnehin wenig vorbelastetes deutsches Durchschnittspublikum dieses geschichtliche Ereignis zwar vage mit Staatsmännern wie Franklin und Jefferson verbinden mochte, weit eher aber an militärische Heldenfiguren wie den General Washington oder den Ex-Friederizianer von Steuben dachte und im übrigen wohl nur recht nebulose Vorstellungen einer Masse ›heroischer‹ Siedler hatte, die sich dann leicht für ein ebenso nebuloses Kameradschafts- und Gemeinschaftsgefühl mißbrauchen ließen.

Wie bewußt Johst in seinem Drama auf dieses schiefe Amerikabild des Publikums spekuliert, verrät übrigens bereits die Szene, in der er mit dem Ausbruch des eingeschlossenen amerikanischen Heeres in den unbekannten Westen (38-42) die unermeßliche Weite des Landes und damit das Gefühl wagemutigen Unternehmungsgeistes evoziert.

Deutlicher noch als in der emotional geladenen Vorrede zeigt sich diese Tendenz aber im »Historische Daten zu Thomas Paine« überschriebenen Anhang des Stücks, dem die Forschung eigentümlicherweise bislang kaum Beachtung geschenkt hat, obwohl gerade diese Kurzbiographie die eigentliche Intention des Autors enthüllt. Ohne die historischen Tatsachen selbst zu verfälschen, wird hier nämlich das bewegte Leben Paines durch geschickte Raffung der Daten[5] und gezielten Einsatz eines suggestiven Vokabulars zu jener Legende verdichtet, die Johsts irrationale Botschaft einer »großen, überpersönlichen Idee der Schicksals- und Wesensgemeinschaft«[6] überhaupt erst zugkräftig macht: eine geheimnisumwitterte, rastlos-verwegene Führernatur deutet sich schemenhaft an (»tauchte er [...] auf«; »landete« er), sinkt sofort ins mystische Dunkel der Vergessenheit zurück (»Sein Ende ist unbekannt«).

Im Grunde genommen also ein plumper Trick, die der deutschen Gemütsart so zusagende Mystifikation der Persönlichkeit, des Verschollenenschicksals, mit dem sich bekanntlich noch 1952 der unter dem Namen George Forestier schreibende Karl Krämer den Erfolg seiner Gedichte zu sichern verstand.[7]

Falsch und richtig zugleich, ist dieses knappe »Sein Ende ist unbekannt« allerdings ein Kabinettstückchen propagandistischer Zweideutigkeit, das bereits an Goebbels' Methoden erinnert. Im herkömmlichen Sinne auf Tod und Todesdatum bezogen, ist nämlich »Ende unbekannt« zweifellos falsch; Thomas Paine starb am 8. Juni 1809 in New York, und zwar – wie Helmut Pfanner im Hinblick auf den melodramatischen Freitod des Johstschen Protagonisten betont – »im Bett«.[8] Und dennoch ist Johsts Formulierung auch wieder berechtigt: 1819 wurden Paines Gebeine von Freunden nach England übergeführt, wo sie nicht beigesetzt werden durften und auf immer verschwanden. Nur der leere Sarg wurde Jahre später bei einem Trödler in London gefunden.

Sofern er nicht vorgibt, ein Dokumentarstück zu schreiben, ist es selbstverständlich einem Autor belassen, freizügig mit seinem Stoff zu verfahren. Ebensowenig wird man es bemängeln, wenn er seinen Lesern einen fremden Geschichtsbereich dadurch näherzurücken versucht, daß er – wie Johst – zur Zeichnung seiner Figuren verarbeitet, was sich an Anekdoten und historischer Wahrheit über Ziethen, den ›Marschall Vorwärts‹ und den ›Eisernen Kanzler‹ in das Stück einbauen läßt. Die Anekdote über den in der Abendrunde des Königs eingeschlafenen Ziethen kehrt z. B. fast wortwörtlich wieder:

*»(Greene ist eingeschlafen. Washington deutet mit der Hand auf den Schlaf* [sic!] *Greenes. Sofort Stille. Greene lächelt heiter vor sich hin. Alle Amerikaner nicken sich zu und freuen sich über ihren geliebten alten Vater Greene.)*
A d a m s *(leise zu Tornay)*. ... Er hat die ganze Zeit über kein Auge zugemacht...
Unser Vater Greene ...« (52).

Außerdem wird, dem Stoff durchaus adäquat, kräftig und viel nach der Haudegen-Manier Blüchers gewettert, wobei dann nur der mit den Schriften Paines vertraute Leser bemerkt, woher Johst die zwischen »Arschkriecher« (14), »gedörrten Hühnerdreck« (15), dem obligaten »Dreiteufelskerl« (15), »Bratenrock« (47), »Schweinehund« (47) und anderen Kraftausdrücken eingeschobenen »Sommersoldaten und Schönwetterpatrioten« (15) bezieht.[9]
Im Gegensatz zum alten Blücher sind die Generäle Washington und Greene zwar äußerst redselige Leute, wollen sich aber, wie dieser, weit besser aufs Kriegführen denn aufs Lesen und Schreiben verstehen:

»W a s h i n g t o n. Lies vor, Greene! Ich höre deine Stimme lieber, als daß ich mit den Augen in dem Hokuspokus herumkrebse.
G r e e n e. ... Lies du ... Lies du ... Sind meine Augen Advokaten? ... Ich sehe einen Posten auf fünf Meilen, aber solch gedörrten Hühnerdreck lege sich aus, wer kann.
C h r i s t o p h S t o n e *(hilft ihnen aus der Verlegenheit)*. ... So hört!« (15).

Derartige Szenen geben dem Stück zwar viel Kolorit, haben aber letztlich nur die eine Funktion, Lesern und Zuschauern die Notwendigkeit zur völkisch-nationalen Besinnung mahnend vor Augen zu stellen. Den amerikanischen Hintergrund mit ›deutscher Art‹ übertünchend, suggeriert selbst die peripher scheinende Greene-Szene das die Gemeinschaft verbindende große Kameradschaftsgefühl, während die biederen, gegenüber Papier und Feder mißtrauischen Soldatengestalten den Antiintellektualismus Johsts, seine betonte Zivilisationsfeindlichkeit (»Wenn ich Kultur höre entsichere ich den Browning!«[10] und »Kommt mir bloß nicht mit Bildung«[11] wird es bald heißen), seinen im Antipazifistischen wurzelnden Kult der aus instinkthaftem Glauben handelnden und zu jedem Opfer bereiten Kämpfernatur exemplifizieren.
Es ist deshalb nur konsequent, daß sich Johst mit dem abgewandelten Bismarck-Wort »Der Staat [...] fordert Blut« (22) offen zu einem militanten Nationalismus bekennt, der in der Anspielung auf die Ruhrbesetzung und das entmilitarisierte Rheinland (angedeutet durch den weißen, auf der Karte ausgeklammerten Westen Amerikas) ominöse Bedeutung gewinnt. Daß nicht der Zivilist Paine, sondern der Soldat Washington diese Fusion von Volk- und Wehrhaftigkeit propagiert, verstärkt dabei die Akzente.

Dieser massive Appell an die deutsch-nationalen Instinkte treibt Amerika alsbald aus dem Gesichtskreis der Leser, verschafft national-romantischen Vorstellungen Raum und läßt den fundamentalen Unterschied zwischen der national wie ethnisch zusammengewürfelten amerikanischen Gesellschaft und einer dem Rasseprinzip verpflichteten ›Volksgemeinschaft‹ beinahe völlig vergessen.

Freilich, für eine solche Stimmungsmache allein hätte die eigene Geschichte wahrscheinlich einen besseren Hintergrund abgeben können, und die Frage stellt sich, warum Johst gerade in dieser durch die Forderung nach völliger persönlicher Selbstaufgabe im Dienst des völkischen Ganzen markierten Endphase seines dichterischen Schaffens einen Stoff aus der amerikanischen Geschichte wählt. Denn wie wenig die dem eudämonistisch-pragmatischen Grundsatz des ›Pursuit of Happiness‹ huldigende amerikanische Revolution mit der völkischen, in Vorrede und Fabel des Schauspiels extemporierten Devise ›Gemeinnutz geht vor Eigennutz‹ zu tun hat, wird schnell erkannt und zwingt die Entschuldigung ab: »Natürlich meinen die Amerikaner zu allererst ihre wirtschaftliche Freiheit, aber Thomas Paine selbst und Washington ꟷ so will es Johst ꟷ meinen die Freiheit der Nation.«[12]

Nun ist sich Johst zweifellos dieser eklatanten Widersprüche zwischen dem Stoff und der Idee seines Stückes bewußt. Wenn er trotzdem die für einen Nationalisten so peinliche Notlösung wählt, einen Ausländer, einen Amerikaner zum Sprecher seines Deutschtums zu machen, hängt das zwar eng zusammen mit seiner krausen Vorstellung einer vom Gegenspiel revolutionärer Masseninstinkte und großer Führerpersönlichkeiten ausgelösten Geschichtsmutation. Mit dieser Geschichtsauffassung jedoch, die sich im Grunde nur aus der zutiefst konservativen Reaktion auf die zeitgenössischen Vorgänge nährt (und begreifen läßt), muß deshalb die amerikanische Revolution – wie einst bei den deutschen Aufklärern angesichts der Schrecken der Französischen Revolution – zwangsläufig wieder als Ideal gegenüber der krassen Wirklichkeit des Revolutionsalltages auftauchen.

Als sich nämlich Johst 1919 auf die vom internationalen Kommunismus bedrohten Traditionen besinnt und mit dem Bekenntnis zu nationaler Beschränkung seinen Weg »vom menschheitlich orientierten Europäer zum bewußten Deutschen«[13] beginnt, brandmarkt er – mit einem bezeichnenden Seitenblick auf die Oktoberrevolution und die Revolutionsunruhen in Deutschland – die von der Französischen Revolution entfesselten ›ungeistigen‹ Masseninstinkte. Denn die Masse sei bloß »Rohstoff an Menschheit«[14], wolle diese Umbruchszeiten nur nutzen, »sich einmal ganz animalisch, ganz ungeistig, ganz unsittlich auszuleben«[15]. Dennoch sei mit solchen revolutionären Bewegungen die Möglichkeit »zur neuen Gestaltung«[16] gegeben. Dann nämlich, wenn der Geist, der dieses Chaos heraufbeschwor, sich in Gestalt der großen Führerpersönlichkeit dieser Masse entgegenstelle, um durch »seine reine Kraft alle namenlosen Volksglieder zu seiner Gefolgschaft«[17] zu schlagen.

Als Vorbild einer solchen Führergestalt schwebt hierbei Johst – und damit zieht sich eine direkte Linie vom »Ethos der Begrenzung« über sein Luther-Drama[18] zu *Thomas Paine* – ursprünglich die Persönlichkeit Martin Luthers vor: »Hilflos, ja verängstigt sehen wir die Geistigen in den Aufständen großer Umstürze, die immer unendlich grausam sind, stehen. Wenige, ganz eherne Personen halten dann ihre Brust ihrem eigenen Gefolge entgegen. Ich denke z. B. an Luther, der sich brüllend und tobend wider die aufrührerischen Bauern stellt, die das Recht, das er für sich nehmen zu dürfen glaubte, die diese Freiheit des Individuums nun für sich und ihresgleichen zum Feldgeschrei erhoben.«[19] Aber wenn sich auch der Kampf Luthers gegen Rom – wie in den *Propheten* (1922) – als Krönung einer deutsch-nationalen Bewegung darstellen ließ, so hatte er doch nicht zu der nun, gegen 1927, Johsts Denken beherrschenden nationalen Einheit, sondern mit Glaubensspaltung und Glaubenskrieg eher zu ihrem Gegenteil geführt. Näher hätte da schon Bismarck gelegen, der sich ebenfalls den Auswüchsen der von ihm betriebenen imperialistischen Reichspolitik widersetzte (sein Eintreten gegen die nach Königgrätz auf Einmarsch in Wien drängende Generalität; seine Betonung des Status quo gegenüber der Expansiv- und Kolonialpolitik) und sich damit seine Entlassung verdiente. Doch konnte man hier den Kanzler wieder nicht mit jenem anderen, für den *Thomas Paine* so bedeutsamen Mythos des völligen Vergessenseins, des nur noch als Idee in seinem Volke Weiterwirkenden umgeben, wie ja überhaupt – worauf wir noch zurückkommen werden – diese abstruse Verquickung von Führerkult und persönlicher Anonymität logischer Unsinn ist, weil der Führerkult aus der beständigen Glorifizierung einer Persönlichkeit seine Wirkung bezieht.

Der Rückgriff auf eine dem eigenen Leserkreis weniger vertraute Gestalt eines anderen Landes lag also nahe, besonders, da man sich damit dem Dilemma entzog, einen Teil des eigenen Volkes als >animalische Masse< darstellen zu müssen.[20] Und damit treten nun der amerikanische Freiheitskrieg und Thomas Paine ins Spiel. Hier findet Johst nämlich nicht nur eine Revolution, welche ohne blutige Massenexzesse (Liquidierung des Herrschers; Schreckensherrschaft) und ohne Bürgerkrieg im Innern verlief, sondern in Thomas Paine einen Revolutionär, dessen zündender Aufruf an den *Gesunden Menschenverstand*[21] die amerikanische Unabhängigkeitserklärung inspirierte, der sich als Ehrenbürger der Französischen Revolution der Hinrichtung des Königs widersetzte – gerade die aus dieser Haltung sprechende Achtung des Individuums verkehrt Johst dann ins Gegenteil! –, der aber selbst im eigenen Volk praktisch unbekannt ist.

Bei dem Ausmaß, mit dem die junge amerikanische Nation – auf der Suche nach einer eigenen Tradition – selbst noch die Randfiguren ihrer Geschichte verehrt und ihre Präsidenten, von Washington bis hin zu Kennedy, mit Anekdoten und Legenden umgibt, wirkt es mehr als befremdend, daß eine Persönlichkeit wie Paine dem Gedächtnis entschwand und sogar von der Forschung vernachlässigt wurde.

Paines fünfzehnjährige Abwesenheit von Amerika (er lebte 1787-92 in London, 1792–1802 in Paris) spielt dabei nur eine untergeordnete Rolle. Notwendig sah sich Paine bei seiner Rückkehr weitgehend isoliert und vereinsamt: Washington und andere Bekannte oder Freunde aus den Revolutionstagen waren gestorben, Jefferson und Monroe inzwischen begüterte Landherren geworden. Kurz, die Gesellschaft hatte sich seit dem Ende des Krieges saturiert. Und damit war Paine, dem geborenen Agitator und Polemiker, der mehr durch die Kraft seines Wortes als durch seine Persönlichkeit zu wirken verstand, weitgehend die Möglichkeit genommen, seine mit Streitsucht gepaarten Talente sinnvoll zu nutzen.

Der eigentliche Grund, warum Paine mit seinem Tode aus der Erinnerung seiner Landsleute verschwand, ist die hartnäckige Religionspolemik, in der er sich während der letzten sechzehn Jahre seines Lebens verstrickte. Paines deistische Glaubensvorstellung eines unpersönlichen Gottes hatte sich während der furchtbaren Haftzeit verhärtet; er war todkrank, als ihn, im Gegensatz zu Johsts Fabel, der amerikanische Botschafter Monroe nach zehn Monaten aus dem Kerker befreite. Als er jedoch seine Ideen sofort öffentlich zu verbreiten begann, rief er damit nicht nur in England, wo man ihn längst als Hochverräter verdammt hatte, sondern auch in Amerika einen Sturm der Entrüstung hervor, dessen kalte Böen auch Jefferson zu spüren bekam, als er Paine 1802 ein amerikanisches Kriegsschiff zur Heimreise anbot. Denn an die persönlichen Religionsvorstellungen eines Volkes zu rühren, das sich mit seiner an Frömmelei grenzenden religiösen Ethik im Besitz der Rechtschaffenheit glaubte, war (und ist auch heute noch) für einen amerikanischen Staatsmann oder Politiker einfach tabu.[22] Und da Paine den Fehler beging, diese Religionskontroversen auch nach seiner Rückkehr in die Staaten weiterzuführen, setzte eine derartige Hetz- und Haßkampagne gegen ihn ein, daß ihm seine Heimatstadt das Wahlrecht versagte und die Quäker seine Beisetzung in geweihter Erde verboten. Noch Anfang unseres Jahrhunderts kann es sich Präsident Theodore Roosevelt erlauben, Paine einen »schmutzigen kleinen Atheisten« (»a dirty little atheist«) zu nennen. So tief saß das Stigma.

Bei Johst sieht das freilich ganz anders aus:
»Nach dem Siege über England reist Paine, um einer Anleihe willen für seinen jungen Staat, nach Paris. Er glaubt, daß er aus dem Frankreich der Revolution ›ein Schiff voll Gold und voll Herzen‹ zurückführen werde. Das Schiff voll Gold gewinnt er für Amerika, und er selbst wird Mitglied des Konvents und Ehrenbürger der Revolution – da er sich jedoch für den König als ›Menschen‹ einsetzt und dem Todesurteil widersetzt, sperrt man ihn als Royalisten in den Kerker. Siebzehn lange Jahre muß er leiden, verzehrt sich in Sehnsucht nach seiner Heimat, nach *seinem* Staate. Schließlich wird er im Gnadenwege freigesprochen. ›Aufgeschwemmt ... faules Fleisch ... aufgebraucht bis zur letzten Unze des Kadavers...‹, so landet er im Hafen von Philadelphia. Eine Ehrenkompagnie steht auf der Kaimauer. Wie Paine die Brigg verläßt, schmettert die Musik einen Präsentiermarsch. Schluchzend vor Gefühl der Dankbarkeit und der Beglückung, daß man ihn nicht vergessen habe, stürzt er sich auf die Soldaten. Aber Kompagnie und Musik gelten ihm gar nicht – man empfängt eine englische Gesandtschaft. Und einen Thomas Paine kennt man nicht. Man weiß von den Freiheitskämpfen, von Washington und den Kameraden Paines, die schon tot sind, aber von ihm selbst nichts mehr. Da stürzt er sich ins Meer – zu seinen Kameraden.«[23]
Was bei dieser Version stört, ist nicht die Abweichung von den historischen Fakten, sondern ihre oberflächliche Künstlichkeit. Zwangshaft und Freitod sind nun einmal keine tragischen Motivationen, die die Legende totaler Anonymität des über seiner Leistung vergessenen Helden glaubhaft machen.
Die Schwäche, das Brüchige des Schauspiels wird offenbar und deutet auf den haltlosen Irrationalismus der Weltanschauung des Verfassers zurück: wie Johsts völkisch begrenztes Glaubensbekenntnis auf kontradiktorische Begriffe zugespitzt ist, so liegen auch seinem Stück keine echten Antinomien, keine kontemplären Begriffe zugrunde, so daß zwischen den beiden Polen der Fabel (Tat und Schicksal des Protagonisten) kein Stromkreis entsteht.
Der triptychonartige Aufbau des Stückes – A: Amerikanische Revolution (Bild 1–3),

B: Reise nach Frankreich und Revolutionstribunal (Bild 4–6), C: Schicksal des Vergessenseins (Bild 7–9) – läßt das unschwer erkennen. Lediglich die Teile A und B sind ideen- und handlungsmäßig verbunden, während Teil C sich nach Idee und Handlung weder mit A noch mit B (die Kerkerszenen von Bild 8 gehören bereits dem Motiv des Vergessenseins zu) verknüpft: er hängt in der Luft. Auf Grund ihrer emotionalen Reizwirkung effektvolle, nach expressionistischer Manier zusammengefügte Stationen eines bewegten Lebens sind das vielleicht, aber nicht organische Stadien eines übermächtigen Glaubens.

Letztlich bewirkt daher auch dieser Schlußteil des Dramas genau das Gegenteil dessen, was er angeblich bezwecken soll. Statt in einer überpersönlichen Idee aufzugehen, glänzt die Persönlichkeit des Protagonisten in einem helleren Licht. Und insofern der magische Begriff ›Persönlichkeit‹ die Person zur Voraussetzung hat, stoßen wir von hier aus auf den eigentlichen Kern des Stücks: die übergroße Person, aus deren Konturen Adolf Hitler tritt.

Daß Johst mit seiner Forderung nach der großen Persönlichkeit schon früh in bedenkliche Nähe zum nationalsozialistischen Führerkult gerät, ist in der Forschungsliteratur nicht unbeachtet geblieben. Man irrt sich jedoch, wenn man diesen Paine-Popanz nur erst zu den »Vorläufern«[24] der Hitler-Psychose zählt. Denn wenn es auch ein Zufall sein könnte, daß *Thomas Paine* zur gleichen Stunde erschien wie ein nationalsozialistisches Pamphlet, in dem das ungeschriebene Motto des Stückes ›Gemeinnutz geht vor Eigennutz‹ als innere »Grundlage« für »eine dauernde Genesung unseres Volkes«[25] herausgestellt wird, so ist es doch bestimmt nicht zufällig, daß Paine–Hitler alle Varianten des Führer-Mythos durchspielt, welche früher oder später in der NS-Presse auftauchen.

Paine aus der Sicht Johsts: das ist der ›unbekannte Gefreite, der seinem Volk in der Zeit tiefster Erniedrigung‹ ersteht (1. Bild), der überzeugende Verkünder des ›fanatischen Glaubens an Deutschland‹ (Paines Publizistik), der ›treueste der Kameraden‹ und ›größte Feldherr aller Zeiten‹ (2. Bild), der ›größte Staatsmann aller Zeiten‹ (3. Bild), ist mit seinem selbstlosen Leben jener Adolf Hitler, der sich in ›Kampf, Arbeit und Sorge‹ für sein Volk verzehrt.

Welch antidemokratischer Ungeist mit dieser Führerpersönlichkeit zur Wirklichkeit wird, wissen wir alle, und Johsts Schauspiel hat deshalb auch mit dem Republikaner Thomas Paine und den Vereinigten Staaten außer den Namen nicht das geringste gemein. Denn, so dürfen wir am Vorabend der Zweihundertjahrfeier der USA abschließend sagen, der Geist des echten Paine ist auch heute noch lebendig genug, sein Volk vor Führungsansprüchen ›großer Persönlichkeiten‹ zu behüten.[26] Watergate hat das bewiesen.

---

1 Roy Pascal: Der Sturm und Drang. Stuttgart 1963. S. 68.

2 So der Untertitel von Helmut Pfanners Buch: Hanns Johst. Vom Expressionismus zum Nationalsozialismus. Den Haag 1970.

3 Ebd., S. 242.

4 Hanns Johst: Thomas Paine. München 1927. – Zitate nach dieser Ausgabe werden in der Folge unmittelbar hinter den zitierten Stellen in Klammern belegt.

5 So beispielsweise, wenn er mit der Zusammenraffung »1792 setzte sich Thomas Paine für die Verbannung des Königs von Frankreich ein [...] und geriet in den Kerker« und »1802 schiffte

er sich in Le Havre nach Amerika ein« die eigentliche Dauer der Haftzeit (zehn Monate) über-spielt.

6 Siegfried Casper: Der Dramatiker Hanns Johst. München 1934. S. 12.

7 In einer fiktiven Autoren-Biographie schrieb Krämer seinen Gedichtband »Ich schreibe mein Herz in den Staub der Straßen« (Düsseldorf 1952) einem angeblich in Indochina vermißten Fremdenlegionär zu.

8 Pfanner (s. Anm. 2), S. 209, Anm. 4.

9 »The summer soldier and the sunshine patriot«. Entnommen dem Weihnachten 1776 veröffent-lichten Artikel »The American Crisis«. Zitiert nach: John Dos Passos, The Living Thoughts of Tom Paine. London 1940. S. 87.

10 Hanns Johst: Schlageter. München 1933. S. 26.

11 Ebd., S. 42.

12 Casper (s. Anm. 6), S. 13.

13 Hanns Johst: Ich glaube. München 1928. Einleitung. S. 8.

14 Hanns Johst: Ethos der Begrenzung. In: Ich glaube. S. 46.

15 Ebd., S. 41.

16 Ebd., S. 43.

17 Ebd., S. 52.

18 Hanns Johst: Propheten. München 1922.

19 Ethos der Begrenzung (s. Anm. 14) S. 44.

20 Bedeutsam hierbei auch, daß Johst mit dem Paine-Stoff diesen negativen Massebegriff von den als Deutsche fungierenden Amerikanern auf die französischen Revolutionäre abschieben kann. Vgl. den Unterschied zwischen der kultisch überhöhten Massenszene im amerikanischen Lager (41 f.) und der hysterischen Szene vor dem französischen Tribunal (58 f.).

21 Thomas Paine: The Common Sense. Philadelphia 1776.

22 Auch das Washington-Bild kann z. B. nicht darauf verzichten, dem ›Gründer des Vaterlandes‹ über die Legende seines Gebetes bei Valley Forge den Anschein der Frömmigkeit zu geben. Kniend dargestellt ist er auch im Glasfenster des Gebetsraums des amerikanischen Regierungs-gebäudes.

23 Casper (s. Anm. 6), S. 16.

24 Pfanner (s. Anm. 2), S. 198.

25 Gottfried Feder: Das Programm der N.S.D.A.P. und seine weltanschaulichen Grundgedanken. München 1927. Zitiert nach der 25. Aufl. (1931). S. 22.

26 Dieser Ausblick ist nicht ohne historische Parallele in der politischen Laufbahn Paines. Denn seine zunehmende Entfremdung mit führenden Vertretern der Federalist Party beruhte weitgehend darauf, daß er frühzeitig und vehement gegen die auf Herausbildung persönlicher Macht-Cliquen ausgerichtete Politik Washingtons, John Adams' und anderer Federalisten opponierte, von denen bekanntlich auch Jefferson eine Zeitlang befürchtete, sie würden selbst vor der Einführung der Monarchie nicht zurückschrecken, um die ihnen genehmen Personen an der Macht zu erhalten.

GUY STERN

# Das Amerikabild der Exilliteratur. Zu einem unveröffentlichten Filmexposé von Alfred Neumann

Eine umfassende Darstellung der Amerikavorstellung unter den während des ›Dritten Reiches‹ nach Amerika geflüchteten Schriftstellern besteht im Augenblick noch nicht. Zwar werden die ersten beiden Bände der *Schriften zur deutschen Literatur*, die jeweils den Exilkreisen der West- oder Ostküste Amerikas gewidmet sind, zusammen mit dem vor einigen Jahren erschienenen *Aufbau-Buch* einige wichtige Schlüsse zulassen.[1] Aber auch diese eher als Vorarbeit zu wertenden Studien werden die Lücke nur teilweise schließen können. Jedoch zeichnen sich schon jetzt für den Forscher amerikanischer Exilliteratur einige Merkmale ab, die einem bisher unbekannten Filmexposé Alfred Neumanns aus dem Jahre 1943 eine größere Bedeutung zukommen lassen, als sonst einem geringeren Begleitstück eines seiner bedeutenderen Romane in anderem Kontext zustände.[2]

Neumanns Exposé bildet nämlich eine der wenigen Ausnahmen zu der vorherrschenden und schon jetzt sich abzeichnenden Amerikaporträtierung der dorthin geflüchteten Exulanten. Es ist bemerkenswert, daß in den literarischen Werken der meisten – sofern sie überhaupt einen amerikanischen Schauplatz wählen – nicht etwa die vorgefundene Wahlheimat sui generis dargestellt wird, sondern zumeist die Exillandschaft Amerika. Entweder man beschreibt die Exilkreise und ihre Problematik oder die Bewährungsprobe des einzelnen Flüchtlings an der neuen Umgebung. Von den vielen Beispielen bezeichnen die folgenden einige Variationsmöglichkeiten: Oskar Maria Grafs *Flucht ins Mittelmäßige*, eine Art Absage an die Flüchtlingsgesellschaft New Yorks, der zu Unrecht vergessene Roman Hans Sahls *Die Wenigen und die Vielen*, der die Leerlaufpolitik der Exilcliquen darstellt, oder Stefan Heyms *Kreuzfahrer von heute*, ein Roman, der den Exulanten in G. I.-Uniform schildert.[3] Zählt man noch die verschiedenen biographischen Werke hinzu, etwa Walter Mehrings *Die verlorene Bibliothek* oder Carl Zuckmayers Essay *Amerika ist anders*, so verschiebt sich der Schwerpunkt noch mehr auf das Konterfei Amerikas als Exilland.[4]

Unter den Ausnahmen, also jenen Werken, die sich in den von den Flüchtlingen nicht oder kaum betretenen amerikanischen Gesellschaftsschichten abspielen, schälen sich rein von der Stoffgeschichte her zwei Tendenzen heraus. Zunächst: Der für die deutsche Literatur der Vergangenheit so bezeichnende Topos des ›exotischen Amerikas‹ läßt sich nach längerem Aufenthalt im Lande nicht mehr aufrechterhalten. Man geht daher entweder in die geschichtliche Vergangenheit Amerikas zurück, oder aber man verlagert den Exotismus in noch weitere Fernen. Bertolt Brecht z. B., der in früheren Stücken (*Aufstieg und Fall der Stadt Mahagonny, Die heilige Johanna der Schlachthöfe, Happy End, Der aufhaltsame Aufstieg des Arturo Ui*) ein weithin imaginäres Amerika geschaffen hatte, bemüht (von einigen »Amerika-Gedichten« abgesehen) nach seiner Ankunft dort weit abgelegenere Schauplätze. Hertha Pauli andererseits gestaltet das Amerika eines vergangenen Jahrhunderts, indem sie das Schicksal einer befreiten Sklavin in der biographischen Studie *Her Name was Sojourner Truth* nachzeichnet.[5] Ähnlich verfährt Alfred Neumann in seinem Roman *Der Pakt*, der das Abenteuerleben eines amerikanischen politischen Freibeuters des 19. Jahrhunderts als Folge dämonischen wie auch krankhaften Machtbedürfnisses deutet.[6]

Nur selten aber geschieht es, daß das kontemporäre Amerika ohne offene Bezugnahme auf die Emigration Stoff der Exilliteratur wird. Stefan Heyms Roman *Lenz oder die Freiheit* und Johannes Urzidils *Das große Halleluja* kommen diesem Typ nahe, wobei jedoch bei Heym hinzuzufügen ist, daß die Revolution von 1848 hineinspielt, während bei Urzidil verschiedene Exilautoren wie Carl Zuckmayer und Hermann Budzislawski in verschlüsselter Form im Roman eine wenn auch untergeordnete Rolle spielen.[7] Auf jeden Fall aber ist es eine Seltenheit, daß ein deutscher Exilschriftsteller – analog zu dem Polen Joseph Conrad in England – die Wahlheimat aus derselben Perspektive wie ein Einheimischer nachzuzeichnen vermag.

Alfred Neumanns Filmexposé *Commencement Day* gewinnt unter diesem Gesichtspunkt noch an Bedeutung, obwohl gerade bei Neumann, einem der wenigen Filmfachleute unter der Gruppe von Exilautoren, die in Hollywood Zuflucht und Unterstützung fanden, den Filmmanuskripten auch ohnedies Bedeutung beizumessen ist. 1928 mit einem Oscar ausgezeichnet, wurde er 1944 für das Filmskript des Antinazifilmes *None Shall Escape* zum zweitenmal nominiert, wenn auch diesmal ohne Erfolg. Außerdem wurden mehrere seiner Skripten oder Bearbeitungen eigener Werke in Hollywood oder Deutschland verfilmt.[8] *Commencement Day* blieb allerdings nur Konzept. Was jedoch mit aller Wahrscheinlichkeit dem Konzept als Filmvorlage im Wege stand – eine zu große Gegenwartsbezogenheit –, verleiht ihm heute Wert als Zeitkolorit und Amerikabild.

Der Einfall wurde durch zwei Tagesereignisse ausgelöst. Zunächst erfuhr Neumann durch damals noch sehr fragmentarische Pressemitteilungen von dem Schicksal der Geschwister Scholl und Professor Kurt Hubers; der Widerstand der ›Weißen Rose‹ diente ihm zunächst als Stoff zu seinem Zeitroman *Es waren ihrer sechs*.[9] Dann aber verknüpfte er im Filmexposé jene deutsche Tragödie mit einem amerikanischen Tagesereignis. Am 6. Juni 1943 hatte Henry A. Wallace, damaliger Vizepräsident der USA, seine wohl persönlichste Rede gehalten, eine Ansprache an die abgehenden Studenten des Connecticut College, unter denen sich auch seine Tochter Jean befand. Diese Rede, die Neumann (laut Interview mit seiner Witwe) am Radio hörte und die (äußerst nützlich für die Forschung) im Volltext ein Jahr später in einer Anthologie Wallacescher Reden und Essays Aufnahme fand,[10] sollte mehrfach in den Film eingeblendet werden. Wallace hatte dieser Rede zwei Themen zugrunde gelegt. Zunächst einen Nachruf auf einen befreundeten Studenten,[11] der bei dem Absturz einer amerikanischen Luftwaffenmaschine umgekommen war und dessen Lebenslauf er als Symbol für eine ganze Generation friedliebender, jedoch in diesem Augenblick opferbereiter junger Amerikaner verstanden wissen wollte. Das Engagement dieser Jugendlichen, meinte Wallace, verpflichte nach dem Krieg Amerika, der liberalen deutschen Jugend ihre eigene Entfaltung zu ermöglichen:

»And we must not again fail the German young people who, in the depth of their material hunger and misery, will have a great philosophic and spiritual hunger. That these strong and despairing emotions may be guided toward a good end is a matter of supreme importance for the world. The German post-war youth of World War II need not be forced to embrace any specified form of government, whether communism, or a new type of totalitarianism, or even the particular type of democracy which we have. We shall not need to send school-teachers from the United States into the German schools, but we can make sure that the liberal element in Germany has an opportunity to replace the Nazi school books and the Nazi methods of teaching. [...] The German youth must be encouraged to develop a peaceful, worth-while purpose in life. I believe there are Germans who are steeped in the German liberal tradition and the ideals of Scandinavian co-operation, to whom this job can safely be entrusted.«[12]

Wallace beendete seine Rede mit der Auslegung des Wortes ›Commencement‹ (feierlicher Studienabschluß) als Neubeginn. Damit meinte er eine Reform des weltweiten Erziehungswesens, in dem Charakterbildung und Friedensbekenntnis mit sachlicher Ausbildung Hand in Hand zu gehen hätten.

Neumann verknüpft nunmehr beide Stränge, den deutschen und den amerikanischen, durch einen Kunstgriff: Ein amerikanischer Soldat hat während der Besatzung nach dem Ersten Weltkrieg eine Deutsche geheiratet; die Ehe überdauert nur fünf Jahre, dann kehrt der Amerikaner mit dem ihm zugesprochenen Sohn in die Heimat zurück, während die Tochter der beiden bei der Mutter und dem Stiefvater in Köln aufwächst.

Der Sohn und die Tochter sollen am selben Tage ihr Diplom erhalten, beide wollen kurz danach heiraten. Aber Claire, die Tochter, wird kurz vor der Feier als Mitglied einer Widerstandsgruppe von der Gestapo verhaftet, vor ein Schnellgericht gestellt und hingerichtet; ihre letzten Worte gelten dem Bruder, dessen glücklichere Zukunft durch Überblendung auf die amerikanische Campus-Szene angedeutet wird. Die offensichtliche, wenn nicht sogar plakative Absicht des Films erklärt Neumann in der Einleitung zum Exposé:

»Commencement day 1943: in Amerika – in Deutschland. In der Spanne dieses einen Tages erscheinen Schicksal und Sendung der Jugend hüben und drüben. Der amerikanische *dies academicus*, als Resultat der Erziehung zur Freiheit und Menschenwürde und als Aufruf zu ihrer Verteidigung, gipfelt in der zukunftsweisenden commencement-Rede des Vicepräsidenten Wallace an die amerikanische Jugend und über die deutsche Jugend. Die deutsche Promotionsfeier aber hat als tragischen und dennoch zukunftsweisenden Kontrapunkt die Hinrichtung von vier Münchner Akademikern, einer Studentin, zweier Kriegsveteran-Studenten und eines Universitätsprofessors, wegen ›Vorbereitung zum Hochverrat‹. Wir sehen in der Personifikation unseres Helden die selbstverständliche, weil natürlich gewachsene und im Glück der Freiheitstradition behütete Lebenssituation der amerikanischen Jugend und ihre Verantwortung für die Zukunft des Landes und der Welt. Und wir sehen in der Gestalt unserer Heldin die deutsche Jugend in ihren Krämpfen und Nöten, im Inferno ihrer Gegenwart, die dennoch, durch das nicht vergebliche Märtyrertum ihrer Besten, das schmale Tor zur Zukunft in Freiheit und Menschenwürde öffnet. Der Film versucht, durch den dramatischen Aufriss eines commencement day in zwei feindlichen Welten, der brennenden Aufgabe gerecht zu werden, mit der Jugend, die die Zukunft hat, die Düsternis des Nachkriegsproblems und der Zukunft der Welt aufzuhellen« (1).

Wie alle Werke Neumanns über diese Zeit ist auch hier, trotz der filmisch zuge-
spitzten Gegenüberstellung, keinerlei Haß zu spüren. Somit vermeidet er die damals übliche unschattierte Schwarzweißmalerei. Der Höhepunkt des Filmes sollte
wohl eine Szene werden, in der die deutsche Abgangsfeier zur politischen, anti-
faschistischen Demonstration wird und in der der freiheitliche Geist einen Augenblick lang triumphiert. »Und während in Amerika Vicepräsident Wallace seine
grosse Zukunftsstimme erhebt, geschieht in der Aula zu München das Sonderbare:
die Studenten scharren ihr Missfallen gegen die Schimpfrede des Rektors, dann
werden Rufe laut: ›Genug! Genug!‹« (5). Ja, die Studenten leisten sogar Widerstand gegen SS und Gestapo.

Es ergibt sich nunmehr die Frage: Was für ein Amerikabild zeichnet sich aus dem
Exposé ab? Rein äußerlich läßt sich sagen, daß Neumann sein Exil nicht zu einem
Getto gestaltete. Jene berühmte Polemik Kurt Hillers, daß Verfasser von Ge-
schichtsromanen dem politischen Geschehen fernständen – eine Anklage, die auch
besonders auf Neumann gemünzt war –, wird von ihm klar widerlegt.[13] Er, der
mehrfach von amerikanischen Universitäten als Gastredner eingeladen war, hatte
sich engstens mit der amerikanischen Collegewelt vertraut gemacht.[14] Die Tatsachen
stimmen: Anspielungen auf das Gemeinschaftsleben der Fraternities (verbindungs-
ähnliche Studentenvereinigungen), die Gepflogenheiten bei einem amerikanischen
›Commencement‹ oder die damals nicht ungewöhnliche Doppelrolle eines Fakultäts-
mitglieds, das sowohl militärischer Vorgesetzter des Helden als auch sein Professor
für Aeronautik in der Ingenieurschule ist – solche Details lassen auf Vertrautheit
mit dieser Neuen Welt schließen. Ebenfalls konnte es vorkommen, daß man, wie es
Neumann darstellt, einem Deutschgebürtigen die Verweigerung des Dienstes auf
dem europäischen Kriegsschauplatz freistellte.

Wichtiger ist jedoch die innere Haltung, die sich im Exposé spiegelt. Hans Steinitz,
der Redakteur der deutsch-jüdischen New Yorker Wochenzeitung *Aufbau*, spricht
einmal vom verständlichen Superpatriotismus der Kriegsnummern seiner Zeitung.[15]
Diese Charakterisierung trifft auf Alfred Neumann kaum zu. Was sich bei ihm
– und bei vielen anderen Exulanten liberaler Provenienz – kundtut, ist die völlige
Identifizierung mit der amerikanischen Stimmung jener Jahre, in denen man noch
mit Franklin Delano Roosevelt und Henry Wallace an ein heiles Amerika und an
ein neues, durch die USA mitzubegründendes Friedenszeitalter glauben konnte.
Ray Roberts, der Held des Filmexposés, ist der Sprecher der Abgangsklasse. Sein
Thema lautet »Für die Zukunft der Welt«. Diese Themenwahl, wie hier aus eigener
Beobachtung bestätigt werden kann, war zu jener Zeit Stoff unzähliger amerika-
nischer Universitätsansprachen. Neumann gibt uns in seinem Filmexposé ein im
Stil der Momentaufnahme gerafftes Stimmungsbild.

Schon 1945 wußte Alfred Neumann allerdings, daß diese seine Hoffnung getrogen
hatte. In einem unveröffentlichten Brief vom 17. Juli 1950 schreibt er unter dem
Eindruck des Koreakrieges: »Die Welt sieht ja nun leider anders und noch dunkler
aus, kaum dass wir in New York gelandet. Wenn ich auch persönlich, bei aller
Skepsis, durchaus nicht an einen unmittelbaren Ausbruch des Weltenunglücks glaube
– vielleicht stehen wir jetzt sozusagen auf der Höhe des spanischen Bürgerkrieges
von Anno 35, in Analogien gesprochen –, so kommt uns doch schon unsre europäische Zeit wie etwas Unwiederbringliches vor, schon wie hinter dem Ozean der

Zeitwende.« Aber es ist bezeichnend für das Amerikabild in der Exilliteratur der Kriegsjahre, daß Neumann, der liberale Schriftsteller, wie der mit ihm engstens befreundete Thomas Mann teils aus Opposition gegen das ›Dritte Reich‹, teils aus überzeugter Bejahung der Wahlheimat die utopischen Worte von Henry Wallace nicht nur glauben, sondern als geistigen Unterbau eigener Werke einsetzen konnte.[16] Wallace hatte in dem ihm so verheißungsvoll erscheinenden Kriegsjahr versprechen können: »Yes, commencement time is here. [...] The joys of opportunity and service lie ahead. No generation has ever had such an opportunity. The world has never had such an opportunity. We must make the dead live. We must make them live in the world's commencement of abiding peace based on justice and charity.«[17]

Neumanns Glaube an die Zukunftsträchtigkeit dieser Ausführungen, die viele Exulanten mit ihm damals teilten, war eine Fehleinschätzung, aber schwerlich ein Fehler.

1 Die frühe Dissertation Paul Dicksons, »Das Amerikabild in der deutschen Emigrantenliteratur« (München 1951), konnte trotz ihrer Qualität wegen des damals noch vorherrschenden Mangels an Primärmaterial nur unvollständige Eindrücke und hypothetische Schlüsse vermitteln. Andererseits erscheint Bd. 1 (Westküste) der von John Spalek und Joseph Strelka herausgegebenen »Schriften« erst 1975. Siehe auch Will Schaber: Aufbau, Reconstruction. Dokumente einer Kultur im Exil. New York u. Köln 1972.

2 Alfred Neumann (1895–1952) erhielt 1926 für sein bekanntestes Werk »Der Teufel« den Heinrich-von-Kleist-Preis. Schon vor der Machtergreifung lange Jahre in Italien ansässig, flüchtete er 1938 nach Südfrankreich, dann 1940 (über Spanien und Portugal) in die USA. – Der Großteil seines Nachlasses befindet sich im Besitz der Handschriftenabteilung der Stadtbibliothek München, in der Akademie der Künste in Berlin und im Besitz von Frau Kitty Neumann, der Witwe des Dichters. Dank schulde ich den Archivleitern, Herrn Richard Lemp, Herrn Professor Dr. Walter Huder, besonders aber Kitty Neumann für die Druckerlaubnis von Briefen und Werkauszügen.

3 Graf: Flucht ins Mittelmäßige. Frankfurt a. M. 1959; Sahl: Die Wenigen und die Vielen. Frankfurt a. M. 1959; zu Sahl s. auch Karin H. Czerny: Der Dichter Hans Sahl. Hat man ihn vergessen? In: Aufbau 11 (1974) Nr. 51/52, S. 32. Heyms Roman erschien zunächst auf englisch als »The Crusaders« (Boston 1944), dann erst auf deutsch (Leipzig u. München 1950).

4 Mehrings Autobiographie erschien zunächst auf englisch als »The Lost Library« (Indianapolis 1950), dann u. d. T. »Die verlorene Bibliothek« (Hamburg 1952) auf deutsch. Zuckmayers Essay erschien zuerst in »Neue Schweizer Rundschau« 16 (8. Dezember 1948), dann in »Der Monat« (1952) Sonderheft 34.

5 New York 1962.

6 »Der Pakt« (Stockholm 1950) war das erste umfangreiche in Amerika begonnene Werk Neumanns. Entstehungszeit: 1941–48.

7 Heyms »Lenz« erschien ebenfalls zunächst auf englisch als »The Lenz Papers« (London 1965), dann auf deutsch (München 1966). Urzidil: Das große Halleluja. München 1959.

8 Unter den Originalfilmen waren »Return of Monte Christo« und »Matto regiert« besonders erfolgreich. »Haus des Schweigens« war Neumanns Filmbearbeitung seiner Novelle »Viele heißen Kain«.

9 Der Roman entstand 1943/44, erschien dann 1945 in Stockholm.

10 Henry A. Wallace: Democracy Reborn. Hrsg. von Russell Lord. New York 1944. S. 231–238. Teilabdruck in: New York Times (7. Juni 1943) S. 7, Sp. 2.

11 Der Student war George Perkins, Sohn von Milo Perkins, einem persönlichen Freund von Wallace, der unter ihm sowohl hohe Ämter im Landwirtschaftsministerium als auch am ›Board of Economic Warfare‹ bekleidete. Zu Ehren des Toten betitelte Wallace die Ansprache lediglich mit »George«.

328     *Guy Stern*

12 Wallace (s. Anm. 10), S. 236.
13 Siehe Kurt Hiller: Profile. Prosa aus einem Jahrzehnt. Paris 1937. S. 160. Die Erwähnung eines Romans über Napoleon III. ist als direkte Beziehung auf Neumann zu verstehen.
14 Im Nachlaß befindet sich z. B. eine Einladung zur Teilnahme an einer Diskussion über »Es waren ihrer sechs« an der University of Southern California (Brief vom 19. April 1946 von H. Randolph Sasnett an Neumann).
15 Steinitz: Aufbau, Neubau, Brückenbau. In: Schaber (s. Anm. 1), S. 16.
16 In einem unveröffentlichten Brief an Neumann vom 21. November 1948 kommt eine ähnlich ambivalente Überzeugung Thomas Manns zum Ausdruck: »[...] Man hätte [bei einer Rückkehr nach Deutschland] besonders auch als Amerikaner vor den Deutschen zu viel zu vertreten, was man nicht vertreten kann. [...] Der Ausgang der Wahlen [d. h. zwischen Truman und Dewey] war eine Überraschung, die einem wieder einigen Glauben an den gesunden und von so viel korrupter Propaganda unverderblichen Sinn dieses Volkes eingeflösst hat.«
17 Wallace (s. Anm. 10), S. 238. Selbstverständlich wurde dieser Idealismus auch sehr skeptisch beurteilt, besonders als Wallace 1948 Präsidentschaftskandidat einer Splitterpartei wurde. Siehe z. B. Dwight MacDonald: Henry Wallace. The Man and The Myth. New York 1948.

JACK ZIPES

# Die Freiheit trägt Handschellen im Land der Freiheit.
## Das Bild der Vereinigten Staaten von Amerika in der Literatur der DDR

Seit Gründung der Deutschen Demokratischen Republik hatte ihre Staats- und Parteiführung keinerlei Schwierigkeiten, die Vereinigten Staaten von Amerika und das Bild der USA so zu bestimmen, wie ihre Bürger sie sehen sollten. Schon am 5. Mai 1948 entwarf Walter Ulbricht eine erste Skizze, die von nun an als Modell diente:
»Der Hauptzweck der USA-Politik besteht darin, durch die Beherrschung der Grundstoffindustrie Westdeutschlands nicht nur Deutschland wirtschaftlich zu beherrschen, sondern auch die anderen westeuropäischen Staaten. [...] Im Kampfe gegen die demokratischen Kräfte, die die nationalen Interessen vertreten, sind also militärische Formationen geschaffen worden wie das in den Kolonien und in halbkolonialen Ländern üblich ist. Deshalb reden die Herren im Westen soviel von der Freiheit der Persönlichkeit! Sie meinen ihre Freiheit, dem deutschen Volke das Recht auf nationale Souveränität zu nehmen und die deutsche Wirtschaft zu kommandieren.
Das ist auch der Ausgangspunkt, warum die Vertreter des USA-Monopolkapitals so intensiv die Spaltung und Zerreißung Deutschlands betreiben. Sie wollen ein zersplittertes, ohnmächtiges Deutschland, dem sie ihre Bedingungen diktieren können, dem gegenüber sie ihre egoistischen Interessen durchsetzen können.«[1]
Die Vereinigten Staaten erscheinen mithin als imperialistische Macht, die sich auf Kosten anderer Länder zu stärken sucht, als antidemokratischer Staat, für den Freiheit nur Freiheit der Reichen zur Ausbeutung der Schwachen daheim und im Ausland bedeutet, als Sachwalter des staatsmonopolistischen Kapitalismus, dessen enorme Trusts ganz offen den Staat dazu benutzen, ihre eigenen Interessen zu verfolgen. Nicht als hätte die amerikanische Regierung nach 1945 keinen Grund zu solch einer beißenden Amerikakritik gegeben.[2] Doch ist die Frage nach dem Bild der USA in der DDR nicht einfach mit Ulbrichts wiederholten Beschuldigungen oder mit anderen Verurteilungen des amerikanischen Imperialismus durch die ostdeutsche Regierung zu beantworten. Der Grund dafür liegt darin, daß das Bild der Vereinigten Staaten, wie es dieser Staat entworfen hat, ein Zweckbild ist, welches dazu dient, der eigenen Staatlichkeit Dauer und Legitimation zu verleihen. Durch diese legitimierende Funktion neigt das so gewonnene Amerikabild dazu, die wirklichen Gesellschafts- und Produktionsverhältnisse in den USA zu verwischen. Der Sachverhalt wird jedoch weiter verkompliziert, da über unterschiedliche Kanäle noch andere Deutungen Amerikas in die DDR gelangen, die auf Halbwahrheiten oder Propaganda beruhen. Sie widersprechen dem offiziellen Amerikabild und stellen die Politik des ostdeutschen Staates in Frage.
Ganz allgemein läßt sich sagen, daß das Amerikabild in der DDR drei Ursprünge

hat. Da ist zunächst die offizielle Deutung der USA, die von Regierung, Presse, Fernsehen, Rundfunk, Film, Literatur, Unterricht verbreitet wird und auf die imperialistische Bedrohung der Sicherheit Europas durch die als Feind der Freiheit gezeichneten Vereinigten Staaten verweist. Zweitens stellen amerikanische und westdeutsche Massenmedien die Vereinigten Staaten als Verkünder und Verfechter der wahren Demokratie und Freiheit dar.[3] Drittens gibt es eine Anzahl fortschrittlicher amerikanischer Filme und Bücher, die von der DDR importiert werden und die jene Aspekte wiedergeben, die den wirklichen amerikanischen Zuständen eher entsprechen. Wenn man all diese aufeinander wirkenden Faktoren in Betracht zieht, leuchtet ein, wie schwer in der DDR eine klare Perspektive über die USA zu gewinnen sein muß. Das gleiche gilt aber auch für die Analyse des ostdeutschen Amerikabildes, das überhaupt nur zu begreifen ist, wenn man untersucht, wie es auf drei Ebenen in dem von der Staats- und Parteiführung organisierten Selbstlegitimationsprozeß funktioniert: in der Außen-, Innen- und Kulturpolitik.

Wenn man die Außenpolitik der DDR studiert, ist es von Anfang an notwendig, den amerikanischen Standpunkt ins Auge zu fassen; denn er hat einen starken Einfluß auf die DDR-Strategie der Selbstlegitimation gehabt. Seit dem Zweiten Weltkrieg versuchte die amerikanische Regierung, ihre imperialistischen Ziele zu rechtfertigen, indem sie Amerika als Freund und Schützer der Freiheit gegenüber den sogenannten ›totalitären‹ Interessen der kommunistischen Regierungen darstellte. Während die amerikanische Propaganda oft zugibt, daß auch die USA große soziale Probleme zu bewältigen haben, betont sie die demokratische Art und Weise, in der ›gute Amerikaner‹ diese Konflikte lösen, und stellt daraufhin die Freiheit der Wahlen und der öffentlichen Meinung im Westen der Zensur, den Verboten und der politischen Unterdrückung im Osten gegenüber. Solche Behauptungen werden natürlich von der DDR-Regierung zurückgewiesen, die die USA als imperialistischen Terrorstaat beschreibt, der die ganze Welt verschlingen will. Die DDR-Propaganda streicht den Rassismus, die Arbeitslosigkeit, die Armut und die Korruption in den Vereinigten Staaten heraus und verurteilt die Aggressionen in Korea, Kuba, Südamerika und im Nahen wie Fernen Osten, um die blutsaugerischen Absichten und Methoden des amerikanischen Imperialismus zu brandmarken. Zur gleichen Zeit werden die Tugenden des eigenen, sozialistisch genannten Systems hervorgehoben: die Regierung entwirft stets ein Bild der DDR, das sie – in Freundschaft mit der Sowjetunion verbunden – als Erben und Verteidiger der proletarischen Revolution zeigt.[4]

Offensichtlich hat die Sowjetunion die Außenpolitik der DDR und deren Amerikabild beeinflußt, aber es wäre ein Fehler, die gesamte Politik der DDR mit den Konzeptionen und Zielvorstellungen der Sowjetunion gleichzusetzen. Die DDR hat ihr eigenes, besonderes Verhältnis zu den Vereinigten Staaten, das von zwei Faktoren geprägt wurde: zum einen durch die feindliche Einstellung der USA zur Gründung eines am Sozialismus orientierten deutschen Staates, die für lange Zeit diplomatische Beziehungen und für die DDR den Handel mit vielen Ländern verhinderte; zum zweiten durch die unberechenbare Politik der Sowjetunion, die bis 1953 mit dem Gedanken spielte, auf die DDR als sozialistischen Staat zu verzichten und ein vereinigtes neutrales Deutschland zu fördern. Es ist fast überflüssig zu bemerken, daß diese Faktoren die Staats- und Parteiführung der DDR zu besonderer

Obacht auf die Sicherheitsinteressen und Überlebenschancen des eigenen Staates zwangen und sie dazu bewegten, gegenüber den USA und der UdSSR fast übertriebene Positionen einzunehmen. Von Anfang an wurde Amerika als imperialistischer Aggressor bezeichnet und die Sowjetunion als sozialistischer Bruder, dessen Solidarität es sich stets zu vergewissern galt.

Natürlich muß das Amerikabild der DDR-Außenpolitik historisch differenziert werden. Der amerikanische Imperialismus hat nach Meinung der ostdeutschen Außenpolitiker seit 1947 bestimmte Phasen und Krisen durchgemacht und wird andere durchmachen müssen. Das Endergebnis wird der Zusammenbruch des staatsmonopolistischen Kapitalismus und der Aufbau des Sozialismus sein. In ihrem Verhältnis zu den USA bezeichnet die DDR drei historische Phasen:[5] 1. 1947–60: Die USA beginnen den Kalten Krieg und setzen den Marshallplan durch, um die europäischen Länder auszubeuten. Die Folgen sind: Hexenjagd auf Kommunisten, Krieg in Korea, Krisen in Taiwan, Laos und Kuba. 2. 1961–71: Durch die wachsende Macht der Sowjetunion und die Protestbewegungen gegen den Imperialismus in der Dritten Welt und in Amerika selbst wird die amerikanische Regierung dazu gezwungen, ihre alte Doktrin des ›Containment‹ (Eindämmung) und der ›Liberation‹ (Befreiung) gegen die neue der ›flexiblen Reaktion‹ auszuwechseln.[6] 3. 1971 bis zur Gegenwart: Die USA sind zur Politik der friedlichen Koexistenz gezwungen, um die ›Stagflation‹ (Rezession verbunden mit Inflation) zu Hause zu überwinden. Für die DDR bedeutet die friedliche Koexistenz keinen Verzicht auf den Kampf gegen den Imperialismus. »Die friedliche Koexistenz ist ein strategisches Prinzip sozialistischer Außenpolitik. Ihr Wesen wird durch dialektische Einheit zwischen dem revolutionären Kampf für die Erfüllung ihrer historischen Mission und dem Kampf um den Frieden bestimmt.«[7] D. h., diese Politik der friedlichen Koexistenz erlaubt der DDR, günstige Bedingungen für den Aufbau des Sozialismus im eigenen Lande zu schaffen, während sie unvermindert dazu beiträgt, den Kampf gegen den Imperialismus auf internationaler Ebene weiterzuführen.

Aus der Sicht der DDR sind zwei Etappen durch die friedliche Koexistenz erreicht worden: die Aufnahme der DDR in die UNO am 18. September 1973 und die Anerkennung der DDR als eigenständiger Staat durch die USA im September 1974. Beides hat logischerweise zu einer teilweise neuen Darstellung Amerikas in der DDR geführt: Amerika ist nicht mehr der irrationale, kalte, immer auf Rache sinnende imperialistische Aggressor, sondern ein geschwächter, wenn nicht wankender Riese, unfähig, sozio-ökonomische Krisen zu meistern.[8] Da – so schließt man in der DDR – außerdem die sozialistische Opposition in den USA stark genug geworden ist und der amerikanische Staat gezwungen wurde, rationaler zu verfahren, tendiert die amerikanische Regierung zu vernünftigerem und vorsichtigerem Handeln in der Außenpolitik. Dennoch dürfen diese Einschätzungen nicht falsch verstanden werden: Amerika bleibt der Hauptfeind, ein trotz aller Schwächen schlauer Feind, der zur Zeit die Sowjetunion und China gegeneinander auszuspielen versucht, um politische Zwietracht innerhalb des sozialistischen Lagers zu säen. Während der amerikanische Staat diese spalterische Politik betreibt, sucht er zugleich Handelsverträge mit der Sowjetunion, mit China und sogar mit der DDR zu schließen, setzt er seine Aggressionspolitik im Nahen Osten und in Südamerika (Chile) fort. Obwohl differenzierter und der veränderten politischen Lage angepaßt, ist das Amerikabild der DDR-Außenpolitik im Grunde genommen fast gleichgeblieben: Amerika wird mit dem Imperialismus gleichgesetzt, der wiederum mit der Barbarei kapitalistischer Monopole, die die Weltherrschaft suchen, gleichzusetzen ist. Die Außenpolitik der DDR, Teil der Legitimationsanstrengung der Staats- und Parteiführung, geht allerdings – wie sofort hinzuzufügen ist – von einer falschen Auffassung des Kapitalismus aus. Der Schwerpunkt der ostdeutschen Kritik an Amerika beruht nämlich auf der Theorie des ›staatsmonopolistischen Kapitalismus‹, die besagt, daß der amerikanische Staat von kapitalistischen Monopolen benutzt wird, um die Profitraten hochzutreiben und die Interessen des Kapitals als seine eigenen zu verfechten. Dieser Theorie nach haben die Schlüsselindustrien genauso wie die Banken, die Versicherungsgesellschaften, die Presse und die Kulturindustrie ihre Macht durch rationalisierte und monopolisierte Produktion so gesteigert, daß sie dem Staat gewinnbringende Maßnahmen diktieren können, deren Ausführung stets auf Kosten der amerikanischen Arbeiter gehen wird. Der Zuwachs der Monopole wird jedoch nicht negativ gewertet, denn er ist die letzte und notwendige Phase des imperialistischen Spätkapitalismus, der den Boden für den Sozialismus bereitet. Da eine einfache Trennung zwischen Staat und Ökonomie gemacht und die Struktur des Staates von den DDR-Theoretikern grundsätzlich als demokratisch angesehen wird, braucht man bloß den Staat *völlig* zu demokratisieren, um den Weg zum Sozialismus zu bahnen. Dies bedeutet, unter der Führung der Kommunistischen Partei soll die Arbeiterklasse eine Einheitsfront mit den demokratischen Elementen unter Bauern, städtischen Mittelschichten und proletarisierter Intelligenz bilden, um die Leitung des Staates zu übernehmen und »die antimonopolistische Demokratie«[9] zu verankern. Sobald diese Etappe erreicht ist, wird der Staat die Industrien nationalisieren und demokratische Bedingungen für Selbst- und Mitbestimmung auf allen gesellschaftlichen Ebenen als Grundlage für den Sozialismus schaffen. Die ›antimonopolistische Demokratie‹ stellt keine neue Regierungsform dar, sondern ist als Phase gedacht, die kapitalistische Staaten durchmessen müssen, um sozialistisch zu werden. Die gesamte Tendenz dieser Analyse zeigt, daß die Strategie gegen den staatsmonopolistischen Kapitalismus dazu führen soll, den Interessen der Kommunistischen Partei zu dienen, die die Macht des Staates übernehmen wird, angeblich im Namen der Arbeiterklasse. Die Demokratisierung des Staates soll die Rechte der Arbeiterklasse und ihrer Verbündeten sichern; von der demokratischen Politik wird erwartet, daß sie die korrupte spätbürgerliche Staatsführung und den Privatbesitz an Produktionsmitteln abschafft. Dennoch können die Änderungen in der Staatsführung und die Abschaffung des Privatbesitzes der Produktionsmittel nicht versprechen, daß es eine qualitative Umwandlung der Produktionskräfte und -verhältnisse geben wird, die die gesellschaftlichen Zustände radikal umgestaltet. Gerade in der westlichen Welt zeigt sich immer wieder, daß die kommunistischen Parteien danach trachten, die Kämpfe der Arbeiterklasse um Selbstbestimmung zu bremsen.[10] Und dies gilt auch für die Kämpfe in den sozialistischen Ländern, wo die Hauptwidersprüche zwischen den Interessen der Staats- und Parteiführung und den Interessen der Arbeiterklasse bisher noch nicht gelöst sind. Aus verschiedenen Gründen hat sich die SED in der DDR mehr mit staatlicher Lenkung der Arbeiter statt mit Arbeiterselbstbestimmung beschäftigt. Deshalb stehen im Mittelpunkt der Theorie des staatsmonopolistischen Kapitalismus vor allem Reformen staatlicher Lenkung und Planung, die die Kommunistische Partei als Vorhut und Repräsentantin des Proletariats verantwortet und steuert.

Die Schwächen der DDR-Theorie des staatsmonopolistischen Kapitalismus sind überzeugend von Margaret Wirth dargelegt worden, die zeigen konnte, daß die ostdeutschen Analytiker von Anfang an die Trennung zwischen Politik und Ökonomie zu stark betont haben. Dadurch wurden sie verleitet, den Staatsapparat zu oberflächlich mit einem Werkzeug des Monopols zu identifizieren.[11] Sie setzten »bereits bei der Untersuchung der Ökonomie und der Politik im kapitalistischen System diese als getrennt organisierten Bereiche der Gesellschaft voraus und begriffen nicht deren getrennte Organisation als Folge eines bestimmten Systems von Produktionsverhältnissen: der privaten Produktion zum Zwecke der Erwirtschaftung von Mehrwert«.[12] Das ist der Grund, weshalb es in der DDR hauptsächlich abstrakte und schematische Theorien über die Wirkungszusammenhänge des Kapitalismus gibt. Man findet keine Erklärung für die Totalität des Kapitalismus in den DDR-Analysen, und wie Wirth behauptet, werden subjektive Faktoren wie Organisation und Selbstbestimmung der Arbeiterklasse vernachlässigt, die wichtigen Anteil am kapitalistischen System haben.

Wenn die DDR-Theoretiker wirklich den Kapitalismus in seiner Totalität begreifen wollten, dann müßten sie eine Analyse des ›corporate liberalism‹ (monopolistischer Liberalismus) und des modernen Staats in ihre Untersuchungen einschließen. Diese Theorie hat James Weinstein in seinem Buch *The Corporate Ideal and the Liberal State* entwickelt, in dem er feststellt, daß die Monopole ihre lange verfochtene Politik gegen Staatsintervention geändert haben. D. h., sie haben sich mit dem Staat zu konzertierter Aktion verbunden und dazu liberale Politik betrieben, um progressive Kräfte und Ideen für ihre Zwecke zu gewinnen und zu manipulieren. ›Corporate liberalism‹ hat – nach Weinstein – Führerpersönlichkeiten aus verschiedenen gesellschaftlichen Gruppierungen und Schichten an sich gezogen, indem er ihnen Status und Einfluß als Vertreter der Mächtegruppen, denen sie ihren Aufstieg verdanken, verliehen hat, aber nur unter der Bedingung, daß sie den Rahmen der bestehenden Gesellschaftsordnung verteidigen. In seiner Entwicklung habe der neue Liberalismus Konzepte sozialer Technokratie und sozialer Leistungsfähigkeit, die mit industrieller Technokratie und industrieller Leistungsfähigkeit verbunden sind, aufgenommen. Die Folge sei eine Herabminderung von ›unverantwortlichem‹ Individualismus und örtlicher Beschränktheit.[13]

Die DDR-Theorie scheint die Gedanken über den ›corporate liberalism‹ sowie andere neue westliche Analysen[14] in ihre Kapitalismuskritik nicht integrieren zu wollen, weil dadurch die Selbstlegitimation der ostdeutschen Innen- und Wirtschaftspolitik gefährdet werden könnte. Und daran zeigt sich, wie eng das falsche Bild der USA mit der Legitimationsanstrengung der Staats- und Parteiführung in der DDR verbunden ist. Eine marxistische Analyse, welche die integrative Funktion des Staates enthüllt und zugleich offenbart, wie er Intellekt und Arbeitskraft progressiver Staatsbürger motiviert, ihre Talente zur Verbesserung der industriellen Produktion herzugeben, indem ihr Begehren nach Reform und Fortschritt ausgenutzt wird, oder eine marxistische Analyse, die Umwälzungen der Produktionsverhältnisse betont, würde die unveränderten oder nur teilweise modifizierten Produktionsverhältnisse in der DDR in Frage stellen. Die DDR-Theorie vom staatsmonopolistischen Kapitalismus behauptet, daß die Hauptursache für die Ausbeutung in den Monopolen liegt, und dies deutet darauf hin, daß ihre Ersetzung den Weg zum Sozialismus bahnen könnte. Dennoch ist, wie Weinstein und andere dargelegt haben, die Strategie der Unternehmungsführungen in Amerika heute so, daß sie *liberale* Tendenzen zu Reform und Gesellschaftsänderung ausnutzen und für Ablenkungsmanöver mißbrauchen, um reale und konkrete Wandlungen in der sozioökonomischen Struktur zu verhindern. Infolgedessen bleiben die Lebens- und Arbeitszustände für die Arbeiter genauso schlecht wie vorher, und das Problem der körperlichen und geistigen Verelendung der Arbeiterklasse wird nicht gelöst. Um es kraß auszudrücken, die DDR-Theorie des staatsmonopolistischen Kapitalismus sagt fast nichts darüber, wie man wirkliche Änderungen im westlichen Kapitalismus durchsetzen kann, aber sie rechtfertigt die inkonsequent-halbsozialistischen Änderungen in der DDR seit 1945 und damit zugleich den mißverständlichen ›Sozialismus‹, den Staats- und Parteiführung verantworten.

Das ostdeutsche Amerikabild, aus der Theorie des staatsmonopolistischen Kapitalismus abgeleitet und gezielt entworfen, um den Status quo in der DDR zu legitimieren, wird durch die Kulturpolitik des Staates noch genauer umrissen. Die schweren Angriffe gegen Amerika durch den Parteivorstand der SED im Jahre 1950 sind charakteristisch für viele offizielle Äußerungen während der Anfänge der Kulturpolitik in der DDR: »Nur im schärfsten Kampf gegen alle Einflüsse der zersetzenden amerikanischen Kulturbarbarei kann und wird die demokratische Erneuerung unseres kulturellen Lebens verwirklicht werden.«[15]

Bekanntlich sieht die DDR ihre eigene kulturelle Entwicklung in vier Phasen: die antifaschistisch-demokratische Phase 1949–56; der Aufbau des Sozialismus 1957 bis 1962; das entwickelte System des Sozialismus 1963–70; der Übergang zum Kommunismus seit 1971.[16] In der ersten Phase erstanden zahlreiche Werke, die sich gegen die jüngste faschistische Vergangenheit, gegen fortdauernde faschistische Regungen in Westdeutschland und gegen den amerikanischen Imperialismus richteten. Auch fortschrittliche amerikanische Literatur wurde dazu benutzt, den Klassenkampf in Amerika darzustellen. In der zweiten bis vierten Phase wurden die ostdeutschen Künstler dazu angehalten, sich mehr mit der Wirklichkeit ihres Landes zu beschäftigen, so daß die Zahl solcher Werke, die ausschließlich von Amerika handeln, zurückging. Erst in den letzten sechs Jahren, dank der vermehrten Kontakte mit Amerika und dank der Besuche verschiedener Autoren in den Vereinigten Staaten, läßt sich eine neue Einstellung Amerika gegenüber erkennen.

Amerika wird in der DDR-Literatur direkt und indirekt gespiegelt. Da ist zunächst das direkte Abbild der Vereinigten Staaten als Schoß des Kapitalismus und Gefahrenherd für den Weltfrieden, und da ist das indirekte Bild, das von unterschiedlich engagierten Schriftstellern wiedergegeben ist und der DDR-Literatur ihren tendenziösen Charakter verleiht.

Da Amerika Dekadenz, Perversion, Pornographie, Dilettantismus und Irrationalismus repräsentiert, antwortet alles, was in der DDR zur Entwicklung einer demokratischen Tradition und einer humanen ästhetischen Sensibilität produziert wird, auf die negativen Tendenzen der amerikanischen Kunst. Das sozialistische Engagement der Kunst verlangt eine politische Haltung gegen Kapitalismus und Dekadenz. Der sozialistische Realismus fordert eine schonungslose Darstellung der Brutalität und des Barbarismus der amerikanischen Lebensweise. Bei der Erörterung des Amerikabildes in der DDR-Literatur bleibt mithin zu fragen, ob die ostdeutschen Künstler in ihrem Eifer, die amerikanischen Zustände und die amerikanische Lebensweise, wie sie *wirklich* sind, darzustellen, die Prinzipien der marxistischen Ästhetik vergessen, die eine dialektische Gestaltungsweise der sozialen Verhältnisse mit all ihren Vermittlungen und Abschattierungen verlangt, um die sichtbaren und unsichtbaren Widersprüche der Gesellschaft als Ganzes zu zeigen.

Die DDR-Autoren sind zweifellos durch die Politik ihres Staates eingeschränkt.[17] Dazu kommt, daß jeder Versuch, Amerika darzustellen, von der amerikanischen Propaganda behindert wird. Es scheint fast unmöglich, ein vollständiges Amerikabild zu geben, das Land und Leute mit all ihren Widersprüchen von 1945 bis zur Gegenwart darstellt. Das kann jedoch nicht von den DDR-Autoren verlangt werden. Die wichtigste Funktion des Amerikabildes in ihren Werken besteht ja darin, eine Selbstdarstellung zu geben. Erst in zweiter Linie will ein solches Bild von Amerika die wirklichen Zustände widerspiegeln. Die DDR-Autoren benutzen Amerika bewußt und unbewußt dazu, die Innen-, Außen- und Kulturpolitik der DDR zu begründen oder zu kritisieren. Amerika wird zu einem gewissen Grad der Maßstab für die Verwirklichung des Sozialismus in der DDR. Je mehr das Amerikabild dazu dient, die Veränderung sozialer und produktiver Verhältnisse in den Blick zu bekommen, und je mehr es von dem offiziellen Amerikabild abrückt, desto offener wird der DDR-Staat für Kritik und Veränderung im sozialistischen Sinn. Ein statisches Amerikabild, das nur Staats- und Parteipolitik bestätigt, kann auch nur eine statische DDR-Gesellschaft widerspiegeln.

Da nur eine Untersuchung von der Länge eines Buches darlegen könnte, auf wieviel verschiedene Weisen das Amerikabild in der DDR-Literatur geformt und entwickelt wird, soll hier ein Problem besonders ins Auge gefaßt werden: Wie verändert sich dieses Bild im Hinblick auf das den Staat rechtfertigende offizielle, und inwiefern trägt es bei zu einem besseren Verständnis der Zustände in der DDR selbst. Dabei wird kein chronologischer Überblick über die Entwicklung des Amerikabildes in ostdeutschen Romanen, Erzählungen, Gedichten, Theaterstücken und in der Kinderliteratur beabsichtigt, obwohl der Akzent der Untersuchung auf der historischen Situation liegt. Das Hauptanliegen dieser kurzen Abhandlung ist eine Analyse gewisser repräsentativer Werke, die zeigen soll, inwiefern das Amerikabild als Selbstdarstellung funktioniert.

Noch ein Wort zur Klärung: Es gibt nur wenige literarische Werke der DDR-Literatur, die ausschließlich von den USA handeln. Das ist nicht überraschend, wenn man bedenkt, daß es die Regierung der Vereinigten Staaten den Ostdeutschen schwergemacht hat, Einreisevisa zu erhalten, und daß die ostdeutsche Regierung Reisen ihrer Bürger ins westliche Ausland sehr einschränkt. Dennoch wurden mehr literarische Werke über Amerika in der DDR geschrieben als Werke über die DDR in Amerika. Man kann das der traditionellen europäischen Faszination von Amerika als einem Paradies auf Erden zuschreiben. Wenn dem so ist, dann ist es jedoch nicht mehr eine Faszination von Amerika als dem Land der unbegrenzten Freiheit, sondern als dem der Freien, in dem die Freiheit Handschellen trägt. Das wird allerdings von Autoren beschrieben, die wissen, daß sie selbst nicht frei genug sind, um zu zeigen, wie die Tyrannei in das Land der Freien gekommen ist.

*Kinder- und Jugendliteratur*

Es gibt wenige Länder in der westlichen Hemisphäre, in denen Kinderliteratur so ernst genommen wird wie in der DDR.[18] Um das politische Bewußtsein der Jugend zu entwickeln, beschäftigen sich zahlreiche Bücher erzählenden oder sachlichen Inhalts mit dem Faschismus und Imperialismus. Faschismus und Imperialismus werden zueinander in Beziehung gesetzt, und im Falle der Vereinigten Staaten wird die äußerste Form des Faschismus gezeigt, der Rassismus.

Zwei neuere Bücher für junge Leute, *Schwarze Rose aus Alabama* von Werner Lehmann (1972)[19] und *Unterwegs zu Angela* (1973) von Walter Kaufmann[20], schildern das Leben von Angela Davis, die viele Aspekte des gemeinsamen Kampfes der Unterdrückten in Amerika symbolisiert: den Kampf der Jugend, der Schwarzen, der Frauen, der Kommunisten, der politischen Gefangenen und der politisch orientierten Lehrer. Das Bild dieses Amerika ist *nicht* das eines Landes voller gehässiger Menschen, sondern das einer Nation, die von einer bürgerlichen Klasse beherrscht wird, welche die Menschen mit Hilfe des Rassismus voneinander trennt, sie mit dem Schreckgespenst Kommunismus ängstigt und durch ein manipuliertes Rechtssystem ihre ausbeuterischen Handlungen auch noch rechtfertigen läßt. Die Brutalität des Rassismus, die das Land überschwemmt, und die überall geduldete Ungerechtigkeit werden in Sigmar Schollaks *Getötete Angst* (1974)[21] ebenfalls gebrandmarkt. Hierbei handelt es sich um einen Bericht über die Ermordung von Andrew Goodman, James Chaney und Michael Schwerner in Philadelphia, Mississippi 1964, wo die drei Studenten in der Bürgerrechtsbewegung für die Schwarzen gearbeitet hatten. Das Amerikabild der Sachliteratur für jugendliche Leser kann am besten durch eine Auswahl von Zitaten aus *Revolution und Revolutionäre* (1972) von Martin Robbe[22] umrissen werden: »Die Verbrechen, die die USA in ihren Kriegen begehen, finden im eigenen Lande zunehmend Nachahmung« (19). »New York, das wie keine andere Stadt der Welt den Kapitalismus symbolisiert, ist heute zum Symbol seines Niedergangs geworden. Häuser, Straßen, ja ganze Viertel verfallen. In den letzten Jahren hat die Stadt auf diese Weise jährlich 30 000 Wohnungen verloren [...] Das Verkehrswesen ist chaotisch, das Verbrechen überall gegenwärtig. Der Bürger muß damit rechnen, auf der Straße überfallen zu werden oder eine Wohnung vorzufinden, aus der ein anderer die Wertgegenstände entfernt hat« (19 f.). »In den USA wird das gesellschaftliche und staatliche Leben zunehmend mit faschistischen Zügen durchsetzt« (109). »Wir sehen: Im heutigen Kapitalismus existieren wachsender Reichtum, wachsende Armut und die Vergeudung gesellschaftlicher Werte nebeneinander« (113).

Diese Zitate sagen weder amerikanischen noch ostdeutschen Lesern irgend etwas, was sie nicht schon wüßten. Sie sind Klischees, rhetorische Anklagen, die in erster Linie darauf zielen, die DDR als *kommunistischen* Staat auszuweisen. D. h., durch die Identifikation mit dem Weltkommunismus will sich die DDR als rechtmäßiger Erbe der proletarischen Bewegung ausgeben. Ihr Amerikabild beginnt daher für sie selbst zu wirken: wenn nämlich Amerika als Land von Verbrechern in sich selber zerfällt, dann ist offensichtlich der ostdeutsche Sozialismus erfolgreich und gedeihlich für ein Land ehrlicher, verantwortungsbewußter Bürger.

Das offizielle Amerikabild, wie es in Sach- und Schulbüchern[23] erscheint, wird durch die erzählende Literatur für junge Leser ergänzt, welche neue Dimensionen der Wirklichkeit erschließen soll. Jede Untersuchung des Amerikabildes und seiner Funktion in der Jugendliteratur muß bei dem klassischen Werk von Auguste Lazar, *Sally Bleistift in Amerika*[24], beginnen. Obwohl das Buch 1933 geschrieben wurde und von dem Amerika dieser Epoche handelt, ist es noch heute wichtig, weil es zum erstenmal in Ostdeutschland 1947 veröffentlicht wurde und ein Modell für andere Autoren darstellt, die über Amerika schreiben.

Die Geschichte für Zwölfjährige berichtet von einer älteren, dynamischen russischen Jüdin, die in einer großen amerikanischen Industriestadt ein kleines Geschäft betreibt. Sally hat Rußland während der Judenpogrome zu Anfang des Jahrhunderts verlassen. In Amerika kämpft sie unverdrossen für die Unterdrückten. Sie sorgt nicht nur für ihre halbwüchsige Enkelin Betti, sie adoptiert auch einen gleichaltrigen Indianer mit dem Spitznamen Redjacket und einen dreijährigen Schwarzen, den sie John Brown nennt. Redjacket und sein Freund Billy Smith arbeiten ohne ihr Wissen für die Kommunistische Partei und ermöglichen sogar den Arbeitern der Stadt, einen russischen Revolutionär zu hören, was von der Polizei und den Kapitalisten vergeblich hintertrieben wird. Die Geschichte endet damit, daß Sally mit Betti, Redjacket und John Brown zu ihrem totgeglaubten Sohn in die Sowjetunion zurückkehrt. Das aber heißt nicht, daß der Klassenkampf aufgegeben werden soll. Wie sie den Kindern erklärt: »Wir gehen nicht deshalb nach Rußland, um es uns dort gut gehen zu lassen. Wenn ich auch hoff, daß es uns dort gut gehen wird. Wir wollen vor allen Dingen auch helfen, daß es dort immer besser wird für alle.«[25]

Im Lauf des Romans ergreift Sally mehrmals die Gelegenheit, kleine Geschichten zu erzählen, die die Verbindung zu ihrer eigenen Vergangenheit (Erfahrungen ihrer Familie im zaristischen Rußland), der von Redjacket (Geschichte der Indianermassaker in Amerika) und von John Brown (Geschichte der Sklaverei und der Sklavenaufstände) herstellen. Diese Geschichten dienen als Beispiele dafür, daß der Rassismus historisch mit dem Klassenkampf verbunden ist. Sie werden von Sally Bleistift, einer offenherzigen, humorvollen Person, erzählt, von einer Frau, die selbst niemals müde wird, sich für andere aufzuopfern und gegen Vorurteile anzukämpfen. Das Buch hat in ihrer ›sozialistischen‹ Persönlichkeit seinen Mittelpunkt, und ihre Geschichten verdeutlichen das zentrale Thema des Romans, das sie so zusammenfaßt: »Ich hab nicht mehr in Rußland bleiben wollen. ›Ich will mit meinen Kindern in ein zivilisiertes Land‹, hab ich gesagt, ›in ein Land, wo es keinen Zaren gibt und wo die Menschen alle frei sind.‹ Da sind wir nach Amerika ausgewandert, weil wir geglaubt haben, daß das so ein Land ist. Jetzt weiß ich freilich, daß das ein Irrtum war und daß die armen Leute mit und ohne Zar ausgenützt und unterdrückt werden können. Ob man Juden totschlägt oder Neger, ist auch kein großer Unterschied. Denn was will man eigentlich damit erreichen, wenn man Weiße gegen Schwarze und Nichtjuden gegen Juden hetzt? Doch nur, daß die ausgequetschten und ausgenützten Teufel wirr im Kopf werden und über einen eingebildeten Feind herfallen, statt über die wirklichen Feinde, das sind die Besitzer von den Fabriken und den großen Unternehmungen und den großen Ländereien, die alles Geld in der Hand haben und damit wirtschaften, daß sie immer reicher und reicher werden.«[26]

Obgleich Lazars Buch angeblich von Sally Bleistift in Amerika erzählt und obgleich es die Zustände in einer großen amerikanischen Stadt von 1933 schildert, handelt es eigentlich von der Sowjetunion und der Berechtigung des Sozialismus. Das Buch erschien nicht zufällig 1947, als die DDR bessere Beziehungen zur Sowjetunion herstellen und ihre Glaubwürdigkeit als antifaschistischer und demokratischer Staat auf dem Weg zum Sozialismus beweisen wollte. Das Buch wird auch nicht zufällig weiter als ein Klassiker der Jugendliteratur aufgelegt. Sally bestätigt die Prinzipien der proletarischen Revolution, die angeblich in der Sowjetunion verwirklicht werden und – in logischer Folge – in der Deutschen Demokratischen Republik. Lazar hat außerdem die Tendenz, die arbeitende Klasse ohne Unterschied zu glorifizieren, als ob ein armer Arbeiter auch schon ein guter Revolutionär wäre. Das soll nicht heißen, Lazars Werk sei trivial oder propagandistisch. Sein Ruf nach der Solidarität der internationalen Arbeiterklasse, seine Behandlung des Rassismus und seine knappe, humorvolle Sprache machen es zu einem bemerkenswerten sozialistischen Jugendbuch. Heute erfüllt sein Amerikabild jedoch die Funktion, die DDR mit einem sozialistischen Erbe auszustatten, und es ist diese *sozialistische Funktion* des Amerikabildes, die in der DDR weiterentwickelt wird.

Der Autor, der den Spuren Auguste Lazars am treuesten folgt und am meisten zu einem Amerikabild in der Jugendliteratur beiträgt, ist Sigmar Schollak. Neben dem Sachbuch *Getötete Angst* schrieb er eine Trilogie über die Erfahrungen eines Schwarzen in Detroit: *Joshua oder Der Mord in Detroit* (1967), *Joshua oder Das Rattennest* (1971) und *Joshua oder Der heiße Sommer* (1973). Diese Bücher für Elf- bis Zwölfjährige erklären die Bedingungen des Rassismus. Aber ungleich den amerikanischen Veröffentlichungen, die den Rassismus in Amerika von einem moralischen oder sektiererischen Standpunkt kritisieren, wird hier die klassenbedingte Natur des Rassismus betont, und Schollak weist auf die Notwendigkeit hin, daß Schwarze und Weiße zusammenarbeiten müssen, um die gegenseitigen Vorurteile zu überwinden.

*Joshua oder Der Mord in Detroit* behandelt dieses Thema auf vorbildliche Weise. Der dreizehnjährige Joshua hat einen weißen Freund, Chiko Narrow. Wegen ihrer Freundschaft werden sie von den andern gemieden. Der einzige, der Joshua hilft, ist ein Arzt und Führer der Bürgerrechtsbewegung in Detroit, Ephraim Cromwell. Als Cromwell auf ungeklärte Weise getötet wird, suchen Joshua und Chiko zusammen nach dem Mörder. Nach verschiedenen Abenteuern wird Joshua von Mitgliedern des Ku-Klux-Klan gefangen. Glücklicherweise entdeckt Chiko das Versteck des Klans, der auch für den Mord an Cromwell verantwortlich ist, und führt die Polizei zur Rettung Joshuas.

Obwohl der Handlungsverlauf etwas konstruiert anmutet, wirkt das Buch spannend und gibt ein überzeugendes Bild eines jungen Schwarzen, der ganz instinktiv um das ringt, was Dr. Cromwell anrät: »Wenn wir uns gegenseitig Ärger und Sorge bereiten, werden wir kraftlos. Es gibt Leute, die darauf warten, um das auszunutzen. Dann werden sie uns noch mehr drücken, dann wird selbst das Wenige, was wir erreicht haben, uns verlorengehen, und du bist daran mitschuldig.«[27] Joshuas Zweifel und Schwierigkeiten werden realistisch und mit Sympathie dargestellt, wie auch die von Chiko, der nach einem Streit mit Joshua zu verstehen sucht, was es heißt, schwarz zu sein. Ihre Solidarität gibt der ganzen schwarzen Gemeinde ein Beispiel. Schollaks Kritik zielt hier auf die separatistischen schwarzen Bewegungen, die dazu neigen, Schwarze und Weiße zu isolieren. Damit macht er eine wichtige Einschränkung in bezug auf das offizielle Amerikabild der DDR, denn er gibt nicht einfach dem Terror der Kapitalisten die Verantwortung für die Rassentrennung, sondern deutet auch auf andere Ursachen. Die Hauptschwäche des Buches ist das Porträt des Feindes. Der Ku-Klux-Klan und die Polizei sind gesichtslose Gegner der Schwarzen. Man versteht nicht, was sie dazu treibt, den Interessen der herrschenden Klasse zu dienen. Es gibt keine Abstufung ihrer Schlechtigkeit. Der Feind ist die Inkarnation des Bösen und so unglaubwürdig dargestellt, daß die komplexe Natur des Rassismus innerhalb der Arbeiterklasse an keiner Stelle angemessen behandelt wird. Schollak fragt auch nie nach den politischen Motiven der Bürgerrechtsbewegung, die eine integrierende Funktion hatten, welche wiederum von schwarzen Revolutionären kritisiert wurde. Schollaks Forderung nach Zusammenarbeit von Schwarzen und Weißen ist auf diese Weise zu idealistisch und abstrakt und hat mehr mit den sozialen und ethischen Prinzipien zu tun, wie sie in der DDR entwickelt werden.

Die Kinderliteratur folgt, obwohl sie bestrebt ist, die Mühsal der Unterdrückten in Amerika und ihren Kampf darzustellen, den offiziellen Vorschriften der Kulturpolitik. Amerika ist ein barbarisches, dekadentes Land, wo der Rassismus wütet und die Armut überwiegt. Es gibt jedoch einen bezeichnenden Unterschied zwischen dem offiziellen Amerikabild und dem dieser Literatur. Während man in den Massenmedien und den offiziellen Berichten über den Kapitalismus den Eindruck gewinnt, daß die ökonomischen Krisen den Zusammenbruch der herrschenden Klasse in naher Zukunft bringen werden, sind die fiktiven Erzählungen realistischer. Man weiß nach ihrer Lektüre, daß die negativen Kräfte des Kapitalismus noch immer stark sind und daß der Kampf gegen ihn lang und bitter sein wird. Was dem Kapitalismus diese Dauer verleiht, wird freilich nicht klar, weil die positiven Elemente in Amerika, die das System aufrechterhalten, nur selten dargestellt werden. Der Leser erfährt nie, was der amerikanischen Haltung gegenüber der Freiheit eigentümlich ist. Das will nicht besagen, man könne am Kapitalismus auch nur ein gutes Haar lassen, aber die amerikanische Lebensweise besitzt dennoch positive Aspekte wie Originalität, Fleiß, Erfindungsgeist und Humor, die etwa in der historischen Entwicklung des amerikanischen Verhaltens gegenüber Arbeit und Spiel verwurzelt sind. Das Bild Amerikas muß unvollständig bleiben, weil die beschriebene Literatur nicht Amerika in seiner Totalität zu sehen sucht, sondern politische Einstellungen gegenüber den Vereinigten Staaten und dem Kapitalismus stärken möchte, die der Legitimation des DDR-Staates dienen sollen. Daher bleiben sogar die Heilmittel gegen den Kapitalismus wirkungslos, da sie im wesentlichen nichts als gesellschaftliche Vorschriften für die verantwortungsbewußten Handlungen sind, die der Staat in Ostdeutschland seine Kinder lernen und befolgen läßt.

## Theater

Im Rahmen der antifaschistisch-demokratischen Politik der Nachkriegsjahre wurde eine Reihe von Theaterstücken geschrieben und aufgeführt, die das falsche Bild eines friedliebenden, freien Amerika und die Ränke der amerikanischen Regierung zur Vernichtung der kommunistischen Bewegung enthüllen sollten.[28] Gustav von

Wangenheims *Auch in Amerika*... (1950) handelt von einem jungen Studenten namens Larry, der seine Familie in Verwirrung stürzt, als er den Stockholmer Aufruf gegen die Atombombe nach Hause bringt. Sein Vater, ein Ausbilder von Piloten, will seinen Sohn in eine Irrenanstalt einweisen lassen, doch Larry gewinnt die Unterstützung seiner Mutter und seines Großvaters, und das Stück deutet an, daß in Wirklichkeit die amerikanische Politik der Atombewaffnung wahnsinnig zu nennen ist. Maximilian Scheers Drama *Die Rosenbergs* (1953) stellt den Betrug der amerikanischen Regierung bei der Überführung der Rosenbergs dar. Scheer zeigt, wie weit das kapitalistische System zu gehen bereit ist, um seine antikommunistische Politik zu verfolgen. Hans Luckes *Kaution* (1953) ist ein Kriminalstück über einen amerikanischen Schiffsbauer namens Adorno, der eine reiche Frau töten läßt, weil sie nicht länger seine Unternehmen finanzieren will. Adorno wird zu diesem Schritt getrieben, da die Streiks der Arbeiter seine Kapitalkraft völlig geschwächt haben.
Alle diese Stücke werden durch eine ausgesprochen politische Aggressivität charakterisiert. Sie stellen das Militär und die Industriellen bloß und greifen sie an, weil sie Amerika auf einen dritten Weltkrieg vorbereiten könnten. Diese Stücke entsprechen genau der Außenpolitik der DDR dieser Zeit, die damals bis zu einem gewissen Grad auf der Furcht beruhte, die Vereinigten Staaten könnten Atomwaffen gegen osteuropäische Länder einsetzen. Sie behandeln alle die gleiche Zeitspanne, die Nachkriegsjahre, und stellen ängstliche, fast hysterische Entgegnungen auf eine Periode der Hysterie und politischen Unterdrückung in Amerika dar.
Einige bedeutende amerikanische Theaterstücke von Anderson, Kingsley, Rice, Odets und Miller wurden auch während der antifaschistisch-demokratischen Phase aufgeführt, und obgleich sie offenbar machten, wieviel komplexer die amerikanische Szene der dreißiger und vierziger Jahre war, wurde doch das grobe Agitpropstück *Schneeball* (1950) von Wera Ljubimowa das wirkungsvollste Drama dieser Periode. Das für ein jugendliches Publikum bearbeitete Stück handelt von zwei schwarzen Kindern, Betty und Dick (mit Spitznamen ›Schneeball‹), die zum Mittelpunkt einer Kontroverse an einer liberalen Schule in den Südstaaten werden. Angela Biddl, die Tochter eines Millionärs, hat eine solche Abneigung gegen die beiden, daß sie ihren Vater überredet, alles in seiner Macht Stehende zu tun, um die beiden von der Schule zu verweisen. Biddl hat Erfolg, aber nur um den Preis eines Aufstands seiner Arbeiter gegen ihn (in einer anderen Fassung vereinen sich die Schüler zu einem Solidaritätsstreik). Das Stück gibt die Rassendiskriminierung an amerikanischen Schulen auf so krasse Weise wieder, und die Probleme, die im Unterricht und im Integrationsprozeß auftreten, werden so verzerrt, daß es fast lächerlich wirkt. Dennoch kann man sich nicht lachend darüber hinwegsetzen, denn das Stück wurde zum wirksamen Werkzeug bei der Entstehung eines eindimensionalen Amerikabildes, wie das folgende Zitat zeigt: »*Schneeball* wurde allein am ›Theater der Freundschaft‹ viermal aus jeweils unterschiedlichen Anlässen inszeniert. Diese Inszenierungen geben ein Beispiel, wie das Kinder- und Jugendtheater der DDR verstanden hat, Theater der Zeit zu sein, das heißt, den Kindern die gesellschaftlichen Widersprüche der Welt zu zeigen und zu parteilicher Anteilnahme am Kampf der Unterdrückten aufzufordern. Der ersten *Schneeball*-Aufführung lag der Gedanke der internationalen Solidarität zugrunde. [...] Die zweite Inszenierung 1955 betonte die Aktualität des Stückes im Hinblick auf die Refaschisierung Westdeutsch-

lands, die Gründung der NATO und der antisowjetischen Kampagne in den USA. Aus Anlaß des 10. Jahrestages des ›Theaters der Freundschaft‹ erschien *Schneeball* 1960 in der neuen Übersetzung von Hans Rodenberg zum dritten Mal im Spielplan. Das Ensemble brachte mit dieser Aufführung seine Solidarität mit den um ihre Freiheit ringenden Völkern Afrikas zum Ausdruck. Als im ›heißen Sommer‹ 1968 die andersfarbigen Amerikaner, unterstützt von Bürgerrechtskämpfern, um ihre menschlichen Grundrechte kämpften und von der Reaktion brutal zusammengeschlagen wurden, entschloß sich das Theater aufgrund eines Vorschlages des künstlerisch-ökonomischen Rates mit *Schneeball* gegen diese Vorgänge zu protestieren.«[29]

Das verdeutlicht, wie primitiv und grobschlächtig ostdeutsche Kulturfunktionäre arbeiten, um ein Amerikabild zu schaffen, das den Staatsinteressen dient. Der Zweck ihrer Arbeit ist nicht, ein Problem verständlich zu machen, sondern den Feind schwarz und weiß anzumalen, dann Pfeile auf ihn abzuschießen und so das ostdeutsche Publikum glauben zu machen, die DDR als sozialistischer Staat verfolge eine ehrliche Rassenpolitik. Wenn jedoch das DDR-Theater wirklich daran interessiert wäre, den Antisemitismus und Rassismus zu bekämpfen, so könnte es sich auch mit den Judenpogromen in der Ukraine oder mit dem Antisemitismus in der Sowjetunion beschäftigen. Oder wenn die DDR wirklich ein ›Theater der Zeit‹ haben wollte, könnte sie andere Dramatiker dazu aufrufen, die komplexen Rassenprobleme in Amerika zu studieren (wie Schollak das versucht hat) und Dramen zu schreiben, die der Wirklichkeit eher entsprechen, anstatt ein klischeehaftes Stück zu benutzen, um den amerikanischen ›Barbarismus‹ anzuprangern.

In den letzten Jahren gab es nur drei Dramen, die direkt oder indirekt Amerika zum Gegenstand hatten. Rolf Schneider: *Prozeß Richard Waverly* (1963) und *Prozeß Nürnberg* (1967) sowie Claus Hammel: *Ein Yankee an König Artus' Hof* (1967). Schneider will in seinen beiden Stücken die amerikanische Regierung wegen verbrecherischer Handlungen anklagen. In *Prozeß Richard Waverly* zeigt er ziemlich geschickt, wie die Luftwaffe ein Verfahren gegen Claude Robert Earthly (der wahre Richard Waverly) anstrengt, der die Bombardierung von Hiroshima leitete, um ihn daran zu hindern, die kriminelle Natur des Bombardements bekanntzumachen. In *Prozeß Nürnberg* schreibt Schneider ein Stück über die nationalsozialistischen Kriegsverbrechen und zieht die Parallele zu jenen Amerikas in Vietnam. Das Stück soll die Funktion internationaler Gerichte zur Bestrafung von Kriegsverbrechen rechtfertigen. Am Ende läßt Schneider den amerikanischen Ankläger sagen: »mit dem gleichen maß, mit dem wir diese angeklagten heute messen, werden auch wir morgen von der geschichte gemessen werden.«[30] Keines der Stücke untersucht die Komplexität der damit verbundenen Probleme; beide führen dadurch zu historischen Mißverständnissen. Hammels Drama betrifft ebenfalls den Krieg. Er läßt einen amerikanischen Soldaten, der im Vietnamkrieg gefallen ist, in das Reich von König Artus gelangen, wo er für das Wohl der Menschheit zu arbeiten versucht, indem er die Dampfmaschine erfindet. Damit will er in Zukunft Ausbeutung und Kriege unter den Rittern an König Artus' Tafelrunde verhindern. Es mißlingt ihm jedoch, weil er es nicht versteht, die Bauern und Arbeiter zu seiner Unterstützung miteinander zu vereinen. Er muß einen zweiten Tod sterben. Hammels Kritik trifft mit der offiziellen DDR-Politik zusammen, die radikale amerikanische Intellektuelle und die Neue Linke dafür rügt, daß sie sich zum Stoßtrupp der Revolution machen wollen. Gleichzeitig will das Stück aber den Standpunkt der Kommunistischen Partei der Vereinigten Staaten verteidigen.

Im großen und ganzen hat das ostdeutsche Drama die Funktion des offiziellen, den Staat legitimierenden Amerikabildes nicht geändert. Sogar im Falle der Amerikastücke Brechts (*Im Dickicht der Städte, Die Heilige Johanna der Schlachthöfe, Arturo Ui* und *Mahagonny*) könnte eingewandt werden, daß ihre Aufführungen dazu dienten, ein statisches Bild des korrupten, dekadenten, barbarischen Amerika aufrechtzuerhalten, das mit dem zeitgenössischen Amerika nur eine schwache Ähnlichkeit hat. Denn diese Aufführungen sagen mehr über den Mißbrauch Brechts[31] als über Amerika aus und beugen sich der Legitimationsfunktion der Kulturpolitik der DDR, die sicherstellt, daß das Amerikabild, welcher Epoche auch immer, mit der allgemeinen Außen- und Innenpolitik des Staates übereinstimmt.

Um zusammenzufassen: Alle Theaterstücke über Amerika, die seit 1949 in Ostdeutschland aufgeführt wurden, stimmen mit der programmatischen Politik des Staates überein. Die frühen Stücke dienen der antifaschistisch-demokratischen Kampagne, dokumentieren gewisse Momente in der Geschichte des amerikanischen Antikommunismus und lassen die USA als Nachfolger des nationalsozialistischen Deutschland und als faschistische Weltbedrohung erscheinen. Die Stücke der sechziger Jahre ändern dieses Bild nicht sehr; sie interessieren sich mehr für die amerikanische Beteiligung am Vietnamkrieg und die imperialistischen Absichten der USA. Mit Ausnahme von Maximilian Scheer, der ebenfalls ein stereotypes Propagandastück über Angela Davis geschrieben hat, hat keiner der ostdeutschen Dramatiker jemals Amerika besucht, und ihre Stücke scheinen mit Schere und Kleister aus Ausschnitten der offiziellen Parteiorgane und Zeitungsberichte über amerikanische Greueltaten zusammengeklebt zu sein. Damit soll nicht gesagt sein, daß die genauere Kenntnis eines Landes notwendigerweise ein besseres Verständnis mit sich bringt. *Guerillas* des Amerikakenners Rolf Hochhuth z. B., mit seinen absurden idealistischen Vorstellungen über eine ›linke‹ herrschende Klasse, stellt die politische Situation in Amerika völlig falsch dar. Es gibt jedoch keine Anzeichen dafür, daß die ostdeutschen Dramatiker sich intensiver mit ihrem Stoff beschäftigen, um zum besseren Verständnis einer anderen Nation und ihrer Kultur zu gelangen. Stücke über Amerika sind politische Gelegenheitsdramen, die ihre Verfasser dazu benutzen, um ihre Solidarität mit der DDR-Politik zu beweisen.

*Lyrik*

Die meisten Gedichte über Amerika waren bisher ebenfalls politische Gelegenheitsarbeiten. Sie stellen entweder die Antwort auf besonders ernste, durch amerikanische Aggressionen hervorgerufene politische Ereignisse dar, oder sie sind Anklagen gegen eine Regierung, die Minoritäten unterdrückt. Die Werke von Volker Braun und Wolf Biermann sind typisch für viele der Agitpropgedichte, die auch als Solidaritätsgeste für einzelne unterdrückte Gruppen verstanden werden dürfen.
Volker Braun veröffentlichte 1968 einen Band Gedichte und Fotografien mit dem Titel *Kriegs-Erklärung*, der sich mit Brechts *Kriegsfibel* vergleichen läßt. Die Ge-

dichte und Fotos stellen die Brutalität und Gefühllosigkeit der Amerikaner und die Tapferkeit der Vietnamesen dar. Dabei ist die sorgfältige Unterscheidung Brauns zwischen der amerikanischen Regierung und dem amerikanischen Volk wichtig. Das wird in dem folgenden kurzen Gedicht besonders betont, das ein Foto kommentiert und durch eine Bildunterschrift eingeführt wird:

> *Soldaten der Raketeneinheit X in Hanoi, die am 15. Juli 1966*
> *drei Piratenmaschinen abschossen und die Piloten*
> *gefangennahmen, bei einem Meeting.*

Die ihr noch wähnt, ihr bombt die Freiheit her
Seht uns hier gegen euch die Fäuste heben!
Kämpft *ihr* euch frei, in Dallas oder Delaware!
Dann werden wir sie euch als Hände geben.[32]

Braun stellt die inneren Widersprüche Amerikas in den Mittelpunkt, wo unfreie Männer unwissend für das kämpfen, was sie für Freiheit halten. Seine Gedichte rufen das amerikanische Volk auf, gegen seine eigenen Unterdrücker zu kämpfen, so daß sie Brüder der Vietnamesen werden können. Aber in Wirklichkeit stellen sie die starke Position der DDR bei der Unterstützung Vietnams im Kampf um seine Freiheit dar.

In einigen anderen Gelegenheitsgedichten nimmt Braun wichtige Ereignisse zum Vorwurf, die er aus den Zeitungen kennt und in kritische Bilder eines manipulierten Volkes umdeutet, das unter den kapitalistischen Bedingungen auf eine tierische Stufe herabgewürdigt wird. In *Der Fight des Jahrhunderts* beschreibt Braun, wie Muhammad Ali und Joe Frazier um Geld und zum Entzücken von 25 Millionen Zuschauern einander zu Brei schlagen:

Zwei schwarze rotierende Tiere
Kreisten in die Televisioren:
Frazier kartätscht Clay die Luft aus den Rippen
Aus dem Ring gemanagt Clay drei Jahre
Wegen verweigerten Mords in Vietnam.
*Ali! Ali!*[33]

Ali und Frazier werden ausgebeutet. Ali, von der Regierung wegen Kriegsdienstverweigerung schikaniert, ist in keiner Verfassung, erfolgreich gegen Frazier zu kämpfen, der ›die große weiße Hoffnung‹ der reaktionären Kräfte geworden ist. Keiner der Boxer gewinnt letztlich, denn ein Schwarzer wird gegen einen Schwarzen aufgestellt, und der wahre Gegner thront über beiden, unberührt und riesige Profite einstreichend.

Wie Braun hat auch Biermann Gedichte geschrieben, die die amerikanische Aggression in Vietnam verurteilen und zeigen, wie das amerikanische Volk ausgebeutet wird. In seinem Zweizeiler *Grabinschrift für einen amerikanischen Soldaten* wird seine Ansicht zusammengefaßt:

Als Schlächter ausgeschickt
Verendet als Schlachtvieh.[34]

Biermann gibt sich jedoch nicht damit zufrieden, nur über die amerikanische Aggression zu schreiben. Einige seiner Gedichte wie *Die Legende vom Soldaten im dritten Weltkrieg* und *Ballade vom Panzersoldaten und vom Mädchen* kritisieren die militaristische Mentalität. Wichtiger noch sind die beiden Gedichte *Genossen, wer von uns wäre nicht gegen den Krieg* und *Verheerende Nebenwirkung des Krieges in Vietnam*, in welchen Biermann aufdeckt, wie der Krieg dazu benutzt wird, die Unterdrückungspolitik des Staates, der behauptet, den Interessen der Arbeiterklasse zu dienen, zu rechtfertigen, d. h. zu verdecken:

Das da, dieser Krieg da
wirft auf die Welt einen langen Schatten
– – in dessen Schutz wird munter
weitergemordet
weitergefoltert
weitergelogen

Ach, wo denn, Genossen, wird da gelogen?
Wo gefoltert?
Gemordet, wo noch?![35]

Obwohl Biermann nicht viel über Amerika geschrieben hat – es gibt ein weiteres Lied, *Die Ballade von dem Briefträger William L. Moore aus Baltimore* über den Rassismus –, ist er einer der wenigen DDR-Autoren, der eine politische Perspektive hat, die ihm erlauben könnte, ein deutliches Amerikabild in den Blick zu bekommen. Anstatt Amerika als den einzigen imperialistischen Feind darzustellen, versucht Biermann zu verstehen, wie seine eigene Regierung das Amerikabild benutzt, um ihren Zwecken zu dienen. Biermann behauptet in seinen Werken, besonders in dem Drama *Der Dra-Dra* (1970), daß das Amerikabild und das Bild der DDR im Kopf des DDR-Bürgers verzerrt sein müssen, wenn die Staats- und Parteiführung die Kontrolle über das Land behalten wollen. Die Folge dieser Behauptung ist, daß Biermanns Gedichte nicht in der DDR veröffentlicht werden dürfen. Hier zeigt sich, wie schwierig es für einen Schriftsteller ist, den offiziellen Legitimationsprozeß zu durchbrechen. Denn Biermann ist nicht bloß als Revisionist und Anarchist von der DDR-Regierung gebrandmarkt worden; auch die Bundesrepublik hat sich ein eigenes Biermann-Bild gemacht, das ihre Politik legitimieren soll.
Der einzige ostdeutsche Dichter, der bisher die Vereinigten Staaten besucht und seine Erfahrungen beschrieben hat, ist Günter Kunert.[36] In dem Band *Offener Gesang* (1970) veröffentlichte Kunert vier Gedichte, die direkt oder indirekt von Amerika sprechen. Zwei, *Fernöstliche Legende* und *Hexerei texanischer Herkunft*, betreffen den Vietnamkrieg und die heuchlerische Position Amerikas als des mächtigsten Landes der Freien, das versucht, die Freiheit kleiner Völker in fremden Ländern zu zerstören. Die anderen beiden Gedichte, *In Kansas City* und *Daystream*, stellen Überlegungen über die Kräfte an, die Geiz und Besitzgier in Amerika för-

dern. Kunert will aber den Prozeß verstehen, der in Amerika zur Entfremdung und Apathie führt. Der Gedanke an die weite Einsamkeit, Anonymität und Kälte verfolgt ihn und versetzt ihn in Schrecken. Eine Reihe von Gedichten, die in *Neue Deutsche Literatur* im Mai 1973 veröffentlicht wurden, sind voll von Bildern einer kahlen Landschaft. In *Zehn Minuten vor Dallas* heißt es:

> Auf verschiedenen und vielen Ebenen
> überrollt jeder jeden und sieht nichts
> als geschwungene Verschrankungen
> aus Beton
> als die horizontale und vertikale
> Bewegung der Wagen
>
> Niemand nimmt wahr
> wie wir sind:
> wie besonders
> wie außerordentlich
>
> ich meine: als Menschen.[37]

Die Entmenschlichung in Amerika ist besonders verwirrend für Kunert, und zwar nicht nur die Entmenschlichung selbst, sondern die Tatsache, daß niemand die Zeichen an der Wand lesen kann.

> Das Blut toter Armadillos
> bildet auf dem Straßenbelag oftmals
> Zeichen
> die keiner entziffert weil keiner anhält
> weil keiner es wagt
> weil
> am lebendigsten von alldem die Gefahr
> daß sich selber verlorengeht
> wer in die Weite wer in die Leere
> die Füße setzt.[38]

Als der einzige Lyriker, der die Vereinigten Staaten kennt, gibt Kunert ein Bild von ihnen, das sich teilweise von dem offiziellen Amerikabild unterscheidet und der Wirklichkeit näherkommt. Er verzichtet auf die Reihung verbrauchter Klischees und richtet den Blick vor allem auf die Entfremdung und Indifferenz in der amerikanischen Gesellschaft, allerdings ohne sie zu erklären.

Ostdeutsche Lyrik mit den USA als Thema wird auch in Zukunft zum größten Teil aus politischen Gelegenheitsgedichten bestehen. Bis weitere Lyriker nach Amerika reisen wie Kunert, werden diese Gedichte Behauptungen über amerikanische Politik sein, welche primär die Außenpolitik der DDR flankieren. Sogar im Fall Kunerts könnte man meinen, daß er im Grunde nur das Selbstporträt Ostdeutschlands vermittelt. In der kahlen amerikanischen Landschaft, die er abbildet, ist ihr Gegensatz, ein fruchtbarer ›sozialistischer‹ Garten, zu erkennen. Das wenigstens ist die Schlußfolgerung, die zu ziehen bleibt. An dieser Stelle unterstützt Kunert mit seinem Amerikabild, ob er will oder nicht, das offizielle, weil seines nur einen mikrokosmischen Ausschnitt aus dem komplexen amerikanischen Zusammenhang gibt.[39]

## Prosa

Die beiden prominentesten Schriftsteller, die sich mit Amerika beschäftigt haben, sind Emigranten, Walter Kaufmann und Stefan Heym. Beide verließen Deutschland in ihrer Jugend und kehrten in den frühen fünfziger Jahren nach Ost-Berlin zurück. Beide schreiben hauptsächlich auf englisch, und ihre Ansichten sind von den langen Exiljahren bestimmt. Kaufmann lebte in Australien und reiste erst 1965 zum erstenmal in die Vereinigten Staaten. Außer einem Buch über Angela Davis und der Kindergeschichte *Das verschwundene Hotel* schrieb er zwei Reiseberichte über Amerika, *American Encounter* (1966) und *Hoffnung unter Glas* (1967), die Wochenschauausschnitte à la Dos Passos enthalten, um in einer Montage naiver Eindrücke die miserablen Zustände in einem Land zu offenbaren, das als Zuflucht der Unterdrückten gilt. In beiden Büchern, das zweite ist die Fortsetzung des ersten, empört sich Kaufmann über Greueltaten, deren Zeuge er wird, aber er begreift sie nicht. Das heißt, seine Reiseberichte bleiben Vorurteile über das imperialistische Amerika mit all seinen Widersprüchen. Auf seinen Fahrten sucht er nach den anständigen, ›positiven‹ Menschen, die oft mit der Kommunistischen Partei in Verbindung stehen und gegen zerstörerische Tendenzen und Elemente kämpfen.
Während Kaufmann auf simple Weise alles Gute in Amerika mit dem Kommunismus gleichsetzt, versucht Stefan Heym, der während des Zweiten Weltkriegs in der amerikanischen Armee gekämpft hat und das Leben in den USA viel besser kennt, die Ursachen für Rassismus, Armut und Korruption in Amerika bloßzulegen. Abgesehen von drei Romanen, *Hostages* (1942), *The Crusaders* (1948) und *Eyes of Reason* (1951), die von Faschismus, dem Krieg und seinen Nachwirkungen handeln, hat Heym zwei wichtige Bücher geschrieben, die sich ausschließlich mit Amerika in den fünfziger Jahren beschäftigen, *Goldsborough* (1954, dt. 1955) und *The Cannibals* (1953, dt. 1953). *Goldsborough* ist ein Roman über einen wilden Bergarbeiterstreik im westlichen Pennsylvanien während der fünfziger Jahre, also auf dem Höhepunkt der McCarthy-Epoche. Heym schrieb den Roman ausdrücklich mit der Absicht, ein detailliertes Bild von Amerika während einer kritischen Periode seiner Geschichte zu geben. Im Nachwort heißt es:
»Ich gestehe gern, daß es Goldsborough in Wirklichkeit nicht gibt. Aber es gibt viele Goldsboroughs.
Man kann sie überall finden in Pennsylvania, Ohio, West Virginia, Illinois, Kentucky, Arkansas. Was die sozialen Verhältnisse betrifft, so existieren Städte wie Goldsborough von einem Ende der Vereinigten Staaten zum andern. Man könnte sogar sagen, daß trotz der Verschiedenartigkeit der einzelnen Teile des Landes die Vereinigten Staaten heute im Grunde ein einziges großes Goldsborough sind.«[40]
In kurzen, eindringlichen Episoden beschreibt er die typischen Vertreter ihrer Klasse, die in den Streik verwickelt sind, vom eingewanderten Bergarbeiter, der

ums Überleben kämpft, bis zum reichen Richter, der versucht, die Kontrolle über
seine Bergwerke zu behalten. Heyms Figuren wirken selten stereotyp, weil es ihm
um ihre besonderen inneren Widersprüche geht. Die Hauptfigur, Carlisle Kennedy,
der Anführer des wilden Streiks, wird deshalb weder als edelmütiger Arbeiter idea-
lisiert, noch werden die Gegner des Streiks einfach als Bösewichte abgetan. Heym
zeigt eine gespaltene Arbeiterklasse und wie sie durch die korrupte Gewerkschafts-
führung, die Polizei, die Presse, das Rechtssystem und die Regierung entzweit wird.
Auf jeder Stufe herrscht die Gier nach Geld (entweder um zu überleben oder um
Profit oder Macht zu erlangen). Wie diese Gier sich zeigt und wie sie manipuliert
ist, interessiert Heym, und deshalb konzentriert er seine Aufmerksamkeit auf die
Strategie der Gewerkschaftsführer und Lokalpolitiker, die den spontanen Aufstand
und den Kampfgeist der Arbeiter zu brechen suchen. Abgesehen davon, daß das
kapitalistische ›System‹ Rechtsmittel, Einschüchterung, brutale Gewalt und Be-
stechung gebraucht, um das Leben der Arbeiter noch elender zu machen, als es schon
ist, stützt es sich auch gezielt auf antikommunistische Emotionen und Verhaltensweisen, um die Versuche der Arbeiter, sich zusammenzuschließen und ihre Interessen zu verteidigen, zu untergraben. Die Streikführung wird als kommunistisch diffamiert, was zugleich ›unamerikanisch‹ bedeutet. Aber Kennedy erklärt: »Ich bin
mir nicht ganz darüber im Klaren, was das eigentlich sein soll – ein Kommunist.
Aber so viel weiß ich: Wenn sie mich als Kommunisten bezeichnen, weil ich mein
ganzes Leben lang Kohle aus der Erde geholt habe, und weil ich nicht will, daß
Leute wie Geoghan und Pritchett und noch größere Schufte das Recht haben, mir
zu sagen, wann ich arbeite, und wann ich ein richtiges Dach über meinem Kopf
und was zu essen für meine Kinder und ein anständiges Auskommen für mich und
den Kumpel an meiner Seite haben darf – – dann, Gott verdamme mich, dann bin
ich vielleicht ein Kommunist. Aber wenn *ich* einer bin, dann muß es ihrer unendlich
viele geben, in den Stahlwerken und in den Gruben und auf den Landstraßen – –
überall.«[41]
Heyms Thema führt so zu einer ironischen Umkehrung des antikommunistischen
Wahns dieser Zeit: ein echter Amerikaner zu sein bedeutet eigentlich, ein Kommunist zu sein. Mit diesem Argument trifft Heym ins Schwarze, denn der amerikanische Traum dieser Arbeiter kann nur dann Wirklichkeit werden, wenn sie, wie
Kennedy, in ihrem eigenen Interesse handeln. Manchmal sucht Heym die Ziele der
kommunistischen Partei Amerikas zu rechtfertigen und beschreibt sogar eine edel-
mütige Kommunistin, Miss Beasley, um die ideale Seite der Partei zu zeigen. Aber
im Grunde will der Roman begreiflich machen, wie *alle* Hebel der Ausbeutung und
Manipulation das politische Bewußtsein zerstören und den ›amerikanischen Traum‹
in Widerspruch zur amerikanischen Wirklichkeit setzen. Als eine Art dokumenta-
rischer Studie ist Heyms Roman jedenfalls eine durchdringende Analyse der ›unamerikanischen‹ Aktivitäten von Regierung und Gewerkschaften während der
McCarthy-Epoche.
Heyms zweites Hauptwerk über Amerika, *The Cannibals*, ist eine Sammlung von
Kurzgeschichten, die das amerikanische Leben zwischen 1945 und den frühen fünfziger Jahren beschreiben. Jede deckt mit einer ironischen Wendung den ›american
way of life‹ als bar aller Menschlichkeit auf. Solche Postulate wie ›freies Unternehmertum‹ werden in der Geschichte gleichen Titels als Strategie bloßgestellt, die

die Armen in Schulden stößt und sie verschuldet bleiben läßt. In der Erzählung *The Cannibals* wartet ein alter Mann auf ein Telegramm mit der Mitteilung, er habe in einer Munitionsfabrik seine alte Stellung zurückerhalten, weil die Produktion wegen des Koreakriegs wiederaufgenommen worden ist. Er bekommt auch wirklich ein Telegramm, aber es enthält die Nachricht, daß sein Sohn in Korea gefallen ist, in jenem Krieg, zu dem der Vater in der Munitionsfabrik beitragen wird. Amerika erscheint in diesen Geschichten als Land, in dem die Menschen vom Fleisch anderer Menschen leben, in dem ein System durch menschliche Arbeitskraft aufrechterhalten wird, die ihre eigene Zerstörung produziert. Es ist Heym in diesem Band gelungen, den täglichen Kampf der einfachen Leute unter den schweren Bedingungen im kapitalistischen System zu beschreiben, das jeden ihrer Versuche, nur das Mindestmaß von Glück zu erreichen, im Keim erstickt.

Auch in anderen Werken, die nicht ausführlich von Amerika handeln, gibt es Figuren, in welchen sich Amerika spiegelt. Besonders während der frühen sechziger Jahre erschienen mehrere Romane, in denen Amerika mit ›dekadenten Typen‹ identifiziert wird. Curt in Brigitte Reimanns *Ankunft im Alltag* (1961), Tom Breitsprecher in *Beschreibung eines Sommers* von Karlheinz Jakobs (1961) und Sägemüller Rasch in Erwin Strittmatters *Ole Bienkopp* (1964) zeichnen sich entweder dadurch aus, daß sie Englisch sprechen, westliche Musik mögen, Auto fahren, Frauen verführen oder viel Geld verdienen wollen. Sie sind die zerstörerischen Elemente in einer Gesellschaft, die den Sozialismus aufzubauen versucht, gegenrevolutionäre Gestalten, welche die amerikanische Bedrohung darstellen, die mit Ausschweifung, Chaos, Gier und freiem Unternehmertum verbunden ist. Diesen Figuren stehen solidere gegenüber, welche die DDR mit anderen Tugenden repräsentieren: Pflichtbewußtsein, Ehrlichkeit, Fleiß, Loyalität, Sauberkeit usw.

Neuerdings läßt sich jedoch eine ungewöhnliche Entwicklung feststellen, die andeutet, daß das Amerikabild auch dazu benutzt werden kann, patriarchalische und bürokratische Einstellungen in der DDR zu kritisieren. In Ulrich Plenzdorfs *Die neuen Leiden des jungen W.* (1973) wird Edgar Wibeau in engem Zusammenhang mit Holden Caulfield aus *Der Fänger im Roggen* von J. D. Salinger gesehen. Edgar hat nicht nur Salingers Roman gelesen, er handelt auch wie Holden Caulfield. Er trägt Blue jeans, schwärmt für Rock-Musik und lehnt sich gegen alles Unechte in der Gesellschaft auf. Er geht von zu Hause fort und versucht, in Berlin etwas Eigenes zu schaffen, das sein Beitrag zum Sozialismus sein soll. Das führt letztlich zu seinem Tod. Edgar als ein ›amerikanisches Symbol‹ steht nicht länger für Dekadenz, sondern für Hoffnung, und diese Hoffnung wird erstickt, weil es keinen Platz mehr für sie gibt in einer Gesellschaft, die Originalität und Erfindungsgeist mit Mißtrauen betrachtet. Ohne im eigentlichen Sinn über Amerika oder einen Amerikaner zu schreiben, hat Plenzdorf doch wesentliche Züge des amerikanischen Lebens eingefangen – Energie, Strebsamkeit, Ehrlichkeit und Offenheit –, die in der ›offiziellen‹ Literatur kaum zur Sprache kommen. Ob auch andere Autoren auf diesem Weg weitergehen und wie Plenzdorf Amerika als Symbol der Hoffnung und Veränderung sehen werden, bleibt abzuwarten.[42] Die offene Diskussion über Plenzdorfs Werk läßt jedoch hoffen, daß zukünftige Werke dieses neue ›amerikanische‹ Bild enthalten, seine nicht zu leugnende Frische, die ihm positive Spiegelbildfunktion zukommen läßt und eine kritische Perspektive auf die DDR eröffnet.

*Für ein neues Amerikabild*

Mit der kürzlich erfolgten Anerkennung der Deutschen Demokratischen Republik durch die Vereinigten Staaten, so könnte man annehmen, erführe das offizielle Amerikabild nun drastische Veränderungen. Diese Annahme ist jedoch unrealistisch, da in der offiziellen Amerikakritik keine Änderung zu bemerken ist. Im Gegenteil, übereinstimmend mit der Politik einer friedlichen Koexistenz wird Amerika weiterhin als imperialistische Bedrohung dargestellt, um damit westlichen Konvergenztheorien entgegenzutreten. Je mehr die DDR ihre diplomatischen, kulturellen und wirtschaftlichen Beziehungen mit den USA ausbaut, desto mehr muß sie ihre Handlungen als die eines *sozialistischen* Staates vor ihren Bürgern rechtfertigen. Deshalb ist der Gegner als potentieller Zerstörer des Weltfriedens und des Sozialismus darzustellen.

Man könnte auch annehmen, daß sich langsam eine Änderung im Amerikabild der DDR-Literatur ergibt, wenn mehr Schriftsteller Amerika besuchen. Doch auch dann schränken die Vorschriften der Kulturpolitik solche Autoren ein, die vielleicht Amerika in einem positiveren Licht beschreiben möchten. Auch garantiert die Kenntnis der amerikanischen Zustände nicht, daß ein Künstler ein vollständiges Bild der amerikanischen Gesellschaft wiedergibt. Ostdeutsche Schriftsteller haben bisher das offizielle Amerikabild nur modifiziert, weil sie die DDR-Theorie des staatsmonopolistischen Kapitalismus – den Ausgangspunkt für jede Amerikaanalyse – weder in Frage gestellt noch kritisiert haben. Bis das geschieht, wird die kapitalistische Oberfläche Amerikas weiter beschrieben, aber das System nicht verstanden werden. Protest wird als moralische Empörung laut werden, was aber nur ein Ausdruck der mit dem fortgeschrittenen Erkenntnisstand sozialistischer Theorie und revolutionärer Praxis unvereinbaren Kritik an Amerika ist. Diese Rückständigkeit bildet jedoch die Grundlage der ostdeutschen Außen-, Innen- und Kulturpolitik, die dem Legitimationszwang der DDR-Regierung gehorcht. Folglich ist das Amerikabild eng an das Selbstbildnis der DDR gebunden.

Ein neues Amerikabild kann sich daher solange nicht entwickeln, wie das Bild der DDR nicht deutlich sichtbar und offen kritisiert wird. Mit anderen Worten, solange DDR-Autoren nicht als *sozialistische* Schriftsteller die subjektiven und objektiven Faktoren untersuchen, diskutieren und kritisieren können, die in ihrer eigenen Gesellschaft Veränderungen verhindert haben, werden sie nicht imstande sein, die gesellschaftlichen und politischen Prozesse anderer Länder zu bewerten. Sogar jene Autoren wie Schollak, Kunert, Biermann, Heym und Plenzdorf, die es fertigbrachten, kurze Blicke auf ein *anderes* Amerika freizugeben, haben im Grunde sehr wenig Wirkung auf die große Mehrheit des Lesepublikums in der DDR gehabt. Paradoxerweise wird Amerika erst dann so gesehen werden, wie es wirklich und in seiner Totalität ist, wenn man in der DDR die Augen öffnet und die eigene Gesellschaft kritisch zu sehen lernt. Ein neues Amerikabild hängt davon ab, bis zu welchem Grad der Sozialismus in der Deutschen Demokratischen Republik verwirklicht wird.

Aus Gründen terminologischer Vereinfachung wird zwischen den Begriffen ›Amerika‹, ›Vereinigte Staaten von Amerika‹, ›USA‹ in diesem Beitrag nicht unterschieden.

1 Der Marshallplan und seine Auswirkungen auf Deutschland. In: L. A. Mendelsohn, Henri Claude u. Walter Ulbricht: Die Weltherrschaftspläne des US-Imperialismus. Münster 1972. S. 184 und 488 f.

2 Vgl. Bruce Kuklick: American Policy and the Division of Germany. Ithaca 1972. S. 182. Kuklick weist nach, daß der Kalte Krieg von der amerikanischen Politik des »multilateralism« verursacht wurde, ein euphemistischer Ausdruck für Imperialismus. Siehe auch Gabriel Kolko: The Politics of War (New York 1968) und: The Limits of Power (New York 1970).

3 Bevor die Berliner Mauer 1961 errichtet wurde, konnten westliche Veröffentlichungen in der DDR zirkulieren. Die wichtigsten amerikanischen Propagandaquellen sind heute: Radio Freies Europa, Die Stimme Amerikas, Radio Liberty und der AFN (American Forces Network). Westdeutsche Rundfunksendungen und das Fernsehen tragen indirekt ebenfalls zum offiziellen und inoffiziellen Amerikabild bei.

4 Vgl. Oskar Negt: Marxismus als Legitimationswissenschaft. Zur Genese der Stalinistischen Philosophie. In: Abram Deborin u. Nicolaj Bucharin: Kontroversen über dialektischen und mechanistischen Materialismus. Frankfurt a. M. 1969. S. 7–48. Negt beschäftigt sich hauptsächlich mit den Widersprüchen in der Sowjetunion.

5 Vgl. Klaus Bollinger u. Hans Maretzki: Die Forcierung der Globalstrategie – Ausdruck der Krise des USA-Imperialismus. In: Entwicklungstendenzen der internationalen Politik. Berlin 1969. S. 137–163. Eine vollständige Darstellung der offiziellen Außenpolitik der DDR findet sich in: Außenpolitik der DDR – Für Sozialismus und Frieden. Hrsg. von einem Autorenkollektiv des Instituts für Internationale Beziehungen an der Akademie für Staats- und Rechtswissenschaft der DDR. Berlin 1974.

6 Ebd., S. 141.

7 Hartwig Busse u. Werner Hänisch: Friedliche Koexistenz – Grundprinzip der Außenpolitik der DDR. In: Deutsche Außenpolitik 1 (1974) S. 25 f. Siehe auch: Harald Neubert, Der antiimperialistische Kampf und die Politik der friedlichen Koexistenz. Berlin 1974.

8 Vgl. Interview, granted by Erich Honecker, the First Secretary of the Central Comitee of the Socialist Unity Party of Germany to Hubert J. Erb, correspondent of the US news agency *Associated Press* on May 30, 1974. In: Political Documents of the German Democratic Republic. Nr. 3. Berlin 1974. Siehe auch: A. Gromyko u. A. Kokoschin, Die außenpolitische Strategie der USA für die siebziger Jahre. In: Deutsche Außenpolitik 1 (1974) S. 217 f.

9 Rolf Reißig: Antimonopolistische Alternative – Sozialistische Perspektive. Berlin 1972. S. 77: »Der soziale Inhalt des Kampfes um Demokratie verbindet heute enger den traditionellen Kampf der Arbeiterbewegung um demokratische Rechte und Freiheiten in den verschiedenen politischen Bereichen, um die Ausnutzung der Wahlen, der parlamentarischen und kommunalen Einrichtungen mit dem Klassenkampf in den Monopolunternehmen um die Gewinnung von Rechten für die Gewerkschaften, um demokratische Kontrolle in der Produktion. [. . .] Die führende Rolle der Arbeiterklasse und ihrer marxistisch-leninistischen Partei ist die entscheidende Grundlage und Garant für einen erfolgreichen Kampf um Demokratie.«

10 Vgl. Ian H. Birchall: Workers against the Monolith. The Communist Parties since 1943. London 1974.

11 Margaret Wirth: Kapitalismustheorie in der DDR. Frankfurt a. M. 1972. S. 19.

12 Ebd., S. 195 f.

13 James Weinstein: Corporate Liberalism and the Modern State. In: The Capitalist System. Hrsg. von R. Edwards, M. Reich u. T. Weisskopf. Englewood Cliffs 1972. S. 191.

14 Vgl. Bernhard Blanke, Ulrich Jürgens u. Hans Kastendiek: Zur neueren Marxistischen Diskussion über die Analyse von Form und Funktion des bürgerlichen Staates – Überlegungen zum Verhältnis von Politik und Ökonomie. In: Probleme des Klassenkampfes 14/15 (1974) S. 51–102.

15 Stellungnahme des Parteivorstandes der SED zum Bach-Jahr. In: Einheit (19. März 1953) S. 134.

16 Eine unkritische Darstellung der Kulturpolitik der DDR findet sich in: Autorenkollektiv Frankfurt: Probleme sozialistischer Kulturpolitik am Beispiel der DDR. Frankfurt a. M. 1974. Im Gegensatz dazu gibt es die kritischen Aufsätze in »Allemagnes d'aujourd'hui«. Siehe Hans Jürgen Kraft u. Liliane Crips: La politique culturelle de la RDA de 1945 à 1971. In: Allemagnes d'aujourd'hui 37/38 (März–Juni 1973) S. 117 f.; Crips: La politique culturelle en zone d'occupation soviétique (1945–1949). Ebd., 41 (Januar–Februar 1974) S. 41–58; dies.: La politique culturelle de la RDA 1950–1953: L'offensive antiformaliste. Ebd., 43 (Mai–Juni 1974) S. 88–106.

17 Freilich ist das Problem der künstlerischen Autonomie komplizierter, als ich es hier darstelle. Es gibt keine rigiden Richtlinien für Schriftsteller, die sich mit Amerika befassen wollen. Dennoch sind Form- und Inhaltsfragen von der Kulturpolitik des Staates in einen bestimmten Rahmen gesetzt, und sie werden stets auf allen Ebenen des kulturellen Lebens innerhalb dieses Rahmens diskutiert. Vgl. Ursula Apitzsch: Das Verhältnis von Künstlerischer Autonomie und Parteilichkeit in der DDR. In: Autonomie der Kunst. Zur Genese und Kritik einer bürgerlichen Kategorie. Frankfurt a. M. 1972. S. 254–294.

18 Hans Bentzien: Jugend und Buch in der DDR. In: Kürbiskern 1 (1974) S. 128–138.

19 Werner Lehmann: Schwarze Rose aus Alabama. Berlin 1972.

20 Walter Kaufmann: Unterwegs zu Angela. Berlin 1973.

21 Sigmar Schollak: Getötete Angst. Berlin 1974.

22 Martin Robbe: Revolution und Revolutionäre. Berlin 1972.

23 Ein gutes Beispiel für das offizielle Amerikabild in Schulbüchern gibt das Lehrbuch für Klasse 10: Geschichte. Berlin 3. Aufl. 1971. S. 58–83.

24 Auguste Lazar: Sally Bleistift in Amerika. Berlin 1962.

25 Ebd., S. 128.

26 Ebd., S. 95.

27 Sigmar Schollak: Joshua oder Der Tod in Detroit. Berlin 3. Aufl. 1973. S. 29.

28 Vgl. Manfred Berger u. a.: Theater in der Zeitenwende. Bd. 1. Berlin 1972. S. 214.

29 Ebd., Bd. 2. S. 452.

30 Rolf Schneider: Stücke. Berlin 1970. S. 201.

31 Vgl. David Bathrick: The Dialectics of Legitimation. Brecht in the GDR. In: New German Critique 1 (Spring 1974) S. 90–103.

32 Volker Braun: Gedichte. Leipzig 1972. S. 60.

33 Ebd., S. 105.

34 Wolf Biermann: Mit Marx- und Engelszungen. Berlin 1968. S. 68.

35 Ebd.

36 Kunert hatte einen Lehrauftrag an der Universität von Texas und gab eine Sondernummer der Zeitschrift »Dimension« (1973) mit neuer Prosa und Lyrik von DDR-Autoren heraus.

37 In: Neue Deutsche Literatur 5 (1973) S. 13.

38 Ebd., S. 14.

39 Im März 1975 hat Kunert ein Buch über seine amerikanischen Erfahrungen im Aufbau Verlag Berlin u. Weimar und im Carl Hanser Verlag München veröffentlicht: »Der andere Planet. Ansichten von Amerika«. Es besteht aus 44 kleinen poetisch-objektivierenden Reportagen meist über Szenen, Gebäude, Straßen, Sachen, Denkmäler, Lokale. Kunert meint: »Das wahre Amerika (was ist Wahrheit . . .), das eigentliche oder was wir zumindest dafür halten, ist ein Bild, das zerfließt, um ein neues Bild zu entbergen, das seinerseits ebenfalls weder Dauer noch Gültigkeit annimmt. Das amerikanische, begriffen als Essenz, macht sich immer beiläufig bemerkbar, ist etwas Atmosphärisches, das einen umgibt, ohne daß man es exakt definieren könnte« (32). In seinen Versuchen, das Atmosphärische darzustellen, bleibt Kunert absichtlich an der Oberfläche. Kaum schreibt er über Personen und gesellschaftliche Verhältnisse. Sie bleiben fast anonym. Für den Leser in der Bundesrepublik muß das Bild Amerikas klischeehaft wirken, denn Kunert befaßt sich mit bekannten Szenen aus amerikanischen Massenmedien, Büchern und Berichten. Seine bildhaften Reportagen reichen kaum über das Schon-Vorgestellte hinaus. Für den DDR-Leser wird das Buch – wie seine Lyrik über Amerika – eine andere Wirkung haben, weil er kaum ideologisch argumentiert oder kritisch angreift. Legitimierende Zweckbilder werden nicht produziert. Es geht um die sachliche Beschreibung einer verdinglichten Welt, und darin liegen Wert und Widerspruch des Buches. Um diese Verdinglichung mit Abstand zu beschreiben, wählt Kunert einen Stil, der sein Objekt, die amerikanische Gesellschaft, kühl-sachlich darstellt und etwas von den sozial-politisch bedingten Unterschieden zwischen seinem »Planeten« und der ›Neuen Welt‹ zu erkennen gibt. Eine Auseinandersetzung findet nicht statt. Der DDR-Leser bekommt nur eine Ahnung der amerikanischen Atmosphäre zu spüren. Das Bild Amerikas bleibt abstrakt.

40 Stefan Heym: Goldsborough oder Die Liebe der Miss Kennedy. Leipzig 1966. S. 631.

41 Ebd., S. 680.

42 Schon 1974 scheint es, als ob der Trend sich fortsetzen wird. Rolf Schneider hat fast nachahmend einen Roman *Die Reise nach Jaroslaw* im Hinstorff Verlag Rostock veröffentlicht, in dem eine Achtzehnjährige namens Gittie aus gutem Ostberliner Haus ausreißt, weil ihre Eltern sie ver-

nachlässigen. Sie trägt bei sich ein Exemplar von Hemingways *For Whom the Bell Tolls* und bezieht sich mehrmals darauf, denn da kommen ihr Liebe und Kampf glaubwürdig vor. In der Ich-Erzählung benutzt sie amerikanischen Slang wie »cool« und ist von amerikanischem Jazz, Rock und Film angetan. Das Amerikanische stellt für sie etwas Befreiendes und Vitales dar. Sogar die Begegnung mit dem reichgewordenen polnischen Amerikaner Gould, der eher eine traurige Figur macht, wird positiv geschildert, weil er in Polen einen Weg sucht, die in Amerika empfundene Entfremdung zu überwinden – genau wie sie, die ihr in der DDR erfahrenes Entfremdungserlebnis bewältigen möchte. Daß der amerikanische Staat in diesem Roman auch immer noch Imperialismus und Dekadenz symbolisiert, verwundert nicht. Neu ist, wie in Plenzdorffs Roman, daß »amerikanische Eigenschaften und Gewohnheiten« angenommen und von einer Jugendlichen verwendet werden, um die Verdinglichung und Verbürgerlichung ihrer Gesellschaft zu kritisieren.

WALTER HINDERER

# »Ein Gefühl der Fremde«. Amerikaperspektiven bei Max Frisch

Neben dem Wunschbild Amerika, in das sich so mancher europäische Traum vor der eigenen Misere flüchtete, stand schon früh die kritische Negation solcher utopischer Erwartungen, die durch die realen Verhältnisse enttäuscht worden waren. In Ferdinand Kürnbergers Roman *Der Amerika-Müde* (1855) beispielsweise werden die Hoffnungen auf den »Heiland« Amerika Schritt für Schritt abgebaut und als Klischees entlarvt:[1] die idealisierten Vorstellungen erweisen sich schließlich als folgenreiche Selbsttäuschungen. Das Emigrantische[2] als Motiv der Amerikavorstellung in der deutschen Literatur kann man auf zwei Ursachen reduzieren: auf eine politische und eine privat-existentielle. Von Goethes »Amerika, du hast es besser« bis zu Brochs Esch, der von dem Gedanken, nach Amerika zu emigrieren, besessen ist, lassen sich die utopischen Projektionen in verschiedenen Spielarten beobachten: sehnt sich eine der fiktionalisierten Personen nach der »neuen Erde für ein neues Menschentum« (wie in Georg Kaisers *Napoleon in New Orleans*), so bedeutet einer anderen die Neue Welt der einzige Ausweg aus der privaten Misere (wie in Kafkas *Amerika*).

Zwischen 1830 und 1850 und in den dreißiger Jahren des 20. Jahrhunderts wurden die Vereinigten Staaten den Emigranten zunächst zum begehrten Asyl, dann aber enttäuschte oft eine ganz andere Realität manche der hochgeschraubten Erwartungen. Amerikabild und Amerikavorstellung erweisen sich dergestalt immer wieder als Fiktionen, die mehr über die Urheber solcher Bilder und Vorstellungen aussagen als über das in Frage stehende Objekt. Das scheint nun gleichermaßen für das positive wie das negative Amerika-Image in der deutschen Literatur nach 1945 zu gelten. Von Rudolf Hagelstanges *How do you like America? Impressionen eines Zaungastes* (1957), Wolfgang Koeppens *Amerikafahrt* (1959), Hans Egon Holthusens *Indiana Campus. Ein amerikanisches Tagebuch* (1969) führt der Weg zu Jürg Federspiels *Museum des Hasses. Tage in Manhattan* (1969) und Reinhard Lettaus *Täglicher Faschismus. Amerikanische Evidenz aus 6 Monaten* (1971).

Die Stilisierung Amerikas als »Vater-Nation westlicher Demokratien«[3] wird um die Mitte der sechziger Jahre systematisch durch ein Feindbild ersetzt, was deutlich auch die politischen und ideologischen Veränderungen in der Bundesrepublik signalisiert. In einem *Offenen Brief* (1968) beginnt Hans Magnus Enzensberger seine »elementaren Überlegungen« folgendermaßen: »Ich halte die Klasse, welche in den Vereinigten Staaten von Amerika an der Herrschaft ist [...] für gemeingefährlich.«[4] Ihr Ziel sieht Enzensberger in der »politischen, ökonomischen und militärischen Weltherrschaft«, und er vergleicht die Zustände in Amerika mit der »deutschen Situation in den Dreißiger Jahren«. In dem Beitrag *Amerikanischer als die Amerikaner* (1968)[5] zieht auch Martin Walser Folgerungen aus dem Vietnamkrieg und hebt sie von den »Amerika-Gefühlen« und dem »Amerika-Bild« der fünfziger Jahre ab. Wo Enzensberger und vor allem Lettau ausschließlich täglichen Faschismus sehen, macht Walser immerhin auf das »andere Amerika« aufmerksam, das

»gegen diesen Krieg in Vietnam protestiert und gegen die Kriegführenden arbeitet« (92). Auch in späteren Äußerungen vergleicht Walser[6] die positive Amerikavorstellung mit der negativen und deutet damit zumindest zwei Seiten einer politischen Realität an, die bei Lettau trotz der intendierten dokumentarischen »Evidenz« zu einer »Imitation des schlechteren Teils der USA« eingeebnet wird. Gewiß trifft man in Kalifornien »hauteng gekleidete Greisinnen und Greise«, »wellenreitende, braungebrannte Hünen, riesenhafte Blondinen«, dröhnt aus den Radios »stumpfsinnige, brutale Musik«, aber es gibt dort schließlich auch menschenfreundliche Hippies und Sender, die ganztägig Klassisches von Beethoven bis Strawinsky ins Haus schicken. Zweifelsohne lassen sich »Nationalismus und Militarismus, Demontage der Bürgerrechte, Rassismus, Anti-Intellektualismus, Manipulation« in der von Lettau beschriebenen Periode (1969/70) und auch danach beobachten, aber überraschenderweise dokumentieren diese ausgewählten Bruchstücke aus der *Los Angeles Times* weniger den Faschismus in Amerika als vielmehr ein sorgfältig herauspräpariertes Feindbild. Auch der modische Antiamerikanismus scheint sich in der Tat wie früher der Amerikaenthusiasmus lieber an Gefühlsklischees als an die Reflexion auf die realen Bedingungen zu halten, wie sie etwa in den relevanten Äußerungen von Max Frisch oder auch in Uwe Johnsons *Jahrestagen* (1970 ff.) praktiziert wird. Wenn beispielsweise Johnson die Gefühlsklischees als ideologische Selbstgerechtigkeit[7] interpretiert, so erinnert das an die frühe Warnung von Max Frisch: »Amerika ist ja kein Land, das wir Europäer als ein Land zu bezeichnen gewohnt sind, sondern ein Kontinent, nicht von einem Volk bewohnt, sondern von einer Völkerwanderung, die noch keineswegs abgeschlossen ist, und über Amerika zu sprechen, wagen wir bekanntlich nur in den ersten Wochen.«[8]

Die Amerikaerfahrung, die sich bei Max Frisch vor allem in den Romanen *Stiller* (1954) und *Homo Faber* (1957) und im *Tagebuch 1966–1971* (1972) niedergeschlagen hat,[9] besitzt für den Schweizer Autor einen besonderen Stellenwert. Sie vermittelt zunächst einmal, so heißt es in der *Büchner-Rede* (1958), »Freiheit gegenüber dem eigenen Menschenschlag« (Ö. a. P., 50), das klare und trockene »Gefühl der Fremde«, das Emigrantische, die Verfremdung des Vertrauten und die Auflösung des Rollenzwangs, dann signalisiert sie aber auch die andere Existenzmöglichkeit, das Zivilisatorische gegenüber dem Bildungs- und Kulturfetischismus, oder sie fächert sich aus in verschiedene Motive, die im Kontext der persönlichen Krise eines Stiller oder Walter Faber stehen. Es empfiehlt sich daher aus mehreren Gründen, im Zusammenhang Max Frischs von Amerikaperspektiven und nicht von einem Amerikabild zu reden. Außerdem ist »Erfahrung«, gerade auch die Erfahrung des Fremden, für Frisch keineswegs die Resultante von Vorfällen oder Vorgefallenem, sondern primär ein Einfall. »Man kann die Wahrheit nicht erzählen«, heißt es 1960, unsere Erfahrung offenbart sie nur als »Spiele der Einbildung, Bilder« (P., 9), als Spiegelungen. Nichtsdestoweniger bekommen wir »unser Erlebnismuster« nur in solchen Entwürfen und Erfindungen zu Gesicht. Hinter dieser Auffassung wird schon das Hauptthema der Tagebücher, Romane und Dramen sichtbar: die Diskrepanz zwischen der erfahrbaren Ich-Wirklichkeit mit all den offenen Möglichkeiten und dem fixierten Rollen-Ich. Im Roman von 1954 stellt sie Frisch mit dem Amerikaner James Larkin White und dem Schweizer Anatol Ludwig Stiller vor, die beide ein und dieselbe Person sind. Amerika wird hier zum Modell des Emigrantischen und erhält auf diese Weise eine bestimmte Funktion für die Existenzproblematik; trotzdem lassen sich auch aus solchen Modellen Amerikaperspektiven rekonstruieren, die von *Stiller* über *Homo Faber* zum *Tagebuch 1966–1971* wohl Varianten, aber kaum grundsätzliche Veränderungen in der Einstellung aufweisen.


I


Wenn Hans Bänziger fast ein wenig vorwurfsvoll meint, »Max Frisch ist ein Mann der Bewegungen, ein Homo novus, der die Kontinente durchstreift, ein Reisender, der sich selten zu Hause aufhält«,[10] so entspricht das nicht zuletzt dem Ideal des »globalen Menschen«, das Frisch in dem Vortrag *Unsere Arroganz gegenüber Amerika* (1952) aufgestellt hat. – Der Schweizer Autor reiste in Europa, notierte Erlebnisse in der Tschechoslowakei, in Rußland, aber nur die Reminiszenzen seiner Aufenthalte in den Vereinigten Staaten und Mexiko durchziehen wie ein Leitmotiv sein Werk. Neben den dichterischen Arbeiten, denen man auch seine beiden *Tagebücher* zurechnen kann, vermitteln vor allem der erwähnte Vortrag *Unsere Arroganz gegenüber Amerika* und der Aufsatz *Begegnung mit Negern* (1954) die Bedeutung der transatlantischen Erfahrung. Hatte Frisch noch im *Tagebuch 1946–1949* den Gründen nachgefragt, warum Europa »keine epische Dichtung mehr hat, wie die Amerikaner sie haben« (241), und an der amerikanischen Epik vor allem »die urteilfreie Neugierde, das aufregende Ausbleiben der Reflexion« (242) bewundert, so streicht er 1952, nach dem ersten Aufenthalt in den USA, als Positivum heraus, daß der durchschnittliche Amerikaner zwar »bildungsloser« erscheine, aber dafür auch »weniger verbildet« sei (Ö. a. P., 28).
Frisch kennt die Gefahr der Vorurteile und der Klischees und versucht sie nach dem Rezept seiner »Autobiographie« im *Tagebuch* (T I, 281) durch »das eigene persönliche Anschauen« zu korrigieren. So entlarvt er beispielsweise den Bildungshochmut der Europäer als »Bildungsspießertum« und hält dem sogenannten »Kulturellen«, dessen sich die europäische Arroganz so rühmt, die amerikanische Verfassung als ebenbürtige »kulturelle Leistung« (Ö. a. P., 29) entgegen. Er übersieht angesichts der überzeugenden und originellen Eigenschaften, die vor allem im Zivilisatorischen liegen, keineswegs die Schattenseiten, die anachronistische, nur aus der Pionierzeit ableitbare Haltung zum Geld, zur Kunst und Historie (32 f.), das »Parvenügefühl« gegenüber dem alten Europa. »Die Amerikaner«, so faßt er die nicht eben neue Einsicht zusammen, »sind für das alte Europa, was die Römer gewesen sind für das alte Athen, die Kolonie, die zur Weltmacht wird« (34).
Diese Perspektive wird dann im *Homo Faber* weiter verfolgt, allerdings mit anderer Akzentsetzung. Was Frisch zunächst an Amerika fasziniert, ist die ganz andere Lebensform, die neue Möglichkeiten oder Ich-Wirklichkeiten freisetzt. Nicht nur die geographische »Terra incognita«, von der er im Kontext der amerikanischen Epik spricht (T I, 242), reizt ihn, sondern ebenso die psychische. Schon im *Tagebuch* führte er das »Heimweh nach der Fremde«, die »Sehnsucht nach Welt«, das »Verlangen nach den großen und flachen Horizonten, nach Masten und Molen, nach Gras und Dünen, nach spiegelnden Grachten, nach Wolken über dem offenen

Meer«[11] auf die Kleinheit seines Landes zurück. Er bezeichnet aus diesem Grunde die Schweizer als primär *weltoffen*, während er die Deutschen, die jedes Land bloß mit der Seele suchen, *weltsüchtig* nennt (Ö. a. P., 34). Die Amerikaerfahrung bestätigt außerdem, was Frisch in seinem ersten Tagebuch schon einmal so formuliert hatte: »Warum reisen Wir? Auch dies, damit wir Menschen begegnen, die nicht meinen, daß sie uns kennen ein für allemal; damit wir noch einmal erfahren, was uns in diesem Leben möglich sei –« (T I, 32).

Reisen entfaltet in existenzphilosophischer Bedeutung[12] bei Frisch Möglichkeitssinn, und die Geschichten, die in Amerika spielen, werden zu Entwürfen zu einem »Seinkönnen«,[13] zur Befreiung von der fixierten Rolle, dem Man. Frisch veranschaulicht diese für ihn zentrale Einsicht mit dem Satz »Du sollst dir kein Bildnis machen« (T I, 31, 37); denn wer sich ein Bildnis von einem Menschen macht, zerstört das »Lebendige in jedem Menschen«.[14] Gerade um dieses »Lebendige« zu retten, wandert sowohl der Held von *Bin oder Die Reise nach Peking* (1945) als auch Stiller in die Fremde, beide, um die alte Rolle oder das alte Bild, das man sich von ihnen gemacht hatte, loszuwerden.

Neben der Diskrepanz von Möglichkeit und Wirklichkeit, Ich-Potentialität und fixiertem Rollen-Ich geht in das Reisemodell von Frisch der Gegensatz von Fremde und Heimat ein, von Überraschung und Übereinstimmung. In der Heimat erwartet man nicht, »was es niemals geben kann. Schon das gibt dem fremden Land jedesmal etwas Befreiendes, Erfrischendes, etwas Festliches« (T I, 402). Noch 1971 notiert Max Frisch nicht ohne Verwunderung über seine gehobene Ich-Befindlichkeit in New York City: »Ich weiß nicht, was es ist; alles zusammen macht mich fröhlich, wenn ich hier wandere« (T II, 375).

Diese Erfahrung resultiert aus dem Bewußtsein von Freiheit, aus dem Gefühl, werden zu können, was man will. Es hört sich fast wie ein Echo aus Schillers ästhetischen Schriften[15] an, wenn Frisch notiert: »Die Würde des Menschen [...] ist die Wahl« (T I, 167). Alles, was die Wahlmöglichkeit einengt, bedeutet Ich-Verkleinerung, alles, was die Wahlmöglichkeit befördert, bedeutet Ich-Erweiterung, so könnte man das idealistisch-existentialistische Grundkonzept von Friedrich Schiller bis Hermann Broch, von Jakob Michael Reinhold Lenz bis Max Frisch auf eine Formel bringen.


II


Im *Stiller* entwirft Frisch zwei Verhaltensweisen, wobei die amerikanische unter dem Signalement White in sieben Heften die schweizerische mit dem Namen Stiller analysiert. Die amerikanische Existenzform verfremdet zwar die schweizerische, aber die Heimkehr der Hauptperson deutet an, daß die Flucht in eine andere Rolle oder die Befreiung vom Rollenverhalten nicht gelungen ist. »Ich bin geflohen, um nicht zu morden«, schreibt der Häftling, »und habe erfahren, daß gerade mein Versuch, zu fliehen, der Mord ist« (77). Wie die Katze »Little Grey« sich immer wieder in das gemietete Haus in Oakland einschleicht, kehrt die Vergangenheit Stillers zu White zurück. Was in den Geschichten über Amerika erzählt wird, stimmt nicht buchstäblich, doch sie charakterisieren modellhaft die psychischen Vorgänge, Wünsche und Frustrationen der Hauptfigur. So wenig wie der Selbstmordversuch in Amerika gelingt (499 f.), d. h.: die endgültige Trennung von der Identität Stiller, so wenig scheint der Übergang in die neue Existenzform erfolgreich zu sein. Sowohl die Abenteuer mit der Mulattin Florence und die Geschichten um die Katze »Little Grey« als auch die Erzählung von der Höhle in Texas thematisieren dies.[16] In die neue amerikanische Gegenwart drängt sich immer wieder die alte schweizerische Vergangenheit. Da verwandelt sich plötzlich im Traum die Katze »Little Grey«, die Stiller-White im Begriffe ist zu erwürgen, in seine Frau Julika (502), oder er identifiziert in der Bowery, dem Armenviertel von New York, einen sterbenden, heruntergekommenen Greis mit seinem Stiefvater.

Mit dem Aufbruch nach Amerika beginnt der Kampf Stillers um eine Existenzweise, die von der Rolle, die ihm Umwelt und, wie er meint, vor allem Julika aufzwingen, unabhängig ist. Im Bewußtsein, daß er die Rollenerwartungen weder als Ehemann (Julika) oder als Liebhaber (Sibylle) noch als Künstler (ohne Erfolg) erfüllen kann, sucht er die Lösung in der Flucht in eine andere Welt. Gleich Karl Roßmann in Kafkas *Amerika*[17] wird er aus privaten Gründen zum Emigranten. Auf welche Weise stellt sich nun die Fremde aus der Sicht des Emigranten dar, oder genauer: auf welche Weise macht Frisch in *Stiller* die transatlantische Erfahrung lesbar?[18] Einmal eben durch die erwähnten Geschichten, die Wahrheit mit Dichtung mischen, ein anderes Mal durch Reminiszenzen aus Texas, New York, aus dem Mittelwesten, wobei er oft Reiseklischees und originelle Erfahrungen miteinander konfrontiert, wie überhaupt zum Hauptthema dieses Romans die Frage nach dem »Leben und der Literatur im Zeitalter der Reproduktion«[19] gehört.

Was Amerika betrifft, so tritt zu der Perspektive Stillers noch die Sibylles und ihres Mannes, des Staatsanwalts. Versteht Frisch die Farbigen im *Tagebuch* als Repräsentanten des »Lebendig-Wirklichen« (T I, 315), so trifft das auch noch auf Stillers Erfahrungen zu; doch handelt es sich bereits um allgemein verfügbare Sekundärerlebnisse wie etwa das Lächeln der Mulattin Florence, das man aus »Kulturfilmen, Zeitschriften oder sogar aus einem Varieté« (St., 246) kennt. Stiller bewundert an den Negern die »tierhafte Grazie ihrer Bewegungen«, eben das »Lebendig-Wirkliche«, Unverfälschte, Glücklich-Kindhafte, das auch die Mexikogeschichten[20] zum Ausdruck bringen. Verkörpert für ihn die mexikanische Lebensform die begehrte Rollenfreiheit, so sieht er sie auch bei Florence und ihrer Mutter (»auch so eine Mutter Erde« [St., 248]) verwirklicht. Was hier die Bewegung im Tanz[21] andeutet, macht dort die meditative Stille (St., 422) sichtbar. Nichtsdestoweniger findet Stiller auch bei den amerikanischen Farbigen sein eigenes Existenzproblem in anderer Weise wiederholt, ein Phänomen, mit dem sich Marian E. Musgrave in einem bedenkenswerten Aufsatz kritisch auseinandergesetzt hat.[22] Stiller-White schildert es folgendermaßen: »Ach, diese Sehnsucht, weiß zu sein, und diese Sehnsucht, glattes Haar zu haben, und diese lebenslängliche Bemühung, anders zu sein, als man erschaffen ist, diese große Schwierigkeit, sich selbst einmal anzunehmen, ich kannte sie und sah nur eine eigene Not einmal von außen, sah die Absurdität unserer Sehnsucht, anders sein zu wollen, als man ist« (254). Er entdeckt die alte Diskrepanz von Rolle und wirklichem Sein, dieselbe Sehnsucht, jemand anders zu sein, als man ist, so daß der Aufforderung von Florence, er solle seine Katze lieben (»You should love her« [255]), zweifelsohne gleichnishafte Bedeutung zukommt. Diese weist allerdings in zwei Richtungen: Sie meint einmal die Annahme der Rolle, des Daseins, so, wie es ist, aber gleichzeitig auch die Liebe, die sich kein Bild vom Partner macht, sondern, wie es Julika sagt (196), diesem »jede Möglichkeit offen läßt«. Die Katze »Little Grey« symbolisiert deshalb gleichermaßen das Problem der Existenz (die Rolle Stiller) wie der menschlichen Ich-Du-Beziehung (Julika).

So, wie die Liebe zur Mulattin Florence nur ein Wunschtraum bleibt (69 f., 245 ff.), kann sich Stiller nicht wirklich mit der naiven Existenzform identifizieren. Das macht vor allem das texanische Höhlenabenteuer deutlich (St., 205–225), das nicht von ungefähr einen besonderen Raum im Roman einnimmt. Der Cowboy White reitet an einem sommerlichen Morgen, des Alltags überdrüssig, in die Prärie hinaus, »weiter als nötig« (205), und entdeckt eine Höhle, die »den Innenraum von Notre-Dame« (205) besitzt. Er besucht sie zuerst allein, steigt in die Tiefe und Totenstille hinab, in der »es aus Jahrtausenden« tropft (212), bis ihn die Angst vor einem menschlichen Skelett zur Umkehr zwingt. An der Grenze seiner Existenz angelangt, so möchte man das nicht ohne Ironie erzählte Gleichnis auf einen bekannten existenzphilosophischen Nenner bringen, denkt der Held »nur noch an Rückzug«.

Den zweiten Abstieg ins Labyrinth des Unterbewußtseins unternimmt er mit seinem Alter ego Jim, und es kommt wiederum zu einer Grenzsituation, ausgelöst durch den Anblick des Skeletts: diesmal zu einem Kampf auf Leben und Tod zwischen den beiden Jims, wobei der »Mexican boy«, wie er vielleicht allzu beziehungsreich heißt, in der Grotte zurückbleibt (225), das rollenlose natürliche Ich,[23] »dieser Verschollene«. Nach dem Gesetz der Pionierzeit überlebt der Stärkere, White, der Weiße, der lieber »niemand« als der »verschollene Stiller« sein will, bis er sich am Schluß dann doch »selbst annimmt« und keine Angst mehr hat, »von der Umwelt mißverstanden und mißdeutet zu werden«. Er findet sich mit seiner »eigenen Nichtigkeit« (427) ab, will nicht mehr sein, als er ist. Amerika bedeutet aus dieser Perspektive einen Fluchtversuch, der ebenso mißlingt wie die Annahme der richtigen Rolle in der Heimat. »Sie sind aus einer falschen Rolle ausgetreten«, kommentiert der Staatsanwalt vor Stiller, aber das führt »noch nicht ins Leben zurück« (426). Wohl fällt die Rolle des Homo ludens, die ästhetische Existenz, die er schließlich als falsch erkennt, in der Fremde von ihm ab, aber nicht sein Selbst. Er wird auch in Amerika – und das zeigen die verschiedenen Erlebnisse – immer wieder auf sich selbst, auf die eigene Individualität zurückgeworfen. Das amerikanische Märchen von Rip van Winkle (St., 92–99) veranschaulicht das Grundproblem in extremer Form: auch hier jemand, der sich nach größeren Möglichkeiten sehnt und dessen Erwartungen hinter der eigenen Wirklichkeit zurückbleiben (92 f.), der im wahrsten Sinne des Wortes sein Leben verschläft und schließlich nach seiner Rückkehr unerkannt als ein anderer, als ein »Fremdling in fremder Welt« noch einige Jahre im Dorf verbringt (99).

Die Rückkehr in die Heimat deutet an, daß Stiller die »Unmöglichkeit der Flucht« in »irgend ein neues Leben« (539) eingesehen hatte. Das existentielle Experiment Amerika oder White ist gescheitert: bezeichnenderweise gewinnt Stiller auch erst zu Hause ein freieres Verhältnis zur Welt, während seine Amerikaerfahrungen doch nur Projektionen seines Selbst und seiner existentiellen Probleme sind. Er scheint geradezu ein Exempel für Heideggers Theorem: »Verstehen der Existenz ist immer ein Verstehen von Welt«.[24] Die Amerikadarstellung von Stiller-White ist daher vornehmlich als Selbstdarstellung[25] zu lesen.

In einer der wenigen mehr objektorientierten Schilderungen hält Stiller einen typischen New Yorker Sonntag im Sommer fest, an dem man aufbricht, »die Natur zu suchen« (235), die zwar immer zum Greifen nahe, aber nie »zu betreten« (236) ist; »sie gleitet vorüber wie ein Farbfilm mit Wald und See und Schilf«. Man findet sie erst in einem »Picnic-Camp«; hier muß man zwar den »Eintritt in die Natur« bezahlen, aber man wird dafür mit einem »idyllischen See«, »einer großen Wiese, wo sie Baseball spielen«, mit Eßtischen, Feuerstellen, Papierkörben, Brunnen mit Trinkwasser, Schaukeln für Kinder und dergleichen mehr belohnt. Dieses Stück amerikanischer Lebensweise konfrontiert der Autor indirekt mit der europäischen Auffassung von Natur: in der Neuen Welt sucht der Europäer umsonst die Rousseausche »grüne Einsamkeit«; denn »wo sein Wagen nicht hinkommt, hat der Mensch nichts verloren« (237). Die Natur scheint dem Amerikaner nur genießbar zu sein, wenn er auf die Bequemlichkeiten der Zivilisation nicht zu verzichten braucht. Es gibt »keine Pfade für Fußgänger« (237), bedauert der Schweizer Stiller, und gelingt einmal der Einbruch in die Natur, so »steht man in Urwaldstille, von Schmetterlingen umflattert, und es ist durchaus möglich, daß man der erste Mensch auf dieser Stelle ist« (238).

Diese allgemein verbreitete Angst vor Einsamkeit, die allerdings auch dem Europäer Stiller nicht ganz fremd zu sein scheint, wird ebenso in polemischer Absicht ironisiert wie die in diesen sinnlosen Massenausflügen zum Ausdruck kommende amerikanische Lebenshaltung. Im Picnic-Camp beobachtet der Erzähler eine junge Dame, die im Auto sitzt und »ein Magazin liest: How to enjoy life« (237). Dieser Persiflage auf einen Teil des ›american way of life‹ und der Beteuerung, wie fürchterlich der Sommer in New York sei, folgt allerdings gleich wieder eine Art Liebeserklärung: »Und trotzdem ist es eine betörende Stadt [...], eine tolle Stadt« (239).

Mehr Amerika- als Selbstdarstellung findet sich in den Protokollen, die Sibylles »neues Leben« auf Manhattan betreffen, und sie kontrastieren in dieser Hinsicht deutlich mit den meisten Schilderungen Stillers. »Das Leben in Amerika«, so heißt es von Sibylle, »gefiel ihr sehr, ohne daß es sie begeisterte, sie genoß die Fremde« (410). Gerade das wollte Stiller-White nicht gelingen: das alte Selbst stand ihm auch bei der Erfahrung der Neuen Welt im Wege. Während er auch als White Stiller blieb, lebte Sibylle in Amerika in »fast klösterlicher Einsamkeit« (407), schien es, als hätte sie »mit der Landung in Amerika aufgehört, eine Frau zu sein«, was sie nach »ihren letzten Erlebnissen« durchaus als »ein Labsal« empfand (411). Doch andererseits vermißte sie »die Vielfalt des erotischen Spiels«, eine »Atmosphäre, wie es sie selbst in der Schweiz gibt« (411), eine gewisse Spannung, »eine Fülle der blühenden Nuancen«. Statt dessen plauderten die Amerikaner über sexuelle Probleme »mit der Aufgeklärtheit von Eunuchen, die nicht wissen, wovon sie reden«. Zwar erschien ihr das amerikanische Leben auf der einen Seite als unerhört praktisch, aber auf der anderen auch als flach, als »unerhört glanzlos« (412). Die Freunde setzten keine Erwartungen in einen, alles blieb »kameradschaftlich« und trotzdem: »nach zwanzig Minuten ist man mit diesen Menschen so weit wie nach einem halben Jahr [...] es kommt nichts mehr hinzu« (413). Man ist eben befreundet, nett zueinander, so wird kritisch kommentiert, für Probleme gibt es ja die Psychiater, die »Garagisten für Innenleben«. Ungeachtet »dieser leutseligen Beziehungslosigkeit der allermeisten Amerikaner« verspürte Sibylle wenig Verlangen, in die Schweiz zurückzukehren. Doch als plötzlich ihr Mann in New York nach zwei Jahren auftauchte, merkten beide, »daß ein Atlantik zwischen ihnen eigentlich nicht nötig war«. Nachdem Sibylle zur Welt gefunden hatte, kehrte sie zu dem Menschen zurück, der ihr am nächsten stand, während Stiller zu Julika, dem fremden Menschen (564), zurückkam, ohne daß seine Umgebung für ihn zur Welt geworden war.

Der Amerikabericht von Sibylle und Rolf klingt aus mit einer Art Dithyrambe auf New York, dieser »Orgie der Disharmonie, der Harmonie, Orgie von Alltag, technisch und merkantil über alles, zugleich denkt man an Tausendundeine Nacht« (416). Man muß sie »mit Augen gesehen, nicht bloß mit Urteil, gesehen haben als ein Verwirrter, ein Betörter, ein Erschrockener, ein Seliger, ein Ungläubiger, ein Hingerissener, ein Fremder auf Erden, nicht nur fremd in Amerika, es ist genauso, daß man darüber lächeln kann, jauchzen kann, weinen kann« (417). So zumindest scheint der Staatsanwalt Rolf Amerika, d. h. New York City, erlebt zu haben: als ein begeisterndes »Gefühl der Fremde«, während für Stiller die Neue Welt mehr oder weniger Folie seiner eigenen Probleme blieb.

## III

Deutet die ästhetische Lebenshaltung samt des Syndroms von Schwermut und Lebensüberdruß (St., 519) und einschließlich der Requisiten[26] der Boheme (St., 472 f.) auf die Existenzform des Homo ludens hin, so weist der Komplementärroman[27] *Homo Faber* gezielt auf die des technischen Menschen, der an die rationale Kalkulation und Machbarkeit der Dinge glaubt. »Die Welt hat sich ein Bildnis von Stiller gemacht« – und er widersetzt sich, so paraphrasiert Marcel Reich-Ranicki[28] die Unterschiede der beiden Romane, und »der Ingenieur Walter Faber hat sich ein Bild vom Leben gemacht – und das Leben zerstört es«. Stiller sucht sich in Amerika seiner alten Rolle zu entledigen; doch er wird sie ebensowenig los wie Kilian in *Bin oder Die Reise nach Peking*. Faber dagegen hat seine Rolle in einer Radikalität »angenommen«, daß er dadurch seine menschlichen Möglichkeiten beschränkt. Als er sich dann von Ivy und seiner »amerikanischen« Lebensweise und Existenzform trennt, um »ein neues Leben zu beginnen« (HF., 90), tut er wiederum das Falsche: er verhält sich so, »als gebe es kein Alter« (242), und läßt sich mit einem jungen Mädchen ein, das sich dann als seine eigene Tochter herausstellt. »Wir können nicht das Alter aufheben«, so heißt es in der »Zweiten Station« des Romans, »indem wir unsere eignen Kinder heiraten« (242). Versucht sich Stiller als James Larkins White, als ein »kulturloser Einwohner der USA«[29] von den europäischen Rollenerwartungen, von dem Bild, das »man« von ihm gemacht hat, zu befreien, so flieht Walter Faber vor sich selbst und der akzeptierten Rolle vom kulturlosen Amerika nach Europa und historisch immer weiter bis nach Griechenland, zum Ausgangspunkt der abendländischen Kultur[30] zurück.

Der Gegensatz zwischen Amerika und Europa, moderne technische Zivilisation und alte Kultur, wiederholt sich in den beiden dem Homo faber antithetisch gegenübergestellten musischen Personen: dem Musiker aus Boston, »der die Maya liebt, gerade weil sie keinerlei Technik hatten, dafür Götter« (61), und Hanna, »eine Schwärmerin und Kunstfee« (65 f.), die »in einem Archäologischen Institut arbeitet«, die »an Schicksal glaubt«, bei der »Götter«, wie Faber respektlos meint, »zu ihrem job« gehören (201). Man könnte nun daraus vorschnell eine Abwertung des Homo faber zugunsten des Homo ludens folgern, aber so einfach liegen die Dinge nicht. So wenig sich Hannas Verhalten als vorbildlich bezeichnen läßt, so wenig kann man Walter Faber restlos (wie er selbst auffallend häufig behauptet) mit seiner Berufsrolle identifizieren. Gewiß, er macht sich offensichtlich nichts aus Museen, geht nicht ins Theater, liest keine Romane, findet Ruinen primitiv und Kunst langweilig, plädiert für Sachlichkeit und Statistik, wertet Maschinen und Roboter gegenüber dem Menschen auf, lehnt die Vergötzung der Natur ab und scheint ebenso bedingungslos wie blind der Macht der Technik zu vertrauen. Aber gerade wenn er etwa behauptet: »Ich sehe alles [. . .] sehr genau; ich bin ja nicht blind« (33) oder Phantasie und Einbildungskraft als schädlich denunziert, dann stehen solche Aussagen oft auffallend zu seinem Handeln in Widerspruch. Er, der vorgibt, sachlich, objektiv zu sein, ist im Grunde voller Idiosynkrasien und Vorurteile,[31] ob es nun die Einstellung zu dem Mitreisenden Herbert Hencke oder die zur amerikanischen Geliebten Ivy betrifft. Außerdem spielt der vorgebliche Wirklichkeits- und Tatsachenmensch nicht selten seinerseits mit Möglichkeiten, träumt er, hat er Erinnerungen, zeigt er nervöse Reaktionen. Seine rationalen Planungen werden überdies immer wieder von Zufällen durchkreuzt, die selbst mit Hilfe der Wahrscheinlichkeitsrechnung nicht mehr recht zu erklären sind. Vielleicht lobt er deswegen an der Maschine, seinem stillen Ideal, daß sie »keine Angst und keine Hoffnung [. . .], keine Wünsche in bezug auf das Ergebnis« (106) hat. Faber selbst ist aber gerade von solchen Fehlern nicht frei, und es scheint bezeichnend, daß er am Ende klagt, »das Material« sei bei der Konstruktion Mensch verfehlt: »Fleisch ist kein Material, sondern ein Fluch« (244).

Nicht die ganze Wirklichkeit des Menschen Faber geht also in seiner Berufsrolle auf, aus der er, wie manche Gespräche beweisen, durchaus nach außen hin eine Art Weltanschauung macht. Angriffe auf den Menschentyp des Homo faber, auf den reinen Zivilisationsmenschen, stecken in den Definitionen Marcels, des amerikanischen Musikers aus Boston: Er bezeichnet den »Techniker als letzte Ausgabe des weißen Missionars« und die »Industrialisierung als letztes Evangelium einer sterbenden Rasse« und den »Lebensstandard als Ersatz für Lebenssinn« (71). Hält Faber derlei Ansichten zunächst noch für »Künstlerquatsch« oder unterstellt er ihnen kommunistische Tendenzen (71), so hat er sie gegen Ende des Romans sich selbst zu eigen gemacht. Er übernimmt geradezu die Formulierungen Marcels im Hinblick auf die amerikanische Lebensweise (250 f.), die auch ihm symptomatisch für die fortgeschrittene Zivilisation erscheint. Die Abrechnung Fabers mit Amerika während seines Aufenthalts in Kuba kurz vor der Operation (245-259) ist gleichzeitig eine kritische Auseinandersetzung mit seiner Berufs- und Lebensrolle.

Die Themen Technik und Amerika stehen auch in diesem Roman in einem funktionalen Zusammenhang mit der Existenzproblematik der Hauptfigur. Da wird beispielsweise die »Weltlosigkeit des Technikers« Faber apostrophiert, der versucht, »ohne den Tod zu leben« (241), obwohl er ihn bereits in sich trägt, oder da stellt Hanna kritisch fest: »Leben ist nicht Stoff, nicht mit Technik zu bewältigen« (242). Solche Einsichten setzt das Kubaerlebnis bei Faber in unmittelbare Erfahrung um. Er durchschaut, plötzlich hellsichtig geworden, die amerikanische »Reklame für Optimismus als Neon-Tapete vor der Nacht und vor dem Tod« (251), räsoniert über die »Wohlstand-Plebs«, ihre »falsche Gesundheit [...], ihre Kosmetik noch an der Leiche, überhaupt ihr pornografisches Verhältnis zum Tod« (251 f.).

Stiller ist ohne Welt, weil er sich weder als Stiller noch als White annehmen kann, Faber dagegen geht in der Berufsexistenz des Technikers so auf, daß er »die Welt als Widerstand aus der Welt zu schaffen« (241) sucht. Beide, sowohl Stiller als auch Faber, schneiden sich die Möglichkeit zur Entwicklung ab, die zum Leben gehört; denn Leben, so formuliert es Frisch geradezu existenzphilosophisch im *Homo Faber*, ist »Gestalt in der Zeit«, d. h., es muß sich ganz entfalten können. Der Stillstand führt zur Repetition: Anatol Stiller spielt seine Ehe mit Julika nochmals nach, und Walter Faber wiederholt mit Sabeth Stationen seiner Jugendliebe (Hanna). Aber wir können »nicht das Alter aufheben«, wie Faber schließlich erkennt, »indem wir weiter addieren, indem wir unsere eignen Kinder heiraten« (242).

In dem Roman *Homo Faber* ging es Max Frisch sicher »um die Fixierung eines modernen Menschentyps«,[32] um ein Exempel, das er an einem Fall demonstriert. Ob aber in diesem Exempel schlichtweg eine Wandlung vom »American way of life« zum »European way of life«[33] gesehen werden darf, scheint mir in verschiedener Hinsicht fragwürdig zu sein. Eher schon ließe sich sagen, daß der »Apostel technischen Fortschritts« auf seinen Reisen statt vorwärts immer wieder zurückgeführt wird: »Von New York, Hochburg moderner Zivilisation, zu den Tempelruinen des Inkareiches, von New York nach Griechenland, dem Ursprung europäischer Kultur«.[34] Schon zu Anfang, als sich der »Grenzfall des Möglichen« (HF., 31) mit der Notlandung in Tamaulipas ereignete, aus der sich dann die ganze Reihe der »Unwahrscheinlichkeiten« ableiten läßt, verhält sich Faber keineswegs vollkommen unkritisch gegenüber der amerikanischen Lebensweise. Beschreibt er noch fast neutral die »Gesellschaft in Büstenhaltern und Unterhosen« (40 f.), so läßt sich in der Schilderung seiner Beziehung zu dem Mannequin Ivy, die »ein lieber Kerl« war, »aber eine Art von Amerikanerin, die jeden Mann, der sie ins Bett nimmt, glaubt heiraten zu müssen« (42), bereits ein gewisser Abstand gegenüber dem ›American way of life‹ beobachten. Noch deutlicher zeigt Faber seine Aversion, als er seinen Freund Dick mit einer »Gesellschaft« zu sich bittet, um nicht »mit Ivy allein« (93) sein zu müssen. »In eurer Gesellschaft«, so räsoniert der leicht angetrunkene Faber, »könnte man sterben, ohne daß ihr es merkt, von Freundschaft keine Spur [...]« (94).

Faber kritisiert hier die Oberflächlichkeit der menschlichen Beziehungen in der Neuen Welt, ohne zu realisieren, daß sowohl Hanna als auch Ivy ihm eben diese Mängel immer wieder vorgehalten haben. Er bleibt der längere Zeit identifikationsunfähige Typ des Junggesellen, für den es »stets der Anfang der Heuchelei« war, »mehr als drei oder vier Tage zusammen mit einer Frau« (128) zu leben. Zu seinen glücklichsten Minuten gehört der Moment, wenn er eine »Gesellschaft« verlassen hat; »Menschen sind eine Anstrengung« für ihn (130). Gerade dieses Einzelgängertum, das Bedürfnis nach Einsamkeit, beweist, daß man Faber nicht ohne weiteres vollständig mit der amerikanischen Lebensweise identifizieren kann. »Ivy heißt Efeu«, so sagt der Junggeselle einmal und gesteht, »und so heißen für mich eigentlich alle Frauen« (129). Das trifft auch auf das Verhältnis zu Hanna zu, die er als einzige Frau wirklich geliebt zu haben vorgibt. Nichtsdestoweniger verkörpert natürlich der »liebe Kerl« Ivy, die etwas neurotische »Kleiderpuppe«, die Faber als gefühlsarmen Egoisten, Rohling und als Barbaren auch »in bezug auf Geschmack« (42 ff., 90 ff.) bezeichnet, symptomatische, inzwischen allerdings Klischee gewordene amerikanische Verhaltensweisen. Ivy wählt beispielsweise ihre »Kleider nach der Wagenfarbe« aus und die »Wagenfarbe nach ihrem Lippenstift oder umgekehrt« (43); sie war mehrmals verheiratet, fliegt von Washington regelmäßig nach New York zu ihrem Psychiater, hält sich für unwiderstehlich »sexy« und erwartet immer dieselben Gefühlsstereotypen (132 f.). In dieses konfliktreiche Verhältnis von Faber zu Ivy ging auch deutlich ein Teil seines gestörten Verhältnisses zu Amerika ein; als sich Faber von Ivy endgültig losgesagt hat, freut er »sich aufs Leben wie ein Jüngling, wie schon lang nicht mehr« (90). Nach dem Abschied von Ivy und der wachsenden Zuordnung zu Sabeth und schließlich zu Hanna nimmt auffallend die Kritik an der überformalisierten und übertechnisierten Zivilisation zu.

Im südlichen Mexiko und Guatemala, am »Ende der Zivilisation« (51), wird der so auf die Errungenschaften der Technik pochende Homo faber mit einer Umwelt konfrontiert, in der noch die chaotische, ungezähmte Natur herrscht. Während Marcel vom »Rückzug der Seele aus sämtlichen zivilisierten Gebieten der Erde« spricht (70 f.), lehnt Faber es apodiktisch ab, aus der Natur einen Götzen zu machen. Für Faber ist der technische Mensch als »Beherrscher der Natur« (151) der Mensch schlechthin. Bleibt der Deutsche Herbert Hencke in dieser Umwelt, wo sich sein Bruder Joachim das Leben genommen hatte, so reist der Schweizer Faber ins Innere und Archaische der abendländischen Kultur. Die vorgebliche Reise ins neue Leben, zur neuen Jugend, enthüllt sich ähnlich wie bei Thomas Manns Aschenbach im *Tod in Venedig* als eine Reise in die Vergangenheit, ins Alter, in den Tod. Ivy, Sabeth, die Archäologin Hanna sind Stationen seiner Entwicklung wie die geographischen Fixpunkte New York, Guatemala, Frankreich, Griechenland und Kuba. Erst am Schluß erkennt Faber die der perfektionierten Zivilisation »immanente Gefahr einer Pervertierung des Humanen«[35] und klagt in Kuba nicht nur »the American way of life«, sondern die ganze »kranke Gesellschaft« an, »die zur Deformation des Menschen führt«.[36] Vorher hatte Faber nur Einzelerscheinungen notiert, wie etwa die »Stenotypistinnen aus Cleveland, die sich verpflichtet fühlten, Europa gesehen zu haben« (HF., 104). Oder er hatte etwas mokant auf dem Deck des Dampfers bemerkt: »Allerlei Verbrauchtes, allerlei, was vermutlich nie geblüht hat, lag auch da, Amerikanerinnen, die Geschöpfe der Kosmetik« (112). In diese Richtung zielte auch die Schilderung der amerikanischen Reisegruppe (wieder könnten es die »Stenotypistinnen von Cleveland sein«) in Italien und die Beschreibung ihrer stereotypen Äußerungen wie »Is'nt it lovely?« (162 f.). Faber, den Hanna mit einigem Recht als »stockblind« (204) bezeichnete, gehen über Amerika und sich selbst also erst in Havanna die Augen auf, das nicht von ungefähr »bildlich gesprochen [...] zwischen Athen, New York und den jungen Kontinenten der südlichen Halbkugel, im Schnittpunkt der europäischen, amerikanischen und afrikanischen Kulturen«[37] liegt. Faber erfährt auf Kuba die eigentliche Verwandlung: er legt nicht nur seine Berufsrolle vollständig ab, sondern erlebt die »Wollust, zu schauen« (253). In den Kubanern lernt der gleichermaßen amerika- wie europamüde Faber die »physische und psychische Überlegenheit« eines Naturvolkes[38] mit Zukunft kennen. Er wertet die Überzivilisierten als »Bleichlinge« ab, als lendenlahme »Vitamin-Fresser«, schimpft sie ein »Coca-Cola-Volk«, spricht vom »Ausverkauf der weißen Rasse«, von dem »Wohlstand-Plebs«, bezeichnet ihre Welt »als amerikanisiertes Vakuum« und verurteilt »ihre Kosmetik [...] an der Leiche«, ihre »falsche Gesundheit« und »falsche Jugendlichkeit« (HF., 248 bis 252). Diesem Zorn auf Amerika entspricht spiegelbildlich, wie Faber erkennt, sein Zorn auf sich selbst (250). Er verurteilt nun »Kerle wie Dick«, die er sich »zum Vorbild genommen« hatte, die sich als »Schutzherren der Menschheit« aufspielten und doch nur Versager waren. Zivilisationskrank wie der Amerikaner Dick und Konsorten wandelt auch Faber »als Leiche im Corso der Lebenden«; sein »Körper taugt gerade noch«, so kommentiert er selbst, »um den Ventilator Wind zu genießen« (253 f.).

In der Amerikaperspektive des *Homo Faber* wird über *Stiller* hinaus neben dem existentiellen Thema vor allem die Problematik des technischen Fortschritts sichtbar. Weder in der Überrationalisierung im System des Technikers noch im »Sichausliefern an das Unbewußte«[39], an die Natur oder an die antiken Götter liegt die Lösung. Frisch setzt nicht einfach Europa gegen Amerika, Kultur gegen Technik, Homo ludens gegen Homo faber, sondern er warnt vor der Verabsolutierung einer dieser Lebenshaltungen. Er stellt sich auf die Seite des Lebendigen, das losgelöst von allen einseitigen Bestimmungen ist, und plädiert für die Öffnung der Existenz. In diesem Prozeß hat dann auch das »Gefühl der Fremde« eine durchaus positive Funktion. Mit einer Formel signalisiert Max Frisch gegen Ende des Romans das Ziel: »Auf der Welt sein: im Licht sein«.


IV


Während Frisch in seinem Roman *Mein Name sei Gantenbein*[40] (1964) und in dem Stück *Biografie*[41] (1967) das Amerikathema nur peripher beschäftigt, geht er wieder ausführlicher in seinem *Tagebuch 1966–1971* (1972) darauf ein. Neben die Darstellung von persönlichen Begegnungen, Eindrücken, Reflexionen treten nun auch öffentliche Verlautbarungen (Dokumente aus Zeitungen), die oft mit den persönlichen Ansichten kontrastiert werden (vgl. T II, 97). Der Krieg in Vietnam, die Mondlandung, die Kämpfe der schwarzen Amerikaner um die Bürgerrechte (125 ff., 194 ff.) tauchen als Fragestellungen auf, und sie werden ohne Vorurteile kritisch durchleuchtet. Frisch schildert und kommentiert einen Lunch im Weißen Haus mit Henry Kissinger (292-307), beobachtet die »gepolsterte Kleinbürgerlichkeit« der Administration, die zwar einen harmlosen Eindruck macht, aber kolossale Wirkungen verursacht, oder fängt Atmosphärisches bei einem Lunch in der Wall Street (377–380) ein.

Frisch erzählt jetzt keine erfundenen Geschichten mehr, sondern gibt vornehmlich reflektierte und erlebte Wirklichkeit. Das Fiktive hat gegenüber der Realität an Boden verloren, das Spiel mit Geschichten, die verschiedene Ichwirklichkeiten darstellten, hat nun aufgehört. Den vom Alter »gezeichneten« Berichterstatter beginnt die »Verwirklichung seiner Wünsche zu langweilen« (117), er ist des Rollenspiels müde und steht am Ende seiner Möglichkeiten. Statt der Variation wird ihm immer wichtiger die »Gesinnung« (117, 122). Deswegen enthält das zweite Tagebuch auch anstelle der Geschichten vor allem Fragebögen, Verhöre und Kurzessays. In der amerikanischen Parabel vom Rip van Winkle, die als erfundene Geschichte noch im *Stiller* ein Erlebnismuster sichtbar machen sollte (P., 9), wird nun der Märchen- und Fiktionscharakter von Rips Erzählungen (T II, 430) betont.

Die Amerika betreffenden Stellen reproduzieren in diesem Tagebuch so direkt wie der Essay *Unsere Arroganz gegenüber Amerika* die Vorstellungen von Max Frisch. Wie nach seiner ersten Reise sieht er auch jetzt in der Entwicklung Amerikas durchaus die problematischen Züge, aber er macht darüber hinaus auf seine europäische Perspektive und auf die unvereinbaren Widersprüche der anderen Realität aufmerksam. Da stellt er beispielsweise lakonisch nebeneinander: »Alles nimmt überhand: der Kehricht, die Jugend, das Haar, die Drogen, die Neger, die Unruhen, die Studenten, der Protest auf der Straße, die Angst vor Amerika. Die neuen Wolkenkratzer, aber die Gitarre nimmt überhand. Im Herbst [...] soll es eine Viertelmillion gewesen sein, die sich um das Weiße Haus versammelte, PEACE NOW, STOP THE WAR, PEACE NOW, es gab keine Toten; Präsident Nixon ließ sein Fenster schließen und schaute [...] Baseball im Fernsehen« (T II, 304). Wo Frisch Gesinnung, also eine ideologische Einstellung zeigt, unterscheidet sie sich grundsätzlich von Lettaus Dokumentation in bestimmter ideologischer Absicht. Frisch präsentiert ein Bild, in dem die negativen Seiten schärfer hervortreten, weil auch die positiven nicht verschwiegen werden. Fühlt sich Lettau überall vom »täglichen Faschismus« umgeben, so zeigt Frisch zunächst einmal die Erschütterung des amerikanischen Selbstvertrauens. Für ihn ist es durchaus ein positives Phänomen, daß sich die »Arroganz der Macht«, der naive Fortschrittsglaube, die moralische Selbstüberschätzung auf dem Rückzug befinden (T II, 313). »Amerika hat Angst vor Amerika«, und diese Angst macht das Land in den Augen von Max Frisch humaner (314) als zuvor. Er unterscheidet die Strategie der »Macht-Inhaber« vom gestörten Selbstverständnis der Amerikaner, das er mit seinen Erfahrungen von 1956, als er zum zweiten Male das Land durchreiste, vergleicht.

Am Schluß des Tagebuchs berichtet Frisch dann von seinem Aufenthalt in New York, wo er trotz der reichlich bekannten Probleme wie Kriminalität, Rauschgift, trotz politischer Unruhen, nicht ohne Faszination, hier dem Staatsanwalt im *Stiller* ähnlich, seine Befindlichkeit folgendermaßen beschreibt: »Man erwacht, geht auf die Straße und überlebt. Das macht fröhlich, fast übermütig. Es braucht nichts Besonderes vorzufallen; es genügt die Tatsache, daß man überlebt von Alltag zu Alltag. Irgendwo wird gemordet, und wir stehen in einer Galerie, begeistert oder nicht, aber gegenwärtig, und es ist nicht gelogen, wenn ich antworte: THANK YOU, I AM FINE« (373).

Neben den freundlichen Menschen und Einrichtungen, die das Leben so bequem machen (381), notiert Frisch den »nationalen Protest«, die 60 000 Telegramme, die gegen den Schuldspruch Calleys, des Mörders von My Lay, protestierten. Er vergißt nicht, die unbarmherzige Härte dieser Industriegesellschaft zu erwähnen, die wegwirft, was sie nicht brauchen kann, ob es sich um Menschen oder um Autos handelt (408 ff.), oder die chauvinistische, aggressive Freiheitsideologie, die unter dem Banner des Christentums gepredigt wird (411). Aber er erwähnt auch das andere Amerika, die Vielfalt an Möglichkeiten, das ´Rechtssystem und die Selbstverständlichkeit amerikanischer Freundschaft (406, 419 ff., 423 f.)

Nirgends, so ließen sich die Bemerkungen über Max Frischs Amerikaperspektiven zusammenfassen, zeigen sich Spuren jener europäischen Arroganz, die er bereits 1952 verurteilt hat. Im Gegenteil: wie Uwe Johnson in den *Jahrestagen* (1970 ff.) warnt auch er auf seine Weise die »durchreisenden Kulturkritiker« aus Europa davor, die vorgefaßte Meinung schon als Reiseerfahrung auszulegen.[42] Je länger man einer Sache gegenüberstehe, so hat Max Frisch bereits bei der Wiedergabe seiner ersten Amerikaerfahrungen gemeint, desto mehr vergrößere sich »das Rätselvolle daran, das Widersprüchliche«, und angemerkt: »Vor die Frage gestellt: Wie ist Amerika? wird derjenige, der den amerikanischen Kontinent auch nur ein Jahr bereist hat, im Gespräch mit seinen Freunden, die Amerika noch nie betreten haben, sich eher durch Unsicherheit auszeichnen« (Ö. a. P., 25).

---

1 Vgl. dazu Manfred Durzak: Abrechnung mit einer Utopie? In: Basis IV. Hrsg. von Reinhold Grimm u. Jost Hermand. Frankfurt a. M. 1974. S. 98–121.
2 Den Ausdruck verwandte Frisch in seiner »Büchner-Rede« (1958).
3 Durzak (s. Anm. 1), S. 106.
4 Abgedruckt in: Joachim Schickel, Über Hans Magnus Enzensberger. Frankfurt a. M. 1970. (edition suhrkamp 403.) S. 233–238.
5 Abgedruckt in: Tintenfisch 1 (1968) S. 86–93.
6 Z. B. Neueste Nachrichten aus den USA. In: Tintenfisch 5 (1972) S. 41.
7 Vgl. dazu Durzak ([s. Anm. 1], S. 117 ff.), der Johnsons Amerikaperspektive den positiven und negativen Amerikautopien bei Peter Handke und Herbert Heckmann gegenüberstellt.
8 Unsere Arroganz gegenüber Amerika. In: Öffentlichkeit als Partner. Frankfurt a. M. 1970. (edition suhrkamp 209.) S. 25.
9 Die Belege für die Zitate aus dem Werk von Max Frisch sind im Text in Klammern vermerkt. Geht aus dem Zusammenhang nicht ohne weiteres hervor, um welches Werk es sich handelt, so werden die nachstehend erklärten Abkürzungen verwandt. Die Belegstellen stammen aus folgenden Werken:
Tagebuch 1946–1949. Frankfurt a. M. 14. bis 20. Tsd. 1970. (Bibliothek Suhrkamp.) Zitiert als: T I.
Stiller. Frankfurt a. M. 25. bis 30. Tsd. 1958. Zitiert als: St.
Homo Faber. Frankfurt a. M. 19. bis 23. Tsd. 1958. Zitiert als: HF.
Mein Name sei Gantenbein. Frankfurt a. M. 46. bis 65. Tsd. 1964.
Biografie. Ein Spiel. Frankfurt a. M. 33. bis 37. Tsd. 1973. (Bibliothek Suhrkamp.)
Tagebuch 1966–1971. Frankfurt a. M. 66. bis 80. Tsd. 1972. Zitiert als: T II.
Ausgewählte Prosa. Frankfurt a. M. 6. Aufl. 1970. (edition suhrkamp 36.) Zitiert als: P.
Öffentlichkeit als Partner. Frankfurt a. M. 3. Aufl. 1970. (edition suhrkamp 209.) Zitiert als: Ö. a. P.
10 Hans Bänziger: Frisch und Dürrenmatt. Bern u. München 6. Aufl. 1971. S. 35.
11 T 1, 25; vgl. auch »Stiller« (101), wo der Heimgekehrte von der »Sehnsucht nach Welt, nach Küsten« spricht.
12 Vgl. Gerd Hillen: Reisemotive in den Romanen von Max Frisch. In: Wirkendes Wort 19 (1969) S. 126 f.

13 Ohne die Parallele überstrapazieren zu wollen, sei wenigstens dieser existenzphilosophische Grundsatz zitiert: »Das Dasein ist die Möglichkeit des Freiseins *für* das eigenste Seinkönnen« (Martin Heidegger: Sein und Zeit. Tübingen 11. Aufl. 1967. S. 144).

14 Vgl. dazu auch »Stiller« (195 ff.), wo es beispielsweise heißt: »Jedes Bildnis ist eine Sünde. Es ist genau das Gegenteil von Liebe [...] Wenn man einen Menschen liebt, so läßt man ihm doch jede Möglichkeit offen [...]« (196).

15 Vgl. Schillers Werke. Nationalausgabe. Bd. 20. Weimar 1962. S. 377 f.

16 Vgl. Horst Steinmetz: Max Frisch. Tagebuch, Drama, Roman. Göttingen 1973. S. 45 ff.

17 Als eine Art Zitat kann man S. 444 f. in »Stiller« auffassen.

18 Im Sinne von Max Frisch; dazu »Ausgewählte Prosa«, S. 11.

19 In »Stiller« heißt es etwa: »Wir leben in einem Zeitalter der Reproduktion« (244); vgl. dazu vor allem Hans Mayer: Max Frischs Romane. In: H. M., Zur deutschen Literatur der Zeit. Reinbek 1967. S. 192 ff.

20 Vgl. dazu Steinmetz (s. Anm. 16), S. 52 ff.

21 In »Begegnung mit Negern« (Atlantis 26 [1954] S. 73) beobachtet Frisch ähnlich wie in »Stiller«: »Neger zu sehen wenn sie tanzen – nicht bloß beim ersten –, auch noch beim zehntenmal stehen wir wie gelähmt vor Staunen, selig und traurig im gleichen Maß.«

22 Marian E. Musgrave: The Evolution of the black Character in the Works of Max Frisch. In: Monatshefte 66 (1974) S. 121 ff.

23 Vgl. dazu Steinmetz (s. Anm. 16), S. 52 f.

24 Heidegger (s. Anm. 13), S. 146.

25 Erst am Schluß findet Stiller zur Welt: »Aber wie jedermann, der bei sich selbst angekommen ist, blickte er auf Menschen und Dinge außerhalb seiner selbst, und was ihn umgab, fing an, Welt zu werden, etwas anderes als Projektionen seines Selbst, das er nicht länger in der Welt zu suchen oder zu verbergen hatte« (538).

26 Vgl. dazu auch Mayer (s. Anm. 19), S. 197 ff.

27 So auch Mayer, S. 201.

28 Marcel Reich-Ranicki: Der Romancier Max Frisch. In: M. R.-R., Deutsche Literatur in Ost und West. München 1963. S. 96 f.

29 Friedrich Dürrenmatt: Stiller, Roman von Max Frisch. In: Thomas Beckermann, Über Max Frisch. Frankfurt a. M. 1971. (edition suhrkamp 404.) S. 13.

30 Vgl. Mayer (s. Anm. 19), S. 202 f.

31 Deswegen findet Hanna, daß Faber »stockblind« sei (204).

32 Gerd Müller: Europa und Amerika im Werk Max Frischs. In: Moderna Språk 62 (1968) S. 395.

33 So Müller, S. 396 f.

34 Hillen (s. Anm. 12), S. 131.

35 Ursula Roisch: Max Frischs Auffassung vom Einfluß der Technik auf den Menschen – nachgewiesen am Roman ›Homo Faber‹. In: Beckermann (s. Anm. 29), S. 97.

36 Roisch, S. 96.

37 Günther Bicknese: Zur Rolle Amerikas in Max Frischs ›Homo Faber‹. In: The German Quarterly 42 (1969) S. 60.

38 Ebd.

39 Roisch (s. Anm. 36), S. 104.

40 S. 57 ff., 182 ff.

41 S. 34–48.

42 Vgl. dazu auch Durzak (s. Anm. 1), S. 120.

KLAUS PETER

# Supermacht USA. Hans Magnus Enzensberger über Amerika, Politik und Verbrechen

## I

1964 publizierte Hans Magnus Enzensberger den Band *Politik und Verbrechen*.[1] Er enthält neben zwei theoretischen Aufsätzen sechs Essays, ursprünglich Abendstudiosendungen, die an einzelnen genau dokumentierten Fällen die Behauptung des Buchtitels, die Beziehung zwischen Politik und Verbrechen, belegen sollen. Zwei dieser Essays beschreiben soziale Verhältnisse und Zusammenhänge in den USA: das Verbrechertum der zwanziger Jahre in Chicago; die einzige Hinrichtung eines amerikanischen Deserteurs im Zweiten Weltkrieg.

In *Chicago-Ballade* präsentierte Enzensberger Al Capones Chicagoer Verbrechersyndikat als »Modell der terroristischen Gesellschaft« des 20. Jahrhunderts. Zweierlei ist nach Enzensberger für diese Gesellschaft charakteristisch: der hochentwickelte Kapitalismus und, in Verbindung mit diesem, vorkapitalistische, archaische Formen der Herrschaft. Beide Momente charakterisierten auch das Verbrechertum Chicagos. Als 1920 das Prohibitionsgesetz in Kraft trat, organisierten und entfalteten Johnny Torrio und dann Al Capone, gewiegten Wirtschaftskapitänen vergleichbar, Produktion und Vertrieb des verbotenen Alkohols. Aber nicht nur die Praxis, auch die Ideologie der Gangster glich der des Kapitalismus aufs Haar. »Natürlich war ihnen vor allem die Institution des Privateigentums heilig. Sie lebten davon. Aber auch im ganzen waren ihnen revolutionäre Regungen fremd. Capone war ein ausgesprochener Patriot. Über seinem Schreibtisch hingen stets die Bilder von George Washington und Abraham Lincoln. Einwandfrei war auch seine Einstellung dem Kommunismus gegenüber: ›Der Bolschewismus klopft an unsere Tür. Wir dürfen ihn nicht einlassen. Wir müssen zusammenhalten und uns gegen ihn mit aller Entschlossenheit zur Wehr setzen. Amerika muß unversehrt und unverdorben bleiben. Wir müssen den Arbeiter vor roter Literatur und roter List schützen und darauf achten, daß seine Überzeugungen gesund bleiben.‹«[2] Capones Erfolg beruhte auf rückhaltloser Anpassung.

Capone und seine Leute freilich stammten nicht aus den reichen Familien Amerikas; sie waren in den Slums von New York und Chicago aufgewachsen, ihre Karriere war, wie bei Capone selbst, gekennzeichnet durch Gelegenheits-Jobs, Ladeneinbrüche, Autodiebstähle, durch Erfolge als Messerhelden und Rausschmeißer zweifelhafter Lokale, als Manager von Nachtklubs, Bars, Spielsalons und Bordellbetrieben. Die meisten dieser Gangster waren Einwanderer der zweiten Generation, Italiener, Polen, Iren. Auf den vorkapitalistischen Status der Länder ihrer Herkunft – des unterentwickelten Südens von Italien (Neapel, Sizilien), der von den europäischen Großmächten unterdrückten Provinzen Polens und Irlands – führte Enzensberger die altertümlich-feudalen Züge des Gangsterregimes zurück. Nicht das Bürgerliche Gesetzbuch, sondern gegenseitige Loyalität bestimmte die Geschäftsbeziehungen der Mitglieder, viele ihrer Bräuche stammten aus der langen Tradition der sizilianischen Mafia. Die Symbiose dieser vorkapitalistischen Züge ihrer Herrschaft mit den kapitalistischen Formen des Erwerbs machte ihr Regime zum Modell der terroristischen Gesellschaft. Der Faschismus Hitlers lieferte das für diese Entwicklung bisher radikalste Beispiel.

Der zweite Fall in *Politik und Verbrechen*, der unmittelbar mit den USA zu tun hat, ist *Der arglose Deserteur*, der Fall Edward Donald Sloviks. Slovik war ein Opfer. Beschrieb Enzensberger in *Chicago-Ballade* die Logik, der der Kapitalismus bei seiner Entfaltung gehorcht, die Logik des Geschäfts, so charakterisierte er in dem *Arglosen Deserteur*, der als einziger im Zweiten Weltkrieg von der amerikanischen Armee hingerichtet wurde, das Individuum als Opfer dieser Logik. 1920 als Sohn eines Arbeiters polnischer Herkunft in Detroit geboren, wuchs Slovik auf in den Jahren der Depression. Die Armut zwang ihn zum Diebstahl, mehrmals saß er im Gefängnis. Erst 1942, aus dem Gefängnis entlassen, gelang es ihm, in der Gesellschaft Fuß zu fassen, einen Job zu finden, zu heiraten. Aber bald darauf wurde er zur Armee eingezogen, des bißchen Glücks beraubt, das er gerade zu genießen begann, und zum erstenmal dachte er über sein »Verhängnis« nach. Er nannte es »sie«: »›Sie‹ werden Slovik bis an sein Ende verfolgen. Aber wer sind ›sie‹, die ihn hassen, die ihn erschießen werden? Das ist vielleicht die zentrale Frage des Falles Slovik. Die Akten wissen es nicht, und Slovik, dessen Gedanken sich in einer endlosen Agonie um diese Frage drehten, fand keine Antwort. ›Sie‹ waren verborgen wie Gott, aber sie wohnten auf der Erde. ›Sie‹ waren die Herren über Leben und Tod. ›Sie‹ hatten Stempel und Brillen, aber keine Gesichter. Saßen ›sie‹ in Washington, saßen ›sie‹ in Berlin? Waren ›sie‹ allgegenwärtig? Slovik wußte es nicht.«[3]

Er konnte es nicht wissen. Denn: »Die Anzeigen in den besseren Illustrierten hatten ihm nichts davon gesagt. Eddie Slovik hat niemals gewählt, er war zu jung dafür. Aber selbst wenn man ihn gefragt hätte, wen er zum Präsidenten haben wollte: er hätte keine Antwort gewußt. In seiner Welt gab es keine Wahl als die zwischen zwei Schlagern, und selbst die nahm ihm die Reklame ab. Politik war das, was ›sie‹ machten. Eddie Slovik, vorbestraft, kein psychiatrischer Befund, Kategorie A–1, kv, wurde nicht gefragt, ob er Boom oder Krise, ob er Frieden wollte oder Krieg. ›Sie‹ waren immer die wenigen, er war einer von den vielen. Slovik, der ›blöde Polack‹, hatte erkannt, daß er keine Ausnahme war. Aber wer stellte die Regel auf? ›Sie‹ stellten die Regel auf, und ›sie‹ waren die wenigen. So viel, und nicht mehr, verstand Eddie Slovik von Politik.«[4]

Die Regel, indem sie gegen ihn arbeitete und für »sie«, mußte falsch sein. Deshalb wollte Slovik an der Front in Frankreich dann lieber ins Gefängnis gehen als für »sie« sein Leben riskieren. Er war ehrlich, dafür verurteilten »sie« ihn zum Tode. Das Urteil wurde nicht willkürlich gefällt, es ging durch alle zuständigen Instanzen, General Eisenhower selbst, der Oberbefehlshaber, bestätigte es. Auch die Hinrichtung verlief ordnungsgemäß. Und so fiel Slovik an der einzigen Front, die er kannte, an der Front gegen »sie«.

## II

Das Thema von *Politik und Verbrechen* – die Entlarvung der Politik als Verbrechen – war in der Bundesrepublik aktuell seit den späten fünfziger Jahren, seit der Diskussion über die atomare Bewaffnung der Bundeswehr. Die Pariser Verträge von 1954 erlaubten der Bundesrepublik nicht, auf ihrem Gebiet Atomwaffen herzustellen. Seit Ende der fünfziger Jahre aber drängte die Bundesregierung darauf, dem wachsenden Gewicht der westdeutschen Wirtschaft durch den Besitz von Atomwaffen zu entsprechen. Enzensberger gehörte zu den ersten, die dagegen protestierten.[5] Das einleitende Kapitel von *Politik und Verbrechen, Reflexionen vor einem Glaskasten* macht diesen Zusammenhang deutlich.

Amerika ist nicht das einzige kapitalistische Land; auch andere Länder bauten und besitzen die Atombombe. In Amerika jedoch sind bis heute die Folgen des einen wie des anderen am sichtbarsten. Amerika diente Enzensberger daher als abschreckendes Beispiel. Das nukleare Gerät, wie er die Atombombe nannte, ist ein Massenvernichtungsmittel; die mit ihm rechnen, planen den Völkermord. Als Beweis führte Enzensberger das 1961 in Princeton erschienene Buch *Über den thermonuklearen Krieg* des Mathematikers, Physikers und Militärtheoretikers Hermann Kahn an. Kahn war damals beratendes Mitglied des wissenschaftlichen Beirates der amerikanischen Luftwaffe, des technischen Ausschusses der Atomenergie-Kommission, Gutachter für das Amt für zivile Verteidigung und Inhaber des Hudson Institute in White Plains, New York, das Expertisen für die amerikanische Militärplanung liefert. Aus Kahns Buch zitierte Enzensberger die folgenden Passagen: »Tragische, aber überschaubare Nachkriegs-Bilanzen. [...] Objektive Untersuchungen zeigen, daß die Summe menschlicher Tragödie [sic] zwar in der Nachkriegswelt erheblich ansteigen würde, daß dieses Ansteigen jedoch ein normales und glückliches Dasein für die Mehrzahl der Überlebenden und ihrer Nachkommen nicht ausschließen würde.« Embryonale Todesopfer sind »von begrenzter Bedeutung. [...] Voraussichtlich wird es in der ersten Generation zu fünf Millionen derartiger Fälle kommen, und zu hundert Millionen im Laufe weiterer Generationen. Ich halte die letztgenannte Zahl nicht für allzu schwerwiegend, abgesehen von jener Minderheit der Fälle, in denen es zu deutlichen Aborten oder Totgeburten kommen wird. Wie dem auch sei, die Menschheit ist so fruchtbar, daß eine kleine Verminderung ihrer Fertilität nicht sonderlich ernst genommen zu werden braucht, nicht einmal von dem Einzelnen, der davon betroffen wird.« Welcher Preis soll »für die Abstrafung der Russen für ihre Aggression« entrichtet werden? »Ich habe diese Frage mit vielen Amerikanern erörtert, und nach einer etwa viertelstündigen Diskussion fällt ihre Einschätzung eines annehmbaren Preises gewöhnlich zwischen zehn und sechzig Millionen. Man einigt sich meist auf eine Zahl, die der größeren der beiden nahe kommt. [...] Die Art und Weise, wie diese oberste Grenze erreicht zu werden scheint, ist recht interessant. Man nennt nämlich ein Drittel der Gesamtbevölkerung eines Landes, mit anderen Worten, etwas weniger als die Hälfte.«[6]

Der Glaskasten, vor dem Enzensberger seine »Reflexionen« anstellte, ist der Glaskasten, in dem Adolf Eichmann während des Prozesses, der 1961 in Jerusalem gegen ihn geführt wurde, saß. Eichmann hatte von seinem Schreibtisch aus den Mord an sechs Millionen Menschen geplant. Enzensbergers Frage, ob Kahn und

Eichmann vergleichbar seien, liegt nahe. Die Frage bleibt unbeantwortet. Die Tatsache jedoch, daß diese Frage überhaupt gestellt werden kann und gestellt werden muß, enthält Konsequenzen von außerordentlicher Tragweite. Sie betreffen die Möglichkeit von Politik heute. Insofern diese noch wie im 19. Jahrhundert Macht und Souveränität der Nationalstaaten zum Ziel hat, führen die Atomwaffen sie ad absurdum. Ausdruck dieser Souveränität ist nach innen die Todesstrafe, nach außen der Krieg. Wie jedoch mit Auschwitz die Todesstrafe ihre Glaubwürdigkeit einbüßte, so ist seit Hiroshima der Krieg ein sinnloses Unternehmen. Die Politik, die noch mit ihm rechnet, legitimiert den Völkermord.

Diese Einsicht veranlaßte Enzensberger zu der Feststellung: »Was in den vierziger Jahren geschehen ist, altert nicht; statt fern zu rücken, rückt es uns auf den Leib und zwingt zu einer Revision aller menschlichen Denkweisen und Verhältnisse: unsere bisherigen Auffassungen davon, was Recht und Unrecht, was ein Verbrechen, was ein Staat ist, können wir nur behaupten um den Preis fortdauernder Lebensgefahr für uns und für alle künftigen Leute. Daß die modernen Nationalstaaten und ihre Anhänger moralisch zu allem fähig seien, ist zwar keine neue Entdeckung: die Wortführer des Imperialismus haben es schon im vergangenen Jahrhundert mit Stolz verkündet. Inzwischen wissen wir, daß sie auch technisch zu allem fähig sind. Der uralte Zusammenhang von Verbrechen und Politik, die innern Widersprüche des Rechts, die Wahnvorstellung der Souveränität – sie müssen infolgedessen immer gewaltsamer hervortreten und werden im buchstäblichen, explosiven Sinn des Wortes eklatant.« Und Enzensberger folgerte: »Nichts kann so bleiben, wie es war und ist.«[7]

Die von Enzensberger verlangte »Revision aller menschlichen Denkweisen und Verhältnisse« findet auf anderen Gebieten wenigstens in der Theorie bereits statt: die Grenzen zwischen Normalität und Krankheit werden neu definiert (Foucault, Cooper, Laing), zwischen Kunst und Leben (Gorsen), zwischen Kunst und Politik (Marcuse), die soziale Rolle der Geschlechter ändert sich, die ›neue Linke‹ stellt den Begriff des Staates zur Diskussion. Die Erfahrungen von Auschwitz und Hiroshima haben gewiß zu dieser Entwicklung beigetragen. Um so erschreckender fällt auf, daß die Motive, die die Politik bestimmen, auch 1974 noch die alten sind. Insbesondere bestimmen sie nach wie vor die Politik der Großmächte. Nichts jedoch bezeugt den Bankrott dieser Politik mehr als die Unfähigkeit Amerikas und Rußlands, über die Abrüstung ihrer Atomwaffen sich zu einigen.[8]

Wer so argumentiert, muß auch heute noch damit rechnen, daß man ihn nicht ernst nimmt. Hannah Arendt gab in ihrer Auseinandersetzung mit Enzensberger 1964/65 zwar zu, daß es in einem mit modernsten Waffen geführten Krieg den Unterschied zwischen Krieg und Verbrechen »vielleicht« nicht mehr gebe. Daß die Möglichkeit des Krieges aber bis heute die Voraussetzung aller Politik ist, sah sie nicht ein.[9] Nur diese Voraussetzung jedoch verleiht Enzensbergers Argument Sinn, nur sie legt den Vergleich mit Auschwitz nahe. Und nur weil das öffentliche Bewußtsein die Einsicht in diesen Zusammenhang bis heute erfolgreich verdrängte, ist das Undenkbare noch immer denkbar: die ›Endlösung‹, die tatsächlich das Ende wäre.

## III

*Politik und Verbrechen* war Enzensbergers erste größere Publikation, die der Politik galt. Vorausgegangen waren Lyrikbände eigener Gedichte und Gedichte anderer, Essays, die sich mit literarischen Fragen beschäftigten, 1962 in *Einzelheiten* Essays über die Kulturindustrie.[10] 1965, ein Jahr nach *Politik und Verbrechen*, gründete Enzensberger das *Kursbuch*, die Zeitschrift, die er bis heute herausgibt. Heft 1 enthielt Literarisches, knüpfte am Ende jedoch mit zwei Beiträgen *entscheidend* an die Problematik von *Politik und Verbrechen* an: Peter Weiss und Martin Walser äußerten sich zu dem in Frankfurt gerade beendeten Auschwitz-Prozeß. Entscheidend: denn mit der von Intellektuellen in der Bundesrepublik seit der Mitte der sechziger Jahre immer lauter erhobenen Forderung nach politischen Alternativen spielte die Politik auch im *Kursbuch* eine immer größere Rolle. Nach der Abwesenheit der Politik in der intellektuellen Diskussion der fünfziger Jahre wurde das *Kursbuch* mit richtungweisend für den neuen Kurs. Als Enzensberger 1968 in Heft 15 schließlich die Irrelevanz der (schönen) Literatur feststellte, bestätigte er nur diese Entwicklung.
Schon Heft 2 (August 1965) enthielt ausschließlich Politisches. Mit Beiträgen von Frantz Fanon, Carlos Fuentes, Fidel Castro, Joan Robinson, mit Dossiers über den Iran und die Apartheid-Politik Südafrikas widmete das Heft sich einem Thema, das neu war in der Bundesrepublik und die intellektuelle Diskussion in den folgenden Jahren wesentlich bestimmen sollte: die Dritte Welt. Programmatisch war Enzensbergers eigener Beitrag *Europäische Peripherie*. Mit provozierender Entschiedenheit erklärte Enzensberger, nicht die Trennung der Welt in kapitalistische und sozialistische Länder charakterisiere die politische Szene der Gegenwart, sondern die Trennung von reich und arm. Der Begriff des Klassenkampfes müsse neu definiert werden, die Fronten des 19. Jahrhunderts seien nicht geeignet, die heutige Situation adäquat zu beschreiben. »Die Linie des neuen Klassenkampfes trennt arme von reichen Kommunisten, arme Neutrale von reichen Neutralen, arme von reichen Gliedern der ›freien Welt‹.«[11]
Gemeinsame Interessen verbinden demnach Amerika, Europa und die Sowjetunion als imperialistische Großmächte gegen die übrige Welt. Der Behauptung, daß unter dieser Voraussetzung der Gegensatz zwischen Rußland und Amerika kleiner sei als der zwischen Rußland und China, widersprach vor allem Peter Weiss: »Die Trennungslinie einer ›Armen Welt‹ und einer ›Reichen Welt‹, die Enzensberger als die heutige ›Achse der Weltpolitik‹ voraussetzt, bleibt imaginär, so bestechend diese Anschauung sich auch ausnimmt, und so reichhaltig sie sich mit Beispielen belegen ließe. Die konkrete Trennungslinie zieht sich zwischen den verschiedenartigen Auffassungen von der gesellschaftlichen Ordnung hin, und hier müssen die Streitpunkte zwischen der Sowjetunion und China doch eher zu einer Einigung führen als die Gegensätze zwischen der Sowjetunion und den USA.«[12] Aber seit die Chinesen 1960 in Moskau Chruschtschows Koexistenzthesen verwarfen und die Russen ihre Techniker aus China abzogen, hat die Geschichte Enzensbergers Behauptung eher bestätigt. Die Spannungen zwischen der Sowjetunion und China schließen einen Krieg zwischen beiden heute nicht mehr aus. Nach den Gefechten am Ussuri und in Sinkiang im August 1969 drohte die *Prawda* China offen mit den russischen

Atomwaffen. Gleichzeitig deutet die Koexistenzpolitik Amerikas und Rußlands auf ihr gemeinsames Interesse an der Aufrechterhaltung des Status quo hin.[13] Unterstützt wurde Enzensbergers These freilich auch durch die Stimmen der Dritten Welt, die in Heft 2 des *Kursbuches* zu Wort kamen. Mit dem ersten Beitrag stellte Enzensberger Frantz Fanon, einen der einflußreichsten Theoretiker der Dritten Welt, in der Bundesrepublik vor. Sein Aufsatz *Von der Gewalt* ist ein Kapitel aus seinem Hauptwerk *Les damnés de la terre*, das 1961 mit einem Vorwort von Sartre in Paris erschienen war. Fanon spricht in diesem Kapitel von der Zweiteilung der Welt in die der Kolonialherren und die der Kolonisierten, auf der einen Seite die Weißen, auf der anderen die Farbigen: »Wenn man den kolonialen Kontext in seiner Unmittelbarkeit wahrnimmt, so wird offenbar, daß das, was diese Welt zerstückelt, zuerst die Tatsache der Zugehörigkeit zu einer bestimmten Art, einer bestimmten Rasse ist. In den Kolonien ist der ökonomische Unterbau zugleich ein Überbau. Die Ursache ist Folge: man ist reich weil weiß, man ist weiß weil reich.«[14] Die Dekolonisation, zu der Fanon aufrief, ist nur durch Gewalt möglich, denn nur Gewalt vermag die bestehende Herrschaft zu brechen.

Die spezifische Rolle der USA, des Landes also mit dem größten Reichtum, mit dem höchsten Lebensstandard, ist Gegenstand der folgenden Beiträge. Der mexikanische Schriftsteller Carlos Fuentes prangerte in seiner *Rede an die Bürger der USA* die Ausbeutung der lateinamerikanischen Staaten durch amerikanisches Kapital an und die Verhältnisse in diesen Staaten, die solche Ausbeutung erlauben und fördern. Auch er hielt Gewalt für den einzigen Ausweg. Nur Revolutionen vermögen die Militärregime zu erschüttern, die in Brasilien und Argentinien, in Peru, Bolivien, Venezuela, Uruguay und Kolumbien den Status quo zementieren und, indem sie den Amerikanern in die Hände arbeiten, von der Ausbeutung ihrer Länder profitieren.

Den Beweis lieferte Kuba. In der *Rede vor den Vereinten Nationen* vom September 1960, dem nächsten Beitrag, erinnerte Fidel Castro an die Geschichte seines Landes. Kuba wurde nach seiner Befreiung von der spanischen Herrschaft von den USA unterjocht und ausgebeutet, bis es 1958 sich auch von dieser Herrschaft befreite. Und noch danach versuchte Washington Kuba ökonomisch in die Knie zu zwingen, freilich vergebens. Kuba wurde damit zum Muster der Revolution in der Dritten Welt und, unter den gegebenen Umständen: der Revolution überhaupt.


IV


Vietnam: 1968 sah es so aus, als entscheide das Schicksal der Welt sich in diesem Land. In Heft 11 des *Kursbuches* (Januar 1968) zog Enzensberger mit dem Beitrag *Berliner Gemeinplätze* eine Art Bilanz der unmittelbaren politischen Vergangenheit. Da heißt es: »Eine Revolution in Deutschland, die nichts weiter wäre als eine deutsche Revolution, ist nicht bloß unwahrscheinlich, sie ist undenkbar. Eine Handvoll von Guerillas, die im Hochland von Bolivien operieren, sind heute ein Phänomen, das die ganze Welt angeht. Die Strategen der Konterrevolution haben dafür gesorgt, daß die These vom Sozialismus in einem Land endgültig verdorben ist. Alles politische Handeln steht und fällt jetzt im Kontext der internationalen revolutionären Bewegung, von der kleinsten Demonstration bis zu den großen Entscheidungen, vor denen das amerikanische Volk steht. Deshalb, und nicht aus humanitären Gründen, ist der Krieg in Vietnam zu dem politischen Ereignis geworden, das dieses Jahrzehnt beherrscht.«[15]

Diese Feststellung setzte den Zusammenhang der politischen Ereignisse und Entwicklungen in den USA, in Vietnam und in der Bundesrepublik voraus. Amerikas Engagement in Vietnam hatte 1967 einen Höhepunkt erreicht: etwa 500 000 amerikanische Soldaten kämpften in Vietnam. Gleichzeitig mit der fürchterlichen Eskalation des Krieges fanden in den USA selbst immer häufiger Massendemonstrationen – hauptsächlich von Studenten – gegen den Krieg statt. Im Sommer 1967 war es zu Aufständen in den Gettos amerikanischer Städte gekommen. In der Bundesrepublik regierte seit 1966 die Große Koalition; Kurt Georg Kiesinger, ehemaliges Mitglied der NSDAP, war Kanzler. Nicht nur unterstützte die Regierung die amerikanische Vietnampolitik; dem Stillhalteabkommen zwischen Amerika und Rußland, das Amerikas Aktivität in Vietnam überhaupt erst erlaubte, schien in der Bundesrepublik mit dem Einzug der SPD in die Regierung das Verstummen der Opposition im Bundestag zu entsprechen. Die Identifikation der Außerparlamentarischen Opposition (APO) mit den Befreiungskämpfen der Dritten Welt lag nahe. 1964 hatte der Sozialistische Deutsche Studentenbund (SDS) an der Freien Universität Berlin begonnen, die Studenten über den Krieg in Vietnam aufzuklären. 1966 fanden die ersten Vietnamdemonstrationen statt. Die blutigen Zusammenstöße der APO mit der Polizei forderten im Juni 1967 das erste Todesopfer: ein Polizist erschoß den Studenten Benno Ohnesorg.

Zahlreiche Intellektuelle, darunter viele Schriftsteller der Gruppe 47, hatten sich der APO angeschlossen. Peter Weiss publizierte 1967 sein Vietnam-Stück: *Diskurs über die Vorgeschichte und den Verlauf des lang andauernden Befreiungskrieges in Vietnam als Beispiel für die Notwendigkeit des bewaffneten Kampfes der Unterdrückten gegen die Unterdrücker sowie über die Versuche der Vereinigten Staaten von Amerika die Grundlagen der Revolution zu vernichten.* Neben Fidel Castro, Che Guevara und Mao Tse-tung wurde Ho Tschi-minh revolutionäres Vorbild. Enzensberger publizierte in den Heften 6 (1966) und 9 (1967) des *Kursbuches* Beiträge über Vietnam. Ein Dossier in Heft 6 berichtete über die Zusammensetzung der amerikanischen Anti-Kriegs-Bewegung, Dokumente informierten über den ersten und zweiten Marsch auf Washington (am 17. April und 27. November 1965), über Reden und Aufrufe gegen den Krieg. Heft 9 brachte die Forderung der *Temps modernes,* Sartres Zeitschrift, nach einem Eingreifen der Sowjetunion in Vietnam und die Diskussion, die diese Forderung in Frankreich unter linken Intellektuellen auslöste. Noam Chomsky setzte sich in dem Essay *Vietnam und die Redlichkeit des Intellektuellen* (übernommen von der *New York Review of Books,* 1967) mit der Verantwortungslosigkeit amerikanischer Intellektueller wie Arthur Schlesinger, Henry Kissinger, Walt Rostow, Irving Kristol, McGeorge Bundy und Herman Kahn auseinander. Mit ihrem Expertentum wichen diese Intellektuellen moralischen Entscheidungen aus und würden dadurch mitschuldig an der »Schlächterei« in Vietnam: »Wir täten gut daran, ihnen offen entgegenzutreten; sonst werden wir erleben, daß uns unsere Regierung einer ›Endlösung‹ in Vietnam – und in den vielen Vietnams, die unvermeidlich noch bevorstehen – entgegenführt.«[16] Im gleichen Heft rief auch Martin Walser zum Protest gegen den Vietnamkrieg auf.[17] Enzensberger selbst fuhr im Herbst 1967 in die USA: die Wesleyan University, Connecticut, hatte ihm eine Fellowship am Center for Advanced Studies angeboten. Im Januar 1968 gab er diese Fellowship bereits wieder auf und verließ Amerika. Der Brief, in dem er dem Präsidenten der Universität sein Verhalten erklärte – er wurde im März 1968 in der *Zeit* veröffentlicht –, sprach eine deutliche Sprache: »Ich halte die Klasse, welche in den Vereinigten Staaten von Amerika an der Herrschaft ist, und die Regierung, welche die Geschäfte dieser Klasse führt, für gemeingefährlich. Es bedroht jene Klasse, auf verschiedene Weise und in verschiedenem Grad, jeden einzelnen von uns. Sie liegt mit über einer Milliarde von Menschen in einem unerklärten Krieg; sie führt diesen Krieg mit allen Mitteln, vom Ausrottungs-Bombardement bis zu den ausgefeiltesten Techniken der Bewußtseins-Manipulation. Ihr Ziel ist die politische, ökonomische und militärische Weltherrschaft. Ihr Todfeind ist die Revolution.«[18] Tatsächlich lieferte der Vietnamkrieg den schlagendsten Beweis für Enzensbergers These von der Politik als Verbrechen. Massenvernichtung – wenn auch noch nicht mit Atomwaffen – und Kolonisation, die beiden Stützen dieser These, waren in Vietnam, jedem sichtbar, blutigste Wirklichkeit.[19] Und nicht zufällig. Der Krieg in Vietnam war vielmehr nur – so Enzensberger – »die größte, blutigste und sichtbarste Probe auf ein Exempel, das die herrschende Klasse der USA auf fünf Kontinenten zu statuieren versucht«.[20] Dies lehrten die bewaffneten Eingriffe der USA in Guatemala, Indonesien, in Laos, Bolivien, Korea, Kolumbien, auf den Philippinen, in Venezuela, im Kongo und in der Dominikanischen Republik. In vielen anderen Ländern unterstützten die Amerikaner Unterdrückung und Korruption.

Enzensberger wußte sich in Übereinstimmung mit zahlreichen amerikanischen Intellektuellen; er nannte Baran, Horowitz, Huberman, Sweezy, Zinn und Chomsky. Deren Argumente allerdings würden in der amerikanischen Öffentlichkeit nicht ernst genommen. Blind für die Wirklichkeit wüßten die Amerikaner – von Ausnahmen wie dem ›Student Non-Violent Coordinating Committee‹ (SNCC), den ›Students for a Democratic Society‹ (SDS) und der Resistence abgesehen – nicht, wie ihre Politik und sie selbst in den Augen der Welt aussehen: »Sie wissen nicht, was das für ein Blick ist, der auf ihnen ruht: auf Touristen in Mexiko, Soldaten auf Urlaub in fernöstlichen Städten, Geschäftsleuten in Schweden oder Italien. Derselbe Blick ruht heute auf Ihren Zerstörern, Ihren Botschaften, Ihren Leuchtreklamen überall auf der Welt. Es ist ein fürchterlicher Blick, denn er kennt keine Unterschiede und keine mildernden Umstände.«[21] Es ist der gleiche Blick, der sich nach 1945 auf die Deutschen richtete. Tatsächlich erinnerten die Zustände in den USA an Deutschland in den dreißiger Jahren. Die Methoden der Herrschaft freilich haben sich geändert: das Vernichtungspotential ist unendlich gewachsen, die Technik der Unterdrückung unendlich verfeinert.

Am Ende des Briefes kündigte Enzensberger an, daß er im Herbst nach Kuba zu gehen gedenke: »Ich habe einfach den Eindruck, daß ich den Cubanern von größerem Nutzen sein kann als den Studenten der Wesleyan University, und daß ich mehr von ihnen zu lernen habe.«[22]

## V

Zwei Jahre später, 1970, war das Ende des Vietnamkrieges noch immer nicht abzusehen. Der neue Präsident Nixon, der 1968 auf sein Versprechen hin gewählt worden war, er werde den Krieg schnell beenden, befahl im April 1970 die Invasion Kambodschas. In der amerikanischen Öffentlichkeit schlug die Nachricht von der Ausweitung des Krieges wie eine Bombe ein. Im ganzen Land fanden Demonstrationen statt, an den Universitäten wurde gestreikt, zum erstenmal wurde die Forderung nach Nixons Impeachment laut. Auf dem Campus der Kent State University, Ohio, schossen Soldaten der National Guard auf Studenten, töteten vier und verwundeten elf.

Hatte in Amerika das unverminderte Fortdauern des Krieges die Fronten seit 1968 nicht verändert, eher vertieft, so hatten in der Bundesrepublik die Bundestagswahlen 1969 zu neuen politischen Konstellationen geführt. In Bonn regierten SPD und FDP; Willy Brandt war Kanzler. Die neuen Machtverhältnisse hatten die APO gespalten. Während innerhalb der SPD die Jungsozialisten seither für »systemüberwindende Reformen« kämpfen, streiten an den Universitäten strafforganisierte marxistisch-leninistische Kader (die untereinander auch wieder zerstritten sind) und die Reste des antiautoritären SDS um den richtigen Weg zum Sozialismus. Enzensberger und das *Kursbuch* folgten dem marxistisch-leninistischen Kurs. Die ideologische Neuorientierung bestimmte auch das im Dezember 1970 erschienene Heft 22 des *Kursbuches*, das sich ausschließlich mit »nordamerikanischen Zuständen« befaßte.

Für die ideologische Frage zentral war die in diesem Heft unter dem Titel *USA: Organisationsfrage und revolutionäres Subjekt. Fragen an Herbert Marcuse* abgedruckte Diskussion zwischen Enzensberger und Marcuse. Enzensberger begann mit der Frage: »Wir haben in Europa den Eindruck, daß sich die politischen Verhältnisse in den USA in den letzten Jahren ungeheuer verschärft und zugespitzt haben. Wir hören von Vorbeugehaft, von schießwütigen Polizisten; die amerikanische Linke hat Listen von Konzentrationslagern veröffentlicht, die schon jetzt bereitstehen sollen; es gibt Gerüchte, die amerikanische Regierung habe Untersuchungen in Auftrag gegeben darüber, wie das Land reagieren würde, wenn die Präsidentschaftswahlen von 1972 abgesagt würden, wenn man einfach keine Wahlen mehr stattfinden ließe. Die Details, die zum Beispiel in Reinhard Lettaus Collage erscheinen, lassen den Schluß zu, daß das ganze System von Law and Order mit seiner Kehrseite immer mehr identisch wird, also Gesetzlichkeit mit Gangstertum, Ordnung mit Willkür: ein fast fugenloses Ineinander von Politik und Verbrechen, von Mafia und Regierung. Auf welchen Begriff läßt sich diese Entwicklung bringen?«[23]

Marcuse bestätigte dieses Urteil. Er wußte allerdings nichts von Konzentrationslagern und bezweifelte, daß die Regierung mit dem Gedanken spielte, die Wahlen abzuschaffen: »denn diese Regierung hat die Wahlen nicht zu fürchten«.[23] Nixons hoher Sieg über McGovern 1972 gab ihm recht. Der Begriff, auf den sich diese Entwicklung bringen ließe, ist offenbar der des Faschismus. Beide, Enzensberger und Marcuse, waren sich darin einig.[24] Marcuses durch seine zahlreichen Bücher bekannte unorthodoxe Interpretation dieses Faschismus lehnte Enzensberger dann jedoch ab. Die These, die er 1965 selbst so überzeugend vertreten hatte, daß mit den Strukturveränderungen des Kapitalismus auch die Klassen und ihre Lage sich veränderten, daß es für Marxisten deshalb – wie Marcuse formulierte – unzulässig und gefährlich sei, einen »verdinglichten Begriff der Arbeiterklasse« zu behaupten, ließ er nicht mehr gelten. Gegen die eigenen Beobachtungen von 1965 erklärte er jetzt: »Die Veränderungen, auf die Sie hinweisen, scheinen mir nicht grundlegender Natur zu sein. [...] Die Ausbeutung der Arbeiterklasse kann man nicht einfach am Lebensstandard ablesen; Kühlschränke und Autos zeigen nicht an, daß sie abgenommen hat. Im Gegenteil. Wenn man die Marxschen Kategorien zugrunde legt, hat sie sogar noch zugenommen.«[25] Deshalb sei die Diktatur des Proletariats, d. h. der Industriearbeiter, immer noch die Hauptforderung des Marxismus. Die Studentenbewegung verurteilte er mit dem Argument: »Die heutige Praxis stützt sich überwiegend auf die Betriebsarbeit, auf Kaderbildung und Agitation. Sie führt zu einer Rückkehr zu leninistischen Konzepten, auch in der Organisationsfrage.«[26] War diese Argumentation in bezug auf die Bundesrepublik problematisch, so erst recht in bezug auf Amerika. Mit Recht kritisierte Enzensberger die anarchistische Seite der Studentenbewegung, das Hippietum, als im Grunde bürgerlich; der pauschalen Verurteilung der Studenten, die für ihn daraus folgte, hielt Marcuse jedoch mit mehr Recht entgegen: »Nichts ist unbürgerlicher als die amerikanische Studentenbewegung, während nichts bürgerlicher ist als der amerikanische Arbeiter. (Verzeihen Sie diese kleine Übertreibung!) Die Klischees, mit denen Sie operieren, sind untauglich.«[27] Während Enzensberger auch für Amerika allein die Agitation in den Fabriken und die Bildung kommunistischer Kader unter den Arbeitern für relevant hielt, wies Marcuse auf den kaum zu überschätzenden Kampf der Studenten für die Bürgerrechtsreformen und gegen den Krieg in Vietnam hin. McCarthy 1968 und McGovern 1972 hätten ohne die Studenten keine nationale Bedeutung erlangt. Natürlich seien die Arbeiter wichtig; aber ebenso gelte es, mit den Hausfrauen, mit den Intellektuellen und mit den Technikern zu reden. Das Schlimmste zu verhindern, müsse die radikale Opposition ihre ganze Kraft einsetzen, alle erreichbaren Teile der Bevölkerung zu mobilisieren.

Die unkritische Behauptung traditioneller Begriffe charakterisiert auch andere Beiträge in diesem Heft des *Kursbuches*. Informativ war Reinhard Lettaus Beitrag *Täglicher Faschismus. Evidenz aus fünf Monaten*, der das Heft eröffnet. Es handelt sich um den Vorabdruck von Teilen aus Lettaus 1971 erschienenem Buch mit dem gleichen Titel. Lettau stellte Nachrichten aus amerikanischen Zeitungen, vor allem der *Los Angeles Times*, zusammen, die geeignet sind, faschistische Tendenzen in den USA zu bezeugen. Zu einseitig fiel jedoch die Dokumentation des amerikanischen Widerstandes aus, die Helmut Reinicke unter dem Titel *Seize the Time. Sozialrevolutionäre Gruppen in den USA* beitrug. Indem er nur Gruppen nannte, die sich mehr oder weniger zum Marxismus-Leninismus bekannten, erschien deren Bedeutung für den amerikanischen Widerstand übertrieben. Gruppen wie der ›Che-Lumumba-Club‹ in Los Angeles, die ›People's Commune‹ in San Diego, die ›Grease‹ und die ›Patriots Party‹ in Chicago hatten und haben nur eine sehr begrenzte Wirkung. Wichtiger waren die ›Black Panthers‹. Sie galten in dem ganzen Heft denn auch als die Avantgarde der amerikanischen Revolution. Ein ausführliches Gespräch mit Eldridge Cleaver, der damals schon im algerischen Exil lebte, unterstrich dieses

Urteil. Heute freilich spielen auch die ›Black Panthers‹ politisch keine Rolle mehr; selbst ihre Operationsbasis war zu eng. Von größerem Interesse ist auch heute noch Ernest Mandels Analyse *USA wohin? Eine politökonomische Prognose.* Mandel wies auf die auch in den USA immer akuter werdenden Wachstumsprobleme des Kapitalismus hin, auf die damit zusammenhängende Gefährdung des hohen Lebensstandards, auf die Inflation und die drohende Arbeitslosigkeit. Unzufriedenheit auf breiter Ebene werde auch die bisher konservativen Arbeiter radikalisieren: »Solange der Sozialismus oder die Revolution nur Ideale sind, die von militanten Gruppen verkündet werden, die sich dabei auf persönliche Überzeugungen und ihr persönliches Bewußtsein berufen, ist ihr gesellschaftlicher Einfluß notwendig begrenzt. Aber wenn die Ideen des revolutionären Sozialismus sich mit den unmittelbaren materiellen Interessen einer revoltierenden Klasse – der Arbeiterklasse – vereinen, werden sie zu einem wirklichen revolutionären Element.«[28]
1968/69 hielt Enzensberger sich in Kuba auf. 1970 erschien, ein Ergebnis dieses Aufenthaltes, sein Stück *Das Verhör von Habana.* Indem es die Invasion Kubas durch von der ›Central Intelligence Agency‹ (CIA) geworbene kubanische Emigranten 1961 zum Gegenstand hat, richtet es sich gegen den amerikanischen Imperialismus. Eine ausführliche Einleitung schildert die politischen Vorgänge, die unter Präsident Eisenhower und dann Kennedy zu dieser Invasion führten.


VI


Die Überzeugung, daß APO, Studentenbewegung, Kuba, China und Vietnam Momente eines einzigen weltweiten Zusammenhanges bildeten, verlieh der Opposition in der Bundesrepublik von der Mitte der sechziger Jahre an den Elan, der notwendig war, die Gesellschaftskritik aus der Sackgasse herauszuführen, in die sie die Kritische Theorie gebracht hatte. Die Politisierung dieser Theorie und damit der westdeutschen Intellektuellen und Studenten war die Folge. Die politischen Wirkungsmöglichkeiten der APO in diesem globalen Zusammenhang waren jedoch äußerst begrenzt. Die Solidarität westdeutscher Linker mit dem Vietcong konnte sich kaum anders als in Demonstrationen ausdrücken. Indem die Aktivität der Linken deshalb mehr und mehr von den Straßen in die Institutionen verlegt wurde, richtete sie sich in zunehmendem Maße auf Probleme, die in der Bundesrepublik selbst zur Lösung anstehen.
Enzensbergers *Kursbuch* vom Dezember 1970 bezeugt auch diesen Kurswechsel: noch war die Solidarität mit der Dritten Welt, den ›Black Panthers‹ und dem Vietcong, das zentrale Thema; Enzensbergers Feststellung jedoch, daß die jetzt notwendige Praxis Betriebsarbeit und Kaderbildung sei, bezeichnete die Wende. Die neue Stoßrichtung der linken Aktivität und damit das nachlassende Engagement im Rahmen der Weltpolitik entsprach freilich auch der abnehmenden Bedeutung des Vietnamthemas. Präsident Nixons sensationeller Chinabesuch im Februar 1972, der graduelle Abzug amerikanischer Truppen aus Südvietnam sowie die seit dem Sommer 1972 in Paris zwischen Henry Kissinger und Le Duc Tho geführten Verhandlungen nahmen Vietnam zwar nicht die politische, aber die symbolische Bedeutung,

die für die Protestbewegung seit 1965 so wichtig war. Den neuen Voraussetzungen entsprechend rechnete das *Kursbuch* (Heft 25) bereits im Oktober 1971 mit der Vergangenheit ab: unter dem Titel *Politisierung: Kritik und Selbstkritik* wurde die Identifikation mit der Dritten Welt als Eskapismus »entlarvt«. Damit nahm auch das Verhältnis der linken Intellektuellen und Studenten zu Amerika eine neue Gestalt an. Nicht daß Gewalt und Gegengewalt aufgehört hätten, die internationale Politik und die Politik Amerikas zu bestimmen. Im Gegenteil: die nukleare Gefahr büßte trotz aller Abrüstungsgespräche an Aktualität nichts ein, und das Ineinander von Politik und Verbrechen wurde durch ›Watergate‹ in den USA akuter und offenbarer denn je. Aber Amerika, das seit 1965 so oft zu spontanem Protest Anlaß gegeben hatte, ist unter Intellektuellen und Studenten in der Bundesrepublik heute eine Macht, deren politische Gefährlichkeit, da keiner sie mehr bezweifelt, fast zum Gemeinplatz wurde. Eine Entwicklung erreichte ihr Ziel: Amerika, nach dem Zweiten Weltkrieg in Deutschland als Garant der »Freiheit« unkritisch bewundert – vielleicht löste es nur deshalb so heftige Reaktionen aus, als die verhängnisvollen Konsequenzen seiner Politik sichtbar wurden –, sieht jetzt ganz anders aus. Auch für deutsche Intellektuelle steht seit den Demonstrationen gegen den Vietnamkrieg fest, daß der amerikanische Imperialismus nicht die Freiheit der Menschen, sondern ihr Verderben zur Folge hat. Eine Auseinandersetzung mit ökologischen Fragen im *Kursbuch* etwa (Heft 33, Oktober 1973) setzt diese Wahrheit voraus. Vielleicht kommt die Entwicklung seit 1965 durch nichts bündiger zum Ausdruck als durch diese Tatsache.

Indem das Bild Amerikas sich so änderte, droht allerdings eine neue Gefahr: nach der unkritischen Bewunderung die unkritische Verurteilung. Enzensberger nannte in seinem Beitrag zur Ökologiedebatte des *Kursbuches* die Gefahr beim Namen: Ideologiekritik als Ideologie.[29] Ohne den Vietnamkrieg und die heftigen Reaktionen, die er auslöste, wurde – so scheint es – die Gefährlichkeit des amerikanischen Imperialismus zu einer fast abstrakten Größe, gegen die zu kämpfen sinnlos ist. Enzensberger selbst ist nicht frei von solcher Resignation. Mit Recht kritisierte er in der Ökologiedebatte die von Paul Ehrlich vorgeschlagenen »Sofortmaßnahmen«, die den Untergang der Welt verhindern sollen. Er hält sie für unrealistisch, weil sie keinen »fundamentalen Eingriff in das politische System der USA« einschließen.[30] Seine eigenen Hinweise sind jedoch kaum realistischer. Die Feststellung, die kapitalistischen Gesellschaften – und allen voran die USA – hätten die Chance, »das Marxsche Projekt der Versöhnung von Mensch und Natur«, »wahrscheinlich verwirkt«,[31] ist politisch nicht weniger ohnmächtig, als es die moralischen Empfehlungen Ehrlichs sind. Sie erklärt den »fundamentalen Eingriff« von vornherein für aussichtslos. Und auch der Hinweis auf die vorteilhafte Situation Chinas hilft nicht weiter. Hat die Politisierung der Kritischen Theorie schon ihr Ende gefunden?

1 Hans Magnus Enzensberger: Politik und Verbrechen. Frankfurt a. M. 1964.
2 Ebd., S. 127.
3 Ebd., S. 258.
4 Ebd., S. 258 f.
5 Vgl. H. M. Enzensberger: Einige Vorschläge zur Methode des Kampfes gegen die atomare Auf-

rüstung. In: Blätter für deutsche und internationale Politik 3 (1958) S. 410–414; und ders.: Europa gegen die Bombe. In: Blätter für deutsche und internationale Politik 4 (1959) S. 119–121.

6 Politik und Verbrechen. S. 24 f. Vgl. hierzu: Mary Kaldor u. Alexander Cockburn, The Defense Confidence Game. In: The New York Review of Books 21 (1974) Nr. 10. S. 24–32. Kaldor und Cockburn besprechen in diesem Artikel die Rechtfertigung des Pentagon für das Verteidigungsbudget 1975 (Report of the Secretary of Defense, James R. Schlesinger, to the Congress on the FY 1975 Defense Budget und FY 1975–1979 Defense Program, US Government printing Office). Die Größenordnungen, mit denen Schlesinger rechnet, stimmen mit denen Kahns offenbar genau überein. So schreiben Kaldor und Cockburn an einer Stelle: »Since 1967 the official strategic doctrine of the US has been Assured Destruction, or – in its more companionable form – Mutual Assured Destruction (MAD). The essence of this strategy is simple enough. The enemy will be deterred from attempting a first strike by the prospect of instant destruction of its cities and industry. The Assured Destruction doctrine allows Schlesinger to say in this year's budget that ›even after a more brilliantly executed and devastating attack than we believe our potential adversaries could deliver, the United States would retain the capability to kill more than 30 percent of the Soviet population and destroy more than 75 percent of Soviet industry‹« (25). Die Abschreckung wirkt, da die Russen nach Schlesinger nur einen Bevölkerungsverlust von 25 Prozent akzeptieren würden.

7 Politik und Verbrechen. S. 18 f.

8 Ende Juni 1974 besuchte Präsident Nixon Moskau. Das Hauptproblem war die Abrüstung. Es konnte jedoch kein ›breakthrough‹ erreicht werden, die entscheidende Diskussion wurde auf 1985 vertagt. Vgl. The New York Times (4. Juli 1974). Trotzdem verkündete Nixon, zurück in den USA, »the chances for peace were now ›the brightest‹ in a generation« (ebd.). Aber gleichzeitig ermahnte er die Amerikaner: »The United States must not neglect its military strength, because without strength agreements were not possible«, und betonte »the need to maintain a strong defense despite the improved relations with the Russians« (ebd.). Das absurde Wettrüsten geht also weiter. – Es sei hier angemerkt, daß dieser Aufsatz im Sommer 1974 geschrieben wurde, vor dem Rücktritt Präsident Nixons.

9 Hannah Arendt u. Hans Magnus Enzensberger: Ein Briefwechsel. In: Über H. M. Enzensberger. Hrsg. von Joachim Schickel. Frankfurt a. M. 1970. S. 172–180.

10 1957 hatte Enzensberger die USA zum erstenmal besucht. Für den Hessischen Rundfunk schrieb er damals das Feature »Dunkle Erbschaft, tiefer Bayou«, jetzt unter dem Titel »Louisiana Story« in: Interview mit Amerika. Hrsg. von Alfred Gong. München 1962. S. 256–287. Es handelt sich um eine unpolitische, melancholische Darstellung des Südens der USA.
Unpolitisch erscheint Amerika auch in den Gedichten. Es ist Teil der Wirklichkeit, gegen die, ohne sie politisch zu charakterisieren, Enzensberger damals schon aufbegehrte. So sitzen in dem Gedicht »konjunktur« die Angler, die die Menschen mit Wohlstand ködern, »am rhein, / am potomac, an der beresina«, aber sie bezeichnen eher einen Zustand als die Repräsentanten politischer Macht. Vgl. Enzensberger: Verteidigung der Wölfe. Frankfurt a. M. 1957. S. 86 f. Unpolitisch ist auch der Essay »William Carlos Williams«. In: Einzelheiten, Frankfurt a. M. 1962. S. 273–286. Mit der Charakterisierung des amerikanischen Dichters vertrat Enzensberger damals seine eigene Position: »Nicht an Bekenntnissen und Manifesten, sondern am Wortlaut noch seiner geringsten Gedichte zeigt es sich, wie tief dieser Mann mit dem Los Amerikas verbunden ist. Schier unabsichtlich und kaum je politisch in einem handgreiflichen Sinn, reflektiert sein Werk doch auf das Empfindlichste die kollektiven Chocs der amerikanischen Gesellschaft« (ebd., S. 285).

11 Kursbuch 2 (1965) S. 162.

12 Peter Weiss: Enzensbergers Illusionen. In: Über H. M. Enzensberger. S. 240 f.

13 Vgl. Eine schwarze Wolke hängt über uns. In: Der Spiegel 28 (11. Februar 1974) Nr. 7, S. 72.

14 Kursbuch 2 (1965) S. 5.

15 Kursbuch 11 (1968) S. 159.

16 Kursbuch 9 (1967) S. 164.

17 Ergänzt wurden diese Informationen und Aufrufe gegen den Krieg in Vietnam 1968 in den Heften 13 und 14 des »Kursbuches«. Enzensberger selbst stellte in Heft 13 ein Dossier über die Kriegsdienstverweigerung in den USA zusammen. In Heft 14 brachte er eine eigene Übersetzung der Rede, die Paul Goodman im Oktober 1967 im Auditorium des State Departments vor dem Industrieverband für Nationale Sicherheit (National Security Industrial Association) gegen den

Krieg gehalten hatte. Weitere Beiträge über Amerika und Vietnam enthält Heft 16 (März 1969) des »Kursbuches«. Es sind die Vorträge, die im Juli 1967 in London während des Kongresses »Dialectics of Liberation« gehalten wurden. Die Autoren sind: Ronald D. Laing, Stokeley Carmichael, Jules Henry, John Gerassi, Paul M. Sweezy und Herbert Marcuse.

18 H. M. Enzensberger: Offener Brief. In: Über H. M. Enzensberger. S. 233.
19 Vgl. Noam Chomsky: On War Crimes. In: Noam Chomsky, At War with Asia. Essays on Indochina. New York 1969. S. 288–313.
20 Offener Brief (s. Anm. 18). S. 234.
21 Ebd., S. 236.
22 Ebd., S. 238.
23 Kursbuch 22 (1970) S. 45.
24 Beide, Enzensberger und Marcuse, unterschieden diesen Faschismus allerdings von dem der dreißiger Jahre. Marcuse sprach von einem »Präventiv-Faschismus«. Vgl. S. 45 f.
25 Kursbuch 22 (1970) S. 48.
26 Ebd., S. 52.
27 Ebd., S. 55.
28 Ebd., S. 143 f.
29 Kursbuch 33 (1973) S. 22.
30 Ebd., S. 33.
31 Ebd., S. 41.

SIGRID BAUSCHINGER

# Mythos Manhattan. Die Faszination einer Stadt

In Max Frischs Roman *Stiller* sitzt der Zürcher Staatsanwalt Rolf, soeben in La Guardia gelandet, auf dem Rockefeller-Turm in Manhattan und kommt aus dem Staunen nicht heraus. Die Reihung seiner Eindrücke, besonders durch die verschiedenfarbigen Lichter der nächtlichen Stadt hervorgerufen, erstreckt sich über eine ganze Seite und gipfelt in der Erkenntnis: »Man muß es gesehen haben, um es sich vorstellen zu können, aber mit Augen gesehen, nicht bloß mit Urteil, gesehen haben als ein Verwirrter, ein Betörter, ein Erschrockener, ein Seliger, ein Ungläubiger, ein Hingerissener, ein Fremder auf Erden, nicht nur fremd in Amerika, es ist genau so, daß man darüber lächeln kann, jauchzen kann, weinen kann.«[1]
Max Frisch war unter den ersten deutschen Autoren, die nach dem Zweiten Weltkrieg von der allgemeinen Reiselust ergriffen[2] nach Amerika fuhren, und New York, genauer sein Stadtteil Manhattan, wurde für die meisten zur ersten Station. Sie haben es durchwandert, beschrieben und immer wieder besucht, wie das Beispiel Frischs beweist, der nach seiner ersten Amerikafahrt 1952 das Land mehrmals wiedergesehen hat. In allen seinen Romanen sowie dem *Tagebuch 1966–1971* wird Manhattan, zumindest in einer kleinen Erwähnung, genannt. Man erinnert sich, Homo Faber bewohnt ein Apartment am Central Park, »viel zu teuer, wenn man nicht verliebt ist«,[3] und fährt, daraus ausgeschlossen, in einem ›sight-seeing boat‹ an Manhattan entlang. Selbst auf der Suche nach einer Figur für den Roman *Mein Name sei Gantenbein* taucht für einen Augenblick ein Passant auf der 34. Straße als Möglichkeit auf.[4] Manhattan bleibt aber bei Frisch Episode, ein Stück Reiseprosa in den Roman integriert, in dem, wie besonders *Homo Faber* zeigt, das Reisen selber zum Thema wird, »was Held und Handlung dem häufigen Unterwegssein ihrer Erzähler verdanken«.[5] Das New York Frischs ist noch austauschbar. Die Frau des Zürcher Staatsanwalts hätte geradesogut in Paris die Emanzipation erproben können. Rolf wäre ihr dann dorthin nachgereist, und die deutsche Literatur besäße nicht jene Seite Amerikaeuphorie, die für die fünfziger Jahre so bezeichnend ist.[6]
Das erste Werk der zeitgenössischen deutschen Literatur, in dem aus dem touristischen Motiv Manhattan mehr wird als nur interessante Kulisse, ist Ingeborg Bachmanns *Der gute Gott von Manhattan*.[7] Auf der Reise nach Cambridge, Massachusetts, wo sie 1955 Gast der Harvard University war, hat auch sie in Manhattan Station gemacht und die Stadt zum Schauplatz für jenes »Leidenschaftsgleichnis«[8] gewählt, das sich so nur in Manhattan abspielen konnte. Hier gibt die Stadt selber Anlaß zur Handlung, steigert sie und bringt sie zu dem katastrophalen Höhepunkt im 57. Stockwerk des Hotels Atlantic an der Lexington Avenue. Denn dem Europäer Jan und der Amerikanerin Jennifer, die sich in der »Unterwelt« von Grand Central Station treffen und vom schmierigen Souterrainzimmer eines Stundenhotels bis zur entrückten Höhe über einer »im Flug verlassenen Welt« (228) eine ins Maßlose gesteigerte Liebe erleben, wäre dergleichen in keiner anderen Stadt geschehen.

Ingeborg Bachmanns Manhattan ist mit den Augen der Poesie gesehen. Sparsam sind die Worte gesetzt, und doch ist das ganze Manhattan da. Nicht nur mit seiner Topographie, wie sie in dem Dialog Jans und Jennifers an der Brooklyn-Brücke spielerisch genannt wird: »Jan, spielend, heiter: Wenn du mitkommst bis in die Chinesenstadt, kaufe ich dir ein Drachenhemd. Jennifer: So bin ich beschützt. Jan: Wenn du mitkommst bis ins Village, stehle ich für dich eine Feuerleiter, damit du dich retten kannst, wenn es brennt. Denn ich will dich noch lange lieben« (207). Die Fülle der internationalen Restaurants in New York wird ebenso besungen wie das Volksgetümmel im sonntäglichen Central Park, durch das Jan und Jennifer in einer Pferdekutsche fahren, wobei sie in eine Parade geraten. »Die Tambourmajorinnen tänzelten davor her und schwangen ihre Beine hoch, unverwüstlich jung und straff, Balletteusen des Asphalts, die für die Kriegsopfer und die Kriegsgewinnler ihr Rad schlagen. Die Bänder kränzten die Baumwipfel, die Autodächer und Menschenköpfe; die Kinder jubelten, und die Eichhörnchen thronten auf den Resten des Rasens« (209).

Jan und Jennifer sehen jedoch nicht nur diese heitere Seite von Manhattan. Ihr erstes Zusammentreffen mit einem Bewohner der Stadt vollzieht sich vielmehr auf der Bowery, jener Straße der Hoffnungslosigkeit, wo Jennifer einem der viel zu vielen in der »Bettlerstadt« alles gibt, was sie bei sich trägt. Auf ihre Frage »Sind Sie Schauspieler?« antwortet er mit den rätselhaften Worten: »Eingegangen in die schmerzensreiche Stadt und in die immerwährende Qual, verloren unter Verlorenen« (197).[9] »Vielleicht ist die Widersprüchlichkeit menschlicher Existenz in keiner Stadt der Welt deutlicher spürbar als in diesem ›Asphaltdschungel‹«, wurde ganz zu Recht gefragt und die Stadt dabei »ein idealer symbolischer Ort« genannt.[10] Auch Ingeborg Bachmanns Manhattan ist beides: Ninive und Babylon auf der einen Seite, wo im »wütenden Hymnus« in allen Senkrechten und Geraden der Stadt das Leben pulsiert unter triefendem Tropenhimmel in Schwaden von Ruß und Giftluft, und es ist die Stadt, wo diese unbeschreibliche Lust am Leben alle Menschen ergreift: »Und die Menschen fühlten sich lebendig, wo immer sie gingen, und dieser Stadt zugehörig – der einzigen, die sie je erfunden und entworfen hatten für jedes ihrer Bedürfnisse. Dieser Stadt der Städte, die in ihrer Rastlosigkeit und Agonie jeden aufnahm und in der alles gedeihen konnte! Alles. Auch dies« (204).

»Dies« ist die Geschichte von Jan und Jennifer, die gegen die Gesetze des guten Gottes von Manhattan verstoßen mit ihrer Liebe, die jedes Maß übersteigt und der Jennifer zum Opfer fällt, wenn die im Auftrag des guten Gottes in ihr Hotelzimmer geschickte Bombe explodiert. Wie alles in Manhattan gedeihen kann, also möglich ist, so gründet auch die absonderliche Geschichte und ihr Schauplatz sehr wohl auf dem Boden der Realität. Nicht nur ersteht hier bei aller Poesie der Sprache ein sehr realistisches Manhattan mit Tonnen von Kohlköpfen, die auf die Märkte rollen, und Hunderten von Leichen, die in den Trauerhäusern täglich manikürt, geschminkt und zur Schau gestellt werden. Auch die Figur des guten Gottes mag auf jenem ›mad bomber of Manhattan‹ beruhen, der gerade in den fünfziger Jahren wieder sein Unwesen trieb, ehe er gefaßt und als rachelüsterner kleiner Angestellter entlarvt wurde, der durch Bombenanschläge den Verlust seiner Stellung abreagieren wollte.

Die Form des Hörspiels, wie sie Ingeborg Bachmann für die Darstellung einer

Stadt gewählt hat, ist zu diesem Zweck durchaus ungebräuchlich, und die Autorin kommt daher auch nicht ohne die Figur eines Erzählers, eben des guten Gottes, aus, der vor einem Richter in New York an einem heißen Augusttag irgendwann in den fünfziger Jahren die Geschichte Jans und Jennifers berichtet. Weder die dramatische noch die lyrische Gattung haben die gleiche Beziehung zum Gegenstand Stadt gehabt wie der Roman. Auch für den Expressionismus gilt das, als in deutscher Sprache mehr Stadtgedichte entstanden als je zuvor oder später und als Brecht *Im Dickicht der Städte* schrieb.[11] So gibt es auch wenige deutsche Gedichte über Manhattan. Ingeborg Bachmanns *Harlem*[12] ist gleichermaßen ein Gedicht über Musik wie über Harlem. Günter Kunerts *Downtown Manhattan am Sonntagmorgen*[13] ist ein jüngster Versuch, diese Stadt im Gedicht zu begreifen.

Manhattan wurde in der zeitgenössischen deutschen Literatur vornehmlich zum Sujet des Romans und, in zweiter Linie, der Tagebuch- und Reiseliteratur.[14] Bei allen Autoren, die ihre Romane ganz oder zum Teil in Manhattan angesiedelt haben, kommt es weder darauf an, woher sie stammen, noch wie lange sie blieben. Nach New York kommt jeder, ob von Klagenfurt oder Graubünden, Frankfurt, Zürich, Cammin in Pommern oder Luzern, aus der Provinz, und schon das mag einen Teil der Faszination erklären, die Manhattan auf die Neuankömmlinge ausübt. Wesentlicher jedoch ist der Zeitpunkt, zu dem sie den Fuß auf den Boden Amerikas setzen, der ja in den meisten Fällen zunächst der Boden Manhattans ist. In den fünfziger Jahren überwiegt auch bei kritischen Besuchern die Begeisterung, da zu sein, wie sich am Beispiel von Anatol Stillers Staatsanwalt erkennen läßt. In den sechziger Jahren und besonders in deren zweiter Hälfte, als der Krieg in Vietnam das Amerikabild der Welt weitgehend bestimmt, wird auch die Manhattaneuphorie gedämpft, ja, sie verschwindet bei manchen Autoren ganz oder schlägt um in blinden Haß.

Gemeinsam ist allen Erzählern der Versuch, mit Hilfe irgendeines Instruments, mit einem bestimmten Hilfsmittel sich dieser überwältigenden Stadt zu bemächtigen, ihrer habhaft zu werden, um sie reproduzieren und vermitteln zu können mit Worten. Was für die moderne Reiseprosa gilt, gilt auch für den Roman, ob er nun in der Fremde angesiedelt ist oder nicht. Die Literatur hält sich immer mehr an Faktisches, an die Welt, wie sie ist. Nachprüfbares und Material im dokumentarischen Sinn[15] werden zur Grundlage oder, auf weite Strecken, zum Inhalt der Romane.

Als Beispiel für die Unterhaltungsliteratur sei ein Roman genannt, dessen New-York-Kenntnis zweifellos auf den Erfahrungen mehrerer Jahre beruht. *New York 61. Straße* von Gisela Frankenberg[16] bedient sich der vielfältigsten Statistiken, um das Gigantische an New York begreiflich zu machen. Eingestreut in die kolportagehafte Handlung sind Verkehrs-, Geburts-, Bibliotheks-, Müllabfuhr- und Feuerwehrstatistiken. Der Leser erfährt, daß 1962 in New York alle drei Minuten ein Baby geboren wurde, daß täglich 3400 Lastwagen voll Müll aus der City weggefahren wurden, 1400 Leser die Public Library benutzten und hundert Feuer in der Stadt ausbrachen und daß in Manhattan 2 820 000 Bäume wachsen. Man liest das älteste und das jüngste Gedicht über New York, historische Exkurse über die Besiedlung der Stadt und erlebt, dank der unermüdlichen Wanderfreudigkeit der Erzählerin, Manhattan am frühen Morgen, am Mittag, am Abend, in der Nacht, zu Fuß, im Taxi und durch die Fenster des Vorortzuges. Man riecht seine Gerüche, hört seine Geräusche und fühlt seine übersteigerten Temperaturen. In diesem Manhattan ist jedes Detail, und sei es das alltäglichste, erregend. So kommt es, daß New York hier keinen Alltag hat. Bezeichnenderweise wird in *New York 61. Straße* kein Mensch bei einem geregelten Arbeitsprozeß gezeigt. Die Erzählerin durchstreift, aus einem Vorort kommend, wo sie einem Amerikaner den kinderreichen Haushalt führt, die Straßen. Der Vater ihres Kindes ist ein exaltierter Maler, wohnhaft in der 61. Straße; seine Mutter, eine uralte Russin, lebt eigensinnigerweise in einem Slum, wo sich auch die Erzählerin niederläßt. Der Blick für das Exzentrische an New York verführt nicht nur diese Autorin dazu, ein Bild der Stadt zu zeichnen, das Manhattan an Exzessen übertrifft. Ein seltsamer Abgrund klafft zwischen den Bemühungen, New York mit Fakten und Zahlen, dokumentarischem Material und realistischen Stilmitteln abzubilden, und einer gewissen Sensationslust, die das so fleißig aus zahllosen Details erstellte Gebäude dann doch wieder zusammenfallen läßt. Dennoch ist der Roman als ein letzter Ausläufer der Amerika- und damit auch Manhattaneuphorie der fünfziger Jahre anzusehen. Sie schlägt fünf Jahre später bei Jürg Federspiel in das Gegenteil um. Manhattan wird zum *Museum des Hasses*.[17]

Federspiels Sammlung aus Tagebuchnotizen, Manhattanskizzen und essayistischen Exkursen über die New Yorker Kulturszene, vermischt mit Szenarios und erzählenden Einsprengseln, in welchen ein obstinater New Yorker Nachbar namens Paratuga sein nicht geheures Wesen treibt, läßt an Manhattan kein gutes Haar. Es gibt nichts, keinen Aspekt von New York, der Federspiel nicht zu einer gehässigen Bemerkung veranlaßt, die wie ein Peitschenhieb auf den nächsten folgt. Worauf auch immer Federspiels Blick fällt, er sieht nur Widerliches in dieser Stadt. »Das Grün der Bäume ist klein, giftig, verärgert« (7). Die Schlange der Wartenden vor der Radio City Music Hall wird als »amerikanische Schrebergartenwelt« und »Schlachtvieh« (119) vorgestellt, und nichts klingt dem Autor hoffnungsloser in den Ohren »als natürliches Lachen, besonders hier« (9).

Die Aversion Federspiels gegen Manhattan, wo er von 1967 bis 1969 gelebt hat, ist nicht nur mit seiner Schweizer Herkunft zu erklären, obwohl er sich selber durchaus des Zusammenstoßes zwischen dem provinziellen Schweizer und der Superstadt bewußt ist. So bemerkt er an sich einen Wechsel im politischen Denken. Seine altangestammte Neutralität ist in Gefahr. Er nimmt Stellung, allerdings nur auf dem Papier, und da entschieden gegen Manhattan. Wenn er dagegen in Wirklichkeit, etwa in einem Supermarkt, beobachtet, wie ein Puertorikaner einer alten Frau frech Rauch ins Gesicht bläst, fragt sich Federspiel als »Graubündner, wozu soll ich mich unbezahlt in fremde Händel mischen?« (56). Federspiel kennt genug andere Beispiele aus der Schweizer Provinz wie Blaise Cendrars, dessen Bemerkungen über Amerika aus dem Jahr 1912 er zitiert: »Pâle pays! Une Suisse encore plus inhumaine, plus mercantile, plus mécanique [...]« (244). Zu ihnen zählt er Dürrenmatt, Honegger und Giacometti. »Grimmige Sehnsucht des Provinzlers, der nicht mehr weiß, ob er aus einer kulturellen Minorität ausgestoßen wurde oder sich selber von ihr distanziert hat. Die Provinzlerherkunft schärft das Auge [...]« (230).

Auch die politische Lage des immer mehr sich in den Vietnamkrieg verstrickenden Amerika kann den New-York-Haß Federspiels nicht begreiflich machen. Der Autor orientiert sich über die laufenden Ereignisse durch Fernsehen und Presse, zitiert auch ausführlich solche Boulevardblätter wie den *National Enquirer*, die *New York Post* und die *Daily News*. Er sieht während der Monate in New York keine einzige Anti-Vietnam-Demonstration außer einem verlorenen Universitätsprofessor, der ein Plakat herumträgt, hingegen die Parade zur Unterstützung ›unserer Jungen‹ in Vietnam. Ihre Teilnehmer sind »Väter, Päpste und Könige der Familie, die sich wieder einmal als faschistische Keimzelle anbietet« (109). Selbst bei der unschuldigen Osterparade strahlt die Sonne »in kapitalistischem Glanz« (109).

Manhattan muß diesem Autor als eine fürchterliche Bedrohung begegnet sein, auf die er nur mit Haß reagieren konnte, den er auch auf die Menschen der Stadt überträgt. Jeder ist der Feind des anderen. Die Museumswächter hassen die Bilder, die sie bewachen, und die Menschen, vor denen sie sie bewachen müssen. In Lulu's Bar herrscht der Haß der Männer auf ihre Frauen, denen sie für kurze Zeit hierher entfliehen. Federspiels Vorliebe, durch Verallgemeinerungen mit dem Gebrauch des Plurals Effekte zu erzielen, hat jedoch nur zur Folge, daß er sich selber als sensationslüstern entlarvt. »In keiner Straße der Welt [wie der 5. Avenue] sind die Ellbogen der Vorübereilenden so stählern wie dieser« (32). Seine Beschreibung des Grand-Central-Bahnhofs wird auf diese Weise vollends grotesk. Hier ist alles zu haben, »Haarschneiden, Pediküre, Kastrieren, Maniküre«, man kann sehen, »wie drei Polizisten einen [...] zusammenknüppeln. Irre mit freibaumelnden Geschlechtsteilen, lässige Geschäftsherren« (115). Auch die kleinen Episoden, die Federspiel beobachtet, sind vom Haß aller auf alle geprägt. Ein Weißer beschmutzt den Rock einer alten Negerdame, ohne sich zu entschuldigen. Einer weinenden Frau wurde im Laden Geld gestohlen. Hier bietet sich allerdings für einen Augenblick die Gelegenheit zur Versöhnung, denn andere Kunden schenken ihr Geld. Sie wird aber sofort wieder eingeschränkt durch die Bemerkung, die meisten der Freigebigen seien Puertorikaner, und dann vollends aufgehoben, wenn die Freunde des Autors die Geschichte überhaupt bezweifeln. Eine Sonntagsszene im Central Park sieht aus, als sei sie von Hieronymus Bosch gemalt:

»Sonntags gibt es hier die schwersten Fahrradunfälle der Welt, ein bemerkenswerter Superlativ. Der Mittelstand filmt und fotografiert die Familie, Inhalt zukünftiger Särge.

Kleine Seen. Puertorikaner prügeln sich um die Ruderboote, als wäre es der Ausgang nach der Sonntagspredigt. Besessen rudern sie sich die Heilige Maria aus dem Leib. Eisverkäufer werden umringt, zeternd, fluchend, wie in die Tropen verbannte Pinguine; doch im Augenblick ist Winter« (249).

Manhattan, das Haßmuseum, ist für Federspiel die Stadt des Todes. Schon in Reklamen sieht er nur ein Drohen und Aufmerksammachen »auf kausale Zusammenhänge des Krepierens« (12), und zusammenfassend sagt es der Satz: »Der Tod ist die asymptotische Annäherung an alle Geheimnisse dieser Stadt« (93).[18]

Federspiels Manhattanhaß ist kaum zu überbieten, aber eine hämische Variante davon findet sich in Herbert Heckmanns Roman *Der große Knock-out in sieben Runden*.[19] Heckmann stellt seinen Helden in die Reihe vieler pikaresker Vorfahren. Von Frankfurt, wo der hoffnungsvolle junge Mann Schuhe und Suppenwürfel verkauft und von einer liebessüchtigen Witwe verwöhnt wird, reist er nach Chicago und tritt dort in die Spielwarenfabrik des Schwiegersohns seiner Frankfurter Zim-

merwirtin ein. Die erste Runde mit den Abschnitten »Viel Beinarbeit. Erster Nie-
derschlag. Rettung im Clinch« wird in Manhattan geschlagen.
Heckmanns Manhattankapitel ist ein Musterbeispiel dafür, wie Touristenerlebnisse
in einen Roman eingehen können, und zwar hier nach dem »Muster des aktuellen
negativen Klischees« von Amerika bzw. New York.[20] Dabei sind zwei gegensätzliche Beobachtungen zu machen. Einerseits wird diesem Neuankömmling in Manhattan das Trivialste interessant und selbst das erzählenswert, was ihm geradesogut
auch in Frankfurt hätte begegnen können, obwohl er Deutschland ja soeben verlassen hatte, weil ihm dort die Decke auf den Kopf zu fallen drohte. Sein erster Gang,
nachdem er sich im Hotel Murphy am Broadway eingemietet hat, gilt daher einer
Bar, wo es genauso zugeht wie in den Frankfurter Kneipen mit Schulterklopfen
und Händeschütteln und gegenseitigem Einladen. Was eine Reihe von Frauen in
einem beliebigen New Yorker Frisiersalon unter den mächtigen Trockenhauben
von einem ebensolchen Anblick in Frankfurt unterscheiden soll, ist nicht einzusehen.
Andererseits aber preßt Heckmann in die ersten Stunden seines Helden in Manhattan mehr an Erfahrung, als sie wohl so mancher New Yorker sein Leben lang
macht. Er läßt den soeben Angekommenen zunächst die Straßen um den Times
Square entlangtreiben und die leuchtenden Werbeslogans auf ihn einblitzen. Go-
Go-Girls und Straßenprediger, Halloweenmaskierte und Liliputaner, Transvestiten
und eine auf der Straße tanzende Frau, die sich dabei auszieht, all das nimmt der
Neuankömmling unersättlich wahr. In einem Sexbuchladen wird er Zeuge, wie ein
alter Mann sich an einem Buch befriedigt, in einem Filmtheater sieht er, wie ein
Zuschauer stirbt. Beim Leser entsteht dadurch der Eindruck der Unwahrscheinlichkeit, auch wenn er dem New-York-Besucher am nächsten Tag in die Untergrundbahn, zur Freiheitsstatue und ins Village folgt. Unwahrscheinlich auch die Allwis-
senheit des Ich-Erzählers, der die Selbstgespräche verwirrter Passanten versteht und
ein gänzlich unglaubwürdiges Geschwätz verhinderter Voyeure vor der St.-Patrick-
Kathedrale beim Anblick eines Hochzeitspaares hört. Es ist, als wollte der Autor
Manhattans altbekannten schlechten Ruf überbieten, aber der Versuch muß mißlingen. Das läßt sich bereits an der Sprache erkennen, die mit einer gewissen Hilf-
losigkeit immer wieder denselben Vergleich für Manhattan bemüht: eine Torte,
»bei der man zurückschreckt, weil man ziemlich sicher ist, sich den Magen zu verderben« (131).
Der junge Mann aus Frankfurt verträgt die Torte Manhattan nicht, über die er sich
als eine Fliege mit zitternden Beinchen spazieren sieht, wohl wissend, daß er im
Grunde seines »geilen Herzens auch nur PARTIZIPIEREN« möchte (150). Auf
dem Heimweg vom Village wird er überfallen und mit Gehirnerschütterung und
Rippenbruch, »knocked out«, aus dem Ring von Manhattan getragen.
Kein größerer Gegensatz läßt sich zwischen dem realistisch gemeinten Erzählen und
Beschreiben der drei vorgenannten Autoren und Uwe Johnson erkennen, der in den
drei bisher erschienenen Bänden der *Jahrestage*[21] ein Bild von Manhattan zeichnet,
wie es ausführlicher in der deutschen Literatur noch nicht unternommen wurde. Es
ist zugleich der Versuch, »ein durch Reflexionsanstrengung gewonnenes Amerikabild aufzubauen«.[22]
Das oberste Gesetz, unter dem Johnsons Manhattanbild steht, ist das der Genauig-

keit. Der Autor hat sich Zeit zu seinem Manhattanstudium gelassen. Er lebte nicht nur von 1966 bis 1968 in New York, das erste Jahr als Verlagslektor mit der Edition eines Lesebuchs für den Deutschunterricht an den Schulen von Texas beschäftigt, er kehrte 1971 noch einmal für fünf Wochen nach Manhattan zurück, »in der Suche nach dem Leben einiger Personen«, denen er »schon über tausend Druckseiten ein Leben in New York eingerichtet« hatte.[23] Dabei machte er dann so unliebsame Entdeckungen wie die, daß »das Postamt Cathedral Station, benutzt vom Verfasser wie von seinen Personen, in der 104. Straße steht. Nicht in der 105.«,[24] wie es nun zum Kummer des Autors im ersten Band der *Jahrestage* falsch vermerkt ist.

Mit solcher Genauigkeit baut Johnson die New Yorker Existenz seiner Gesine Cresspahl aus Jerichow in Mecklenburg auf, die 1961 mit ihrer vierjährigen Tochter Marie von Düsseldorf nach Manhattan zieht. Zunächst war der Aufenthalt nur für zwei Jahre gedacht, aber 1963 entschließt sie sich zu bleiben. Eine seltsame, wenn auch sicher nur zufällige Ähnlichkeit mit der Frau jenes Zürcher Staatsanwalts von Anatol Stiller sei hier vermerkt. Sibylle kommt, wie später Gesine, wenn auch aus gänzlich anderen Gründen, mit einem vierjährigen Kind nach Manhattan. Auch sie verdingt sich als Fremdsprachensekretärin, und auch sie findet eine Wohnung am Riverside Drive.

Dieser Gegend an der oberen Westseite von Manhattan läßt Johnson die größte Aufmerksamkeit angedeihen. Die vielfältige Topographie des Stadtteils mit der »Kunstlandschaft« des Riverside Parks am Hudson und dem »Marktplatz« an der Kreuzung Broadway und 96. Straße reizen zu immer neuen Beschreibungen. Dazu kommen soziologisch-historische Exkurse über die Geschichte der Häuser am Riverside Drive, ihre Erbauer und ehemaligen Bewohner, desgleichen des Broadway, der an der 96. Straße alt ist, aber den Cresspahls anheimelnd und familiär nachbarlich vorkommt mit dem alten Herrn, der immer aus der Cafeteria grüßend nickt, dem Bettler mit blauen Haaren und Charlie in seinem »Guten Eßgeschäft«. Auch bei Johnson ist ein Park, hier der Riverside Park, der heiterste Ort in Manhattan, »die Stätte eines beständigen Volksfestes« (1189), wo Tennisspieler und Schachspieler, Schläfer und Spaziergänger, Dauerläufer und Angler und eine Radfahrerparade mit Luftballons New York für eine Weile überaus liebenswürdig erscheinen lassen.

Die obere Westseite ist für Johnson jedoch keineswegs eine nur zum entzückten Beschreiben anregende Stadtlandschaft. Er ist um äußerste Objektivität bemüht und daher auch ein kritischer Chronist Manhattans. Johnson läßt deshalb seine Figur Gesine Cresspahl eine lange Rede halten, weshalb ihr Kollege Mr. James Shuldiner nicht mit seiner jungen Frau in dieses Stadtviertel ziehen soll, in die weißhäutige Gegend mit den armen Seitenstraßen, wo angelsächsische Protestanten, irische und italienische Katholiken, Juden und Puertorikaner, Neger und eine Prise Japaner und Chinesen leben und in Gruppen fest zusammenhalten, »ein sinnloses Nebeneinander von Leuten ohne Nachbarschaft« (576).

Die andere Gegend von Manhattan, die Johnson im Detail beschreibt, ist ein Teil des Geschäftsviertels, die dritte Avenue zwischen der 40. und 60. Straße, wo Gesine Cresspahl täglich um neun Uhr mit der *New York Times* unter dem Arm an der 42. Straße ihr Bankgebäude zur Arbeit betritt.

Manhattan erscheint weiterhin in einer Auswahl seiner Menschen, des Hausmeisters

Mr. Robinson, des Cafeteria-Kochs Sam in Gesines Bank, beide »Gefärbte«, wie Johnson sie in seiner Vorliebe, englische Ausdrücke wortwörtlich zu übersetzen, nennt.[25] Mit ebensolcher Vorliebe zeigt Johnson die Menschen Manhattans bei der Arbeit: wie Sam an der Theke seiner Cafeteria eine Schar von Gästen und drei Wandtelefons gleichzeitig bedient; wie ein Busfahrer sein Gefährt zur Hauptverkehrszeit die 3. Avenue hinaufmanövriert, Türen öffnet, Geld wechselt, mit einer freien Hand die Münzen aus der Zahluhr leert, die Dollarscheine ordnet, die Passagiere im Rückspiegel überwacht und dabei unempfindlich bleibt gegen die klumpige Wolke von Ungeduld in seinem Rücken (288). In solchen Porträts von New Yorker Arbeitern – dazu gehört noch ein Postbote – liegt ganz unverhohlene Bewunderung.

Johnson ist darauf bedacht, den Erfahrungskreis der Cresspahls durch keine Unwahrscheinlichkeit zu durchbrechen, und unterscheidet sich darin wohltuend von manchem anderen Autor. So gehören zum Bekanntenkreis der Cresspahls noch Mrs. Ferwalter, die einen Teil ihres Lebens verloren hat »in den Konzentrationslagern der Deutschen« (789) und dennoch das Europäische und damit auch das Deutsche hochschätzt und weit über das Amerikanische stellt. Das Negermädchen Francine, aus zerrütteten Verhältnissen stammende Klassenkameradin von Marie, wohnt sogar eine Zeitlang bei Cresspahls, was nicht ohne Schwierigkeiten abläuft, ehe die Fürsorge sich ihrer bemächtigt. Gräfin Seydlitz, von der man nicht sicher weiß, ob sie eine Gräfin ist, lädt Gesine zu einer richtigen Party in ihren Salon ein, das Mädchen Marjorie, das ebenfalls nicht so heißt, eine Busstationsbekanntschaft, dient als Beispiel für New Yorker Jugend. »So anmutig kann sie leben. Das Wort schön, für sie ist es übrig geblieben [...] Sie sieht uns, sie strahlt [...] Wir verdächtigen nicht ihre Aufrichtigkeit. Mit ihr läßt Freundlichkeit sich tauschen, als sei sie noch ein Wert. Am Anfang dachten wir, sie ist nicht amerikanisch« (264 f.). Ganz amerikanisch ist dagegen Gesines Chef, der Vizepräsident ihrer Bank, de Rosny, mit einem feudalen Haus in Connecticut, Herrschaftschauffeur und Dauerplätzen im Shea-Stadion.

Bei der Auswahl der Freunde und Bekannten Gesines und Maries fällt deren Vorliebe für Vertreter der unteren Klassen auf. Außer de Rosny repräsentieren nur noch einige Ärzte – die allesamt sehr angenehm gezeichnet sind – die akademische oder besitzende Schicht. Maries »Hinneigung [...] zur Parteinahme, zur fast moralischen Solidarisierung mit Unterlegenen in geschichtlichen Vorgängen« (313), die von Schwester Magdalena, ihrer Lehrerin in der katholischen Privatschule, mit Sorge betrachtet wird, teilt auch der Genosse Schriftsteller Johnson, der ja seine Personen, obwohl er sie erfunden hat, für Partner hält.[26]

Manhattan wird auch vergegenwärtigt durch Ereignisse wie die turbulente Weihnachtssaison, durch einmalige Vorkommnisse wie die Ermordung Martin Luther Kings und Robert Kennedys und die Reaktion New Yorks auf solche Katastrophen; durch Beschreibung von Friedens- und Kriegsparaden, eines Baseballspiels und immer wieder durch Fahrten mit der South Ferry nach Staten Island und mit der Untergrundbahn, die das gewitzte Kind Marie souverän benutzt.

Was jedoch wären die *Jahrestage* ohne die *New York Times*? Gesine Cresspahl liest sie täglich bereits auf dem Weg zur Arbeit; der Länge nach gefaltet hält sie das Blatt in der einen Hand, während sie mit der anderen an den Haltegriffen der

Untergrundbahn hängt. Uwe Johnson zitiert sorgfältig, ebenfalls täglich, aus diesem Blatt. Er hat auf die Kritik an seiner Zeitungsmontage heftig reagiert: »Das ist Bestandteil ihres [Gesine Cresspahls] Lebens, das ist niemals eine erzählerische Konstruktion, so als ob ich hier ein Medium eingeführt hätte. Die *New York Times* ist kein vom Erzähler erfundenes Transportmittel, sondern die *New York Times* ist eine tägliche Funktion im Leben dieser Mrs. Cresspahl. Das ist genauso real wie Toast, den sie sich am Morgen leistet [...] das ist für sie genauso ein Zugang zur Welt, wie das, was sie dem Zeitungsmann sagt.«[27]
Für den Leser bilden die Lesefrüchte Mrs. Cresspahls aus der Zeitung ebenso einen Zugang zu Manhattan und einen durchaus legitimen zumal. Johnson ist ja keineswegs der erste oder einzige Romancier, der der Zeitung eine wichtige Funktion im Roman, besonders im Stadtroman, zuweist.[28] So wie er hat bereits Dos Passos gerade das unveränderte Zeitungsmaterial in seinem Roman *Manhattan Transfer* wirkungsvoll verwendet.
Johnson zitiert nur sehr Ausgewähltes aus der *New York Times* und wahrscheinlich das, was Gesine Cresspahl auch liest und bemerkenswert findet. Das gibt aber gerade im Hinblick auf New York einen recht beschränkten Katalog von Nachrichten. Gesine scheint sich vor allem zu interessieren für die Mafia, Banküberfälle, Morde und Vergewaltigungen, Demonstrationen und brutale Vorbeugungsmaßnahmen dagegen sowie die Ankunft der Stalin-Tochter Svetlana in New York, jener »ungeratenen Tochter Etzels« (29), dem »apperzeptiv-defekten Kind«, dem die »Tante Times« zum Grimm Gesines und ihres Autors viel zuviel Platz und Wohlwollen einräumt.
Denn die Zeitung, ohne die Gesine nicht sein kann, ist ihr dennoch ein ständiges Ärgernis. Als Tante aus guter Familie, mit viel Erfahrung und Haltung, ist die *New York Times* modern und objektiv, nicht ohne Eleganz, aber doch so konservativ wie ihre Aufmachung. Dazu redet sie auch noch darüber, wenn sie Gutes tut, ächtet gewisse Wörter, die ihr tabu sind, und druckt nur die Neuigkeiten, die des Druckens würdig sind. (Gesine findet jedoch viele, die diesem Anspruch nicht genügen.) »Sie weiß, was es bedeutet, zu den Machern von Meinung und Geschmack in dieser ›schweren Periode unserer Nationalgeschichte‹ zu gehören« (609). Als Johnson das schrieb, waren die Pentagon-Papiere noch nicht veröffentlicht und war Watergate mit seinen Folgen noch nicht geschehen. Das beweist, daß es nichts schadet, bald überholte Zeitungsnachrichten in einen Roman zu montieren, denn zu ihrer Zeit waren sie aktuell und bestimmten das Leben und das Bewußtsein ihrer Leser, nämlich der Romanfiguren. Die Charakterisierung der »Tante Times« jedoch als aus Zeitungspapier bestehender Liberalen und repressiv Toleranten hat sich nicht halten lassen. In seiner Büchner-Preis-Rede hat Johnson daher auch die harsche Beurteilung der *New York Times* etwas abgemildert. »Wie wir nicht wüßten von den Geheimpapieren des Pentagon, ohne die New York Times gäbe es auch diese Signale nicht, und nach wie vor ist dem Verfasser bestätigt, daß eine seiner Personen diese Zeitung seit 1961 als ein Mittel des Lebens in New York halten durfte, und sei es in der Empfindung von einer Tante, eines bescheidwisserischen, eines dienstwilligen, eines freundlichen, eines schußligen, eines unentbehrlichen Wesens, das in Arbeit entgangenes Leben nachliefert, eine Person geradezu, ohne die zu leben nach mehrjähriger Gewöhnung nicht leicht wäre.«[29]

In Gesine Cresspahls Zeitungslektüre zeichnet sich eine gewisse Einseitigkeit ab, die trotz aller Vielfalt das Manhattanbild der *Jahrestage* bestimmt. Wie bei der Zeitungslektüre große Teile des täglichen Lebens der Stadt ausgespart bleiben, so auch in Johnsons Manhattan überhaupt. Es ist eine merkwürdig farblose Stadt, unmusikalisch, amusisch. Der Rhythmus, der die Stadt durchpulst, ihre Lieder, ihre Tänze, all das fehlt. In Gesine Cresspahls *New York Times* ist davon nie die Rede, weil diese ernsthafte Leserin sich eben überhaupt nicht dafür interessiert. Ihr altkluges Kind Marie, zu dessen Verteidigung Johnson in seiner Büchner-Preis-Rede alle Kräfte aufbieten muß, fährt zwar jeden Samstag auf der South Ferry, aber es hört nie eine Schallplatte, kennt keine Musicals, setzt nie einen Fuß in das Metropolitan Museum, sieht keinmal ein Ballett im City Center oder spricht auch nur den Wunsch danach aus, selbst wenn die Erfüllung zu kostspielig wäre, wiewohl das für ein New Yorker Kind ihres Alters, das sie doch ganz und gar zu sein begehrt, das Natürliche ist.

Die Cresspahls sind eben Fremde in Manhattan. Daher unterscheiden sich auch die Manhattan-Teile der *Jahrestage* so deutlich von den Jerichow-Teilen, die Gesine ihrem Kind in Manhattan erzählt. Manhattan wird mit den Augen des Außenseiters gesehen, der wohl scharf beobachtet, sich genau informiert, der aber dennoch nicht eindringt in die Stadt, nicht in ihr zu Hause ist, wie man nur da zu Hause sein kann, wo man herstammt. Der Unterschied der Manhattan- zu den Jerichow-Teilen des Romans macht das offenbar. Hier kennen die Cresspahls keine einzige eingesessene Familie. Die Ferwalters sind Immigranten, ebenso Annie Fleury aus Finnland und Linda, die Griechin. Der engste Freund der kleinen Familie, Professor Ericson, stammt aus Mecklenburg wie Gesine. Mecklenburg, das in Manhattan so gegenwärtig ist, wird durch das Wissen Gesines hervorgerufen, das aus der Kindheit und somit einer viel tieferen Erfahrung stammt, als sie jemals im fremden Manhattan zu gewinnen ist. Man denke nur an die zahlreichen Anekdoten, die von den Jerichow-Figuren erzählt werden, an die Mecklenburger Sprache, das ganze intensive Lokalkolorit, das in Manhattan fehlen muß. Bezeichnenderweise haben ja auch die Mecklenburg-Teile des Romans eine Handlung, die Manhattan-Teile aber nicht.

Die Manhattan-Teile haben dagegen eine Funktion, für die Figuren sowohl wie für den Autor. Von Marie wird einmal gesagt, »sie ist sicher, daß Einer wenn nach New York auch zur Vernunft kommen müsse« (563). Diese ernüchternde, aufklärende, objektivierende Wirkung der Stadt hat auch Johnson ihr bestätigt, einer Stadt von acht Millionen Menschen, die ihn »angesprochen und angehalten hatte zu dringlichem, aufmerksamem, lernendem Leben [...]«.[30]

Die sachliche Aufmerksamkeit, die Johnson Manhattan widmet, prägt auch die Tagebuchnotizen Max Frischs aus dem Jahr 1970. Als aufmerksamer Zeitungsleser – er zitiert ganze Artikel aus der *New York Times* im englischen Wortlaut – und Beobachter interessiert er sich für die Ateliers an der unteren Ostseite wie für die Banken an der Wallstreet, für Rockmusikkonzerte im Fillmore East, die Lebensbedingungen der Puertorikaner, das erwachende Selbstbewußtsein der Schwarzen und die Vorgänge bei nächtlichen Schnellgerichtsverfahren.

Wenn jedoch Johnson bei aller Betonung schrecklicher Ereignisse immer auch die Gegenseite sich zu zeigen bemüht und das Kind Marie nachmittagelang die Untergrundbahnstrecken abfahren darf, um zu beweisen, daß New York nicht nur gefährlich ist, überwiegt bei Frisch das Gefühl der Gefahr. Er überträgt es sogar von Manhattan auf das ganze Land. »Amerika hat Angst vor Amerika.«[31] Seine Erlebnisse in Manhattan sind dazu angetan, solche Vermutungen zu hegen: ein Schweizer Landsmann wird, »wo wir wohnen«, überfallen, eine Bombendrohung im Fillmore East während eines Konzerts, nächtliche Detonationen rufen Polizeiwagen herbei, ein junger Mann wird in der Nachbarschaft ermordet. Wie zur Beschwörung werden daher die fünfzehn Anweisungen für die Sicherheit der Fußgänger auf den Straßen, ausgegeben vom 26. Polizeirevier, zitiert. Trotzdem wandert der Autor durch die Ruinen jenseits der Slums, wo noch nicht einmal mehr Hunde streunen, denn »die Angst wohnt dort, wo auf Spannteppich der Türhüter steht mit weißen Handschuhen« (375).

Aber auch noch in dieser an allen Enden von Gefahren umlauerten Stadt ist die Freude am Leben zu spüren, hier als Freude am Überleben. »Man erwacht, geht auf die Straße und überlebt. Das macht fröhlich, fast übermütig [...] Irgendwo wird gemordet, und wir stehen in einer Galerie, begeistert oder nicht, aber gegenwärtig, und es ist nicht gelogen, wenn ich antworte: THANK YOU, I AM FINE!« (373).

Halten Autoren wie Johnson und Frisch fiktive Sensationen aus ihren Manhattandarstellungen fern und bringen statt dessen dokumentarisches Tatsachenmaterial zur Geltung, so enthält sich Peter Handke auch dessen. Auf seiner Amerikafahrt gelangt der Erzähler in *Der kurze Brief zum langen Abschied*[32] auch nach New York. Aber wie ganz Amerika, so ist ihm diese Stadt nur ein Vehikel zum Bewußt- oder gar Bewußter-Werden. »Amerika ist doch für die Geschichte nur ein Vorwand, der Versuch, eine distanzierte Welt zu finden, in der ich persönlich werden kann. [...] Amerika ist das einzige, von dem man heutzutage sagen kann, es sei die Fremde, es sei die andere Welt. Für mich ist es halt auch eine Traumwelt, in der man sich selber ganz neu entdecken muß, in der man selbst ganz neu anfangen muß.«[33]

Das Manhattan Handkes ist daher ein von Geschehnissen seltsam entleertes. »Dieser Bildungsreisende verweigert uns die beliebte Rolle des engagierten Touristen«[34] und beschreibt seinen Gang vom Algonquin-Hotel zum Hotel Delmonico, wobei als einziges Ereignis die Tatsache vermerkt wird, daß er dachte, umgekehrt zu sein, es in Wirklichkeit aber nicht war, und schwindlig wird. Zwei Mädchen in einer Telefonzelle versetzen ihn in einen »paradiesischen Zustand, in dem man nur sehen wollte und in dem einem das Sehen schon ein Erkennen war« (36).

Sehen als Erkennen bestimmt alle Beobachtungen, z. B. in einem Musical mit Laureen Baccal am Broadway: »Jede ihrer Bewegungen widerrief sich sofort, damit die Figur unterhaltsam blieb. [...] Sonst spürte man nur, daß es ihr, seit sie in Filmen gespielt hatte, keinen Spaß mehr machte, hier von Gebärden, die ihr fremd waren, leben zu müssen« (44). Manchmal kommt das Erkennen erst nach dem Sehen, wie am Abend dieses Tages in einem Restaurant am Central Park:

»Erst jetzt fing ich an, die Stadt, die ich vorher fast übersehen hatte, in mir wahrzunehmen.

Eine Umgebung holte mich ein, an der ich tagsüber nur vorbeigegangen war. Reihen von Häusern und Straßen bildeten sich im nachhinein aus den Schwingungen, dem Stocken, den Verknotungen und den Rucken, die sie in mir zurückgelassen hatten.

Ein Brausen und ein Röhren [...] kam dazu, als aus den Schwingungen auch Geräusche wurden« (46).

Solchem Beschreiben gegenüber fühlte die Kritik »ein Unbehagen, das man ruhig moralisch nennen darf: weil [...] die konkrete Wirklichkeit des Landes [...] weithin und geflissentlich« ausgeklammert ist.[35] Andere gingen noch strenger mit dem Buch um: »Sein Desinteresse am ›sozialen Aufbau‹ der ›zweiten Natur‹ und ihrer Produzenten kompensiert Handke durch deren ›Ästhetisierung und Naturalisierung‹. So beschreibt er New York, die Hochburg des amerikanischen Finanzkapitals, als ästhetisches Naturschauspiel.«[36] Dabei läßt die Kritik jedoch außer acht, wie sehr Handke sich davor hüten will, im Affekt auf New York oder Amerika zu reagieren. Der Erzähler liest auf der Reise den *Grünen Heinrich*, und Handke zitiert daraus eine bezeichnende Stelle: »Ich ging dann ins Hotel zurück«, heißt es von seinem Helden in Philadelphia, »und las noch, wie der Grüne Heinrich nach der Natur zu zeichnen anfing und doch erst nur das Abgelegene und Geheimnisvolle darin suchte. Indem er zerrissene Weidenstrünke und Felsgespenster dazuphantasierte, wollte er die Natur übertrumpfen, um sich selber als Beobachter interessanter zu machen« (64). So wollten auch genug Autoren Manhattan übertrumpfen. Handke, indem er das vermeidet, läßt die Diskrepanz zwischen seinem Manhattan und dem sensationellen seiner Vorgänger nur noch deutlicher werden.

Das Motiv Manhattan wurde in der deutschen Literatur der vergangenen zwanzig Jahre variationsreich abgewandelt. Aber seine Möglichkeiten sind unerschöpflich, wie das jüngste und zugleich phantasiereichste Manhattanbuch beweist. In *Alexius unter der Treppe oder Geständnisse vor einer Katze*[37] von Kuno Raeber hat die deutsche Manhattanliteratur zunächst ihren Höhepunkt erreicht.

Der aus 69 kurzen Kapiteln bestehende Roman erzählt, in lockerster Anlehnung an die Alexiuslegende, die Geschichte eines Mannes, der nach vielerlei wahren oder nur phantasierten Abenteuern eine Bleibe unter der Treppe des Begräbnisinstituts Rossi in der McDougal Street im Zentrum von Greenwich Village bei der Kirche Our Lady of Pompej gefunden hat. Eigentlich ist er heimlich mit Rossis Tochter Linda verheiratet, aber das weiß keiner. Alexius verbringt seine Zeit damit, vor einer mächtigen, aus den Mythen vergangener Zeiten stammenden Katze Geständnisse über sein Leben abzulegen und sich der Bewunderung Manhattans hinzugeben, wie er es vom Platz unter der Treppe sieht: »bis hinauf zu dem weißen Turm und Tempel, der den Silberhimmel ritzte: bis zu jener Spitze, die ihm bewies, daß hier alle Städte der Welt gipfelten und sich vollendeten« (9). »Die Stadt der Städte« aus dem *Guten Gott von Manhattan* wird hier wieder beschworen und in einer grandiosen Vision eingereiht in die lange Kette großer Städte, deren Ende sie bildet. Wenn Alexius unter der Treppe schläft, hört er den »Lärm des berstenden Troja«, den »Jammer der im Tod vergehenden Zion« (47). »Nur noch eine einzige Stadt gibt es jetzt, von Troja bis Manhattan, und jede neue verschlang die frühere und verdaute sie und enthielt sie in sich« (49). In diese Kette von Städten gehören Babel und Jerusalem, Rom, Konstantinopel und Venedig: alle eine einzige, ewige Stadt mit Manhattan als letzter und daher mächtigster, denn Manhattan bildet die Summe sämtlicher Vorgängerinnen. Dorthin hat Luzifer die 42. Straße verlegt, Attraktion »seiner guten Stadt Babel«, über welcher der rote Psychopompos sitzt. »Betrachte ihn gut, wie er da oben von seinem Empire State

mit seinem langen Zeigefinger (›Er muß wachsen, ich aber muß abnehmen‹) hinab-
zeigt auf die Straße der Lust, des Lasters, des Vergessens und der Ekstase [...]«
(186). In Manhattan ist Rom aufgegangen mit seinen unterirdischen Gewölben,
durch die jetzt die mythische Katze auf Subway-Geleisen streift. »Kurz vor Mitter-
nacht ergriff der Wanderdrang auch die Katze, die Sucht nach den Mysterien [...]
Der Esquilin war so nahe, nur einen Katzensprung vom Village, von der McDougal
Street, lag einfach darunter, dahinter, es kam nur darauf an, die Richtung zu treffen« (58). Schließlich ist Manhattan auch das neue Venedig, denn das alte war nur
eine Vorahnung, »eine kleine Vorübung in dem Experimentierbecken Mittelmeer
zu der eigentlichen, seit jeher geplanten, seit Erschaffung der Welt beabsichtigten,
vollkommenen und endgültigen Ozeankaiserin und Großseestadt Manhattan«
(278), die von einem Kontinent zum anderen hinüber herrscht. Sogar die Senatoren
Venedigs, die Mocenigo, Manin, Valadier, Dandolo, Rezzonico und Vendramin,
kamen auf dem Weg der Seelenwanderung geheimnisvollerweise nach Manhattan,
um sich dort neu zu inkarnieren und als UN-Senator und PANAM-Senator die
Gestalt der hohen Gebäude anzunehmen, die nun an den Wolken Manhattans krat-
zen.

Keine der deutschen Manhattandarstellungen erreicht die Vitalität dieses Buches.
Die Lust seines sich in alle Dimensionen erstreckenden Lebens wird ganz folgerichtig unter dem Lebenssymbol des Phallus gezeigt. Er ist das Zeichen Manhattans,
das sich als Rockefeller-Turm gleißend über der Stadt erhebt, und Manhattan selber liegt als »üppig geschwellter Meerphallus« (141) im Atlantik.

Diese Verherrlichung Manhattans findet statt in der kurzen Zeit der Hippiekultur,
zu der auch der drogensüchtige Alexius und seine Linda gehören, aber auch zu
historischen Zeiten Venedigs und Roms, zu legendären Zeiten der heiligen Barbara
und Pelagia und zur mythischen Zeit der großen Katze.

Überblickt man von hier aus noch einmal das Manhattanpanorama der jüngsten
deutschen Literatur, so lassen sich gewisse Schwerpunkte ausmachen, an welchen sich
Interesse und Imagination der verschiedenen Autoren entzündet haben. Topogra-
phisch ist ihr Manhattan äußerst begrenzt. Es liegt immer nur zwischen Times
Square, Grand Central Station, dem Broadway und dem Central Park. Auch zur
Wallstreet wagen sich fast alle. Die Untergrundbahn wird Heckmann zum Alptraum, während Johnson ein Hoch auf sie ausbringt. Die Parks sind bei Federspiel
angefüllt mit menschlichem Unrat, bei Johnson wie bei Bachmann heitere Stätten
menschlicher Begegnung, bei Raeber sind es wahre Paradiesgärten. Jeder beschreibt
ein Manhattan, das er offenbar in sich trug, als er die Stadt betrat. An einem Vergleich der Parkbeschreibungen oder der Episoden in den Bars läßt sich schon viel
über die Haltung der Manhattanchronisten zu ihrem Gegenstand ablesen.

Bedingt durch die Zeit ihres Aufenthalts haben verschiedene Autoren die gleichen
Ereignisse als Zeugen erlebt, so den Mord an dem Blumenkinderpaar ›Groovy‹
Hutchison und Linda Fitzpatrick in einem Village-Keller, über den die *New York
Times* im Oktober 1967 genau berichtete. Johnson zitiert die Reportagen, Raeber
gibt seiner Mädchen-Figur den Namen der Ermordeten.

Für das New Yorker Ungeziefer besteht in der deutschen Literatur ein augenfälli-
ges Interesse. Federspiel ist eine Kulturgeschichte der Ratte zu verdanken, in der
nur das Rattenlied aus dem *Urfaust* fehlt. Auch Frisch kommt in seinem Tagebuch

auf Ratten zu sprechen, und Johnson belehrt seine Leser ausführlich über die Schaben. Der Bettler als allgegenwärtige Figur in den Straßen und Untergrundbahnen Manhattans erscheint bei jedem der hier besprochenen Autoren wie auch das Gefühl der Gefahr und die Angst.

Gemeinsam ist diesen Manhattanbildern auch das darin Ausgesparte. Die New-York-Besucher der fünfziger und sechziger Jahre durchwandern die Stadt nicht wie Rilke Paris. Wolkenkratzer nehmen die Plätze der Kathedraltürme ein. Kultur drückt sich mit anderen Mitteln aus. Lediglich Heckmanns Held besucht einmal ein Museum, das für Moderne Kunst. Keinem dieser Erzähler fiele es ein, etwa Rilkes Erlebnis vor den Einhorn-Teppichen im Musé Cluny vor dem Polnischen Reiter Rembrandts in der Frick-Sammlung zu wiederholen, und wenn sie daran denken, so finden sie es nicht aufschreibenswert. Handkes Erzähler sieht sich einen Tarzanfilm mit Johnny Weissmüller an, und ein Broadway-Musical verläßt er in der Pause. Was immer diese Autoren von Manhattan beschreiben, vollzieht sich vornehmlich auf Straßen und Plätzen, in der Untergrundbahn oder in Bars.

Der Verführung, Sensationelles darzustellen, entziehen sich alle nicht. Bei der Poetin Bachmann explodieren Bomben in Hotelzimmern, Raeber führt in sadistische Folterkammern, Frankenberg, Federspiel und Heckmann beschreiben Episoden, die der einschlägigen Literatur aus der 42. Straße entnommen sein könnten. Johnson läßt Gesine Cresspahl und ihre Tochter in nächtlicher Fahrt New Jersey durcheilen, um den von der Mafia gefangenen und gefesselten Journalisten Karsch aus einem Barbierstuhl eines zertrümmerten Geschäfts in Newark zu befreien. Die Damen des Schwimmbads im Hotel Marseille, das die Cresspahls besuchen, unterhalten sich genüßlich über ihre letzte Vergewaltigung und beweisen, daß auch die *Jahrestage* nicht ganz eines babylonischen Aspekts entbehren.

»Babylon«, das sagt bereits der staunende Zürcher Staatsanwalt, wenn er vom Rainbow Grill hinunter auf Manhattan blickt. »Babylon und Ninive« nennt der gute Gott von Manhattan seine Stadt. Die dunkle Seite eines mythisierten Manhattan wollen alle zeigen, die darüber schreiben. Aber gibt es nur sie?

»Eine Orgie der Disharmonie, der Harmonie« (315) hatte der Staatsanwalt Stillers gedacht. Im gleichen Monolog, in dem der gute Gott Ninive und Babylon beschwört, wird Manhattan auch die Stadt der Schönheit und Fruchtbarkeit genannt, in der alles gedeiht. Bei Raeber wird dieser Dualismus Manhattans nicht mehr nur angedeutet, er durchzieht das ganze Buch in dem Bild, welches das der einen, ewigen Troja-bis-Manhattan-Stadt erst vollendet: das des neuen Jerusalem. Denn die Stadt aller Städte muß ja auch dies in sich einbeziehen. Alle Städte in dieser Stadtkette sind untergegangen, und Manhattan ist ebenfalls dem Untergang geweiht. »Das Urbild-Drohbild-Strafbild der zerstörten Stadt [...] Haßphantasien von apokalyptischem Charakter«[38] haben auch diese Autoren versucht. Ein gültiges Bild der Stadt entsteht aber nur dann, wenn das Gegenbild dazu entworfen wird, zum »Urbild der Verdammnis« das »Urbild der Glorie«,[39] zu Babylon Jerusalem.

Die poetischen Beschreibungen Manhattans haben das noch am ehesten vermocht. So, wie am »15. August 1797 dem bisherigen Staat der allererlauchtesten Republik Venedig« der Tod hatte bestätigt werden können, »in der Hoffnung, das Volk, von der Last des monströsen Leichnams endlich erlöst, werde in gemeinsamer fröhlicher Bemühung alsbald die neue und wahre Republik gleicher und freier Bürger errichten«,[40] so sieht auch Alexius die Möglichkeit eines erlösten und gereinigten, verwandelten Manhattan, verwandelt zum neuen Jerusalem, »mit diamantenen Mauern und Toren aus Perlen,« verwandelt »zur neuen heiligen Stadt des Ostens und Westens zugleich« (222). Damit versöhnt er nicht nur Babylon und Jerusalem, sondern auch Orient und Okzident, eine Utopie, wie sie nur in Manhattan gedacht werden kann. Für sie will Alexius sich opfern. Deshalb wird sein Manhattan nicht ganz untergehen, wenn die Fluten des Ozeans es überschwemmen. Sein Symbol »Empire State wird vor der anspringenden Woge nicht weichen, nicht unter ihr brechen« (310). So ist hier wie schon bei Ingeborg Bachmann Manhattan begriffen als die gegensätzliche Stadt, die die Möglichkeit zur Versöhnung ihrer Gegensätze in sich trägt, wie es bereits ihr Name sagt, den Jan dem Mädchen Jennifer nennt: himmlische Erde, Ma-na-Hat-ta.

1  Max Frisch: Stiller. Frankfurt a. M. 1974. S. 316.

2  Vgl. Heinz Piontek: Nachwort. In: Augenblicke unterwegs. Deutsche Reiseprosa unserer Zeit. Hrsg. von Heinz Piontek. Hamburg 1968. S. 385–393.

3  Max Frisch: Homo Faber. Ein Bericht. Frankfurt a. M. 1974. S. 71.

4  Max Frisch: Mein Name sei Gantenbein. Frankfurt a. M. 1969. S. 8 f.

5  Piontek: Nachwort (s. Anm. 2). S. 385.

6  Vgl. Horst Krüger: Der neue Antiamerikanismus. In: Neue Rundschau 2 (1972) S. 363–366.

7  Ingeborg Bachmann: Der gute Gott von Manhattan. In: Gedichte, Erzählungen, Hörspiel, Essays. München 1964. S. 186–242. Seitenzahlen aus diesem und den im folgenden besprochenen Werken werden nach den Zitaten in Klammern angegeben.

8  Werner Weber: Der gute Gott von Manhattan. In: Ingeborg Bachmann. Eine Einführung. München 2. Aufl. 1968. S. 39–43.

9  Die Stelle wurde von Werner Weber als »Echo auf den Text über der Höllenpforte« in Dantes »Göttlicher Komödie« identifiziert: »Per me si va nella città dolente, / Per me si va nell'eterno dolore, / Per me si va tra la perduta gente« (Werner Weber: Der gute Gott von Manhattan. S. 42).

10  Otto F. Best: Nachwort. In: Ingeborg Bachmann, Der gute Gott von Manhattan. Stuttgart 1974. S. 82 f.

11  Vgl. Volker Klotz: Die erzählte Stadt. Ein Sujet als Herausforderung des Romans von Lesage bis Döblin. München 1969. S. 11–18.

12  Ingeborg Bachmann: Harlem. In: Anrufung des großen Bären. München 1956. S. 45.

13  Günter Kunert: Downtown Manhattan am Sonntagmorgen. In: Tintenfisch 7. Jahrbuch für Literatur. Hrsg. von Michael Krüger u. Klaus Wagenbach. Berlin 1974. S. 71 f. In Kunerts Gedichtsammlung »Im weiteren Fortgang« (München 1974. S. 49 f.) trägt das gleiche Gedicht den Titel »Downtown Manhattan am Sonntagnachmittag«.

14  Zu den Verfassern von Reiseliteratur über Manhattan gehören Horst Bienek, Rudolf Hagelstange, Wolfgang Koeppen und Horst Krüger, deren Arbeiten im Rahmen dieses Beitrags jedoch nicht berücksichtigt werden können.

15  Piontek: Nachwort (s. Anm. 2). S. 388.

16  Gisela Frankenberg: New York 61. Straße. München 1964.

17  Jürg Federspiel: Museum des Hasses. Tage in Manhattan. München 1969.

18  Es ist nicht verwunderlich, daß eine spätere Erzählung Federspiels, die ebenfalls ihren Schauplatz in New York hat, ein gleichfalls widerwärtiges Manhattan schildert. Jürg Federspiel: Hitlers Tochter. In: Paratuga kehrt zurück. Darmstadt u. Neuwied 1973. S. 7–23.

19  Herbert Heckmann: Der große Knock-out in sieben Runden. München 1972.

20  Vgl. Manfred Durzak: Abrechnung mit einer Utopie. In: Basis IV. Hrsg. von Reinhold Grimm u. Jost Hermand. Frankfurt a. M. 1974. S. 98–121.

21  Uwe Johnson: Jahrestage. Aus dem Leben von Gesine Cresspahl. Frankfurt a. M. 1970 ff.

22  Durzak (s. Anm. 20), S. 117; ders.: Der deutsche Roman der Gegenwart. Stuttgart 2. Aufl. 1973.

S. 248–258; Wilhelm Johannes Schwarz: Der Erzähler Uwe Johnson. Bern u. München 1970. S. 93 f.; Erich Wünderich: Uwe Johnson. Berlin 1973. S. 63–65.

23 Uwe Johnson: Büchner-Preis-Rede 1971. In: Büchner-Preis-Reden 1951–1971. Stuttgart 1972. S. 217–240.

24 Ebd., S. 229.

25 Das macht in vielen Fällen einen reizvollen Effekt, indem den englischen Wörtern der Talmiglanz einer falschen Exotik genommen wird, den sie in Wirklichkeit gar nicht besitzen. Andernteils können sie in der Übersetzung an jener unbequemen Realität gewinnen, die ihnen im Original zu eigen ist. Andere Beispiele wären: Heißer Hund, Windhundbus, Kuhjunge, Vorgezogener Sohn. Der Begriff ›colored‹ allerdings, den Johnson mit ›gefärbt‹ richtig übersetzt, ist seit den sechziger Jahren außer Gebrauch gekommen, da er als pejorativ empfunden wird. ›Black‹, also einfach ›schwarz‹, wird statt dessen gebraucht.

26 Vgl. Manfred Durzak: Von Mecklenburg nach Manhattan. Ein Gespräch mit Uwe Johnson. In: Frankfurter Allgemeine Zeitung (18. Mai 1974).

27 Ebd.

28 Vgl. Klotz (s. Anm. 11), S. 419–429.

29 Johnson: Büchner-Preis-Rede (s. Anm. 23). S. 233.

30 Ebd., S. 238.

31 Max Frisch: Tagebuch 1966–1971. Frankfurt a. M. 1974. S. 314.

32 Peter Handke: Der kurze Brief zum langen Abschied. Frankfurt a. M. 1972.

33 Hellmuth Karasek: Ohne zu verallgemeinern. Ein Gespräch mit Peter Handke. In: Über Peter Handke. Hrsg. von Michael Scharang. Frankfurt a. M. 1973. S. 87.

34 Reinhard Baumgart: Vorwärts, zurück in die Zukunft. In: Über Peter Handke. S. 92.

35 Rudolf Hartung: Peter Handke. Der kurze Brief zum langen Abschied. In: Neue Rundschau 2 (1972) S. 336–342.

36 Michael Schneider: Das Innenleben des ›Grünen Handke‹. In: Über Peter Handke (s. Anm. 33). S. 99.

37 Kuno Raeber: Alexius unter der Treppe oder Geständnisse vor einer Katze. Darmstadt u. Neuwied 1973.

38 Dolf Sternberger: Rede über die Stadt. Frankfurter Allgemeine Zeitung (15. Dezember 1973).

39 Ebd.

40 Raeber (s. Anm. 37), S. 206.

# Die Autoren der Beiträge

## Sigrid Bauschinger

Geboren 1934. Studium der Germanistik, Romanistik und Philosophie in Frankfurt a. M., Kiel und Freiburg. Dr. phil. Associate Professor an der University of Massachusetts (Amherst).

*Publikationen u. a.:*
Else Lasker-Schüler. Ihr Werk und ihre Zeit. (In Vorb.) – Veröffentlichungen in Zeitungen, Zeitschriften und Sammelbänden.

## Horst Denkler

Geboren 1935. Studium der Germanistik, Geschichte und Philosophie in Berlin und Münster. Dr. phil. Professor für Neuere deutsche Literatur an der Freien Universität Berlin.

*Publikationen u. a.:*
Drama des Expressionismus. Programm – Spieltext – Theater. München 1967. – Georg Kaiser: Die Bürger von Calais. Drama und Dramaturgie. München 1967. – Einakter und kleine Dramen des Expressionismus (Hrsg.). Stuttgart 1968. – Gedichte der ›Menschheitsdämmerung‹. Interpretationen expressionistischer Lyrik (Hrsg.). München 1971. – Alfred Brust: Dramen 1917–1924 (Hrsg.). München 1971. – Der deutsche Michel. Revolutionskomödien der Achtundvierziger (Hrsg.). Stuttgart 1971. – Restauration und Revolution. Politische Tendenzen im deutschen Drama zwischen Wiener Kongreß und Märzrevolution. München 1973. – Il teatro dell'Espressionismo. Atti unici e drammi brevi (Hrsg., mit Lia Secci). Bari 1973. – Ernst Elias Niebergall: Datterich. Des Burschen Heimkehr (Hrsg., mit Volker Meid). Stuttgart 1975. – Aufsätze und Rezensionen.

## Manfred Durzak

Geboren 1938. Studium der Literaturwissenschaft und Philosophie in Bonn und Berlin. Dr. phil. Professor an der Indiana University (Bloomington).

*Publikationen u. a.:*
Hermann Broch. Stuttgart 1967. – Hermann Broch. Der Dichter und seine Zeit. Stuttgart 1968. – Der junge Stefan George. Kunsttheorie und Dichtung. München 1968. – Poesie und Ratio. Vier Lessing-Studien. Bad Homburg v. d. H. 1970. – Der deutsche Roman der Gegenwart. Stuttgart 1971. – Die deutsche Literatur der Gegenwart. Aspekte und Tendenzen (Hrsg.). Stuttgart 1971. – Dürrenmatt, Frisch, Weiss. Deutsches Drama der Gegenwart zwischen Kritik und Utopie. Stuttgart 1972. – Die deutsche Exilliteratur 1933–1945 (Hrsg.). Stuttgart 1973. – Stefan George. Stuttgart 1974. – Aufsätze, literaturkritische Arbeiten und Rezensionen.

## Hildegard Emmel

Studium der Germanistik, Geschichte, evangelischen Theologie, Philosophie, Volkskunde und Kunstgeschichte in Frankfurt a. M. und Bonn. Dr. phil. habil. Forschungsprofessor an der University of Connecticut.

*Publikationen u. a.:*
Das Verhältnis von êre und triuwe im Nibelungenlied und bei Hartmann und Wolfram. Frankfurt a. M. 1936. – Formprobleme des Artusromans und der Graldichtung. Die Bedeutung des Artuskreises für das Gefüge des Romans im 12. und 13. Jahrhundert in Frankreich, Deutschland und den Niederlanden. Bern 1951. – Mörikes Peregrinadichtung und ihre Beziehung zum Noltenroman. Weimar 1952. – Weltklage und Bild der Welt in der Dichtung Goethes. Weimar 1957. – Das Gericht in der deutschen Literatur des 20. Jahrhunderts. Bern u. München 1963. – Geschichte des deutschen Romans. Bd. 1. Bern u. München 1972. – Was Goethe vom Roman der Zeitgenossen nahm. Bern u. München 1972. – Geschichte des deutschen Romans. Bd. 2. Bern u. München 1975.

## Karl S. Guthke

Geboren 1933. Studium der Germanistik und Anglistik in Heidelberg, Göttingen und an der University of Texas. M. A., Dr. phil. Professor an der Harvard University (Cambridge, Massachusetts).

*Publikationen u. a.:*
Englische Vorromantik und deutscher Sturm und Drang. Göttingen 1958. – Das Leid im Werke Gerhart Hauptmanns (mit Hans M. Wolff). Bern 1958. – Geschichte und Poetik der deutschen Tragikomödie. Göttingen 1961. – Gerhart Hauptmann: Weltbild im Werk. Göttingen 1961. – Haller und die Literatur. Göttingen 1962. – Der Stand der Lessing-Forschung. Stuttgart 1965. – Modern Tragicomedy. New York 1966 (Übers.: Die moderne Tragikomödie. Theorie und Gestalt. Göttingen 1968). – Wege zur Literatur. Studien zur deutschen Dichtungs- und Geistesgeschichte. Bern 1967. – Die Mythologie der entgötterten Welt. Ein literarisches Thema von der Aufklärung bis zur Gegenwart. Göttingen 1971. – Das deutsche bürgerliche Trauerspiel. Stuttgart 1972. – Gotthold Ephraim Lessing. Stuttgart 1973. – Literarisches Leben im 18. Jahrhundert. Bern 1975.

## Christoph Hering

Geboren 1927. Studium der Germanistik, Anglistik und Philosophie in Marburg und Bonn. Dr. phil. Professor der Germanistik und Vergleichenden Literaturwissenschaft an der University of Maryland.

*Publikationen u. a.:*
Friedrich Maximilian Klinger. Der Weltmann als Dichter. Berlin 1966. – Erzählte Welt auf imaginärer Bühne. Studien zum europäischen Feuilletonroman. (In Vorb.) – Veröffentlichungen in Sammelbänden und Zeitschriften.

## Jost Hermand

Geboren 1930. Studium der Germanistik, Geschichte, Kunstgeschichte und Philosophie in Marburg. Dr. phil. Professor of German an der University of Wisconsin in Madison.

*Publikationen u. a.:*
Die literarische Formenwelt des Biedermeiers. Gießen 1958. – Deutsche Kunst und Kultur von der Gründerzeit bis zum Expressionismus. Bd. 1–4. Berlin 1959–67 (mit Richard

Hamann). – Literaturwissenschaft und Kunstwissenschaft. Stuttgart 1965. – Jugendstil. Ein Forschungsbericht. Stuttgart 1965. – Das Junge Deutschland (Hrsg.). Stuttgart 1966. – Der deutsche Vormärz (Hrsg.). Stuttgart 1967. – Von deutscher Republik (Hrsg.). Frankfurt a. M. 1968. – Synthetisches Interpretieren. Zur Methodik der Literaturwissenschaft. München 1968. – Von Mainz nach Weimar. Studien zur deutschen Literatur. Stuttgart 1969. – Die sogenannten Zwanziger Jahre (Hrsg., mit Reinhold Grimm). Bad Homburg 1970. – Zur Literatur der Restaurationsepoche. 1815–1848 (Hrsg., mit Manfred Windfuhr). Stuttgart 1970. – Pop international. Eine kritische Analyse. Frankfurt a. M. 1971. – Unbequeme Literatur. Eine Beispielreihe. Heidelberg 1971. – Stänker und Weismacher. Zur Dialektik eines Affekts. Stuttgart 1971. – Exil und innere Emigration (Hrsg., mit Reinhold Grimm). Frankfurt a. M. 1972. – Der Schein des schönen Lebens. Studien zur Jahrhundertwende. Frankfurt a. M. 1972. – Die Klassik-Legende. (Hrsg., mit Reinhold Grimm). Frankfurt a. M. 1972. – Düsseldorfer Heine-Ausgabe. Bd. 6 (Hrsg.). Hamburg 1973. – Popularität und Trivialität (Hrsg., mit Reinhold Grimm). Frankfurt a. M. 1974. – Deutsches utopisches Denken im 20. Jahrhundert (Hrsg., mit Reinhold Grimm). Stuttgart 1974. – Streitobjekt Heine. Ein Forschungsbericht. Frankfurt a. M. 1975. – Realismus-Theorien (Hrsg., mit Reinhold Grimm). Stuttgart 1975. – Heines Reisebilder. München 1975. – Mithrsg. von Monatshefte, Basis-Jahrbuch für deutsche Gegenwartsliteratur und Brecht-Jahrbuch. – Aufsätze.

## Helmut G. Hermann

Geboren 1928. Studium der Germanistik, Geschichte und Romanistik an mehreren europäischen und amerikanischen Universitäten. Lebt in den USA.

*Publikationen u. a.:*
Aufsätze, bibliographische Arbeiten und Rezensionen zur Literatur des Expressionismus. Mitarbeiter an Zeitschriften und Sammelbänden.

## Walter Hinderer

Geboren 1934. Studium der Germanistik, Philosophie, Anglistik und Geschichte in Tübingen und München. Dr. phil. Professor an der University of Maryland.

*Publikationen u. a.:*
Hermann Brochs ›Tod des Vergil‹. Diss. München 1961. – Börne: Menzel der Franzosenfresser und andere Schriften (Hrsg.). Frankfurt a. M. 1969. – Wieland: Hann und Gulpenheh, Schach Lolo (Hrsg.). Stuttgart 1970. – Moderne amerikanische Literaturtheorien (Mithrsg.). Frankfurt a. M. 1970. – Deutsche Reden (Hrsg.). Stuttgart 1973. – Sickingen-Debatte. Ein Beitrag zur materialistischen Literaturtheorie. Darmstadt u. Neuwied 1974. – Aufsätze, literaturkritische Arbeiten und Rezensionen.

## Peter Uwe Hohendahl

Geboren 1936. Studium der Germanistik, Geschichte und Philosophie in Bern, Hamburg und Göttingen. Direktor der Germanistischen Abteilung an der Washington University (St. Louis).

*Publikationen u. a.:*
Das Bild der bürgerlichen Welt im expressionistischen Drama. Heidelberg 1967. – Gottfried Benn – Wirkung wider Willen (Hrsg.). Frankfurt a. M. 1971. – Essays on European Literature (Mithrsg.). St. Louis 1972. – Exil und Innere Emigration II (Mithrsg.). Frankfurt a. M. 1973. – Sozialgeschichte und Wirkungsästhetik. Dokumente zur empirischen und marxistischen Rezeptionsforschung (Hrsg.). Frankfurt a. M. 1974. – Literaturkritik und Öffentlichkeit. München 1974. – Veröffentlichungen in Sammelbänden und Zeitschriften.

## Marjorie Lawson Hoover

Geboren 1910. Studium der Germanistik, Romanistik und Philosophie in Berlin, München und Bonn. Dr. phil. Studium der Slavistik an der Yale University. M. A. Professor am Oberlin College (Ohio).

*Publikationen u. a.:*
Spannung in der Erzählung. Bonn 1934. (Mnemosyne 19.) – Das Tagebuch der Anne Frank (Hrsg.). New York 1957. – Franz Kafka. Die Verwandlung (Hrsg.). New York 1960. – Tankred Dorst. Two Plays (Hrsg.). New York 1973. – Meyerhold. The Art of Conscious Theater. Amherst (Mass.) 1974. – Aufsätze und Rezensionen.

## Helmut Kreuzer

Geboren 1927. Studium in Freiburg (Br.), Basel, Göttingen, Tübingen. Professor der Germanistik an der Universität Siegen (Gesamthochschule).

*Publikationen u. a.:*
Hebbel in neuer Sicht (Hrsg.). Stuttgart ²1969. – Mathematik und Dichtung (Hrsg.). München ⁴1971. – Die Boheme. Stuttgart 1971. – Literarische und naturwissenschaftliche Intelligenz (Hrsg.). Stuttgart 1968. – Gestaltungsgeschichte und Gesellschaftsgeschichte (Hrsg.). Stuttgart 1969. – Deutsche Dramaturgie der sechziger Jahre (Hrsg.). Tübingen 1974. – Veränderungen des Literaturbegriffs. Göttingen 1975. – Jahrhundertwende. Bd. 1 [Bd. 17 des Neuen Handbuchs der Literaturwissenschaft.] (Hrsg.). Frankfurt a. M. 1975. – Hrsg. der Reihe Theorie, Kritik, Geschichte (Kronberg 1973 ff.). – Mithrsg. der Zeitschrift für Literaturwissenschaft und Linguistik (LiLi) und der LiLi-Beihefte. – Aufsätze und Rezensionen.

## Victor Lange

Geboren 1908. Studium der Germanistik, Anglistik und Philosophie in München, Oxford, Leipzig. Dr. phil. Professor für deutsche Literatur an der Princeton University. Honorarprofessor an der Freien Universität Berlin. Mitglied der Deutschen Akademie für Sprache und Dichtung.

*Publikationen u. a.:*
Modern German Literature. ²1967. – Humanistic Scholarship in America. 1968. – Der Dichter als Kritiker. 1963. – Das Interesse am Leser. 1974. – Lyrik im Zeitalter der Kunstlosigkeit. 1975. – Veröffentlichungen in Zeitschriften und Sammelbänden.

## Wilfried Malsch

Geboren 1925. Studium der Germanistik, Philosophie und Kunstgeschichte in München und Freiburg i. Br. Dr. phil. habil. Professor an der University of Massachusetts (Amherst).

*Publikationen u. a.:*
Goethes Schriften zur Natur und Erfahrung und zur Morphologie. Cotta-Gesamtausgabe Bd. 18 u. 19 (Hrsg.). Stuttgart 1959 u. 1968. – ›Europa‹, poetische Rede des Novalis. Stuttgart 1965. – Der geschichtliche Sinn der Kunstanschauung und Kritik in der Goethezeit. (In Vorb.) – Aufsätze zur Literatur der deutschen Klassik und des 20. Jahrhunderts in Sammelbänden und Zeitschriften.

## Fritz Martini

Geboren 1909. Studium der Germanistik, Anglistik, Geschichte in Zürich, Graz, Heidelberg, Berlin. Professor am Institut für Literaturwissenschaft der Universität Stuttgart. Mitglied der Deutschen Akademie für Sprache und Dichtung (Darmstadt) und des Vorstands der Goethe-Gesellschaft (Weimar).

*Publikationen u. a.:*
Das Bauerntum im deutschen Schrifttum von den Anfängen bis zum 16. Jahrhundert. Halle a. d. Saale 1944. – Die Goethezeit. Stuttgart 1949. – Das Wagnis der Sprache. Interpretationen deutscher Prosa von Nietzsche bis Benn. Stuttgart ⁶1970. – Deutsche Literaturgeschichte. Von den Anfängen bis zur Gegenwart. Stuttgart ¹⁶1972. – Deutsche Literatur im bürgerlichen Realismus 1848–1898. Stuttgart ³1974. – Lustspiele – und das Lustspiel. Stuttgart 1974. – Der Tod Neros. Stuttgart 1974. – Hrsg. von Der Deutschunterricht (seit 1951) und Jahrbuch der Deutschen Schillergesellschaft (seit 1959). – Veröffentlichungen in Sammelbänden, Anthologien und Zeitschriften.

## Volker Meid

Geboren 1940. Studium der Germanistik, Politik und Volkskunde in Frankfurt a. M., Marburg und Göttingen. Dr. phil. Professor of German an der University of Massachusetts (Amherst).

*Publikationen u. a.:*
Philipp von Zesen: Assenat (Hrsg.). Tübingen 1967. – Ph. von Zesen: Simson (Hrsg.). Berlin 1970. – Ph. von Zesen: Die Afrikanische Sofonisbe (Hrsg.). Berlin u. New York 1972. – Der deutsche Barockroman. Stuttgart 1974. – Ernst Elias Niebergall: Datterich. Des Burschen Heimkehr (Hrsg., mit Horst Denkler). Stuttgart 1975. – Veröffentlichungen in Sammelbänden und Zeitschriften.

## Egon Menz

Geboren 1939. Studium der Germanistik und Altphilologie in Tübingen und Zürich. Dr. phil. Gerhart-Hauptmann-Preis. Assistent an der Pädagogischen Hochschule Berlin.

*Publikationen u. a.:*
Die Schrift K. Ph. Moritzens ›Über die bildende Nachahmung des Schönen‹. Göppingen 1968. – Aufsätze.

## Klaus Peter

Geboren 1937. Studium der Germanistik, Philosophie und Geschichte in Frankfurt a. M. und München. Dr. phil. Associate Professor an der University of Massachusetts (Amherst).

*Publikationen u. a.:*
Idealismus als Kritik. Friedrich Schlegels Philosophie der unvollendeten Welt. Stuttgart 1973. – Politik und Moral in der Literatur des 18. Jahrhunderts. Vier Beispiele: Lessing, Schiller, Friedrich Schlegel und Novalis. (In Vorb.) – Aufsätze in Sammelbänden und Zeitschriften.

## Ingo Seidler

Geboren 1928. Studium der Germanistik, Anglistik, Komparatistik und Philosophie in Österreich, USA und Frankreich. Professor für Deutsche und Vergleichende Literaturwissenschaft an der University of Michigan (Ann Arbor).

*Publikationen u. a.:*
Nietzsches Einfluß auf die moderne Literatur. (In Vorb.) – Aufsätze zur Weltliteratur der Moderne und zur Literaturtheorie in Zeitschriften und Sammelbänden. Übersetzungen ins Deutsche und ins Englische.

## Walter H. Sokel

Geboren 1917. Studium der Geschichte, Philosophie, Romanistik und Germanistik. Dr. phil. (Columbia University). Professor der Germanistik an der University of Virginia und Mitglied des Center for Advanced Study. Mitglied des PEN-Clubs.

*Publikationen u. a.:*
The Writer in Extremis. Stanford 1959. (Übers.: Der literarische Expressionismus. München u. Wien 1960.) – Franz Kafka. Tragik und Ironie. München u. Wien 1964. – Franz Kafka. New York u. London 1966. – An Anthology of German Expressionist Drama (Hrsg.). New York 1963. – Veröffentlichungen in Zeitschriften und Beiträge zu Büchern.

## Rüdiger Steinlein

Geboren 1943. Studium der Germanistik, Philosophie, Geschichte und Kunstgeschichte in München und Freiburg i. Br. Dr. phil. Assistent am Germanischen Seminar der Freien Universität Berlin.

*Publikationen u. a.:*
Theaterkritische Rezeption des expressionistischen Dramas. Ästhetische und politische Grundpositionen. Kronberg (Ts.) 1974. – Literaturwissenschaftliche Aufsätze.

## Guy Stern

Geboren 1922. Studium der Germanistik und Anglistik. Ph. D. University Dean for Graduate Education and Research. Professor der Germanistik an der University of Cincinnati. Mitglied des PEN-Clubs; Direktionsausschuß des Leo-Baeck-Instituts.

*Publikationen u. a.:*
Efraim Frisch. Zum Verständnis des Geistigen. Heidelberg 1963. – Konstellationen (Hrsg.). Stuttgart 1964. – War, Weimar, and Literature. University Park u. London 1971. – Artikel und Referate zur Exilliteratur, 1971–75. – Redaktionelle Mitarbeit: Dover Publications, Lessing Yearbook, Colloquia Germanica. Veröffentlichungen in Zeitschriften und Sammelbänden.

## Frank Trommler

Geboren 1939. Studium der Literaturwissenschaft und Kunstgeschichte in Berlin, Wien und München. Dr. phil. Professor an der University of Pennsylvania (Philadelphia).

*Publikationen u. a.:*
Roman und Wirklichkeit. Stuttgart 1966. – Aufsätze zur Literatur des 19. und 20. Jahrhunderts.

## Ulrich Weisstein

Geboren 1925. Studium der Anglistik, Germanistik und Kunstgeschichte in Frankfurt a. M., an der University of Iowa und an der Indiana University. Dr. phil. Professor der Germanistik und Vergleichenden Literaturwissenschaft an der Indiana University (Bloomington).

*Publikationen u. a.:*
Heinrich Mann. Eine historisch-kritische Einführung in sein dichterisches Werk. Tübingen 1962. – The Essence of Opera. New York 1964. – Max Frisch. New York 1967. – Einführung in die Vergleichende Literaturwissenschaft. Stuttgart 1968. – Expressionism as an International Literary Phenomenon (Hrsg.). Budapest u. Paris 1973. – Literaturkritische Arbeiten über Heinrich Mann, Bertolt Brecht, Übersetzungen von Stücken Georg Kaisers und Reinhard Goerings sowie von Wolfgang Kaysers Das Groteske in Malerei und Dichtung.

## Jack Zipes

Geboren 1937. Studium der Politischen Wissenschaft, Amerikanistik, Vergleichenden Literaturwissenschaft und Germanistik. M. A., Ph. D. (Columbia University, New York). Associate Professor an der University of Wisconsin (Milwaukee).

*Publikationen u. a.:*
The Great Refusal. Studies of the Romantic Hero in German and American Literature. Frankfurt a. M. 1970. – Hans Mayer: Steppenwolf and Everyman (Hrsg. u. Übers.). New York 1971. – Crowell's Handbook of Contemporary Literature (Mitautor). New York 1971. – Marianne Thalmann: Romantik in kritischer Perspektive (Hrsg.). Heidelberg 1975. – Mithrsg. der Zeitschrift New German Critique. – Aufsätze, Rezensionen und Übersetzungen.

# Namenregister

Bearbeitet von Helmut G. Hermann

Autoren werden in diesem Register auch mit jenen Stellen erfaßt, wo nur Titel ihrer Werke auf sie verweisen.